Environmental Management

기후위기 시대의 환경경영

제3판

전영승

Business & Management Books
비앤엠북스

제3판 머리말

이 책의 제2판을 출간한지 3년이 지났다. 하루가 다르게 급변하는 경영 환경에서 3년은 결코 짧지 않은 시간이다.

2021년은 신 기후체제인 파리협정이 본격적으로 이행되기 시작하는 해이다. 지구촌 곳곳이 기후변화로 인한 다양한 어려움을 겪고 있다. 인류는 기후변화를 넘어 기후위기 시대를 맞이하고 있다. 전 세계가 이를 극복하기 위한 노력을 기울이고 있다. 우리 정부도 2050년 탄소중립을 선언하고 2030년 국가 온실가스 감축 목표도 수정하는 등 다각적이고 심도 있는 기후변화 대응책을 마련하고 있다.

기업의 환경적 책임은 물론 사회적 책임에 대한 인식이 날로 높아지고 있다. 21세기 새로운 경영 패러다임인 지속가능경영이 자리를 잡아가고 있는 것이다. 특히 최근에는 ESG 경영이 핫이슈로 부상하고 있으며 ESG 경영을 선언하는 기업들이 눈에 띄게 늘어나고 있다. ESG 경영은 기업이 환경적 · 사회적 책임을 다하며 투명한 지배구조를 통해 궁극적으로 지속가능한 경영을 실현하겠다는 의지가 담긴 경영이라고 본다. 경제적 이익을 내고 고용을 창출하는 것만이 기업 책임의 전부라 여기던 시대는 끝났다. 기업은 시장 우선주의와 성장 만능주의가 초래한 각종 환경과 사회문제에 해답을 제시해야 하는 전환의 시대를 맞이한 것이다.

더욱이 기관투자가를 비롯한 투자자들이 재무적 성과 정보만이 아니라 ESG 관련 비재무적 성과에 대한 정보를 요구하고 이를 평가하여 투자대상을 선별하고 있다. 한국거래소에서 2021년 초에 「ESG 정보 공개 가이던스」를 발간한 것도 이러한 시대적 요구를 반영한 것이라 본다.

위와 같은 경영환경 변화를 반영하여 이 책의 제3판을 발간하게 되었다. 따라서 제3판에서는 제3부에 ESG 경영 관련 내용을 추가하였고, 제2판에서 발견된 미진한 부분들을 수정 · 보완하였다. 또한 책 제목도 『기후변화 시대의 환경경영』에서 『기후위기 시대의 환경경영』으로 변경하였다. 이 책에 대한 독자들의 사랑에 감사하고 동시에 예리한 비판을 기대한다.

예기치 않은 코로나-19 팬데믹이 장기화되면서 어려운 형편임에도 흔쾌히 제3판을 발간해 주시는 비앤엠북스 정광식 사장님과 편집진의 노고에 감사를 드린다. 제3판 발간에 귀중한 조언과 자료를 주신 「자연과 사람」의 대표 천재룡 박사님께 특별히 감사를 드린다. 각자 자신의 길을 묵묵히 걷고 있는 소연이와 제이슨 그리고 완에게 고마운 마음을 전한다. 고침한등(孤枕寒燈)의 세월에도 변함없이 동행하시는 하나님께 감사드린다.

푸르른 치악을 바라보며

2021년 6월

전영승

개정판 머리말

21세기의 대표적 화두는 기후변화와 지속가능발전이다. 기후변화는 지구촌 모든 인류의 건강과 행복을 위협하는 요인이다. 기후변화에 지혜롭게 적절히 대응하지 못한다면 우리의 미래는 보장되지 않을 것이다. 기후변화를 완화하고 이에 대응하기 위한 방안 중 하나가 지속가능발전이라 할 수 있다. 기업은 기후변화의 원인 제공주체이자 지속가능발전의 주역이라 할 수 있다. 기업이 달라지려면 기업을 움직이는 소프트웨어인 경영이 변화해야 한다. 경영패러다임의 변화에 따라 기업에 환경경영이 뿌리를 내리고 있으며 지속가능경영이 도입 · 보급되기 시작했다.

이 책은 위와 같은 문제의식과 상황 아래 경영학 전공자는 물론 비전공자와 실무 종사자들을 위해 집필되었다. 깊이보다는 원론 수준의 폭넓은 내용을 소개하였다. 독자들의 사랑으로 초판이 품절되었으며, 최근 몇 년 사이에 국내외적으로 기후변화 관련 중요한 사건들이 있었다. 예컨대 포스트 교토체제인 파리협정(신 기후체제)이 2015년 12월 체결되었으며, 2016년 10월에는 지속가능경영보고서 발간을 위한 GRI 기준(Standards)이 공표되었다. 우리나라는 2015년부터 전격적으로 배출권 거래제를 도입하였다. 이러한 상황 변화를 반영하여 개정판을 발간하게 되었다.

개정판의 중점은 첫째, 변화되거나 새로 도입된 제도인 파리협정의 내용과 우리나라 배출권 거래제, GRI 기준 등을 소개했다. 둘째, 지속가능경영 영역을 보충하여 사회책임 경영을 별도의 장으로 신설했다. 셋째, 경영학 비전공자들을 위해 경영과 기업의 기초개념을 제1장에 별도로 소개하였다.

개정판은 위와 같은 내용을 추가하다 보니 모두 17장으로 구성되었다. 제1장~3장은 제 I 부로 기초부문이며 제4장~제12장은 제 II 부로 환경경영의 실천부문이다. 제13장~제17장은 제III부로 최근 이슈가 되고 있는 탄소경영과 에너지 경영, 지속가능경영 관련 내용으로 구성되어 있다.

대학에서 한 학기 교재로 사용한다면 담당 교수님 재량으로 3~4 개의 장을 과제부여하거나 생략할 수 있을 것이다. 이 책이 기후변화시대를 살아가는 독자들의 환경경영과 지속가능경영에 대한 지식을 깊게 하고 이해의 폭을 넓히는 데 공헌하기를 염원한다. 나아가 자연환경과 공존하며 상생할 수 있는 우리 모두의 균형 잡힌 삶과 기업경영의 실현에 기여하기를 빈다.

개정판을 발간하도록 도우신 하나님께 감사드리며, 변함없이 격려해 주시고 챙겨주시는 은사 신재정 교수님과 늘 조용히 성원해 주시는 한국경영학회장 한인구 교수님께 감사를 드린다. 개정판 발간에 필요한 자료정리와 컴퓨터 작업을 도와 준 회계학과 김영균 군과 김주은 양에게 고마운 마음을 전한다. 발간을 서둘러 주신 비앤엠북스 정광식 사장님과 정경식 부장님, 편집진에게도 깊은 감사의 마음을 표한다. 끝으로 뜻을 찾아 각자의 길을 열심히 걷는 완이와 소연, 바다처럼 깊고 넓은 이해심으로 후원해 주는 아내 박숙자에게 사랑의 마음을 전한다.

동악관 연구실에서

2018. 2

초판 머리말

하나뿐인 지구가 고열에 시달리며 신음하고 있다. 지구온난화로 인한 기후변화문제는 인류의 미래를 위협하고 있다. 환경재앙이 닥쳐오고 있는 것이다. 이러한 현상의 원인 중 하나는 산업혁명 이래 오직 이익극대화만을 모색해 온 기업경영에 있다고 할 수 있다.

1980년대 후반 이후 기업은 경제적 이익 추구를 통한 주주의 부를 극대화하던 전통적 경영방식의 한계를 인식하고 환경경영을 새로운 패러다임으로 받아들이기 시작했다. 환경경영은 기업활동의 전 영역에서 경제적 수익성과 환경적 건전성의 조화와 균형을 추구하는 경영이다. 21세기 들어 주목받고 있는 지속가능경영 혹은 사회책임경영은 경제적 수익성과 환경적 건전성 및 사회적 책임성의 균형을 통한 지속적 성장을 추구하는 경영이다. 즉, 지속가능경영은 환경경영에 사회적 책임성 영역을 추가한 셈이다.

이 책은 필자가 지난 수년간 환경경영을 강의해 오면서 나름대로 체계를 잡아 집필하였다. 이 책의 특징을 몇 가지 기술하면 다음과 같다.

첫째, 환경경영 전반에 대한 내용을 전 과정 관점에서 기술하고 있다. 즉 제품이나 서비스를 개발하여 생산, 판매, 사용, 재사용 및 폐기에 이르는 과정 속에서 필요한 환경경영기법을 소개하였다.

둘째, 환경경영의 성과평가와 측정 및 보고에 관련된 내용을 기술하고 있다. 기업 내외의 이해관계자의 알 권리를 충족시키고 그들과의 커뮤니케이션을 촉진하기 위해 필요한 내용들, 예컨대 환경성과평가, 환경회계, 환경보고서, 지속가능성보고서 등에 대하여 소개하고 있다.

셋째, 지구온난화로 인한 기후변화의 문제가 인류가 해결해야 될 공통과제라는 인식하에 이와 관련된 주제들을 선별하여 기술하고 있다. 예컨대 온실가스인벤토리, 목표관리제, 배출권거래제, 에너지경영시스템 등이 이에 해당한다.

넷째, 21세기형 경영패러다임으로 주목받고 있는 지속가능경영에 대하여 ISO26000의 핵심내용과 함께 소개하고 있다.

마지막으로, 이 책은 환경경영에 대한 개론서의 성격을 갖는다. 즉 인문사회계열이나 자연계열 구분 없이 대학생들과 환경경영에 관심 있는 일반인에게 환경경영에 대한 전반적인 내용을 이해시키는 것이 이 책의 목적이다. 여기서 소개된 내용보다 깊이 있는 지식과 적용을 원하는 독자라면 이 책의 말미에 수록한 문헌들을 참고하기 바란다.

이 책을 대학에서 한 학기 수업으로 소화하려면 강의자의 목적과 의도에 따라 하나 혹은 두 개의 장은 과제로 넘기거나 생략하여야 할 터인데, 구체적인 구성내용은 다음과 같다.

제 I 부는 환경경영의 기초 영역으로, 제1장에서는 환경문제의 원인과 현상, 환경문제를 극복하고자 전개해 온 국제적 노력 등과 함께 환경경영의 개념과 구성요건, 환경경영의 목적 등 환경경영의 개요를 기술하였다. 제2장에서는 지구온난화와 이에 대응하기 위한 국제협약인 기후변화협약을 설명하고, 특히 기후변화협약의 구체적 이행방안인 교토의정서에 대하여 이해를 도왔다.

제 II 부는 환경경영의 실천영역으로, 제3장에서는 환경경영시스템과 ISO140001에 대하여, 제4장에서는 전과정평가에 대하여, 제5장에서는 친환경제품과 친환경적 설계에 대하여, 제6장에서는 녹색구매와 친환경공급망 관리에 대하여, 제7장과 제8장에서는 각각 청정생산과 그린마케팅에 대하여 설명하였다.

제III부는 환경경영의 성과측정과 보고 영역으로, 제9장에서는 환경성과평가에 대하여, 제10장에서는 환경회계에 대하여, 제11장과 제12장에서는 각각 환경보고서와 지속가능성보고서에 대하여 설명하였다.

제IV부는 환경경영의 진화와 온실가스·에너지경영 영역으로, 기후변화 시대를 맞이하여 최근 이슈가 되고 있는 주제들을 모아 구성하였다. 제13장에서는 지속가능경영과 ISO26000에 대하여, 제14장에서는 온실가스관리와 배출권거래제도에 대하여, 제15장에서는 에너지경영시스템에 대하여 기술하였다.

앞으로 독자 여러분의 지적과 충고를 겸허히 수렴하여 완성도를 높여 갈 것을 갈 것을 다짐하고, 하나님 창조하신 아름다운 지구환경의 회복과 치유를 염원하며 세상에 이 책을 내놓는다. 이 책이 나오기까지 수많은 분들의 도움을 받았다. 무엇보다 새로운 학문분야인 환경경영에 대하여 선구자적 역할을 해 오신 한국환경정책평가연구원의 이병욱 원장님(전 환경부 차관)

께 깊은 감사의 말씀을 드린다. 환경경영에 대한 해박한 지식으로 매우 방대하면서도 심도 있고 논리정연하게 집필된 이 원장님의 『환경경영』(에코리브르, 2005년)을 많이 인용하였기 때문이다. 그리고 한국환경경영학회장 최선 교수님을 비롯한 환경경영학회 관련 교수님들께도 감사를 드린다. 아울러 많은 국내외 선행연구자들의 덕분에 이 책이 나오게 되었음을 고백한다. 늘 따뜻한 사랑으로 지켜주시는 은사 신재정 교수님께 감사드리고, 한결 같은 마음으로 성원해 주시는 KAIST의 한인구 교수님께도 감사의 말씀을 드린다. 에너지 경영시스템 등 최신 자료 수집에 기꺼이 도움을 주신 로이드인증원(LRQA)의 육호태 연구원님의 도움을 잊을 수 없다. 필요한 자료를 공급해 준 상지대학교 학술정보원 손성건 과장님께도 고마운 마음을 전한다. 무엇보다 시장성이 제한된 책임에도 출판을 맡아 주신 비앤엠북스의 정광식 사장님께 감사드리고, 세밀한 교정을 통해 책의 품격을 높여 준 편집부 여러분께도 감사의 말씀을 드린다. 이 책의 초고가 나오기까지 컴퓨터 작업을 도와준 딸 소연이, 동부전선 최전방에서 만기 전역한 예비역 병장 아들 완이와 늘 넉넉한 마음으로 후원하는 아내 박숙자에게도 고마운 마음을 전한다.

2014년 정초에 눈 쌓인 치악을 바라보며

전영승

차례

제 1 부 환경경영의 기초

제01장 경영의 이해와 환경경영 3

제1절 경영이란 무엇인가? 3

1. 경영이란? / 3
2. 경영의 세 가지 관점 / 4
3. 경영활동 / 6

제2절 기업이란 무엇인가? 7

1. 기업이란? / 7
2. 기업과 경영의 관계 / 8
3. 기업의 책임 / 8

제3절 경영패러다임의 변화와 환경경영 10

1. 경영패러다임의 변화와 환경경영의 등장 / 10
2. 환경경영의 개념과 구성요건 / 13
3. 환경경영의 목적 / 16
4. 환경경영의 발전 / 17
5. 환경회계: 환경경영의 언어 / 18

제02장 환경문제와 대응 및 규제 23

제1절 환경문제의 원인과 현상 23

1. 환경문제의 원인 / 23
2. 환경문제의 현상 / 25

제2절 환경문제에 대한 대응 31

1. 국제적 논의 / 31
2. 국제환경협약 / 33

3. 환경문제에 대한 기업의 대응 / 36

제3절 환경규제 38

1. 직접규제 / 39
2. 간접규제 / 39
3. 사회적 규제 / 40

제4절 제품에 대한 환경규제 41

1. 전기 · 전자장비 폐기물 처리 지침 / 41
2. 유해물질 사용제한 지침 / 42
3. 폐차 처리 지침 / 43
4. 신화학 물질 관리제도 / 43
5. 에너지 사용 제품의 친환경 설계 규정 / 45

제03장 기후변화와 파리협정 49

제1절 지구온난화 49

1. 지구온난화의 원인 / 49
2. 지구온난화 현상과 영향 / 50

제2절 기후변화협약과 교토의정서 52

1. 기후변화협약의 원칙 및 주요 내용 / 52
2. 기후변화협약의 의미 / 53
3. 교토의정서 / 54
4. 포스트 교토체제 논의 / 59

제3절 파리협정: 신기후체제 60

1. 파리협정과 교토의정서의 비교 / 60
2. 파리협정의 구조와 주요 내용 / 62
3. 각국의 온실가스 감축목표 / 66
4. 파리협정의 의의와 한계 / 67

제4절 기후변화협약이 기업에 미치는 영향 68

1. 온실가스 규제와 원가 상승 / 68

2. 제품에 대한 직 · 간접 규제와 수요변화 / 69
3. 전 과정 온실가스평가와 친환경공급망 관리 / 69
4. 온실가스와 에너지경영시대의 도래 / 70

제 2 부 환경경영의 실천

제04장 환경경영시스템과 ISO14001 75

제1절 환경경영시스템 75

1. 환경경영시스템의 정의 / 75
2. 환경경영시스템 도입의 목적 / 76
3. 환경경영시스템의 특징 / 77

제2절 환경경영시스템의 기본 요건 78

1. 환경경영에 대한 최고경영자의 의지와 지원 / 78
2. 환경방침 / 79
3. 초기 환경성 검토 / 80
4. 교육 / 81
5. 책임의 배분 / 83
6. 환경목표 및 세부목표 설정 / 83
7. 체계적인 문서화 / 85
8. 환경감사 / 85
9. 환경경영시스템에 대한 성과평가 및 개선 / 86
10. 환경보고 / 87

제3절 환경측면 파악 및 환경영향 평가 88

1. 환경측면 및 환경영향의 정의 / 88
2. 환경측면 파악 / 88
3. 환경영향 평가 / 91

제4절 ISO14001 94

1. ISO14001의 개요 / 94

2. ISO14001의 개요와 구성요소 모델 / 95
3. ISO14001 인증제도 / 97
4. ISO14000 시리즈 / 100

제05장 친환경제품과 환경친화적 설계 105

제1절 친환경제품의 이해 105

1. 친환경제품의 개념 / 105
2. 친환경제품의 필요성 / 106
3. 친환경제품 전략 / 108

제2절 환경친화적 설계의 이해 110

1. 환경친화적 설계의 정의 / 110
2. 환경친화적 설계의 필요성 / 111
3. 환경친화적 설계의 주요 원칙 / 112

제3절 환경친화적 설계의 실행과 전략 112

1. 환경친화적 설계의 실행 / 112
2. 환경친화적 설계 실현을 위한 세부 전략 / 119

제4절 환경친화적 설계의 도입효과와 장애요인 122

1. 환경친화적 설계의 도입효과 / 122
2. 환경친화적 설계 활성화의 장애요인 및 방안 / 123

제06장 녹색구매와 친환경공급망 관리 127

제1절 녹색구매 127

1. 녹색구매의 정의 / 127
2. 녹색구매의 특징 / 128
3. 녹색구매의 목적 / 129

제2절 친환경공급망 관리의 개요 130

1. 공급망 관리의 의의와 목적 / 130

2. 친환경공급망 관리의 정의 / 131
3. 친환경공급망 관리의 필요성 / 132
4. 친환경공급망 관리가 협력업체에게 주는 혜택 / 134

제3절 친환경공급망의 관리와 평가 — 134

1. 협력업체의 관리와 평가 / 134
2. 유통과정에서의 관리 / 139

제4절 친환경공급망 관리의 이행 — 141

1. 친환경공급망 관리의 절차 / 141
2. 친환경공급망 관리의 성공 및 장애 요인 / 146

제07장 청정생산 151

제1절 청정생산의 이해 — 151

1. 청정생산의 개념 / 151
2. 청정생산의 촉진 요인 / 152
3. 환경기술과 청정생산기술 / 153

제2절 청정생산의 적용 — 156

1. 전 과정에서의 청정생산 / 156
2. 기업 간 연계를 통한 청정생산 / 160

제3절 청정생산의 이행절차 — 162

1. 계획 및 조직 / 162
2. 분석 및 대안 도출 / 164
3. 실행가능성 분석과 우선순위 결정 및 실행계획 수립 / 166
4. 실행 및 운영 / 167
5. 점검 및 지속적 실행 / 167

제4절 청정생산의 장애요소 및 극복방안 — 168

1. 청정생산의 효과 / 168
2. 청정생산의 장애요소 및 극복방안 / 168

CONTENT

제08장 그린마케팅과 환경라벨링 173

제1절 그린마케팅의 이해 173

1. 그린마케팅의 정의 / 173
2. 전통적 마케팅과 그린마케팅의 차이 / 174
3. 그린마케팅의 필요성 / 175
4. 그린마케팅의 접근방법 / 176

제2절 녹색소비자 178

1. 녹색소비자의 개념 / 178
2. 녹색소비자의 행동과 특성 및 유형 / 179
3. 녹색소비자의 구매행위단계와 구매과정 / 181

제3절 그린마케팅 전략 183

1. 마케팅 전략과 마케팅 믹스 / 183
2. 그린마케팅 믹스 / 183
3. 그린마케팅 믹스 전략 / 186

제4절 환경라벨링 192

1. 환경라벨링의 개념과 목적 / 192
2. 환경라벨링의 유형 / 193
3. 주요 국가의 환경라벨링 / 195
4. 우리나라의 환경성적표지 제도 / 196

제09장 환경성과평가 201

제1절 환경성과평가의 개요 201

1. 환경성과평가의 의의 / 201
2. 환경성과평가의 필요성 / 202
3. 환경성과평가의 주요 영역 / 204

제2절 환경성과평가의 절차 205

1. 계획단계 / 205

2. 실행단계 / 208
3. 점검 및 조치 단계 / 210

제3절 환경성과평가지표 211

1. 환경성과평가지표의 의의 / 211
2. 환경성과평가지표의 유형 / 211
3. 환경성과평가지표의 선정(개발) / 215

제10장 전과정평가 225

제1절 전과정평가의 기초 225

1. 전과정평가의 의의와 목적 / 225
2. 전과정평가의 특징 / 226
3. 전과정평가의 주요 원칙 / 227

제2절 전과정평가의 절차 228

1. 목적과 범위 설정 / 229
2. 목록분석 / 231
3. 전과정(환경)영향평가 / 235
4. 결과의 해석 / 239

제3절 전과정평가의 유용성과 한계 241

1. 전과정평가의 유용성과 활용 / 241
2. 전과정평가의 한계 / 242

제11장 환경회계 245

제1절 환경회계의 기초 245

1. 환경회계의 의의와 필요성 / 245
2. 환경회계의 기능 / 248
3. 환경회계의 영역 / 249

제2절 환경재무회계 251

1. 환경자산 / 251
2. 환경부채 / 253
3. 환경효익(수익)과 환경비용 / 257

제3절 환경관리회계 260

1. 환경원가의 정의 / 261
2. 환경원가의 분류 / 261
3. 환경원가의 측정 / 263
4. 물질흐름원가회계 / 265

제4절 환경감사 270

1. 환경감사의 의의와 필요성 / 270
2. 환경감사의 분류 / 272

제12장 환경보고서 277

제1절 환경보고서의 이해 277

1. 환경보고서의 의의와 목적 / 277
2. 환경보고서의 발전단계 / 278
3. 환경보고서의 필요성 / 279
4. 환경보고서의 기능 / 280
5. 환경보고서의 주요 이해관계자와 활용목적 / 281

제2절 환경보고서의 작성 283

1. 환경보고서의 작성원칙(환경정보의 질적 특성) / 283
2. 환경보고서의 주요 내용 / 285
3. 환경보고서의 작성절차 / 287

제3절 환경부의 환경보고서 가이드라인 291

1. 환경보고서 가이드라인의 의의와 필요성 / 291
2. 환경보고서의 전체 구성 / 292
3. 항목별 작성내용 및 작성방법 / 292
4. 환경부 환경보고서 가이드라인의 개선점 / 301

제 3 부 환경경영 영역의 확대와 지속가능경영

제13장 탄소경영 307

제1절 온실가스 인벤토리 307

1. 온실가스 관리의 의의와 중요성 / 307
2. 온실가스 인벤토리의 의의와 목적 / 308
3. 온실가스 인벤토리 원칙 및 구축절차 / 309
4. 배출량의 산정 / 313
5. 인벤토리 보고와 활용 / 315
6. 품질관리 및 품질보증활동 / 315

제2절 온실가스 · 에너지 목표관리제 317

1. 목표관리제의 개념 / 317
2. 목표관리제의 주요 내용 요약 / 318
3. 목표관리제의 효과 / 319
4. 온실가스에 대한 제3자 검증 / 320

제3절 배출권거래제 322

1. 배출권거래제의 의의 / 322
2. 배출권거래제와 타 제도의 비교 / 324
3. 배출권의 거래방식 / 326
4. 배출권의 할당방식 / 328
5. 배출권거래의 분류 / 329
6. 배출권거래의 문제점 / 330

제4절 우리나라 배출권거래제의 주요 내용 330

1. 기본계획과 할당계획의 수립 / 331
2. 할당대상 업체의 지정 및 배출권의 할당 / 332
3. 배출권의 거래 및 거래시장 / 335
4. 배출량의 보고 · 검증 및 인증 / 336
5. 배출권의 제출, 이월 · 차입, 상쇄 / 336

CONTENT

제14장 에너지 경영 343

제1절 에너지경영시스템의 의의와 특징 343

1. 에너지경영시스템의 의의 / 343
2. 에너지경영시스템의 특징 / 345
3. 다른 유형의 경영시스템과의 비교 / 346

제2절 에너지경영시스템의 구성 347

1. 계획 / 348
2. 실행 및 운영 / 351
3. 점검 / 353
4. 경영자 검토 / 354

제3절 에너지경영시스템의 도입효과 355

1. 에너지에 대한 최고경영자의 관심과 책임 유도 / 355
2. 도입 성과를 경제적 가치로 측정 / 355
3. 온실가스 감축 및 지구온난화 완화효과 / 356
4. 에너지 관리정보의 체계적 수집 및 활용 / 356
5. 기존의 경영시스템과 시너지효과를 극대화 / 356

제15장 사회적 책임 경영과 ISO26000 361

제1절 기업의 사회적 책임에 대한 이해 361

1. 기업의 사회적 책임의 정의 / 361
2. 기업의 사회적 책임에 대한 견해 / 362
3. 기업의 사회적 책임의 추세와 과제 / 365
4. 기업의 사회적 책임과 공유가치 창출 / 367

제2절 ISO26000 370

1. ISO26000의 의의와 목적 및 구성 / 370
2. 사회적 책임의 원칙 / 372
3. 핵심주제 / 372
4. ISO26000의 활용방안 / 374

제3절 ISO26000에서의 사회적 책임 실행 — 377

1. ISO26000에 기초한 사회적 책임 실행 모형 / 377
2. 사회적 책임의 실행절차 / 378

제4절 사회책임투자 — 382

1. 사회책임투자의 개념과 필요성 / 382
2. 사회책임투자의 유형 / 384
3. 사회책임투자의 확산을 위한 실천 프로그램 / 386
4. 사회책임투자지수 / 390

제16장 지속가능경영 395

제1절 지속가능경영의 이해 — 395

1. 지속가능경영의 개념 / 395
2. 지속가능경영의 필요성 / 397
3. 지속가능경영의 프레임워크 / 399
4. 지속가능경영의 발전단계 / 401
5. 지속가능경영보고서와 지속가능회계 / 402

제2절 지속가능경영과 이해관계자 — 403

1. 이해관계자의 정의와 특성 / 403
2. 이해관계자 관리 / 405
3. 이해관계자 관리 전략 / 410

제3절 지속가능경영과 사회적 책임 — 415

1. 사회적 측면과 환경적 측면 / 415
2. 관계적 가치와 독립적 가치 / 415
3. 목표와 실행과정 / 416

제4절 ESG 경영 — 417

1. ESG 경영의 개념과 요소 / 417
2. ESG 성과평가 / 418
3. ESG 정보 공개와 공개지표 / 420

제17장 지속가능경영보고서 427

제1절 지속가능경영보고서의 이해 427

1. 지속가능경영보고서의 의의 / 427
2. 지속가능경영보고서의 필요성 / 428
3. 지속가능경영보고서의 보고원칙 / 429

제2절 지속가능경영보고서의 기준 433

1. GRI 기준 / 433
2. BSR 가이드라인 / 437
3. UN 글로벌 콤팩트의 가이드라인 / 440

제3절 지속가능경영보고서의 제3자 검증 441

1. 지속가능경영보고서의 신뢰성 확보를 위한 방법 / 441
2. 지속가능경영보고서에 대한 제3자 검증 / 443
3. 제3자 검증의 제도화를 위한 제언 / 451

제4절 지속가능경영보고서의 평가 451

1. 지속가능경영보고서 평가의 의의와 목적 / 451
2. 각국의 평가기준 / 452

참고문헌 / 458
찾아보기 / 464

제 1 부

환경경영의 기초

제01장 경영의 이해와 환경경영

제02장 환경문제와 대응 및 규제

제03장 기후변화와 파리협정

제01장

경영의 이해와 환경경영

제1장에서는 경영과 기업의 일반적 개념을 설명하고 양자를 비교한다. 또한 제2차 세계대전 이후 경영패러다임이 어떻게 변화해왔는지 고찰한다. 이어서 이 책의 주제인 환경경영의 개념과 구성요건 및 목적 등을 설명하고 환경경영의 언어인 환경회계를 기술한다.

제1절 경영이란 무엇인가?

1. 경영이란?

오늘날 경영(management 또는 business)이라는 말은 기업뿐만 아니라 정부, 종교단체, 교육기관, 병원, 사회복지기관, 태권도장 등 모든 조직에서 사용하고 있어 매우 친숙하게 들린다. 그럼에도 불구하고 경영을 한마디로 정의하기는 어렵다. 학자들 간에 학설도 구구하다. 일반적으로 경영이란 "조직의 목적 달성을 위한 계획을 수립하고 실행하기 위해 인적 · 물적 자원을 조직화 · 지휘 · 통제(평가)하는 일련의 과정(혹은 활동)"이다.

조직은 '공동의 목적 달성을 위한 사람들의 모임'이다. 조직에는 기업과 같이 이익추구를 목적으로 하는 영리조직과 종교단체나 교육기관 및 복지기관 등과 같이 이익추구를 목적으로 하지 않는 비영리조직이 있다. 경영은 적용 대상에 따라 좁은 의미와 넓은 의미로 나누어 볼 수 있다. 좁은 의미에서의 경영은 경제적 이익을 추구하는 기업의 경영, 즉 기업 경영을 의미한다. 넓은 의미에서의 경영은 이익추구를 목적으로 하는 기업뿐만 아니라 비영리조직의 경영도 포괄하는 개념이다. 현대 경영은 영리조직뿐만 아니라 비영리조직을 포함한 모든 조직을 운영하는 기본원리라 할 수 있다. 왜냐하면 모든 조직은 생존하고 발전하기 위해 경영을 필요로 하기 때문이다. 다만, 이 책에서 다루는 환경경영은 주로 기업을 대상으로 한다.

경영의 중요성은 조직의 성과(performance)가 경영에 달려있다는 데 있다. 영리조직이든 비영리조직이든 관계없이 경영을 어떻게 하느냐에 따라 조직의 성과가 달라지기 때문이다. 조직의 성과는 목적달성 정도를 말한다. 조직의 성과는 주어진 경영자원을 얼마나 효율적이고 효과적으로 사용하여 목적을 달성했는지 여부로 측정된다. 효율(efficient)이란 최소한의 투입으로 기대하는 산출물을 얻는 것을 말한다. 효율성은 투입(input) 대비 산출(output)의 비율로 측정한다. 효과(effective)란 결과적으로 목적의 달성 정도를 의미한다. 따라서 성공적인 경영은 조직의 효율성과 효과성을 향상시켜 조직의 성과를 높여준다.

2. 경영의 세 가지 관점

경영을 보는 관점은 실제 경영활동이 이루어지는 과정 측면과 각 부문별 업무 측면 그리고 의사결정 측면으로 나누어 볼 수 있다.

(1) 과정 측면에서 보는 관점

과정 측면에서 보는 관점은 조직의 목표를 효율적으로 달성하기 위하여 요구되는 기본적인 프로세스별로 경영활동을 나누는 것이다. 과정 측면은 세분하면 아래와 같다.

첫째, 계획(planning)이다. 이는 조직의 경영목표를 세우고 이를 달성하기 위한 방법과 절차를 찾는 단계이다.

둘째, 조직화(organizing)이다. 이는 수립된 계획을 성공적으로 수행하기 위해 조직을 구성하고, 인적 및 물적 자원과 정보 등 경영자원을 확보 · 배분하는 단계이다.

셋째, 지휘(leading)이다. 이는 설정한 경영목표의 달성에 필요한 업무를 잘 수행할 수 있도록 구성원들의 동기를 유발하고 이끄는 단계이다. 지휘활동에는 구성원이나 부서 간 상충하는 이해관계를 조정(coordinating)하는 것도 포함된다.

넷째, 통제(controlling)이다. 이는 구성원이 수행하는 업무가 계획대로 추진되고 있는지를 확인하고 평가하는 단계이다. 문제가 있을 경우에는 이를 수정하게 된다.

과정 측면에서의 경영활동은 흔히 PDS 혹은 PDCA로 표현하기도 한다. PDS는 조직의 목표를 달성하기 위해 계획(Plan)하고 실행(Do)하고 이를 평가(See)하는 활동을 말한다. PDCA는 조직의 목표를 달성하기 위해 계획(Plan)하고 실행(Do)하고 점검(Check)하고 개선(Act)한다는 일련의 업무 사이클(cycle)을 의미한다.

(2) 업무 측면에서 보는 관점

업무 측면에서 보는 관점은 경영활동을 업무의 성격별로 구분하는 것이다. 업무 측면에서의 경영을 세분하면 아래와 같다.

첫째, 인사관리이다. 이는 종업원을 채용하여 교육 훈련시켜서 적소에 배치하는 인적자원관리와 노사관계관리를 말한다.

둘째, 생산관리이다. 이는 필요한 자원을 투입하여 고객이 원하는 제품이나 서비스를 창출하기 위한 관리이다.

셋째, 마케팅관리이다. 이는 고객의 욕구를 파악하여 이를 충족시켜 줄 수 있는 제품과 서비스를 판매하고 유통시키는 일련의 관리활동을 말한다.

넷째, 재무관리이다. 기업의 활동에 필요한 자금을 합리적으로 조달하고, 효과적으로 운용(투자)하는 재무의사결정과 관련된 활동이다.

경영학의 전공분야나 기업에서 부서를 만드는 경우 업무 측면으로 구분하는 경우가 많다.

(3) 의사결정 측면에서 보는 관점

경영활동은 의사결정(decision making)이 이루어지는 측면에서도 볼 수 있다. 의사결정이란 문제를 해결하거나 목표를 달성하기 위한 여러 대안들 중에 가장 합리적인 안을 선택하는 행동을 말한다. 의사결정은 크게 다음과 같이 구분된다.

첫째, 전략적 의사결정이다. 이는 기업의 장기목표 및 자원배분과 관련되어 기업 전체에 영향을 미치는 활동으로서 주로 최고경영층에 의해 이루어지는 의사결정이다.

둘째, 관리적 의사결정이다. 이는 기업의 목표를 달성하기 위한 자원의 획득 및 효율적인 사용과 관련된 활동으로서 주로 중간경영층에 의해 이루어지는 의사결정이다.

셋째, 기능적 의사결정이다. 이는 특정 업무의 효율적이고 효과적인 수행과 관련된 활동으로서 주로 일선경영층에서 이루어지는 의사결정이다.

이상 세 가지 관점을 종합해 보면 기업의 목표를 달성하기 위한 계획을 수립하고 이를 실행할 조직을 구성하고 지휘하며 통제하는 경영활동이 인사, 생산, 마케팅, 재무활동 등 각각의 부문에서 이루어진다. 이때 각각의 경영활동 과정상에서 경영자 계층별로 필요한 의사결정이 이루어지게 된다. 따라서 경영활동은 어느 한 부문을 따로 떼어 보기보다는 전체적인 측면에서 보아야 할 것이다.

3. 경영활동

기업은 설정한 목표를 달성하기 위해 여러 가지 활동을 수행한다. 대표적인 기업의 경영활동은 영업활동, 투자활동, 재무활동으로 구분할 수 있다.

영업활동은 기업 본래의 목적을 달성하는 데 필요한 제품이나 서비스를 생산하고 판매하는 활동이다. 기업은 영업활동을 통해 고객의 욕구를 충족시키는 한편, 이익을 획득한다. 영업활동에는 원재료의 구매활동, 생산활동, 판매활동과 마케팅, 연구 개발활동, 인적자원관리 등이 해당된다. 영업활동과 관련된 주요 의사결정으로는 구매 거래처 선정, 생산방식의 결정, 시장 선택, 가격결정 등이 있다.

투자활동은 경영목적상 필요한 자원을 취득하는 활동을 말한다. 예컨대, 건물, 기계 등 각종 유형자산의 취득, 특허권 등 무형자산의 취득, 장 · 단기 여유자금의 투자 등이 해당된다. 투자활동은 자금조달활동의 영향을 받고 영업활동에 영향을 준다. 이에 따라 투자활동에 대한 의사결정 시에는 국내 및 세계 경제 상황, 산업 내의 경쟁 정도, 자금시장의 상황 등을 면밀히 검토할 필요가 있다.

재무활동은 영업활동과 투자활동에 필요한 자금을 조달하는 활동이다. 자금조달에는 주식발행이나 사채발행과 같은 장기자금과 1년 내 상환을 목적으로 금융기관 등에서 차입하는 단기자금조달이 있다. 기업은 자금용도에 적합하도록 장단기 자금을 조달하여야 할 것이다. 또한 자금조달과 관련된 의사결정에는 자본구조결정이 있다. 자본구조결정은 기업이 조달한 전체 자본에서 자기자본과 타인자본(부채)이 각각 차지하는 비중을 결정하는 의사결정이다. 즉, 주식을 발행하여 조달할 금액과 사채발행이나 금융기관 차입 등을 통해 조달할 금액을 결정하는 것이다. 주식과 사채는 각각 배당지급과 이자지급, 경영참여의 유무, 만기상환 유무 등 다양한 차이가 있다. 따라서 재무활동에서 자본구조결정은 기업가치에 영향을 미칠 수 있는 매우 중요한 의사결정이다.

위와 같이 영업활동, 투자활동, 재무활동 등 기업의 경영활동은 밀접한 상호 연계성을 가지고 있다. 예를 들면, 적극적이고 공격적인 영업활동을 하려면 공격적인 투자활동과 자금조달

활동이 뒷받침되어야 한다. 경영자는 경영활동의 상호 연계성을 잘 이해하고 의사결정을 해야 한다.

제2절 기업이란 무엇인가?

1. 기업이란?

일반적으로 경제주체(economic entity)는 가계, 기업, 정부로 구분한다. 가계는 재화와 서비스의 소비주체이고 생산요소의 제공자이다. 정부는 공공재의 제공자이며 소득 재분배주체이다. 기업은 생산주체이며 생산소요의 사용자다. 기업(enterprise)은 경영활동이 가장 두드러진 경제주체로서 국가경제의 근간이 되고 있다.

기업은 인간의 욕구를 만족시켜주는 재화나 서비스의 생산 · 판매를 통해 이익을 추구하는 경제주체이다. 기업은 정상적인 판매활동을 통하여 얻은 수익과 이에 수반하는 비용의 차액인 이익의 극대화를 추구하는 조직이다. 기업은 이익을 크게 하기 위해서 경영활동을 효율적이고 합리적으로 수행하여야 한다. 즉, 기업은 그 어떤 조직보다도 경영의 원리가 적용되는 경제주체라 할 수 있다.

기업은 사회구성원들이 의식주를 해결하고 문화 및 여가 생활을 누리는 네 필요힌 재화와 서비스를 제공한다. 또한 기업은 사회구성원들에게 일자리를 제공함으로써 의식주 해결에 필요한 소득의 원천을 제공한다.

따라서 기업은 개인이나 국가경제와 사회에 막대한 영향을 미치는 경제주체이다. 개인은 기업을 통해 소득을 얻게 되며 어떤 형태로든지 기업이 제공하는 제품이나 서비스로 생활을 영위해 간다. 만일 기업이 제공하는 제품이나 서비스가 부족하거나 제공되지 않는다면 인간생활은 사실상 불가능하게 될 것이다. 기업이 성장하지 못하고 일자리를 창출하지 못한다면 경제침체는 물론 실업자가 대량 발생하여 사회불안을 야기할 것이다. 이와 같이 인간생활과 기업 간에는 밀접한 관계가 있어서 현대 자본주의 사회에서 기업은 가장 중요한 경제주체로서 그 중요성이 날로 커지고 있다.

2. 기업과 경영의 관계

기업과 경영은 매우 밀접한 관계를 갖는다. 기업은 경영의 대상이며, 경영은 기업이 추구하는 목적을 달성하기 위해 조직적으로 이루어지는 행위이다. 기업은 영리조직이므로 이익을 극대화하여 기업의 가치를 높여야 한다. 이때 기업이 이익을 극대화하여 기업의 가치를 극대화하려는 활동을 경영활동이라 한다.

따라서 기업과 경영의 관계를 살펴보면 기업은 외형적으로 나타나는 조직체로서 하드웨어(hardware)라고 할 수 있다. 이에 비해 경영은 기업을 유지 · 발전시킬 수 있는 방안을 제시하는 소프트웨어(software)라고 할 수 있다. 자동차를 기업에 비유한다면 경영은 자동차를 달리게 할 수 있는 운전기술과 같은 것이다. 기업이 정상적으로 운영될 수 있도록 인적 · 물적 자원과 정보, 전략 등을 효과적으로 활용하여 계획 · 조직화 · 지휘 · 통제하는 활동이 바로 경영인 것이다.

아무리 많은 인적자원과 자본, 정보를 가지고 있는 기업이라고 하더라도 그것을 운영하고 활용하는 경영활동이 없다면 기업은 성장 · 발전은 물론 유지할 수조차 없을 것이다. 따라서 경영은 기업에게 생명을 넣어주는 활력소 역할을 한다.

다만, 전통적으로 기업은 수익성(이익추구)의 동기에서 운영된다면 경영은 효율성을 추구한다. 기업은 모두 경영의 대상이나 경영의 대상에는 비영리조직도 포함된다. 따라서 경영은 기업보다 광범위한 개념이라 할 수 있다.

3. 기업의 책임

국가경제에서 가장 중요한 역할을 차지하는 기업의 책임은 시대발전에 따라 그 범위가 확대되어 왔다. 오늘날 기업은 대주주나 개인의 사적 소유물이 아니고 사회가 필요로 하는 하나의 공동체로서의 존재가치가 더 크다. 기업의 책임을 나누어 살펴보면 다음과 같다.

(1) 경제적 책임

기업의 일차적 책임은 경제적 수익성을 확보하는 것이다. 이는 기업의 전통적 책임이라 할 수 있다. 이익추구를 목적으로 하는 기업의 전통적 책임은 경제적 이익을 극대화하는 것이다. 이익이 창출되어야 기업은 투자자인 주주에게 배당을 지급하고, 채권자에게 원금과 이자를 상환할 수 있으며, 국가에 세금을 납부하게 되고, 종업원에게 급여를 지급할 수 있을 것이다.

기업의 유지 발전을 위해서는 경제적 이익창출이 선행되어야 한다.

다만, 경제적 책임을 수행하되 유념해야 할 것은 기업이 수단방법을 가리지 않고 이익의 극대화만을 추구해서는 안 된다는 점이다. 특히 다음 두 가지를 기억하여야 한다.

첫째, 공정경쟁을 통한 적정한 이익의 추구이다. 기업은 다른 기업과 공정한 경쟁을 통해서 적정한 이익을 획득해야 할 것이다. 비윤리적이고 비도덕적인 방법을 통한 이익의 극대화는 용납될 수 없다. 특히 우리나라의 경우 대기업이 우월한 지위를 이용하여, 이른바 갑의 횡포를 통해 협력업체인 중소기업에 대하여 비효율적인 경영활동을 요구하는 불공정경쟁을 해 온 사례가 빈번하다.

둘째, 확보된 적정한 이익을 이해관계자들에게 공평하게 분배할 책임이다. 이해관계자(stakeholder)는 기업의 의사결정에 영향을 미치거나 기업의 의사결정의 결과 영향을 받는 개인이나 집단을 말한다. 이해관계자의 예로는 근로자, 투자자, 채권자, 고객, 정부, 지역사회 등 다양하다. 따라서 기업은 근로자에게는 적정임금을 지급하고, 출자자에게는 적정한 배당을 하여야 할 것이다. 협력업체나 거래처에겐 합리적인 대가를 지급하고, 정부에는 합당한 세금을 납부해야 한다.

(2) 환경적 책임

기업이 경제적 책임에만 몰두한 결과 경제는 성장하고 국민소득은 향상되었다. 그러나 급격한 산업화, 도시화 등으로 각종 환경오염이 심해지게 되었다. 1980년대 중반 이후 기업은 환경오염의 주요 원인제공자라는 비난에 직면하게 되었다. 기업이 배출한 각종 폐기물, 폐수 등으로 인한 토양오염과 수질오염 및 해양오염, 온실가스 배출로 인한 대기오염과 지구온난화, 각종 유해물질로 인한 생물종의 감소 등 다양한 환경문제가 빈번하게 발생하고 있다. 환경문제는 인류의 미래를 위협하고 있다. 기후변화는 기업과 인간의 변화를 요구하고 있다.

기업이 경제적 책임을 다하여 물질적 생활수준이 높아졌다 하더라도 오염물질 배출로 생활환경을 악화시키고 자연환경을 파괴한다면 인간 삶의 질은 떨어지게 된다. 따라서 기업은 경제적 수익성과 동시에 환경적 건전성을 추구해야 하는 시대가 되었다. 기업은 생산하는 제품이나 제공하는 서비스에서 환경오염이 발생하지 않도록 사전예방하며 자연환경을 보전하고 개선하기 위한 환경친화경영을 실시할 책임을 지게 되었다. 기업은 신제품을 개발할 때 설계단계부터 친환경적 설계를 하고 자원 사용을 최소화하여야 한다. 나아가 기업은 환경경영시스템을 구축하여 환경방침과 환경목표를 설정하고 이를 달성하기 위한 다양한 노력을 기울여야 한다.

(3) 사회적 책임

오늘날 기업은 사적 이익만을 추구하는 조직이 아니라 기업이 속한 사회의 발전과 번영에 기여할 책임이 있는 사회적 조직이다. 기업의 발전과 성장은 기업 내부의 힘과 노력만이 아니라 기업을 둘러싸고 있는 많은 단체, 기관들의 후원과 지원의 산물이라고 볼 수 있다. 따라서 기업은 경제적 이익추구라는 이익동기를 넘어서 보다 넓은 영역에서의 사회에 대한 역할과 책임을 지게 되었다.

기업은 이해관계자들이 기업에 기대하고 요구하는 사회적 의무들을 충족시키기 위해 적극적으로 노력하여야 한다. 기업의 사회적 책임(CSR: Corporate Social Responsibility)은 기업이 지속적으로 존속하기 위한 이윤 추구 활동 이외에 법령과 윤리를 준수하고, 기업의 이해관계자 요구에 적절히 대응함으로써 사회에 긍정적 영향을 미치는 책임 있는 활동을 말한다. 이를 위해 기업은 자발적으로 사업 영역에서 이해관계자들의 사회적 관심사와 환경적 요구사항을 분석하고 수용할 필요가 있다.

특히 지방자치시대에 기업은 지역주민과 소비자의 복지증대를 위해 그 지역의 경제, 사회, 문화발전에 공헌하여야 한다. 이를 통해 기업과 지역사회가 공생할 수 있다. 예를 들면 지역사회의 학교에 장학금이나 연구비를 지급하고, 체육, 문화시설의 마련이나 자선단체에의 기부, 직업훈련, 낙후지역에 대한 투자 등은 지역사회에 대한 책임의 성격을 띤 것이다.

21세기에 들어서서 기업은 위 세 가지 책임을 균형 있고 조화롭게 추구하는 지속가능경영(Sustainability Management)을 펼쳐가고 있다.

이 책은 주로 기업의 환경적 책임을 다하기 위한 경영활동을 소개하기 위해 집필한 것이다. 동시에 사회적 책임 부문과 지속가능경영에 대하여도 제3부에서 설명할 것이다.

제3절 경영패러다임의 변화와 환경경영

1. 경영패러다임의 변화와 환경경영의 등장

전통적인 기업경영의 기본 목표는 주주의 이익을 극대화하기 위한 이익의 추구에 있다. 기업이 존속하는 한 이 목표는 변함이 없을 것이다. 그러나 기업의 주요 이해관계자는 시대에 따라 크게 바뀌어 왔으며 아울러 기업경영의 패러다임도 변화를 거듭해 왔다. 선진국을 중심으로 기업경영의 패러다임 변화를 간략히 살펴보면 다음과 같다.

제2차 세계대전 이후 전 세계적으로 경제성장이 최우선 목표가 되었으며 이를 뒷받침하기 위한 투자재원의 조달이 기업경영자들의 가장 시급한 해결과제였다. 그 결과 기업활동의 기본요소인 자본을 제공하는 투자자가 기업의 가장 중요한 이해관계자로 부각되었다. 따라서 제2차 세계대전 후 1960년대 전반까지는 성장경영의 시대라 할 수 있을 것이다.

그러나 1960년대 중반 이후 어느 정도 성장을 실현하자 사회적으로 성장의 열매에 대한 분배의 형평성 문제가 강력히 제기되었다. 특히 기업성장을 밑받침해 온 종업원들의 불만이 고조되기 시작했다. 그 결과 종업원의 복지가 기업경영의 우선적 과제로 다루어지게 되었다. 이른바 복지경영의 시대가 된 것이다.

1970년대 중반에 이르자 지나친 생산 확대에 따른 공급과잉 현상으로 국제경쟁이 치열해지고 경기도 둔화되기 시작하였다. 이에 따라 소비자의 구매의사결정이 기업이익에 결정적인 영향을 미치게 되었다. 그 결과 경영자들은 소비자를 만족시키기 위한 일환으로 품질관리에 심혈을 기울이게 되었다. 특히 1987년부터 품질경영에 관한 국제표준규격인 ISO9000 시리즈가 본격적으로 시행되고 고객만족을 추구하는 품질경영이 급속히 확산되었다.

1980년대 후반에 이르자 성장과 개발 위주의 경제발전의 폐해가 속출하기 시작했다. 그동안의 성장 지향적인 생산활동에 기인한 대량생산과 무절제한 소비 행태에 따른 대량소비가 대량폐기로 이어지면서 자연환경 파괴의 결과를 초래하게 된 것이다. 이에 따라 경제적 수익성만을 추구하던 전통적 경영방식은 한계에 직면하였고, 1980년대 들어 선진국 기업을 중심으로 환경문제에 전략적으로 대응하기 시작하였다. 기업이 환경문제를 심각한 경영상의 문제로 인식하여 환경적 성과와 경제적 성과를 동시에 달성하려는 환경경영이 대두된 것이다(김종대, 2008). 즉, 환경문제에 대한 사전예방적 접근을 통해 경제적 수익성과 환경적 건전성의 조화를 강조하는 환경경영이 등장하였다.

환경경영의 등장배경을 몇 가지로 나누어 제시하면 다음과 같다.

- 기후변화 등 범지구적 환경문제의 심화
- 국내외 환경규제의 강화
- 친환경제품을 선호하는 소비자의 의식변화
- 환경보전활동에 요구되는 환경원가의 증대
- 환경단체 등 이해관계자의 압력 증가
- 환경이미지의 중요성 증대 등

1996년 환경경영시스템의 국제규격인 ISO14000 시리즈가 활용되기 시작하면서 환경경영은 세계적으로 확산되었고, 녹색이해관계자들은 기업이 발간하는 환경보고서에 점차 관심을 기울이기 시작하였다. 녹색이해관계자란 기업의 환경보전을 위한 노력에 관심을 갖는 개인이나 집단을 말한다. 예컨대 녹색구매자, 녹색투자자, 친환경관련 시민단체 등이 이에 속한다.

21세기에 접어들면서 환경오염, 과도한 에너지소비, 지구온난화 등으로 인한 기후변화 문제는 지구적 과제가 되었다. 오늘날의 기업의 이해관계자들은 환경문제를 포함한 기업의 지배구조, 고용 및 노사관계, 종업원 복지와 건강, 제품의 안전, 협력사와의 관계, 지역사회를 위한 공헌 등 다양한 사회문제에 관심을 갖는다. 따라서 기업에게는 높은 윤리의식과 투명경영이 요구되는 등 기업의 사회적 책임(CSR: Corporate Social Responsibility)이 강조되고 중시된다. 소위 지속가능경영(Sustainability Management)시대가 시작된 것이다.

지속가능경영은 기업이 경제적 이익창출만으로는 더 이상 지속적으로 발전할 수 없음을 전제하여, 기업의 사회적 책임 이행과 환경보전활동 그리고 적절한 경제적 이익추구 활동을 통해 기업 가치를 지속적으로 증대시키는 경영활동이다. 결국 지속가능경영이란 앞에서 전개해 온 모든 경영패러다임의 완결판이라 할 수 있을 것이고, 이를 간략히 요약하면 경제적 수익성, 환경적 건전성, 사회적 책임성이라는 3대 축(TBL: Triple Bottom Line)의 균형을 바탕으로 지속적 성장을 추구하는 경영활동이다. 이와 관련하여 기업은 매년 지속가능성보고서를 발간하고 있으며, 기업 내외의 다양한 이해관계자들이 이에 큰 관심을 보이고 있다.

제2차 세계대전 이후의 경영패러다임 변화를 요약하면 **〈표 1-1〉**과 같다.

〈표 1-1〉 주요 이해관계자를 중심으로 한 경영패러다임의 변천

시대	주요 이해관계자	경영패러다임	주요 관심사
1945~ 1960 전반	투자자	성장경영	성장을 위한 투자재원조달
1960 후반~ 1970 전반	종업원	복지경영	공정분배를 통한 종업원복지
1970 후반~ 1980 전반	소비자	품질경영	고객만족을 위한 고품질 유지
1980 후반~ 1990 후반	녹색이해관계자 생태계(자연환경)	환경경영	경제적 수익성과 환경적 건전성의 조화
2000 이후~	다양한 이해관계자, 미래세대	지속가능경영	경제적 수익성, 환경적 건전성, 사회적 책임성의 균형과 통합 추구

자료: 최선 외 13인, 2007, p.18의 표를 수정 보완

2. 환경경영의 개념과 구성요건

(1) 환경경영의 개념

오늘날 환경경영(Environmental Management)이라는 말은 이미 기업경영의 키워드의 하나로 정착되었다. 기업이 발행하는 환경보고서(혹은 지속가능경영보고서)에는 환경경영이라는 용어가 일상적으로 사용되고 있으며 환경경영이라는 명칭이 들어간 조직이나 부서도 흔히 볼 수 있다.

환경경영이란 간단히 말하면 기업경영의 전 영역에 환경의식을 침투시킨 경영이라고 할 수 있다. 여기서 기업활동 전 영역이란 구매 · 제조 · 물류 · 판매 등의 라인활동부터 자금조달과 투자 및 인사에 이르는 스태프의 활동까지를 망라한다.[1] 환경의식을 침투시킨다는 말은 기업활동 전 영역에서 발생하는 환경부하를 측정하고 개선하며 그 결과를 보고하는 환경보전활동을 계획 및 실행하고 통제하는 것을 의미한다. 관리과정적 관점에서 환경경영은 경제적 수익성과 환경적 건전성을 효율적으로 동시에 달성하기 위해 계획을 수립하고, 이를 실행하기 위해 인적 · 물적 자원을 조달하여 조직화, 지휘 및 통제하는 일련의 활동이라고 할 수 있다.

환경경영의 개념은 모순을 내포하고 있다. 왜냐하면 환경에 대한 배려는 기업에 있어 비용상승의 요인이 되어 기업의 목표인 이익추구와 상반되기 때문이다. 따라서 환경경영은 경영적 관점에서 수익성을 높이면서 환경적 관점을 고려하여 기업활동 전 과정에 걸쳐 환경성과를 개선함으로써 경제적 수익성과 환경적 지속가능성을 동시에 추구하는 일련의 경영활동(이병욱 외 2인, 2005)이라고 정의하기도 한다. 결국 환경경영은 환경부하 저감을 통한 환경원가(비용)의 절감을 실현하여 경영적 관점에서 이익을 올리면서 환경적 관점에서 지속가능성도 추구하는 경영이라고 볼 수 있다. 환경경영은 지구 환경보전과 기업의 성장발전이라는 두 마리 토끼를 잡기 위한 경영인 셈이다.

(2) 환경경영의 구성요건

환경경영을 실행하기 위해서는 3가지 요건이 필요하다. 즉 기업의 환경경영이념, 환경경영을 실행하기 위한 관리기술, 환경경영기업을 지원하는 시장메커니즘이다(國部克彦 외 2인, 2007, pp.4-15).

---

1) 환경경영과 유사하게 사용되는 용어로 녹색경영(Green Management)이 있다. 우리나라 녹색성장기본법은 "녹색경영이란 기업이 경영활동에서 자원과 에너지를 절약하고 효율적으로 이용하며 온실가스 배출 및 환경오염의 발생을 최소화하면서 사회적, 윤리적 책임을 다하는 경영을 말한다."고 규정하고 있다. 따라서 녹색경영은 환경경영의 개념보다 좀 더 확대된, 즉 사회성까지 포괄한 개념이라 볼 수 있다.

1) 환경경영이념

환경경영을 실행하기 위해서는 우선 명확한 이념이 필요하다. 이념은 철학이라는 말로 대체할 수도 있다. 경영이념은 기업이나 경영자가 경영활동을 하는 데 있어서 추구하는 기본적인 목표, 가치관, 신념, 태도, 행동기준을 말한다. 경영이념은 기업경영의 근간으로서 모든 조직 구성원에게 공유되지 않으면 안 된다. 경영이념은 경영자와 종업원이 어떠한 의사결정을 내리고자 할 때 가장 기본적인 기준 혹은 의지가 된다.

이러한 맥락에서 환경경영이념은 기업이나 경영자가 환경경영활동을 전개함에 있어 추구하는 기본적인 목표와 가치관, 신념, 태도, 의지를 말한다. 그러므로 경제조직인 기업에 있어서 환경보전을 경영이념으로서 명확하게 나타내 보이지 않으면 기업활동의 전 영역에 걸쳐 구석구석까지 침투시킬 수 없다. 즉 전사적인 환경헌장이나 환경방침에 최고경영자의 환경경영에 대한 확고한 의지를 반영시킨 환경경영이념이 확고하게 담겨 있어야 환경경영이 모든 영역의 말단까지 침투될 수 있는 것이다.

2) 환경경영을 실행하기 위한 기법

환경경영이념을 실행하기 위한 수단으로서 기법(기술)이 있어야 한다. 왜냐하면 아무리 훌륭한 경영이념이 수립되어 있어도 실행하기 위한 수단이 없다면 그것을 현실화할 수 없기 때문이다. 이 기술에는 크게 공학적 기술과 경영기술이 있다. 공학적 기술은 환경오염방지나 자원 및 에너지 절감과 같은 환경보전을 위한 기술을 말한다. 경영기술은 경영자의 환경경영 실행에 필요한 의사결정을 지원하는 기술이다. 경영기술은 공학적 기술을 보다 효율적으로 도입하도록 기반을 형성한다. 따라서 두 기술은 환경경영 실행을 위한 상호 보완관계에 있다고 할 수 있다. 여기서는 경영기법을 중심으로 설명한다.

최근에 많은 환경경영기법이 개발되었다. 예컨대, 환경경영시스템(EMS), 환경성과평가(EPE), 전과정평가(LCA), 환경적합설계(DfE), 환경라벨, 환경감사, 환경보고서, 환경회계, 환경효율 등이다.[2)]

위 기법들은 적용범위에 따라 기업 · 사업장에 적용되는 기법과 제품 · 서비스에 적용되는 기법으로 나눌 수 있다. 전자에 속하는 기술에는 환경경영시스템, 환경성과평가, 환경(지속가능성)보고서 등이 있다. 후자에 속하는 기술로는 환경친화적 설계, 전과정평가, 환경라벨을 들 수 있다. 또한 이들 기법은 내용적으로 3가지로 분류할 수 있다. 즉, 환경부하를 측정 · 평가하기 위한 기법, 환경부하를 삭감하기 위한 기법, 환경성과정보를 외부에 공시하기 위한 기법이다.

---

2) 환경경영의 영역을 경영학의 주요 기능별 영역인 경영전략, 인사조직, 생산, 마케팅, 재무회계 등을 바탕으로 환경경영전략, 그린인사조직 또는 환경경영체제, 청정생산, 그린마케팅, 환경회계 등으로 구성한 경우도 있다(이병욱 외 2인, 2005, p.148).

기업 · 사업장에 적용되는 기법 중에서 환경부하를 측정 · 평가하는 기법으로는 환경성과평가, 환경부하를 삭감하기 위한 기법으로는 환경경영시스템, 환경성과정보를 외부에 공시하기 위한 기법으로는 환경라벨과 환경보고서를 들 수 있다. 제품 단위에서 환경부하 및 환경영향을 측정하는 기법에는 전과정평가가 있고, 제품의 설계개발 및 제조단계에서 환경부하를 저감시키기 위한 기법에는 환경친화적 설계가 있다.

이상의 내용을 요약하면 **〈표 1-2〉**와 같다.

〈표 1-2〉 환경경영의 기법

구분	적용대상		내용		
영역	기업 · 사업장 (관리적 측면)	제품 · 서비스 (생산, 판매, 유통 측면)	환경부하 측정	환경부하 삭감	환경성과보고
기법	환경경영시스템 환경성과평가 환경보고서	환경친화적 설계 전과정평가 친환경공급망 관리 그린마케팅 환경라벨	환경성과평가 전과정평가	환경경영시스템 환경친화적 설계 친환경공급망 관리 그린마케팅	환경보고서 환경라벨

3) 환경경영을 지원하는 시장메커니즘: 환경배려형 시장

명확한 환경경영이념과 충실한 환경경영기법만으로 환경경영이 실현될 수 없다. 기업은 이익을 추구하는 조직이기 때문이다. 환경경영을 실행하는 데는 추가원가가 발생하고, 원가상승은 제품이나 서비스의 가격상승요인이 되어 소비자에게 전가되며, 이는 이익감소로 이어진다. 따라서 환경경영 실행에 대한 소비자와 주주의 이해가 필요한 것이다. 즉, 환경보전을 위한 추가적 투자를 하려면 기업을 둘러싼 사회나 시장의 지원이 필요하다. 예컨대 시장에서 소비자가 외면하면 기업은 친환경적인 제품을 지속적으로 생산할 수 없다. 역으로 환경친화적 기업을 적극적으로 평가하고 지원하는 시장이 있으면 기업의 환경보전활동은 왕성해질 것이다.

환경배려형 시장은 환경경영을 실천하는 기업을 적극적으로 지원하고 평가하는 시장을 말한다. 환경배려형 시장에는 위와 같은 제품 · 서비스시장뿐만 아니라 자본 · 금융시장, 노동시장 등 3가지가 있다. 자본 · 금융시장은 사회적 책임투자(SRI: Social Responsibility Investment)의 일환으로 수익성은 조금 낮아도 환경을 배려한 기업에 투자하는 녹색투자자들이 존재하는 시장을 말한다. 노동시장은 급여는 다소 적을지라도 환경친화적인 기업이나 환경공헌을 강조하는 기업에 우수한 구직 지망생이 몰려드는 것을 말한다.

3. 환경경영의 목적

환경적 목적과 경제적 목적은 상반되기 때문에 양자의 조화를 추구하는 것이 환경경영에서 중요한 과제이다. 즉, 환경경영의 궁극적 목적은 경제적 수익성과 환경적 지속가능성의 조화를 이루는 것이다. 이러한 목적을 달성하기 위한 구체적인 실천방법은 기업활동의 전 과정에 걸친 환경성과의 개선이라는 관점에서 모색되어야 한다. 환경경영의 목표를 단기적 관점과 장기적 관점으로 나누어 설명하면 다음과 같다(國部克彦 외 2인, 2007, pp.16-18).

(1) 단기적 목적

환경경영의 단기적 목적은 환경보전활동이 직접적인 경제(화폐)적 효과를 내어 환경적 성과와 경제적 성과를 동시에 달성하는 것이다. 즉 경제와 환경의 윈윈(win-win)관계를 도모하는 것이다. 예를 들면, 에너지 절약활동은 비용절감을 가져오기 때문에 환경보전활동인 동시에 경제적 이익창출에도 기여한다. 제조업이라면 현장에서 발생하는 폐기물을 삭감하면 환경적 측면에서 폐기물에 의한 환경부하를 저감시킬 뿐만 아니라 경제적 측면에서는 원재료비의 절감, 폐기물처리비의 절감 등으로 원가절감에 기여한다. 그러나 폐기물을 삭감하기 위해서는 설비투자나 원재료의 변경을 필요로 하는 경우가 많고, 이로 인해 추가 투자가 발생한다. 따라서 얼마만큼의 폐기물을 삭감하는 것이 바람직한가를 의사결정하는 기준이 필요하다. 이때 유용한 정보를 제공하는 수단이 환경회계이다.

(2) 장기적 목적

환경경영은 장기적 관점에서도 환경과 경제의 양립을 추구하는 것이 매우 중요하다. 환경경영의 문제는 단기적으로 보면 경제적 수지가 맞지 않는 경우가 대부분이다. 예컨대 환경부하가 적은 원재료를 이용하여 제품을 제조해도 그 원재료가 일반적으로 사용되지 않는 것이라면 가격이 높아 원가 상승을 가져올 수밖에 없다. 이러한 경우에 어떻게 대응할 것인가가 환경경영의 중요한 포인트라 할 수 있다. 원가가 어느 정도 상승할지라도 환경부하 저감을 위해 노력하고 그 성과를 사회나 시장에 알려 기업의 사회적 명성을 높임으로써 경쟁력을 확보하는 방법도 있다. 즉, 단기적으로는 경제적 수익성이 낮더라도 장기적 관점에서 환경적 건전성과 경제적 수익성의 양립을 추구하는 것이 환경경영의 가장 중요한 목적이고 방향이다.

이와 같이 장기적 관점에서 경제적 수익성 제고와 환경적 건전성 확보는 기업 내부적 노력만으로 한계가 있다. 최고경영자의 정확한 판단과 환경경영을 지원하는 시장의 육성이 필요하다. 또한 시장이나 사회에 대한 계속적인 환경정보의 공시가 필요하다. 일시적으로 원가가 상승할지라도 장기적으로 환경보전에 유익하다면 그 효익은 많은 사람이 향유할 수 있다는 것을 설명하여야 한다. 이를 위해 환경보전에 투입된 원가와 그 효과를 적절히 비교하여 공시할 필요가 있는데, 그 수단 역시 환경회계이다.

4. 환경경영의 발전

환경경영은 환경기술적 측면에서는 사후처리적 대응으로부터 사전예방적 대응으로 이행하여 왔다. 또한 소극적 대응으로부터 적극적 대응으로 발전해 왔다. 사후처리적 대응은 환경오염이 발생한 후에 이를 정화, 복구하려는 방법이고, 사전예방적 대응은 환경에 미치는 영향을 원인부터 사전에 해결하려는 방법이다.

환경경영의 발전은 무관심형, 규제준수형, 예방형, 지속발전형 4단계로 전개되어 왔다(金原達夫, 2012, p.47). 무관심형이란 기업이 환경문제에 관심도 반응도 보이지 않는 단계이다. 무관심형은 경영자가 환경오염을 방지하겠다는 의식이 없고, 오염방지를 위한 기술적 능력이나 설비투자를 위한 재무적 능력이 부족한 것이 주원인이라 할 수 있다. 이 단계에서는 사업활동량이 증가하면 할수록 유해화학물질이나 폐기물 배출량이 늘어나 환경오염이 증대된다. 무관심형에서는 발전과 성장이 우선시된다. 정부는 환경규제를 실시하지 않으며 지역사회나 시장 등의 외부압력이 없어 환경오염은 점점 심각해진다.

규제준수형은 환경악화에 따라 정부의 환경규제가 강화되고 지역사회 및 시민의 불만이 높아짐에 따라 법령을 준수하는 대응적 행동을 취하는 단계이다. 즉, 환경규제를 따르는 규제준수(compliance)의 단계이다. 이 단계에서 기업은 환경원가를 가능한 한 최소화하려고 수동적으로 행동하기 때문에 사후처리적 대응을 취하는 경향이 있다. 개별기업 차원에서 환경규제에 따라 몇 가지 조치를 취하여 환경은 부분적으로 개선되나, 사회의 환경부하 총량은 개선된다고 보기 어려운 단계이다.

예방형은 기업이 시장이나 사회로부터의 요청을 지각하고 보다 적절한 환경대응책을 강구하는 단계이다. 즉, 환경문제에 대해 기업이 주체적(proactive)이며 전향적으로 대응하여 사전예방적 조치를 취하는 단계이다. 환경경영시스템의 국제규격(ISO14001) 등에 따라 환경경영시스템을 도입하고 최고경영자의 환경경영 의지와 관심이 환경경영 방침에 반영되는 단계이다. 기업은 사후처리적이 아니라 사전예방적 차원에서 전 과정에서의 대응을 고려하고 환경을 위한 혁신에도 적극적 노력을 기울이게 된다. 따라서 이 단계에서는 시장에서 경쟁력을 확보하게 되어 환경문제에의 대응이 경제적 성과향상에도 조금씩 긍정적으로 기여하게 된다.

지속발전형은 기업의 환경에 대한 대응이 더욱 주체적이며 예방적이 되고 환경혁신뿐만 아니라 경제적 성과도 달성하여 실질적으로 지속가능한 경영에 근접한 단계이다. 이 단계에서는 조직적으로 환경경영시스템이 확립되고 환경전략은 더욱 주체적이 되어 환경경영이 확고하게 자리 잡게 된다. 기업활동은 환경성과는 물론 경제적 성과에도 긍정적 공헌을 한다.

환경경영의 발전단계별 특징을 요약하면 **〈표 1-3〉**과 같다.

〈표 1-3〉 환경경영의 발전단계별 특징

	무관심형	규제준수형	예방형	지속발전형
환경전략	무관심	대증요법적	주체적	주체적
환경경영시스템	미도입	미도입	도입	확립
환경기술	사후처리적	사후처리적	사전예방적	사전예방적
기업활동과 환경성과의 관계	부정적	약한 부정적	긍정적	긍정적
기업활동과 경제성과의 관계	부정적	부정적	약한 긍정적	긍정적

자료: 金原達夫, 2012, p.48

5. 환경회계: 환경경영의 언어

(1) 환경회계의 등장배경과 의의

회계는 기업경영의 언어라고 흔히 말한다. 언어는 의사소통의 수단이다. 서로 다른 언어를 사용하든지 상대의 언어를 알지 못하면 의사소통을 할 수 없다. 따라서 오늘날 정착되어 가고 있는 환경경영의 언어로서 환경회계가 등장하게 된 것이다. 환경회계는 새로운 회계영역으로 관심을 받고 있다. 환경회계의 등장배경을 2가지 측면에서 고찰하면 다음과 같다.

1) 회계의 고유기능

회계의 고유기능은 기업경영을 경제적으로 측정 · 평가하고 기업목적인 이익을 산정하여 이해관계자에게 보고하는 것이다. 기업경영은 회계 시스템에 의해 설정된 목적을 추구하는 활동이라고 해도 과언이 아니다. 회계는 이해관계자들, 주로 투자자나 채권자가 위탁한 자원을 어떻게 유지하고 관리하였는지를 일정기간마다 측정하여 그들이 유용한 의사결정을 할 수 있도록 설명 · 보고하는 시스템이다.

따라서 회계시스템에 환경요소를 도입하면 환경문제와 경영은 환경회계라는 언어를 통해 연결될 수 있고, 환경회계는 환경경영의 실현에 공헌할 수 있다. 앞에서 기술하였듯이, 이익추구 조직인 기업에 있어 환경보전활동과 경영활동은 서로 상반된다. 환경회계는 회계의 고유기능인 측정과 보고를 통해 환경경영의 목적달성 여부를 측정 · 평가하여 보고한다. 나아가 상반되는 경영활동과 환경보전활동을 연결시키는 고리 역할을 할 수 있다.

2) 환경회계책임

경영자가 이해관계자로부터 위탁받은 자원을 유지 · 관리하고 그 실태를 설명 · 보고하는 것을 회계책임(accountability)이라 한다. 기업의 경영활동으로 인한 환경부하가 심각해지고 지구환경에 미치는 영향이 막대해지면서 회계책임 범위가 확대되었다. 즉 기업은 기업활동으로 인한 환경부하나 환경영향에 대하여 이해관계자에게 설명 · 보고할 책임을 지게 되었는데, 이를 환경회계책임(environmental accountability)이라 부른다(國部克彦, 1998, p.32).

기업이 환경오염의 주범이라고 인식되는 상황에서 환경회계책임은 기업의 환경경영활동으로 인한 환경적 건전성 나아가 지속가능성에 공헌한 성과를 보고하는 것이고, 환경회계책임의 이행수단으로 환경회계가 등장한 것이다.

환경회계(environmental accounting)는 기업의 환경(보전)목적을 달성하기 위한 환경보전활동에서 발생하는 환경원가와 그 활동의 결과 발생한 환경효익을 정량적 정보로 측정하여 이해관계자에게 전달하는 시스템이다(전영승, 2012a. p.31). 다만, 전통적 회계가 화폐적 측정을 근간으로 하는 데 비해서 환경회계는 화폐적 측정 외에 물량적 측정도 포함한다는 점에 유의할 필요가 있다. 화폐 흐름의 기초에는 물량의 흐름이 있고, 물량의 흐름이 환경부하의 원인이 되므로 물량단위의 계산도 환경회계의 중요한 대상이라고 볼 수 있다.

(2) 환경회계의 역할

환경회계정보는 내부적으로는 경영자의 환경활동 관련 의사결정에 유용한 역할을 하고, 외부적으로는 이해관계자의 알 권리를 충족시키고 의사소통을 촉진하는 역할을 한다.

일반적으로 최고경영자는 환경경영활동이 비용 상승의 요인이 된다고 보아 환경경영에 소극적이고, 투자자들은 환경친화적인 기업이 수익성이 낮을 것을 염려하여 투자를 꺼린다. 최고경영자나 투자자를 설득하기 위해서는 환경보전 목적이나 환경오염 방지와 관련된, 또는 오염된 환경의 정화 · 복구와 관련된 기술 개발이나 투자를 하게 될 때 얼마의 자금이 투입되었고, 그 투자의 결과 얼마의 성과를 올렸는지, 앞으로 얼마의 성과를 올릴 수 있는지 등을 측정하여 보고할 필요가 있다. 예를 들면 폐기물을 삭감하기 위해서는 설비투자나 원재료의 변경을 필요로 하는 경우가 많으며 그러기 위해서는 투자도 필요하다. 따라서 얼마를 투자하고, 어떻게 폐기물을 삭감하는 것이 바람직한가를 판단하는 기준이 필요하다. 이러한 정보를 제공하는 수단이 바로 환경회계이다.

환경회계정보를 외부 이해관계자에게 공시함으로써 기업은 사회적 신뢰를 얻고 기업의 사회성을 향상시킬 수 있다. 예컨대 친환경제품에 투입된 원가를 측정하여 공시(보고)함으로써 소비자에게 가격의 정당성을 입증할 수 있으며, 환경보전활동에 대한 투자내역을 공시함으로써 환경친환적 기업이라는 평판을 얻을 수 있다.

토론하고 발표하기

1. 경영의 개념과 중요성을 설명하라.

2. 경영의 세 가지 관점을 설명하라.

3. 기업의 개념과 중요성을 설명하라.

4. 기업과 경영의 관계를 설명하라.

5. 기업의 책임을 설명하라.

6. 경영패러다임의 변화를 설명하라.

7. 환경경영의 개념과 구성요소를 설명하라.

8. 환경경영의 목적과 중요성을 설명하라.

9. 환경경영의 발전단계를 설명하라.

10. 환경회계가 등장하게 된 배경을 설명하라.

11. 환경경영과 환경회계의 관계를 설명하라.

환경경영 TIP

21세기에 인류가 겪게 될 문제들

- 지구온난화와 기후변화
- 후천성면역결핍증의 세계적인 유행
- 다른 예방 가능한 질병으로 인한 연간 몇백만 명의 사망자
- 아프리카 지역을 중심으로 퍼져 있는 기아와 가난
- 세계 많은 국가에서 당장 마실 수 있는 물과 물의 위생
- 급증하는 화석연료 수요와 공급의 감소
- 수백만 어린이들을 위한 교육자원 부족
- 선진국 대부분에서 나타나는 노령인구 증대
- 부국과 빈국 간의 경제격차 확대

(자료: 지속가능경영의 3대 축, 앤드류 사비츠 칼 위버 지음, 삼일회계법인 SBS팀 옮김, 2008, p.318)

제 02장

환경문제와 대응 및 규제

이 장에서는 오늘날 심각하게 논의되고 있는 환경문제의 발생 원인과 대표적인 환경문제를 살펴보기로 한다. 그리고 환경문제에 대응하는 국제적 노력과 기업의 태도를 고찰한다. 그리고 환경문제를 해결하기 위한 규제를 살펴보고 제품에 대한 환경규제를 소개한다.

제1절 환경문제의 원인과 현상

1. 환경문제의 원인

(1) 인구증가

17세기 중반에 5억 명 정도였던 세계 인구는 그 후 약 200년 동안 2배로 늘어 10억 명이 되었다가, 18세기 이후 생활환경 개선과 의술의 발달로 급격한 증가세를 보여 1999년에 60억 명에 이르렀으며 2011년 드디어 70억 명을 넘어서게 되었다. 영 · 유아 사망률의 감소와 기대수명의 연장 등을 감안하면 2050년에는 92억 명, 21세기 말에는 100억 명이 될 것으로 추산하고 있다.

이러한 인구증가는 토지 · 목재 · 광물자원 · 에너지 등 천연자원에 대한 급격한 수요 확대와 식량소비의 증대뿐만 아니라 환경에 막대한 영향을 미쳤는데, 쓰레기 배출 등 각종 오염물질의 증가로 인한 생태계의 교란과 파괴를 초래하였다.

특히 최근에는 인구증가 현상이 선진국보다 저개발국에 집중되고 있어, 심각한 식량 문제와 함께 환경오염의 지역적 불균형을 심화시키고 있다. 지구촌 인구의 100명 중 97명이 저개발국에서 태어나고 있다는 보고가 있는데, 이런 실정이다 보니 선진국과 저개발국 간에 인구증가로 인한 환경문제에 대해서 상당한 견해 차이가 존재한다. 선진국은 인구증가를 재앙으로 생각하고 있지만, 저개발국은 인구증가를 새로운 기회로 생각하고 있는 것이다.

따라서 선진국이 보다 적극적으로 저개발국이 지속가능한 경제성장을 할 수 있도록 다각도로 지원하며, 적극적인 이민정책 등을 전개하여 인구증가 문제에 대처해 나가야 할 것이다.

(2) 기술 발전

과학기술의 발전은 경제성장과 생활여건 개선에 크게 기여하였지만, 그것이 환경에 미치는 부정적 영향도 결코 적지 않다. 기술 발전은 대량생산을 가능하게 하였으며 이로 인한 소득증대와 경제발전은 인간의 편리한 삶과 편안한 생활을 보장해 주었다. 그러나 기술 발전은 빛을 선사한 동시에 그늘도 던져 주었다. 대량생산으로 인해 각종 자원에 대한 수요가 증대되었고 이는 천연자원의 고갈로 이어졌다. 또한 대량폐기라는 부작용을 낳았다.

특히 기술 발전과 함께 시작된 공업 위주의 산업화는 과거 1차산업 중심의 사회에서는 경험하지 못했던 다양한 유형의 환경문제를 발생시켰다. 대규모의 화석연료 사용으로 인한 대기오염은 인류의 건강을 위협했으며, 지구온난화로 이어졌다. 대기오염만이 아니라 수질오염, 토양오염 등 산업화로 인해 겪어야 하는 환경 피해는 실로 막대하다.

(3) 도시화

도시화는 대체로 공업 위주의 경제활동이 확대되면서 산업의 집중과 노동인구의 도시 유입이 가속화되어 나타난다. 거대도시의 출현은 현대 산업사회의 필연적 산물이지만, 삶의 질을 놓고 볼 때 많은 문제점을 안고 있다. 우리나라의 수도권 과밀화 현상이 불러일으킨 환경문제 외에 교통, 주택, 난개발 문제 등이 이를 보여 주고 있다.

오늘날의 도시는 대부분 대량생산, 대량소비 체제의 중심에 있으므로 그만큼 각종 오염물질이나 폐기물질을 대량 배출하여 환경문제를 일으키기 마련이다. 그리고 도시 인구의 집중화는 필연적으로 교통 혼잡, 주택문제를 일으키며 이를 해결하기 위한 사회간접시설의 확대는 결국 환경문제로 이어진다.

또한 도시생활에 지친 도시인이 스트레스 해소를 위해 휴일에 찾는 자연조차 인파로 인해 교통대란과 쓰레기 몸살을 앓게 되었다. 결국 도시화는 전국적으로 자연을 황폐화하고 병들게 하는 결과를 낳고 있다.

2. 환경문제의 현상

환경문제가 인류의 공통 관심사로 부상하기 시작한 것은 1970년대 들어서이다. 그리고 1980년대 후반이 되어서야 심각하게 논의되기 시작하였으므로 최근의 관심사라 하겠다. 환경문제가 1960년대에 등장한 공해문제와 다른 점은 두 가지이다. 첫째로 환경문제는 공해문제보다 영향을 미치는 공간적 범위가 훨씬 넓다는 점이다. 공해문제는 문제를 일으킨 특정 지역이나 국가에 한정되는 데 비해 환경문제는 국경을 초월하여 지구적으로 영향을 미치는 것이다. 둘째, 환경문제의 영향이 미치는 시간적 범위가 공해문제보다는 비교할 수 없을 정도로 크다는 점이다. 공해문제는 문제를 일으킨 특정 시대에 영향을 주는 반면, 환경문제는 세대를 초월하여 후대까지 영향을 미치는 것이다.

이와 같은 특징과 앞에서 고찰한 원인들로 발생하는 환경문제의 대표적인 예를 몇 가지 제시한다.

(1) 대기오염

대기오염은 자동차의 배기가스나 공장의 매연 등에 의해 발생한 황산화물(SOx), 질소산화물(NOx), 부유입자물질 등이 원인이 되어 대기가 오염되는 현상으로, 호흡기질환을 유발하는 등 건강상의 피해를 입힌다. 인간은 음식물을 먹지 않고는 5주, 물을 마시지 않고는 5일을 견딜 수 있지만, 공기를 마시지 않고는 단 5분밖에 살 수 없다. 그런데 인간생명의 필수인 공기가 점점 오염되고 있다. 더욱이 공기는 여러 가지 오염물질이 전파되는 통로 역할을 하기 때문에 대기오염으로 인한 피해는 클 수밖에 없다.

대기오염으로 일어나는 환경문제의 대표적인 예가 스모그와 산성비이다. 스모그(smog)는 연기(smoke)와 안개(fog)의 합성어로 공장이나 자동차로부터 배출되는 매연이 안개와 섞여 있는 상태를 가리킨다. 스모그는 세계 도처의 대도시에서 공통적으로 발생하고 있다. 우리나라의 수도 서울도 예외가 아니다.

산성비는 석탄, 석유, 천연가스 등 화석연료의 연소에 의해 방출된 황산화물, 질소산화물 등의 오염물질이 비에 녹아들어 일어난다. 보통 비의 수소이온화 농도(pH)가 5.6 정도인데 고

농도의 황산이나 질산 등의 산성을 강하게 포함하는 산성비는 그보다 낮은 수치를 나타낸다. 사람에게는 눈이 충혈되는 안질, 목과 피부가 따가워지는 피부질환과 호흡기질환을 일으키고, 가로수, 삼림 등을 고사시키는 등 수목의 성장에 치명적이다. 산성비는 생태계에만 피해를 입히는 것이 아니라 금속이나 돌을 부식시켜 건축물이나 문화재를 파괴하는 주범이기도 하다.

(2) 지구온난화

지구온난화는 환경문제 가운데 가장 심각하고 해결이 어려우며, 경제활동에 큰 영향을 미치는 문제이다. 지구온난화는 이산화탄소(CO_2), 메탄(CH_4), 염화불화탄소(CFCs: 미국 듀폰사의 상품명인 '프레온가스'로 널리 알려짐), 아산화질소(N_2O) 등 온실효과(greenhouse effect)를 일으키는 가스물질의 대기 중 농도가 상승함에 따라 지표면의 온도가 상승하는 현상이다. 온실효과란 앞의 가스들이 온실 유리처럼 기능하여 지구로 들어오는 태양광선은 통과시키지만 지표면에서 복사되는 적외선은 통과시키지 않고 흡수하는 것을 말한다. 이러한 온실효과로 지표면의 온도가 올라가는 것이다.

2012년 남극대륙 서부 빙상의 중심부에 위치한 미국의 버드과학기지 연구팀은 해당지역 연평균 기온이 1958년부터 2010년까지 2.4℃ 상승했다고 밝혔다. 이는 지구 전체 평균적 기온 상승치보다 3배, 과학자들의 기존 예측치보다 2배나 빠르다. 연구팀은 이 같은 연구결과는 지구온난화가 심해지고 있는 증거로, 전 세계 해수면 상승에도 큰 영향을 미친다고 경고했다. 해빙으로 20세기 동안 해수면은 10~20cm가량 상승했으며, 2100년까지 해빙이 계속되면 1990년 대비 9~88cm까지 해수면이 상승할 것으로 예상된다.

온실효과를 일으키는 가스 중에서도 가장 주목을 받는 것은 이산화탄소이다. 이산화탄소는 자동차 운행, 발전소와 철강 · 시멘트 공장 등의 가동을 위해 화석연료를 연소할 때 대기 중으로 다량 방출된다.

지구온난화로 인한 기후변화는 인류가 직면한 최대의 과제라 할 수 있다. 온난화가 지속되면서 대륙의 내륙지방은 더욱더 건조해지는 반면에 해안지대에는 더욱더 많은 비가 올 것으로 전망된다. 지구온난화는 지구적 기후변화를 초래하여 결국 생태계를 지탱하던 질서의 붕괴와 대혼란을 초래할 것으로 과학자들은 예측하고 있다.

2011년 3월 일본 동북부를 덮친 지진해일로 주택과 기반시설 80%가 파괴되고 1만 명 이상 실종되었으며 이어 터진 후쿠시마 원전사고의 피해는 측정하기 어려울 정도다. 게다가 2011년 10월 태국 수도 방콕의 대침수 등 아시아에서 발생한 최근 사건들은 지구온난화로 인한 기후변화와 관계있음을 부인할 수 없다. 우리나라도 매년 기상이변 현상이 빈발하고 있다. 극심한 폭염으로 가뭄이 지속되다가도 동남아의 전유물인 스콜을 떠올리게 할 만한 집중폭우가 쏟아진다. 겨울이 짧아지는가 하면 대표적인 아열대 작물인 망고가 재배되고, 난류성 어종인 오징어 · 고등어 등의 어획량도 늘고 있다. 기상청이 발표한 '1981~2010년 국내 10개 지점의 계절 지속기간 분석결과'에 따르면, 2000년대 겨울의 평균 기간은 1980년대에 비해 적게는 3.9일에서 많게는 14일이나 짧아졌다. 기후대 구분법은 학자에 따라 다른데, 평균기온 10℃가 넘는 달이 1년 중 8개월을 넘으면 아열대 기후로 정의하는 미국의 지리학자 글렌 트레와다의 구분법을 적용하면 이미 우리나라 남해안의 경우 아열대 기후에 속한다. 이런 현상이 모두 지구온난화의 영향이라 할 수 있다.

(3) 오존층 파괴

오존층은 지상에서 10~50km의 상공인 성층권에 해당하며 오존 밀도가 상대적으로 높은 곳으로, 지구를 지키는 생명의 엷은 막이라 할 수 있다. 오존 자체는 인체에 유해한 기체이지만 오존층은 인간을 비롯하여 수많은 생물체가 이 지구 위에서 살아갈 수 있게 하는 역할을 한다. 오존층은 태양에서 지구로 들어오는 태양광선 중에서 생물의 중요한 세포분자를 파괴하는 자외선을 대부분 흡수하기 때문이다.

오존층 파괴의 주된 요인은 온실가스의 일종으로 지구온난화에도 영향을 미치는 CFCs 물질로 알려져 있다. 극히 안정적인 화합물인 CFCs는 대기 중에 배출되어 잔존하면 지구온난화를 야기할 뿐만 아니라, 성층권에서는 강력한 자외선의 공격을 받아 분해되어 염소를 발생시킨다. 이 염소가 오존층을 파괴하는 것이다.

오존층이 파괴되어 지상에 도달하는 유해한 자외선의 양이 크게 증가하면 우리의 건강은 물론 생태계에 미치는 해로운 영향이 막대하다. 지구에 내리쬐는 자외선의 양이 증가하면 피부암을 유발할 뿐만 아니라 지나치게 강한 자외선은 눈의 망막에 많은 피해를 입혀 백내장 환자를 늘어나게 할 수 있다. 또한 과다한 자외선에 노출된 식물은 유전자가 손상되어 돌연변이가 나타나는 등 자연 생태계에도 많은 영향을 미치는 것으로 알려져 있다.

(4) 해양오염

흔히 바다는 생명의 보고라고 한다. 바다에는 다양한 해양생물이 서식하고 있어 오랫동안 인간에게 귀중한 먹을거리를 제공해 주었다. 또한 석유와 같은 에너지원, 망간, 구리 등 광물

자원에 이르기까지 많은 천연자원이 묻혀 있다. 따라서 선진국을 중심으로 바다에 눈을 돌리고 있는 것이다.

환경적 관점에서 보면 바다는 자정작용을 통해 바다에 유입된 쓰레기를 비롯한 온갖 물질을 분해하거나 흡수한다. 그러나 수심이 얕은 연근해 수역을 중심으로 오염현상이 가속화되고 있다. 왜냐하면 방파제, 방조제, 선착장 등의 항만시설과 폐기물이나 기타 물건의 공급 또는 저장을 위한 해양시설 등의 인공구조물, 발전소나 임해 산업시설 등 인위적으로 조성된 것들이 해수의 자연적 순환 기능을 저해하고 해양의 자기정화 능력을 감퇴시키고 있기 때문이다. 준설공사에 따른 부유물질의 확산과 선박 폐유의 발생, 오수 및 분뇨의 배출도 해양오염의 원인이다.

해양오염의 대표적인 예로 적조현상과 유류오염을 들 수 있다. 적조는 바다에 사는 플랑크톤이 이상증식을 하여 푸른 바닷물이 붉은색으로 변하는 현상이다. 이 현상은 물의 움직임이 별로 없는 만이나 강물이 바다로 흘러들어 가는 하구 부근 연안에서 해수가 부영양화[1)]되어 플랑크톤이 갑자기 많이 번식함으로써 나타난다. 적조가 발생하면 늘어난 플랑크톤이 물속의 산소를 모두 소비하게 되어 물고기들은 숨을 쉬지 못해 질식사하게 된다. 따라서 양식장의 수산물들이 큰 피해를 입게 된다.

해양오염 중에서 기름 유출에 의한 유류오염은 큰 비중을 차지하고 있다. 기름이 유출되면 직접적으로 해양을 오염시킬 뿐만 아니라 그 피해가 넓은 지역에 걸쳐서 확산된다는 데 문제의 심각성이 있다. 1989년 3월 알래스카 주의 프린스 윌리엄스 해협에서 발생한 엑슨모빌 소유의 발데즈호 사고나 인류의 최대 재앙으로 기록될 2010년 4월 멕시코만의 석유시추선 폭발사고는 유류 유출에 의한 해양오염의 대표적인 사례이다. 국내에서는 2007년 12월 태안에서 발생한 삼성물산 소속의 삼성 1호와 홍콩 선적 유조선 허베이 스피릿(Hebei Spirit)호의 충돌로 인한 기름 유출 사고를 들 수 있다. 이들 사고는 인근 어민과 수산업은 물론 해안 생태계에 측정하기 어려울 정도의 막대한 피해를 입혔다.

(5) 삼림 파괴와 사막화

삼림지대는 토양과 지역기후, 토양과 식물 및 생물 간의 영양물질 순환효율을 안정시키고 보호하며 생물의 서식지로서 생태계 안정에 중요한 기능을 한다. 특히 열대지방의 원시림은 세계 동식물의 종족보존 장소라 할 수 있다. 삼림은 휴식처이자 목재와 연료뿐만 아니라 유익

1) 부영양화(富榮養化)는 호수, 연안해역, 하천 등의 정체된 수역에 오염된 유기물질(질소나 인)이 과도하게 유입되어 발생하는 수질악화 현상이다.

한 약초 및 기타 식물을 제공한다. 또한 대기 중 이산화탄소의 영향을 감소시켜 지구온난화를 막아 주는 역할도 한다.

그러나 인간의 무분별한 개발욕구는 삼림을 황폐화시키기에 이르렀다. 농경지와 목장 조성, 도시 만들기, 목재에 대한 과도한 수요 등으로 전 세계에서 하루에 약 4만 6,000헥타르의 열대림이 사라지고 있다.

삼림 파괴가 인간에 미칠 가장 큰 피해는 광합성을 통해 온실가스인 이산화탄소를 흡수하는 나무가 사라짐에 따라 지구온난화가 가속된다. 또한 도로 건설과 벌목으로 삼림이 제거되면 홍수피해를 입을 수도 있고, 남아 있는 동식물 서식지는 고립되면서 빠르게 훼손될 것이다.

한편 삼림 파괴와 함께 진행되고 있는 지구의 사막화도 인간의 생존에 큰 위협이 되고 있다. 삼림이 훼손된 지역에 폭풍이나 홍수가 휩쓸고 지나가면 부식토가 급격히 사라져서 토양은 사막이나 황무지로 변질된다. 해마다 세계적으로 연간 600만 헥타르가 사막화되고 있으며, 지구 표면의 1/3이 사막화 위험에 노출되어 있는 실정이다. 사막화로 인해 야생동물은 멸종위기에 처하고, 물 부족 현상으로 작물재배 면적이 감소하여 인류는 극심한 식량난에 봉착하게 된다.

(6) 기타

1) 생물종의 다양성 감소

오늘날 사람들에 의한 무분별한 남획과 채취, 환경오염으로 인한 자연생태계의 파괴 등으로 지구상에 존재하는 생물종의 수는 급격히 줄어들고 있다. 학자들은 매년 약 4만 종의 생물이 멸종하고 있다고 주장한다. 생물종 다양성의 감소는 기후변화 문제와 밀접한 관련이 있다.

이렇게 사라지는 생물종의 중요성을 꼽는다면, 첫째로 생물은 식량이나 의약품, 의류 등 생활필수품을 제공하는 원료로서 직접적으로 인간의 생활을 지탱해 주는 중요한 자원이고, 둘째로 오염물질 제거, 산소 공급, 물 정화 등 생태계의 순환구조를 통해 자연환경의 평형을 유지하며, 셋째로 휴식 및 아름다운 휴양지 등으로 인간에게 쾌적한 삶의 터전을 제공한다.

그러나 다양성이 사라진 생태계는 각각의 역할을 맡는 생물종이 소수에 불과해 외부 여건의 변화에 적응하기 어려워지며, 그 결과 생태계 기능이 저하되어 인간생활에도 부정적 영향을 미치게 된다.

2) 환경호르몬

환경호르몬이란 생물체에서 정상적으로 생성 · 분비되는 물질이 아니라 산업활동을 통해서 생성 · 방출된 화학물질로, 생물체에 흡수되면 내분비계의 정상적인 기능을 방해하거나 혼란케 한다. 학술용어로는 내분비계 교란물질(endocrine disrupter)이라고 한다. 환경호르몬은 생태계 및 인간의 생식기능 저하, 기형, 성장장애, 암 등을 유발하는 것으로 추정되고 있다.

현재 세계자연보호기금(WWF: World Wide Fund for Nature)은 DDT 등 농약 41종과 음료수 캔의 코팅물질로 쓰이는 비스페놀A, 폐기물 소각 시 발생하는 다이옥신[2] 등 67종을 환경호르몬으로 규정하고 있으며, 일본 후생성에서 143종, 미국에서 73종의 화학물질을 '환경호르몬'으로 규정하고 있다. 이들 화학물질은 산업발달과정에서 인간이 만들어 낸 물질들로 생태계를 병들게 하고, 생태계에 속한 인간마저 병들게 하고 있는 것이다.

3) 물 부족 문제 등

지구온난화와 물 사용량의 증가, 물 자원의 지역적 편중 등으로 수자원 확보는 더 어려워질 전망이다. OECD 2050 환경전망보고서(2012)에 의하면 2050년까지 세계인구의 40% 이상이 심각한 물 스트레스 지역에 거주하게 될 것이라는 전망이다.

물 부족은 식수확보는 물론 작물재배를 어렵게 하고 이는 극심한 식량문제를 초래한다. 우리나라도 물 관리 요주의 국가로 분류되어 있어 물 부족 문제는 결코 남의 일이 아니다.

환경문제는 이상에서 열거한 것 외에도 폐기물 처리문제, 토양오염문제, 수질오염문제, 자원과 에너지의 고갈문제, 석면(asbestos)문제, 새집증후군(sick house syndrome), 열섬(heat island)현상 등 이루 다 헤아릴 수 없을 정도이다.

2) 다이옥신(Dioxine)은 무색, 무취의 맹독성 화학물질로, 주로 쓰레기 소각장에서 발생하는 환경호르몬이다. 보통 염소나 브롬을 함유하는 산업공정에서 화학적인 오염물로서 생성되고, 또 염소가 들어 있는 화합물을 태울 때 생긴다. 특히, 플라스틱 종류의 물질을 태울 때 가장 많이 생기기 때문에 쓰레기 소각장과 관련하여 늘 문제가 되고 있다. 다이옥신은 소량을 섭취하더라도 인체에 축적돼 치명적인 결과를 낳는 무색의 발암물질이다. 쓰레기 소각장에서 만들어진 다이옥신이 대기 중에 떠돌다가 이것이 비와 함께 땅으로 떨어지면 물과 토양이 오염된다. 이렇게 오염된 토양에서 자란 채소나 풀에 다이옥신이 축적되고, 오염된 채소나 풀을 먹고 자란 가축을 사람이 먹으면 다이옥신이 사람의 몸 안으로 들어오게 된다.

제2절 환경문제에 대한 대응

1. 국제적 논의

(1) UN 인간환경회의

1972년 6월 스웨덴의 수도 스톡홀름에서 "오직 하나뿐인 지구(Only One Earth)"를 슬로건으로 UN 인간환경회의(UNCHE: United Nations Conference on Human Environment)가 개최되었다. 113개국 대표가 모인 이 회의의 결과 인간의 경제활동에 의해 발생한 공해, 오염 등의 문제를 범지구적인 차원에서 해결하기 위한 '스톡홀름선언(인간환경선언)'을 채택하였고, 지구차원의 환경문제를 전문적으로 다룰 유엔 기구인 'UN 환경계획(UNEP: United Nations Environment Programme)'의 설치에 합의하였다. 특히 이날을 기념하여 6월 5일을 '세계 환경의 날'로 제정하였다.

이 회의는 환경문제를 논의한 최초의 국제회의로서 지구환경문제가 국제적 관심을 끄는 계기가 되었다. 또한 이 회의에서 채택된 인간환경선언은 최초의 국제적 환경선언문이다.

(2) UN 환경계획회의

1982년 5월 UN 인간환경회의 10주년을 기념하여 케냐의 수도 나이로비에서 UN 환경계획(UNEP)회의가 열렸다. 이 회의에서 '나이로비 선언'을 채택하고, 세계환경개발위원회(WCED: World Commission on Environmental and Development)의 설치를 결의하였다. 이 회의에서는 지속가능한 발전의 개념을 통해 환경보전과 경제개발에 대한 선진국과 개발도상국 간의 입장차이 문제를 해결하기 위한 논의가 최초로 이루어졌다.

이 회의에서 결의되어 설치된 WCED는 1987년 브루트란트 보고서(Brundtland Report)라고도 불리는 「인류 공동의 미래(Our Common Future)」를 발표하였다. 이 보고서는 21세기의 화두이자 새로운 패러다임이라 할 수 있는 "지속가능한 발전(Sustainable Development)"의 개념을 정립하여 제시하였다. 인류가 안고 있는 빈곤, 인구성장, 기후변화, 환경파괴 등의 난제 속에 인류 사회의 발전을 위한 대안으로 지속가능한 발전, 즉 "미래 세대를 위한 자원능력을 잃지 않으면서도 현 세대의 필요를 만족시키는 발전"을 제시한 것이다.

(3) UN 환경개발회의

인간환경선언 채택 20주년이 되는 1992년 6월, 브라질의 수도 리우데자네이루에서 UN 환경개발회의(UNCED: United Nations Conference on Environment and Development)가 개최되었다. 이 회의는 일명 '지구정상회의'라고도 불린다.

118개국 정상급 대표들이 모여 21세기를 맞이하는 새로운 발전 방향으로서 '환경적으로 건전하고 지속가능한 발전(ESSD: Environmentally Sound and Sustainable Development)'을 설정하고, 이를 위한 기본원칙인 '리우선언'과 세부 실천과제로서 27개 행동원칙으로 구성된 각국의 정책 지침인 '의제21(Agenda21)'을 채택하였다.

(4) 지속가능발전 세계정상회의

2002년 8월 남아프리카공화국의 요하네스버그에서 '지속가능발전 세계정상회의(WSSD: World Summit on Sustainable Development)'가 개최되었다. 이 회의는 1992년 리우환경회의 이후 10년 동안 리우선언과 의제21에 대한 각국의 추진실적을 종합평가하고 향후 구체적인 이행계획을 마련하기 위한 자리였다.

이 회의의 주제인 "인간, 지구, 번영"에서 알 수 있는 바와 같이, 이 회의는 보다 적극적인 경제발전을 포함하는 방향으로 환경보전의 범위를 전환하였다. 이 회의를 통해 지속가능한 발전은 경제적 수익성 · 환경적 건전성 · 사회적 책임성을 동시에 고려하는, 즉 사회발전과 통합, 환경보호, 경제성장이라는 세 축이 통합된 의미로 확대 정립되었다. '리우(Rio)+10' 회의라고도 불린다.

(5) 리우+20 정상회의

2012년 6월 20일부터 1992년 리우정상회의 20주년을 맞아 브라질의 리우데자네이루에서 UNCSD 리우+20(the United Nations' "Rio+20" Conference on Sustainable Development) 정상회의를 개최하였다. 이 회의는 지난 20년간의 지속가능발전성과를 평가하고 현재 환경, 자원, 경제 등 복합적 위기를 극복하기 위해 "지속가능발전을 위한 녹색경제(Green Economy)"를 화두로 제시하였다.

리우+20 정상회의의 2대 핵심주제로는 ① 지속가능한 발전과 빈곤퇴치를 위한 녹색경제와 ② 지속가능한 발전을 위한 제도적 체계가 제시되었다. 회의 결과 '우리가 원하는 미래(The Future We Want)'라는 선언문을 남겼으나 개발도상국과 선진국, 각국 정부와 민간단체 사이에 견해 차이가 심해 지속가능한 발전을 위한 구체적인 국제적 합의는 이루지 못하였다.

2. 국제환경협약

(1) 기후변화협약

기후변화협약(UNFCCC: United Nations Framework Convention on Climate Change)은 지구온난화문제를 해결하기 위한 국제적 노력의 결과 1992년 6월 리우회의에서 채택되었다. 기후변화협약의 공식명칭은 '기후변화에 관한 유엔 기본협약'이다. 이 협약은 증가 일로에 있는 대기 중 온실가스 농도를 안정화하여 일정 기간 내에 인위적으로 발생하는 기후변화를 방지하는 데 그 목적이 있다. 우리나라는 1993년 12월에 가입하였다.

기후변화협약의 두 가지 기본 접근 방식은 완화(mitigation)와 적응(adaptation)이다. 즉 온실가스 배출을 억제하고 온실가스 흡수원을 증가시켜 기후변화 현상을 '완화'하고 식생변화, 이상기후, 건강 등 기후변화의 영향에 '적응'하는 것이 이 협약의 핵심이다.

기후변화협약의 구체적 이행 방안은 교토의정서다. 교토의정서(Kyoto Protocol)는 지구온난화의 규제와 방지를 위한 기후변화협약의 구체적 이행방안으로 1997년 일본 교토에서 열린 제3차 당사국 총회에서 채택되고, 우여곡절 끝에 2005년 2월 16일 발효되었다. 교토의정서는 온실가스 배출 감축의무 대상인 부속서 I 의 선진국(38개국)들로 하여금 2008년부터 2012년까지 온실가스를 1990년 대비 평균 5.2% 감축할 것을 요구하면서, 소위 교토 메커니즘이라는 경제적 수단을 통해 감축의무를 이행할 수 있도록 하고 있다. 교토 메커니즘에 대하여는 장을 달리하여 배출권거래 제도를 설명할 때 다시 기술하기로 한다.

2011년 12월 남아공의 더반에서 제17차 당사국 총회를 열어 교토의정서가 종료되는 2012년 이후의 온실가스 감축에 대하여 논의하였다. 그리고 2012년 12월 8일 카타르 도하에서 열린 제18차 당사국총회에서 2020년까지 교토의정서 체제의 연장에 최종 합의하였다. 2015년 12월 파리에서 열린 제21차 당사국 총회에서 2020년에 만료하는 교토의정서를 대체하는 새 기후체제 수립을 위한 파리협정(Paris Agreement)을 채택하였다. 선진국과 개도국이 모두 참여하는 파리협정은 국제사회의 노력으로 2016년 11월 4일 협정이 발효되었다. 파리협정의 목표는 산업화 이전 대비 지구 평균온도 상승을 2℃보다 훨씬 아래(well below)로 유지하고, 나아가 1.5℃로 억제하기 위해 노력해야 한다는 것이다.

또한 기후변화에 관한 정부 간 협의체(IPCC: Intergovernmental Panel on Climate Change)는 2018년 10월 우리나라 인천 송도에서 개최된 제48차 IPCC 총회에서 치열한 논의 끝에 「지구온난화

1.5℃ 특별보고서」를 승인하고 파리협정 채택 시 합의된 1.5℃ 목표의 과학적 근거를 마련하였다. 여기서 IPCC는 2100년까지 지구 평균온도 상승폭을 1.5℃ 이내로 제한하기 위해서 전 지구적으로 2030년까지 이산화탄소 배출량을 2010년 대비 최소 45% 이상 감축하여야 하고, 2050년경에 탄소중립(Net-zero)을 달성하여야 한다는 경로를 제시하였다.

한편, 우리나라는 1997년 채택된 교토의정서 채택 당시 기후변화협약상 개발도상국으로 분류되어 온실가스 배출감소의무 대상국이 아니었다. 그러나 2015년부터 온실가스 배출권거래제도를 시행한 우리나라는 2016년 11월 3일 파리협정을 비준함으로 온실가스 감축의무대상국이 되었다.

(2) 사막화방지협약

사막화방지협약은 무리한 개발과 오남용으로 인한 사막화의 방지를 위해 체결된 국제협약으로, 국제적 노력을 통한 사막화 방지와 심각한 한발 및 사막화 · 토지 황폐화 현상을 겪고 있는 개발도상국을 재정적 · 기술적으로 지원하는 것을 목표로 한다. 공식명칭은 '심각한 한발 또는 사막화를 겪고 있는 아프리카지역 국가 등 일부 국가들의 사막화 방지를 위한 국제연합협약'이다. 1994년 프랑스 파리에서 이 협약이 채택되었으며, 우리나라는 1997년 8월 17일 가입하였다.

(3) 생물다양성협약

생물다양성협약(CBD: Convention on Biological Diversity)은 생물다양성의 보전 · 생물자원의 지속가능한 이용 · 생물자원을 이용하여 얻는 이익의 공정하고 공평한 분배를 목적으로 1992년 유엔환경개발회의에서 채택되어 1993년 12월 29일부터 발효되었다. 우리나라는 1994년 10월 3일 가입하였다.

생물다양성협약은 전문과 42개 조항, 2개 부속서로 구성되어 있는데, 각 국가별 지침을 별도로 마련해 실천해 나가도록 생물자원의 주체적 이용을 제한하고 있다. 주요 내용은 환경영향평가의 도입을 유도하고 각종 개발사업이 발생시키는 생물에 대한 악영향을 최소화하는 것이다. 또한 유전자원의 이용은 상호 합의된 조건과 사전 통보된 협의에 따르며 그에 따른 기술접근과 기술이전을 공정한 조건으로 각 당사국에 제공하는 것이다.

(4) 몬트리올의정서

몬트리올의정서(Montreal Protocol)는 오존층 파괴물질인 CFCs, 할론 등의 생산 · 사용을 규제할 뿐만 아니라 관련 물질의 생산 · 사용 기술을 비회원국에게 이전할 것도 규제하는 협약이다. 정식명칭은 '오존층 파괴물질에 관한 몬트리올의정서'이다.

몬트리올의정서는 1987년 9월 16일 채택되어 1989년 1월 1일부터 시행되었다. 이 의정서는 1990년 런던에서 1차 개정, 1992년 코펜하겐에서 2차 개정이 이루어졌다. 우리나라는 1992년 2월 27일 가입하였다.

몬트리올의정서의 규제 대상은 당초 8종이었으나 런던 개정서에서 12종이 추가되어 20종으로 늘어났고, 코펜하겐 개정서에서는 95종으로 확대되었다. 1997년 9월 제9차 당사국 총회에서 규제물질을 총 96개로 확대했고, 선진국은 오존층 파괴물질에 대하여 2000년 1월부터 수출입 허가를 받도록 제도화했다. 또한 브로민화메틸(CH_3Br)의 규제일정을 단축하여 선진국의 경우 2005년까지, 개도국은 2015년까지 전폐하기로 했다.

(5) 바젤협약

바젤협약(Basel Convention)은 인체 및 환경에 피해를 끼칠 위험성이 있는 유해폐기물의 국가 간 이동 및 최종 처리에 관한 국제 규범의 필요성이 제기되어 제정된 협약이다. 바젤협약은 수은, 카드뮴 등 유해폐기물의 국가 간 이동 금지와 폐기물 발생 최소화 및 처리시실 확보를 목표로 1989년 3월 22일 채택되었다. 공식명칭은 '유해폐기물의 국가 간 이동과 처리에 관한 바젤협약'이다. 우리나라는 1994년 3월 28일 가입하였다.

바젤협약의 규제 대상은 폭발성, 인화성, 중독성 등 13가지 특성을 가진 18개 산업폐기물, 27개 중금속, 2개 생활폐기물 등 47종의 유해폐기물이다. 바젤협약은 유해폐기물 이동 시 발생가능한 사고 예방을 위해 폐기물 이동절차 통제, 유해폐기물 생산 최소화, 폐기물 처리 및 관리 능력이 없는 개도국의 환경을 보호하기 위해 선진국이 개도국으로의 유해폐기물 이동 금지 등을 규정해 놓고 있다.

(6) 스톡홀름협약

스톡홀름협약(Stockholm Convention on Persistent Organic Pollutants, 일명 POPs 규제협약)은 잔류성 유기오염물질(POPs: Persistent Organic Pollutants)로부터 인간의 건강 및 환경을 보호하기 위해 2001년 5월 22일 채택되어 2004년 5월 발효된 국제환경협약이다. 잔류성 유기오염물질이란 일반적으로 내분비계 장애물질이라고도 알려져 있으며 주로 인간의 생산활동이나 폐기물의 처리 과정에서 생성되는 인공적인 산물이다. 이 물질은 생태계나 인체에 일단 유입되면 매우 안정적으로 존재하면서 변이현상을 유발한다. 우리나라는 2007년 1월 25일 이 협약에 가입하였다.

스톡홀름협약의 주요 내용을 살펴보면, 의도적으로 제조 · 사용되는 잔류성 유기오염물질이 환경 중으로 배출되는 것을 근절하기 위해 협약부속서A와 B에 등재된 산업용(절연제)부산물(PCBs), 알드린 등 10종에 대해 제조 · 사용 · 수출입을 금지 또는 제한하고 있는데, 부속서A에 규정된 PCBs 등 9종은 취급금지물질로 제조 · 사용 · 수출입을 금지하고, 부속서B에 규정된 1종(DDT)은 취급제한물질로 제한된 용도에 국한하여 제조 · 사용을 허용하고 있다.

(7) 람사르협약

람사르협약의 정식 명칭은 '물새 서식처로서 국제적으로 중요한 습지에 관한 협약(Convention on Wetlands of International Importance, especially as Waterfowl Habitat)'이다. 이는 1971년 2월 2일에 이란의 람사르(Ramsar)에서 체결되었기 때문에 람사르협약이라 부른다. 일명 습지협약이라고도 한다. 람사르협약은 단일 형태의 생태계(습지) 보전과 관련된 범세계적 차원의 협약이며, 자연보전 분야에서 이러한 형태의 최초 협약이라는 점에서 의의가 있다.

람사르협약은 습지보전과 '현명한 이용(wise use)'을 비전으로 한다. 습지의 '현명한 이용'이란 '지속가능한 발전의 측면에서 환경생태학적 접근을 통해 습지의 생태적인 특성을 유지하는 것'을 말한다. 습지의 현명한 이용은 습지를 보전하면서 지속가능하게 이용하여 인간과 자연에게 모두 이익이 되도록 하자는 것으로 볼 수 있다. 우리나라는 1997년 7월 28일에 람사르협약에 가입하였으며, 습지보전을 위한 노력의 일환으로 겨울철 조류 동시모니터링, 야생조수 치료센터 운영, 생물다양성 관리계약 운영, 방문자센터 건립, 생태공원 조성 등을 진행하고 있다.

3. 환경문제에 대한 기업의 대응

환경문제가 기업 경영의 주요 변수로 떠오른 것은 환경오염에 대한 기업의 자발적 인식 덕분이라기보다 다양한 기업 외부의 압력에 수동적으로 대응하는 과정에서 나타난 결과로 보아야 한다. 외부압력의 대표적인 예는 각종 국제환경협약 및 환경관련법규, 이해관계자들의 관심 증대, 시장여건의 변화, 은행 및 보험회사로부터의 재무적 압력 등이다. 1970년 이후 환경문제에 대한 기업의 대응을 시기별로 살펴보면 4단계로 나눌 수 있다(이병욱 외 2인, 2005 일부보완).

(1) 수동적 대응기(1970~1985)

이 시기에 대부분의 기업은 점차 강화되는 환경 관련 법규와 외부압력에 대하여 수동적인 태도를 보였다. 즉, 법규 준수 차원에 머물렀지 법적 규제수준 이상의 환경목표 설정이나 환경보호를 선도하겠다는 의지를 볼 수 없었던 시기이다. 대개의 경우 환경방침은 본사 차원의 기업 경영 전반에 걸친 것이라기보다 생산현장에서 비롯된 지엽적 환경문제 해결에 초점을 맞추었고 구체적 실천의지도 미약한 상태였다.

선진국의 다국적기업조차 대개는 환경문제의 근본적 개선보다 법규 준수에 필요한 생산시설 개조나 종말처리식 오염예방시설의 개발에 열중한 정도였다. 이러한 노력도 다국적기업을 비롯한 대기업 차원에서 이루어졌을 뿐 중소기업에서는 환경문제에 대응할 태세를 갖추지 못하였다.

(2) 능동적 대응기(1985~1992)

1980년대 중반부터 많은 기업은 환경문제에 수동적으로 대응해서는 정부나 일반 대중의 요구를 더 이상 만족시키기 어렵다는 사실을 인식하게 되었다. 1989년 알래스카 주 근해에서 발생한 액슨모빌의 발데즈호 기름 유출 사건 등으로 산업활동에서 발생하는 환경오염이 인류의 미래에 치명적 영향을 미칠 수 있다는 위기의식이 급속히 확산되었다. 기업의 환경문제를 사회적 책임의 하나로 인식하게 된 것이다.

따라서 1980년대 후반부터 대부분의 선진 대기업을 중심으로 회사의 환경방침을 공식 문서화하고, 이 방침을 이행하기 위한 환경목표를 제시하기 시작하였다. 즉, 좀 낮은 수준의 환경경영이 기업에 도입되기 시작한 셈이다.

이 시기는 기업이 환경문제에 보다 능동적으로 대처하기 시작한 때이기는 하나 경영전략 차원에서 고려했다고 보기는 어렵다. 다만, 기업들은 과거에 지엽적인 문제로 생각했던 환경이슈를 중요한 과제로 인식하여 체계적으로 대응해 나갔으며, 대증요법 방식으로는 환경문제 해결이 어렵다는 인식하에 기업활동과 연계된 해결책을 모색하게 되었다.

(3) 자발적 실천기(1992~2000)

이 시기는 기업들이 자발적으로 환경경영시스템을 구축하기 시작한 단계로 볼 수 있다. 특히 1996년 환경경영의 국제적 표준규격인 ISO14000 시리즈가 제정되면서 선진 대기업을 중심으로 환경경영시스템 인증을 획득하기 위해 노력하였다.

따라서 보다 엄격하고 일관성 있는 환경방침의 제정 및 시행은 물론 최고경영자의 환경문제에 대한 적극적인 관심과 실천의지가 보편화되기 시작하였다. 기업들이 스스로 환경문제를 해결해야 한다는 책임의식을 분명하게 갖기 시작한 것이다. 일부 기업은 법규 준수나 기업 외부 압력에 대응하는 수준을 넘어 자체적으로 환경관리 기준을 설정하고 이를 실천에 옮기는 방향으로 환경경영을 추진하였다. 나아가 환경경영의 결과를 외부 이해관계자의 알 권리 충족 차원에서 환경보고서에 수록하기 시작하였다.

(4) 지속적 확산기(2000~)

21세기 들어서 환경문제는 인류의 "생존이냐 멸망이냐"가 달린 절박성을 지닌 문제가 되어가고 있다. 환경문제의 해결 없이는 인류의 미래를 보장할 수 없게 되었다. 오늘날 기업은 환경경영시스템을 구축하고 환경문제의 해결을 위해 다양한 노력을 기울이고 있다. 2010년 적용되기 시작한 사회적 책임의 국제표준지침인 ISO26000에서 환경문제는 사회적 책임의 핵심주제 중 하나가 되었다. 2016년 11월 발효된 신기후체제(파리협약)의 출범과 함께 세계가 지구온난화를 비롯한 기후변화의 심각성을 인식하고 온실가스 감축과 지구 온도 상승억제를 위한 장정에 들어갔다.

이러한 기업 환경변화에 따라 환경경영은 지속적 확산 단계에 진입한 것으로 본다. 즉, 기업의 대응은 환경경영을 넘어 새로운 경영패러다임인 지속가능경영시대로 확산되고 있는 추세에 있다. 각 나라의 기업은 자국 정부의 온실가스감축을 위한 각종 정책에 발맞추어 혁신적인 기술과 사업모델을 개발하고 있다. 지난 수십 년 축적해온 경험과 기술을 바탕으로 환경과 경제 및 사회적 책임완수라는 세 마리 토끼를 잡기 위한 노력을 기울이고 있다.

제3절 환경규제

환경문제를 해결하기 위해 정부나 시민단체에서는 국민의 의식개혁을 촉구하는 캠페인을 벌인다. 소비자와 기업이 환경문제의 심각성을 인식하고 자발적으로 소비패턴과 경영시스템을 개선하기도 한다. 그러나 캠페인이나 설득, 자발적 개선노력만으로 환경문제가 해결되지 않는 것이 현실이다. 따라서 바람직한 환경의 질을 확보하기 위한 환경규제에는 다음과 같은 것이 있다.

1. 직접규제

직접규제는 정책당국이 기업이나 소비자가 준수해야 할 행위를 구체적인 법률로 제정해 놓고, 이를 위반한 경우 행정상의 강제조치나 형법상의 제재를 가하는 방법으로 법적 규제라고도 한다. 직접규제는 정책당국이 설정한 환경기준을 기업으로 하여금 지키도록 요구하며, 만약 위반할 경우 처벌하는 명령과 통제방식의 규제이다.

환경기준이란 인간의 건강과 안전을 위해 환경이 가져야 할 최소한의 수준을 말한다. 환경기준은 정책당국이 재량권을 갖고 대기, 수질 등 환경오염 매체별로 정할 수 있는데 오염물질이 초과해서는 안 되는 수준을 뜻한다.

직접규제의 장점은 규제의 실행과정이 비교적 단순하고 즉시효과가 나타나며, 규제집행 비용이 적게 든다는 점이다. 환경기준을 통해 정책목표를 명확히 표현할 수 있다는 장점도 있다. 반면에 단점으로는 적절하고 객관적인 환경기준의 설정이 어렵다. 정부에 의해 일방적으로 결정된 환경기준으로 제도운영의 유연성이 부족하다. 또한 기업으로 하여금 법률준수만 하게 하고 보다 적극적인 기술개발이나 환경개선 노력을 기울이지 않도록 한다.

2. 간접규제

간접규제는 기업에게 경제적 유인을 제공하여 기업 스스로 배출량이나 배출방법을 선택하게 하는 방법으로 경제적 규제라고도 한다. 간접규제의 대표적인 예가 환경세이다. 환경세는 환경오염물질 배출자에게 오염물질 배출로 인한 피해만큼 세금을 부과하는 것이다. 환경세는 환경오염을 유발한 자가 책임을 지고 비용을 부담해야 한다는 오염자부담원칙(3P: Polluters Pay Principle)에 입각한 제도이다. 다만, 현실적으로 환경오염 비용을 정확히 산출하기 어렵기 때문에 배출부과금, 제품부과금, 예치금환불제도, 환경소비세 등을 사용하고 있다.

배출부과금(emission charge)은 오염물질 배출량에 비례하거나 또는 누진적으로 환경사용료를 부과하는 제도이다. 제품부과금(product charge)은 제품의 생산과 소비 및 폐기 과정에서 환경에 해로운 제품에 대해 부과금을 징수하는 제도로 배출부과금의 대체수단이다. 제품부과금은 독성이나 유해물질이 함유된 제품에 부과되며, 제품의 생산량 또는 판매량이 부과금의 기준이 된다.

예치금환불제도(deposit-refund system)는 제품 판매 시에 일정액의 예치금을 미리 받았다가 폐품을 반납하거나 또는 환경오염이 일어나지 않도록 적절히 처리했을 경우 예치금을 돌려주는 제도이다. 예치금환불제도는 이론상 제품부과금과 같은 것이나 제품부과금이 돈을 돌려주지 않는 데 비해 예치금환불제도는 오염발생을 방지할 경우 돈을 돌려준다는 점에서 다르다.

환경소비세(user fee)는 소비 단계에서 발생하는 오염을 억제하기 위하여 오염유발물질에 차별 과세함으로써 가격을 상승시켜 소비를 감소시키고 오염배출을 억제하는 제도이다. 환경소비세는 환경오염유발 소비물품과 환경친화물품 간에 차별적인 과세가 이루어지므로 환경오염유발소비의 감소를 유도하여 생산의 감소를 촉진하고, 환경친화상품으로 대체를 유도하여 환경개선을 꾀하고자 하는 제도이다.

간접규제에는 이 밖에도 환경오염 원인제공자에게 일정액을 부담시키는 환경개선부담금이 있다. 위 제도들과는 반대로 환경오염방지를 위한 시설이나 설비를 구입하는 기업에게 보조금을 지급하거나 이자와 세금 감면 혜택 등 인센티브를 제공하는 것도 간접규제에 포함된다.

간접규제의 장점은 기업이 적극적으로 기술개발이나 환경개선에 앞장서게 한다. 노력한 만큼 경제적 보상이 있기 때문이다. 정책의 유연성과 효율성이 높다는 장점도 있다. 이와 같은 장점에도 불구하고 직접규제와 마찬가지로 사후규제라는 한계가 있고, 다양하고 광범하게 발생하는 환경문제를 해결하는 데 한계가 있다.

3. 사회적 규제

앞에서 설명한 직접규제, 간접규제만으로 환경문제를 해결할 수 없는 현실에서 사회적 규제가 등장하였다. 직접규제나 간접규제는 규제주체가 정부이다. 그러나 정부가 환경문제 해결을 위해 모든 기업이나 민간영역 전부를 통제하거나 개선할 수는 없다. 따라서 정부를 대신하는 사회적 시장(social market)을 통해 환경문제의 해결을 시도하는 방법이 사회적 규제라 할 수 있다.

전통적 시장은 사적이익을 추구하는 개인이나 집단이 거래를 하는 장소라면, 사회적 시장은 구성주체가 단기적인 자신의 이익만을 추구하는 것이 아니라 사회적 문제(환경문제)도 고려하면서 활동하는 시장을 말한다. 예컨대 자본시장에서 높은 배당만을 생각하는 투자자가 아니라 배당은 적을지라도 친환경기업에 투자하는 녹색투자자, 상품시장에서 가격이나 품질만을 고려하는 구매자가 아니라 친환경제품을 구매하는 녹색구매자 등이 사회적 시장의 구성주체이다.

따라서 사회적 규제는 경제적 혹은 법적 관점이 아니라 환경의식을 가진 사회구성원들이 자발적으로 환경오염을 유발하는 기업(제품)을 외면하는 방식을 통해 환경문제를 해결하는 것이다.

이 세 가지 규제 외에 규제대상이 되는 기업이 스스로 지켜야 할 환경기준을 제정하고, 위반 여부를 스스로 점검하는 자율규제도 있다. 자율규제는 정부의 감시비용과 적발비용을 절감하고 정부규제의 실효성을 높여 규제 집행의 효율성을 증대시킬 수 있다. 그러나 절차적 공정성이나 책임성의 확보 측면에서 논란의 여지가 있다는 한계가 있다.

제4절 제품에 대한 환경규제

EU를 중심으로 한 제품에 대한 환경규제에 대하여 몇 가지를 간략히 살펴보면 다음과 같다.

1. 전기 · 전자장비 폐기물 처리 지침

전기 · 전자장비 폐기물 처리 지침(WEEE: Waste Electrical and Electronic Equipment)은 소비자에 의해 사용된 후 소각 · 매립되지 않은 전기 · 전자 장비들은 생산자로 하여금 일정한 비율로 회수 · 재활용하도록 의무화한 규정이다. EU는 전기 · 전자 장비의 폐기물을 줄이고, 폐기물의 재이용, 재활용 및 회수를 촉신할 목적으로 이 지침을 마련했다. 이 지침의 대상 제품은 소형 가전용품에서 정보기술 및 통신장비에 이르기까지 광범위한 전기 · 전자 장비이다.

주요 전기 · 전자제품별로 회수(recovery), 재사용(reuse) 및 재활용(recycle)의 비율이 정해져 있으며, 이 비율을 준수하는 기업의 전기전자제품만이 EU 내에서 판매가 가능하다.[3] 이 지침에 따라 컴퓨터 및 일반 가전제품 제조업체(또는 유통업체)는 제품 수명이 다하면 소비자에게 분리수거 비용을 부담시키지 않고 회수하여 폐기해야 한다. EU WEEE의 대상물질은 대형가전제품 등 10개 전기 · 전자제품군이며, 제품군별 회수비율 및 부품 · 원재료의 재이용/재활용 목표는 **〈표 2-1〉**과 같다.

3) 회수(recovery)는 '재생'이라고도 하며 열에너지로의 이용 및 재활용을 포함한다. 재이용(reuse)은 동일한 용도로 다시 사용하는 것을 말한다. 재활용(recycle)은 에너지 회수를 제외한 다른 목적으로 다시 사용하는 것이다.

〈표 2-1〉 주요 대상 품목군과 의무화율

품목군	의무화율
대형 가전제품 및 자동판매기	• 회수: 기기당 평균중량의 최소 80% • 재이용 및 재활용: 기기당 평균중량의 75%
IT와 통신장비, 가전소비재	• 회수: 기기당 평균중량의 75%이상 • 재이용 및 재활용: 기기당 평균중량의 65%
소형 가전제품, 조명기기, 전기 · 전자공구, 완구 및 레저 · 스포츠장비	• 회수: 기기당 평균중량의 70%이상 • 재이용 및 재활용: 기기당 평균중량의 50%
가스램프	• 재이용 및 재활용: 기기당 평균중량의 50%

2. 유해물질 사용제한 지침

EU의 유해물질 사용제한 지침(RoHS: Restriction of the use of certain Hazardous Substances in electric and electronic equipment)은 EU시장에서 판매되는 전기 · 전자제품에는 납, 수은, 카드뮴, 6가 크롬[4]의 중금속, 브롬계 난연제[5]인 폴리브롬화비페닐(PBB) 및 폴리브롬화디페닐에테르(PBDE) 등 6개 물질의 사용을 제한하는 규정이다. 이 지침서에서는 단일물질을 기준으로 6개 물질 유해물질의 사용에 대한 최대 허용농도를 규정하고 있다. 납, 수은, 6가 크롬, PBB, PBDE의 최대 허용농도는 0.1wt%이고, 카드뮴은 0.0wt%이다. 이 지침은 위와 같은 특정 유해물질의 전기 · 전자 장비 사용을 제한하는 규정으로, 폐기물의 처분과 재활용 과정에서 야기될 수 있는 환경문제를 사전에 예방하기 위한 것이다.

이 지침의 적용대상 제품은 WEEE 적용대상 제품 중 의료기기 및 감시통제기기를 제외한 8개 품목군에 해당되며, 예외적으로 사용을 허용한 유형은 지침 부속서에 별도로 기재되어 있다. 단, 2006년 7월 이전에 시장에 판매된 전기 · 전자 기기와 부품에 대해서는 적용되지 않는다.

이 지침은 자기선언을 요구하고 있다. 생산자가 RoHS에서 제한하고 있는 유해물질 사용 의무를 충족하고 있다는 사실을 밝혀야 한다. 제품에 대한 유해물질의 사용 여부를 사용자가 확인하기에는 한계가 있기 때문에 생산자 스스로 제품의 적합성을 인증하는 데 필요한 절차

4) 6가 크롬은 자극성이 심하며 호흡기의 점막에 심한 장애를 주고 피부를 통해 접촉하면 피부점막을 자극하여 부종 및 궤양 등 피부염을 일으킨다. 다량 농축될 경우는 복통 등의 경련을 일으켜 사망한다.

5) '난연제'란 플라스틱, 섬유 등이 불에 타지 않도록 첨가하는 물질을 말하며, 암, 간 독성, 갑상선 기능에 악영향을 유발한다. 브롬계 난연제는 인쇄회로(PCB)기판, 칩 등에 사용되고 환경 호르몬 배출로 임산부, 태아에 영향을 미치며 소각할 때 다이옥신이 발생한다.

를 마련할 것을 요구하고 있다. 적합성을 입증하는 절차는 문서에 근거하여 진행되며, 특히 RoHS 지침의 이행 여부를 확인하기 위해서는 회사의 정보 등이 담긴 개요문서, 프로세스 관점의 기술문서, 제품 및 부품 관점의 기술문서 등의 증빙문서를 준비해야 한다.

다만, 소형형광등, 특정 합금 땜납에 사용되는 납, 특정 램프에 사용되는 수은 등 몇 가지는 예외로 6개 유해물질 사용을 허용하고 있다.

3. 폐차 처리 지침

EU는 2000년 9월 폐차할 때 발생하는 폐기물 감축 및 재이용 확대를 촉진하기 위해 폐차 처리비용을 생산자가 부담하는 것을 골자로 하는 폐차 처리 지침(ELV: End-of-Life Vehicle Directive)을 채택했다. 적용대상은 9인승 이하 승용차, 승합차량, 총 중량 3.5톤 이하 트럭이다. 이 지침에 따르면, 자동차 제조업체와 수입업자는 2002년 7월부터 등록되는 신규 차량의 폐차와 2007년 1월부터 중고차를 포함한 모든 폐차의 무료수거 의무 부담을 지게 된다. 이 의무 이행을 위해 각 회원국은 폐차 수거를 위한 폐차장 운영을 보장해야 한다.

또한 차량등록을 말소하려면 지정된 폐차장에서 발행한 폐차증명서가 필요하고, 폐차장 인도에 필요한 비용은 제조업체가 부담한다. 제조업체 및 부품 생산업체는 유해 폐기물 배출금지 및 재활용의무도 지게 되어, 신규 자동차를 설계할 때 위험물질 사용을 감축하고 폐차 내용물의 분리 · 재이용 · 재활용이 용이하도록 하며, 자동차 제조 시 재활용 자재 사용비율을 늘려야 한다.

이 지침을 통해 자동차 평균 무게를 기준으로 75% 정도인 기존의 폐차 재활용 수준을 2015년부터 재이용 및 회수 비율을 95%, 재활용률을 85%로 확대하는 것을 목표로 하고 있다.

4. 신화학 물질 관리제도

신화학 물질 관리제도(REACH: Registration, Evaluation and Authorization of Chemicals)는 화학물질의 양과 위해성에 따라 등록, 평가, 신고, 허가, 제한하는 EU의 화학 물질 관리에 기본 축이 되는 법령이다. REACH는 제품에 사용되는 화학물질의 특성을 파악하고, 인체 및 생태계에 유해한 화학물질의 생산, 유통 등을 관리하기 위한 제도이다. 이 제도의 핵심은 유해성이 큰 물질의 경우 사전에 사용허가를 받도록 규정한 것이다. REACH의 목표는 인간과 환경에 미치는 위해성을 감소시키고, 안전하지 않은 물질의 대체물질 사용을 장려하며, 인체에 유해하나 대체

불가능한 물질의 생산, 유통, 폐기 등을 추적할 수 있도록 하여, 화학물질이 잠재적으로 그 전 과정에서 야기할 수 있는 환경문제를 방지하는 것이다. REACH의 주요 내용은 다음과 같다.

- 신물질 및 기존 물질의 통합관리: 1톤 이상의 모든 화학물질에 대한 정보 제공, 시험 및 등록의무, 100톤 이상의 화학물질과 위험물질에 대한 특별관리
- 위험물질 우선 관리시스템: 등록 대상 품목 가운데 위험물질에 대한 등록을 향후 5년간 우선 실시
- 업체의 관리 의무 강화: 제조 및 수입업자는 화학물질에 대한 기본정보와 시험방법을 제공하고, 위험평가 실시 및 이에 따른 제반 비용을 부담
- 화학물질 유통과정상의 정보제공 강화: 최초 생산 및 수입 단계에서부터 최종 소비자에 이르기까지 취급업자의 정보제공 의무 강화, 최초 용도와 다르게 사용할 경우 취급업자의 시험 및 위험평가 의무, 안전 관련 자료 유지
- 특정 물질의 사전 사용승인 제도: 위험물질 사용 시 사용 용도에 대한 승인의무 부과
- 미확인 화학물질 함유 제품의 수입 규제: EU 내 미등록 물질이 함유된 수입품 규제 및 당해 물질에 대한 정보제공 의무 부과
- 위험 화학물질의 대체 유도: 중간거래자의 정보제공 의무 강화 및 일반대중에 대한 정보 전달 강화를 통해 위험물질에 대한 대체물질 사용 유도
- EU 이외 지역의 시험결과 인정: OECD 등 국제기구 및 미국의 화학물질 시험결과 인정
- 개도국의 화학물질 관리시스템 지원: 로테르담협약[6]에 따라 화학물질의 개도국 수출 시 사전 동의 및 기술 지원
- 잔류성 유기오염물질(POPs: Persistent Organic Pollutants) 사용 규제: UNEP 지정 12개 잔류성 유기오염물질에 대한 규제 강화

고위험성 우려물질에 대한 승인을 의무화하고 사용을 제한하는 REACH의 세부절차는 다음과 같다.

- 사전등록: EU역내에서 단일 사업자에 의해 연간 1톤 이상 제조/수입되는 기존화학물질(신규 화학물질 및 고분자는 제외), 혼합물 내에 포함된 1톤 이상의 기존 화학물질, 완제품 내에 포함된 1톤 이상의 기존화학물질 중 의도적 배출물질의 기초정보는 사전등록한다.
- 등록: 1톤 이상의 화학물질을 제조하거나 그 자체로 또는 혼합물질의 형태로 화학물질을 1톤 이

6) 1998년 9월 채택된 협약으로 정식 명칭은 '특정 유해화학물질 및 농약의 국제교역 시 사전 통보 승인절차에 관한 로테르담협약'이다. 핵심 내용은 특정 유해화학물질과 농약이 인류의 건강과 환경에 나쁜 영향을 미치는 것을 방지하기 위하여 정보교환을 촉진하고, 수출입에 관한 각국의 절차를 규정한 것이다. 이에 따라 유해화학물질, 농약 수입 규제, 국내 규제 조치를 국제연합(UN) 사무국에 통보하고 수출할 때 관련 자료와 수출통보서를 수입국에 제공하는 것을 골자로 한다.

상 수입하는 경우, 완제품 내에 포함된 1톤 이상의 화학물질 중 의도적 배출물질은 등록해야 한다. 단, 상위공급업자 또는 다른 사업자에 의해 동일 용도로 등록된 경우는 제외한다. 등록할 때 물질의 동질성, 분류 표시, 시험자료 요약, 안전사용 안내 등 문서화된 내용과 소프트웨어 패키지를 이용해 작성되는 화학물질 안전보고서를 제출해야 한다.

- 평가: 100톤 이상 제조 · 수입되는 화학물질과 100톤 이하 화학물질 중 생체축적, 돌연변이 유발, 맹독성 물질 및 분자구조 물질에 대해 제조/수입업체로부터 제공된 자료에 대한 검증과 함께 물질 고유의 특성에 부합하는 시험을 실시한다.
- 신고: EU역내에서 단일사업자에 의해 제조/수입되는 완제품 중량 대비 0.1%를 초과하고, 연간 1톤 이상의 고위험성 우려물질(SVHC: Substance of Very High Concern) 후보목록 등재 물질, 단, 포함농도가 0.1% 이하이거나, 제품의 사용 및 폐기 단계에서 배출이 차단된 경우는 면제한다.
- 허가: 발암성, 유전독성, 생식독성 화학물질, 일부 내분비계 장애물질 등 특히 위해 우려가 큰 물질을 제조, 수입 또는 사용할 경우 건강 및 환경에 위해가 예상되고, 국가기관이 제시한 수단에 의해 적절히 통제된다고 인정되는 경우에만 제조 · 수입 · 사용을 허가한다.
- 제한: 제한대상 물질목록에 포함되는 물질은 시장 유통을 금지한다.

5. 에너지 사용 제품의 친환경 설계 규정

에너지 사용 제품의 친환경 설계 규정(EuP: Eco-Design Requirements for Energy using Products)은 에너지를 사용하는 제품의 친환경 설계 의무화를 내용으로 하는 EU의 규제이다. 이 규정은 에너지를 사용하는 제품을 생산할 때 지켜야 할 지침이며, 제품 생산의 전 과정에 걸쳐 경제성뿐만 아니라 환경성도 향상되도록 설계 단계부터 환경적 요소를 고려할 것을 요구하고 있다. 이 규정의 목적은 환경 기준을 충족시키는 에너지 사용 제품이 EU 내에 자유롭게 유통되도록 하고, 높은 수준의 환경성과를 달성하여 환경보전에 기여하며, 에너지 절약 등을 통해 에너지 공급을 안정시켜 EU의 경쟁력을 강화하는 데 있다.

에너지 사용 제품이란 에너지를 사용하도록 설계 · 생산되어 시장에 유통되는 모든 제품을 말한다. 에너지 사용 제품은 생산 · 유통 · 사용 · 폐기 과정에서 기후변화, 에너지 남용, 자원 소모 등 환경에 영향을 미치기 때문에 친환경 설계기준을 마련할 필요가 있다. EuP의 주요 내용은 다음과 같다.

- 친환경 설계가 되어 있지 않은 에너지 사용 제품은 EU시장에서 판매금지
- 자원채취, 생산, 포장/운송, 사용, 폐기 단계의 전 과정 고려

- 환경마크 기준이 EuP 기준을 충족시키는 경우 환경마크 획득 제품은 EuP 규정을 이행한 것으로 인정

토론하고 발표하기

1. 환경문제의 원인이 무엇인지 설명하라.

2. 오늘날 심각한 환경문제의 현상을 예를 들어 설명하라.

3. 환경문제에 대처하기 위해 그동안 벌여 온 국제적 노력을 설명하라.

4. 환경문제를 해결하기 위한 국제적 협약을 설명하라.

5. 기업이 환경문제에 대응해 온 단계를 설명하라.

6. 환경규제의 세 종류를 비교설명하라.

7. 제품의 환경규제를 설명하라.

환경경영 TIP

세계 이산화탄소 농도 '심리적 한계선' 넘었다

세계 이산화탄소 농도가 처음으로 '심리적 한계선'인 400ppm대에 들어섰다. 기상청은 24일 "지난해 전 지구 이산화탄소 연평균 농도가 400.0ppm을 기록했다고 세계기상기구(WMO)가 발표했다"고 밝혔다. 세계기상기구가 1985년 이산화탄소 농도를 관측하기 시작한 이래 400ppm대에 진입한 것은 처음이다.

1ppm은 어떤 양이 전체의 100만분의 1을 차지한 것을 나타낸다. 이산화탄소 농도 400ppm은 지구온난화로 인한 기후변화의 임계점인 산업화 이전 대비 2도 상승을 억제하려는 세계의 노력에서 심리적 저지선을 의미해왔다. 지난해 유앤 기후변화협약 당사국총회는 지구평균온도 상승을 2도 이하로 유지하고 가급적 1.5도까지 안정시키기로 합의한 바 있다.

지난해 이산화탄소 농도는 2014년에 비해 2.33ppm이 늘어나 최근 10년 연평균 농도 증가량(연가 2.1ppm)보다 더 크게 증가했다. 세계 이산화탄소 농도는 120여 개 관측지점의 자료로 산출된다.

우리나라의 경우 기상청 안면도 기후변화감시소에서 1999년부터 이산화탄소 농도를 측정해오고 있는데, 2012년(400.2ppm) 처음으로 400ppm을 넘어섰으며 지난해에는 407.0ppm이 기록됐다. 안면도 이산화탄소 농도는 10년 연평균 2.3ppm 증가, 지난해 2.5ppm 증가로 세계 이산화탄소 농도 증가속도를 앞지르고 있다.

(자료: 이근영 선임기자, 한겨레신문, 2016년 10월 25일)

제03장

기후변화와 파리협정

이 장에서는 날로 심각해지고 있는 지구온난화의 원인과 현상을 설명하고, 지구온난화문제를 해결하기 위한 기후변화협약의 주요 내용과 의미를 기술한다. 또한 기후변화협약의 구체적 이행방안인 교토의정서와 신기후체제인 파리협정을 설명하고, 기후변화협약이 기업에 미치는 영향을 고찰한다.

제1절 지구온난화

1. 지구온난화의 원인

2000년대 들어 '지구가 점점 뜨거워지고 있다'는 표현이 매스컴에 자주 등장하고 있다. 게다가 전 세계적으로 이상고온, 한파, 폭우와 폭설 등 이상기후에 직면하고 있다. 우리나라도 예외는 아니어서 2012년과 2013년 겨울 유례없는 한파에 시달렸다. 기후변화로 인해 북극 상공의 제트기류가 약해지면서 차가운 공기가 한반도까지 남하함에 따라 한파가 발생한 것이다. 연구자들은 이러한 기후변화의 주범으로 지구온난화를 지목하고 있다.

지구온난화는 환경문제 가운데 가장 심각하고 해결이 곤란하며, 경제활동에 큰 영향을 미치는 것이다. 지구온난화는 인간의 활동으로 인해 대기 중에 배출된 이산화탄소(CO_2), 메탄(CH_4), 아산화질소(N_2O), 수소불화탄소(HFCs), 과불화탄소(PFCs), 육불화황(SF_6) 및 삼불화질소

(NF_3) 등 대표적 7대 온실가스의 축적 및 농도의 증가로 나타나는 지표면 및 대기의 평균 온도 상승 현상이다. 이러한 온도 상승은 '온실효과(Greenhouse effect)'를 일으켜 지구온난화를 초래한다. 지구온난화는 기후변화의 주원인이 된다. 여기서 꼽은 7대 온실가스 중에서도 영향력이 높은 가스는 이산화탄소, 메탄 그리고 아산화질소이다.

이산화탄소는 화석연료를 사용하여 전기를 만드는 발전부문, 이 전기를 이용하여 제품을 생산하고 서비스를 제공하는 산업부문, 인간의 이동과 각종 재화가 이전되는 수송부문에서 많이 발생한다.

메탄은 농·축산부문과 우리가 먹고 버리는 음식물쓰레기와 생물의 소화기관에서 많이 발생한다. 특히 메탄은 인간의 육식습관과 관련이 많은데, 인간의 육식을 위해 길러지는 전 세계의 소는 10억여 마리나 된다. 메탄가스로 인한 지구 전체 온난화 비중은 무려 18%이며 메탄가스 발생량의 37%가 축산업이다.

아산화질소는 질산암모늄을 열분해할 때 생기는 무색투명한 기체로 물·알코올에 잘 녹는데, 그 화학적 성질은 산과 비슷하며 흡입하면 얼굴 근육에 경련이 일어나고 마취성이 있어 외과수술 시 전신마취에 사용하기도 한다. 이는 비료 사용으로 인해 많이 발생한다. 인류와 가축을 위한 곡물재배로 질소비료의 사용량이 증가하면서 아산화질소의 배출량도 늘어나고 있다.

2. 지구온난화 현상과 영향

지구온난화로 인한 기후변화의 징후는 세계 곳곳에서 발견되고 있다. 유럽에서는 폭설과 폭염이 매년 반복되고 있으며, 미국에서는 허리케인 같은 초대형 태풍이 발생하고 있다. 아시아 지역에서도 2011년 3월 일본 동북부를 덮친 지진해일과 2011년 10월 태국 수도 방콕의 대침수 등을 겪었다.

지난 10년간 대기 중의 이산화탄소(CO_2) 농도는 연간 2ppm꼴로 상승했으며, 2011년 11월 기상청 발표 자료에 따르면 2050년 지구의 기온은 2.3℃, 해수면은 33.7㎝ 상승할 것이며 우리나라의 기온과 해수면은 각각 3.2℃, 27㎝ 높아질 것으로 전망하고 있다. 지구온난화에 대한 대책을 수립하지 않는다면 2050년까지 경제적 피해는 세계 GDP의 5~20%가량 될 것으로 보인다.

(1) 대륙별 지구온난화 현상 예측

아프리카는 2020년까지 7,500만~2억 5,000만 명이 기후변화로 인한 물 부족에 직면하고, 농업생산성은 저하될 것이다.

아시아는 히말라야 빙하의 융해로 홍수와 산사태가 증가하고, 대부분의 지역에서 수자원이 부족할 것으로 전망된다. 21세기 중반까지 동아시아 · 동남아시아 지역에서 수확량이 20% 증가하나 중앙아시아 · 남아시아에서는 30% 감소할 것으로 예상된다.

호주 및 뉴질랜드는 강수의 감소 및 증발의 증가로 2030년까지 남 · 동 호주, 뉴질랜드 등의 지역에서는 물 안보 문제가 가중되며, 생물다양성이 감소될 것으로 전망된다. 유럽 역시 기후변화로 인한 악영향이 예상되고 이로 인해 많은 경제적 어려움을 겪게 될 것이다. 북아메리카는 서부 지역 산맥의 온난화로 겨울철 홍수와 여름 유량의 감소 등이 유발될 것이며, 해충, 질병, 화재 등으로 인한 혼란은 산림에 영향을 줄 것이다.

극지방은 빙하의 두께 및 크기 축소로 인한 자연생태계의 변화가 예측되고, 극지방의 독특한 생태계 및 주거지는 특히 다른 지역보다 기후변화에 취약할 것이다. 열대 및 고위도 지역에 위치한 군소 도서는 해수면 상승, 기후변화의 영향 등에 특히 취약하며, 해변의 침식 등과 같은 해안조건의 악화로 인해 지역자원은 어업의 침체와 관광자원으로서의 가치하락이라는 부정적 영향을 받을 것이다.

(2) 지구온난화가 산업계에 미칠 영향과 인간의 건강에 미칠 영향

지구온난화로 인한 기후변화는 산업계에도 큰 변화를 가져올 것이다. 일단 기온의 변화는 여러 제품의 수요에 변화를 가져올 것으로 예상된다. 특히 에너지 수요와 관련하여 발전산업에 미치는 영향이 크고, 전자 및 식품 산업 등의 수요에도 실질적인 변화가 나타날 것이다. 아울러 식생의 변화로 농경방식의 변경이 불가피하고, 관광산업에도 파급효과가 클 것으로 예상된다.

지구온난화로 인한 기후변화는 인간 건강에도 영향을 미친다. 기온이 상승하면 인체는 체온을 일정하게 유지시키기 위해 더 많은 에너지를 소모하게 된다. 이러한 온도 스트레스는 질병에 대한 면역력을 약화시킨다. 전염성 질환은 기온상승에 따라 증가한다. 또한 심한 한파는 심 · 혈관계 질환과 호흡기계 질환을 유발한다. 특히, 낮은 온도에 대한 적응이 되지 않은 비교적 온화한 지역에서 한파가 발생할 경우 이러한 질병에 의한 사망률은 급증할 것이다.

기후변화로 이전에 존재하지 않았거나 영향이 크지 않은 식물의 번식이 증가할 경우 새로운 알레르기를 일으킬 수 있다. 기후가 고온건조한 방향으로 변할 경우 천식 또는 비염 등 알레르기를 일으키는 포자나 꽃가루가 확산될 수 있다. 기후가 고온다습한 방향으로 변할 경우 곰팡이와 진드기가 증가하여 알레르기의 원인인 진드기 배설물에 노출이 증가된다(신용승, 2011). 이러한 알레르기는 피부염 및 천식을 일으킨다.

제2절 기후변화협약과 교토의정서

1. 기후변화협약의 원칙 및 주요 내용

기후변화협약은 지구온난화문제를 해결하기 위한 국제적 노력의 결실로 1992년 6월 리우환경회의에서 채택되었고, 1994년 3월 21일 정식 발효되었다. 한국은 1993년 12월 세계에서 47번째로 가입하여, 1994년 3월부터 적용받았다. 기후변화협약의 공식명칭은 '기후변화에 관한 유엔 기본협약(UNFCCC: United Nations Framework Convention on Climate Change)'이다. 이 협약의 목적은 증가일로에 있는 대기 중 온실가스 농도를 안정화하여 일정기간 내에 인위적으로 발생하는 기후변화를 방지하는 것이다.

기후변화협약의 두 가지 기본 접근방식은 완화(mitigation)와 적응(adaption)이다. 즉 온실가스 배출을 억제하고 온실가스 흡수원을 증가시켜 기후변화 현상을 '완화'하고 식생변화, 이상기후, 건강 등 기후변화의 영향에 '적응'하는 것이다. 특히 기후변화로 가장 피해를 입기 쉬운 곳은 개도국이므로, 적응은 개도국을 지원하는 문제로 귀결된다.

기후변화협약은 의무사항, 재정지원체제, 기술이전 그리고 조직에 관한 사항을 주요 내용으로 규정하고, 이 협약의 체결국은 온실가스배출에 대한 책임과 사회적 · 경제적 능력에 따라 차별적인 공동책임을 부담해야 한다. 구체적인 기후변화협약의 원칙은 ① 공동의 차별화된 책임 및 부담(선진국의 선도적 역할), ② 개도국의 특수 사정 배려(기후변화 악영향이 큰 국가 등), ③ 기후변화의 예방적 조치 시행(과학적 불확실성 극복 필요), ④ 모든 국가의 지속가능한 발전보장으로 구성되어 있다.

기후변화협약의 목표는 기후변화 현상의 완화와 적응을 통해 지속가능한 발전에 기여하는 것이다. 그러나 온실가스 저감은 주로 이산화탄소 저감을 의미하며, 이를 위해서는 특히 에너지 사용을 억제해야 한다. 그러나 이미 에너지를 많이 사용하여 높은 경제수준에 도달한 선진국이 온실가스 저감을 위해 개도국의 에너지 사용을 억제한다면 개도국의 경제성장을 막겠다는 것과 다를 바 없다. 따라서 기후변화협약은 선진국으로 하여금 개도국의 지속가능한 발전을 도울 수 있도록 기술 및 자금을 지원할 것을 의무화한다.

기후변화협약은 최고 의사결정기구로 당사국총회(COP: Conference of Parties)를 두고 있으며, 1995년 제1차 회의가 독일의 베를린에서 개최된 이래 매년 열리고 있다. 기후변화협약의 주요 내용을 요약하면 **〈표 3-1〉**과 같다.

〈표 3-1〉 기후변화협약의 주요 내용

구분	내용	
목적(2조)	대기 중의 온실가스 농도의 안정화	
원칙(3조)	공동의 그러나 차별화된 책임 개도국의 특수한 사정 배려 예방조치 실시 지속가능한 발전을 추진할 권리 및 의무 개방적인 국제경제시스템의 추진	
약속(4조)	선진국	기후변화 완화정책의 도입 및 시행 2000년까지 온실가스 배출량을 1990년 수준으로 감축 개도국에 대한 자금 및 기술지원
	모든 당사국	온실가스 배출원 및 흡수원 목록을 포함한 국가보고서 작성 및 제출 온난화 대책의 국가별 계획 작성과 실시 에너지 분야에서의 기술개발 삼림 등 온실가스 흡수원의 보존 및 확충
주요 기구	당사국총회(7조): 기후변화협약의 최고의결기구로서 당사국의 의무 및 제도적 조치에 대해 정기적으로 검토 보조기관으로서 과학기술자문보조기관 설치(9조) 보조기관으로서 이행보조기구 설치(10조)	

2. 기후변화협약의 의미

기후변화협약의 의미는 현대 경제사회에서 중요한 시사점을 던져 준다는 데 있다. 크게 기술적 관점, 환경적 관점, 경제적 관점으로 나누어 생각할 수 있다(최선 외 3인, 2012, p.100).

기술적 관점에서는 온실가스 관련 첨단기술의 보유 여부가 국가와 기업의 경쟁력 좌우에 중대한 영향을 미칠 수 있다는 것이다. 이미 선진국은 기술경쟁력 우위를 바탕으로 한 녹색보호주의를 통해 자국 경제를 보호하고 자국 제품을 널리 수출하고 있다.

경제적 관점에서는 CO_2를 줄이기 위해선 필연적으로 감축비용이 들어간다는 것이다. 이는 국가 간 혹은 기업 간에도 상당한 차이를 보인다. 그러나 교토메커니즘을 잘 활용한다면 이런 비용을 상당부분 줄일 수도 있으며, 새로운 수익창출의 한 분야로 응용할 수도 있다.

환경적 관점에서는 인류에 의해 발생된 온실가스 배출 안정화로 지구온난화를 더 이상 심화시키지 않으면서 기후변화문제를 해결할 수 있다는 것이다. 즉, 경제적인 친환경에너지 개발을 바탕으로 화석에너지 소비구조의 개편을 통한 국가경쟁력 강화와 지구적 기후변화에 능동적으로 대처한다는 의지가 담겨 있다.

3. 교토의정서

(1) 주요 내용

선언적인 기후변화협약만으로는 지구온난화 방지가 충분하지 않다는 인식하에 1997년 일본 교토에서 열린 제3차 당사국총회에서 교토의정서를 채택했다. 교토의정서는 지구온난화 방지를 위한 기후변화협약의 구체적인 이행방안에 대한 국제협약이라 할 수 있다. 기후변화협약이 지구온난화에 따른 지구의 기후변화를 방지하려는 노력에 전 세계 국가가 동참하겠다는 의지표명 수준에 지나지 않았다면, 교토의정서는 온실가스 감축의무 국가의 명시, 감축량과 감축방법의 제시 등 실제 기후변화 방지의 이행에 필요한 구속력 있는 사항을 포함하고 있다는 차이점이 있다.

교토의정서는 우여곡절 끝에 2005년 2월 16일 발효되었다. 제1차 의무이행기간은 2008년부터 2012년까지이다. 교토의정서는 규제대상 6대 온실가스 물질을 규정했는데 몬트리올의정서에서 규제하는 오존층 파괴물질인 프레온(CFCs)을 제외한 이산화탄소, 메탄, 아산화질소, 수소불화탄소, 과불화탄소, 육불화황이다. 이들 온실가스는 지구온난화지수(GWP: Global Warming

〈표 3-2〉 6대 온실가스

종류	GWP	주요 배출원(산업)
CO_2(이산화탄소)	1	화석연료 사용, 산업공정, 농업, 삼림 벌채 등
CH_4(메탄)	21	농업, 토지이용 변경, 축산, 폐기물 매립
N_2O(아산화질소)	310	비료 사용, 공업, 화석연료 연소
HFC(수소불화탄소)	140~11,700	반도체 제조업
PFCs(과불화탄소)	6,500~9,200	반도체 세정용, 냉매, 발포제 사용 시 배출
SF_6(육불화황)	23,900	반도체, 전기송신, 충전기기 등

자료: 최선 외 3인, 2012, p.92 일부 수정

Potential)로 환산하여 나타낼 수 있다. GWP는 온실가스가 지구온난화에 얼마나 영향을 미치는지를 나타내는 지표로, 이산화탄소 1kg과 비교할 때 대상 가스 1kg이 지구온난화에 얼마나 영향을 미치는지를 나타낸다. 이산화탄소를 1로 잡으면, 메탄의 지구온난화지수는 21이다. 즉, 메탄 1kg을 대기 중에 방출하면 이산화탄소 21kg을 방출하는 효과와 같다는 것이다. 6대 온실가스의 주요 배출원을 요약하면 **〈표 3-2〉**와 같다.

또한 부속서 I (Annex I) 국가의 온실가스 저감목표를 설정하였다. 2008년에서 2012년까지 1차 의무이행 기간 동안 각 국가별로 과거 배출기록에 따라 −8%~+10%까지 차별화된 저감목표를 부여하였으며, 종합적으로 1990년 대비 평균 5.2% 감축수준을 목표로 한다.

교토의정서의 큰 특징은 각 국가가 독자적 노력으로는 삭감목표 달성이 어렵다고 보고 국제적 협조가 가능하도록 국제배출권거래제도, 공동이행제도, 청정개발체제라는 3가지 교토 메커니즘을 허용했다는 점이다. 이들에 대해서는 뒤에서 설명하기로 한다. 교토의정서의 주요 내용은 **〈표 3-3〉**과 같다.

〈표 3-3〉 교토의정서의 주요 내용

구분	조항	주요 내용	
목표연도	3조	2008~2012년	
감축대상 가스 및 기준연도	3조 및 부속서A	• CO_2, CH_4, N_2O: 1900년 기준 • HFC, PFCs, SF_6: 1990년 또는 1995년 기준	
온실가스 감축목표율	부속서B	−8%	EC, 동유럽, 스위스
		−7%	미국
		−6%	일본, 캐나다, 헝가리, 폴란드
		−5%	크로아티아
		0%	러시아, 뉴질랜드, 우크라이나
		+1%	노르웨이
		+8%	호주
		+10%	아이슬란드
흡수원	3조	1990년 이후의 식목, 재식목, 벌채에 의한 흡수원의 변화 인정	
공동 달성	4조	복수의 국가가 감축목표를 공동으로 달성하는 것을 허용(EU)	
공동 이행	6조	국가 간에 공동으로 프로젝트를 실시하여 배출 감축분을 서로 이전 또는 획득할 수 있게 함	
청정개발체제	12조	선진국과 개도국 간에 공동으로 프로젝트를 실시하여 배출 감축분을 이전 또는 획득할 수 있게 함	

구분	조항	주요 내용
배출권거래	17조	국가 간에 감축 할당량을 거래할 수 있게 함
발효조건	25조	• 55개국 이상 비준 • 비준국들이 1990년도 부속서 I 국가의 이산화탄소 배출 총량의 55% 이상을 차지 • 비준이 끝난 시점에서 90일 이후 발효

자료: 이병욱 외 2인, 2005, p.110

(2) 교토 메커니즘

교토 메커니즘은 온실가스 배출 의무감축국들이 감축비용을 최소화하면서 목표를 이행할 수 있도록 도입한 제도로, 국제배출권거래제도, 공동이행, 청정개발체제 등이 있다.

1) 국제배출권거래제도

국제배출권거래(International Emission Trading)제도는 선진국의 저감목표를 고려하여 각 국가별로 배출할 수 있는 온실가스의 최대 허용량을 부여한 다음, 저감목표 달성을 위해 그 거래를 허용하는 제도이다. 즉, 어느 국가가 자국에 부여된 할당량 미만으로 온실가스를 배출하게 되면 그 여유분을 다른 국가에 돈을 받고 판매할 수 있고, 반대로 할당량을 초과하여 온실가스를 배출할 수밖에 없는 국가는 초과분에 해당하는 배출권을 다른 국가로부터 구매하는 제도이다. 그러나 국제배출권거래는 선진국 간 배출량의 이동에 불과하기 때문에 전체 총배출량의 변화는 없다.

그럼에도 불구하고 이 제도를 활용하는 이점은 시장 메커니즘에 의해 목표달성을 위한 전체 비용을 저하시킬 수 있다는 것이다. 결국 같은 배출량을 삭감하기 위해 거액의 투자가 필요한 국가가 비교적 적은 투자로 삭감 가능한 국가로부터 배출권을 구입하기 때문에 전체적인 측면에서 비용을 경감할 수 있다.

〈표 3-4〉와 **〈표 3-5〉**를 보면, A국과 B국의 필요삭감량은 2단위로 동일하지만, 삭감단가는 A국은 2,000원 B국은 1,000원으로 각각 다르다. 국제배출권거래가 없다면 A, B국이 2단위씩 삭감한 경우는 각각 4,000원, 2,000원으로 합계 6,000원의 삭감비용이 발생한다. 그러나 국제배출권거래가 있다면 A국이 삭감단가가 낮은 B국으로부터 배출권 1단위를 1,500원에 구입함으로써 전체의 삭감비용은 5,000원이 된다. 이 경우엔 양국 모두 당초의 비용을 500원씩 절감하면서 목표를 달성하게 된다. 따라서 국제배출권거래는 비용절감 차원에서 온실가스 배출삭감을 촉진하는 역할을 한다고 말할 수 있다.

〈표 3-4〉 국제배출권거래가 없는 경우

구분	A국	B국	합계
거래 전 총배출권	10	8	18
배출권의 거래	–	–	–
거래 후 총배출권	10	8	18
삭감 전 배출량	12	10	22
필요삭감량	2	2	4
삭감단가	2,000원	1,000원	–
삭감비용	4,000원	2,000원	6,000원
배출권거래비용	–	–	–
목표삭감비용	4,000원	2,000원	6,000원

〈표 3-5〉 국제배출권거래가 있는 경우

구분	A국	B국	합계
거래 전 총배출권	10	8	18
배출권의 거래	1	−1	0
거래 후 총배출권	11	7	18
삭감 전 배출량	12	10	22
필요삭감량	1	3	4
삭감단가	2,000원	1,000원	–
삭감비용	2,000원	3,000원	5,000원
배출권거래비용	1,500원	-1,500원	0
목표삭감비용	3,500원	1,500원	5,000원

2) 공동이행제도

공동이행(JI: Joint Implementation)제도는 감축의무가 있는 선진국(부속서 I 국가) 간에 온실가스 저감 프로젝트를 공동으로 수행하여 발생한 저감분(ERUS: Emission Reduction Units)을 공동의 저감실적으로 인정하는 제도이다. 즉, A국이 B국의 온실가스 배출량 저감 노력을 지원한 후 저감된 배출량의 일정량을 자국(A)의 배출 저감량으로 인정해 주는 제도이다.

ERU가 발행되어도 배출량 수치목표가 설정되어 있는 국가 간에 배출량의 취득, 이전이기 때문에 이들 국가 전체의 총배출량은 변화가 없다는 특징이 있다.

3) 청정개발체제

청정개발체제(CDM: Clean Development Mechanism)는 선진국이 감축의무가 없는 개발도상국에서 온실가스 저감 프로젝트(자본투자와 기술이전, 배출권 구입 등)를 수행하여 발생한 저감분(CERS: Certified Emission Reductions)을 선진국의 저감 실적으로 인정하는 제도이다. 즉 선진국은 자본과 기술을 투자하여 온실가스 저감량을 획득하고 개발도상국은 지속적인 개발을 달성할 수 있는 제도이다. 이 메커니즘은, 선진국은 삭감분을 목표달성에 활용하고 개발도상국은 투자와 기술이전의 기회를 얻어 지속가능한 발전에 기여하게 되는 장점이 있다.

CDM사업을 통한 기대효과를 들면, 세계적인 온실가스 감축대책의 가속화 및 온실가스 감축비용을 절감하고, 선진국은 보다 적은 비용으로 온실가스 감축이 가능하며 환경신기술 및 첨단기술에 대한 시장확보가 가능하다. 또한 개발도상국은 CDM사업을 통한 자본유치 및 기술이전, 에너지 수입대체, 에너지 효율 향상을 꾀할 수 있다.

그러나 개발도상국은 교토의정서상 온실가스 배출을 억제하는 목표량이 없기 때문에 CDM이 진전되면 온실가스 다배출 국가인 선진국에서의 온실가스 감축이 소홀해진다는 함정이 있다.

(3) 교토의정서 발효의 의의

선진국의 탄소배출량 감소 조항을 담은 교토의정서는 미국이 이를 비준하지 않아 국제사회의 반발이 있었지만 전 세계 200여 개국이 비준해 온실가스 감축에 큰 공헌을 했다는 평가를 받았다. 교토의정서 발효의 의의를 살펴보면 다음과 같다.

- 세계의 각 나라들이 처음으로 법적의무가 있는 구체적 삭감목표에 합의했다.
- 화석연료 중심의 사회에서 청정연료를 중시하는 사회로 전환되는 중요한 계기를 만들었다.
- 무형의 온실가스가 경제적 자산이 되었다.
- 환경선진국들 사이에 에너지 효율과 대체에너지 기술을 선점하기 위한 치열한 경쟁을 시작하게 했다.

그러나 날로 증가하고 있는 온실가스 배출량을 저감하여 하나뿐인 지구를 지켜 내기 위해서는 보다 강력하면서도 실효성 있는 국제협약이 요구된다. 그럼에도 불구하고 선진국과 개발도상국 간의 의견 대립 등으로 성공적 합의를 이루기가 쉽지 않을 전망이다.

4. 포스트 교토체제 논의

포스트 교토(Post-Kyoto)체제는 교토의정서에 따른 1차 의무감축 기간이 끝난 2012년 이후의 계획을 세우는 것이다. 가장 중요한 의제는 지구 전체의 온실가스 감축 목표량이다. 지구의 온도 상승을 몇 ℃선에서 저지할 것인지, 대기 중 온실가스 농도를 어느 정도에서 안정화할 것인지에 대해 결정해야 한다. 지구 전체의 목표를 달성하기 위한 각 국가별 할당목표도 설정해야 한다.

국가별로 할당을 할 때에도 '총배출량'을 기준으로 할지, '1인당 배출량'을 기준으로 할지, 아니면 '역사적 책임'을 기준으로 할지, '경제적 능력'을 기준으로 할지도 논의해야 한다. 또한 협약 당사국들이 목표치를 잘 달성할 수 있도록 독려하는 시스템을 만들고 지키지 못했을 경우 벌칙을 부과하는 체계도 마련해야 한다. 아무런 제재가 없는 느슨한 합의만으로는 목표를 달성하기 힘들기 때문이다.

그러나 포스트 교토체제 협상은 순탄치 않았다. 선진국은 배출량이 급증하고 있는 중국과 인도의 온실가스 감축 참여를 줄기차게 요구했지만, 중국과 인도가 중심이 된 개발도상국들은 선진국의 역사적 책임을 들어 선진국이 온실가스 감축 목표치를 더 높여야 한다고 주장했다. 2008년 12월 12일 브뤼셀에서 있었던 EU 27개국 정상회의에서 EU는 2020년까지 유럽의 온실가스 배출량을 1990년 대비 20% 감축하고, 재생에너지 비중을 20% 늘리며, 에너지 사용량을 20% 줄이는 'EU 기후변화 에너지 패키지(20-20-20)'에 합의했다. 1990년 대비 20% 감축이라는 기준점을 제시한 것이다. 그러나 개도국들은 선진국들이 2020년까지 1990년 대비 최소 40%를 줄여야 한다고 주장했다.

2007년 13차 총회에서 채택된 '발리로드맵'에 따라 2009년 15차 기후변화협약 당사국 총회가 열리는 덴마크의 코펜하겐에서 포스트 교토체제에 대한 논의를 완료하기로 했으나 회의는 실효성 없는 '코펜하겐 협정(Copenhagen Accord)'으로 막을 내리고 말았다. 코펜하겐 협정은 산업화 이전과 비교해 지구 평균온도 상승을 '2℃ 이내'에서 안정화시키며, 2015년 중간평가를 통해 억제 목표치를 1.5℃로 재조정할 수 있다는 장기목표를 세웠다. 문제는 이 합의문이 법적 구속력을 갖지 않는 데다가 목표를 달성하기 위해 꼭 필요한 각국 온실가스 감축목표량을 정하지 못했다는 점이다.

만족스러운 합의점을 찾지 못한 채 2012년 11월 카타르의 도하에서 열린 제18차 당사국 총회[1]에 참가한 약 200개국은 교토의정서의 효력을 2020년까지 연장하기로 합의했다. 따라서 교토의정서는 2013년 1월 1일부터 예전과 같은 효력을 갖는다.

---

1) 녹색기후기금(GCF: Green Climate Fund) 사무국을 한국에 유치하기로 인준한 총회였다.

특히 참가국들은 오는 2015년 교토의정서보다 더 광범위한 새로운 기후변화협약을 체결, 대체한다는 목표를 설정했다. 2020년 이후 모든 당사국에 적용되는 새로운 기후변화협약 및 2020년 이전 감축상황의 구체적인 논의를 위해 2013~2015년 매년 최소 2회의 회의를 개최하고 2015년 5월까지 협상문 초안을 마련한다는 일정 계획에도 동의했다.

하지만 미국은 중국, 인도 등 주요 개도국의 불참을 핑계로 1차 공약기간에 이어 이번 연장기간에도 의무감축국에서 빠졌다. 1차 공약기간에 참여했던 러시아, 일본, 뉴질랜드는 미국과 같은 이유를 들어 2차 공약기간 참여를 거부했고, 캐나다는 교토의정서를 아예 탈퇴해 버렸다. 개발도상국의 지위를 갖고 있는 중국과 인도는 애초부터 교토의정서 의무감축국가에 속하지 않는다. 이에 따라 연장된 교토의정서는 전 세계 온실가스 배출량의 약 15%만 규제할 수 있는 수준이다.

위와 같은 진통 끝에 2015년 12월 파리에서 열린 제21차 당사국 총회에서 '신기후체제'(Post-2020)를 채택하였다. 신기후체제에 대하여는 다음 절에서 설명한다.

제3절 파리협정: 신기후체제

1. 파리협정과 교토의정서의 비교

2015년 11월 30일부터 12월 13일까지 프랑스 파리에서 개최된 제21차 기후변화협약 당사국총회(COP21)에서 역사적인 파리협정(Paris Agreement)이 채택되어 기후변화 방지를 위한 신기후체제가 출범하였다. 파리협정은 각국의 비준절차를 거쳐 2016년 11월 4일 발효되었고, 2021년 1월 1일부터 적용되었다. 2011년 12월부터 196개 기후변화협약 당사국이 협상을 시작하여 4년 만에 파리협정을 채택함으로써 인류는 기후변화 대응을 위한 새로운 체제를 구축한 것이다.

앞에서 살펴본 교토의정서는 유엔기후변화협약의 목적을 이행하기 위한 유일한 국제법적 구속력을 갖는 합의서 역할을 해왔다. 그러나 교토의정서는 미국이나 중국 등 주요 온실가스 배출국이 참여하지 않아 기후변화 대응체제로서의 기대에 부응하지 못했다는 평가를 받아왔다. 교토의정서는 경제성장의 논리와 충돌하면서 구조적인 한계점을 드러냈다. 심지어는 감축 의무를 부여받은 선진국 중에서 의회 비준을 이행하지 않거나, 아예 이탈하는 국가까지 등장하면서, 교토의정서가 출범 당시 보여주었던 야심찬 목표는 그 빛이 바래고 말았다.

파리협정은 교토의정서와는 달리 기후변화와 관련한 온실가스 감축뿐만 아니라 적응, 재정, 기술, 투명성, 역량배양 등을 균형 있게 고려하였다. 기후변화 대응을 위한 새로운 이정표를 제시한 파리 협정에서 채택된 신(新)기후체제의 핵심은 전 지구 평균 지표 기온 상승을 산업혁명 전 (1850~1900년 평균) 대비 2℃보다 훨씬 아래로 유지하고, 나아가 1.5℃ 아래로 억제하기 위해 협약에 참여한 국가가 의무적으로 온실가스를 대폭 감축하기로 한 것이다. 1.5~2℃를 기후 저지선(climate defense line)이라고 한다. 이미 지구의 평균 온도는 산업화 이전 대비 1℃ 이상 상승함에 따라 지구 곳곳에서 슈퍼태풍 증가, 폭설과 폭우, 폭염과 사막화 증가, 산불 증가 등 이상기후에 의한 기상이변 발생빈도와 강도가 더욱 증가하고 있다. 특히, 1.5℃로 전 지구 평균 기온이 증가할 경우, 해수면 추가 상승으로 이미 국토포기를 선언한 투발루를 비롯해 피지, 키리바시 등 태평양의 작은 도서 국가들은 점차 수몰될 전망이다. 따라서 기후위기로 전 세계의 기후난민은 전쟁난민보다 더욱 증가하고, 천문학적인 경제적 피해 증가와 생물다양성 감소 등 자연재해 위험도 높아져 파리기후협정에서 1.5도 상승 억제가 목표로 추가되었다. 파리협정과 교토의정서를 비교하면 **〈표 3-6〉**과 같은 차이가 있다.

〈표 3-6〉 교토의정서와 파리협정의 비교

구분	교토의정서	파리협약
개최국	일본 교토 제3차 기후변화협약 당사국 총회	프랑스 파리 제21차 기후변화협약 당사국 총회
채택	1997.12 채택, 2005.02 발효	2015.12 채택, 2016.11 발효
대상국가	37개 선진국+EU	195개국(선진국, 개도국 동참)
핵심내용	기후변화(온실가스 배출)의 완화, 적응	온실가스 감축과 적응 및 포함한 포괄적 대응(재정, 기술, 투명성, 역량배양)
목표	온실가스 감축량 1990년 수준 대비 5.2% 감축	지구 평균온도 상승을 산업화 이전보다 2℃ 혹은 1.5℃ 이내 억제
감축량 설정방식 및 보고	UN에 의해 하향식, 보고 없음	각 국가의 자발적 감축목표(NDC) 결정에 의한 상향식, 5년마다 결과 보고
적용시기	1차 공약기간: 2008~2012 2차 공약기간: 2013~2020	2021년부터~종료시점 없음
한국	감축의무 없음	2030년 BAU 대비 37% 감축 (2017년 온실가스 배출량의 24.4% 감축)

2. 파리협정의 구조와 주요 내용

(1) 파리협정의 구조

파리협정은 기후변화의 원인(온실가스 배출)을 해소하는 감축(mitigation)과 기후변화의 결과(부정적 영향)에 대처하는 적응(adaptation)이라는 목적요소(ends)와 목적달성을 위해 요구되는 재원, 기술 및 역량배양, 교육 등의 수단요소(means)가 주요 뼈대를 이루고 있다. 또한 목적요소와 수단요소의 이행성과를 측정 · 보고 · 검증하여 투명하고 효과적인 이행을 담보하는 투명성체제와 모든 당사국의 공동 노력에 대한 전 지구적(global) 차원의 이행점검체제인 글로벌 이행점검이라는 두 개의 점검체제를 갖추고 있다. 이러한 두 개의 점검체제를 통해 파리협정은 각국 국가기여/감축목표의 이행을 담보하고 아울러 목적요소와 수단요소 간의 균형을 추구한다. 이러한 구조적 요소들을 도식화하면 다음 **〈그림 3-1〉**과 같다.

〈그림 3-1〉 파리협정의 구조와 방향성

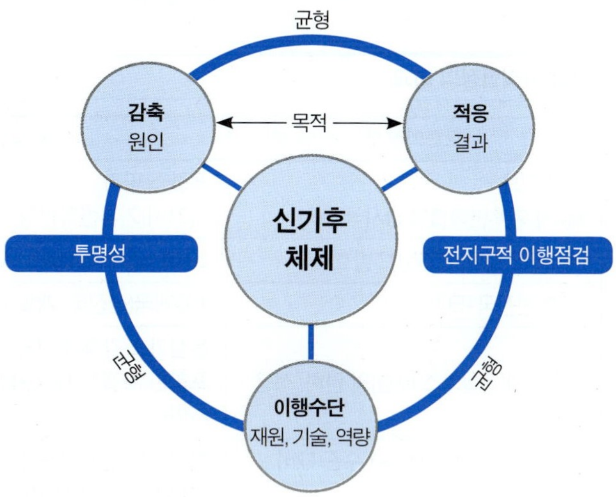

자료: 이대호, 2016, p. 13

(2) 파리협정의 조항별 내용 개요

이와 같은 구조를 갖는 파리협정은 전문과 29개 조항으로 구성되어 있다. 제1조부터 제14조까지는 내용을 규정하고 있는 핵심조항이며, 제15조부터 제29조까지는 당사국총회의 조직, 발효요건 등 절차에 대해 규정하고 있다(**〈표 3-7〉** 참조).

〈표 3-7〉 파리협정 조항별 내용 개요

1조	정의	9조	개발도상국 재정 지원
2조	목적	10조	기술개발 및 이전
3조	일반의무	11조	개도국 능력 형성
4조	온실가스 감축의무	12조	기후변화 관련 교육 강화
5조	삼림 등 흡수원 증진	13조	투명성 체제
6조	시장	14조	전 지구적 이행점검
7조	국가적응계획 수립	15조~29조	총회 등 조직, 발효조건 등 절차
8조	기후변화 손실 및 피해		

파리협정은 전문에서 기후변화 대응을 위해 국제사회가 고려해야 할 중요한 요소들을 제시하고 있다. 즉, 기후변화 대응에 있어서 국가 간에 형평성에 입각하여 대응해야 하며 '공동의 그러나 차별화된 책임'의 원칙과 각국의 다양한 여건을 고려할 것을 기술하고 있다. 기후변화의 부정적 영향에 심각하게 노출된 국가를 특별히 고려하며, 최신의 과학적 기술을 토대로 대응할 것을 요청하고 있다. 또한, 기후변화 대응에 있어서 지속가능한 개발, 개발도상국의 빈곤 퇴치, 농업생산의 취약성을 고려해야 한다. 나아가 기후변화 대응과정에서 인권, 건강관리, 원주민과 이주민 및 아동의 권리, 성 평등, 여성의 권리, 세대 간 형평성을 고려할 것을 요구하고 있다. 그 밖에도 해양 등 모든 생태계의 보전, 생물종의 다양성 보호, 대지, 기후정의(climate justice), 지속가능한 생활패턴 등도 규정하고 있다. 전문에 이렇게 다양한 내용들이 규정되어 있는 것을 보면, 기후변화가 각 국가 그리고 인간 개개인의 다양한 영역에 큰 영향을 미치고 있음을 알 수 있다.

파리협정의 각 조항이 모두 중요하지만, 그중에서도 2조, 4조, 14조는 특별한 의미를 지가진다. 제2조에서 파리협정은 인류가 지구기온의 평균기온 상승을 산업화 이전 수준 대비 2℃ 이하로 막도록 요구하고 있다. 더 나아가 1.5℃ 이하로 막을 수 있도록 노력할 것을 요구하고 있다. 제4조는 온실가스 감축 관련 조항으로 다음 항에서 별도로 설명하기로 한다. 제14조에서 당사국총회는 파리협정의 이행상황에 대해서 종합점검을 실시할 것을 규정하고, 2023년에 첫 번째 종합점검을 시행하며, 그 후 5년 주기로 전 지구적 이행점검을 하도록 규정하고 있다.

5조에서 8조까지는 각 국가에게 삼림의 보전 및 보호(제5조), 시장의 활용방안(제6조), 기후변화에 대한 국가적응계획의 수립(제7조), 기후변화로 인한 손실 및 피해에 대한 대응(제8조)을 요구하고 있다. 파리협정에서는 적응과 감축을 동등한 수준으로 균형 있게 다루고 있다. 기후변화의 책임과 그에 상응하는 능력을 갖춘 선진국이 개발도상국의 기후변화 적응을 위해 지원해야 한다는 사항을 적응 논의의 중심에 두고 있다. 7조에는 전 지구적 적응목표 및 적응행동의 원칙, 개별 국가 차원의 노력, 공동의 협력, 적응에 관한 주기적 보고, 지원, 목표달성에 대한 점검 등의 내용이 포함되어 있다.

손실과 피해(loss and damage)는 선진국과 개발도상국 간에 가장 첨예하게 대립된 주제였다. 손실과 피해란 사이클론 등 극심한 기후현상(extreme weather events)에 따른 인명, 재산 피해뿐만 아니라 생태계 변화에 따른 동물 멸종, 사막화로 인한 농경지의 감소, 해수면 상승에 따른 도서국가의 소멸 등 점진적인 변화(slow-onset events)에 따른 피해를 포괄하는 개념이다. 파리협정에서는 그동안 적응의 한 요소로 논의되어 왔던 손실과 피해에 관한 사항을 8조에 단독조항으로 규정하였다. 8조에서 손실과 피해의 중요성을 인식하고 당사국들의 손실과 피해에 대한 이해, 행동, 지원강화, 협력 분야 등을 규정하고 있다.

9조에서 11조까지는 선진국이 개도국에 지원해야 하는 재정지원, 기술이전, 능력형성 3가지 분야를 규정하고 있다. 제9조에서 선진국은 재원공여와 조성에 선도적 역할을 수행해야 하며, 재원확대를 위해 다양한 재원을 활용할 것을 규정하였다. 제10조에서 감축과 적응을 위한 기술 개발 및 이전의 중요성에 대해 장기비전을 공유하고, 기술협력 확대를 위한 기술 프레임워크를 수립할 것을 규정하였다.[2] 제11조에서 개도국의 기후대응을 위한 능력배양을 위해 협력할 것을 규정하였다.

제12조는 기후변화 관련 교육 강화를 규정하고 있으며, 제13조에서 각국의 감축행동과 선진국의 대개도국 재정지원에 대해 각각의 이행실적을 투명하게 제시할 것을 요구하고 있다. 제21조는 파리협정의 발효요건으로서 55개 국가의 비준과 동시에 전 지구 배출량의 55% 이상의 국가가 비준할 때 발효됨을 규정한 바, 2016년 11월에 위 요건을 충족하여 파리협정이 발효되었다.

(3) 온실가스 감축의무 관련 조항

파리협정 제4조는 온실가스에 대한 감축의무를 규정하고 있다. 제4조는 파리협정의 핵심 중 핵심 내용이라 할 수 있다. 제4조의 항별 개요는 다음 **〈표 3-8〉**과 같다.

2) 파리협정에 대한 기술적인 사항이나 세부적인 사항을 담고 있는 파리 당사국 총회 결정문에 의하면 연간 1000억 달러를 기반으로 2025년까지 새로운 재원 조성 목표를 설정할 것을 규정하였다.

〈표 3-8〉 파리협정 제4조의 항별 내용 개요

4조1항	공동의 장기목표	9항	감축의무의 5년 주기
2항	개별국가 감축의무	10항	공동 타임프레임
3항	감축의무의 요건: 진전, 최고의욕	11항	감축의무의 조정
4항	선진국 감축목표, 개도국 감축의무	12항	감축의무의 기록
5항	개도국 지원	13~14항	회계 및 방법론
6항	최빈국/도서국가의 감축의무	15항	대응조치
7항	기타사항	16~18항	EU 관련 사항
8항	감축의무 관련 정보 제출	19항	장기 저배출 발전전략

제4조 1항의 규정에 따라 파리협정에서 온도목표로 제시한 2℃ 또는 1.5℃의 온도상승 제한 목표를 달성하기 위해 각 국가는 공동으로 다음 세 가지 단계로 온실가스를 감축하여야 한다.

첫째, 조속한 시기에 온실가스의 전 지구적 배출이 정점에 도달하도록 노력해야 한다.

둘째, 정점에 도달한 이후에 급속한 감축 단계로 전환해야 한다.

셋째, 금세기 후반기(2050년)에 온실가스의 배출과 흡수가 균형을 이루도록 해야 한다.

여기서 배출과 흡수의 균형이란 자연이 온실가스를 흡수할 수 있는 정도만큼만 배출하여 순배출이 제로가 되어야 함을 의미한다.

2항은 파리협정의 핵심조항 중 하나로 각 국가의 감축의무를 규정하고 있다. 이 항에서 각국은 달성하고자 하는 국가기여/감축목표(NDC)를 주기적으로 수립, 제출할 것을 강제화하고 있다. 3항은 각국의 주기적 국가기여/감축목표는 기존의 수준보다 강화되어야 하며, 가능한 최고의 의욕을 반영해야 함을 규정하고 있다.

4항은 선진국과 개도국의 감축형식을 규정하고 있다. 선진국에게는 경제 전체에 대해 절대량의 감축목표를 설정하도록 규정하고 있다. 개도국에 대해서는 점진적으로 경제 전체에 대한 감축목표로 이행할 것을 규정하고 있다. 즉, 선진국에는 절대량 감축을 요구하고 있는 반면, 개도국에는 배출추세를 기준으로 하는 감축목표나 탄소원단위 목표가 가능함을 의미한다.

각국은 감축행동의 명확성과 투명성을 높이며 이해를 증진시키기 위하여 필요한 정보(기준연도, 계획기간, 적용범위, 추정방법론 등)를 제출해야 한다(8항). 각국은 5년마다 국가기여/감축목표를 설정하여 제출해야 한다(9항). 19항에서는 각국에 대해 장기 저배출 발전전략을 수립하고 이를 제출하도록 규정하고 있다.

3. 각국의 온실가스 감축목표

파리 당사국총회를 앞두고 한국을 포함해 187개국은 2025년 또는 2030년까지 온실가스 감축목표(국가기여: NDC)를 유엔에 전달했다. 중국과 미국, 인도, 러시아, 일본, EU 등 주요 배출국들은 오는 2030년까지 온실가스 배출량을 25~65%까지 감축하겠다고 공언했고, 우리나라도 2030년 배출전망치(BAU: 특별한 감축 노력을 하지 않을 경우 예상되는 미래의 배출량) 대비 37%를 줄이겠다는 내용의 감축목표를 2015년 6월 제출했다. 2030년 BAU는 8억 5,060만 톤인데 이를 5억 3,588만 톤까지 줄이겠다는 것이다.[3] 국가별 보다 자세한 온실가스 감축목표는 **〈표 3-9〉**와 같다.

〈표 3-9〉 주요 국가별 온실가스 감축목표

국가	감축목표	국가	감축목표
한국	2030년 BAU 대비 37%	러시아	1990년 배출량 대비 25~30%
중국	2005년 1인당 GDP 대비 60~65%	일본	2013년 배출량 대비 26%
EU	1990년 배출량 대비 40%	캐나다	2005년 배출량 대비 30%
인도	2005년 1인당 GDP 대비 33~35%	미국	2005년 배출량 대비 26~28%(2025년까지)

파리협정에서는 국가별 NDC에 대해 스스로 정하는 방식을 채택하고 모든 국가가 차기 감축목표 제출 시 이전 수준보다 진전된 목표를 제시하고, 최고 의욕 수준을 반영해야 한다는 진전원칙을 규정했다. 이에 따라 협정국들은 2020년부터 5년에 한 번씩 이전 목표치보다 높은 수치를 제시한 온실가스 감축목표를 제출해야 한다.

우리나라는 2030년 BAU 대비 37% 감축이라는 목표를 달성하기 위해 목표관리제, 배출권거래제, 신재생에너지공급 의무화제도, 그린 홈 100만 호 보급 사업 등 다양한 온실가스 감축 정책을 시행하고 있다. 연구자들은 우리나라의 감축목표가 감축정책 기반에 비해 지나치게 의욕적이라는 비판을 하고 있다. 즉, 우리나라는 감축정책과 유리된 하향식(top-down)의 감축목표를 수립했다는 지적이다.

따라서 감축목표를 달성하기 위해서는 이제부터라도 감축목표를 체계적으로 평가하고, 설정하고, 이행하는 시스템을 구축하여야 할 것이다. 또한 감축수단, 기술개발, 규제, 인센티브 등 다양한 요소들을 감안하여 목표달성을 위한 전략을 수립하여야 할 것이다.

3) 우리나라는 2020년 말에 국가온실가스 감축목표를 2030년까지 2017년 배출량(7억 910만 톤) 대비 24.4% 감축으로 수정하여 유엔에 보고하였다.

4. 파리협정의 의의와 한계

(1) 파리협정의 의의

파리협정은 신기후체제의 기본 틀과 운영 원리를 담고 있는 국제조약으로서, 신기후체제의 헌법이라 할 수 있다.

파리협정은 개별국가에 여러 가지 의무를 부과함으로써 기후변화의 최소화와 저탄소 경제사회로의 전환을 촉진시키는 역할을 할 것이다. 파리협정은 기후변화에 대한 전 지구적 행동의 시작을 알리는 신호탄으로 볼 수 있다. 파리협정의 의의를 살펴보면 다음과 같다.

첫째, 파리협정은 신기후체제를 출범시켰다. 이러한 주장 근거는 두 가지다. 하나는 감축의무의 대상 국가를 선진국에서 모든 나라로 확대했다는 점이다. 다른 하나는 5년 주기의 감축목표 설정과, 감축목표 상향을 위한 5년 주기의 전 지구적 이행점검 체제를 구축함으로써 기후변화 최소화를 위한 주기적 시스템을 구축했다는 점이다.

둘째, 파리협정은 1992년에 채택된 기후변화협약의 다양한 사항을 승계 및 발전시킨 협정이다. 여러 부문에서 1997년 채택된 교토의정서에 근거한 체제를 대체할 것으로 보인다. 특히 모든 국가가 감축의무를 독자적으로 설정하여 제출하도록 함으로써 모든 나라가 온실가스 감축에 동참하게 된 것이다. 파리협정이 적용되는 2021년부터 교토의정서는 사실상 사문화될 것이고, 그 역할을 파리협정이 대신할 것이다.

셋째, 파리협정은 온실가스 저배출 사회, 저탄소 사회로의 전환을 촉진할 것이다. 파리협정은 장기적으로 온도상승 제한 목표(2℃/1.5℃) 달성과, 중기적으로 2050년에 순배출 제로화 달성을 통해 전 지구적으로 온실가스 저배출 사회, 저탄소 사회로 전환하도록 유도할 것이다.

(2) 파리협정의 한계

파리협정이 온실가스의 감축과 기후변화에의 적응 간 균형을 추구하지만 실질적으로는 감축 편향적 체제라는 한계를 갖는다. 한마디로 파리협정은 감축 중심의 체제이다. 그 이유는 감축부문을 제외한 여타부문에는 측정 가능한 정량적 목표가 부재하며, 목표달성을 위한 지원주체와 이행 메커니즘이 없다.

파리협정에는 2℃ 온도상승 제한 목표와 2050년의 순배출 제로라는 감축 관련 목표만이 존재한다. 이러한 측정가능하고 정량적인 감축목표와는 달리 적응, 재원, 기술 및 역량배양 부문에는 정성적이고 비계량적인 목표만이 규정되어 있다. 따라서 목표와 이행성과 간의 실질적이고 유의미한 비교 · 평가가 불가능하다. 이는 장기 글로벌 목표에 대한 이행성과를 점검하는 글로벌 이행점검이 실질적으로는 감축 중심이 될 수밖에 없다는 것을 의미한다.

투명성 체제 측면에서도 각국의 NDC에 담긴 목표는 감축 관련 목표뿐이다. 즉, 재원, 기술, 역량배양에 대한 목표는 전무하다. 또한 NDC상의 적응 목표는 각국의 자체적 적응계획이지 국제사회에 의무로서 제시하는 목표가 아니다. 따라서 투명성 체제 역시 각국의 감축목표에 대한 이행점검을 실시하는 감축중심체제가 될 수밖에 없을 것이다.

제4절 기후변화협약이 기업에 미치는 영향

기후변화협약은 이산화탄소 집약도가 높은 에너지 사용을 제한하는 등 에너지 소비구조와 에너지 공급구조의 중 · 장기적인 변화를 목표로 한다. 따라서 여러 환경협약 중에서도 기업에 미치는 파급효과가 가장 크다고 할 수 있다. 기후변화협약이 기업에 미치는 영향 몇 가지를 고찰하면 다음과 같다.

1. 온실가스 규제와 원가 상승

제조업이든 서비스업이든 기업활동은 어떤 형태로든지 온실가스를 배출한다. 교토의정서에는 선진국의 온실가스 감축목표가 정해져 있으며, 해당 국가는 목표달성을 위해 배출권거래제도 등 온실가스 정책을 도입하여 실행하고 있다. 따라서 기업의 온실가스 배출은 관련 정책의 규제를 받게 된다. 이는 생산공정에서의 에너지 사용 및 온실가스 배출에 대한 제약을 의미한다. 즉, 기업은 온실가스 배출 규제가 강화됨에 따라 제조 과정의 온실가스 배출, 잠재감축량, 투자비, 투자시기 등을 검토하여야 한다. 이는 시장에서의 생존을 위한 경영의 주요변수가 되기 때문이다. 서비스업의 경우 제조업에 비해 배출량은 작겠지만 건물 사용에 따른 냉난방, 사무용 기기의 전력소비, 임직원의 출장 등에 의해 직 · 간접적으로 온실가스를 배출한다. 업종을 불문하고 이와 같은 규제에 비용 효과적으로 대응한 기업은 경쟁에서 비교우위를 점하게 될 것이며, 그렇지 못한 기업은 경쟁력이 떨어지게 된다. 특히 직접 배출이 많은 발전, 철강, 제지, 석유화학, 시멘트 업종 등은 온실가스 규제로 큰 영향을 받게 될 것이다.

온실가스 규제에 대응하기 위해서는 그만큼 원가부담을 감수해야 하며, 이는 제품의 가격 상승으로 이어질 것이다. 전기 · 스팀 등 온실가스를 간접배출하는 2차 에너지원은 온실가스 규제의 직접적인 대상은 아니지만, 공급업체의 경우 규제대응비용을 구매자에게 전가하기 마련이다. 그러므로 전기사용이 많은 기계, 석유화학, 금속, 섬유, 시멘트 업종의 경우 영향을 많이 받을 것이다. 또한 생산과정에서 온실가스를 직접 배출하는 제품의 원가 상승이 있을 것이다. 원재료 구매나 제품의 공급 등 수송에서의 연료사용이 많은 경우 연료가격 증가에 따른 원가 부담이 있다.

2. 제품에 대한 직 · 간접 규제와 수요변화

환경에 미치는 영향을 최소화하기 위해 공정 및 생산방법을 포함한 제품의 환경성에 대한 직 · 간접 규제가 증가할 것이다. 이들 규제에 대응하지 못하는 제품은 시장에서 외면당할 것이며, 특히 EU 등 선진국으로의 수출은 불가능해질 것이다. 즉, 생산과정이나 제품 사용 시의 온실가스 배출 때문에 제품의 수출이 불가능해지거나 경쟁력을 잃을 수도 있다.

역으로 소비자들은 친환경제품, 즉 에너지효율 제품, 온실가스 배출이 적은 제품을 선호하게 될 것이다. 전자제품이나 자동차 등이 이에 해당된다. 만일 제품이 에너지원인 경우에는 이산화탄소집약도에 따라 수요가 변할 것이다. 가령 중유 · 경유 · LNG 등 정유 제품은 이산화탄소 배출계수가 다른데, 중유처럼 이산화탄소 배출계수가 높은 제품의 수요는 감소하고 이에 따라 제품의 가격구조도 변할 것이다. 전기의 경우 수요자가 직접 이산화탄소를 배출하시는 않지만 기업의 간접배출로 기록되기 때문에 신재생에너지원 전기에 대한 요구가 많아질 것이다.

3. 전 과정 온실가스평가와 친환경공급망 관리

지구상의 최대 환경이슈인 온실가스에 대응하기 위해서는 각 기업의 생산공장 온실가스 관리에만 그쳐서는 안 된다. 제품 전 과정에서 발생되는 온실가스, 즉 원재료의 채취 및 취득과정, 제품제조 및 물류단계, 소비자가 제품을 사용하는 단계와 폐기단계까지 포함한 전 과정 온실가스평가를 시행하여야 한다.

앞으로는 에너지 절감형 생산공정, 에너지 고효율 제품의 생산을 넘어 저탄소기술이나 노하우를 활용하여 중소기업이나 서비스업에 대한 지원을 하여야 한다. 소위 친환경공급망 관리가 요구된다. 기업활동은 자사만으로 완결되는 것이 아니라 협력업체나 판매점 등 다양한 사업자와의 거래를 통해서 이루어진다. 따라서 기업은 자사뿐만 아니라 공급망에서의 협력사에 대한 온실가스 배출에도 관심을 가져야 한다.

우리나라에서 생산하는 제품의 대부분은 원재료나 부품을 해외에서 조달하고 있다. 따라서 해외에서 생산하거나 수입하는 과정에서 온실가스 배출량도 고려해야 할 것이다. 향후 각 나라마다 자국의 온실가스 감축 목표달성을 위해 독자적으로 CO_2 규제를 실시한다. 각국이 처해 있는 특수성에 따라 CO_2 규제가 다양하게 나타날 것이다. 이러한 상황에서 CO_2 규제에 대응 능력이 뛰어난 거래처의 선정이나 대응 능력이 부족한 거래처에 대한 지원 등 공급망에서 발생할 수 있는 온실가스 관련 규제 리스크 회피도 적극적으로 추진하여야 할 것이다.

4. 온실가스와 에너지경영시대의 도래

소비자, 정부, 환경 관련 NGO 등 이해관계자와 국제기구 등에서 기업의 온실가스 배출 데이터와 온실가스 저감 성과 등에 대한 정보공개 요구도 많아질 것이다. 온실가스 관리 정보에 대한 공개는 기업의 사회적 책임의 한 요소가 될 것이다. 온실가스 관리에 대한 이해관계자의 요구는 점점 높아지고 이러한 요구는 투자자들의 투자기준에 반영되어 주가에도 영향을 미치며, 결국 기후변화에 적절히 대응하지 못하는 기업은 시장에서 도태될 수밖에 없을 것이다.

이제 지구온난화의 주범인 온실가스와 온실가스를 배출하는 에너지가 관리를 넘어 경영의 대상이 되었다. 온실가스 배출량과 에너지의 효율적 이용을 위한 목표와 세부목표 및 실행계획을 수립하고 이를 달성하기 위한 체계적인 시스템을 갖추고 전사적 노력을 기울여야 하는 시대가 도래한 것이다. 온실가스가 거래의 대상이 되어 배출권거래제가 실시되고 있으며, 2011년 6월 에너지경영시스템에 대한 국제표준규격(ISO50001)이 제정되었다.

토론하고 발표하기

1. 지구온난화의 원인을 설명하라.

2. 기후변화협약의 주요 내용과 의미를 설명하라.

3. 교토의정서의 주요 내용을 설명하라.

4. 교토 메커니즘을 설명하라.

5. 포스트 교토체제의 논의 동향을 설명하라.

6. 파리협정(신기후체제)의 구조를 설명하라.

7. 파리협정 중 온실가스 감축의무 관련 내용을 설명하라.

8. 파리협정의 의의와 한계를 설명하라.

9. 기후변화협약이 기업에 미치는 영향은 무엇인지 설명하라.

환경경영 TIP

기후변화 온도 상승, '최악'보다 더 나쁘다

기후변화로 인한 지구 온도 상승폭이 기존에 국제기구 등이 예상했던 최악의 시나리오보다 더 클 것이라는 보고서가 나왔다. 세계 각국이 합의한 온실가스 배출량 감축 목표치만으로는 이번 세기말의 기후변화로 인한 파국을 막을 수 없다는 주장이다. 이 같은 전망이 힘을 얻을 경우 앞으로 세계의 화석연료 퇴출과 신재생에너지 확대 노력에 더욱 가속도가 붙을 가능성이 높다.

스탠퍼드대 카네기연구소 연구진이 6일(현지시간) 과학전문저널인 네이처에 발표한 논문을 보면 이번 세기말의 기후변화로 인한 온도 상승폭은 유엔 기후변화에 관한 정부 간 협의체(IPCC)가 예측한 최악의 시나리오보다 약 15% 클 것으로 계산됐다.

연구진은 실제 연평균 기온 차이로는 기존 예측보다 이번 세기말 온도 상승폭이 약 0.5도 정도 더 클 수 있다고 봤다. 0.5도는 평상시 기온으로는 큰 차이를 못 느낄 정도이지만, 지구 전체의 연평균 기온으로 추정하는 기후변화로 인한 온도변화로는 상당히 큰 차이다. 그만큼 기존 전망보다 인류의 미래가 비관적일 수 있음을 의미한다. 2015년 세계 192개국이 파리 기후변화협약 당사국총회에서 이번 세기말까지 제한하기로 한 지구 전체 연평균 기온 상승폭은 1.5도이다.

연구진은 IPCC의 시나리오 중 인류가 온실가스 배출량을 줄이는 노력을 기울이지 않는 최악의 상황을 의미하는 'RCP8.5 시나리오'를 대입하면 온도 변화폭이 기존보다 0.5도가량 높을 것으로 내다봤다. RCP8.5 시나리오는 2081~2100년 지구 기온이 2.6~4.8도, 해수면이 45~82cm 상승할 것이라는 내용이다. 온실가스 저감정책이 상당히 실현되는 RCP4.5 시나리오에서는 2081~2100년 기온이 1.1~2.6도, 해수면은 32~63cm 상승할 것으로 전망됐다.

연구진은 이 같은 연구결과에 따라 유엔이 세운 이번 세기말까지 온도상승폭 제한목표 1.5도를 맞추려면 현재 각국이 자발적으로 만들어 유엔에 제출한 온실가스 배출량보다 더 급격한 감축이 필요하다고 지적했다.

(자료: 김기범 기자, 경향신문, 2017년 12월 7일)

제2부

환경경영의 실천

제04장 환경경영시스템과 ISO14001
제05장 친환경제품과 환경친화적 설계
제06장 녹색구매와 친환경공급망 관리
제07장 청정생산
제08장 그린마케팅과 환경라벨링
제09장 환경성과평가
제10장 전과정평가
제11장 환경회계
제12장 환경보고서

제04장

환경경영시스템과 ISO14001

이 장에서는 환경경영의 체계적 실천을 위한 환경경영시스템에 대한 정의, 도입 목적, 특징을 설명하고, 환경경영시스템이 구비해야 할 기본요건을 고찰한다. 또한 효과적인 환경경영시스템 구축에 필요한 환경측면과 환경영향을 살펴보고, 환경경영시스템의 국제표준규격인 ISO14001의 개요와 인증제도를 기술한다.

제1절 환경경영시스템

1. 환경경영시스템의 정의

오늘날 기업들은 제품 및 서비스를 포함한 기업의 전반적인 활동이 환경에 미치는 부정적 영향을 최소화하기 위하여 환경활동을 체계적으로 관리하는 경영시스템을 도입하고 있다. 이처럼 환경성과를 달성하기 위해 환경경영기법을 경영시스템의 일환으로 도입한 것이 환경경영시스템(EMS: Environmental Management System)이다.

환경경영시스템이란, 기업이 스스로 기업활동이나 제품 및 서비스가 환경에 미치는 영향을 분석하고, 이를 바탕으로 환경방침과 목표를 설정하고 이행하여 기업의 환경성과를 개선하는 환경경영의 체계적인 접근방법을 말한다. 여기서 기업이 미치는 환경영향을 체계적으로 관리한다는 것은 환경방침과 목표를 설정하여 실행하고, 환경측면을 관리하기 위한 조직, 절차,

책임 등을 규정하고 인적 · 물적 자원을 효율적으로 배분하는 것을 말한다. 환경경영시스템의 국제규격(ISO14001)에서도 환경경영시스템을 "환경방침을 개발, 실행, 달성, 검토 및 유지관리를 위한 조직의 구조, 계획수립, 책임, 관행, 절차, 과정 및 자원을 포함하는 전체 경영시스템의 일부분"으로 정의한다. 나아가 환경경영시스템을 관리순환(management cycle) 개념에 맞추어 정의하면 "환경경영에 대한 의지와 결의를 표명한 환경방침과 목표와 이를 달성하기 위한 추진계획을 수립하고(Plan), 인적 · 물적 자원을 투입하여 운영한 후(Do), 당초 계획대로 진행되었는지 성과평가(Check)를 하며 다음 기회에 실수를 줄이기 위해 개선조치(Act)를 취하는 시스템" 이라고 할 수 있다.

환경영향(environmental impacts)은 기업의 활동이나 제품 제조 및 서비스의 제공과정에서 발생할 수 있는 모든 환경의 변화를 의미한다. 환경측면(environmental aspects)은 환경영향을 유발하는 요소를 말한다. 환경측면과 환경영향에 대하여는 뒤에 다시 설명하기로 한다.

2. 환경경영시스템 도입의 목적

환경에 대한 각종 법규와 규제가 강화되고, 제품 및 공정의 환경영향에 대한 책임과 이해관계자의 압력이 점점 높아지는 오늘날, 기업의 생존은 성공적인 환경경영에 달려 있다고 할 수 있다. 그러므로 환경경영시스템의 도입은 환경과 관련이 있는 기업의 모든 활동, 제품 및 서비스가 정해진 절차에 따라 적절한 인원이 운영하고 주기적으로 검토 및 개선되고 있음을 뜻한다. 즉, 환경경영시스템의 도입은 기업의 환경경영활동이 체계적으로 관리되고 있다는 것을 의미한다.

환경경영시스템을 도입하는 목적은 궁극적으로 환경경영의 목적, 즉 경제적 수익성과 동시에 환경적 건전성을 이룩하는 데 있다. 좀 더 구체적으로 몇 가지 목적을 제시하면 다음과 같다.

첫째, 기업이익의 증대이다. 투입자원, 폐기물 배출 감소를 통한 폐기물 처리비의 절감 등 원가 절감을 통해 기업이익을 극대화할 수 있다. 환경경영시스템을 도입하여 인증을 받으면 무역장벽을 극복할 수 있고 환경법규나 규제에 사전 대응하는 셈이어서 기업이익 증대에 기여한다.

둘째, 영업경쟁력의 강화이다. 경쟁기업보다 먼저 환경경영시스템을 도입함으로써 기업 내외부의 이해관계자를 만족시키고 시장에서도 좋은 반응을 얻어 시장점유율을 높이는 등 기업의 영업경쟁력을 강화할 수 있다.

셋째, 기업에 대한 신뢰성 향상과 이미지의 제고이다. 환경경영시스템을 도입함으로써 거래처나 소비자 및 지역사회 등 이해관계자와의 갈등을 미연에 방지하고, 환경문제에 적극적으로 대응하는 모습을 보임으로써 기업윤리와 사회적 책임을 다하는 기업임을 알려 기업에 대한 신뢰성과 이미지를 향상시키는 계기가 된다.

3. 환경경영시스템의 특징

환경경영시스템의 특징을 간략히 살펴보면 다음과 같이 3가지로 정리할 수 있다.

(1) 전사적 차원의 환경경영시스템

환경경영시스템은 이질적인 하위 시스템들이 하나의 통합적이고 조직적인 시스템으로 결합될 때에만 효과를 거둘 수 있다. 이를 위해서는 조직 내의 환경담당자만이 담당해 오던 기존의 환경관리 방식에서 탈피하여 기업이나 조직의 최고경영자는 물론이고 연구개발, 원부자재 구매, 생산, 마케팅, 회계 등의 업무를 담당하는 조직 내의 모든 부서, 더 나아가 모든 구성원이 전사적으로 통합되어 환경적 책임과 과업을 추진하여야 한다.

(2) 전과정사고에 입각한 환경경영시스템

전과정사고(life cycle thinking)란 전 과정(life cycle)이 제품의 연구개발, 제조, 운송, 사용, 폐기에 이르는 제품의 일생을 의미하듯이 모든 대상 시스템을 고려한다는 개념이다. 따라서 전과정사고에 입각한 환경경영시스템이란 제품의 설계와 개발부터 원부자재 조달 → 가공/제조→ 사용 → 폐기/재활용의 모든 단계를 고려하여 환경부하의 최소화를 추구하는 경영시스템을 의미한다.

자사제품에 대한 생산자 책임은 사업장 내에서뿐만 아니라 사업장 밖에서 적용되는 단계를 넘어 그 이후의 재활용 및 폐기단계에까지 미친다. 이에 따라 자기 사업장에서 제조되는 제품의 전 과정에 대한 정량적 환경성평가를 통해 어느 단계가 환경적으로 취약한지(또는 강한지)를 파악하고, 개선 영역을 찾아 환경경영의 집중 관리 대상으로 삼아야 한다.

(3) 사전적 환경문제 해결을 위한 환경경영시스템

전통적인 환경문제 해결방식인 사후처리(end of pipe)방식으로는 오늘날 국제사회가 요구하는 수준의 환경성과를 달성하는 데 한계가 있다. 따라서 사전적으로 환경문제를 해결할 수 있는 환경경영시스템을 구축하여야 한다. 즉 사전예방의 차원에서 연구개발이나 공정개선을 통한 근본적인 환경문제 해결이 환경성과를 도출하는 지름길이다. 따라서 환경경영시스템도 이러한 요구를 반영하여 구축된다는 특징이 있다.

제2절 환경경영시스템의 기본 요건[1)]

환경경영시스템의 기본 요건은 이 시스템을 성공적으로 도입하고 실행하기 위해서 검토해야 할 사항들이다. 이 요건은 각 회사의 비전, 자원, 조직문화, 커뮤니케이션 체계 등 기업의 경영환경에 맞게 수행되어야 한다. 환경경영시스템의 국제규격인 ISO14001에 명시된 기본요건은 다음과 같다.

1. 환경경영에 대한 최고경영자의 의지와 지원

환경경영시스템이 성공하기 위해서는 최고경영자의 지원이 필수적이다. 즉 환경방침을 수립했다 해도 최고경영자의 지원이 없으면 실제로 이행되지 못하고 문서로만 남는 경우가 많다. 최고경영자의 지원이 있어야 인력과 자금 등 기업의 자원을 환경경영프로세스에 투입할 수 있다.

환경경영에 대한 최고경영자의 지원은 지속적이고 정기적으로 이루어져야 한다. 지속적 지원은 중간관리자로 하여금 환경문제에 꾸준히 관심을 갖도록 하여 환경활동이 형식적으로 행해지는 것을 방지할 수 있다. 최고경영자는 환경경영 및 그에 대한 지원의지를 환경방침에 담아 공표함으로써 모든 구성원에게 환경개선에 대한 책임의식을 심어 줘야 한다.

1) 이병욱 외 2인, 2005, pp.303-316을 주로 인용하였다.

2. 환경방침

환경방침은 최고경영자에 의해 공식적으로 제시된 환경성과와 관련된 기업의 전반적인 의도와 방향을 나타낸 문서이다. 즉 기업이 공식적으로 환경경영에 대한 의지와 결의를 표명한 것이다. 일반적으로 환경방침은 기업이 환경경영활동을 시작하기 전에 정하며, 환경영향 및 성과에 대한 정보를 수집하고 환경활동에 투입되는 기업의 자원에 대한 평가를 거친 이후 최소한 한 번 이상 수정을 하게 된다. 환경방침에는 기업의 이념과 핵심적 가치관, 그리고 현실성 있는 환경목표 및 세부목표의 설정 및 실행을 위한 틀이 반영되어야 한다.

환경방침을 수립할 때는 의욕이 앞서 무리하기보다 실현가능성을 염두에 두어야 하며, 그 내용은 구성원과 이해관계자가 쉽게 이해할 수 있어야 한다. 환경방침에 반드시 포함되어야 할 내용은 다음과 같다.

- 환경영향을 지속적으로 개선하겠다는 의지 표명
- 환경오염을 예방하겠다는 의지 표명
- 법규를 준수하겠다는 의지 표명

환경경영시스템의 국제인증규격인 ISO14001에서는 환경방침을 작성할 때 염두에 두어야 할 사항을 다음과 같이 규정하고 있다.

(1) 최고경영자의 의지

최고경영자의 결의는 필수적이다. 최고경영자는 환경방침과 그에 대한 결의를 전 사원에게 공표해야 하며, 전 사원의 책임하에서 환경개선을 이루어 낼 수 있다는 취지를 강조할 필요가 있다.

(2) 지속적 개선

환경경영시스템은 환경성과의 지속적 개선을 목적으로 하며, 이런 의지가 환경방침에 반영되어야 한다.

(3) 관련법규 준수 결의

기업활동과 관련 있는 모든 법규를 준수하겠다는 결의를 담아야 한다.

(4) 사내 방침 및 기타 규격에 대한 준수

환경경영시스템은 기업 경영 전체 시스템의 하위시스템이다. 따라서 경영활동과 관련하여 반드시 지켜야 할 조직 내 다른 규격도 준수하겠다는 의지를 포함할 수 있다.

(5) 오염예방

ISO14001은 오염예방에 대한 조직의 의지를 표명하도록 규정하고 있다. 여기서 ISO14001에 규정된 오염예방은 폐기물의 재활용 및 처리, 생산공정의 변화, 환경오염 관리 시스템, 자원의 효율적 사용, 환경친화적 원료로의 대체 등과 같이 환경오염을 피하고 오염물질을 감축하는 행위, 또는 환경오염을 관리하는 공정, 관행, 원료 혹은 제품 사용 등 매우 광범위한 의미를 지닌다.

3. 초기 환경성 검토

초기 환경성 검토는 환경경영시스템의 효율적인 구축 또는 수립 이전에 기업이 기업과 관련된 정보, 고객의 제품 유해물질 요구사항을 비롯하여 평가방법이나 문서화 대상 등을 선정하기 위한 기본자료를 수집하여 환경적 측면들을 검토하는 것이다. 환경경영시스템을 도입하려는 기업은 초기 환경성 검토를 통해 환경에 대한 기업의 현 위치를 평가하고 환경경영시스템 구축을 위한 준비를 한다. 기업의 환경문제 검토는 환경경영을 위한 기업의 현 조직, 환경사고에 대한 대응시스템, 에너지 사용, 환경에 미치는 영향, 환경규제, 지역사회, 구매, 생산, 자원 이용, 유통, 공급망 관리 등 기업활동 전반에 걸쳐 이루어질 필요가 있다.

초기 환경성 검토의 목적은 환경경영시스템 도입을 위한 기업의 제반 여건 분석, 환경적으로 심각한 위협이 있을 경우 우선 개선해야 할 영역의 파악, 잠재적 환경 위험에 대한 전체 구성원의 인식을 제고하고 환경위험을 미연에 방지하기 위한 지식과 정보의 제공, 현재와 미래의 법 기준을 파악하고 이를 전체 구성원에게 주지시키기 위함이다. 한마디로 환경경영시스템을 실행할 때 발생할 수 있는 문제를 최소화하기 위한 사전단계로 볼 수 있다. 환경성 검토를 통해 수집된 정보는 실현가능한 환경방침을 수립하는 데 기초가 된다.

환경성 검토에 포함되어야 할 영역은 다음과 같다(이병욱 외 2인, 2005, p.307).

- 국내외 환경법규 및 각종 규제 파악

- 중대한 환경영향에 대한 책임이 있거나 그럴 가능성이 있는 활동이나 제품, 서비스의 환경측면 파악
- 사내의 관련 기준이나 외부 표준 · 규칙 · 관행 · 원칙 · 지침 등과 비교를 통한 환경성과평가
- 기존 환경관리 실태와 업무절차 분석
- 구매 및 계약과 관련 있는 기존 방침 및 절차 파악
- 과거의 환경사고와 그 대응조치에 관한 조사 및 반영
- 환경경영시스템 도입에 따른 경쟁우위 확보 기회 파악
- 종업원과 주민 등을 중심으로 이해관계자의 의견 조사
- 환경성과 개선에 영향을 미칠 수 있는 다른 조직 시스템의 기능이나 활동 분석

초기 환경성 검토의 방법으로는 설문이나 면접조사, 체크리스트 활용, 직접 검사 및 측정, 기록 검토, 그리고 벤치마킹 등이 있다. 또한 초기 환경성 검토는 외부 컨설팅 기관에 의뢰하거나 기업 내 환경담당부서에서 맡게 된다. 외부 컨설팅 기관에 의뢰하여 환경성 검토를 할 경우 기업 내부 사정에 익숙하지 않은 탓에 충분한 검토가 이루어지지 않을 우려가 있다. 이를 방지하기 위해서는 컨설팅 기관과 기업의 환경담당부서가 공동으로 검토하는 방법을 택할 수도 있다. 초기 환경성 검토의 과정과 결과는 모두 문서로 정리해야 하며, 환경성 검토를 통해 기업은 환경방침을 수정하게 된다.

4. 교육

환경방침을 실행하는 과정에서 가장 먼저 해야 할 일은 사원에 대한 환경교육이다. 교육의 목적은 전체 구성원으로 하여금 환경문제에 대한 중요성을 깨닫게 하고 환경개선과정에서 각자의 임무와 역할에 대한 이해를 증진시키는 데 있다.

교육은 고위관리자부터 하위직원까지 지위고하에 관계없이 모든 계층을 대상으로 진행되어야 한다. 다만, 각 계층에 따라 역할과 책임이 다르기 때문에 사원의 지위와 역할에 따라 환경교육을 차별화한다면 더욱 효과적일 것이다.

교육방식은 외부 컨설턴트 혹은 기존의 사내 교육조직을 활용하거나 워크숍, 연수회 등을 이용할 수 있다. 교육은 의무적으로 시행할 수도 있고 자발적으로 참여하도록 유도할 수도 있겠으나, 의무과정으로 두는 편이 사원을 환경경영시스템에 통합시키는 데 보다 효과적이라는 주장도 있다. 한 가지 주의할 점은 교육이 이벤트성으로 끝나지 않고 지속적으로 이루어질 때 환경에 대한 사원의 인식을 고양시킬 수 있다는 것이다.

지위별 교육내용을 간략히 기술하면 다음과 같다.

(1) 고위관리자

고위관리자는 기본적으로 기업의 이익이나 평판, 성장에 관심을 갖는다. 이들은 환경문제에 관한 중요한 의사결정을 내리는 집단이다. 즉 보다 넓은 시각에서 환경경영시스템을 바라보며, 경영목표를 염두에 두고 환경문제에 대한 방침과 지침을 만든다.

따라서 고위관리자에 대한 환경교육은 환경경영시스템 구축이 기업에 미치는 영향이나 기업이 얻게 될 전략적 차원에서의 이익을 설명하고 이해시키는 데 초점을 맞춰야 한다. 교육자는 환경경영시스템의 구축이 국내외 시장에서의 경쟁력 확보와 기업이미지나 신뢰성 제고에 어떻게 공헌할 수 있는가를 간단하고 명확하게 압축하여 전달할 필요가 있다.

(2) 중간관리자

중간관리자는 조직 내에서 특정 분야를 책임지는 위치에 있으므로 보다 구체적인 시각을 지니고 있다. 이들은 생산과 예산에 직접 관여하며, 사원들을 관리하고 고객을 만족시켜야 할 의무가 있다. 또한 특정한 환경경영시스템 프로그램의 수행에도 참여하므로 자신의 책임을 잘 이해하고 자금관리도 맡아야 한다.

따라서 중간관리자는 관련 환경규제를 숙지하고 있어야 하고, 어떻게 환경경영시스템을 운영할지 구체적인 정보를 활용할 줄 알아야 한다. 그러므로 이들에게는 환경경영기법에 대한 폭넓은 지식교육을 시켜야 한다. 또한 중간관리자는 관련 정보에 대한 보고와 관리가 중요한 소임이므로 관리과정의 이해, 환경규제 필수사항, 데이터 출처 등에 대한 교육이 이루어져야 한다.

(3) 일반 종업원

일반 직원은 제조 및 조립과정 등 생산과 유통과정에서 실질적이고 일상적인 업무수행을 담당하는 실무자이다. 이들은 환경경영의 최일선에 있다. 환경경영시스템은 실무자의 지식과 의지, 활동 없이는 성공할 수 없다. 그러므로 이들에 대한 교육은 실무 중심으로 이루어져야 하며, 여기에는 기기 조작에 대한 구체적 지침이 포함되어야 한다. 또한 각 공정과 작업활동의 환경적 측면도 다루어야 한다. 무엇보다 직원들이 각자의 행동이 환경에 미치는 영향을 숙지하도록 해야 한다.

5. 책임의 배분

책임배분이란 수립된 환경방침을 효과적으로 실행하기 위해 모든 직원의 권한과 책임 소재를 명확히 하는 것으로, 직급이나 역할에 맞게 이루어져야 한다. 예컨대 최고경영자는 환경방침의 제정과 회람, 환경성과의 주기적 점검, 환경성과평가 결과의 승인, 환경성과 개선을 위한 자원 투입을 결정하는 책임을 맡는다. 동시에 모든 종업원에게 모범을 보여 환경경영에 대한 자신의 의지가 일상적인 경영활동에 폭넓게 반영될 수 있도록 노력해야 한다. 중간관리자는 환경경영에 필요한 인적 · 물적 자원이나 지원이 적절히 이루어지도록 할 책임이 있다. 실무자는 환경경영 관련 문서의 관리 등 실제 업무에 초점을 맞추어야 한다. 또한 환경문제에 대해 적절한 시간이나 자원을 할당하여 환경활동이 업무 우선순위에서 밀리지 않도록 해야 한다.

책임배분의 기본방향은, 첫째로 환경 관련 부서장을 중심으로 환경경영의 책임을 맡기고, 둘째로 가급적 전 직원에게 업무를 골고루 할당하여 모두가 환경활동에 동참할 수 있게 하는 것이다.

환경경영에서는 권한(authority)을 분명히 규정하여 문서화할 필요가 있다. 관리 업무에 관한 권한을 명시하는 것은 환경경영활동과 자원배분의 효율성을 증대시킬 수 있다. 가령 환경관리자가 최고경영진의 승인이 있어야 환경활동을 수행하도록 되어 있다면, 즉 환경활동을 실질적으로 수행할 수 있는 권한이 관리자에게 없다면 업무의 효율성이 분명히 떨어질 것이다. 따라서 환경경영이 성공적으로 추진되려면 적정한 기준에 따라 권한배분을 하고 이를 문서화하여 환경경영 업무가 효율적으로 이루어지도록 해야 할 것이다.

6. 환경목표 및 세부목표 설정

환경목표나 세부목표는 환경경영시스템 도입을 통해 이룩하고자 하는 결과를 말한다. 이들 목표는 환경방침에 근거하여 설정된다. 세부목표는 환경목표에 따라 조직의 전체 또는 일부에 적용되는 세부적인 요구사항이다. 환경목표나 세부목표는 현실성이 있고 구체적인 수치로 제시하되 가급적 일정까지 정하는 것이 바람직하다. 즉, 이들 목표는 달성 여부를 측정할 수 있도록 정량적으로 제시되어야 한다. 또한 적절한 일정에 따라 구체적인 행동계획까지 제시하며, 모든 직원이 목표를 잘 숙지하고 있어야 한다.

세부목표를 설정한 다음에는 구체적으로 이행할 계획을 세우되, 직원들에게 환경활동을 하는 동기부여를 하여야 하고 목표를 이루었을 때 성취감을 느낄 수 있도록 해야 한다.

실천계획은 환경방침의 내용이 기업에서 정한 적절한 기준이 반영되어야 하며, 다음과 같은 단계를 거쳐 수립된다.

(1) 환경측면 파악과 중대한 환경영향 규명

우선 기업의 경영과 관련된 모든 환경측면을 파악하고, 중대한 환경영향을 규명하여 환경목표에 반영해야 한다. 환경측면 파악과 환경영향에 대한 보다 자세한 설명은 뒤에 기술하기로 하고, 여기서는 ISO14001에서 제시한 절차를 간단히 소개한다.

- 1단계: 특정 조직의 활동이나 제품 및 서비스를 평가 대상(환경측면)으로 선정
- 2단계: 선정된 활동이나 제품 및 서비스의 환경측면 파악
- 3단계: 파악된 환경측면과 관련된 환경영향(긍정적이든 부정적이든) 규명
- 4단계: 환경영향의 심각성 평가(환경영향의 크기, 중대성, 발생가능성, 지속기간 등 고려)

1) 환경법규 파악

ISO14001은 조직의 활동, 제품 및 서비스의 환경측면과 관련한 제반 환경법규 및 기타 규칙을 파악하여 활용할 것을 요구하고 있다. 아울러 이러한 정보를 정기적으로 입수할 수 있는 경로 구축도 필요하다.

2) 환경목표 및 세부목표 수립

환경측면과 환경영향을 규명하고 관련 법규까지 검토한 후 조직의 기능과 계층별로 환경목표 및 세부목표를 수립한다.

3) 환경경영 추진계획 수립

환경목표와 세부목표를 정한 다음, 이를 구체적으로 실천할 수 있도록 다음 내용을 포함하는 환경경영프로그램을 마련하여 지속적으로 시행해야 한다.

- 환경목표 및 세부목표의 실천을 위한 계층별 · 기능별 책임자 선정
- 적절한 수단 및 자원 제공
- 현실성 있는 시간계획 수립

7. 체계적인 문서화

체계적인 문서화란 환경경영활동의 수행절차를 기록으로 남기는 것을 말한다. 즉 전 직원이 환경경영시스템하에서 해야 할 일과 기록해야 할 사항을 구체적으로 명시해 놓는 것이다. 문서화는 환경경영활동을 전개해 가는 과정에서 교육이 필요한 부분을 확인하는 데 도움이 되며, 추후 환경감사 등 성과를 평가할 때나 이해관계자에게 자사의 환경경영시스템이 잘 수행되고 있다는 것을 보여 주고자 할 때 근거자료로 활용할 수 있다.

ISO14001에서는 조직 시스템과 책임에 대한 내용도 문서화할 것을 요구하고 있다. 환경경영시스템에서 문서 작성은 일반 서류나 전자매체 형태로 이루어지며, 해당 규격에 요구하는 핵심사항을 이해하는 데 필요한 업무 내용이나 절차를 가급적 상세히 기술해야 한다. 특히 환경경영시스템의 운영에 필요한 경영기법이나 기술사항에 대해서는 더욱 자세한 정보를 기입해 두는 것이 바람직하다. 또한 모든 문서는 정기적으로 검토·수정해서 항상 최신판을 유지해야 하며, 적절한 장소에 비치되어 직원들이 쉽게 열람할 수 있도록 해야 한다.

일반적으로 환경경영시스템에서 요구하는 문서는 환경 매뉴얼, 절차서 및 규정, 지침서 등 3단계로 나누어 작성된다.

- 환경 매뉴얼(environmental manual): 환경경영시스템의 기본방향과 핵심내용을 담고 있으며, ISO14001 규격의 요건과 연계해 작성한다. 규모가 큰 조직에서는 상대적으로 자주 변경할 필요가 없는 내용을 환경매뉴얼에 담는다. 소규모 조직에서는 관리절차나 규정, 지침 등을 매뉴얼에 포함시켜 문서체계를 간소화할 수도 있다.
- 절차서 또는 규정: 환경경영시스템과 관련된 업무를 수행하는 데 필요한 구체적 사항을 명시한다.
- 지침서: 절차서보다 더욱 자세한 기술적 방법 등에 대한 내용을 상세히 기록한 별도의 문서로서 분량은 가장 많다고 할 수 있다.

8. 환경감사

환경감사는 환경경영시스템이 잘 이행되고 있는지를 평가하는 단계이다. 환경목표와 세부목표를 달성하려면 정기적이고 체계적인 평가과정이 반드시 필요하다. 환경감사는 조직의 구조, 환경경영시스템에서의 역할, 환경경영시스템 이행과정과 활동, 환경경영 성과를 높이기 위한 보고체계 및 운영절차 등에 걸쳐 광범위하게 행해진다.

또한 환경경영시스템 감사는 ISO14001을 통해 기업의 환경성과가 지속적으로 개선될 수 있도록 기업의 경영시스템이 원만히 유지되는지를 확인하는 일이다. 환경감사는 구체적으로 다음과 같이 3가지로 나눠 볼 수 있다.

- ISO14001 규격을 기준으로 회사의 환경관리 관행을 점검한다.
- 환경방침을 기준으로 매뉴얼, 절차서, 지침서 등의 문서를 검토한다.
- 조직의 환경 관련 업무가 절차서에 따라 원만하게 이루어지는지를 확인한다.

감사는 일반적으로 문서와 현장을 중심으로 실시되므로, 감사 성과를 높이기 위해서는 사전계획을 치밀하게 수립해야 한다. 또한 현장 감사에서는 직원과의 면담도 적절히 포함시키는 것이 바람직하다.

환경감사에는 내부 조직을 활용하는 내부감사와 외부 전문가나 기관을 통한 외부감사가 있다. 단, 감사의 객관성과 신뢰성을 높이기 위해서 어느 경우에나 공통적으로 요구되는 사항은 감사인의 독립성이다. 감사인의 독립성은 감사인이 피감사기업과 인적 · 물적 측면에서 독립된 위치에 있는 것을 말한다.

환경감사를 할 때 명심할 사항은 그 목적이 환경경영시스템 이행상의 부정이나 오류 적발 및 환경경영 행위에 대한 평가가 아니라, 환경경영시스템에 대한 평가에 있음을 인식하는 것이다. 즉, 환경감사의 목적은 환경목표 달성이나 환경경영 계획의 실행에서 시스템상의 문제점 개선이나 효율성 제고 방안 모색에 있다.

9. 환경경영시스템에 대한 성과평가 및 개선

환경경영시스템에 대한 평가는 환경경영시스템의 적합성과 효과를 보증하고 환경성과를 더욱 증진시키기 위한 행동계획의 수립을 위해 정기적으로 실행하는 행위이다. 행동계획이 올바로 수립되려면 다음 사항을 고려하여 환경경영시스템에 대한 평가가 이루어져야 한다.

- 환경감사 및 평가 결과
- 환경개선의 진행 상황
- 환경경영 계획 및 실천 프로그램
- 환경경영시스템 실행과정에서 발생한 문제점
- 새로운 환경규제 동향

- 납품업체 등 협력업체의 환경성과
- 사회의 환경이슈
- 지역주민의 환경에 대한 요구
- 새로운 환경오염문제
- 환경경영시스템 보강을 위한 권고사항

환경경영시스템에 대한 평가는 조직의 활동, 제품 및 서비스와 관련된 모든 환경측면과 그것이 조직의 재무상태나 경쟁력에 미치는 영향을 파악할 수 있을 만큼 폭넓게 이루어져야 한다. 그리고 결과는 보고서로 남겨야 한다. 평가보고서에는 환경경영시스템 실행 과정에서의 현실적 문제점을 파악하여 관리강화가 필요하거나 환경에 미치는 영향을 줄일 수 있는 부분, 환경목표 및 세부목표의 수정사항, 조직이나 교육면에서 환경경영체제를 보완·개선해야 할 부분에 관한 내용이 담겨 있어야 한다.

10. 환경보고

환경경영에 대한 평가가 끝나면 기업은 자사의 환경성과에 대해 대내외적으로 보고를 하게 된다. 유럽연합의 환경경영규격(EMAS: Eco-Management and Audit Scheme)은 기업이 환경경영을 수행하고 있음을 알리는 환경보고서(environmental statement)를 독립적 기관의 검증을 거쳐 대중에게 공표하도록 하고 있다. 이와 같은 대외적인 발표는 기업에 대한 이해관계자의 관심을 충족시키고 기업의 사회적 책임을 이행하기 위한 것이다.

ISO14001은 검증된 환경보고서를 요구하고 있지는 않지만, 이 규격을 채택한 많은 기업이 이해관계자의 알 권리 충족과 관계개선을 위한 커뮤니케이션 수단으로 환경보고서를 발간하고 있다. 환경보고서의 기본항목은 다음과 같다.

- 조직의 개요
- 환경방침 및 환경목표
- 환경경영시스템
- 환경성과평가
- 기타(검증보고서, 전문용어 해설, 의견수렴용 설문지, 담당부서 이메일, 담당자 성명 등)

제3절 환경측면 파악 및 환경영향 평가

1. 환경측면 및 환경영향의 정의

효과적인 환경경영시스템의 도입은 조직이 어떻게 환경과 상호작용할 수 있는지를 이해하는 것에서 시작한다. 환경측면은 환경과 상호작용할 수 있는 조직의 활동, 제품 및 서비스의 요소를 말한다. 환경영향은 조직의 환경측면이 전체적 혹은 부분적으로 환경에 좋은 영향을 미치거나 나쁜 영향을 미칠 수 있는 환경변화를 말한다. 따라서 환경측면은 환경영향을 유발하는 요소 혹은 환경영향의 원인 또는 뿌리가 되는 것이다. 환경영향은 환경측면이 환경에 미치는 긍정적 또는 부정적 결과로 나타나는 현상이다. 예를 들면 **〈표 4-1〉**과 같다.

〈표 4-1〉 활동제품서비스의 환경측면과 환경영향의 예

구분	환경측면: 원인	환경영향: 결과
활동 도로 건설 • 기계로 다지기 • 호우 중 건설	• 대기로 입자성 물질 방출 • 토양 및 수계로 흙과 자갈 유출	→ 대기오염 → 토양의 침식, 수질오염
제품 에어컨 • 에어컨 가동 • 에어컨 폐기	• 전기 사용 • 구성품의 회수 및 재사용	→ 재생불능의 천연자원 고갈 → 천연자원 보존
서비스 상품 운송 • 운송수단 결정 • 차량 유지 (오일 교환)	• 연료 소비 • 질소산화물(NOx) 방출 • 폐유 발생	→ 재생불능의 화석연료 고갈 → 목표 대기질의 달성 → 토양오염

자료: 최선 외 3인, 2012, p.162

2. 환경측면 파악

문서화된 절차나 프로세스에 따라 환경경영시스템을 본격 실행하기 위해 조직의 환경과 관련된 주요 환경적 측면(원인)이 무엇인지를 파악하는 것이다. ISO14001 규격에서는 환경측면의 파악을 필수적으로 요구한다.

(1) 환경측면 파악의 대상(분야)과 내용

1) 환경측면 파악의 대상(분야)

조직이 직접 관리할 수 있는 환경측면뿐만 아니라 조직에서 시행하는 활동과 관련된 환경측면 및 조직이 제공하는 제품 및 서비스와 관련된 환경측면 역시 고려하여야 한다. 환경측면 파악의 대상(분야)은 다음과 같다.

- 통제 또는 비통제하에서 대기로 방출
- 통제 또는 비통제하에서 물로 배출
- 고형물, 기타 폐기물 및 제품 유해물질
- 토양 오염
- 토지, 물, 연료, 에너지 및 기타 천연자원의 사용
- 소음, 냄새, 분진, 진동 및 시각장애 등
- 생태계를 포함한 환경의 특정부분에 미치는 영향
- 기타 사항(조직의 지원업무, 즉 기획, 회계, 인사, 관리 및 서비스 등으로부터 발생하는 영향의 포함 사항 등)

2) 관리대상 환경측면의 파악 내용

합리적으로 예견할 수 있는 상황으로서 조직의 활동, 제품 및 서비스에 관련된 내용을 파악한다.

- 정상적 상황, 비정상 상황, 비상사태
- 실제적, 잠재적 측면
- 현재, 과거, 계획된 상황
- 긍정적, 부정적 측면
- 직접적, 간접적 측면

(2) 환경측면 파악의 4단계

전형적인 환경측면 파악 및 관련된 환경영향에 대한 평가를 단계별로 살펴보면 다음과 같다.

1) 1단계: 환경측면 파악을 위한 대상 선정

앞에서 언급한 파악 대상의 현재활동, 관련된 과거활동, 계획된 미래활동 등을 고려하여 대상을 선정한다. 의미 있는 검토가 이루어지려면 평가대상의 범위가 넓은 것이 좋지만, 동시에 충분한 분석이 가능할 만큼 적정한 규모여야 한다.

2) 2단계: 선정된 대상에 대한 환경측면의 파악

선정된 각 대상별 환경측면을 파악하며, 해당 공정별 중요한 환경측면을 열거하고, 각 측면별로는 발생량(또는 발생빈도)을 기록한다. 여기서는 정상운영조건, 조업중단 및 조업재개 조건 등의 비정상 운영조건 및 비상사태 등의 경우에 있어서의 발생량도 기록하는 등 가급적 다양한 환경측면을 파악한다. 해당사항이 없는 경우에는 빈칸으로 둔다.

3) 3단계: 파악된 모든 환경측면에 대한 중요도의 평가와 환경영향의 규명

환경측면의 중요도 평가는 평가항목을 선정하고 평가항목별 가중치를 부여하여 실시한다. 환경측면의 중요도 평가에 대한 좀 더 자세한 사항은 따로 설명한다. 파악된 환경측면에 대하여 많은 영향을 규명한다. 즉 긍정적 · 부정적 혹은 직접적 · 간접적, 실제적 · 잠재적 영향을 규명한다.

4) 4단계: 환경영향의 중대성 평가 및 등록

4단계는 최종적으로 조직의 중대한 환경측면 및 환경영향을 도출하여 환경영향 등록부에 기록하는 단계이다. 환경영향의 중대성 평가관점으로는 일반적으로 환경영향 규모, 영향의 심각성, 발생가능성, 영향의 지속성 4가지를 기준으로 평가한다. 그 밖에도 법 규정 및 규정에 적용받을 가능성, 지역 여건, 환경영향 변화에 소요되는 비용, 환경영향 변화에 요구되는 기술, 변화의 효과, 이해관계자의 관심도 및 이해관계자에 대한 효과 등을 반영하여 평가할 수 있다.

(3) 중대한 환경측면의 결정

각 조직에는 많은 환경측면과 이에 관련된 환경영향이 존재할 수 있으므로 어떠한 것이 중대한지를 평가하기 위한 기준과 방법을 수립한다. 기준을 수립할 때는 환경 특성, 적용되는 법규 요구사항 및 조직이 동의한 그 밖의 요구사항에 대한 정보, 내부 및 외부 이해관계자의 관심사항 등과 같은 요인을 고려한다.

중대성이란 상대적인 개념이며, 절대적인 개념으로 정의될 수 없다. 어느 조직에게 중대한 것이 다른 조직에게는 중대하지 않을 수 있다. 다만, 중대성의 평가기준이나 방법은 일관성과 재현성이 있어야 한다. 중대성을 평가할 때 고려할 사항은 다음과 같다.

- 환경적 기준: 크기, 영향의 심각성 및 지속 기간 또는 환경측면의 형태, 규모 및 빈도 등
- 적용되는 법규 요구사항: 규정되거나 허가된 배출 및 방류 한계 등
- 내부 및 외부 이해관계자의 관심사항: 조직의 가치, 대외적인 이미지, 소음, 악취 또는 시력저하 등

중대성 기준은 조직의 환경측면 또는 그와 관련된 영향 모두에 적용될 수 있다. 환경적 기준은 환경측면과 환경영향에 모두 적용될 수 있지만 대부분의 경우 환경영향에 적용된다. 기준을 적용할 때 조직은 예를 들면 발생가능성(확률 · 빈도)과 그 결과(심각성 · 강도)의 조합에 근거하여 각각의 기준에 대한 중대성의 수준(값)을 설정할 수 있다. 또한 수적인 값의 관점에서는 정량적으로, 높음/중간/낮음/무시가능과 같은 수준의 관점에서는 정성적으로 평가할 수도 있다.

3. 환경영향 평가

환경영향 평가는 환경측면이 환경에 미치는 영향의 정도를 일정한 기준(환경적 관점 또는 사회적 관점)에 의해 평가하는 것이다.

(1) 환경영향 평가의 목적과 이해

환경영향 평가의 목적은 환경목표 및 세부목표에 반영하여 환경에 대한 개선계획을 수립하고 실행함으로써 지속적인 환경경영 프로그램을 마련하는 데 있다.

환경측면을 파악하고 그 중대성을 결정할 때 기업의 환경영향을 이해하는 것이 필요하다. 환경영향을 이해하기 위한 접근방법은 여러 가지가 있다. 즉, 원인-결과 도표, 투입 및 산출물, 물질 또는 에너지 수지를 설명하는 흐름도, 환경영향평가, 전과정평가 등과 같은 방법이 있다. 기업은 필요에 따라 적합한 방법을 선택할 수 있는데, 선택한 접근방법을 통해 얻을 수 있는 사항은 다음과 같다.

- 부정적인(나쁜) 환경영향과 긍정적인(좋은) 환경영향
- 실제적 · 잠재적 환경영향
- 대기, 수질, 토양, 동물, 식물, 문화유산 등과 같은 영향을 받을 수 있는 환경의 영역
- 지역의 기후조건, 수면의 높이, 토양의 형태 등과 같이 환경영향에 영향에 미칠 수 있는 지역 특성
- 환경변화의 성격(전체 지구 대 지역의 문제, 영향이 발생하는 기간, 시간이 지남에 따라 영향의 강도가 누적되는 잠재력)

(2) 환경영향의 형태(범위)

환경영향의 범위는 영향을 미치는 주체에 따라 직접영향과 간접영향으로 나눌 수 있으며, 작업조건에 따라 정상운영조건, 비정상운영조건, 비상사태로 분류할 수 있다.

1) 직접영향

기업의 직접적인 업무활동, 제품, 서비스로 인하여 나타나며 기업의 관리책임하에 있는 영향이므로 기업에 의해 직접관리가 가능한 환경영향을 말한다.(예: 제조공정에서 발생하는 폐기물, 오염물질의 처리 및 배출, 천연자원의 소비, 운반수송의 영향, 토양관리 등)

2) 간접영향

기업의 활동, 제품 및 서비스와 관련은 있으나 기업이 직접 통제할 수 없는 외적 요인에 의해 영향을 받는 것으로 조직에 의해 관리가 가능한 환경영향을 말한다.(예: 계약자 또는 공급자의 업무/생산 활동, 제품 사용 후 폐기 등)

3) 정상운영조건

완료된 설계 또는 계획된 요구조건과 일치하는 운영 또는 작업조건을 말한다. 즉 표준조건이나 공정기준 이내의 운전과 같이 관리한계 범위에서 유지되는 상태를 말한다.

4) 비정상운영조건

이미 설계 또는 계획된 정상운영, 작업조건으로부터 의도적으로 이탈한 상태의 운영 및 작업조건을 말한다. 즉, 업무 중 정상조건을 벗어난 상태이거나 크기가 비교적 작은 사고가 발생한 경우의 조건이다(예: 작업/가동 중단 시, 시작 시, 급격한 생산량 증감 시, 작업원/운전원 근무교대 시, 공정의 이상반응 시 등). 다만, 이 상황은 통제 및 정상상태로의 회복이 가능하다.

5) 비상사태

업무 중 의도하지 않은 사고가 발생한 경우로서 사고의 내용이 극단적인 상황을 말한다(예: 화재, 폭발, 지진, 폭우, 유독물 누출 또는 방지시설 고장 등). 이 상황은 통제불가능한 상태이다.

(3) 환경영향의 심각성 평가

환경영향의 심각성/중대성은 제품 및 조직의 성격에 따라 설정가능하다. 환경영향의 심각성 평가는 일반적으로 발생가능성 평가, 발생결과 평가 그리고 이들 평가를 바탕으로 한 종합평가단계를 거친다.

1) 발생가능성 평가

- 관리방법: 폐쇄루프형, 심사방법, 지침서
- 물질형상: 고형, 액체, 가스 상태
- 발생빈도: 정상, 비정상 및 비상사태 시의 발생빈도

2) 발생결과 평가

- 위험성 정도: 보건 안전상 및 환경적 위험도 평가
- 방출량: 방출량 및 농도
- 방출기간: 연속적 또는 일시적 방출
- 법규요건: 관련 법규에의 해당 유무

3) 종합평가

- 발생가능성 및 평가결과에 따른 종합평가
- 심각도 등급 결정
- 평가결과에 따른 심각한 환경영향 등록부 작성

제4절 ISO14001

1. ISO14001의 개요

(1) ISO14001의 의의

ISO14001은 환경경영시스템에 대한 국제표준(규격)으로, 기존의 경영활동과 접목해서 기업의 경제적 목적과 환경성과의 개선을 동시에 달성하기 위한 환경경영의 구체적인 실천 수단이다. 이 국제표준은 ISO(국제표준화기구: International Organization for Standardization)에 의해 1996년 10월 제정되었고, 2004년 11월 개정에 이어 2015년에 개정하였다. ISO14001은 여타의 국제 환경규제와 달리 환경경영시스템에 대한 평가를 바탕으로 객관적인 인증을 부여하는 것이며, 기업이 단순히 해당 환경법규나 규제기준을 준수하고 있는가의 차원을 넘어 환경방침, 추진계획, 실행 및 운영, 점검 및 시정조치, 경영자 검토, 지속적 개선 등의 포괄적인 환경경영을 얼마나 잘 시행하고 있는가를 평가한다. ISO14001은 기업의 환경개선 시스템을 명시한 국제규격으로서 오늘날 가장 지배적인 표준으로 급속히 자리 잡았다.

ISO14001은 환경경영에 대한 기본 원칙의 대부분을 반영하고 있다. 즉 환경성과의 지속적이고 체계적인 개선을 위해서 조직 시스템과 전 직원의 책임을 명시하고, 환경개선을 위한 노력이 효과적으로 이루어질 수 있도록 조직 내 자원을 적절히 배분할 것을 규정하고 있다. 또한 환경에 대한 인식과 책임의식을 고취하기 위해 전 직원을 대상으로 교육훈련을 꾸준히 실시하고 환경방침을 충실히 이행하는지를 정기적으로 점검하는 환경감사도 실시토록 하고 있다.

(2) ISO14001의 제정 목적

첫째, 기업경영과 관련된 환경문제를 효율적으로 해결하기 위한 일련의 원칙을 정립한다.

둘째, 기업경영과 관련된 제반 환경오염의 원인을 파악하고 심각한 환경영향을 식별하여 환경경영시스템을 효율적으로 운영한다.

셋째, 엄격해지고 있는 국내외 환경법규의 준수는 물론 기업 스스로 설정한 환경방침, 환경경영 추진계획을 체계적으로 실천한다.

넷째, 직원들의 책임, 권한 및 절차, 그리고 구체적인 업무를 규명함은 물론 이를 문서로 만들어서 일상 업무에서 환경에 대한 부정적인 영향을 최소화하거나 제거한다.

다섯째, 환경경영에 필요한 조직체제 및 책임을 규명하며, 필요한 자원을 적절히 공급한다.

여섯째, 직원의 환경책임과 환경의식의 향상을 도모하며, 그 방법의 하나로 체계적인 교육 · 훈련을 실시한다.

일곱째, 환경성과를 대내외에 공표해 금융기관, 주주, 일반대중 등 다양한 이해관계자로부터 기업의 환경경영에 대한 투명성 · 신뢰성을 확보한다.

여덟째, 이상의 환경경영활동을 통해 회사의 경쟁력을 강화한다.

(3) ISO14001의 적용대상

ISO14001은 다음과 같은 의도를 가진 모든 조직에 적용될 수 있다.

첫째, 환경경영시스템을 수립, 실행, 유지 및 개선하고자 하는 경우

둘째, 기업이 자발적으로 설정한 환경방침과의 적합성을 스스로 보증하고자 할 때

셋째, 다음과 같은 방법으로 규격에의 적합성을 실천하고자 할 때

- 자체 판단 및 선언을 하고자 할 때
- 조직의 적합성을 고객과 같은 이해관계자가 확인하고자 할 때
- 조직의 자체 선언을 외부적으로 인증받고자 할 때
- 조직의 환경경영시스템을 외부조직으로부터 인증받고자 할 때

적용범위와 관련하여 기업은 환경경영시스템을 기업 전체에 대해 또는 특정 운영단위(예: 사업장, 공장)에 대해 실행할 것인지를 선택할 수 있다.

일반적으로 적용범위는 환경경영시스템을 적용할 기업의 지리적 위치, 제품 · 활동 및 서비스를 고려하여 결정한다. 기업의 지리적 위치 안에 있는 협력업체나 식별된 중대한 환경측면이 있는 협력업체에 대해서는 인증심사를 할 때 대상에 포함한다.

2. ISO14001의 개요와 구성요소 모델

2015년 개정된 ISO14001 규격(ISO14001:2015)은 2004년 규격(ISO14001:2004)에 비해 다음과 같은 몇 가지 특징이 있다.

첫째, 대외 경영환경으로 인한 위험요소와 기회요소를 파악하도록 「4장 조직의 상황」을 신

설하였다.

둘째, 급변하는 경영환경에서 최고경영자의 책임을 강화하기 위해서 경영진의 리더십이 5장에 추가되었다.

셋째, 제품의 전과정 관점을 고려하여 환경측면을 파악하도록 요구했다.

넷째, 리스크와 기회를 고려한 목표관리를 하도록 요구했다.

다섯째, 의사소통 방법결정 및 의사소통 과정을 구체적으로 명시하도록 요구했다.

여섯째, ISO14001:2004 요소들이 새롭게 바뀐 구조 속에 재배열되었다.

모두 10개의 장으로 구성된 ISO14001:2015의 개요는 다음과 같다.

〈표 4-2〉 ISO14001:2015의 개요

장	제목	개요	장	제목	개요
1	적용 범위	-	6	기획	6.1 리스크와 기회를 다루는 조치 6.2 목표 및 목표달성 기획
2	인용 표준	-	7	지원	7.1 자원 7.2 역량 7.3 인식 7.4 의사소통 7.5 문서화된 정보
3	용어와 정의	3.1 조직 및 리더십 관련용어 3.2 기획 관련용어 3.3 지원 및 운영 관련용어 3.4 성과평가 및 개선 관련용어	8	운용	8.1 운용기획 및 관리 8.2 비상사태 대비 및 대응
4	조직 상황	4.1 조직과 상황의 이해 4.2 이해관계자의 요구와 기대 이해 4.3 환경경영시스템 적용범위 결정 4.4 환경경영시스템	9	성과 평가	9.1 모니터링, 측정, 분석 및 평가 9.2 내부심사 9.3 경영검토
5	리더십	5.1 리더십과 의지표명 5.2 환경방침 5.3 조직의 역할, 책임 및 권한	10	개선	10.1 일반사항 10.2 부적합 및 시정조치 10.3 지속적 개선

위 규격 내용을 기획(Plan), 실행(Do), 성과평가(Check), 개선(Act) 과정을 거치는 모형으로 제시하면 **〈그림 4-1〉**과 같다.

〈그림 4-1〉 환경경영시스템 모형

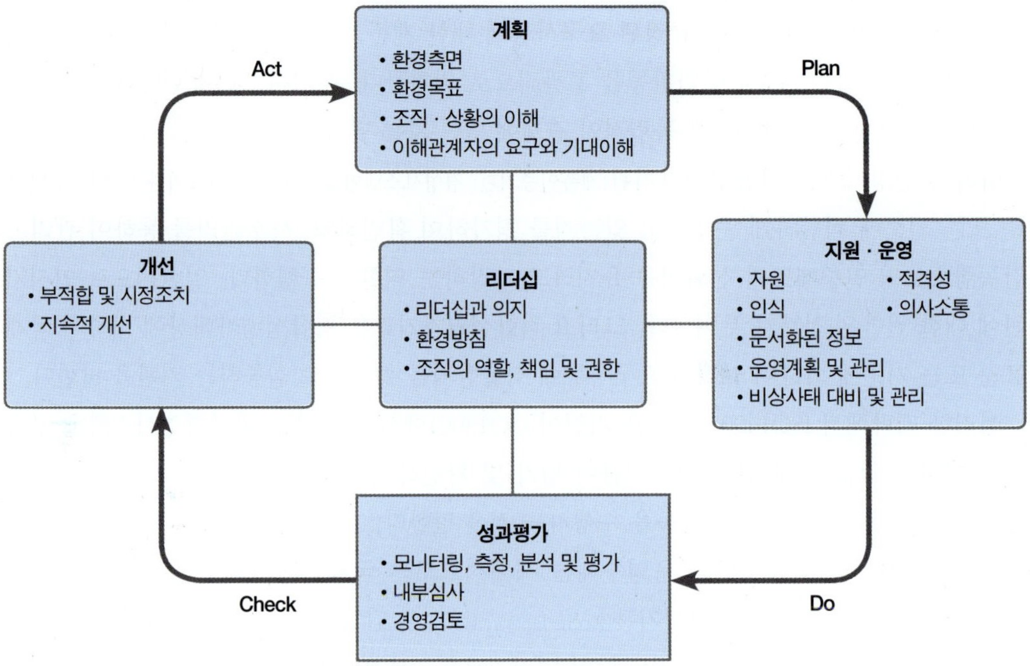

3. ISO14001 인증제도

(1) 인증제도

ISO14001 인증 또는 인증제도란 기업이 구축한 환경경영시스템이 ISO14001 규격에 맞게 구축 및 이행하고 있는지를 제3자 인증기관에서 평가 및 확인하여 인증하는 제도를 말한다. 국제표준 등에서 적합성평가(conformity assessment)라는 용어로도 사용한다.

적합성평가란 제품, 프로세스, 시스템, 사람 또는 기관 등에 대한 규정된 요구사항의 충족 여부를 실증하는 활동을 말하며, 그 분야로 시험, 검사, 제품인증, 경영시스템인증, 자격인증(사람의 특정 자격에 대한 인증) 등이 포함된다.

적합성평가와 관련하여 '인정'과 '인증'을 구분할 필요가 있다. 사전적으로 '인정'은 국가나 지방자치단체가 어떤 사실의 존재 여부나 옳고 그름을 판단하여 결정하는 것을, '인증'은 어떠한 문서나 행위가 정당한 절차로 이루어졌다는 것을 공적기관이 증명하는 것을 말한다. 적합성 평가기관은 A라는 기업을 인증심사 후 업체가 아니라 업체의 제품이나 경영시스템을 인증한다. 즉 인증이란 심사대상이 해당 표준과 부합한지를 증명하는 과정이다. 여기서 '표준과 부합한지의 여부'는 사전상 '정당한 절차로 이루어졌다'에 해당한다. 다시 말해 '인정'은 규정된 요구사항에 대하여 적합성평가기관이 적격한지를 공식적으로 실증하는 제3자 증명활동을 말한다. 그리고 '인증'이란 규정된 요구사항에 대한 제품, 프로세스, 시스템, 사람 등의 적합 여부를 실증하는 제3자 증명활동을 포괄적으로 지칭한다. 여기서 '제3자'란 적합성평가대상 및 그 대상에 대한 사용자와 독립적인 관계에 있는 자를 말한다.

따라서 인정기관은 적합성평가기관(제품인증기관, 경영시스템인증기관, 자격인증기관 등)이 국제표준 또는 기준에 적합하게 운영되고 있는지를 평가하여 확인하고, 사후관리를 통하여 관리 · 감독함으로써 인증제도의 신뢰성을 유지하고 보장하는 역할을 수행한다. 일반적으로 인정기관에 대한 권한은 정부가 부여한다. 그리고 적합성평가기관은 적합성평가대상에 대하여 국제표준 또는 기준에 의하여 규정된 요구사항에 적합한지를 평가하고 실증하는 기관을 말한다.

이러한 맥락에서 ISO14001 인증은 기업이 ISO14001에서 요구하는 환경경영시스템을 구축 및 이행하고 있음을 제3자인 인증기관이 평가 및 확인하여 적합함을 실증하고, 인증의 유효성을 위해 지속적인 사후관리활동을 수행하는 것을 말한다.

환경경영시스템 인증제도의 운영주체는 세계적으로는 국제인정기관포럼(IAF: International Accreditation Forum)에 가입한 인정기관(Accreditation Body)이 담당하고 있으며, 우리나라의 경우 한국인정원(KAB: Korean Accreditation Body)이 인정기관으로서 인증기관(기업에 대한 인증 및 사후관리 담당) 및 연수기관(심사원에 대한 연수 담당)에 대한 인정 및 사후관리 등의 업무를 담당한다.

(2) 인증절차

환경경영시스템 인증을 획득하기 위해서는 시스템 구축 → 인증 신청 → 인증 심사 → 인증의 단계를 거친다.

1) 1단계: 시스템 구축

국제규격에 적합한 환경경영시스템을 구축하고 필요하면 전문기관의 컨설팅을 받는다. 즉, 환경경영시스템을 문서화하고 이를 실행한 후 내부감사나 경영자 검토를 통해 평가하고 개선한다. 이 과정에서 전문기관의 컨설팅을 받을 수 있다.

2) 2단계: 인증의 신청 및 인증계약의 체결

인증 준비가 되면 인증기관을 선택하여 인증을 신청한다. 인증기관과 인증범위, 인증절차, 인증비용 등을 합의하여 인증계약을 체결한다.

3) 3단계: 인증 심사

인증기관은 계약에 따라 인증심사반을 구성하고 문서심사, 현장심사를 실시한다.

4) 4단계: 부적합의 시정 및 인증의 결정

인증심사반은 현장심사를 마친 후 부적합보고서와 종합보고서를 구두 또는 문서로 알려 주고 인증기관에 심사결과를 보고한다. 인증기관은 심사결과를 인증심의위원회 등 인증심의 및 결정을 담당한 조직에 회부하여 인증 여부를 결정한다.

5) 5단계: 사후관리심사

인증을 받은 기관은 인증계약에 따라 정해진 기간마다 사후관리심사를 받는다.

6) 6단계: 인증의 갱신

인증을 받은 기업은 인증의 유효기간인 3년마다 인증기관과의 계약을 갱신하여야 한다.

(3) 인증의 효과

환경경영시스템 인증의 효과는 유형의 효과와 무형의 효과로 나눌 수 있다.

1) 무형의 효과

- 세계적 환경기준에의 적응으로 무역장벽에 대한 공격적 대응
- 환경친화적 기업으로 이미지 제고
- 전 임직원의 환경경영 및 환경보존 마인드 고취
- 이해관계자와의 유대(정부, 지역사회 및 주민, 보험사, 금융기관 등) 강화
- 환경영향의 체계적인 모니터링 및 지속적 관리
- 경쟁사에 대한 비교우위

2) 유형의 효과

- 자원(원재료, 부재료, 용수, 에너지 등) 절감
- 폐기물 감량 및 처리비용의 절감
- 각종 오염의 최소화 및 예방
- 국내외 환경법 및 규제에 대한 사전적 대응
- 재사용 및 재활용을 통한 원가 절감

- 안전사고의 예방과 환경민원의 감소
- 고객의 기대 충족으로 시장점유율 향상

4. ISO14000 시리즈

ISO는 기업의 환경경영 프로그램 표준화를 위해 ISO14000 시리즈를 제정했다. 이 시리즈는 규모나 지역, 활동에 관계없이 환경경영시스템을 발전시키고자 하는 어떤 조직이라도 즉각 도입할 수 있는 여러 가지 표준을 제공한다.

ISO14000 시리즈는 조직 중심의 표준과 제품 중심의 표준으로 나눌 수 있다. 조직 중심의 표준은 조직이 환경경영시스템을 구축 · 유지 · 평가할 수 있도록 복합적인 지침을 제공한다. 제품 중심의 표준은 제품과 서비스의 전 과정에서 환경에 미치는 영향과 환경라벨, 환경성 주장에 관한 표준과 지침을 제공한다. 또한 제품 중심의 표준은 조직이 제품과 서비스의 환경부담을 줄일 수 있도록 설계와 의사결정과정에서 필요한 정보를 수집하는 데, 그리고 특정 환경정보에 대해 소비자나 이해관계자와 서로 의견을 교환하는 과정에서 필요한 정보를 얻는 데 도움이 된다.

ISO14000 시리즈의 구성은 **〈그림 4-2〉**와 같다. 이 시리즈 중 가장 핵심이 되는 규격은 앞에서 설명한 ISO14001로, 인증을 획득할 수 있는 유일한 규격이다. ISO14004는 환경경영시스템의 원칙 및 실행지침을 제공한다.

ISO14015는 오염부지 및 관련 시설에 대한 평가를 다루는 규격으로 최근 관심이 높아지고 있는 규격이다. ISO19011은 품질경영시스템과 환경경영시스템의 감사를 통합하여 제정한 규격이다. ISO14031은 환경성과평가의 평가분야(영역)와 평가프로세스 등에 대한 규격이다. ISO14064는 온실가스 관리규격으로, ISO14064-1과 ISO14064-2는 각각 총량제한방식과 기준인정방식에서 온실가스 산정에 대한 규격이다. 그리고 ISO14064-3은 온실가스 검사 · 검증에 대한 규격이다. ISO14065는 온실가스 타당성 평가 및 검증기관에 대한 인정 요구사항에 대한 규격이고, ISO14066은 온실가스 타당성 평가 및 검증 팀에 대한 적격성 기준을 제시하고 있다.

〈그림 4-2〉 ISO14000 시리즈의 구성

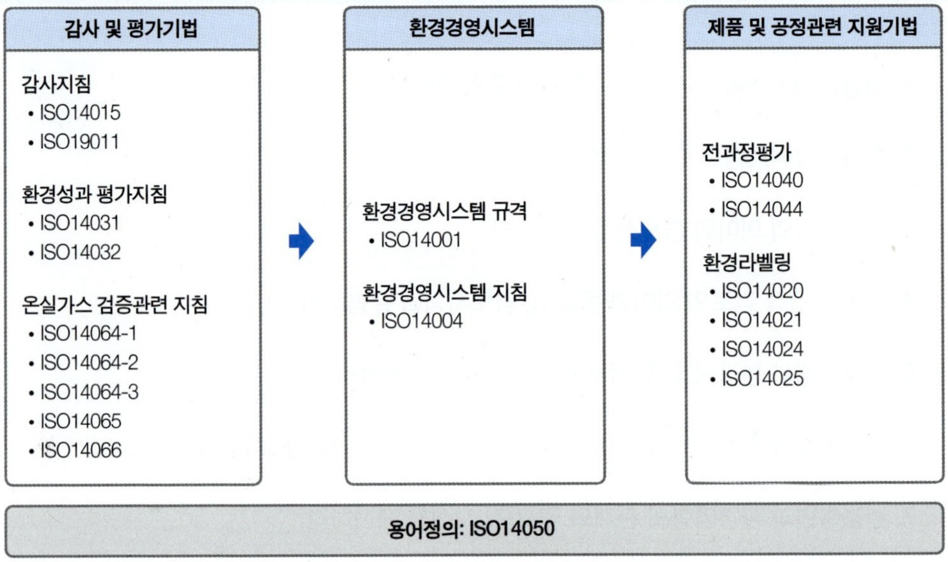

ISO14040은 전과정평가 수행의 원칙 및 기본구조를 규정하고, ISO14044는 전과정평가 수행 단계별 요구사항 등을 규정하고 있다. ISO14020은 제품이나 포장의 라벨, 제품 설명서, 기술 회보, 광고나 선전 등에서 사용되는 문구, 심벌 및 그래픽의 형태로 표기되는 모든 환경 라벨링 및 선언의 기본이 되는 원칙을 규정하고 있다. ISO14024는 환경마크 제도(Type I 환경라벨)의 운영원칙과 절차를 규정한 규격이며, ISO14021은 기업에서 자체적으로 환경성 주상을 할 경우(Type II 환경라벨)에 해당되는 원칙과 절차를 규정하고 있다. ISO14025는 제품의 전 과정에서 발생하는 환경관련 자료를 정량화하여 소비자에게 제시하는 환경성적표지제도(TypeIII 환경라벨)와 관련된 규격이다.

토론하고 발표하기

1. 환경경영시스템의 정의와 도입 목적을 설명하라.
2. 환경경영시스템의 특징을 설명하라.
3. 환경방침의 의미와 중요성을 설명하라.
4. 초기 환경성 검토의 의미와 중요성, 검토사항을 설명하라.
5. 환경방침과 환경목표 및 세부목표의 관계를 설명하라.
6. 환경방침과 환경목표 및 세부목표를 제시한 기업의 사례를 수집하여 발표하라.
7. 환경측면과 환경영향의 관계와 몇 가지 사례를 제시하라.
8. 환경측면 파악의 4단계를 설명하라.
9. 환경영향의 심각성 정도를 평가하는 단계를 설명하라.
10. ISO14001의 의의를 설명하라.
11. ISO14001의 기본모형과 구성요소를 간략히 설명하라.
12. ISO14001의 인증절차를 설명하라.
13. ISO14001의 인증효과를 설명하라.
14. ISO14001 인증을 획득한 기업의 사례를 조사하여 발표하라.
15. ISO14000 시리즈의 구성을 설명하라.

환경경영 TIP

포스코 환경경영방침

환경은 사람과 자연이 함께 행복하고 아름다운 세상을 만드는 터전입니다. 포스코는 미래 세대를 위한 최선의 가치가 여기에 있다고 생각합니다. 2010년 12월에 '포스코 패밀리 글로벌 환경경영방침'을 선포하고, 2011년 6월에는 '사랑받는 기업 헌장'을 통해 녹색경영을 넘어선 전 그룹 차원의 환경경영 내재화에 주력하고 있습니다. 지역사회의 환경영향을 최소화하고 생태계를 보전하며, 에너지를 아끼고 그 효율을 높이기 위한 다양한 노력과 실천들을 통해 지구의 푸른 미래를 만들어 가고 있습니다.

〈포스코 환경경영방침 전문〉 (2012.12 개정)

- ISO14001을 기반으로 패밀리 환경경영 체계를 구축하여 글로벌 리더십을 확보한다.
- 환경 법규를 준수하고 전 과정을 고려하여 환경을 지속적으로 개선한다.
- 청정 생산공정 도입과 최적방지기술 적용으로 오염물질 배출을 최소화한다.
- 천연자원, 부산물 등을 효율적으로 활용하여 자원순환형 사회를 구축하고 생태효율성을 향상한다.
- 청정에너지 사용과 녹색기술 적용으로 온실가스 배출을 줄여 저탄소 녹색성장을 선도한다.
- 환경경영의 성과를 공개하여 경영의 투명성을 확보하고 지속가능성을 지향한다.

(자료: http://www.posco.co.kr/homepage/docs/kor3/html/sustain/environ/environment_01.jsp)

제05장

친환경제품과 환경친화적 설계

이 장에서는 친환경제품은 무엇이고 왜 필요한지를 설명한다. 또한 환경친화적 설계의 개념과 필요성, 환경친화적 설계의 실행과 전략을 기술한다. 이어서 환경친화적 설계의 효과와 장애요인 및 극복방안을 고찰한다.

제1절 친환경제품의 이해

1. 친환경제품의 개념

친환경제품이란 녹색제(상)품, 환경제품과 같은 의미로 쓰이며, 전통적 또는 경쟁 제품에 비해 환경성이 현저하게 우수한 제품을 말한다. 따라서 친환경제품은 절대적 개념이 아니라 상대적 개념으로 이해해야 한다. 즉 제품의 재활용 가능성, 에너지 효율, 사용 및 폐기 과정에서의 안전성, 수명, 포장 및 원재료의 환경영향 등 광범위한 측면에서 환경성이 우수한 제품을 친환경제품이라 한다.

제품의 환경성은 원료 구입부터 폐기에 이르는 전 과정에 대한 평가를 통해 확인된다. 친환경제품은 전 과정에 걸쳐 환경에 미치는 영향이 상대적으로 적은 제품이다. 제품의 전 과정에 걸친 환경성은 **〈표 5-1〉**에서 제시한 기준에 따라 평가할 수 있다.

〈표 5-1〉 제품의 단계별 환경성 평가요소

단계	환경성 평가요소
원자재 구입	• 천연자원의 보존 • 동식물, 특히 희귀종 보호 • 운송방법 및 처리 • 사용 자원의 재생가능성 및 사용방법의 환경친화성 • 재활용품의 사용 여부
생산	• 자원 사용량 최소화 • 폐기물 최소화 및 공해 방지(특히 유해폐기물에 대한 관리) • 에너지 효율 • 물 사용 및 폐수 처리 • 대기 및 토양에 대한 유해성
포장 및 운송	• 포장재 사용 최소화 • 포장재의 재활용 여부 • 운송방법 및 물류체계
사용	• 에너지 효율성 • 제품 사용 시 소요되는 천연자원 최소화 • 소비자의 보건 및 환경적 안전성
사용 후 폐기 및 처리	• 재이용 및 재활용의 용이성 • 내구성 • 생분해성 • 소각 및 매립 시 안전성

자료: 이병욱 외 2인, 2005, p.366

2. 친환경제품의 필요성

(1) 제품 중심의 환경규제 강화

전통적으로 제품의 전 과정에서 폐기물이 가장 많이 발생하는 시점은 제품생산단계인 것으로 인식되어 왔다. 실제로 제품생산과정에서 폐기물의 50% 이상이 발생하며, 이에 기업은 폐기물을 적절히 처리하거나 원천적으로 그 발생을 억제하는 다양한 방법을 시도하고 있다. 그러나 1990년대부터 환경개선과 함께 경쟁력을 향상시키고 장기적으로 지속가능한 발전을 이루기 위해서는 공정 중심에서 제품 중심으로 정책 변화가 필요하다는 인식이 점차 확산되었다. 생산공정에서 폐기물 발생을 줄이더라도 사용 후 폐기물이 발생하는 것은 불가피하며, 환경문제가 이미 지구적으로 확산된 상황에서는 제품의 전 과정에 대한 관리가 필요하다는 것이다.

유럽, 일본 등 선진국의 환경규제도 공정 중심에서 제품 중심으로 옮겨 왔으며, 이러한 제품 중심의 규제는 지속적으로 강화되는 추세이다. 대표적인 환경규제로는 EU의 에너지 사용제품 친환경 설계 규정(EuP), 전기 · 전자장비 폐기물 처리 지침(WEEE), 유해물질 사용 제한 지침(RoHS), 폐차 처리 지침(ELV) 등이 있다. 제품 중심의 환경규제는 제품에 대한 재활용 의무를 규정하거나 유해물질에 대한 규제를 그 내용으로 하며, 이는 제품 전 과정에서의 환경영향을 감소시키고 자원 사용에서의 효율개선을 목적으로 하는 통합제품정책(IPP: Integrated Product Policy)에 기반한다. 통합제품정책은 제품의 친환경적 설계, 환경적합성 평가를 통한 판매 규제, 전기 · 전자제품의 유해물질 사용 제한, 제품의 수거와 재활용체제 구축 등 제품의 친환경적 생산과 소비를 유도하기 위한 정책이다. 즉, 제품과 서비스의 제조 · 유통 · 사용 · 폐기 등 전 과정에서 환경영향을 개선하기 위해 다양한 정책수단을 통합운영하는 것으로, 제품이 환경에 미치는 피해를 줄이기 위한 EU 행동전략인 것이다.

제품 중심의 환경규제에 대응하기 위해서 친환경제품의 개발은 피할 수 없는 현실이다.

(2) 기업경쟁력 강화 요소

친환경제품 개발은 비용 절감뿐만 아니라 매출액 증대 등 경쟁력 향상을 위해서도 필요하다. 우선 제품에 들어가는 부품의 수를 줄이거나 재활용 가능한 부품을 사용함으로써 생산원가 절감이 가능하다. 그리고 애초에 유해물질을 사용하지 않는 제품을 생산함으로써 환경규제에 대응하기 위한 비용을 절감할 수 있다. 또한 친환경제품을 개발 출시하여 친환경 소비자들의 적극적인 구매를 유도하고 기업의 친환경 이미지를 제고함으로써 매출을 늘릴 수 있으며, 새로운 규제 도입으로 형성될 수 있는 새로운 시장을 선점하는 것도 가능하다.

(3) 소비자의 친환경제품 선호

소비자가 제품의 환경성과에 대한 정보를 더욱 강하게 요구하고 있다. 기존에는 제품 구매 시 디자인, 품질, 가격 등을 주로 고려했으나, 이제는 이들 요소뿐만 아니라 환경까지 생각하는 소비자가 늘어나는 추세이다. 그 경향은 환경정보 공개 요구를 넘어선 친환경제품의 선호에서 두드러진다. 선진국은 물론 우리나라에서도 환경친화적 제품을 찾는 소비자가 점차 확대되는 추세이다. 일례로 최근 친환경 유기농산물이 소비자들에게 각광받고 있다. 일부 소비자와 환경단체는 객관적인 지식과 분석 능력을 바탕으로 제품의 환경성을 자체 평가한다. 이런 평가를 기준 삼아 소비자들은 다소 비싸더라도 친환경제품을 구매하고, 환경문제를 야기하는 제품에 대하여는 불매운동을 벌이기도 한다. 결국 환경적으로 건전하지 않은 제품은 소비자로부터 점차 외면을 받아 설 자리를 잃고 있는 것이 현실이다.

3. 친환경제품 전략

기업 입장에서는 친환경제품이 환경성도 높고 동시에 경제성도 있어야 생산에 착수할 것이다. 제품의 환경성과 경제성이라는 두 마리 토끼를 잡기 위한 전략을 전 과정에서 살펴보면 다음과 같다.

(1) 환경영향이 적은 물질 사용

제품의 원료나 제조공정에서 사용되는 물질을 선택할 때 환경에 미치는 영향이 적은 물질에 우선순위를 두는 것으로, 구체적인 방안은 다음과 같다.

- 유해물질(납, 카드뮴, 수은 및 각종 오존층 파괴물질 등) 사용 배제
- 재생 및 재활용이 가능한 물질 사용
- 생산과정에서 에너지 다량 소비 물질의 사용 억제

(2) 물질 사용량 감축

물질 사용량을 감축한다는 것은 제품의 부피나 중량을 줄인다는 의미이다. 이렇게 생산에 필요한 물질을 줄임으로써 환경성을 제고할 수 있고 제품의 유통과 소비과정에서 에너지의 사용도 줄일 수 있다.

(3) 생산기술 최적화

생산기술의 최적화는 제품 생산의 각 공정에서 환경성을 향상시키는 방안으로, 주된 내용은 다음과 같다.

- 새로운 공정 기술 개발
- 제조공정 단순화
- 청정에너지 사용 및 에너지 효율이 높은 공정 도입

- 폐기물 발생량 감축

또한 기계부품 세척 시 오존층 파괴물질인 CFCs 등 유해한 첨가물 사용을 대체할 수 있는 기술을 개발하여 도입하는 것도 좋은 방안이 될 수 있다. 생산과정에서 불량품이나 부산물 발생이 많을 경우에도 공정을 개선하고 실수를 줄임으로써 생산성 향상 효과는 물론 에너지나 재료 사용량을 줄이는 효과도 기대할 수 있다.

(4) 물류흐름 최적화

물류흐름 최적화는 수송과정에서 에너지 사용량을 줄이고 물류 관리를 효율적으로 하는 방안으로, 주요 내용은 다음과 같다.

- 재활용이 가능하거나 무게가 적은 포장재 등 환경친화적 포장
- 트럭보다 철로나 선박 이용을 통한 수송과정에서의 에너지 사용 절감
- 포장과 수송수단 규격화
- 수송일정 관리를 통한 공차 운행 감소

(5) 사용단계의 환경영향 최소화

에너지나 소모품이 많이 소비되는 전자제품이나 사용연한이 긴 자동차는 사용과정에서 환경에 미치는 영향이 크다. 따라서 에너지 사용량이나 내구성 등 사용단계에서 환경에 미치는 영향을 충분히 고려하여야 한다. 사용단계에서 환경영향을 최소화할 수 있는 제품의 예는 다음과 같다.

- 에너지 절약 제품
- 재생 가능한 에너지를 사용하는 제품
- 소모품 사용이 상대적으로 적은 제품

(6) 제품 수명 최적화

일반적으로 제품의 수명이 길수록 환경성은 뛰어나다고 볼 수 있다. 그러나 단순히 기능이 다했을 때뿐만 아니라 소비자가 더 이상 사용하고 싶어 하지 않을 때에도 제품은 폐기되므로,

이러한 측면을 종합적으로 고려해야 한다. 제품수명의 최적화를 위해서는 제품 자체의 기능과 심미성이 오래 유지되도록, 또한 고장 난 부품의 경우 소비자가 쉽게 고칠 수 있는 유지보수의 편의성이 높도록 부품을 모듈화하는 방안을 고려할 수 있다.

(7) 폐기과정 최적화

우선적으로 폐기물 발생을 줄이는 것이 가장 바람직하나, 불가피하게 발생되는 수명이 다한 제품에 대해서는 재이용 · 재활용 등을 통해 폐기물 발생을 줄이거나 발생하더라도 적절히 처리하는 방안을 마련할 필요가 있다. 재이용 · 재활용이 어려울 경우에는 매립과 소각 등 최종 처리방법을 선택하는데, 이때에도 경제성과 환경성을 적절히 고려해야 한다.

제2절 환경친화적 설계의 이해

1. 환경친화적 설계의 정의

환경친화적 설계(DfE: Design for Environment)는 제품 개발 시 환경적 측면을 고려하려는 몇몇 전자제품 제조회사들의 노력의 일환으로 1992년 처음으로 소개되었다. 미국 전자제품협회는 DfE의 도입을 위한 팀을 결성하였고, 그 후 AT&T, 3M과 같은 회사에 의해 체계화되는 과정에서 관심이 고조되어 지금에 이르고 있다. EU에서도 에너지 사용 제품 친환경설계 규정(EuP: Eco design requirements for Energy-Using Products)을 두어 에너지를 사용하는 제품은 설계단계에서 전 과정을 고려한 친환경설계가 이루어지도록 하고 있다.

환경친화적 설계와 비슷한 용어로는 녹색설계(green design), 친환경설계(eco design), 환경디자인(environmental design), 생태적 디자인(ecological design) 등이 있으며,[1] 이 용어들 사이에 개념상의 차이는 거의 없다.

DfE는 환경경영의 궁극적 목적인 경제적 수익성과 환경적 건전성을 충족시키는 최적의 제품을 설계하는 기술로서 환경친화적 설계활동 또는 환경효율적인 제품의 설계를 의미하며, 제품과 공정의 전 과정에 걸쳐 환경, 안전, 보건의 목적을 염두에 둔 설계라고 할 수 있다. 구체적으로는 작업환경과 안전, 소비자의 보건과 안전, 자원소비, 오염예방, 폐기물 최소화, 분

1) 강성관(2007, p.348)은 환경친화적 설계와 유사한 14가지의 다양한 용어를 제시하고 있다.

리/해체, 재활용, 재사용 등을 고려하여 제품개발을 하는 것을 의미한다. 즉 환경친화적 설계는 제품 전 과정에 걸쳐 환경부하를 최소화하며, 역제조(Demanufacturing)를 통해 폐기 제품의 재활용 및 재자원화를 극대화하고, 제품의 가격과 성능 및 품질의 기준을 만족시키면서 친환경적인 제품을 개발하는 활동을 말한다. 이것은 단순하게 정의하면 제품의 가격과 성능 및 품질의 기준을 만족시키면서 환경적으로도 적합한 제품을 개발하는 것을 의미한다.

선진기업에서는 위와 같은 DfE 개념에 맞추어 기존의 제품설계에 고려되었던 요소들, 즉 제품기능, 경제성, 생산성, 무게 및 크기, 소비자의 요구사항 등에 환경적인 요소를 통합하여 제품을 개발하고 있다. 여기서 환경적인 요소를 고려한다는 의미는 친환경소재 선택 및 종류의 단순화, 3R 용이, 에너지 절감, 분해 용이, 감량화 및 소형화를 추구하는 것을 뜻한다.

그러므로 DfE는 제품 개발 프로세스를 환경방침과 환경목표에 연계시키는 것으로 제품개발 초기단계에 제품의 가격, 성능, 품질, 안전, 심미성, 사용편의성 등을 만족시키면서 전 과정에 대한 환경적 측면을 제품 및 공정의 설계에 통합하는 활동이자 환경적으로 차별화된 제품을 설계하는 기법이다.

2. 환경친화적 설계의 필요성

환경친화적 설계의 필요성을 몇 가지 제시하면 다음과 같다.

첫째, 제품(기업) 경쟁력 강화이다. 대부분의 제조기업 혹은 구매기업이 부품을 구입하거나 제품을 구매할 때 친환경적으로 설계되었는지를 평가한다. 소비자의 의식 또한 같은 가격에 같은 성능을 가진 제품이라면 환경친화적인 제품을 선호한다. 따라서 환경친화적 설계를 통해 제품의 가치를 높이고 기업의 경쟁력을 강화할 수 있다.

둘째, 원가 절감 효과이다. 친환경적 설계를 통해 원부자재의 사용량, 에너지 및 용수 사용량 및 폐기물의 발생량을 줄일 수 있다. 이러한 감량효과는 구매원가의 절감, 폐기물 처리비용의 절감으로 이어져 환경성과와 경제적 수익성을 올리는 계기가 된다.

셋째, 환경규제에의 대응이다. EU에서 제품에 대한 환경규제로 제시하는 납, 수은, 카드뮴, 6가크롬, PBB, PBDE 등 6대 유해물질 사용제한지침(RoHS)에 대응하기 위해서는 이들 물질이 포함되지 않도록 환경친화적 설계가 필요하다. 그리고 소비자에 의해 사용된 후 소각 매립되지 않은 전기 · 전자장비들을 생산자로 하여금 일정한 비율 이상 재활용, 회수하도록 규정한 전기 · 전자장비 폐기물 처리 지침(WEEE)에 대응하기 위해서는 분해 및 재활용이 용이하도록 환경친화적 설계를 해야 한다. 또한 에너지 사용 제품 친환경설계 규정(EuP)에 대응하려면 제품의 사용단계에서 에너지 사용을 최소화하도록 설계해야 하며, 제품의 전 과정에 친환경 설계기법을 도입하여 제조해야 한다.

넷째, 친환경제품 관련 인증 획득이다. 제품의 친환경적 설계를 통해 환경마크, 환경성적표지, 탄소성적표지 등 관련 인증을 획득할 수 있다.

3. 환경친화적 설계의 주요 원칙

환경친화적 설계를 위해서 지켜야 할 주요 원칙 3가지는 다음과 같다.

(1) 전 과정적 접근

제품의 전 과정적 접근을 통해 제품의 환경영향을 평가하여 개선점을 모색한다.

(2) 다중요소 고려

제품 개발 및 개선 과정에서 품질, 원가, 경제성, 환경 등의 어느 한 측면만을 고려하는 것이 아니라 품질, 원가, 경제성과 동시에 환경성을 모두 고려한다.

(3) 조직 내 전사적 시스템 구축

환경친화적 설계팀에 제품개발부서, 환경부서, 생산부서, 구매부서, 마케팅부서 등의 담당자와 의사결정권자를 참여시켜 조직 내의 다양한 시스템과 기능을 활용하여야 한다.

제3절 환경친화적 설계의 실행과 전략

1. 환경친화적 설계의 실행

일반적인 환경친화적 설계의 절차와 단계별 업무를 간략히 제시하면 **〈표 5-2〉**와 같다. 모든 기업이 이 절차를 반드시 적용할 필요는 없다. 기업의 상황과 경험 및 노하우를 반영하여 절차를 적용하면 될 것이다.

〈표 5-2〉 환경친화적 설계의 절차와 업무

단계	절차	업무
1	프로젝트 준비	• TFT조직 구성 및 워크숍 • 대상제품 선정, 프로젝트 목표 및 범위 합의 • 시작회의(Kick-off meeting)
2	대상제품 특징 및 환경성 분석	• 대상제품에 대한 특징 분석 및 경쟁사 벤치마킹 • 대상제품 환경규제 분석 • 대상제품 환경성 분석
3	환경적 이슈 및 전략 도출	• 대상제품 환경적 취약점 규명 • 환경적 취약점에 따른 타 디자인 요소와의 연관성 분석 • 환경친화적 설계 전략 설정
4	개발방향 설정과 아이디어 도출 및 디자인안 선정	• 개발방향 설정 • 아이디어 도출 • 디자인안 선정(품평회)
5	상세설계 수행	• 아이디어 구체화 및 상세설계 수행 • 생산공정 설계 및 검토 • 적용기술 검토 및 문제해결 • 상세설계에 대한 환경성, 경제성 등 평가
6	모크업 제작 및 개선사항 도출	• 모크업 제작대상 선정 • 개선사항 도출
7	개발안 확정과 보고 및 문서회	• 개발안 확정과 보고 • 프로젝트 결과 문서화 • 홍보자료 작성

자료: 김선영 외 3인, 2007, p.51을 참고하여 일부 수정

(1) 프로젝트 준비

환경친화적 설계를 위한 프로젝트 준비의 전제는 최고경영자의 동의를 얻는 것이다. 왜냐하면 프로젝트 수행에 필요한 인적 · 물적 자원의 원활한 조달을 위해서는 최고경영자의 지속적인 관심과 적극적인 지원이 반드시 필요하기 때문이다. 최고경영자의 지원을 약속받은 후 진행할 업무는 다음과 같다.

1) 프로젝트 팀 구성과 워크숍

프로젝트 팀은 경영진, 제품 개발, 구매, 생산, 마케팅 등 제품과 관련된 모든 부서가 참여하는 것이 바람직하다. 제품 생산의 중요한 부문을 협력업체가 맡고 있다면 그 업체도 프로젝트 팀에 참가시키는 것이 바람직하다. 기업 내 전문가가 부족하다면 외부 전문인력을 활용할 필

요도 있다. 환경친화적 설계를 위한 프로젝트 팀의 구성원과 역할은 **〈표 5-3〉**과 같다.

팀이 구성되면 프로젝트 진행을 위한 워크숍을 실시한다.

〈표 5-3〉 환경친화적 설계를 위한 프로젝트 팀의 구성원 및 역할

구성원	역할
프로젝트 책임자	• 프로젝트 관리 • 주요 의사결정 • 조직 또는 경영자와의 협의 • 내부 보고 및 지원 요청
마케팅부서	• 제품에 대한 외부 요구사항 파악 • 시장 및 소비자 동향 파악 • 제품 광고 및 홍보
환경전문가	• 제품 또는 생산에서의 환경영향 규명 • 환경친화적 물질 및 생산기술에 대한 정보 제공 • 해당 제품이나 산업에서의 환경규제 조사 및 대응
생산부서	• 대안 또는 설계지침의 실현가능성 및 생산성 검토 • 작업자의 안전 및 보건 측면 고려
구매부서	• 협력업체와의 커뮤니케이션 • 부품 정보 조사 • 부품별 가격 및 품질 파악
제품개발자	• 제품분석 시 기술 정보 제공 • 문제해결의 아이디어 제안 • 타 부서의 정보 수집 및 교환

자료: 에코프론티어, 에코디자인 일반 지침 및 지원 S/W개발 최종 보고서, 2002, p.64; 이병욱 외 2인, 2005, p.401 재인용

2) 대상제품 선정과 프로젝트 목표 및 범위 합의

다음 사항을 고려한 후 대상제품을 선정한다.

- 기업의 환경경영 전략, 법률, 표준화 정도, 소비자 기호 변화, 경쟁사의 활동 등을 고려한 제품의 환경성과 개선 필요성
- 제품의 잠재적인 시장과 제품이 기업 매출에 미치는 영향
- 제품의 환경성과 개선 가능성
- 제품의 복잡성
- 조직의 예상 학습 능력
- 운용 가능한 조직과 재무상태

대상제품의 선정은 일반적으로 다음 2가지 기준에 따라 이루어진다.

첫째, 해당 제품의 시장상황과 환경성과 개선 효과이다. 여러 가지 제품 가운데 환경성과가 매우 높고, 시장에 출시했을 때 좋은 반응이 예상되는 제품을 우선 선정한다. 차선은 시장에서의 잠재성은 낮을지라도 환경성과가 높은 제품을 택한다.

둘째, 기술적 타당성이다. 기술적 타당성을 검토할 때는 제품의 복잡성과 수명주기를 고려한다. 너무 복잡한 기술을 필요로 하거나 제품의 수명이 남아 있을 경우에는 선정대상에서 제외하는 것이 바람직하다.

대상제품이 선정되고 나면 프로젝트의 목표나 범위 등 프로젝트 추진계획을 합의하여 수립한다. 이때 환경친화적 설계를 실제로 수행하는 데 필요한 기간과 예산 계획도 수립하게 된다.

프로젝트 수행기간은 일반적으로 제품을 설계하는 데 소요되는 기간을 기준으로 하되, 제품의 복잡성 및 개선정도에 따라 달라질 수 있다. 프로젝트 수행에 소요되는 예산은 주로 내·외부 전문가의 활용정도에 따라 달라지며, 외부 전문가들에게 들어가는 비용도 전문가의 수준이나 참여정도 등에 따라 결정된다.

환경친화적 설계를 적용할 개략적인 추진계획 수립에 포함되어야 할 내용은 다음과 같다.

- 제품 설계를 위한 일반적 분석
- 환경친화적 설계를 위한 대상제품 선정 이유
- 대상제품의 변경 정도
- 프로젝트의 환경적 · 경제적 목표(최종 제품에 대한 개략적 설명)
- 프로젝트 추진방법
- 보고 및 성과 평가주기
- 프로젝트 팀 최종 구성 및 구성원의 역할 분담
- 단계별 수행 내용
- 프로젝트 수행 기간
- 프로젝트 수행에 필요한 예산 및 예산 배정 계획

3) 시작회의

프로젝트를 위한 제반 준비가 완료되면 관련 구성원들이 모여 TFT(Task Force Team)의 시작을 알리는 회의를 개최하여 팀이 정식으로 업무를 시작한다.

(2) 대상제품 특징 및 환경성 분석

대상제품과 추진계획이 정해졌으면 이어 환경친화적 설계를 위한 제품의 특징 및 환경성 분석을 비롯한 2단계 절차에 들어간다.

1) 대상제품에 대한 특징 분석 및 경쟁사 벤치마킹

대상제품에 대한 전반적 특징을 분석하기 위해 품질과 기능, 소비자의 선호도, 태도, 시장 반응 등을 조사한다. 또한 경쟁관계에 있는 경쟁사 제품과 친환경설계에 대한 벤치마킹을 실시한다.

2) 대상제품에 대한 환경규제 분석

선정한 대상제품에 대한 현재 그리고 향후 대응해야 할 국내외 환경규제 목록을 작성하고, 조사된 환경규제를 분석하고 점검한다.

3) 대상제품에 대한 환경성 분석

대상제품의 환경성 분석 및 평가는 전 과정에 걸쳐 환경에 미치는 영향을 평가하는 것이다. 환경성 평가를 위한 여러 방법이 개발되었으나 전과정 평가가 가장 유용하다. 전과정 평가를 통해 환경측면의 파악과 잠재적 환경영향을 평가할 수 있다(전과정 평가에 대한 설명은 제10장 참조). 최근에는 제품의 환경성을 온실가스배출량으로 평가하는 경우도 많다. 따라서 대상제품 생산, 사용에 따른 온실가스배출량을 산정하여 환경성을 파악하는 것이 효율적이라 할 수 있다.

(3) 환경적 이슈 및 전략 도출

1) 대상제품의 환경적 취약점 규명

앞의 환경성 분석, 환경규제 분석 등의 데이터를 바탕으로 대상제품의 환경적 취약점 및 문제점을 찾아낸다.

2) 환경적 취약점에 따른 타 디자인 요소와의 연관성 분석

발견된 환경적 취약점이 다른 디자인 요소, 예컨대 품질, 원가 등과 연관된 것은 아닌지 분석한다. 이는 취약점 보완을 완전하게 하기 위해 요구된다.

3) 환경친화적 설계 전략 설정

환경친화적 설계를 위한 전략을 수립하기 위해서는 대내외 분석을 통해 프로젝트 추진의 동기와 목표를 확인해야 한다. 이때 프로젝트 추진의 동기가 될 만한 요인으로는 기업 내부의 경우 사회적 책임, 제품의 품질 향상, 제품이나 기업의 친환경 이미지 구축, 원가 절감, 내부 혁신역량 강화 등이 있다. 그리고 기업 외부적 요인으로는 환경규제나 거래업체의 요구, 경쟁 기업의 활동 등이 있다.

제품의 환경성 평가와 대내외 여건 분석 자료를 바탕으로 친환경제품 설계의 전략을 수립한다. 구체적인 전략의 예로는 앞에서 설명한 바와 같이 환경에 미치는 영향이 적은 물질의 사용, 물질 사용량 감축, 생산기술 및 물류흐름의 최적화, 사용단계에서의 환경영향 최소화, 제품수명 및 폐기과정 최적화 등이 있다.

전략을 최종적으로 확정하기 전에 전략별로 타당성 평가 과정을 거쳐야 한다. 타당성 평가는 우선 환경개선 효과를 평가한 다음 경제성을 검토하게 된다. 경제성 검토에서는 시장 여건과 경제적 타당성에 중점을 둔다. 또한 전략을 실행함에 있어 기술적 적용가능성 검토도 필요하다. 전략별 타당성 평가를 바탕으로 장·단기 전략이 확정된다. 단기전략은 적은 비용으로 추진이 가능하거나 쉽게 실행할 수 있으면서도 파급 효과가 상대적으로 큰 전략을 중심으로 하며, 장기전략은 이번 프로젝트에서는 달성하기 어려우나 장기적으로 개선이 필요한 분야를 염두에 두고 수립한다.

(4) 개발방향 설정과 아이디어 도출 및 디자인안 선정

이 단계에서는 개발방향 설정, 아이디어 도출, 디자인안 선정을 수행한다. 환경친화적 설계의 성공을 가름하는 가장 중요한 단계로, 참여 조직원의 핵심 역량이 충분히 발휘될 수 있도록 한다.

1) 개발방향 설정

설정된 친환경적 설계 전략과 대상제품의 기본적 특징을 반영하여 개발방향을 설정한다. 개발방향은 향후 대상제품 개발의 전 과정뿐만 아니라 결과물에 막대한 영향을 미치는 요소이므로 TFT 전체의 합의를 통해 설정한다.

2) 아이디어 도출

전략의 구체적인 실행방안을 찾기 위해서는 우선 브레인스토밍(brainstorming)[2], 창의적 문제

2) 브레인스토밍은 자신의 의견을 자유롭게 말할 수 있도록 하여 독창적 아이디어를 창출하도록 하는 회의방법이다. 브레인스토

해결 기법인 트리즈(TRIZ)[3] 등의 방법을 통해 다양한 아이디어를 끌어낼 필요가 있다. 제품개발부서나 생산부서의 여러 전문가를 참여시켜 그들의 경험과 노하우를 적극 활용하는 것이 좋으며, 환경친화적 설계의 경험이 많은 전문가의 의견도 반영하도록 한다.

3) 디자인안 선정

대안 선정은 실현 가능성이 있는 구체적인 실행방안 2~3개를 확정하는 것이다. 이때 여러 아이디어 중 품평회 등을 통해 현재의 조직 여건에서 충분히 실현할 수 있고 환경적으로나 경제적으로 우수하다고 판단되는 아이디어를 선정해야 한다. 그러나 마땅한 대안을 찾기 어려운 경우에는 개선 전략을 처음부터 재검토해야 한다.

(5) 상세설계 수행

이 단계에서는 채택된 디자인 대안을 최종 설계로 구체화한다. 구체적인 생산계획이나 신제품의 사양 등이 결정되는 단계이다.

1) 아이디어 구체화 및 상세설계 수행

제기된 아이디어를 정리 · 종합하여 구체화하고, 상세한 부품의 형상이나 재료, 가공법 등이 반영된 상세설계를 실시한다.

2) 생산공정 설계 및 검토

이 단계에서는 대상제품을 상세설계도에 명시된 대로 생산하는 방법을 나타내는 공정 설계를 하고 그 내용의 적합성 여부를 검토한다.

3) 적용기술 검토 및 문제해결

생산공정 설계에 따라 생산에 적용할 기술은 어떤 기술인지 검토하고 문제점이 발견되면 이를 해결한다.

4) 상세설계에 대한 환경성, 경제성 등 평가

상세설계 결과물에 대하여 환경개선 성과, 기술적 적용가능성, 경제성, 심미성, 사용편의성

밍의 특징은 최대한 많은 아이디어를 도출하기 위해 다른 사람의 제안이나 아이디어에 대해 비판을 금지하는 것이다.

3) 트리즈는 주어진 문제에 대하여 가장 이상적인 결과를 정의하고, 그 결과를 얻는 데 관건이 되는 모순을 찾아낸 후 그 모순을 극복할 수 있는 해결안을 도출하는 방법이다.

등에 대한 타당성 검토와 평가를 실시한다. 평가 결과 미흡한 부분이 발견되면 이를 보완한다.

(6) 모크업 제작 및 개선사항 도출

이 단계에서는 상세설계안 중 2차 품평회를 통해 앞 단계에서 진행한 환경성, 경제성, 심미성, 사용편의성 등 속성에 대한 평가내용이 우수한 개발안을 바탕으로 모크업(Mock-up) 제작대상을 선정한다. 모크업을 제작할 개발안을 선정하면서 보완사항을 도출하여 모크업 제작 시 반영한다.

모크업은 실물 크기의 모형을 말한다. 모크업 제작은 많은 원가가 발생하나 최종안의 종합적 측면을 보다 정확하게 평가할 수 있다는 점에서 필요하다.

(7) 개발안 확정과 보고 및 문서화

이 단계에서는 최종품평회를 통해 도출된 최종보완 내용을 반영하여 제품개발안을 확정한다. 프로젝트의 최종결과를 경영자 및 관련 책임자에게 보고하고 이를 문서화하여 남긴다. 또한 대내외에 홍보하기 위한 홍보자료를 작성한다. 특히 기업외부의 소비자가 제품의 환경성과를 충분히 인식하고 구매하도록 마케팅 전략을 수립한다.

2. 환경친화적 설계 실현을 위한 세부 전략

환경친화적 설계를 실행하기 위한 구체적 전략을 몇 가지로 나누어 제시하면 다음과 같다.

(1) 자원 절감

1) 재활용된 물질 사용

재생 플라스틱, 재생 용지, 재생 금속 등의 사용은 재활용된 만큼 새로운 재료(자원)를 저감하는 효과를 가진다. 따라서 제품의 품질, 기능 및 미관상의 문제가 없다면 새로운 재료보다 재활용된 물질을 사용한다.

2) 제품의 경량화

여러 부품의 기능을 통합하여 하나의 부품으로 설계하거나, 기존 제품의 두께, 부피 및 크기를 감소시켜 제품에 투입되는 자원을 절감한다.

3) 포장재 사용 저감

제품 출하 때마다 매번 새로운 포장재를 사용하지 않고 반영구적으로 사용할 수 있는 박스를 제작하여 납품/회수를 하거나, 제품의 크기에 알맞도록 크기 및 무게를 최대한 감소시켜 설계한다. 또한 포장재에 사용되는 잉크나 도료의 사용을 최대한 자제한다.

(2) 친환경 소재 사용

1) 유해물질 사용 저감

제품의 전 과정에 걸쳐 영향을 미칠 수 있는 RoHS 규제물질 6가지를 비롯한 유해물질(예컨대 휘발성 유기화합물질, CFCs, HCFCs, PCBs 등) 사용을 저감하거나 전폐하고, 보다 친환경적인 물질로 대체한다.

2) 환경영향이 적은 소재나 부품 사용

제품이나 포장재 설계 시 환경적으로 유해한 물질이 아니더라도 보다 친환경적인 소재의 물질/부품을 선택하고, 같은 소재라 하더라도 전 과정에 걸쳐 보다 환경친화적으로 생산된 물질/부품을 선택하여 사용토록 한다.

(3) 청정생산

1) 생산단계에서 에너지/연료 절감

에너지 진단 등을 통해 불필요한 전력의 낭비가 없는지 확인하고 개선한다. 또한 불필요한 생산단계를 감축하여 에너지/연료 및 인력의 낭비를 최소화한다.

2) 청정에너지 사용

현재 사용하고 있는 연료 및 전기를 보다 친환경적으로 생산되거나 배출물이 적은 연료로 대체한다. 예를 들어 벙커C유 등 SOx, NOx를 유발하는 연료를 천연가스 등 친환경적 에너지로 전환한다든지, 별도 연료를 사용하여 생산하던 스팀을 열병합 발전소(폐기물 소각열을 이용하여 전기와 스팀을 생산)로부터 공급받는 등이다.

3) 폐기물 발생 최소화

공정 소모품 및 스크랩 발생을 최소화한다. 1회용 소모품 사용을 억제하고 가능하면 재사용 또는 반영구적으로 사용할 수 있는 소모품으로 대체한다. 제조공정에서 발생하는 폐스크랩의 발생을 최소화하기 위하여 해당 부품을 제조하는 협력업체에 스크랩이 없도록 설계를 요구한다.

4) 불량률 감소

제품제조공정 시 발생되는 불량품은 수리되어 양품이 되는 일부 제품들을 제외하고는 그대로 폐기물이 된다. 불량률이 적으면 적을수록 발생되는 폐기물의 양도 적어지므로, 불량률 감소 목표를 세워 제품 환경성을 개선한다.

(4) 에너지와 용수 등 자원 절감

제품사용단계에서 소요되는 에너지를 절감하여야 한다. 특히 전기 · 전자제품은 다른 업종의 제품과 비교하면 사용단계에서 전력사용에 의한 환경영향이 두드러진다. 따라서 에너지를 적게 소모하는 제품일수록 제품 전 과정에 미치는 환경영향도 줄어드므로 제품 설계 시 에너지 효율이 높도록 설계한다.

전력뿐만 아니라 용수, 소모품 및 기타 자원을 최소한 사용하도록 제품을 설계하여야 한다. 특히 재생 불가능한 자원을 많이 사용하는 제품과 공정의 경우 그 사용량을 줄이거나, 재생가능한 자원으로 대체가 가능하도록 설계를 변경하거나, 아예 새로운 설계를 시도할 수 있다.

(5) 재활용성

1) 재활용성 등급이 높은 소재 사용

전기 · 전자제품의 경우 재활용성이 보장되지 않으면 수출시장에서 더 이상 경쟁력을 가질 수 없는 것이 현실이다. 제품의 재활용성을 높이는 첫 번째 조건은 재활용이 잘 되는(재활용 등급이 높은) 소재를 이용하여 제품을 설계하는 것이다.

소재의 재활용률을 높이기 위해서는 철, 구리, 알루미늄 등 재활용이 잘 되는 소재를 많이 사용하도록 한다. 만약 두 가지 이상의 플라스틱을 사용할 경우에는 재활용을 위해 플라스틱 간의 호환성을 고려하여 선택하도록 한다.

2) 단일 소재 사용

재활용성이 높은 소재를 사용하는 것 못지않게 단일한 소재를 이용해 재활용성을 높이는 것도 중요하다. 폐기 시 소재별로 분리하는 공정도 환경에 영향을 미치므로, 가능한 추가적인 작업 없이 재활용이 가능하도록 소재를 통일하여 제품을 설계하도록 한다.

3) 부품별 소재 표기

재활용 등급이 높은 소재를 이용하여 제품을 제조했다 하더라도, 실제 폐기된 제품을 처리하는 사람이 소재별로 식별이 불가능하여 분리할 수 없다면 재활용성이 떨어진다고 하겠다. 그러므로 소재별로 식별이 가능한 표기를 하도록 설계한다.

4) 해체가 용이한 설계

재활용률을 높이는 마지막 전략은 해체가 용이하도록 설계하는 것이다. 재활용 등급이 높은 소재를 이용하고 소재별로 구분이 용이하도록 표기를 했다고 하더라도, 소재별로 해체가 되지 않는다면 재활용되기 어렵다. 해체가 용이하도록 하려면 부품 체결요소의 위치가 쉽게 식별되고, 전체를 최소화하거나, 부품의 분리가 쉽도록 설계하여야 한다. 예컨대, 접착제나 나사, 못 등의 인위적인 방법으로 부품을 조립하는 것보다 설계상 부품끼리 맞물리도록 또는 손으로 손쉽게 해체가 가능하도록 설계한다.

제4절 환경친화적 설계의 도입효과와 장애요인

1. 환경친화적 설계의 도입효과

환경친화적 설계를 실행함에 있어 무엇보다 분명한 사실은 환경적 위험을 제품 출시 이전에 제거해야 하며, 어떠한 형태로든 기업의 이익창출에 기여할 수 있어야 한다는 것이다. 경제성에 현저한 문제가 있거나 고객이 원하지 않아 시장성이 없는 제품을 생산한다면 진정한 친환경적 설계라 할 수 없다. 환경성과 경제성을 동시에 추구하는 친환경적 설계 기법을 적용함으로써 얻을 수 있는 효과는 다음과 같다.

첫째, 환경친화적 설계를 통해 국내외 환경규제에 대한 능동적 대처가 가능하다. EU를 중심으로 한 친환경설계 규정(EuP), 전기 · 전자장비 폐기물 처리 지침(WEEE), 유해물질 사용 제한 지침(RoHS), 폐차 처리 지침(ELV) 등 제품 관련 규제는 국내 산업에도 상당한 영향을 미치고 있다. 그러므로 제품의 설계단계에서 환경친화적 설계를 통해 이러한 환경규제를 고려함으로써 향후 발생할지도 모르는 환경사고를 미연에 방지할 수 있다.

둘째, 제품의 경쟁력 제고에 기여한다. 환경친화적 설계 기법을 통해 환경규제로 창출될 시장을 선점하는 기회를 확보할 수 있을 뿐만 아니라 제품의 친환경 이미지를 심어 주어 이를 적극적인 마케팅 기회로 활용할 수 있다. 또한 환경친화적 설계는 잠재적인 환경사고를 예방하고 생산공정이나 제품의 비효율적인 면을 제거하여 비용 절감 효과를 가져다준다. 이러한 다양한 효과는 결국 기업의 경쟁력 확보에 중요한 요인이 된다.

셋째, 환경친화적 설계는 제품 전 과정에서 발생하는 각종 환경이슈를 고려하는 것이므로, 환경개선을 할 수 있다. 즉 제품의 환경적 성과를 개선함으로써 에너지 및 물질의 사용량을 줄이고 폐기물 발생을 억제, 오염 예방과 감소 등 환경개선 효과가 있는 것이다. 이러한 환경개선 효과는 기업의 사회적 책임을 달성하고 궁극적으로 환경성과 경제성을 동시에 추구함으로써 환경경영의 목적을 달성할 수 있게 한다.

2. 환경친화적 설계 활성화의 장애요인 및 방안

(1) 환경친화적 설계의 장애요인

환경친화적 설계의 성공적 도입과 실행은 기업에 위와 같은 효과를 가져다줌에도 불구하고 의외로 복잡하고 시간이 많이 걸리는 까다로운 과정이라 할 수 있다. 특히 국내 기업에서 환경친화적 설계의 실행에 있어 당면하는 몇 가지 문제점은 다음과 같다.

- 신제품 개발에 있어 환경성 고려가 우선순위에서 밀릴 수 있다. 즉, 신제품 개발에는 환경문제 이외에도 원가, 품질, 개발시간, 생산, 원재료 구매, 마케팅 등과 같은 다양한 요소가 고려되어야 한다. 이들 요소는 경제성과 일차적 관련이 있다. 이러한 상황에서 환경성을 고려하기 위한 작업은 추가적인 노력(시간, 원가 등)이 요구된다. 추가적인 노력 자체가 비즈니스상 수익성(경제성)에 부담을 주기 때문에 우선순위에서 밀릴 수 있는 것이다.
- 환경적 가치와 경제적 가치 사이의 절충문제가 발생한다. 환경친화적 설계의 실행과정을 살펴보면 환경성과 기업의 수익성이 대립할 가능성이 높다. 왜냐하면 기존의 재료 대체에 따른 원가상승과 공정개선을 위한 시설투자액이 추가적으로 소요되기 때문이다. 그러므로 철저한 환경친화적 설계를 하려면 경제성에 손상을 입을 수 있어 기업의 수익성은 저하된다.

- 환경친화적 설계 실행을 위한 정보와 툴(Tool)이 부족하다. 환경친화적 설계의 수행을 위해서는 환경성 평가를 위한 전과정평가 등을 실시하여야 하는데, 이러한 평가는 수행의 복잡성으로 많은 시간과 경비가 소요된다. 게다가 외부 투입 자원에 대한 전과정평가 정보가 불충분하여 환경영향평가의 신뢰성도 문제가 된다. 즉, 산업용 소재의 환경영향에 대한 신뢰할 만하고 접근이 가능한 데이터베이스가 충분하지 못하다.
- 인센티브의 부족을 들 수 있다. 환경친화적 설계는 영리기업이 추진하기에는 분명히 어려운 도전이다. 그럼에도 불구하고 이를 추진할 만한 충분한 유인책이 없다.

(2) 환경친화적 설계 활성화 방안

앞에서 제시한 장애요인의 제거를 통한 환경친화적 설계 활성화 방안을 제시해 보면 다음과 같다.

- 환경친화적 설계의 도입과 실행을 위한 유인 제공이 필요하다. 기업이 보유한 자원과 역량, 기업의 규모에 따라 상이한 접근방법이 요구된다. 다양하고 적극적인 인센티브 제도와 경제적 · 정책적 유인책이 필요하다. 예를 들면 환경부담금, 폐기물 예치금 등을 파격적으로 감면해 주고, 기술혁신을 촉진하는 제품에 대한 환경성 규제를 강화하며, 정부나 지방자치단체들은 환경친화적 설계 제품을 우선 구매하도록 하여야 할 것이다.
- 환경친화적 설계의 성공사례를 만들어 벤치마킹 사례로 제시할 필요가 있다. 국내에는 몇 개의 대기업을 제외하고 아주 매력적인 성공사례를 찾기 어렵다. 따라서 개별기업이나 산업 전체가 환경친화적 설계를 실행하여 수익성과 환경성에서 획기적으로 성공한 사례를 발굴할 필요가 있다. 또한 중소기업에서의 성공사례도 발굴하여 적극 홍보하여야 할 것이다.
- 환경친화적 설계의 방법론과 관련 정보의 제공이 필요하다. 설계 대안별 전과정평가를 정확하면서도 간편하게 수행할 수 있는 방법론의 정립이 필요하고, 모든 업종에서 공통으로 활용할 수 있는 전과정평가 정보 제공과 소프트웨어의 개발과 보급이 필요하다. 업종별 특성에 맞는 지원프로그램과 체계적인 교육프로그램의 개발도 요구된다.
- 사회 전반적으로 제품 환경성에 대한 민감성 제고를 위한 홍보와 교육이 필요하다. 지역사회, 지방자치단체에 대한 교육은 물론 소비자, 공급자, 주주, 채권자, 종업원 등을 대상으로 교육 및 홍보를 실시함으로써 제품환경성에 대한 인식제고가 절실하다.
- 학계와 연구기관을 중심으로 제품 전 과정에 대한 환경영향평가 연구와 다양한 제품을 대상으로 환경친화적 설계를 적용하는 연구의 확산이 있어야 할 것이다.

토론하고 발표하기

1. 친환경제품의 의의와 필요성을 설명하라.

2. 친환경제품을 생산하기 위한 전략을 설명하라.

3. 환경친화적 설계의 의의와 필요성을 설명하라.

4. 환경친화적 설계의 주요 원칙을 설명하라.

5. 환경친화적 설계를 위한 프로젝트 팀 구성원의 역할에 대하여 설명하라.

6. 친환경 대상제품을 선정할 때 고려할 사항과 기준을 설명하라.

7. 환경친화적 설계를 위한 세부전략을 설명하라.

8. 환경친화적 설계에서 재활용성을 높이기 위한 전략을 설명하라.

9. 환경친화적 설계의 도입효과를 설명하라.

10. 환경친화적 설계의 장애요인과 그 극복방안은 무엇인지 설명하라.

환경경영 TIP

대체에너지 활용하거나 환경친화적 제품 사겠다

대한상공회의소의 소비자인식과 기업의 대응과제 소비자 조사결과
소비자 75.2%, '대체에너지 활용하거나 환경친화적인 제품 사겠다'
– 고유가시대 및 소비자 주권시대 반영… 관련제품의 적극적 개발 필요해

최근 유가가 급등하고 소비자의식이 높아진 가운데 소비자 4명 중 3명꼴로 대체에너지를 활용하거나 환경친화적인 제품을 구매할 의향을 갖고 있는 것으로 나타났다.

대한상공회의소(회장 손경식)가 소비자 500명을 대상으로 '소비자인식과 기업의 대응과제'를 조사한 결과에 따르면 '대체에너지를 활용하거나 환경친화적인 제품을 구입할 의향이 있다'고 응답한 소비자가 75.2%였다. 특히 품질이나 가격조건이 다소 불리해도 이런 제품을 구매하겠다는 응답이 20%에 달했다.

(자료: http://blog.naver.com/jeijeiy/20054280719)

제06장

녹색구매와 친환경공급망 관리

오늘날 기업은 날로 강화되고 있는 국내외 환경규제에 예방적, 선도적 대응을 위해 원료 구입단계부터 환경을 고려하는 녹색구매와 친환경공급망 관리를 실시하고 있다. 이 장에서는 녹색구매와 친환경공급망 관리에 대하여 기술하기로 한다.

제1절 녹색구매

1. 녹색구매의 정의

일반적으로 녹색구매란 기술/단가뿐 아니라 환경적으로도 우수한 제품이나 상품, 원재료 및 부품 등을 구매하는 행위를 말한다. 즉 전 과정에서 환경유해물질이 포함되지 않은 제(상)품이나 원재료 및 부품을 구매하는 것을 말한다.[1] 학문적 관점에서 기업의 녹색구매(Corporate Green Procurement)는 기능적 관점에 초점을 둔 협의의 정의와 전략적 관점에 초점을 둔 광의의 정의로 나누어 볼 수 있다(이기훈, 2007, p.8).

협의의 녹색구매는 기업이 환경과 관련하여 정부나 환경단체 및 고객 등이 요구하는 조건 또는 법적 환경규제를 대처하는 데 필요한 최소한의 활동만을 구매와 관련하여 추진하는 것

1) 녹색구매는 생산과 관련된 물품 구입의 경우 Green procuremen으로, 사무실과 관련된 물품이나 기기 구입의 경우 Green purchasing으로 구분하기도 한다.

을 말한다. 즉 기업이 환경에 미치는 영향을 최소화하기 위해 3R(Reduce, Reuse, Recycle)의 가능성을 높일 수 있는 구매행위를 실행하는 것이다. 예를 들면 제품 내 유해물질 함유 금지, 유독성 폐기물의 적절한 처리, 배기가스의 배출에 관한 규제 준수, 재활용한 자재의 사용 요구 조건을 충족한 원재료나 부품을 구매하는 것을 들 수 있다.

광의의 녹색구매는 기업이 환경문제뿐만 아니라 경제적 성과도 향상시킬 수 있도록 설계된 다양한 프로그램을 통하여 가치를 창출하는 일련의 전략으로서 구매행위를 하는 것을 말한다. 이는 곧 친환경공급망 관리(SCEM: Supply Chain Environmental Management)와 맥을 같이하는 것으로, 구매정책의 수립과 실행, 공급업체의 선정, 평가, 개발, 투입물류, 포장, 3R, 폐기물 처리 등 포괄적 영역에서 환경이슈에 대한 대응책을 수립하는 것이다. 예를 들면 잉여품 및 스크랩 처리, 제품 설계, 포장 및 라벨링, 공급처 선정 및 평가, 유해물질 운수업체 선정 및 수송에 있어 환경성의 개선을 위해 녹색구매를 실시하는 것이다.

친환경공급망 관리는 다음 절에서 논의하기로 한다.

2. 녹색구매의 특징

기존의 구매와 녹색구매의 차이점 비교를 통해 녹색구매의 특징을 살펴볼 수 있다. 기존구매와 녹색구매의 차이는 **<표 6-1>**과 같이 요약할 수 있다.

〈표 6-1〉 통상적 구매와 녹색구매의 차이점

구분		기존구매	녹색구매
장기적/전략적	환경과의 커뮤니케이션	적음	빈번함
	시장 모니터링	기술 중심	기술+환경
	개발구매	기술	기술+환경
	공급업체 기반	거래비용 최소화	관계중시와 검증된 협력업체
단기적/운영적	구매결정요소	품질, 원가, 납기	품질, 원가, 납기+환경
	공급품 관리	품질규격하의 재료비 관리	품질규격+환경규격
	업체관리	경영 현황	경영 및 환경경영 현황

자료: 최선 외, 2007, p.85

<표 6-1>에서 보듯이 녹색구매의 특징은 단기적/운영적 측면에서 볼 때, 첫째로 핵심적인 구매결정 요소에 있어 품질, 원가, 납기에 환경을 추가적 요소로 고려한다. 둘째로 공급품에

대한 관리에 있어 품질규격 외에 환경규격을 고려한다. 셋째로 업체관리에 있어 일반 경영 현황 외에 환경경영 현황을 점검한다. 또한 장기적/전략적 측면에서 볼 때 공급업체와의 긴밀한 관계(relationship)를 중시하는 점이 특징이라 할 수 있다.

3. 녹색구매의 목적

녹색구매의 목적은 다음과 같이 3가지로 요약할 수 있다.

(1) 기업의 환경리스크 감소

기업들이 녹색구매를 실시하는 중요한 목적은 기업의 환경리스크를 감소시키고자 함이다. 즉 EU를 중심으로 강화되고 있는 환경규제에 적절히 대응하지 못하여 환경위험에 노출되면 기업은 발전은커녕 수출시장의 상실로 생존조차 어려운 상황에 처하게 된다. 녹색구매를 실시하지 않거나 형식적 실행으로 인한 실패사례나 경영상의 손해가 단순히 거래관계의 중단에 그치지 않고 제품의 출하 금지, 나아가 시장진출을 포기하는 상황까지 발생케 할 수 있다. 따라서 기업은 전사적 차원에서 녹색구매를 실행하고 지원하여야 한다.

이에 따라 기업은 기존 거래업체와의 구매관계를 재고하게 되었고, 사용금지물질의 지정 등으로 거래관계의 기본요구사항을 제시하게 되었다. 특히 해외 거래업체에 녹색구매 가이드라인을 철저히 준수할 것을 요구하게 되었다.

(2) 친환경제품 개발의 촉진

제품 생산을 위한 수많은 부품이나 원재료를 협력업체의 공급에 의존할 때 기업이 자사의 노력만으로 환경품질의 향상을 꾀하는 데는 한계가 있다. 즉 외부 협력업체의 협조 없이 친환경제품의 개발은 어려운 실정이다. 따라서 기업은 친환경제품을 개발하기 위한 목적으로 녹색구매를 실시하는 것이다.

완제품을 생산하는 기업에게 요구수준 이상의 부품과 원재료를 공급하는 공급업체의 적극적인 참여와 파트너십 형성은 우수한 환경성을 지닌 안정적 물량의 확보 차원에서, 그리고 하나의 전략적 경쟁우위를 확보하는 차원에서 평가되어야 한다. 기업은 이를 통해 품질향상, 제품의 환경성 개선 및 혁신제품의 개발, 전반적인 환경성과 증진, 브랜드 이미지 제고 등을 기대할 수 있다.

(3) 중소기업(공급업체)의 환경성과 증진

대기업의 녹색구매는 중소기업의 환경관리문제를 해결하는 데 도움이 될 수 있다. 대부분의 대기업이 환경문제에 자발적으로 관심을 보이고 적극적으로 대처해 가는 데 반해 영세한 다수의 중소기업은 자금이나 인력 면에서 환경문제에 대응하기 어렵다. 따라서 대기업의 공급업체인 중소기업을 대상으로 녹색구매활동을 실시하는 것은 궁극적으로 중소기업의 환경성과를 개선하는 데 효과적인 방법이 될 수 있다. 대기업이 파트너 공급업체인 중소기업에게 자금이나 인력 지원을 통해 환경경영 전반에 대한 도움을 줄 수 있기 때문이다.

제2절 친환경공급망 관리의 개요

1. 공급망 관리의 의의와 목적

공급망 관리(SCM: Supply Chain Management)란 제품의 생산단계부터 소비자에게 판매될 때까지의 모든 과정을 연결시켜 관리하는 것을 말한다. 공급망이란 부품을 공급하는 공급업체(협력업체), 제품을 생산하는 기업(제조업체), 도·소매업체, 소비자에 이르는 전 단계를 의미한다.

제품은 제조업체가 협력업체로부터 제품 생산에 필요한 부품을 공급받아 생산된 후, 도·소매상을 거쳐, 최종소비자에게 이른다. 오늘날 글로벌 경제 환경하에서 제품은 단순히 한 국가에서만이 아니라 세계적으로 판매가 되고 있어, 기업은 다양한 소비자의 욕구에 신속히 대응해야 하며, 또한 복잡해진 유통단계를 적절히 관리해야 한다. 일례로 제조업체가 생산의 효율화를 기했다 하더라도 유통과정에서 문제가 있거나 부품을 적기에 공급받지 못하면 소비자에게 제때 제품을 내놓기 어렵다. 경우에 따라서는 제조과정보다 유통이나 부품단계에서 더 많은 부가가치가 창출되기도 하므로, 전체적인 기업의 경쟁력 창출을 위해서는 공급망 관리가 매우 중요하다고 할 수 있다.

공급망 관리의 목적은 소비자가 요구하는 제품 또는 서비스를 최적의 가격에 최고의 품질로 적기에 공급할 뿐만 아니라, 공급망 내에서 비효율적인 측면을 제거하여 수익성을 극대화하는 것이다.

공급망 관리의 핵심 주체는 제조업체다. 제조업체는 소비자를 포함한 중간 도·소매업 등 구매업체의 요구를 받아 제품에 반영하고 협력업체에 요구사항을 전달하거나 지원하는 역할을 한다. 따라서 공급망 관리는 구매업체와 공급업체의 경쟁력 향상과 상호협력 관계를 구축하여 기업(제조업체)이 원가 절감, 품질 제고, 고객 만족 등의 목표를 달성하도록 하는 것이다.

2. 친환경공급망 관리의 정의

친환경공급망 관리는 위에서 설명한 공급망 관리의 범위에 환경적 요소를 추가한 것이다. 즉 기업이 환경적 측면에서 공급망을 관리하는 것이다. 녹색구매와 마찬가지로 친환경공급망 관리 역시 관리 범위에 따라 좁은 의미와 넓은 의미로 살펴볼 수 있다.

좁은 의미에서 친환경공급망 관리는 협력업체와 구매업체의 제품 및 공정의 환경성과를 증진시키기 위해 공동으로 노력하는 다양한 활동을 의미한다. 유통부문 제품 전 과정에 대한 고려가 미흡하다는 단점이 있으나, 현재의 친환경공급망 관리 활동이 유통단계의 환경문제보다는 제조업을 중심으로 협력업체를 잘 관리하는 데 중점을 두고 있어 현실을 잘 반영하고 있다는 장점도 있다. 그러므로 친환경공급망 관리에 대한 협의의 정의는 친환경제품의 구매와 협력업체의 환경관리 개념을 포함한 현실적 정의라 할 수 있을 것이다.

넓은 의미에서 친환경공급망 관리는 원료를 공급하는 협력업체에서부터 최종 사용, 처리, 재활용에 이르기까지 원료와 그로 인한 환경부하를 통합적으로 관리하는 활동을 의미한다. 이는 친환경제품의 구매, 협력업체의 관리, 유통부문 등 전 과정에서 걸쳐 환경문제를 관리한다는 포괄적 개념으로서 이론적으로 정확한 정의라 할 수 있다. 또한 현재 선진기업에서 적용하고 있는 친환경공급망 관리의 형태를 잘 표현하고 있을 뿐만 아니라 녹색구매보다 한층 진보된 정의이다.

이 책에서는 넓은 의미에서의 친환경공급망 관리를 중심으로 설명하고자 한다. 친환경공급망 관리는 환경경영시스템 구축, 청정생산 등 기업 자체의 환경성과 개선 프로그램만으로는 한계가 있어, 기업 자체의 환경성과뿐만 아니라 공급망 상 · 하류 업체의 환경성과를 관리할 필요성이 강하게 대두되면서 최근 확산된 기법이다.

친환경공급망 관리의 예로는 친환경제품을 개발하기 위한 공급업체의 선별, 친환경적 설계를 위한 공동작업, 협력업체의 환경 관리능력을 배양하기 위한 정보와 훈련의 제공, 도 · 소매상 등 구매 업체의 친환경제품 요구사항 파악 등 다양하다.

앞에서 기술한 녹색구매와 친환경공급망 관리를 비교해 보면 다음과 같다. 녹색구매가 단기적 비용효과를 거두고 환경규제와 같은 직접적 외부요인에 대응하는 차원에서의 접근이라면, 친환경공급망 관리는 전략적 차원에서의 중 · 장기적 접근이라 볼 수 있다. 달리 말하면 녹색구매가 구매 대상인 제품을 중심에 놓고 있는 반면, 친환경공급망 관리는 협력업체의 환경성과를 관리함으로써 제품의 녹색구매뿐만 아니라 생산 및 폐기 과정까지 환경문제의 전반을 관리대상으로 한다. 따라서 단기적으로는 녹색구매를 적극적으로 활용하면서 중·장기적으로 친환경공급망 관리를 이루어 갈 때 환경규제에 대한 체계적 대응은 물론 협력업체와 구매업체 나아가 산업계 역량을 동시에 제고시킬 수 있는 결과를 얻을 것이다.[2)]

3. 친환경공급망 관리의 필요성

(1) 기업 외부요인

친환경공급망 관리가 필요하게 된 기업 외부요인으로는 크게 ① 환경규제의 강화, ② 이해관계자의 압력, ③ 거래기업의 압력을 들 수 있다.

1) 환경규제의 강화

강화되고 있는 국내외 환경규제가 공급망 전체를 관리하도록 요구하고 있다. 최근 EU를 비롯한 선진국의 환경규제는 제품의 생산자 책임을 강조하고 있으며, 제품 생산자는 제품의 사용 후 재활용과 부품에 포함된 유해물질에 대한 관리를 책임져야 한다. 특히 수많은 부품의 조립을 통해 완제품을 생산하는 기업 입장에서는 협력업체의 환경문제가 제품에 직접적인 영향을 미치기 때문에 이에 대한 충분한 관리가 필요하다.

2) 이해관계자의 압력

환경단체를 비롯한 외부 이해관계자의 압력이다. 환경단체나 지역사회 등 외부 이해관계자가 기업의 환경성과를 평가할 때 기업 자체의 환경 실적뿐만 아니라 그 기업이 협력업체의 환경문제를 어떻게 관리하는지도 평가하는 추세이다. 즉, 환경단체 혹은 관련 정부기관에서도 중소기업의 환경문제 해결을 돕기 위하여 대기업에 기술적·물적 지원을 요청하고 있는 현실이다.

2) 녹색구매도 전략적 관점에서 넓은 의미로 보면 협력업체로부터 구매하는 부품뿐만 아니라 협력업체의 환경관리를 함께 고려하는 경우가 많기 때문에, 친환경공급망 관리와 녹색구매를 명확하게 구분하기 어려운 경우가 있어 두 가지 용어는 비슷한 의미로 사용되기도 한다(이병욱 외 2인, 2005, p.424).

3) 거래기업의 압력

거래기업으로부터의 친환경제품에 대한 요구가 있을 수 있다. 도 · 소매업을 비롯한 공급망 내의 한 기업이 친환경제품을 요구할 경우 이를 수용하지 않을 수 없다.

(2) 기업 내부요인

친환경공급망 관리가 필요하게 된 기업 내부요인으로는 ① 원가 절감, ② 위험 감소, ③ 품질 개선, ④ 기업이미지 제고 등을 들 수 있다.

1) 원가 절감

협력업체가 환경성과를 개선함으로써 제품의 원가 절감이 가능하다. 협력업체가 에너지나 자원 사용을 줄여 부품원가를 절감하면 궁극적으로 제품원가의 절감이 가능해진다. 즉, 제조업체 입장에서 저렴한 가격으로 부품을 구입하면 결국 제품 제조단가를 낮춰 가격경쟁력을 갖출 수 있다. 친환경공급망 관리를 통해 환경적 성과를 올리면서 경제적 수익성을 높이는 셈이다.

2) 위험 감소

협력업체가 환경사고 발생으로 인해 제품생산이나 공급에 차질을 빚는 경우를 예방할 수 있다. 제품의 중요한 부품을 생산하는 협력업체가 환경법규를 위반하여 적기에 납품을 하시 못할 경우 제품 생산에 차질을 빚을 수 있으므로, 환경성과를 적절히 관리할 필요가 있다. 또한 유통과정에서도 환경사고의 발생으로 제품을 소비자에게 공급하지 못할 상황이 발생할 수 있는데, 이에 대한 대책도 필요하다.

3) 품질 개선

제품의 환경성 향상과 품질 개선을 위해서는 협력업체의 참여와 협조가 필요하다. 특히 환경성이나 품질이 뛰어난 신제품을 개발하는 경우 협력업체의 도움이 반드시 필요하다.

4) 기업이미지 제고

기업의 이미지 제고를 위해서도 친환경공급망 관리가 필요하다. 친환경공급망 관리를 통해 친환경제품을 생산하고 공급한다면 시장에서 제품 경쟁력이 올라갈 것이다. 나아가 기업이 환경문제에 적극 대응하고 있음을 보여 주어 기업의 신뢰성이 향상되어 기업에 대한 이미지가 제고될 것이다.

4. 친환경공급망 관리가 협력업체에게 주는 혜택

친환경공급망 관리는 주로 대기업 주도로 이루어진다. 즉, 친환경공급망 관리는 대기업이 부품 등을 공급하는 협력업체(중소기업)에 적절한 정보를 제공하거나, 환경성과를 제고할 수 있는 동기를 제공함으로써 중소기업의 환경경영활동을 유도하는 좋은 접근방법이다. 따라서 자금, 기술, 인적 자원이 부족한 중소기업 입장에서는 대기업이 주도하는 친환경공급망 관리에 참여함으로써 다음과 같은 다양한 혜택을 누릴 수 있다.

- 매출액이 증대된다. 공급자인 협력업체(중소기업)와 구매자인 대기업 간에 신뢰를 바탕으로 한 긴밀한 협력관계가 구축되면 안정적이고 지속적인 거래가 가능하며, 협력업체는 환경성과의 개선으로 거래 물량이 증가하게 되고 시장에서의 경쟁력도 제고된다.
- 원가 절감이 가능하다. 협력업체(중소기업)는 대기업의 인적 · 물적 지원에 힘입어 환경문제 대응에 필요한 비용을 절감할 수 있으며, 환경문제를 적절히 관리함으로써 원자재의 효율적인 사용, 에너지 사용량 절감, 폐기물 처리비용 절감 등을 통해 생산원가를 절감할 수 있다.
- 내부 역량을 강화할 수 있다. 대기업이 제공하는 정보나 지원을 통해 환경문제에 대한 중소기업 내부의 대처 역량이 강화된다.
- 환경규제에 효율적으로 대응할 수 있다. 협력업체(중소기업)는 정보 수집 능력이 뛰어난 대기업과 협력함으로써 필요한 정보를 효율적으로 수집할 수 있고, 환경규제에 능동적으로 대응함으로써 환경사고를 줄이는 등 위험을 예방할 수 있다.

제3절 친환경공급망의 관리와 평가

1. 협력업체의 관리와 평가

협력업체의 관리는 새로운 협력업체 선정뿐만 아니라 이미 거래를 하고 있는 협력업체를 지원하거나 환경실적을 평가하는 활동을 말한다.

(1) 협력업체 관리의 단계

협력업체를 관리하는 기업 입장에서 협력업체의 환경문제를 일률적으로 관리할 경우 많은 비용과 시간이 소요될 뿐만 아니라 성과도 기대하기 어렵다. 협력업체와의 거래관계는 상호 의존성에 따라 **〈표 6-2〉**와 같이 4단계로 나눌 수 있다. 이때 협력업체는 국내외를 가리지 않으며, 평가항목에는 품질, 수송, 협력업체의 공정 및 공급망 관리 부분 등이 포함된다. 이 가운데 3단계와 4단계에 분류된 협력업체에 대해서는 더욱 엄격한 기준을 제시하게 된다(이병욱 외 2인, 2005, p.430).

〈표 6-2〉 협력업체의 단계별 구분

구분	거래관계	환경성 반영방법
Level 1 단순구매 관계	• 협력업체와 중요한 거래관계 없음 • 가격이 핵심문제	• 제품의 사양을 변화시킴
Level 2 경쟁구매 관계	• 연 단위로 계약을 갱신하거나 중기적인 거래관계 • 차기 거래 보장 없음	• 매년 제품 사양을 변화시키고 새로운 사양을 만족시키는 기업과 언제든지 거래 가능
Level 3 선호하는 공급업체	• 장기적 거래관계 • 원활한 의사소통 및 협력관계	• 주기적인 방문 및 미팅 • 품질은 물론 환경문제까지 논의하여 목표 설정
Level 4 전략적 협력 또는 제휴	• 협력업체 및 구매자의 협조를 통하여 위험 및 이익 공유	• 환경을 거래상의 주요 이슈로 고려 • 더 나은 환경성과를 사업 가치로 삼아 협력업체와 공유

자료: GEMI, New Parts to Business Value: Strategic Sourcing - Environment, Health and Safety, Global Environmental Management Iniative, 2002, p.35; 이병욱 외 2인, 2005, p.430 재인용

1) 제1단계: 단순구매 관계

단순구매 관계에서는 구매품의 가격과 기능이 중요시되며, 시장에서 바로 선택이 이루어진다. 단순구매 관계에서는 협력업체에게 거의 아무런 정보도 요구하지 않으며, 중요한 거래관계도 없다. 일반 사무용품 구입 등이 단순구매 품목에 해당하며, 이들 제품의 사양을 변화시킴으로써 물품의 환경성을 관리할 수 있다.

2) 제2단계: 경쟁구매 관계

경쟁구매 관계의 단계에서는 협력업체와 1년 이상의 거래관계를 가지고 있고, 연간 단위로 계약의 갱신이 가능하나 매년 계약이 이루어지므로 언제든지 새로운 협력업체와 거래할 수

있으며, 기술 지원은 없다. 경쟁구매 관계에서는 입찰과정에서 제품의 친환경 사양을 요구함으로써 환경성과를 관리할 수 있다.

3) 제3단계: 선호하는 공급업체

선호하는 공급업체의 단계에서는 장기간 거래관계를 맺으면서 환경성과 제고를 위해 필요한 정보를 제공하는 등 적극적인 협력이 이루어진다. 이런 협력업체에 대해서는 주기적인 현장 방문이나 회의 등을 통해 품질은 물론 환경문제까지 논의하며 목표를 설정한다.

4) 제4단계: 전략적 협력 또는 제휴

이 단계가 되면 협력업체와 비전을 공유하고 상호협력을 통해 위험을 회피하고 이익을 창출한다. 이때 환경문제는 협력관계에서 중요한 문제의 하나로 다루어지며, 환경에 대한 투자와 그에 따른 이익도 공유한다.

(2) 협력업체 평가방법

협력업체의 평가방법은 정형화되어 있지 않고 평가하는 기업이 자체적으로 개발하여 사용하고 있다. 현재 주로 활용되는 선진기업의 협력업체 평가방법을 정리하면 다음과 같다. 기업은 협력업체 평가 시 이들 방법 중 어느 한 가지만 사용하기보다는 평가항목에 따라 혼합하여 사용하고 있다.

1) 제3자에 의한 수동적 평가

협력업체의 평가가 제3의 전문기관(평가인증기관)에 의해 이루어지는 방법이다. 즉 평가의 주체가 공급망을 관리하는 기업이 아니라 제3의 전문기관이다. 예컨대 협력업체의 환경성을 ISO14001 등 환경경영시스템 인증이나 제품의 환경라벨 획득 여부를 기준으로 평가하는 것이다.

공급망을 관리하는 기업은 단지 기준만 제시하면 되기에 실행이 상대적으로 쉽다는 장점이 있다. 그러나 인증을 받은 업체가 받지 않은 업체보다 반드시 환경적으로 더 우수하다고 볼 수는 없으며, 협력업체로서는 인증 취득이나 유지를 위해 비용이 든다는 단점도 있다. 또한 인증만 획득하면 되기 때문에 획득 후 환경성과 개선을 위한 적극적 개선 노력을 하지 않을 우려도 있다.

2) 정성적 평가

정성적 평가는 평가단을 구성하고 협력업체를 방문하거나 협력업체가 제출한 서류 등을 평가한 후 보고서를 작성함으로써 협력업체의 환경문제에 대한 대응의지 및 환경성과를 평가하는 방법이다. 이것은 단순히 협력업체가 제공한 자료에 의존하는 것이 아니라 평가단의 보고서를 바탕으로 기업 주도하에 평가를 할 수 있다는 장점이 있다.

그러나 이 방법은 구체적 데이터를 바탕으로 하는 것이 아니어서 다양한 환경문제를 종합적으로 검토 · 비교하기 어렵고, 정량적 평가에 비해 객관적이지 못하다는 한계가 있다.

3) 정량적 평가

정량적 평가는 공급업체를 평가할 수 있는 여러 가지 항목과 척도를 활용하여 점수를 매겨 평가하는 방법이다. 이때 각 항목과 척도를 일괄적으로 적용할 수도 있고 각 항목에 가중치를 둘 수도 있다.

이 방법의 장점은 제조공정이나 제품 특성에 맞는 기준을 적용함으로써 구체적인 데이터를 바탕으로 체계적인 평가가 가능하다는 것이다. 반면에 평가항목의 도출 및 평가 과정에서 많은 준비가 필요하고 많은 비용이 든다는 단점이 있다. **〈표 6-3〉**은 정량적 평가의 예이다.

〈표 6-3〉 협력업체에 대한 정량적 평가의 예

항목	세부내용 및 배점
ISO14001 인증/환경라벨 획득 여부	• ISO14001 인증과 환경라벨 획득(10) • ISO14001 인증(5) • 환경라벨 획득(5) • 위 두 가지를 획득하려는 계획이 있음(3) • 둘 다 획득하지 않았고 계획도 없음(0)
전과정평가 실시 여부	• 예(10) • 아니오(0)
법에서 금지한 물질 사용 여부	• 사용하지 않음(10) • 허용치 이하로 사용(5) • 사용(0)
제품 경량화를 위한 노력 여부	• 노력하고 있음(10) • 경량화를 위한 계획을 수립해 놓고 있음(5) • 노력하지 않음(0)

4) 전 과정 비용을 고려한 평가

전 과정 비용을 고려한 평가는 협력업체나 구매품 자체에 대한 비용뿐만 아니라 협력업체나 구매품으로 인해 전 과정에서 발생하는 모든 비용(구매비, 운영비, 유지보수비, 폐기비용 등)을 추정하여 평가하는 방법이다. 이론상 좋은 방법이나 비용 추정에 주관이 개입되는 등 한계가 있다.

(3) 협력업체 관리방법

환경성과 개선을 위해 협력업체를 지원하거나 관리하는 방법은 다양하다. 대표적인 방법 몇 가지를 제시하면 다음과 같다.

1) 인증요구

협력업체에 환경관련 인증을 요구하여 관리하는 방법이다. 인증을 획득하였다는 것은 환경적 관점에서 어느 정도 수준에 올라 있음을 의미한다. 협력업체 선정 요건의 하나로 인증을 요구하는 것도 그래서이다. 예컨대 환경경영시스템 인증을 요구하는 것이다.

이 방법은 관리의 편리성은 있으나, 협력업체의 환경성과를 차별화하여 판단하기 어렵다는 단점이 있다.

2) 환경성과평가

이 방법은 협력업체의 환경성과 정보를 바탕으로 환경규제에 대한 대응 능력을 평가하는 것을 말한다. 이 방법은 실적 데이터를 근거로 평가한다는 점에서 협력업체를 차별화하여 평가할 수 있다는 장점이 있으나, 신규 협력업체의 경우는 과거 실적이 없어 평가하기 어려운 단점이 있다.

3) 협력업체와의 파트너 관계

협력업체와의 파트너 관계를 유지하여 관리하는 방법이다. 협력업체가 파트너 관계가 되면 환경경영시스템은 물론 기업의 환경관리물질 기준을 준수할 수 있는 조직과 관리체계를 갖춘 것을 의미하며, 기업의 환경관리 물질 감축 및 삭감 목표를 달성하기 위한 파트너로서의 의무를 갖게 된다. 이런 파트너 관계에서는 협력업체의 환경개선 능력이 제품 전체에 결정적인 영향을 미치므로, 협력업체의 역량을 강화시키거나 서로의 장점을 공유하는 방안이 필요하다. 일례로 협력업체와 환경문제 해결을 위해 연구개발단계에서 인력 교류를 통한 공동연구를 수행한다.

협력업체와의 파트너 관계는 환경성과 개선을 위한 가장 완벽한 관리방법이나, 관리를 위한 시간과 비용이 많이 투입되는 한계가 있다.

4) 유해물질 관리

유해물질 관리는 부품을 공급하는 협력업체가 제조공정에서 법규나 기업 자체가 규정으로 금지하는 유해물질을 사용하지 않도록 하거나 줄이도록 관리하는 방법이다. 예컨대, 법규나 기업 자체 규정으로 금지한 유해 화학물질에 대한 정보를 제공, 협력업체에서 유해 화학물질을 사용하는지 여부를 점검, 원부자재나 부품에 함유된 유해 화학물질의 함유량 분석표를 제출하도록 하여 관리한다.

유해물질 관리는 별도 프로그램이 마련되기도 하지만, 일반적으로는 앞에서 설명한 환경성과 평가나 파트너 관계 유지 등의 방법을 통해 이루어진다.

2. 유통과정에서의 관리

(1) 유통관리의 필요성과 방법

전통적인 유통관리의 주된 요소는 유통과정에서 소요되는 시간, 운송거리 및 수단, 출발 및 도착장소, 비용 및 위험 등이다. 친환경공급망 관리 차원에서의 유통관리는 이들 요소에 환경적 측면을 추가하여 고려하는 것을 말한다. 즉 유통단계에서 발생하는 오염물질이나 폐기물의 양을 줄이고 막대한 비용과 위험을 초래할 수 있는 환경사고를 예방하기 위한 관리를 말한다.

유통과정에서의 환경문제는 다양한 측면에서 검토해 볼 수 있는데, 특히 고려해야 할 것은 유통과정에서 소모되는 에너지와 그로 인한 환경오염, 운송수단의 환경성, 운반과 하역과정에서 발생하는 소음 등이다. 이들에 대하여 좀 더 자세히 설명하면 다음과 같다.

1) 포장

포장단계에서는 포장의 고유한 목적과 기능을 유지하면서도 포장 재료를 보다 적게 사용하고 재생 및 재활용이 가능하도록 하여 환경 부담을 줄여야 한다. 소비자에게 전달하기 위한 최종 단계의 포장뿐만 아니라 운송 및 하역을 위한 포장에서도 환경문제를 고려하여야 한다. 따라서 포장 용기 제작에 사용되는 원료, 재활용 가능성, 내구성 등을 고려하여 선택하여야 한다.

2) 수송 및 하역

수송 및 하역단계에서는 에너지 사용량, 소음, 오염물질 배출 등이 중요한 관리 대상이다. 특히 유해 화학물질의 수송과 하역에서는 안전문제가 중요한 관리 요소가 된다.

수송단계에서는 수송수단에 따른 에너지 사용, 매연과 소음 및 진동 등이 중요한 환경문제가 된다. 따라서 운송수단과 경로의 결정은 환경에 미치는 영향이 적은 방향을 택하여야 한다. 또한 운송수단의 적절한 유지 보수, 운전자 교육, 엔진오일의 재활용, 세차 시 환경문제까지 고려하여야 할 것이다.

하역단계에서는 하역장비의 환경측면을 고려하고 이동거리를 줄여 환경 부담을 최소화할 필요가 있다.

두 단계 모두 경제성과 환경성을 동시에 살릴 수 있는 방안을 모색하는 것이 이상적이다.

3) 유통 및 보관 시설

유통 및 보관 시설의 환경문제는 장소 선택과 유통시설의 설계가 관건이다. 따라서 유통 및 보관 시설을 선택할 때는 환경 부담을 최소화할 수 있는 적절한 장소를 선택하고 환경성을 감안하여 설계하여야 할 것이다.

(2) 역유통과 재제조

1) 역유통의 의의과 경로

유통관리를 완성하기 위해서는 용도를 다한 자사제품, 즉 폐기되는 자사제품을 수거하여 폐기물 발생 등으로 인한 환경에 미치는 영향을 제거해야 한다. 역유통은 포장이나 제품에서 발생하는 폐기물을 최소화하고 이를 적절히 관리, 처리하기 위하여 유통경로와는 반대방향으로 사용 후 버려지는 제품을 수거하는 것을 말한다. 제조업자가 자사제품을 수거하여 재활용, 재이용 등을 하게 된다.

역유통경로, 즉 폐제품의 수거방법은 다음과 같이 3가지가 있다.

- 기존 유통경로를 이용하는 방법이다. 자사제품의 판매유통경로의 역순으로 폐제품을 수거하는 방법이다. 예컨대 소비자 → 소매상 → 도매상 → 제조업자의 경로로 회수하는 것이다. 이 방법은 다른 방법에 비해 저렴한 비용으로 수거가 가능하다. 반면에 소매상이나 도매상이 특별한 인센티브가 없으면 고유 업무에 지장을 받게 되어 수거에 소극적일 수 있다는 단점이 있다.
- 수거를 전문적으로 하는 제3의 기관에 위탁하는 방법이다. 주로 고가의 제품에 대한 폐기물 수

거에 활용하는 방법이다. 이 방법의 장점은 기존 유통경로상의 거래처들이 고유 업무에 전념할 수 있다는 것과 수거 전문기관이 수행하기 때문에 좀 더 철저한 수거가 이루어질 수 있다는 것이다. 그러나 제3의 수거기관에 수익성이 보장될 수 있을 만큼의 시장규모가 확보되어야 한다는 한계가 있다.

- 소비자들로 하여금 일정장소에 폐제품을 모아 놓게 한 후 일정기간마다 수거하는 방법이다. 일반적인 제품이고 수거에 소요되는 별도의 추가작업이 없는 경우 효율적인 방법이다. 다만, 일정장소를 확보하고 이를 관리하여야 하는 부담이 있다.

역유통경로를 선택할 때는 수거에 소요되는 비용과 수거제품의 품질상태 등을 고려하여야 할 것이다.

2) 재제조

제재조는 사용된 제품을 완전히 해체하고 부품을 세척, 수리하거나 새로운 부품으로 교체하여 재조립함으로써 신제품과 같은 수준으로 작동할 수 있도록 재상품화하는 일련의 과정을 말한다. 제재조는 사용이 끝난 제품을 폐기처분하지 않고 재자원화함으로써 자원낭비를 방지하고, 폐기처리로 인한 환경오염도 감소시키면서 원가도 절감할 수 있는 환경경영에서 실천해야 할 과정이다.

일반적으로 제재조 과정은 사용된 제품의 분해 → 부품의 세척 → 부품의 성능검사 및 분류를 통한 재이용성 평가 → 부품에 대한 품실보증(신제품 기능수준) 및 재이용 불가 부품에 대한 새로운 부품으로의 교체 → 재조립을 통한 제품 완성→최종 제품검사 순으로 이루어진다.

제4절 친환경공급망 관리의 이행

1. 친환경공급망 관리의 절차

친환경공급망 관리를 실행하기 위한 구체적 절차는 **〈그림 6-1〉**과 같다. 일반적으로 공급망 관리는 계획 및 조직, 협력업체 선정 및 추진계획 수립, 실행 및 평가 등의 절차를 거쳐 단계적으로 진행된다. 여기에서 제시하는 친환경공급망 관리는 협력업체 관리에 초점을 맞추고 있으나, 유통관리 분야 등에서도 이러한 절차를 응용하여 추진할 수 있다(이병욱 외 2인, 2005, p.442).

〈그림 6-1〉 친환경공급망 관리절차

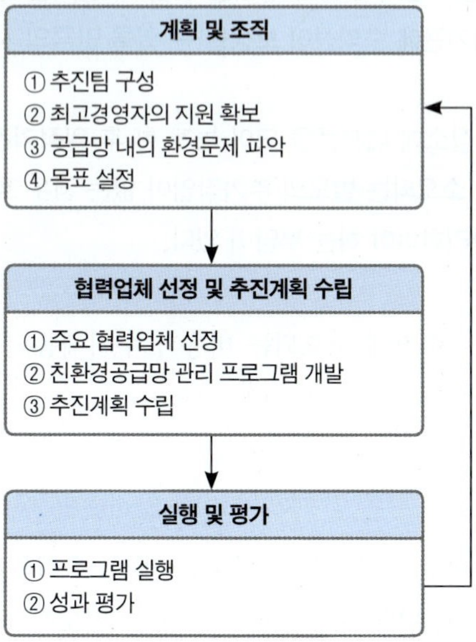

(1) 계획 및 조직

1) 추진팀 구성

친환경공급망 관리를 위한 준비의 첫 단계는 이를 추진할 조직을 구성하는 것이다. 추진팀은 공급망 관리를 효과적으로 추진하기 위해서 구매뿐만 아니라 환경, 안전보건, 생산공정, 회계 등 다양한 분야의 직원들로 구성된 팀이어야 한다.

2) 최고경영자의 지원 확보

기업 내에서 새로운 프로젝트를 실행하려면 최고경영자의 관심과 지원은 필수적이다. 친환경공급망 관리를 성공적으로 실행하기 위해서도 최고경영자의 확고한 의지가 필요하다. 단순히 기업 내에서뿐만 아니라 공급망을 구성하는 협력업체를 설득하고 환경성과를 개선하기 위해서는 환경문제에 대한 최고경영자의 인식이 기업의 내외부로 확산되어 효과적인 참여를 이끌어 낼 수 있어야 한다. 따라서 추진팀이 일을 진행할 때는 반드시 친환경공급망 관리의 계획과 실행에 대한 최고경영자의 동의를 바탕으로 해야 한다.

3) 공급망 내의 환경문제 파악

공급망 관리를 실행하기 위해서는 공급망 내에 어떠한 환경적 문제가 있는지를 먼저 파악해야 한다. 문제를 알아야 해결책을 찾아볼 수 있고 구체적인 실행방안을 수립할 수 있기 때문이다. 환경문제의 파악은 기업 외부의 환경 이슈와 공급망 내 기업의 환경문제로 구분하여 파악할 필요가 있다.

기업 외부의 환경이슈 파악은 제품의 전 과정, 즉 원재료 및 부품의 조달, 생산, 유통 및 사용과 폐기단계에서 발생할 수 있는 환경문제를 파악한다. 문제 파악을 위해 체크리스트를 이용하는 경우가 많다. 예컨대, 원료 채취나 획득과정에 삼림 등 자연환경 파괴 여부, 부품 제조과정에 유해 화학물질 사용 여부, 생산과정에 대기나 수질오염 발생 여부, 제품 사용 시 환경부하 문제, 포장 재료나 포장방법 문제, 폐기물 처리 상황 등에 대한 검토가 필요하다.

공급망의 환경문제 파악은 경제적 · 환경적 측면에서 공급망을 구성하는 다양한 기업들에 대한 전반적인 현황조사를 말한다. 협력업체는 물론 도 · 소매업체, 소비단체(자)에 이르기까지 각 업체별로 일반적인 사항과 특이사항으로 나누어 문제를 파악한다. 공급망의 환경문제를 파악하기 위해서는 설문조사, 현장방문, 세미나 또는 워크숍 등의 방안을 고려할 수 있다.

4) 목표 설정

준비단계의 마지막에는 친환경공급망 관리를 통해 달성하려는 목표를 설정한다. 공급망 관리의 일반적인 목표는 품질 향상, 원가 절감, 고객 만족 등이다. 친환경공급망 관리는 일반적 목표에 환경측면을 추가로 고려하여 목표를 설정한다. 목표는 실천 가능해야 하고 현실적이어야 하며 성과를 측정할 수 있도록 구체적인 수치로 제시하는 것이 바람직하다.

(2) 협력업체 선정 및 추진계획 수립

1) 주요 협력업체 선정

친환경공급망 관리를 수행할 때 거래하는 모든 협력업체를 동일하게 관리하는 것은 불가능할 뿐만 아니라 만족스러운 결과를 기대하기도 어렵다. 따라서 일부 소수의 기업과 친밀한 협력관계를 맺고 있는 경우가 많고, 기업경쟁력에 상당한 영향력을 미칠 수 있는 협력업체는 차별화하여 전략적으로 관리하는 것이 바람직하다.

주요 협력업체의 선정기준은 기업의 경영철학과 공급업체와의 관계, 기업문화 등을 고려하여 설정한다. 다음은 주요 협력업체를 선정할 때 반드시 고려해야 할 사항이다.

- 협력업체에서 구매하는 부품, 중간재, 서비스 등의 경제적 비중
- 협력업체의 전략적 중요성(예: 경제적 비중은 크지 않더라도 제품의 핵심 부품을 공급하는 업체의 경우는 관리대상에 포함)
- 협력업체의 환경적 위험요소(예: 유해 화학물질이 함유된 부품을 공급하는 협력업체나 제품의 환경성에 영향을 미칠 수 있는 공정을 사용하는 협력업체에 대한 관리)

2) 친환경공급망 관리 프로그램 개발

협력업체 선정기준에 따라 관리할 업체를 선정하고 이들을 대상으로 한 지원 · 교육 · 평가 프로그램을 개발해야 한다. 친환경공급망 관리 프로그램은 협력업체의 단계에 따라 관리 수위를 조절하여 접근하는 것이 바람직하다. 전략적 협력관계에 있는 업체의 경우는 상당한 수준의 지원이나 교육이 이루어지며, 이에 대한 평가나 요구사항도 엄격하다. 구체적인 관리 프로그램은 협력업체의 수준인 환경규제 동향 등과 함께 협력업체의 문제해결 능력도 고려해서 수립해야 하며, 경우에 따라서는 외부기관의 전문지식을 활용할 필요도 있다. **〈표 6-4〉**는 협력업체에 대한 관리단계별 접근방법을 정리한 것이다.

3) 추진계획 수립

협력업체에 대한 관리단계에 따라 구체적으로 실행할 접근방법을 정한 후 실행계획을 수립한다. 실행계획 수립 시에는 공급망과 관련된 환경규제 현황과 이해관계자의 요구 등 전반적인 외부여건을 감안해야 하며, 성과를 평가할 수 있는 기준도 정량화하여 제시해야 한다. 또한 협력업체에 구체적인 추진계획을 제시하여 동의를 구해야 하며, 이때 협력업체의 자원이나 기술 등 내부 역량도 충분히 고려해야 한다.

(3) 실행 및 평가

1) 프로그램 실행

구체적으로 친환경공급망 관리를 수행하기 위해서는 먼저 협력업체에 환경문제의 중요성을 주지시켜 환경의식을 고취한 후 프로그램을 실행한다.

협력업체의 환경의식을 제고하는 방안으로는 환경에 관한 요구사항을 담은 문서나 세미나, 워크숍, 생산현장 방문 등을 활용할 수 있다. 세미나나 워크숍에서는 현재 중요하게 다루어지는 환경문제에 대한 정보를 공유하고 동종업종 내에서 성공사례를 제시함으로써 협력업체가 벤치마킹할 수 있는 기회를 제공할 수 있다. 특히 중요한 것은 협력업체가 친환경공급망 관리

〈표 6-4〉 협력업체에 대한 관리단계별 접근방법(예)

협력업체 관리단계				접근방법
Level 1	Level 2	Level 3	Level 4	
1단계: 커뮤니케이션을 통한 사전 적격심사				
○	○	○	○	협력업체에 제품사양을 만족시키도록 요구
	○	○	○	협력업체에 자사의 환경방침, 환경목표 등을 공지
	○	○	○	협력업체에 행동규범 제공
	○	○	○	법규 준수, 환경경영시스템 인증 등 최소기준 요구
	○	○	○	유해 화학물질의 사용금지 및 억제
2단계: 협력업체 선정 및 협상				
○	○	○	○	협력업체 선정 시 효율성 제고에 필요한 기준의 충족 여부에 대한 증빙 요구
○	○	○	○	사전에 성과가 입증된 협력업체 관리
	○	○	○	협력업체의 제품, 서비스, 공정 등에 대한 개선 계획서 요구
	○	○	○	협력업체의 환경성과에 대한 설문조사
	○	○	○	중요한 협력업체나 환경규제 등 특별한 이슈의 경우 별도 기준을 충족시키도록 요구
		○	○	협력업체의 환경성과 등을 바탕으로 등급을 부여하는 등 협력업체 차별화
		○	○	중요한 협력업체나 환경규제 등 특별한 이슈와 관련하여 계약 시 환경전문가 참여
3단계: 협력업체 관리 및 지원				
	○	○	○	환경성과에 대한 지속적 보고 요구
		○	○	협력업체의 환경활동에 대한 현장 감사
		○	○	협력업체의 환경활동 지원을 위해 지속적으로 현장방문
		○	○	환경문제 해결을 위해 협력업체와 협력
		○	○	협력업체의 환경활동 지원을 위한 세미나, 워크숍 개최
			○	제품 등의 환경문제 해결을 위해 협력업체와 공동연구

자료: GEMI, New Paths to Business Value: Strategic Sourcing-Environment, Healthy and Safety, Global Environmental Management Initiative, 2002, p.40; 이병욱 외 2인, 2005, p.448 재인용

프로그램에 적극 동참하도록 동기를 부여하는 일이다. 또한 생산현장 방문을 통해 협력업체에서 납품한 부품이나 자재가 어떻게 사용되는지를 확인시킴으로써 책임의식을 고취시킬 수도 있다.

협력업체와 함께 구체적 프로그램을 수행하기 위해서는 협력업체가 공급하는 부품이나 중

간재에 대한 환경문제를 명확히 제시해야 한다. 또한 중요한 환경문제에 관한 개선목표와 그 실행일정을 제시하여 동의를 구하고, 협력업체가 필요로 하는 사항에 대해 지원방안을 강구한다. 협력업체에 대한 지원으로는 설비 확충을 위한 자금 지원, 기술자 파견 및 장비 지원 등 인적 · 물적 지원 등을 고려할 수 있다.

2) 성과 평가

평가 없이는 발전을 기약할 수 없다. 친환경공급망 관리의 마지막 단계는 친환경공급망 관리의 실행과정에서 나타난 문제점이나 공급업체의 환경성과를 평가한다. 이 단계에서는 일정 시간이 지난 후 공급업체의 환경성과와 함께 해당 업체가 제기한 문제점을 검토한 다음 이를 보완 · 시정하는 과정을 거친다.

2. 친환경공급망 관리의 성공 및 장애 요인

(1) 성공요인

공급망 관리가 성공적으로 이루어지려면 공급망을 구성하는 개별 기업 모두가 공동의 목표를 위해 인식을 같이하고, 상호신뢰를 바탕으로 정보를 공유하며, 공급망 관리로 인한 이익과 위험을 서로 나눌 수 있는 파트너십을 이루어야 한다. 좀 더 구체적인 성공요인을 제시하면 다음과 같다.

1) 최고경영자의 지원

앞의 친환경공급망 관리 이행절차에서도 설명하였듯이 최고경영자의 지원이 확고할 경우 관련 담당자들은 적극적으로 업무를 수행할 것이며, 협력업체의 참여 동기도 쉽게 고취시킬 수 있다. 최고경영자의 지원은 협력업체에 대한 적절한 보상과 제재 수단 활용에도 도움이 된다.

2) 전사적 참여

성공적인 친환경공급망 관리는 구매부서나 환경부서만의 노력으로 이루어지지 않는다. 조직의 다양한 관계자들이 참여할 때 친환경공급망 관리 프로그램은 성공적으로 실행된다. 따라서 구매부서는 물론 환경, 생산, 마케팅, 연구개발, 유통 등 공급망 관리와 관련 있는 관계자가 모두 참여하여야 한다.

3) 기존 시스템과의 통합적 접근

친환경공급망 관리는 기존 공급망 관리 시스템에 환경적 측면을 추가하는 것이기 때문에 기존 시스템과 환경적 측면을 원만하고 조화롭게 통합시켜 실행에 옮겨야 한다.

4) 협력업체와의 효과적인 의사소통

공급망 관리 기업은 협력업체와 분명하고 지속적인 소통 채널을 가동하고 있어야 한다. 이 채널을 통해 분명한 환경목표는 물론 기대하거나 요구하는 사항을 모호하지 않게 확실하게 알려 주어야 한다. 또한 이 의사소통 시스템을 통해 기업은 공급망 개선에 필요한 정보와 외부 요구사항 및 우수 사례에 대한 자료 등을 협력업체들에게 전해 주어야 한다.

5) 공급망 내에서 이익과 위험을 공유하는 시스템 확립

일반적으로 공급망 관리를 하는 기업은 협력업체에 환경성과를 요구하게 된다. 협력업체가 충분히 성과를 달성했으면 적절한 보상을 해 주어야 하며, 반면에 환경문제가 발생하였을 때는 그 위험을 공유하는 체계도 확립해야 한다.

6) 협력업체의 적극적 참여

공급망 내의 비효율적 측면을 개선하기 위해서는 협력업체의 적극적인 참여가 필요하다. 특히 제품개발과정에서 중요한 역할을 담당하는 협력업체와 공동으로 공급망 및 제품을 설계하면 친환경공급망 관리의 효과는 극대화될 수 있다. 협력업체의 적극적인 참여는 공급망 관리 기업과 협력업체들 간의 상호존중과 신뢰가 바탕이 될 때 가능하다.

(2) 장애요인과 해결방안

협력업체인 대부분의 중소기업은 환경문제에 적절히 대응할 만한 정보나 인력 및 기술을 충분히 보유하지 못한 경우가 많다. 따라서 협력업체는 공급망 관리 기업의 환경 요구 사항에 부담을 느낀다. 이러한 문제에 직면했을 때 적절한 대응방안을 찾지 못한다면 협력업체(중소기업)의 부담은 친환경공급망 관리 이행의 장애요인이 된다. 공급망 관리의 장애요인과 이를 극복하기 위한 해결방안을 간략히 제시하면 다음과 같다.

1) 의사소통의 부족

정확하고 효과적인 의사소통이 부족한 경우 협력업체가 업무를 제대로 추진하는 데 문제가 될 수 있다. 특히 공급망을 관리하는 기업이 협력업체에 정확한 정보를 제공하지 못하거나, 협력업체의 환경성과가 구매 시 의사결정에 반영되지 못한다면 협력업체의 환경성과를 제고하는 데 상당한 장애 요인으로 작용할 것이다. 따라서 이러한 의사소통문제를 해결하기 위해서는 의사소통을 신속 · 원만하게 하도록 협력업체 내의 책임자를 파악하여 의사소통 창구를 마련하고 충분한 의사소통을 하여야 할 것이다.

2) 자금지원 부족

협력업체에 일방적 환경 요구사항만 전달하고 그에 따른 비용을 고려하지 않는다면 효과적인 환경개선에 상당한 어려움이 발생하게 된다. 협력업체인 중소기업은 환경개선에 필요한 자금을 확보하기 어렵기 때문이다. 따라서 공급망 관리 기업이 협력업체의 기술 개발이나 환경성과 개선에 소요되는 자금지원이나 시설투자가 필요하다.

3) 효과적 관리시스템의 부족

문서나 보고서 요청이 과다한 양적 부담과 시급한 대응을 요구하는 시간적 압박은 협력업체의 업무 추진에 부담이 될 수 있다. 따라서 꼭 필요한 문서나 보고서만 요구하고, 규격화된 설문지를 이용하거나 기존에 수집한 정보를 중복요구하지 않도록 효과적으로 자료를 관리하는 시스템 도입이 필요하다. 특히 인터넷이나 인트라넷을 통해 보고하는 시스템을 구축하면 편리할 것이다. 또한 요구사항도 협력업체가 대응할 수 있는 충분한 시간적 여유를 두고 요청하여야 할 것이다.

4) 관리기업의 능력 부족

공급망 관리기업의 기술이나 지식이 협력업체보다 부족하면 장애요인이 될 수 있다. 공급망 관리기업이 충분한 지식과 기술을 보유하지 못한 상황에서 협력업체에게 시행하기 어려운 요구를 하거나, 우선순위를 정확히 제시하지 못하면 협력업체 관리에 문제가 발생할 수 있다. 이러한 경우에는 협력업체의 책임자를 참여시켜 의사결정을 하거나, 전문기술자의 도움을 받아 기술과 지식을 습득하거나, 직원을 교육 및 연수에 참여시켜 기술 및 지식을 습득하여야 할 것이다.

5) 협력업체의 능력 부족

협력업체의 환경관련 지식이나 이해가 부족한 경우에는 협력업체에 대한 사내 교육 및 연수 기회를 확대하거나, 환경관련 전문 지식을 보유한 NGO와 협력하거나, 팀을 구성하여 부족한 지식을 보완해 가는 것도 필요하다. 또한 공급망 관리기업이 요구하는 사항에 대하여 협력업체에 기술적 문제가 있을 때 장애요인이 될 수 있다. 가령 유해물질을 사용하지 않고 부품을 제조하도록 요구했는데, 이를 대체할 부품이나 공정이 아직 개발되어 있지 않다거나 개발되어 있다 해도 아직 검증되지 않아 실제 적용하는 데 무리가 따를 수 있다. 이러한 경우에는 공급망 관리기업이 기술자를 파견하거나 새로운 부품을 소개해 주어야 할 것이다.

토론하고 발표하기

1. 녹색구매의 의의와 통상구매와의 차이점을 설명하라.

2. 녹색구매의 목적을 설명하라.

3. 친환경공급망 관리란 무엇인지 설명하라.

4. 친환경공급망 관리가 필요한 이유에 대하여 설명하라.

5. 친환경공급망 관리의 효과를 설명하라.

6. 협력업체를 단계별로 구분해 설명하라.

7. 협력업체의 평가방법을 설명하라.

8. 협력업체의 관리방법을 설명하라.

9. 유통과정에서의 관리에 대하여 설명하라.

10. 역유통과 재제조에 대하여 설명하라.

11. 친환경공급망 관리의 절차를 설명하라.

12. 주요 협력업체를 선정할 때 고려할 사항을 설명하라.

13. 친환경공급망 관리의 성공요인을 설명하라.

14. 친환경공급망 관리의 장애요인과 그 극복방안을 설명하라.

제07장

청정생산

이 장에서는 환경오염의 예방적 접근기법인 청정생산기술과 오염물질이 배출된 이후 정화, 복구하는 사후처리기술을 비교 · 설명하고, 전 과정에서의 청정생산 적용에 대하여 기술한다. 또한 청정생산의 이행절차와 청정생산의 이행효과, 장애요소 및 극복방안에 대하여 설명한다.

제1절 청정생산의 이해

1. 청정생산의 개념

청정생산이 국제적으로 확산된 것은 1992년 브라질의 리우데자네이루에서 열린 리우회의에서 채택한 '의제21(Agenda 21)'에서 산업계가 지속가능한 산업발전을 위한 수단으로 청정생산을 제시하면서부터이다. '의제21'은 법적 구속력은 없지만 지속가능한 발전을 위한 정부, 기업, 사회의 실천을 권고하는 내용으로 각국 정부에서는 환경정책, 산업사회의 전반에 걸쳐 이를 실현하기 위해 심혈을 기울이고 있다. 특히 지속가능한 발전을 위한 산업계의 유일한 대안이 바로 청정생산이라는 인식이 확산되었다.

청정생산(CP: Cleaner Production)이란 제품의 생산과 관련된 전 과정에서 오염물질의 발생을 근원적으로 감소시키는 경제적이고 환경친화적인 생산기술이다. 즉, 천연자원으로부터 원료를 추출, 제품으로 생산, 폐기물 및 부산물의 재자원화, 생태계로 폐기될 때까지의 모든 과정에서 환경오염물질을 원천적으로 방지, 최소화하여 환경보전과 제조원가 절감을 병행 실현하는 사전예방적 개념이다. 지식경제부에서 발간한 지식경제용어사전에 의하면, 청정생산이란 공정, 제품, 서비스 등 전 분야에서 자원 생산성과 효율을 극대화하고 인체와 환경에 미치는 위해성을 최소화하는 것을 목표로 통합 환경 전략을 지속적으로 적용하는 활동이다.

크리스티(I. Christie)는 청정생산을 "산업의 생산 및 소비 전 과정에서 폐기물 발생을 최소화하고 에너지 및 자원 사용을 줄이며 자원효율성을 극대화하고 환경에 미치는 영향을 최소화하기 위한 방식"이라고 설명한다.[1] UNEP(국제연합 환경계획: United Nations Environment Programme)에서도 청정생산을 "전체 생산성을 향상시키면서도 인간과 환경에 미치는 영향은 최소화하기 위해 제품과 생산공정, 서비스의 전 과정에 통합 예방 환경 전략을 지속적으로 적용하는 것"으로 정의한다.

이와 같이 청정생산의 핵심은 생산활동을 통하여 오염물 발생을 최소화함과 동시에 이의 결과로 원가 절감 등의 경제적 효율성을 획득하는 데 있다. 즉, 각 공정별로 배출되는 오염·폐기물을 처리하는 과정이 아니라, 전반적인 생산공정 내에서 오염물이 근원적으로 발생하지 않도록 사전예방하거나 획기적으로 저감하는 것이다.

청정생산은 사후처리가 아닌 사전예방적 개념으로, 유사한 용어로는 북미권에서 사용하는 오염 예방, 유럽에서 주로 사용하는 생태경제효율성(eco-efficiency), 미국환경보호청(EPA: Environmental Protection Agency)에 의해 도입되어 공정 최적화, 폐기물 감축 등과 거의 동일한 의미로 사용하는 폐기물 최소화 등이 있다. 이들 용어는 개념이나 목적은 거의 같고 세부 실행기법에서 차이가 있을 뿐으로, 청정생산이 가장 포괄적인 개념이라 할 수 있다.

2. 청정생산의 촉진 요인

청정생산을 촉진하는 요인은 다양하다. 대표적인 촉진 요인으로는 다음의 3가지를 들 수 있다(이병욱 외 2인, 2005, pp.469-470).

(1) 환경규제에 대한 근본적 대응

산업계의 환경오염문제를 해결하기 위해 수질, 대기, 폐기물 등 각 분야에서 환경규제가 지

1) I. Christie, H. Rolfe, and R. Legard, Cleaner Production in Industry: Integrating Business Goals and Environmental Management, London, Policy Studies Institute 1995, p.41; 이병욱 외 2인, 2005, p.464 재인용.

속적으로 강화되는 추세이다. EU를 비롯한 선진국 중심으로 제품의 생산, 유통, 판매, 사용, 폐기 등 전 과정에 걸쳐 환경영향이 큰 제품에 대해서는 공정 및 생산방법에 대한 규제가 실행되고 있다.

이와 같은 환경규제 강화와 관련하여 기업 입장에서는 불가피하게 발생하는 폐기물 처리나 사후처리도 중요하지만, 그보다 더욱 중요한 것은 원천적으로 폐기물 발생이나 오염물질 배출을 예방할 수 있는 청정생산 기법을 도입하여 국내외 환경규제에 대응하는 것이라 할 수 있다.

(2) 기업경쟁력 강화

청정생산 기법을 적용함으로써 기업은 오염물질의 처리비용이나 에너지 및 원료 사용량 면에서 생산원가 절감 효과를 거둘 수 있다. 또한 환경사고의 위험을 사전에 예방할 수 있으며, 작업환경을 개선함으로써 종업원의 생산성을 향상시키는 것도 가능하다. 청정생산 기법의 도입을 통한 원가 절감이나 환경사고 예방, 종업원의 생산성 향상과 사기 진작은 기업경쟁력을 강화시킬 것이다.

(3) 기업의 사회적 책임

기업은 생산활동을 통해 경제적 이익을 추구하는 동시에 환경보호에 대한 사회적 책임도 지니고 있다. 기업의 기본적인 생산활동과정에서 에너지 소비나 폐기물 발생은 불가피하지만, 환경을 보호해야 한다는 기업의 사회적 책임을 다하기 위해서는 청정생산 기법의 도입이 필요하다. 즉 청정생산활동은 기업의 사회적 책임 이행수단의 하나라 할 수 있다.

3. 환경기술과 청정생산기술

(1) 환경기술의 발전

환경기술개발 및 지원에 관한 법률에서는 환경기술을 "환경의 자정능력을 향상시키고 사람과 자연에 대한 환경피해 유발요인을 억제 · 제거하는 기술로서 환경오염을 사전에 예방 · 저감하고 오염 및 훼손된 환경을 복원하는 등 환경의 보전 및 관리에 필요한 기술"이라고 정의하고 있다. 이러한 정의를 고려해 볼 때 환경기술은 크게 사후처리기술, 사전예방기술, 환경복원기술로 나눌 수 있다(민경호, 2010, p.229).

사후처리기술은 배출되는 오염물질을 사후처리(end of pipe)하는 기술이고, 사전예방(front of pipe)기술은 원천적으로 오염물질 발생원을 제거하거나 억제하는 기술로서 청정생산기술이 이에 해당한다. 그리고 환경복원기술은 과거의 오염을 복구하거나 치유하는 기술이다.

환경기술은 **〈그림 7-1〉**과 같이 오염 사후처리기술개발(제1세대 환경기술)에서 오염 사전예방기술(제2세대)로 발전하였고, 최근에는 환경복원 및 재생기술(제3세대)의 개발단계로 발전하는 과정에 있다.

〈그림 7-1〉 환경기술개발 패러다임의 변천

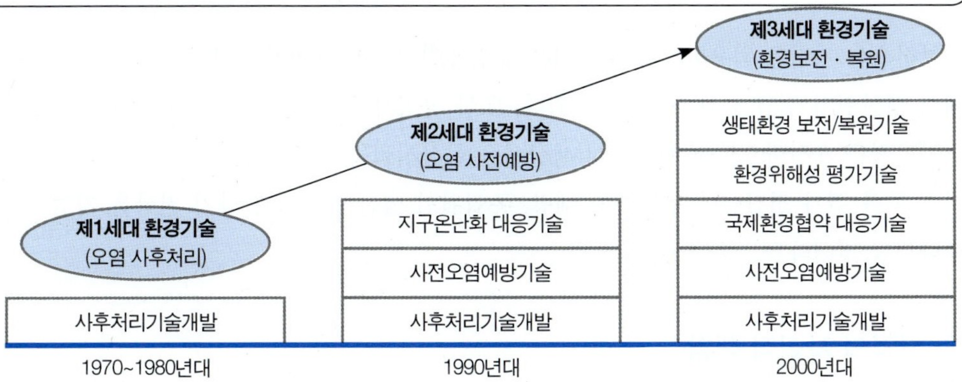

자료: 민경호, 2010, p.230

(2) 청정생산기술과 사후처리기술

1) 청정생산기술의 정의

청정생산기술은 오염물질의 발생을 근원적으로 제거하거나 예방하는 차원에서 제시되었으며, 원재료 및 에너지 사용의 감축이나 폐기물 발생을 줄이기 위해 제조공정에 근본적 변화를 주는 기술을 말한다. 반면에 사후처리기술은 이미 발생된 오염물질을 정화, 복구하는 기술이다. 따라서 사후처리기술은 오염방지를 목적으로 거액의 투자를 하지만 경우에 따라서는 오염물질을 남기거나 2차 오염물질이 발생하여 환경문제를 근본적으로 해결하지 못하는 한계가 있다.

청정생산기술의 내용을 세부적으로 살펴보면 다음과 같다.

- 환경친화적이고 지속가능한 제품설계 기술
- 자원효율성 증대 및 기술개선 등을 통해 원천적으로 환경오염물질 배출을 사전에 예방하거나 최소화하는 공정기술
- 원료 변경으로 발생하는 오염물질을 감소시키는 청정원료 대체기술
- 생산공정에서 배출되는 폐기물 또는 부산물을 공정 내에서 재순환하거나 새로운 공정을 적용하여 유용물질을 회수 혹은 타 산업에서 재활용하여 환경오염 부하를 저감시키는 재자원화 기술

2) 청정생산기술의 특징

청정생산기술의 특징을 살펴보면 다음과 같다(이병욱 외 2인, 2005, pp.490-491).

- 청정생산기술은 경제적 부의 창출과 환경보전을 동시에 추구하는 지속가능한 발전에 능동적으로 대처하기 위한 기술이다.
- 생산공정 이후보다는 발생원에서 오염을 줄이는 통합적 예방 전략에 바탕을 둔 기술이다.
- 생산공정과 제품 및 서비스의 개선을 포함하여 제품의 원료 채취부터 폐기까지 전과정평가에 기초한 접근방법이다.
- 청정생산의 출발점인 설계단계부터 환경성을 고려한다.
- 청정생산기술은 해당 산업의 특성을 잘 알아야 기술 개발 및 적용이 가능하며, 반면에 각 산업별로 호환이 어려워 적용 분야가 한정적이다.
- 청정생산기술은 진단평가 등 컨설팅 기능과 밀접한 연관이 있으므로, 많은 지식과 경험, 관련 데이터베이스와 네트워크 구축 등이 필요하다.
- 청정생산기술은 해당 업종의 첨단기술을 다루는 경우가 있어 보안상 접근이 곤란할 수 있으며, 상대적으로 새로운 분야여서 학계나 연구소의 역할이 매우 중요하다.

3) 청정생산기술과 사후처리기술의 비교

청정생산기술과 사후처리기술의 개념과 특징, 적용방법 및 장단점을 요약하여 비교하면 **〈표 7-1〉**과 같다.

〈표 7-1〉 청정생산기술과 사후처리기술의 비교

구분	청정생산기술(cleaner production)	사후처리기술(end of pipe)
개념	• 자원생산성을 향상하고 환경오염물질의 생성을 사전에 저감 또는 제거하는 생산기술(front of pipe)	• 환경오염물질이 생산공정에서 배출된 이후에 처리하는 기술
특징	• 자원사용의 최소화 및 환경오염물질 발생의 최소화를 통한 자원·환경문제의 근본적 해결 – 사전예방, 원천적 제거 – 자원생산성 및 순환성 향상 • 설비투자비 회수 가능 – 생산에 따른 투자비 회수 – 환경부하 및 제조원가 저감 • 사회적 비용의 감소	• 2차 환경오염물질 발생, 환경문제의 근본적 해결방안은 못 됨 – 다이옥신, 중금속, 유해가스 등 • 설비투자비 회수가 불가능하며 지속적인 운영비 소요 – 초기투자비용이 상대적으로 낮음 – 생산량 증가는 곧 환경부하 및 제조원가 상승으로 이어짐 • 사회적 비용의 증가
적용 방법	• 전 생산공정에 대한 정밀분석을 통한 시스템적 접근을 통해서 적용 • 기존 생산공정에 통합	• 오염물질별 특정 처리기술 개발을 통해 적용 • 생산공정과 별도로 모듈화(소각로, 집진기 등) 가능
장점	• 장기적이고 근원적인 해결책 • 에너지 및 자원 절약 • 폐기물 처리량 감소 • 작업자 보호방법 개선 • 실행 가능한 최선의 환경친화적 선택이 될 수 있음	• 당면과제를 조기에 해결 • 간단한 도입절차 • 초기에 과도한 비용이 들지 않으면서 실행 가능한 최선의 기술로 구분되어 있는 경우가 많음 • 적용 시 불확실성이 낮음 • 규제당국자에게 친숙한 방식
단점	• 오랜 기간 소요 • 초기 단계이므로 검증되지 않았음 • 상대적으로 복잡한 도입절차 • 규제당국에게 친숙하지 않음 • 초기에 과도한 비용이 들어가는 데 비해 실행 가능한 최선의 기술로 인식되지 못할 수 있음	• 단기적 해결책 • 2차 환경오염물질 발생 가능 • 사후대응 • 추가비용 증가 우려 • 운영상의 오류로 인한 법규 위반 가능성

제2절 청정생산의 적용

1. 전 과정에서의 청정생산

청정생산방법은 제품의 설계에서 폐기까지 전 과정에 적용된다. 다음에서 청정생산방법을 전 과정에 적용할 때 고려할 점들을 살펴보기로 한다.

(1) 설계단계

청정생산 기법은 설계단계부터 적용되어 환경친화적 제품이 생산되도록 하여야 한다. 즉 제품의 가격, 성능 및 품질의 기준을 만족시키면서 환경적으로 적합한 제품이나 공정을 개발하는 것이다. 이러한 설계를 통해 만들어진 제품이 전 과정에 걸쳐 발생하는 환경영향과 비용을 줄일 수 있다.

설계단계에서 고려해야 할 사항은 크게 5가지로 분류할 수 있다.

- 물질의 사용량 감축이다. 물질사용량의 감축은 자원사용량의 감축뿐만 아니라 포장과 운송을 비롯한 사용단계에서 에너지 절감까지 다양한 긍정적인 효과를 낳는다.
- 유해물질의 사용을 배제하는 것이다. 독성문제는 환경영향에 있어서 가장 중요하게 다루어지고 있다. 환경영향평가의 경우 다른 환경영향 범주에 비하여 생태계 독성의 가중치가 가장 높다. 따라서 중금속이나 유기성 독성물질 등 인체나 생태계에 유해한 물질의 사용은 배제되어야 한다.
- 재생 및 재활용이 가능한 물질의 사용이다.
- 재제조 및 재활용을 위해 제품분해가 쉽도록 설계하여야 한다. 오늘날 우리가 사용하는 자원의 대부분은 재생이 어렵거나 불가능한 경우가 많다. 따라서 재생이나 재활용이 가능한 물질로 대체하고 이 제품을 분해하기 용이하게 설계하여 자원효율성을 극대화하여야 한다.
- 에너지 다소비 물질의 배제이다. 에너지 다소비는 지구온난화의 주범이다. 따라서 에너지를 많이 소비하지 않는 제품이 되도록 설계하여야 한다.

(2) 생산단계

생산단계에서는 효율적인 관리개선 기법을 적용하여 공정개선(변경)을 하는 것만으로도 상당한 경제적, 환경적 효과를 거둘 수 있다. 그러나 무엇보다도 중요한 것은 새로운 공정기술 개발, 제조공정의 단순화, 청정에너지 사용 또는 에너지 효율이 높은 공정 구현 등 보다 적극적인 방법으로의 접근이 필요하다.

생산공정 변경의 몇 가지 예를 제시하면 다음과 같다.

1) 친환경 원재료 사용 확대

제품 생산공정에서 사용하는 원·부재료나 에너지를 보다 환경친화적인 것으로 대체하여 제품이나 공정에서의 환경성을 높이는 것이다. 유해 화학물질의 대체 또는 사용 억제, 재활용이나 재이용이 가능한 원료 사용, 불순물이 적은 원료 사용, 재생 가능한 에너지 사용 등을 예로 들 수 있다.

2) 청정공정기술 개발 및 적용

청정생산에서 가장 효과가 큰 방법으로, 오염물질을 많이 발생시키는 기존 공정을 환경친화적인 청정생산공정으로 변경하는 것이다. 초기에 투자비가 많이 발생할 수 있지만, 제품 생산을 통해 회수가 가능하다. 장치 교체 및 배열 변경, 운전 자동화, 운전조건 개선 등이 이에 속한다.

3) 친환경 생산공정 관리

생산공정의 작업조건과 관리방법을 개선함으로써 불필요한 원료와 에너지 소모를 없애는 방법이다. 또한 작업 여건을 개선하여 불량률을 줄이는 등 생산성 향상도 가능하고 안전사고도 예방할 수 있다. 누출 방지, 다른 성질을 가진 오염물질 섞임을 방지하는 것 등이 여기에 해당된다.

(3) 수송단계

수송단계에서의 청정생산은 설계단계에서 이미 상당 부분 결정된다. 즉, 수송을 고려하여 제품을 설계한다면 물류에 따르는 에너지와 관리비를 크게 줄일 수 있다. 제품의 경박단소화(輕薄短小化)가 여기에 해당한다. 경박단소란 상품이 가지고 있는 '가볍고', '얇고', '짧고', '작은' 특성을 말한다. 같은 제품일지라도 경박단소화된 제품이 수송비를 절감할 것이고 환경오염도 감소시킬 것이다.

수송단계에서 또 한 가지 빼놓을 수 없는 것이 환경친화적인 포장이다. 포장은 우선 제품을 안전하게 보호해야 한다는 기능을 만족해야 한다. 그러나 소비자가 포장을 풀고 나면 그때부터 폐자원이 된다. 따라서 포장재를 재활용하는 방법, 재활용 자원을 활용한 포장재를 사용하는 방법, 포장을 가급적 최소화하는 방법, 폐기 시에 환경에 해가 없는 포장 재질을 사용하는 방법 등을 고려해야 한다.

(4) 사용단계

사용단계에서의 청정생산도 설계단계에서 결정된다고 할 수 있다. 즉, 사용할 때 얼마나 많은 에너지를 소비하는가는 설계단계에서 이미 결정된다. 따라서 사용단계에서 에너지 소비가 적은 제품이 되도록 설계단계에 반영되어야 한다.

사용단계에서 제품을 견고하게 만들어 제품의 수명을 늘리는 것과 제품의 안전성을 높이는 것도 청정생산에 해당된다. 제품의 수명이 짧으면 새로운 제품을 만들기 위해 자원을 소비해야 하고 수명이 다한 제품은 폐기물로 환경문제를 일으킬 수 있다. 안전성 역시 사람의 건강과 생명에 영향을 미칠 수 있음은 물론 폐기물과 자원소비량과 관련되고 궁극적으로 환경에 영향을 미치게 된다.

(5) 폐기/재자원화단계

폐기물을 원천적으로 감축하는 방법이 좋으나, 여기서는 일단 발생한 폐기물을 재자원화하는 차원에서 살펴본다.

1) 재제조(remanufacturing)

이는 사용된 제품을 완전 해체하고 부품을 세척수리하거나 새로운 부품으로 교체하여 재조립함으로써 신제품과 같은 성능을 갖도록 하는 과정을 말한다.

2) 재이용(reuse)

발생된 폐기물을 특별한 공정을 거치지 않고 동일한 목적으로 그대로 다시 사용하는 것이다. 즉 공정에서 발생한 부산물, 폐수, 에너지 등을 다시 사용하는 것이다.

3) 재활용(recycle)

이는 폐기물을 특별한 공정을 거쳐 다른 목적으로 사용하는 방법이다. 재이용과 재활용은 사업장 내에서 이루어지는 내부 재이용과 내부 재활용을 우선하고, 기술적으로 불가능하거나 경제적으로 수익성이 없으면 사업장 밖, 즉 타 기업이나 산업에서 이루어지는 외부 재이용과 외부 재활용 방법을 택한다.

위와 같은 재자원화가 이루어지지 않는다면 폐기물은 소각 · 처리 및 저장 · 매립 등 사후관리방법을 택하여야 한다.

자원순환 측면에서 사용한 제품을 다양한 방법으로 재자원화할 수 있으나, 여기에는 효율을 고려한 우선순위가 있다. 제품의 설계나 폐기단계에서 우선순위를 고려하여 재자원화하는 것이 바람직하다. **〈표 7-2〉**는 우선순위를 고려한 자원순환의 방법을 나타낸 것이다.

〈표 7-2〉 자원순환방법과 우선순위

방법	내용	우선순위
재제조 (remanufacturing)	제품을 부품단위로 모두 분해하여 세척하고 성능이 떨어지는 부품은 새것으로 교환하여 새 제품과 동일한 성능을 갖도록 하는 것	1
재이용(reuse)	발생된 폐기물을 특별한 공정을 거치지 않고 그대로 사용하는 것	1
재활용(recycle)	발생된 폐기물을 특별한 공정을 거쳐 다른 목적으로 사용, 즉 제품을 분해 또는 파쇄하여 재료별로 재자원화하는 것	2
소각 · 처리	파쇄, 중화, 독성 제거 및 유해성 약화	3
저장 · 매립	폐기물을 안전한 시설에 저장하거나 땅에 매립(2차오염 방지용)	4

자료: 최선 외, 2007, p.128 일부 수정

2. 기업 간 연계를 통한 청정생산

기업 간 연계를 통한 청정생산이란 여러 기업을 연계해서 청정생산을 수행하는 것을 말한다. 기업 간 연계를 통한 청정생산을 실행하는 대표적인 예가 생태산업단지(Eco-industrial Park)이다. 생태산업단지는 기업 간 연계를 통한 청정생산의 효과를 극대화한 것이라 할 수 있다.

(1) 생태산업단지의 개념

생태산업단지는 기업의 경제적 성과는 향상시키면서 기업 간에 자원순환이용구조를 활용해 주위 생태환경에 미치는 영향은 최소화한 녹색산업단지를 일컫는다. 기업 간 공생협력관계를 통해 기업활동으로 발생하는 부산물과 폐기물을 다른 기업의 원료 및 에너지로 재활용하는 네트워크를 형성함으로써 오염물을 최소화하거나 무배출을 목표로 하는 미래형 녹색산업단지다. 즉 생태산업단지는 자연생태계의 원리를 산업에 적용하는 개념으로, 산업단지 내의 기업과 기업, 공장과 공장을 서로 연결해 생산공정에서 배출되는 부산물 · 잉여열 · 폐기물 등을 다른 기업의 원료로 재자원화함으로써 오염물질 무배출(Zero Emission)을 지향하는 친환경 산업단지를 말한다.

생태산업단지는 생태적 수용력평가를 활용해 용지를 선정하고, 지역 조경이나 생물학적 환경, 생태계 통합을 고려해 환경영향을 최소화하는 방향으로 설계한다. 또 생태산업단지 내 원료 대체와 폐기물 통합처리를 통해 기업 간 네트워크뿐 아니라 지역사회 및 기업과 자원 교환, 재활용 네트워크를 형성한다. 그러므로 생태산업단지에 입주한 기업은 단독으로 환경개선활동을 하는 것보다 몇 배의 효과와 생산성 향상을 부수적으로 얻을 수 있다. 국가에서도

기업에 대한 개별지원보다 많은 성과를 거둘 수 있다. 또한, 생태산업단지 구축을 통해 단지는 물론 기업과 지역사회, 종업원과 주민이 융화되는 형태로 발전할 수 있다. 따라서 생태산업단지를 공생산업단지라고도 부른다.

생태산업단지와 기존 산업단지를 비교하면 **〈표 7-3〉**과 같다. 기존 산업단지는 원료와 제품 위주로 연계되는 데 반해, 생태산업단지는 기존 산업단지에서 고려하지 않은 부산물이나 폐기물의 연계를 통해 네트워크가 구성되는 점이 가장 큰 차이라 할 수 있다.

생태산업단지가 성공하기 위한 조건으로, 첫째는 기업 간의 상호 연관성으로서 부산물 교환이 가능해야 한다. 둘째는 지리적 여건으로서 특히 에너지 교환 측면에서 공장이 가까이 있어야 한다. 셋째는 기업 간 유대관계가 깊어 상호 의견교환이나 의사결정에 있어 합의를 쉽게 이루어야 한다. 우리나라는 2004년 9월 시범단지로 선정된 6개 단지 중 포항, 여수, 울산, 미포·온산 3개 단지가 2005년 11월 생태산업단지 조성에 들어간 데 이어 2006년 반월·시화, 청주 2곳이 추가 지정되었으며 2013년 기준 9개 지역 46개 단지에서 사업이 추진되고 있다.

〈표 7-3〉 생태산업단지와 기존산업단지의 비교

항목	전통적 산업단지	친환경산업단지	생태산업단지
업종 특성	굴뚝산업	친환경업종	제조업
기본원칙	경제적 효율성	경제적 효율성과 환경성	경제적 효율성과 환경성
기업 간 네트워크	원료 및 제품 위주	약한 네트워크	강한 네트워크 (원료, 제품, 부산물, 폐열 등)
환경관리방식	사후관리 위주	오염업종 회피	사전예방 위주
폐기물 처리	자체 및 위탁공동처리	자체 및 위탁공동처리	재자원화 (재이용 및 재자원화)
폐기물 발생량	다량 발생	최소화	최소화 및 무배출 지향
관리주체	관리공단	관리공단	자발적 관리(협의체운영)
지역사회와의 관계	유대관계 없음	유대관계 적음	지역사회와 공존
사회적 이미지	오염배출업체 집결지	오염배출 억제	지역사회 및 환경과의 조화

자료: 최선 외 13인, 2007, p.18의 표를 수정 보완

(2) 생태산업단지의 구축효과

1) 기업측면

생태산업단지의 구축으로 기업은 물질 및 에너지 효율 증대, 폐기물 재활용 등으로 인한 생

산비용 절감 효과를 얻을 수 있다. 또한 폐기물관리, 교육/훈련, 구매, 비상사태관리, 환경정보 등의 공유를 통한 경제효율을 증대시킬 수 있으며, 대외적인 기업이미지를 개선할 수 있다.

2) 환경측면

오염물질의 원천 감소 및 배출 최소화로 환경부하를 억제할 수 있다. 즉, 단위기업 위주로 청정생산체제를 도입하는 것보다 생태산업단지를 구축하는 것이 총오염물 배출을 극소화할 수 있다. 동시에 자원의 효율적 사용으로 자원소비를 극소화할 수 있다.

3) 사회, 국가 측면

생태산업단지는 환경친화적인 산업단지로 관광자원화할 수 있어 지역 소득증대에도 기여하고, 지역과 국가 이미지 향상에도 크게 기여하는 효과가 있다.

제3절 청정생산의 이행절차

청정생산의 이행절차는 일반적인 의사결정 프로세스와 마찬가지로 단계별로 이루어진다. 여기에는 크게 5단계가 있다.

1. 계획 및 조직

계획 및 조직단계에서는 최고경영자의 지원 확보, 추진팀 구성, 예비조사, 목표 설정 및 세부 추진계획 수립 등이 이루어진다.

(1) 최고경영자의 지원 확보

기업에서 새로운 프로젝트를 시작하고 성공적으로 완결하려면 최고경영자의 관심과 의지 및 지원이 반드시 필요하다. 마찬가지로 청정생산을 구체적으로 실행하는 데도 최고경영자의 관심과 지원이 요구된다. 최고경영자의 지원이 있어야 청정생산 실행에 필요한 예산 확보는 물론 종업원들의 적극적 참여를 유도할 수 있기 때문이다.

(2) 추진팀 구성

추진팀의 구성은 조직의 규모나 특성, 공정의 크기나 복잡성에 따라 달라지지만, 일반적으로 프로그램의 전반적인 진행과 부서 간 의견조정을 담당하는 관리그룹과 실무 작업을 맡는 태스크포스로 나뉜다. 관리그룹은 기업의 전반적인 의사결정에 영향을 미칠 수 있는 관리자급으로 이루어지며, 이들의 역할은 목표 설정, 자원배분, 진행상황 점검, 세부방향 조정, 원활한 의사소통 유도, 각종 지원 및 문제점 해결 등이다.

태스크포스에는 청정생산 이행에 필요한 청정기술, 생산공정, 재무, 회계 등 기업 각 분야의 전문가들이 참여하며, 이들은 자료 수집, 폐기물 감사, 체계적인 통계절차 구축, 프로그램의 실천을 담당한다.

(3) 예비조사

추진팀은 먼저 기업의 전반적인 환경관리 실태를 점검하고 구체적인 목표 및 실천계획을 수립하기 위한 조사를 실시한다. 예비조사단계에서는 기업의 내부상황뿐만 아니라 기업활동에 영향을 미치는 환경규제, 납품 기준 등 이해관계자의 요구도 파악해야 한다. 예비조사에서 확인해야 하는 사항을 예시하면 다음과 같다: 관련 법규, 납품업체의 요구사항, 현장 설계도 및 현장 주변도(용수로, 공장, 학교, 주택 등), 조직도, 원료 및 제품 목록표와 재고량, 공정 흐름도, 제품 규격, 장비 및 배관의 도면과 배출 및 방출구의 위치, 운영절차 및 기록, 배출 및 방출되는 물질의 양과 농도, 측정 및 분석 자료, 상하수도 비용, 에너지 설비 실태 및 운영비용, 운영 및 보수비용, 관련 부서별 운영비용 등이다.

예비조사단계에서는 기업 전체의 물질수지표 및 에너지수지표를 작성한다. 물질수지표를 작성할 때 투입물질은 구매 및 공정 관련 기록을 근거로 하며, 산출물은 제품 생산량, 부산물 발생량, 폐수 배출량, 대기 배출량, 고형 폐기물 발생량, 폐기물 또는 부산물의 재활용량, 시험용 제품량, 불합격 제품량 등을 파악한다. 에너지수지표로는 유류 구입비 및 전력 사용료를 통해 사업장이나 공장별로 일정 기간 사용된 에너지량을 파악할 수 있다. 기본적으로 물질 및 에너지수지표는 투입물의 합과 산출물의 합이 같아야 하지만, 화학반응으로 물질이 변화되거나 손실이 있을 경우 이를 측정하기 어려울 수도 있다는 점을 감안해야 한다.

(4) 목표 설정

목표는 장기와 단기로 나누어 설정한다. 단기적으로는 청정생산의 시행으로 달성할 수 있는 구체적이며 현실적인 목표를 설정한다. 예컨대 "폐기물 10% 감소", "원가 5% 절감" 등과 같이 결과를 측정 가능하도록 정량화하여 제시한다. 목표는 개선안의 우선순위를 결정하는 기준이 될 수 있다. 장기적 목표는 다소 이상적이더라도 "폐기물 및 오염물질의 무배출" 등 청정생산을 통해 추구하는 방향을 제시하는 것이다.

(5) 세부 추진계획 수립

목표 설정에 이어 청정생산 실행을 위한 세부 추진계획이 마련되어야 한다. 이때 고려해야 할 점은 외부 전문가의 활용 여부, 자료 수집방법, 잠재적 장애요인의 파악 및 해결방안, 프로그램 추진일정, 조직체계, 기업 내 · 외부의 의사소통이다.

2. 분석 및 대안 도출

(1) 기준 설정

기준 설정은 실행 가능한 대안을 분석하고 평가하는 데 필요한 기준을 정하는 것이다. 평가기준은 예비조사 결과, 관련 법규, 처리 비용, 폐기물 발생량, 기업의 재무상태 등을 고려하여 정한다. 평가기준 설정 시 고려할 사항을 예시하면 다음과 같다: 관련 법규, 폐기물 처리 비용, 환경 및 안전문제, 폐기물 발생량, 유독성 정도, 폐기물 감축의 난이도, 폐기물의 회수 가능성, 기업의 전체 예산 대비 환경비용, 청정생산 실행과정에서 예상되는 문제점, 에너지 절감 효과 등이다.

(2) 상세평가

설정된 기준에 따라 현재의 생산 실태에 대한 상세평가를 실시한다. 상세평가는 예비조사를 통해 파악된 자료를 바탕으로 사업장이나 공정영역별로 세분화하여 분석 및 평가를 하는 단계이다. 앞에서 작성한 물질수지표나 에너지수지표가 상세평가를 위한 기본 자료로 활용되며, 평가를 위해 현장조사가 필요할 경우도 있다.

상세평가단계에서는 기업활동에서 개선할 필요가 있는 부문을 찾아내어 문제 발생 원인을 파악할 수 있어야 한다.

(3) 대안 도출

구체적인 대안은 **〈표 7-4〉**에서 보듯이 관리방법 개선, 청정기술의 개발 및 도입, 투입원료의 대체, 제품 변경, 재활용 확대 등의 측면에서 도출할 수 있다.

실질적인 대안을 찾기 위해서는 조직구성원의 창의적인 아이디어가 필요하다. 따라서 구성원이 자유롭게 아이디어를 개진하고 토론할 수 있는 분위기를 조성할 필요가 있다. 경우에 따라서는 외부 전문가의 전문지식도 활용할 수 있다. 대안 도출의 방법으로 브레인스토밍 방법을 많이 사용한다.

〈표 7-4〉 청정생산을 위한 대안(예)

접근방향	대상영역	개선방법
관리방법 개선	인사 · 조직	종업원에 대한 교육훈련 및 동기부여
	원료 취급	취급부주의로 인한 원료 손실 방지 및 적절한 저장
	시설 정비	장비결함으로 생기는 누수, 유출, 남용 방지
	폐기물 분류	위험물질 및 회수 가능한 물질 별도관리
	원가회계	폐기물 및 에너지 비용을 발생부서의 직접비로 계산, 활동기준 원가회계 도입
	생산계획	적절한 생산일정 계획으로 원재료 및 에너지 남용 방지
	작업방식	작업방식 개선을 통한 용수 및 전력 사용량 감축, 적정온도 유지 및 열손실 방지
청정생산 기법활용	공정개선	생산공정 분석을 통한 개선
	설비 개체	배관라인 축소, 탱크마개 교체, 누수 및 유출방지 설비 개체
	자동화	시설 관리 및 공장자동화로 원재료 및 에너지 효율 향상
	가동 상태	가동조건의 적정화로 에너지 사용량 및 부산물 · 폐기물 발생량 감축
	공정 기술	청정공정기술의 개발 및 적용
투입원료 개선	원료 대체	환경적으로 우수한 원료의 개발 및 대체
	규격 변경	원료에 함유된 오염물질의 사전 제거
제품개선	제품 대체	기능은 같고 폐기물 발생량은 적은 대체품 개발
	제품 구성	제품 및 포장에 부수되는 재료 감축, 또는 재활용률이 높은 원료 사용
	제품 변경	내구성과 재활용성이 좋은 제품 설계
재활용 확대	재이용	자체 또는 타 공정에서 폐기물을 다시 사용
	재활용	폐기물을 자원화하거나 외부에 판매
	용도 개발	폐기물의 새로운 용도 개발

자료: 이병욱 외 2인, 2005, p.483

3. 실행가능성 분석과 우선순위 결정 및 실행계획 수립

도출된 대안들 중에 수용 가능하고 경제적 수익성과 환경적 건전성을 충족시키는 방안을 선택하려면 각 대안에 대한 분석이 필요하다. 이때 분석은 기술적 타당성, 경제적 수익성, 환경적 건전성을 검토하고 평가하는 것이다.

(1) 기술적 타당성 검토

기술적 타당성 검토는 제시된 대안이 생산현장에서 기술적으로 실제 적용이 가능한지를 검토하는 것이다. 기술적 타당성을 검토할 때 고려할 사항은 제품 품질에 미치는 영향, 안전성 및 위험성, 유사 시스템 존재 여부, 연구개발의 필요성, 적용상의 전문성, 가용공간, 기존 공정과의 비교, 설치의 난이도, 적용에 걸리는 시간, 유틸리티의 이용 가능성, 추가 인력 또는 교육의 필요성, 인력 활용 가능성 등이다.

(2) 경제적 수익성 검토

경제적 수익성 검토는 장기적인 투자 의사결정 시 활용하는 자본예산기법을 통해 실시한다. 즉 회수기간법, 투자수익률법, 내부수익률법, 순현재가치법 등을 통해 대안 중 바람직한 안을 선정한다. 이들 방법에 대한 자세한 설명은 관리회계 교재 등을 참고하기 바란다.

(3) 환경성 검토

환경성 검토는 대안을 실행함으로써 제품이나 공정의 환경성이 어느 정도 개선되는지를 평가하기 위한 것이다. 환경성을 검토할 때에는 에너지 소비, 자원 이용, 원료 이용, 유해 화학물질 및 오염물질 배출 등을 고려해야 한다. 전과정평가를 통한 환경성 평가는 매우 바람직한 방법이다.

(4) 우선순위 결정

위와 같은 3가지 검토와 평가가 끝나면 각 대안에 대한 우선순위를 결정한다. 우선순위 결정 시에는 추진팀 내에서 공감을 형성하는 것이 중요하다. 대안은 크게 5개 그룹으로 나누어 전체 우선순위 및 그룹 내 우선순위를 결정한다.

- 1그룹(Do Now): 투자비가 들지 않거나 또는 바로 실행할 수 있는 개선안
- 2그룹(Do Later): 투자비가 소요되는 경우
- 3그룹(More Knowledge Needed): 약간의 실험 또는 설계검토가 필요한 경우
- 4그룹(R&D): 효과는 크지만 많은 연구와 설계가 필요한 경우
- 5그룹(Impractical): 기술적으로 어려운 경우 또는 투자재원이 부족한 경우

(5) 실행계획 수립

최종적으로 실행할 대안을 선정하고 나면, 이제 구체적인 실행계획을 마련하여야 한다. 실행계획은 일반적으로 보고서 형태로 작성한다. 보고서에는 기업활동과 관련된 환경규제 현황과 이해관계자의 요구 등 전반적인 외부여건은 물론, 청정생산의 실행성과를 평가할 수 있는 기준도 정량화하여 담아야 한다. 실행계획보고서에 포함되어야 할 내용을 제시하면 다음과 같다. 선정된 대안의 환경개선 가능성, 기술적 타당성 및 경제성 평가 결과, 필요한 인적 · 물적 자원의 규모 및 조달 가능성, 구체적인 단계별 실행계획 및 목표, 성과평가 기준 등이다.

4. 실행 및 운영

실행계획이 수립되고 나면, 그 계획에 따라 청정생산활동을 차질 없이 실행에 옮겨야 한다. 차질 없는 실행을 위해서는 실행에 필요한 사원(인력, 자금, 시간)을 확보하고 구체적인 실행에 착수한다. 특히 관련 부서 및 개인별로 책임과 역할이 명확해야 하고, 필요하다면 직원 대상의 교육훈련도 고려해 볼 수 있다. 성공적 실행을 위해서는 청정생산 프로그램에 종업원이 적극 참여할 수 있도록 공정하고 객관적인 성과평가와 보상을 통한 동기부여를 해 주는 것도 필요하다.

5. 점검 및 지속적 실행

청정생산의 실행과정에서 문제점이 발생하면 기업은 목표나 실행계획의 수정을 검토할 수 있고, 반대로 만족할 만한 성과를 얻었다고 판단되면 지속적으로 청정생산을 실행하여야 한다. 따라서 청정생산 프로그램이 진행된 후 설정한 목표와 실적을 비교분석하여야 한다. 만약 목표와 실적의 차이가 클 경우 원인을 찾아야 할 것이다. 청정생산이 단발성으로 그치지 않고 지속적으로 이루어지기 위해서는 다음과 같은 활동이 필요하다. 청정생산 프로그램을 기업의

모든 경영활동에 통합, 지속적인 교육훈련 실시, 내부 의사소통 경로 구축, 실적에 따른 보상체계 확립, 대내외적인 성과 공표 등이다.

제4절 청정생산의 장애요소 및 극복방안

1. 청정생산의 효과

청정생산은 국내외 환경규제에 대응할 수 있는 유일한 해결책이다. 사후처리기술로는 환경규제에 완벽하게 대응할 수 없고, 더욱이 최근 강화되고 있는 제품에 대한 환경규제에는 소 잃고 외양간 고친다는 격이기 때문에 근본적으로 속수무책이라 할 수 있다. 환경오염의 사전예방적 접근방법인 청정생산은 환경문제의 해결에 큰 효과를 발휘한다.

청정생산은 기업의 환경문제만 해결하는 것이 아니라 결과적으로 원가 절감 등을 통해 경제적 이익을 얻게 해 준다. 즉 같은 양의 원재료를 이용하여 보다 많은 제품을 생산하고 처리해야 할 폐기물의 발생량은 줄임으로써 기업의 경제적 이익창출에 공헌하게 된다.

청정생산 기법의 도입으로 기업이 직면한 환경문제를 해결함과 동시에 경제적 수익성도 얻기 때문에 두 마리 토끼를 잡는 결과가 된다. 이러한 결과는 기업의 사회적 신뢰성을 향상시켜 사회적 이미지를 제고하게 되고 기업경쟁력을 높이게 된다. 청정생산은 궁극적으로 기업의 지속가능한 성장과 발전에 공헌하는 것이다.

청정생산의 효과를 더욱 많이 보려면 그 도입 시기가 빠를수록 좋다. 즉 R&D나 기본설계 등 전 과정의 초기에 도입할수록 청정생산의 효과는 클 것이다.

2. 청정생산의 장애요소 및 극복방안

위와 같은 청정생산의 효과에도 불구하고 청정생산에 대한 투자가 확대되지 않는 이유는 단속 위주의 환경규제 정책에 따라 가시적 성과를 단기에 볼 수 있는 사후처리 투자를 장려하기 때문이다. 또한 환경에 대한 투자를 규제 회피를 위한 기업비용으로 인식하는 최고경영층의 인식과 기업 내 풍토 때문이다. 중소기업 입장에서는 청정생산 전문인력과 정보 및 기술 부족으로 애로를 겪는다. 청정생산을 위한 투자에 소요되는 경제적 부담이나 기술 신뢰성 부족도 투자를 주저하게 하는 요인이라 할 수 있다.

기업의 청정생산 도입을 어렵게 만드는 문제들을 몇 가지로 나누어 보면 인식의 문제, 조직의 문제, 지식 및 기술의 문제, 경제적 문제를 들 수 있다(이병욱 외 2인, 2005, pp.485-489). 조직의 문제는 변화를 두려워하는 보수적인 조직이나 형식과 획일화된 관료적 조직에서 청정생산의 도입이 어려운 것을 의미한다. 지식 및 기술 관련 문제는 청정생산에 필요한 지식과 기술의 결여로 발생하는 문제이다. 이를 극복하기 위해는 청정생산기술은 물론 경제, 경영, 사회심리, 조직, 환경에 대한 폭넓은 지식이 뒷받침되어야 한다. 다음은 인식의 문제점과 경제적 문제점 그리고 이들의 극복방안에 대하여 설명한다.

(1) 인식의 문제

청정생산을 도입하는 과정에서 가장 근본적인 제약요인이 되는 것은 바로 새로운 방식에 대한 경영자나 일반 종업원들이 갖는 부정적인 태도와 인식의 문제이다. 인식의 문제점과 해결방안을 요약하면 **〈표 7-5〉**와 같다.

〈표 7-5〉 청정생산 도입 시 인식문제와 해결방안

제약요인		문제점	해결방안
환경문제에 대한 편협한 시각	오염예방에 대한 이해 부족	오염예방의 필요성과 이득에 대한 인식 미비	오염예방의 개념과 필요성에 대한 교육
	오염예방은 장기적인 과제	오염예방을 미래의 과제로만 인식	오염예방의 성공 사례 소개
	환경개선에는 많은 비용 소모	환경개선 활동은 많은 비용이 든다는 선입견 팽배	환경개선과 경제성 제고를 동시에 실현한 사례 제시
	폐기물에 대한 부적절한 이해	폐기물의 범위와 구성요소에 대한 이해 부족	정확한 물질 · 에너지 수지분석 및 개선계획 수립
관성적인 업무태도		폐기물 최소화와 오염예방활동에 대한 거부	모든 종업원이 참여하는 프로그램의 수립 및 실시
법규 중심의 환경관리		법 기준을 초과하는 폐기물 · 배출물만을 환경문제로 인식	자체 환경기준을 수립해 자발적으로 환경개선 추진
생산공정은 블랙박스라는 사고		환경 때문에 생산공정을 바꿀 수 없다는 고정관념	생산공정에서 발생하는 환경문제를 부각시키고 오염예방활동과 연계

자료: 이병욱 외 2인, 2005, p.486

(2) 경제적 문제

청정생산의 핵심적 활동이라고 할 수 있는 청정기술의 도입, 환경친화적 설계, 폐기물 최소화 등은 모두 경제적 타당성을 근거로 구체적 실현이 가능하다. 이러한 활동은 일차적으로 오염예방을 목표로 추진되지만 비용 절감이나 제품의 품질 개선을 동시에 추구하는 것이 일반적이다. 그러나 청정생산의 이러한 취지에도 불구하고 여러 가지 경제적 요인으로 인해 아직 청정생산이 실현되지 못하고 있는 것이 현실이다.

청정생산의 실천과정에서 제기되는 경제적 제약요인으로는 기득권에 대한 집착, 저렴한 폐기물 처리비용, 회사 내부의 투자방침, 환경원가의 부정확한 측정과 배분 등을 들 수 있다. 이러한 경제적 제약요인은 청정생산 도입의 여러 단계에서 실제로 발견된다. 예컨대 기득권 및 환경원가에 대한 부정확한 측정과 배분문제는 폐기물 최소화의 평가기준 설정에 대한 커다란 장애요인이 되고 있으며, 이로 인해 기업들은 폐기물 최소화에 필요한 대안을 선정하는 과정에서 많은 오류를 범하고 있다. 경제적 문제와 관련하여 제약요인별 문제점과 이를 극복할 수 있는 해결방안을 요약해 보면 **〈표 7-6〉**과 같다.

〈표 7-6〉 청정생산 실천과정에서 제기되는 경제적 문제와 해결방안

제약요인	문제점	해결방안
기득권	기존 관행 탓에 기존의 폐기물 처리업자 및 사후처리기술자들만이 이득을 얻고 있음	청정기술을 활용한 근원적인 오염예방책 강구, 성공적인 오염예방 사례 및 경제적 성과에 대한 분석결과 제시
상대적으로 저렴한 폐기물 처리 비용	폐기물 및 배출물 처리에 따른 부담이 상대적으로 더 적기 때문에 기업은 예방적 수단을 채택하지 않게 됨	오염물 및 폐기물 발생을 원천적으로 감축하는 기업이 이익을 볼 수 있는 시장경제적 정책수단 도입
기업의 전통적인 투자방침	청정생산으로 얻는 경제적 이익을 상대적으로 낮게 평가함	사전예방적 환경 투자로 얻을 수 있는 중·장기적 이익을 고려한 투자방침 수립
환경원가의 불완전한 계상 및 배분	불완전한 환경원가의 계상으로 인해 청정생산의 잠재적인 이익이 과소평가되며, 환경원가의 부적절한 배분으로 관련 부서에 대한 동기부여가 어려움	환경회계기법을 활용하여 정확한 환경원가를 파악함과 동시에 각 센터별 활동을 기준으로 환경원가를 가급적 직접 부과하거나 보다 정확하게 배분토록 함

자료: 이병욱 외 2인, 2005, p.488

토론하고 발표하기

1. 청정생산의 개념과 촉진요인에 대하여 설명하라.

2. 청정생산기술과 사후처리기술의 특성을 비교 · 설명하라.

3. 청정생산을 위해 설계단계에서 고려할 사항은 어떤 것이 있는지 설명하라.

4. 재제조, 재이용, 재활용의 개념을 설명하라.

5. 전통적 산업단지, 친환경산업단지, 생태산업단지를 비교 · 설명하라.

6. 청정생산의 이행절차를 설명하라.

7. 청정생산의 이행에 있어 예비조사에 포함될 항목들을 제시하라.

8. 청정생산의 이행에 있어 실행가능성 분석과 우선순위 결정에 대하여 설명하라.

9. 청정생산의 도입효과를 설명하라.

10. 청정생산의 장애요인과 그 극복방안을 설명하라.

환경경영 TIP

생태산업단지의 세계적인 사례, 덴마크 칼룬버그 공업단지

20세기 산업사회에선 높은 굴뚝이 기업 성공의 상징이었다. 그러나 굴뚝에서 뿜어져 나오는 공해물질, 공장에서 흘러나오는 폐수가 사회적 문제가 되자 기업들이 변화를 모색하고 있다. 친(親)환경적인 새로운 산업단지를 구상하기 시작한 것이다. 소위 '생태 산업단지'라는 개념의 기업군(群)이다.

덴마크의 수도 코펜하겐에서 서쪽으로 130킬로미터 떨어진 공업도시 칼룬버그. 인구 2만 명의 자그마한 도시의 한쪽에는 화력발전소, 다른 한쪽에는 제약 · 정유회사 등 업종이 다른 5개의 공장이 나란히 자리하고 있다. 먼저 찾은 곳은 '산업 공생단지 연구소'. 공장들이 서로 공생할 수 있도록 연구 · 조절하는 정부기구다. 연구소 패터슨 소장은 "이곳의 공장들은 각각 자동차로 5~10분 정도 걸리는 거리씩 떨어져 있지만 서로 네트워크로 연결돼 있다. 난방열과 각종 용수를 서로 나눠 쓰고, 산업부산물은 서로 교환해 재활용하고 있다"고 말했다. 기업들이 공동의 청정시스템을 갖춤으로써 비용을 절감할 수 있다는 설명이다.

예컨대 이곳의 아스네스 화력발전소는 스타토일 정유공장과 노보 노르디스크 제약회사에 스팀을 제공하고, 인근 4,300여 주민에게 난방열을 공급한다. 또 화력발전소에서 냉각수로 사용된 따뜻한 물은 송어 양식에 재활용된다. 반면 스타토일사는 정제된 가스를 화력발전소에 공급한다. 공장들도 화학발전소에서 나오는 폐수를 정화해 보관한 저수지 물을 공업용수로 사용한다. 제약회사가 효소를 발효하면서 생기는 바이오매스(생물 폐기물 자원) 덩어리나 액체는 관을 통해 서부 지역의 600여 농가에 보내져 비료로 사용된다.

노보 노르디스크 제약회사의 한 간부는 "과거 같으면 바다로 버렸을 바이오매스를 지금은 농부들이 화학비료 대신 사용하기에 경비도 절감되고 땅의 산성화도 방지하는 효과를 거둘 수 있다. 산업폐기물을 마지막까지 정화해 쓰다 보니 주변 하천도 깨끗해졌다"고 말했다.

5개의 공장에서 나오는 폐수는 모두 9개 분야에 걸쳐 재활용되며, 에너지는 6개 분야에서 교환된다. 또 폐기물은 6개 분야에서 재활용된다. 그 결과 이곳 공장들은 연간 용수 120만 세제곱미터와 석탄 3만 톤, 수입 석고 8만 톤, 황산 2,800톤, 원유 1만 9,000톤을 절약하고 180만 톤의 비산 분진을 감소시키는 효과를 거두고 있다. 이를 돈으로 환산하면 연간 1천5만 달러나 된다. 반면 지금까지 투입한 비용은 7,500만 달러에 불과하다. 패터슨 소장은 생태산업 단지의 성공배경에 대해 "무엇보다 각 기업들의 투명한 경영에 따른 상호 신뢰와 정부 당국의 적극적 지원이 없이는 불가능한 일"이라고 말했다.

(자료: http://www.konetic.or.kr, 대안문명 지구촌 현장을 찾아서(3)-유럽 생태산업단지와 유기농)

제 08 장

그린마케팅과 환경라벨링

이 장에서는 녹색소비자의 개념, 행동특성과 유형, 구매행위단계와 구매과정을 설명한다. 그리고 그린마케팅의 의의와 필요성, 그린마케팅믹스, 그린마케팅 전략을 고찰한다. 이어서 환경 관련 정보를 소비자에게 전달하여 환경친화적 제품 사용을 촉진하는 환경라벨링제도에 대하여 소개한다.

제1절 그린마케팅의 이해

1. 그린마케팅의 정의

마케팅은 고객과 기업을 연결해 주는 고리역할을 한다. 즉 마케팅은 고객의 요구사항이나 욕구를 수익적 관점에서 식별 · 예측하여 기업이 제공하는 상품이나 서비스를 통해 충족시키는 경영활동이다. 좀 더 구체적으로 말하면, 마케팅은 고객에게 적절한 제품 또는 서비스를 적절한 가격으로 적합한 장소와 시점에 적절한 방법으로 제공하는 것을 의미한다. 그린마케팅은 마케팅에 환경적 요소를 접목시킨 것이다. 즉 그린마케팅(green marketing)은 기업이 이익창출을 위해 고객만족과 시장경쟁력 확보를 중시하던 전통적 마케팅 활동에 환경적 요인을 부가하여 활용하는 개념으로 등장하게 되었다.

엘손하트(Elsonhart, 1990)는 그린마케팅을 "제품의 개발, 생산, 유통 등의 단계에 걸쳐 환경에 대한 기업의 사회적 책임을 강조한 것으로서 기업의 환경보전 및 개선노력을 소비자에게 알려 궁극적으로 환경문제에 관심을 갖기 시작한 소비자들에게 보다 많은 제품을 판매하려는 전략"으로 정의하고 있다.

피아티(K. Peattie, 1995)는 그린마케팅을 "인간을 둘러싼 자연환경과 지구 내에 존재하는 모든 생명에 대한 관심이 증가함에 따라 등장한 마케팅의 한 유형이며, 고객 및 사회의 요구를 분석 · 예측하고 이를 경제적이고 지속가능한 방법으로 충족시키는 책임을 진 총체적 · 전략적 경영활동"이라고 정의한다.

결국 그린마케팅이란 환경부하를 최소화하면서 고객이 만족할 만한 수준의 제품과 서비스를 개발, 가격 책정, 판매 촉진과 유통 및 판매채널을 기획하고 이행 · 관리하는 경영활동이라 할 수 있다. 즉 그린마케팅은 환경경영이 추구하는 경제적 수익성과 환경적 건전성의 조화를 전제로 친환경제품과 서비스의 개발과 공급을 통해 고객과 사회의 욕구를 충족시키는 경영활동인 것이다. 여기서 기업이 사회의 욕구를 충족시킨다는 말은 기업에게 부과된 사회적 책임과 윤리를 실천한다는 의미이다.

이와 같이 마케팅과 환경의 조화를 모색하는 그린마케팅은 환경마케팅(environmental marketing), 생태마케팅(ecological marketing), 지속가능한 마케팅(sustainable marketing) 등으로 다양하게 불리고 있다.

2. 전통적 마케팅과 그린마케팅의 차이

전통적 마케팅과 그린마케팅의 차이는 여러 가지 측면에서 나타나지만 가장 기본적으로는 이념적 목표, 가치관 그리고 활동영역에서 살펴볼 수 있다. 전통적 마케팅과 그린마케팅의 차이를 요약하면 **〈표 8-1〉**과 같다.

〈표 8-1〉 전통적 마케팅과 그린마케팅의 차이

구분	전통적 마케팅	그린마케팅
이념적 목표	• 소비자 효용과 기업이익의 양립 (경제적 균형 추구)	• 생태학적 자연과 인간 및 기업 이익의 공존 (사회 · 생태적 균형 추구)
가치관	• 물질적 풍요를 통한 생활수준 향상 (경제성장 지향적 가치관) • 경제적 성과의 중시 (이익극대화 가치관)	• 사회적 이익제공을 통한 삶의 질 향상 (사회복지 지향적 가치관) • 사회 전체의 이익과 복지환경의 보전 · 개선 (만족최적화 가치관)
활동영역	• 기업시스템 속의 마케팅	• 사회시스템 속의 마케팅

자료: 최선 외, 2007, p.217

3. 그린마케팅의 필요성

대량생산과 대량소비는 자원과 에너지의 고갈을 초래했고, 이어진 대량폐기는 각종 오염물질의 유발로 지구환경 파괴를 불렀다. 이로써 기업은 환경문제를 일으키는 주범으로 인식되었는데, 최근에는 고객만족이라는 기치 아래 소비중심주의를 바탕으로 수익만을 추구하는 전통적 마케팅 개념에서 벗어나 환경보전과 사회적 책임을 중시하는 환경친화적 마케팅 활동을 전개하고 있다.

그러나 이러한 변화는 기업의 자발적 노력이라기보다는 환경에 대한 인식이 높은 녹색소비자의 출현이나 환경단체의 압력, 환경규제의 강화에 따른 불가피한 선택이라고 볼 수 있다. 이해관계자의 요구나 환경규제에 적극적으로 대응하지 못하면 기업은 경쟁력을 잃게 되고 시장에서 외면당할 수밖에 없다. 따라서 기업은 친환경적인 제품과 서비스를 개발하고 판매하여야 하는 그린마케팅을 도입하게 된 것이다.

그린마케팅의 필요성을 살펴보면 다음과 같다(민경호, 2010, pp.248-249).

첫째, 기업의 환경이미지 및 환경관리능력을 제고한다. 소비자의 환경의식이 점점 높아지고 정부의 각종 규제와 법규 등이 강화됨에 따라 기업의 환경성취도와 환경규정 준수 정도가 중요하게 부각되고 있다. 기업은 객관적으로 환경친화적 경영활동을 하고 있음을 인증받지 못하면 국내는 물론 국외의 판로가 막히는 시대가 된 것이다. 이러한 요구에 맞추어 기업은 품질경영 및 환경경영에 대한 국제표준화기구의 인증규격인 ISO9000과 ISO14001을 취득하고 있다. 이들 인증을 취득하면 기업의 환경관리능력을 입증받는 셈이 되기 때문이다. 그린마케팅도 환경경영의 한 축을 형성한다. 그린마케팅의 실시가 기업의 환경이미지를 부각시키는 데 큰 기여를 하는 것이다.

둘째, 새로운 시장개척 및 경쟁력을 창조한다. 기업이 그린마케팅을 포함하여 환경경영활동을 왕성하게 전개하고, 관련 국제표준규격 기준에 부합되는 시스템을 구축하여 제품을 생산 · 판매한다면 소비자들로부터 호평을 받게 될 것이다. 소비자들의 호평은 결국 국내외에서 새로운 시장창출과 시장점유율을 높일 뿐만 아니라 기업경쟁력을 향상시킬 것이다. 최근 영국의 최우수기업 1,000개에 대해서 영업성과를 조사한 결과 그린마케팅을 통한 친환경경쟁이 활발한 기업들의 영업이익률이 평균 31%나 증가되었다고 한다.

셋째, 고객의 욕구 충족과 직원 사기 앙양에 기여한다. 국내 기업들의 친환경상품(예: 무공해식품)에 대한 마케팅 활동이 활발히 전개되고 있고, 또한 환경에 대한 유용한 보도나 광고의 증가로 소비자들도 최근에는 전통적인 제품 대신 가격은 비싸더라도 친환경제품에 보다 많은 관심을 보이고 있다. 그린마케팅은 외부적으로는 환경과 안전 및 건강을 최우선 고려하는 고객의 욕구를 충족시키고, 동시에 내부적으로는 종업원들의 사기를 진작시킨다. 환경친화적인 기업에 근무한다는 자부심이 근로의욕을 높이고 애사심을 발휘하게 한다.

4. 그린마케팅의 접근방법

(1) 단기적 정착을 위한 현실적 접근방법

전통적인 마케팅과 마찬가지로, 그린마케팅 역시 여러 시장의 여건 분석을 바탕으로 소비자의 욕구와 필요, 행동 및 가치에 따른 소비자 구매 형태에 초점을 맞추어 추진되어야 한다. 소비자들은 환경에 대한 인식이 높아지면서 전통적인 구매행동의 결정요인인 가격, 품질, 브랜드와 함께 상품의 환경성, 안전성을 중요시하게 되었다. 각종 여론조사는 대다수 소비자들이 상품구매 시 제품의 환경성을 점검하고 있으며, 환경적으로 안전한 제품을 구입하기 위해 더 높은 가격을 지급하거나 다소의 불편함을 감수할 용의가 있음을 보여 주고 있다.

그러나 아직까지 친환경제품이 시장점유율에 미치는 영향은 기대에 미치지 못하는 실정이다. 그 원인으로는 상품에 대한 정보 부족, 소비자 스스로가 친환경상품이 상술일지도 모른다고 느끼는 회의주의, 지나친 가격차이(green premium) 등이 주로 거론된다. 따라서 이러한 상황에서는 그린마케팅에 대한 현실적인 접근이 우선 필요하고, 그린마케팅이 성공적으로 정착하기 위해서는 그린시장과 녹색소비자의 특성을 충분히 파악하여야 한다. 그린마케팅의 정착을 위한 현실적 접근방법을 기술하면 다음과 같다(이병욱 외 2인, 2005, p.517).

- 기업이 그린마케팅을 지속적으로 실행하기 위해서는 사회적 · 기술적 · 경제적 · 물리적 측면에서 균형 잡힌 접근이 필요하다.
- 단기적인 양적 성장보다는 장기적이고 지속가능한 질적 성장이 강조되어야 한다.
- 전통적인 마케팅을 그린마케팅으로 전환하기 위해서는 제품의 전 과정을 고려한 접근이 필수적이다.
- 소비자를 '합리적 경제주체'라는 가상적 관점에서가 아니라 인간 그 자체로 이해해야 한다.
- 소비자의 피상적인 욕구를 자극하기보다는 진정한 욕구를 충족시키는 데 초점을 두어야 한다.
- 소비자와 사회는 매우 다양한 기대와 욕구를 가지고 있으며, 이는 때때로 상충한다는 점을 인식해야 한다.
- 기업 및 기업의 모든 활동을 소비되는 제품의 일부로 간주해야 한다.
- 광범위한 지역에 기반을 둔 현재의 대량생산 및 대량소비는 지속가능한 것이 아니며, 앞으로는

소규모 단위의 지역적인 기반을 갖춘 생산 및 소비 체제가 바람직함을 인식해야 한다.

- 기업의 비시장적 산출물을 포함한 환경성과는 물론이고, 제품의 사용 및 사용 후의 환경성과 기업의 제품생산 및 마케팅 과정에서 간접적으로 환경에 미치는 영향도 함께 고려해야 한다.
- 기술적 · 경제적 부가가치뿐만 아니라 환경적 · 사회적 부가효과도 함께 추구해야 한다.

(2) 장기적 정착을 위한 전략적 접근방법

기업 외적으로 가중되는 환경경영에 대한 압박과 환경규제의 강화에 능동적으로 대응하고, 기업 내적으로 환경경영에 대한 최고경영자의 의지를 반영하여 궁극적으로 기업경쟁력을 높이기 위해서는 전략적 접근이 필요하다. 이는 환경경영의 관점에서 그린마케팅의 접근방법이라 할 수 있다. 즉 환경경영의 관점에서는 기업이 추구하는 경영이념이나 철학에 환경주의를 내세운 후 이를 실현하기 위한 하부 전략에 환경적 요소를 반영하여야 할 것이다.

기업이 환경경영을 이행하면서 내세운 환경주의 경영이념을 실현하기 위해서는, 기업전략적 차원에서는 기업의 사회적 책임의 하나로서 환경보전에 대한 책임을 분명히 밝히고 이를 실천해 나가야 할 것이다. 그리고 조직전략 차원에서는 환경부하가 적은 사업과 기술을 선택하고, 사업전략 차원에서는 환경성과의 개선을 통해 시장차별화와 경쟁력 제고를 모색한다.

사업전략의 하부에 기능적 전략이 있고, 그린마케팅 전략을 기업환경경영의 기능적 전략으로 볼 때 그 접근방법은 다음과 같다. 보다 자세한 그린마케팅 전략은 뒤에서 설명할 것이다.

- 환경적 요인을 경쟁력 제고의 수단으로 활용
- 그린마케팅 전략을 전체 사업전략의 일환으로 고려
- 환경에 대한 사회적 관심의 증대 추세를 감안하여 그린마케팅을 미래지향적인 마케팅 전략에 반영
- 제품 및 기업과 관련된 구체적이고 신뢰성 있는 환경정보를 이해관계자에게 제공하고 마케팅 커뮤니케이션에 적극 활용

위와 같은 그린마케팅의 기능적 전략 접근방법은 소비자의 구매행위를 환경친화적으로 개선함과 동시에 기업의 환경친화적 혁신을 통해 소비자와 기업이 상생(win-win)하는 방법이다.

제2절 녹색소비자

1. 녹색소비자의 개념

기업이 친환경제품을 시장에 내놓아도 소비자들로부터 외면받는다면 친환경제품의 생산은 주춤하게 될 것이다. 친환경제품의 가격이 다소 높더라도 환경과 안전을 생각하며 구입하는 시장과 소비자가 있어야 기업이 환경부하가 적은 제품을 생산하고 판매하려 할 것이다.

투자자가 기업 자체에 대한 구입자라면, 소비자는 기업의 산출물인 제품 · 상품 또는 서비스를 구입하는 자이다. 녹색소비자(green consumer)는 소비행동을 할 때 상품의 환경영향 정도나 기업의 환경방침, 환경목표, 환경정책 등을 점검하는 환경의식이 높은 소비자를 말한다. 즉, 환경을 배려한 상품이나 서비스 혹은 환경보전에 도움이 되는 상품이나 서비스를 구매하는 개인이나 집단을 말한다. 녹색소비자는 환경에 대한 관심을 바탕으로 소비행위를 결정하고 환경에 미치는 부정적 영향이 상대적으로 적은 제품을 적극적으로 구입하는 소비자이다.

이와 같이 녹색소비자는 소비과정이나 소비행위에서 환경오염이 예상되는 제품과 서비스의 구입을 자제함으로써 직접적인 피해를 예방하고, 나아가 환경문제를 야기하는 기업의 제품이나 서비스에 대해서는 불매운동 등의 능동적 대응에 나서는 소비자 집단이다.

녹색소비자라는 용어는 1988년 영국에서 출간된 「녹색소비자 안내서」에 의해 확산되기 시작하였다. 이 책은 녹색소비자에 대해 직접적으로 정의하고 있지는 않지만, 다음과 같은 제품의 구매를 바람직하게 여기지 않는 고객 집단이라고 하여 그 특성을 간접적으로 규정하고 있다(J. Elkington and J. hails, 1988, p.5).

- 소비자의 건강을 해칠 우려가 있는 제품
- 제조 · 사용 · 폐기 과정에서 환경에 심각한 피해를 주는 제품
- 제조 · 사용 · 폐기 과정에서 필요 이상의 에너지를 소비하는 제품
- 지나친 포장이나 짧은 수명으로 인해 불필요한 폐기물을 양산하는 제품
- 멸종 위기에 처한 생물종이나 희귀성 자원에서 추출한 원자재를 사용한 제품
- 독성검사 등의 목적으로 잔혹한 동물실험을 자행한 제품
- 다른 나라, 특히 제3세계 국가들에게 부정적인 영향을 주는 제품

녹색소비자는 위와 같이 환경에 부정적인 영향을 미치는 제품을 피할 뿐만 아니라 광고나

상품 포장용지에 재활용이나 무공해제품임을 표시하여 환경친화성을 강조한 제품을 선호한다. 나아가 녹색소비자는 기업의 친환경정책이나 환경방침과 목표, 환경보전을 위한 노력 등을 고려하여 소비를 결정한다. 따라서 기업은 소비자들에게 자사의 친환경경영활동을 적극 홍보할 필요가 있다.

2. 녹색소비자의 행동과 특성 및 유형

(1) 녹색소비자의 행동과 특성

많은 연구결과에 의하면, 녹색소비자는 교육수준이 높거나 경제적으로 안정된 30~40대 주부여성의 비율이 높다. 그러나 녹색소비자의 본질이 정확하게 밝혀진 것은 아니다. 녹색소비자의 행동적 특성연구 중에서 공통적인 점을 살펴보면 다음과 같다.

1) 환경정보를 필요로 한다

녹색소비자들은 일반소비자들보다 객관적이고 정확한 제품정보를 요구한다. 대부분의 소비자들은 어떤 제품이 환경보호에 유익한 제품인지를 확신하지 못한다. 환경적으로 건전한 제품을 파악할 수 있는 능력이 결여되어 있고, 친환경제품의 구매 장소에 대한 정보도 없기 때문이다. 녹색소비사들은 인디넷, TV, 신문, 잡지 등을 통해 친환경제품에 대한 정보를 얻으려 노력한다.

2) 환경보전의 필요성을 인식하고 있다

파괴되어 가는 지구환경을 살리기 위해서 녹색소비자들은 유기성 세제, 무방부제 식품 등을 구매함으로써 나름대로 환경보호에 기여하고 있다. 또한 녹색소비자들은 3R(Reduce, Reuse, Recycle), 무공해 등과 같은 친환경성을 강조하는 용어에 민감하고, 제품의 친환경성에 대하여 전과정관점에서 평가한다.

3) 일반소비자들과의 차별성을 추구한다

녹색소비자들은 자신이 다른 일반소비자들과 뭔가 다르다는 점을 느끼고 싶어 한다. 녹색소비자들은 환경오염에 대한 1차적 책임이 기업에 있다고 보지만, 스스로의 행동에도 책임이 있다는 것을 인정한다. 따라서 녹색소비자들은 자신이 환경보전을 위한 노력을 기울이지 않거나 소극적으로 행동했을 경우에는 죄책감을 느끼기도 한다.

한편, 피아티(Ken Peattie, 1995, p.60)는 녹색소비자를 집단별로 분류하여 그 특성을 제시한다(〈표 8-2〉 참고).

〈표 8-2〉 녹색소비자의 집단별 특성

분류	구성비	특성
적극적 집단 (Activists Group)	16%	환경 관련 제반활동에 많은 관심을 기울이고 친환경제품을 자주 구입하는 부류이다. 이들의 특성은 자신의 자녀에 관심이 많으며, 미래의 기술발전에 대하여 낙관적이고 환경보호의 중요성을 강조한다.
현실적 집단 (Realists Group)	34%	대부분의 젊은 세대가 여기에 속한다. 이들은 미래 환경상황에 대해 우려감을 갖고 있으며, 환경보호에 투자되는 비용을 아쉬워하고 환경보호운동에도 회의적인 반응을 보인다.
자기만족 집단 (Complacent Group)	28%	인간, 기업, 정부에 대해 낙관적 성향을 보인다. 그러나 환경보호단체에 대하여 잘 모르며 정치적으로 우파 성향을 보인다.
배타적 집단 (Alienated Group)	22%	교육수준이 낮고 환경보호에 대해 관심이 없으며 환경보호운동을 일시적 현상으로 본다. 정치적으로는 좌파 성향을 보인다.

(2) 녹색소비자의 유형

성공적인 그린마케팅을 위해서는 소비자의 유형을 파악하여 기존 녹색소비자를 안정되게 유지하는 가운데 잠재적 녹색소비자를 목표시장으로 삼는 것이 중요하다. 일반적으로 남성보다는 여성이, 교육수준과 소득수준이 높을수록, 자녀를 둔 부모일수록 녹색소비자에 속하는

〈표 8-3〉 환경관심도에 따른 소비자의 유형

분류	구성비	특성
완전한 녹색소비자 (true blue green)	11%	환경적 가치를 매우 중요시하고 친환경제품을 선택하며 비윤리적이거나 환경에 대한 고려가 없는 기업의 제품을 의식적으로 구매하지 않으려 한다.
중간 녹색소비자 (green back green)	11%	친환경제품을 구매하는 데 있어서 일반소비자보다 훨씬 적극적이다. 주로 편의품 구매에 이런 행동을 보인다.
초기 녹색소비자 (sprout)	26%	환경문제를 이해하고 있지만 실천은 하지 않는 편이며, 그린제품이 일반제품보다 훨씬 비쌀 경우 구매하지 않으려는 속성이 있다. 그러나 잘 설득할 경우 그린제품을 구매할 가능성이 있다.
환경불평자 (grouser)	24%	환경이슈에 대해 교육을 제대로 받지 못한 상태이며, 환경친화적 구매에 의한 환경개선에 회의적이다.
무관심자 (basic brown)	28%	일상적인 관심사에 몰두할 뿐 환경이나 사회적 이슈는 등한시하는 부류이다.

경향을 보인다.

1990년 미국의 Roger Organization사는 설문조사를 통해 환경에 대한 관심도, 즉 어느 정도로 녹색소비에 대한 의지와 관심을 보이는가에 따라 녹색소비자를 **〈표 8-3〉**과 같이 5개 집단으로 분류하였다.

〈표 8-3〉에서 보는 바와 같이, 녹색소비자로 분류할 수 있는 비율은 48%나 된다. 따라서 기업은 이들을 표적으로 삼아 욕구를 파악하여 필요한 정보를 적시에 제공함은 물론 지속적으로 환경친화적인 제품의 개발과 판매를 실시해 나가야 할 것이다. 물론 표의 유형과 구성비는 미국 시민을 대상으로 했다는 점에서 한계가 있으므로, 다른 나라는 문화나 생활습관, 경제상황, 사회적 여건 등에 따라 달라질 수 있을 것이다.

3. 녹색소비자의 구매행위단계와 구매과정

(1) 녹색소비자의 구매행위단계

녹색소비자가 친환경제품이나 서비스를 구매하는 행위는 환경에 대한 의식수준과 밀접한 관련이 있다. 즉, 환경문제에 대한 의식수준이 높은 사람일수록 녹색소비 성향을 보인다. 이를 정리하면 다음과 같다(이병욱 외 2인, 2005, pp.527-528).

1) 1단계: 녹색소비자로서의 의식이 채 확립되지 않은 상태

이 단계에 속한 사람은 일반소비자와 다를 바 없는 구매행위를 한다. 즉, 이때의 소비자는 환경적 영향을 별로 고려하지 않고 제품이나 서비스를 구매한다. 다만, 건강에 대한 관심이 있어서 자연식품 등 소위 웰빙제품을 구매할 수는 있다.

2) 2단계: 환경문제에 관심을 갖기 시작

이 단계에 속한 사람은 대중매체의 정보나 사회문화적 이슈를 통해 환경과 건강 문제에 관심을 갖기 시작한다. 이때의 소비자는 환경이나 건강에 해가 된다고 인식되는 제품을 구매하지 않으려 하지만, 특별히 환경적 이유 때문에 제품이나 서비스를 구매하려고 노력하지도 않는다.

3) 3단계: 자발적으로 친환경제품을 찾아서 구매

이 단계에 속한 소비자들은 진정한 의미에서 녹색소비자로 분류할 수 있다. 즉 이 단계에 속한 소비자는 환경적 이유로 제품을 구매하지 않을 수 있으며, 역으로 환경친화적 제품에 대해서는 보다 높은 값을 지불하고서라도 구매할 의사가 있다.

4) 4단계: 적극적으로 환경적 기준에 따라 구매

이 단계에 속한 소비자들은 친환경제품의 구매는 물론이고 보다 적극적으로 각자가 중요하다고 인식하는 환경적 기준에 따라 구매에 임한다. 이 녹색소비자들은 친환경제품이나 서비스가 자원재활용, 포장재의 대체와 감소, 적은 에너지 사용 등 특정한 환경친화적 요소를 갖추고 있는지를 염두에 두고 구매를 한다.

5) 5단계: 성숙한 녹색소비자

이 단계의 녹색소비자는 소비 및 생산과잉이 환경과 지속가능성에 미치는 영향을 고려하여 소비 자체를 줄이거나 최소한의 필요품만을 구입한다. 또한 제품을 재활용하여 소비패턴을 바꾼다든지, 생태계에 근접한 자연원료나 생분해가 가능한 제품정보를 탐색하는 등 개개인의 환경철학에 따라 제품과 서비스를 구매한다.

(2) 녹색소비자의 구매과정

일반소비자나 녹색소비자의 구매과정은 동일하게 5단계를 거쳐 이루어진다. 즉, 욕구와 필요성 인식, 관련 정보의 탐색, 대안의 평가, 구매결정, 구매 후 행동이다. 다만, 일반소비자와 녹색소비자는 각 단계에서 판단과 선택의 기준이 다르다. 양자의 구매과정을 간략히 비교하여 보면 **〈그림 8-1〉**과 같다.

〈그림 8-1〉 일반소비자와 녹색소비자의 구매과정

일반소비자	계획 및 조직	녹색소비자
내가 원하는 것은 무엇인가? (욕구의 내용)	욕구와 필요성 인식	나에게 진정으로 필요한 것인가? (욕구의 필요성)
가격과 제품의 특성은? (경제성)	관련 정보 탐색	생산 · 소비의 환경 효과는? (환경성)
대상제품이나 대체품이 나에게 어떤 편익을 주는가?	대안 평가	제품소비에 따른 사회적 · 환경적 비용은?
언제 구매할 것인가? (구매에 초점)	구매 결정	언제까지 유예할 수 있나? (구매의 필요성 재검토)
언제 다시 신제품을 구매할까?	구매 후 행동	얼마나 오랫동안 사용할까? 사용 후 어떻게 처리할 것인가?

제3절 그린마케팅 전략

1. 마케팅 전략과 마케팅 믹스

마케팅 전략이란 기업이 일정기간에 달성해야 할 마케팅 목표를 위해 세우는 종합적인 마케팅 활동의 기본노선을 말한다. 마케팅 정책에 따라 대상시장, 경쟁관계, 그 밖의 환경조건의 변동에 대응하는 마케팅 믹스의 구성이 결정된다. 마케팅 전략은 전통적으로 기업(company), 고객(customer), 그리고 경쟁기업(competitors)이라는 3C's의 상호작용 속에 수립된다.

그린마케팅 전략 역시 환경보전과 고객의 욕구충족 및 새로운 시장확보를 통한 경제적 이익창출이라는 목표를 달성하기 위한 기본계획을 의미한다. 그러므로 그린마케팅 전략은 환경문제를 배려하고 고려하는 것 이외에는 전통적 마케팅 전략과 다를 바 없다.

전통적 마케팅 전략 수립은 4Ps로 알려진 마케팅 믹스를 기본으로 하고 있다. 다시 말해 마케팅 목표를 달성하기 위해 4Ps, 즉 제품(product), 유통채널 및 판매장소(place), 판매촉진(promotion), 가격(price)을 토대로 전략을 수립한다. 4Ps를 우리 몸에 비유하여 이해하면 다음과 같다. 제품은 우리 몸의 오장육부에 해당되며, 판매촉진은 소비자에게 우리 제품을 알리는 이목구비의 얼굴, 유통채널은 소비자에게 가까이 다가서는 팔 · 다리, 가격은 우리 몸의 두뇌에 해당된다. 마케팅 믹스는 특정한 기능을 가진 제품을 어떤 유통채널을 통해 공급하고 어디에서 판매할 것이며, 어떤 방식으로 판매를 촉진하고 가격은 어느 정도로 할 것인가를 결정하는 것이다. 이는 곧 마케팅 전략과 연계된다.

2. 그린마케팅 믹스

(1) 전통적 마케팅 믹스

그린마케팅 믹스를 논의하기 전에 전통적 마케팅 믹스인 4Ps와 관련된 의사결정을 살펴보면 다음과 같이 요약할 수 있다.

1) 제품

기능이나 형태와 같은 개별제품의 특성과 생산과정을 결정하며, 특히 목표시장의 욕구를 충족시킬 수 있는 제품의 특성을 선정한다. 즉, 고객의 욕구충족을 통한 경제적 이익창출이 가능한 제품을 개발한다.

2) 유통채널 및 판매장소

도 · 소매상과 같은 독립적 배급업체나 기업의 판매채널과 같은 판매장소를 결정하고, 통신판매나 방문판매 등 다양한 판매채널을 고려한다. 환경에 대한 고려 없이 제품의 기능성을 고려하여 운송 · 보관 · 판매 방식과 장소를 선택한다.

3) 판매촉진

배급업체, 목표시장, 이해관계자와 적절한 커뮤니케이션이 이루어질 수 있는 광고 및 판촉방법을 선택한다. 경제적 이익에 근거를 둔 판매촉진과 소비자 교육을 실시한다.

4) 가격

배급업체와 목표시장의 소비자에게 적정한 판매가격을 제시하고 공제 · 할인 등을 결정한다. 제조원가를 바탕으로 가격을 책정하며 환경원가는 무시한다.

(2) 그린마케팅 믹스

〈그림 8-2〉는 마케팅 믹스의 각 요소에서 고려해야 할 하위요소들을 보여 준다. 그린마케

〈그림 8-2〉 마케팅 믹스의 4Ps

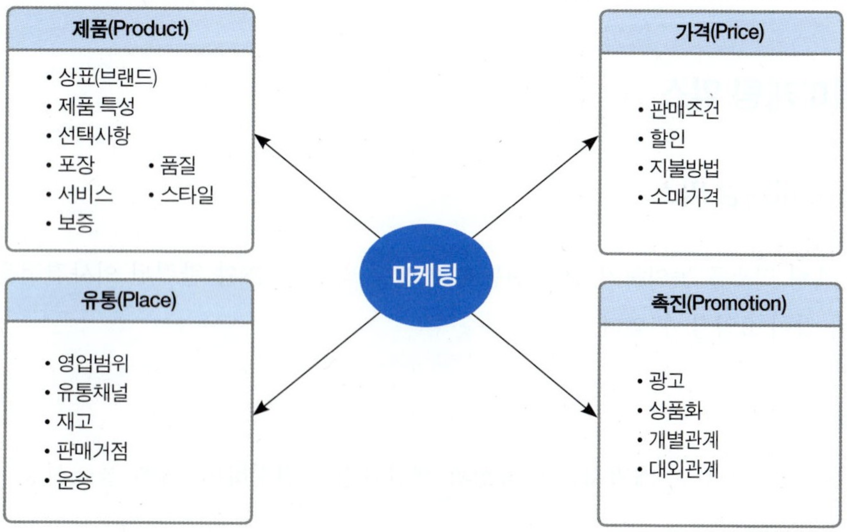

팅 믹스는 전통적 마케팅 믹스에 환경적 측면을 추가하여, 환경에 미치는 영향을 줄이는 방향으로 마케팅 믹스의 4가지 요소를 재설정하는 것이다. 그린마케팅 믹스의 4가지 요소의 목표는 다음과 같다.

1) 제품

제품의 특성과 제조과정이 환경에 부담이 되지 않도록 전과정평가를 근거로 제품을 설계하고 생산한다. 고객의 욕구충족을 통한 경제적 이익 확보와 동시에 환경적 효과를 고려한 제품을 설계 · 개발한다.

2) 유통채널 및 판매장소

제품의 운송과 보관, 관리를 통해 폐기나 오염 등의 환경영향을 줄인다. 환경을 고려하여 운송 · 보관 · 판매 방식과 장소를 선택한다. 즉 친환경성을 기준으로 유통채널과 공급업체를 선택한다. 또한 유통채널을 제품 수거 및 재활용 경로로 이용한다.

3) 판매촉진

환경 관련 이슈 등을 소비자를 비롯한 이해관계자에게 알리고 제품과 기업활동에서 친환경 이미지를 구축하여 친환경제품의 판매를 촉진한다. 즉, 단기적인 경제적 이익뿐만 아니라 장기적인 환경이익을 고려한 판매촉진활동을 하고, 친환경제품을 선택할 수 있도록 정보 제공 및 소비자 교육을 실시한다.

4) 가격

제품의 단위원가 구조에 전 과정에서 발생하는 환경원가를 반영하여 제품가격을 결정한다.

(3) 전통적 마케팅 믹스와 그린마케팅 믹스의 비교

위에서 설명한 전통적 마케팅 믹스와 그린마케팅 믹스를 간략히 비교하면 **〈표 8-4〉**와 같다.

〈표 8-4〉 전통적 마케팅 믹스와 그린마케팅 믹스의 비교

구분	전통적 마케팅 믹스	그린마케팅 믹스
제품	• 전통적 소비자의 이익에 초점을 둠 • 제품 특성을 위한 설계; DfX(design for attribute)	• 전통적 소비자의 이익과 환경적 이익을 동시에 추구 • 친환경 제품 설계; DfE(design for environmental attribute)
유통채널	• 기능성을 고려하여 제품의 운송, 보관, 판매 방식과 장소 선택 • 전통적 기준에 따른 유통채널 및 공급업체 선정	• 환경을 고려하여 제품의 운송, 보관, 판매 방식과 장소 선택 • 유통채널을 제품 수거 및 재활용 경로를 이용 • 친환경성을 기준으로 유통채널과 공급업체 선택
판매 촉진	• 기능적이고 감성적인 제품의 이익에 근거를 둔 직접적인 판매촉진활동 • 제품 이익에 관해서 소비자를 교육	• 기능적이고 감정적인 제품의 이익과 함께 장기적인 환경이익에 근거를 둔 판매촉진활동 • 장기적 환경이익과 가치에 관해 소비자를 교육, 친환경제품을 선택할 수 있도록 정보 제공, 친환경제품의 판매촉진 및 제품사용 지원
가격	• 단기적 원가에 근거한 가격 • 환경비용 무시 • 전통적인 제품 소유권을 반영한 가격책정	• 장기적 전과정원가에 근거한 가격과 전과정정 가치 부가 • 환경비용을 파악하여 제품가격에 반영 • 제품 서비스를 반영한 가격책정(제품의 재이용, 재활용 촉진)

3. 그린마케팅 믹스 전략

(1) 그린제품전략

1) 그린제품의 정의

마케팅 믹스의 4가지 요소 중에서 가장 기본이 되는 것은 제품이다. 왜냐하면 다른 요소(가격, 유통채널, 판매촉진)에 관한 결정은 결국 제품에 달려 있기 때문이다. 기업이 제품을 개발하려고 할 때는 먼저 그 제품이 소비자의 어떤 욕구를 충족시킬 수 있는지, 즉 소비자가 그 제품에서 어떤 편익을 얻을 수 있는지를 확실히 해야 한다.

기후변화와 환경오염의 문제가 심각해지고 있는 오늘날에는 친환경제품(그린제품)이 고객의 욕구를 충족시킬 수 있으며 동시에 환경문제의 해결에도 공헌할 수 있다. 따라서 기업에서는 그린제품의 개발을 통해 환경부하를 줄이려 노력하고 있다. 그린제품이란 일반제품 또는 경

쟁적인 제품에 비해 환경성이 우수한 제품으로서 상대적 개념이다. 절대적으로 완전한 그린제품은 없다. 왜냐하면 그린제품이라 하더라도 에너지와 자원을 소모하고, 제품의 제조 · 유통, 그리고 사용 후 혹은 폐기과정에서 각종 폐기물과 환경오염을 유발하기 때문이다. 그린제품의 예로는 친환경 세제, 하이브리드 자동차, 고효율 냉장고, 태양광 발전시설 등을 들 수 있다.

보통의 소비자들은 전문지식이나 시간이 부족하여 그린제품 여부를 판단하기 어렵다. 따라서 기업에서는 환경마크제도를 적극 활용하고 있다. 환경마크제도는 기업에서 판매하는 상품이 다른 상품에 비해 안전성이나 환경성이 우수한 상품임을 소비자들에게 알려 주기 위해 공신력 있는 기관에서 이를 증명해 주는 것을 말한다. 즉 환경마크가 부착된 상품은 그린상품이라고 보아도 무방할 것이다. 환경마크는 에코라벨이라 부르기도 한다. 환경마크에 관하여는 환경라벨링을 다룰 때 좀 더 자세히 설명하기로 한다.

2) 그린제품 개발을 위한 환경성 평가요소

오늘날과 같이 소비자들의 기호가 다양할 뿐만 아니라 빨리 변하고 또 상품 간의 경쟁이 치열한 상황에서는 신제품이 기업의 성패에 큰 영향을 미친다. 그러나 신제품 개발에는 위험이 따른다. 따라서 기업은 신제품에 관한 아이디어를 내고, 그중에서 좋은 아이디어를 골라내어 제품 개념을 정립하고, 상업성을 분석하고, 시제품을 만들어 시험마케팅을 한 후 본격적으로 시판에 들어가는 신제품 개발의 단계 하나하나를 철저하고 착실하게 관리하여야 한다.

특히 기업이 그린제품전략을 개발하고 실행하기 위해서는 제품의 환경적 특성을 명확히 파악하여 이를 제품전략에 반영하는 것이 중요하다. 그린제품 개발을 위해서는 전 과정을 대상으로 개발대상 제품의 환경적 특성을 검토하여야 한다. 그린제품 개발을 위한 단계별 환경성 평가요소는 '제5장 친환경제품과 환경친화적 설계' 중 친환경제품의 개념에서 설명한 내용과 동일하다(**〈표 5-1〉** 참조). 이들 단계별 평가요소를 바탕으로 제품의 환경성을 평가한 후 그 결과에 따라 기존제품을 변경하거나 새로운 그린제품을 개발하는 것이 핵심이다. 기존제품은 대부분 환경적 배려가 부족한 경우가 많으므로, 일반적으로 새롭게 그린제품을 개발하는 것이 바람직한 전략이 될 수 있다. 그러나 신제품 개발에는 거액의 투자와 장기간에 걸친 기술개발 노력이 필요하다.

그린제품전략은 그린마케팅전략에서 가장 중시되는 부분이다. 그린제품전략의 결과는 기업의 현재와 미래에 결정적인 영향을 미치기 때문이다. 따라서 그린제품 개발을 위해서는 전과정평가, 친환경적 설계는 물론 환경친화적 포장까지를 고려하여야 한다.

(2) 그린가격전략

오늘날과 같이 자사제품의 차별화가 어려울 정도로 기업 간에 경쟁이 치열한 상황에서는 가격의 역할이 더욱 커질 것으로 보인다. 그 이유는 제품가격은 기업의 수익 원천이 되기 때문이다. 즉 기업의 수익인 매출액은 판매량에 단위당 가격을 곱하여 산출된다. 매출액은 기업의 대표적인 영업수익이고, 이 영업수익에서 매출원가와 판매비와 관리비를 합계한 영업비용을 차감하면 영업이익이 산출된다.

전통적 마케팅 패러다임에서는 기업이 제품의 가격을 결정할 때 회사존립, 이익추구, 이익의 극대화, 시장침투, 매출액 증대, 시장세분화, 이미지 유지, 시장의 안정성 등 여러 가지 의도가 복합적으로 작용한다. 가장 보편적으로는 기업이 이익극대화를 염두에 두고 가격을 결정한다고 볼 수 있다. 이때 가격결정은 원가에 일정한 이익을 가산하든지, 목표수익률에 따라 이루어진다. 그 밖에 시장세분화가격, 판매촉진가격, 제품별 차별화가격, 손익균형가격 등을 통해 가격이 산정된다.

그러나 그린마케팅에서 환경친화적 제품의 가격결정은 전통적인 가격결정방법 이외에 다음과 같은 사항을 고려하여야 할 것이다: 그린제품에 대한 소비자의 가격탄력성 정도, 일반제품과 비교한 그린제품의 가격대체성 정도, 가격과 다른 마케팅믹스 요소와의 상호작용 정도 등을 우선 고려하여야 한다. 왜냐하면 그린제품은 기존의 일반제품보다 가격이 높은 편이 일반적이기 때문이다. 환경의 가치를 높게 평가하는 소비자는 친환경제품에 높은 가격을 지불할 의사가 있지만 이러한 소비경향을 일반화하기는 아직 이르다. 즉 가격차이가 제품의 환경적 우수성에도 불구하고 소비자들이 납득하기 어려울 정도로 크다면 소비자들의 구매를 기대하기 어렵다.

그린가격전략에서 고려할 수 있는 내용을 제시하면 다음과 같다.

- 소비자들이 가격저항을 느끼지 않고 자연스럽게 구매할 수 있는 가격책정이 이루어져야 한다. 부품재 사용, 포장 저감, 유통 개선 등을 통해 환경성과를 높이면서 가격을 낮출 수 있는 방안을 검토한다.
- 비교적 높은 친환경제품의 가격에 대한 정당성을 설득할 수 있어야 한다. 즉, 소비자가 친환경제품을 사용함으로써 환경보전에 중요한 역할을 하고 있으며, 그린제품을 구매함으로써 사회에 기여하고 있다는 심리적 만족감을 갖게 하는 등 비가격요소를 강조한다.
- 장기적으로 보면 그린제품의 가격이 경제성이 있음을 입증할 수 있어야 한다. 즉 그린제품이 일반제품에 비하여 수명이 길고, 에너지절약에 기여하며, 운영비용이 저렴하고, 수선 및 재사용이 가능한 속성을 갖추어 전과정 원가 면에서 유익하다는 것을 설명한다.

- 정부나 지자체가 그린제품의 판매에 제도적 보상을 실시하여 가격경쟁의 불리한 점을 극복하도록 한다. 즉 세제개선 등 기업 외부 여건의 변화를 촉구한다.

(3) 그린유통전략

그린유통전략은 생산된 제품을 소비자에게 전달하고 사용, 폐기, 재활용 및 재사용까지의 과정을 환경친화적으로 관리하여 환경적 우수성을 확보하는 활동이다. 그린유통전략의 주요 내용은 보관, 수송 등 물적 유통시스템과 도 · 소매상 등 유통경로, 효율적인 재순환활동을 위한 역유통경로(reverse logistic)의 구축과 운영, 제품의 안전한 수송과 가치보존을 위한 포장 활동이다. 그린유통은 원가절감은 물론 기업이미지 제고 전략으로 활용이 가능하다.

제품판매가격의 30~40%를 유통비용이 차지하는 현실을 감안할 때 마케팅전략에서 유통부문은 결코 소홀히 할 수 없다. 특히 그린유통전략 수립 시에는 경제성뿐만 아니라 환경적 효율성을 고려하여야 한다. 바람직한 그린유통시스템을 구축하기 위해서는, 먼저 운송거리의 단축 및 운송용기의 단순화 등을 통해 환경개선이 이루어져야 하고, 둘째는 운송수단의 대기오염 배출을 줄이기 위한 방침 및 목표가 설정되어야 하며, 셋째는 운송과정에서 소요되는 각종 포장재의 절감과 포장재의 회수 및 재활용에 따른 비용/효과가 분석되어야 한다. 넷째는 매장이 환경친화적으로 설계되어야 한다. 다섯째는 운송 · 저장 · 판매단계의 관련 업체에 대한 환경적인 배려와 촉진 및 환경친화적인 인식의 확산에 노력해야 한다.

그린유통전략에서는 사용이 끝난 후의 폐기물 재활용을 위해 소비자로부터 자원재생업지나 생산기업에게 전달되는 역유통경로의 관리가 중요하다. 역유통은 포장이나 제품에서 발생하는 폐기물을 최소화하고 이를 적절히 관리 · 처리하는 활동으로, 일반적인 유통경로와 반대방향으로 제품과 정보가 흐르는 것을 말한다. 역유통 활동을 위해서는 사용 후 버려지는 제품을 수거 · 분류하여 재이용, 재활용하는 과정이 필요하다.

역유통경로로는, '제6장 녹색구매와 친환경공급망 관리'에서 설명하였듯이, ① 기존 유통경로를 이용하는 방법, ② 제3의 기관에 위탁하는 방법, ③ 소비자들로 하여금 일정한 장소에 직접 갖다 놓도록 하여 수거하는 방법이 있다. ①의 방법은 별도의 유통망이 필요 없어 비교적 저렴한 비용으로 수거가 가능하다는 장점이 있는 반면에, 수거활동이 간헐적으로 이루어지거나 수거제품의 분해 등 추가적 조작이 필요한 경우에는 기존 업무에 지장을 초래할 수 있다는 단점이 있다. ②의 방법은 제3의 기관(전문업체 등)에 위탁하였으므로 본연의 업무에 충실할 수 있다는 장점이 있으나, 제3의 기관이 시장에서 이익을 낼 수 있을 정도로 시장규모가 크고 안정적이어야 한다는 한계가 있다. 수거제품이 일반적인 제품이고 별도의 추가작업이 필요 없는 경우에는 소비자로 하여금 일정한 장소에 폐제품을 모아 놓게 하는 ③의 방법이 효율적이다. 다만, ③의 방법은 님비현상(NIMBY: not in my backyard) 등으로 폐자원 회수장소 확보나 시설의 설치에 어려움이 있다.

역유통경로를 구축할 때는 위와 같은 장단점뿐만 아니라 소요되는 비용과 수거제품의 납기 및 품질도 고려해야 한다. 결국 폐제품 수거에 따른 환경성과 경제성의 균형을 고려하여 설치하여야 할 것이다.

(4) 그린커뮤니케이션(그린판매촉진전략)

그린커뮤니케이션이란 "기업의 경영전략 차원에서 기업의 환경위험에 대한 대응, 기업이미지 향상, 사회공헌, 제품판촉 등과 같은 전략적 의도와 목적에 따라 환경문제에 대한 활동 내용을 다양한 방법을 동원하여 기업 내외에 알리는 활동"이다. 그린마케팅에서 그린커뮤니케이션의 목적은 두 가지로 요약할 수 있다. 첫째는 기업이 개발한 그린제품의 구매를 설득하는 것이다. 둘째는 소비자에게 환경친화적인 기업이미지를 확립하는 것이다.

위와 같은 목적을 달성하기 위해서는 제공되는 정보가 구체적이고 이해하기 쉬우며 정확하고 정직해야 한다. 제공되는 정보가 추상적이거나 이해하기 어려우면 소비자를 설득하는 데 한계가 있다. 특히, 신뢰성 없는 정보를 제공하면 소비자의 불신을 사고 기업이미지는 치명적 타격을 입게 된다. 최근 그린워싱(Green Washing)의 문제점이 보고되고 있다. 그린워싱이란 기만광고의 하나로, 겉으로만 친환경정책 또는 이미지를 표방하면서 실제로는 친환경적이지 않거나 검증되지 않은 애매한 친환경적 홍보를 하는 것을 말한다. 그린워싱은 소비자의 감정과 구매의도에 부정적인 영향을 미치는 것으로 분석되었다(송유진 외 3인, 2011). 또한 그린커뮤니케이션은 소비자의 성향을 잘 파악하여 그에 맞게 이루어져야 한다. 즉, 기업은 특정시장에서 소비자들의 환경에 대한 관심과 인식이 얼마나 높은지, 그리고 잠재적으로 얼마나 향상될 수 있는지를 파악하고 그에 따라 커뮤니케이션을 전개해야 한다.

친환경적인 기업이미지 제고를 위한 방법으로는 광고뿐만 아니라 다음과 같은 방법들이 있다.

- 환경단체들의 그린활동 지원이다. 예를 들면, 대한석유협회는 매년 한국그린캠퍼스협의회에 협찬하여 전국 대학생들을 대상으로 그린리더 양성에 앞장서고 있다.
- 환경 관련 캠페인이다. 예를 들면, 유한킴벌리의 '우리 강산 푸르게 푸르게' 캠페인은 1984년에 시작하여 30년 가까이 지속되고 있다. 이 캠페인은 유한킴벌리에 친환경 이미지를 통한 시장점

유율 상승이라는 경제적 성과를 가져다주었다.

- 환경보전 관련 사회봉사이다. 우리나라의 많은 기업이 '1사 1산 운동', '1사 1하천 가꾸기' 등 환경보전 활동을 전개하고 있다.

촉진활동은 흔히 커뮤니케이션 활동의 하위개념으로 인식되며, 인적판매, 판매촉진(이벤트), 광고 및 홍보 등이 있다. 그린마케팅에서 촉진활동은 다음과 같다.

인적판매는 판매직원이 소비자와 직접 접촉하면서 제품의 환경성은 물론 기업의 환경정책과 환경활동을 소개하는 것으로서 개별판매라고도 한다.

이벤트는 기업이익의 사회환원이라는 공익적 개념을 담은 홍보활동으로서 상업적 목적보다는 문화적 측면이 강조된 제반행사로 이루어진다. 소비자와 기업 내 · 외부 판매직원을 대상으로 하며, 예컨대 박람회, 콘서트, 강습회, 공장견학, 신제품 전시회 등이 있다.

광고는 대중매체를 이용하여 소비자 또는 잠재적 고객에게 기업의 환경에 대한 관심과 제품의 환경친화적 적합성을 언어적, 시각적 방법으로 전달하는 것이다. 광고는 대상에 따라 제품광고, 기업광고, 공익광고 등으로 나눌 수 있다. 또한 형식에 따라 직접광고, 전시회 참가, 마크 부착으로 구분할 수 있다. 우리나라의 경우 직접광고는 주로 에너지, 주택, 자동차, 식품 관련 업종에서 이루어지고 있고, 구체적인 성능보다는 이미지 제고에 초점이 맞추어져 있다. 전시회는 신재생에너지와 부품, 소재분야에서 활용되고 있으며, 환경마크는 화장품이 가장 눈에 띈다(양인목, 2011, p.14).

홍보(PR: Public Relations)는 기업촉진활동의 한 요소로서 기업이나 제품이미지의 개선과 홍보를 위해 사용되는 프로그램이라 할 수 있다. 그린마케팅에서의 그린홍보활동은 제품보다는 기업 전체를 소비자에게 알리는 매우 긍정적인 효과뿐만 아니라, 광고가 접근할 수 없는 영역에 메시지를 전달하는 효과도 내기 때문에 중요하다고 할 수 있다. 홍보수단으로는 보도자료 배포, 연설, 세미나, 연례보고서 발간, 자선단체에의 기부후원, 지역사회와의 관계, 수상내역 등이 사용된다.

제4절 환경라벨링

1. 환경라벨링의 개념과 목적

환경보전에 관한 소비자의 인식이 높아지고, EU를 중심으로 지속가능한 소비와 생산(SCP: Sustainable Consumption and Production)정책의 강화에 따라 환경라벨링에 대한 관심과 중요성이 커지고 있다. 환경라벨링(EL: Environmental Labeling)이란 제품의 환경성에 대한 정보를 제품에 표시함으로써 기업체로 하여금 환경친화적 제품의 개발 및 생산을 촉진하고, 소비자로 하여금 이러한 환경친화제품을 구매 · 사용하게 하여 환경보전에 스스로 참여토록 유도하는 제도이다. 즉, 제품의 자원 · 에너지 사용, 환경오염 배출로 인한 인체 · 생태계 유해영향 등 환경과 관련한 제품정보를 소비자에게 전달하여 환경친화적인 제품의 사용을 촉진하기 위한 의도로 제품에 부착한 표시, 문구, 도안 등을 말한다.

환경라벨링은 제품 또는 서비스의 환경측면을 나타내는 주장을 통칭하는 것으로, 주로 제품, 제품 설명서, 광고나 선전에서 문구, 심벌 또는 그래픽의 형태로 표시한다. 이때 사용되는 로고나 심벌을 '환경라벨(environmental label)'이라 하고, 문구가 사용되면 '환경선언'이라 한다. 특히 제3자 인증을 받아 사용하는 심벌을 '환경마크' 또는 '에코라벨'이라 지칭한다(이병욱 외 2인, 2005, p.565).

환경라벨링은 1970년대 후반 유럽, 일본 등 선진국을 중심으로 친환경소비문화가 태동하면서 친환경제품의 생산과 소비의 활성화를 위한 정책도구로 등장하였다. 많은 국가에서 환경라벨링은 국가나 공공기관이 제도로서 도입하여 산업계가 친화경제품을 개발 · 생산하도록 유도하고 소비자가 친환경제품을 찾아 구매하도록 장려하는 역할을 하고 있다. 국제표준화기구(ISO)를 통해 환경라벨링의 국제표준이 1997년에 제정되었다.

환경라벨링의 목적은 소비자 측면과 기업 측면으로 나누어 볼 수 있다. 소비자 측면에서 환경라벨링의 목적은 친환경제품의 구매를 촉진하는 것이다. 즉, 환경라벨링은 제품이나 환경에 대한 전문지식이 부족하고 시간도 없는 소비자에게 제품의 환경영향에 대해 보다 정확하고 객관적인 정보를 제공하여 친환경제품을 선택하여 구매하도록 도움을 주는 것이다.

기업 측면에서는 환경라벨링제도를 통해 환경부하가 적은 원료와 제조공정을 선택하도록 유도하여 친환경제품의 생산을 촉진한다. 또한 환경라벨을 획득함으로써 일반제품보다 높은 가격을 책정할 수 있는 객관적 근거도 마련할 수 있고, 기업이미지 개선효과도 거둘 수 있다.

2. 환경라벨링의 유형

(1) 강제성 여부에 따른 분류

환경라벨링은 강제성 여부에 따라 강제적 라벨링과 자발적 라벨링으로 나뉜다. 강제적 라벨링은 소비자를 위해 반드시 표기하도록 국가에서 법규로 정해 놓은 것을 말한다. 예컨대 유전자조작정보, 유해물질정보, 에너지효율등급, 연비효율정보 등을 들 수 있다. 자발적 라벨링은 기업의 자발적 신청에 의해 인증을 부여하는 것이다. 이는 정부 혹은 민간기관인 비영리단체의 주도로 운영된다.

(2) OECD의 분류

OECD는 환경라벨인증기준상 검토항목의 범위에 따라 싱글이슈(single issue)라벨링과 멀티이슈(multi issue)라벨링 및 네거티브(negative)라벨링을 제시하고 있다.

싱글이슈라벨링은 제품의 특정환경 측면에서의 환경성과만을 평가하여 친환경제품임을 인증하는 것을 말한다. 예컨대 재활용라벨, 에너지절약라벨, 절전라벨 등을 들 수 있다. 멀티이슈라벨링은 제품의 전 과정에 걸친 다양한 측면을 종합적으로 고려하여 인증하는 것으로, 에코라벨이 대표적인 예이다. 네거티브라벨링은 제품의 위험성이나 유해한 특성 등 부정적 정보를 소비자에게 전달하는 경고성 라벨로서 유전자조작표시, 유해화학물질표시 등이 있다. 에코라벨링이나 싱글이슈라벨링은 대부분 기업의 자발적 참여를 근간으로 하지만, 네거티브라벨링은 국가에 의해 강제적으로 운영된다.

이상의 내용을 요약하면 **〈표 8-5〉**와 같다.

〈표 8-5〉 OECD의 환경라벨링 분류

구분	내용	예시
멀티이슈라벨링 (multi-issue)	제품 전 과정에 걸친 환경영향을 종합평가하여 부여되는 라벨	에코라벨
싱글이슈라벨링 (single-issue)	제품의 특정 측면에서의 환경성과만을 평가하여 제품에 부여되는 라벨	재활용라벨, 절전라벨, 절수라벨
네거티브라벨링 (negative)	제품의 부정적 환경정보를 소비자에게 알리기 위해 부착하는 라벨 → 강제적 라벨링제도로 운영	유전자조작표시, 유해화학물질표시

(3) ISO의 분류

ISO는 환경라벨링의 유형을 제3자 인증 여부와 환경라벨 부여 기준에 따라 3가지로 구분하고, 각 유형별로 갖추어야 할 필수 요건 등을 ISO14020 시리즈로 제정하고 있다.

1) 제1유형(Type I 환경라벨링)

대상 개별제품의 전 과정에 걸친 환경영향을 제3자가 평가하여 일정기준을 충족하는 친환경제품임을 인증하는 해당 라벨을 부착하는 것이다. 우리나라의 한국환경산업기술원이 인증하는 환경표지(환경마크)와 국립농산물품질관리원의 친환경농산물인증제도가 이에 해당한다.

2) 제2유형(Type II 환경라벨링)

제3자 인증과 상관없이 생산자가 스스로 자기제품의 친환경성을 주장하는 것이다. 환경성에 대한 자기주장이나 환경광고가 이 범주에 속한다. 일명 '자기선언 라벨'이라 부른다. 그러나 이 경우 허위나 과대광고, 애매한 포괄적인 용어(예: 무공해, 그린 등) 사용으로 소비자의 혼란을 일으키는 행위는 금지한다.

3) 제3유형(Type III 환경라벨링)

대상 개별제품의 전 과정에서 발생하는 환경영향 정보를 계량적으로 산출하여 제품에 도표나 그래프로 표시하여 소비자에게 알려 주는 것이다. 이때 제품정보의 항목과 기준은 자격을 갖춘 제3자에 의해서 미리 결정되며, 제품정보 역시 제3자로부터 검증을 받는다.

ISO의 3가지 환경라벨링 유형과 우리나라 환경라벨링 관련 내용을 요약하면 **〈표 8-6〉**과 같다.

〈표 8-6〉 ISO의 환경라벨링 분류와 국내 정책의 비교

구분 및 규격	제1유형(ISO14024)	제2유형(ISO14021)	제3유형(ISO14025)
내용	제품 전 과정에 걸친 환경영향을 평가하여 제3자가 검증 후 부착	제품의 친환경성을 생산자 스스로 주장하는 라벨이나 문구로, 부정확한 정보나 과장된 표현 사용 규제	제품 전 과정에서의 오염물질 배출과 환경영향을 계량화하여 제3자의 인증 후 제품에 표시
국내 적용	환경표지(환경마크)제도	환경성자기주장제도	환경성적표지제도
법률적 근거	환경기술 개발 및 지원에 관한 법률	표시 · 광고의 공정화에 관한 법률	환경기술 개발 및 지원에 관한 법률
시행기관	한국환경산업기술원	공정거래위원회	한국환경산업기술원

3. 주요 국가의 환경라벨링

환경라벨링은 EU를 중심으로 450여 개 정도가 개발되어 적용 중인 것으로 알려져 있다. EU, 일본, 우리나라는 정부 주도의 인증을 거치고, 미국의 경우 민간이 주도하는 인증체제를 갖추고 있다. 최근 지속가능한 생산과 소비의 촉진을 위해 전과정평가기반의 TypeⅢ 성적표지제도가 확산되고 있다. 그러나 환경라벨링은 대부분 국제통용이 아니며, 개별국가에서만 통용이 가능하다. 몇몇 주요국가의 환경마크(Type I)는 다음과 같다.

독일의 '푸른 천사(Blue Angel)'는 1977년 세계 최초로 시행된 환경라벨링제도로서 독일연방보호국이 총괄하고 있다. 일본의 '에코 마크(Eco-Mark)'는 1989년 세계에서 두 번째로 시행된 환경라벨링제도로, 일본 환경마크협회가 주관한다. 미국은 '그린실(Green Seal)'을 1991년부터 시행하고 있다. 캐나다는 '환경선택(Environmental Choice)'을 1990년 도입하였으며, 호주는 '환경선택(Environmental Choice)'을 1991년 도입하여 호주뉴질랜드 환경보전협회에서 주관하고 있다. 노르웨이, 스웨덴, 핀란드, 아이슬란드 등이 참여한 북유럽지역은 1992년 '백조(White Swan)'라는 환경라벨링제도를 시행하여 한 국가에서 환경라벨을 인증받으면 다른 회원국에서도 자동으로 적용되도록 하고 있다. EU는 1992년 15개국 공동으로 'EU Flower'를 창설하고 EU집행위원회에서 주관하고 있다.

우리나라는 1992년 6월부터 환경마크제도를 시행하고 있으며, 현재 한국환경산업기술원에서 주관하고 있다. **〈그림 8-3〉**은 주요 국가들의 환경마크이다.

〈그림 8-3〉 환경마크의 예

독일의 Blue Angel	유럽연합의 Ecolabel	한국의 환경마크	일본의 Eco-Mark	호주의 Environmental Choice

TypeⅢ의 환경라벨링은 기업이 자발적으로 제품의 전 과정에 걸친 환경적 영향을 정량화된 정보로 공개하는 제도이다. 단, 공개된 정보에 대한 제3자의 검증이 필수로 이루어진다. 현재 TypeⅢ의 환경라벨링 인증제품은 가전제품, 사무용 기기가 주를 이루고 있으나, 일반생활용품 및 중간재로까지 확대되는 추세이다(김범식, 2012, p.8).

최근 중요성이 부각되고 있는 탄소라벨링은 TypeⅢ의 일종이다. 탄소라벨링은 기업이 상품을 생산, 소비하고 폐기하는 데까지 전 과정에서 발생시키는 CO_2의 총량을 제품에 라벨 형태로 표시해 소비자가 쉽게 인식할 수 있도록 한 제도를 말한다. 영국의 'Carbon Reduction Label'이 세계 최초의 탄소라벨이며, 스웨덴, 미국 등에서 개발 · 시행 중이다. 〈그림 8-4〉는 각국의 탄소라벨링의 예이다.

〈그림 8-4〉 탄소라벨링의 예

영국의 Carbon Reduction Label	스위스의 Climatop	일본의 Carbon Footprint	미국의 CarbonFree® Certified

4. 우리나라의 환경성적표지 제도

(1) 의의와 내용

환경성적표지 제도(Environmental Product Declaration)는 제품 및 서비스의 환경성 제고를 위해 제품 및 서비스의 원료 채취, 생산, 수송 · 유통, 사용, 폐기 등 전 과정에서의 환경영향을 계량적으로 표시하는 제도이다. 이 제도는 제품 및 서비스의 환경영향을 정확하고 투명하게 공개함으로써 지속적인 환경개선을 유도하기 위해 도입되었다. 환경성적표지 제도의 목적은 제품에 대한 정확한 환경영향을 쉽고 투명하게 공개함으로써 소비자의 친환경 구매활동을 지원하여 시장주도의 지속적인 환경개선을 유도하는 것이다.

환경성적표지의 표시내용은 영향범주별로 다음과 같다.

- 자원발자국: 광물, 화석연료 등의 개발 및 소비로 인한 전 지구적 영향(폐기물 발생 및 자원순환에 미치는 영향)
- 탄소발자국: 대기로 방출된 이산화탄소 등 온실가스 물질이 지구의 기후변화에 미치는 영향(기후변화에 미치는 영향)
- 오존층 영향: 대기 중으로 배출된 프레온가스 등 오존층 파괴 물질이 성층권에 존재하는 오존층에 미치는 영향

- 산성비: 대기 중의 산성화물질(NOx, SOx)이 빗물에 녹아 지표로 떨어지면서 인간활동 및 생태계에 미치는 영향(토양 환경에 미치는 영향)
- 부영양화: 대기, 수계, 토양에 질소, 인 등 유기물질의 농도가 과다해짐에 따른 생태계 영향(수질 및 수자원에 미치는 영향)
- 광화학 스모그: 인간 활동으로 발생된 활성물질이 빛과 반응하여 생성된 지표면의 오염물질로 인한 인체 및 생태계 영향(대기질에 미치는 영향)
- 물발자국: 농업, 공업 등 인간 활동이 수질, 수량 등 수자원에 미치는 영향(수질 및 수자원에 미치는 영향)

이상의 7개 영향범주 외에도 생태독성, 인체독성, 생물다양성 영향 등이 있다.

(2) 특징과 인증절차

환경성적표지 제도의 특징은 다음과 같다.

첫째, 제품 전 과정에 대한 환경성평가 도구인 전과정평가를 수행하여야 하며, 그 결과가 환경성 정보로 제공된다.

둘째, 환경성적표지 인증은 법적 강제 인증제도가 아니라 기업의 자발적 참여에 의한 임의 인증제도이다.

셋째, 환경성적표지 인증제품은 자발적으로 제품의 환경성 정보를 공개한 제품이므로 환경 신뢰성이 우수한 제품이다.

환경성적표지 제도는 환경부가 총괄운영을 하고 한국환경산업기술원(대상제품 선정, 작성지침 개발 등의 업무수탁기관 및 인증기관)과 환경보전협회(인증심사원 교육기관)가 세부운영을 담당하고 있다.

환경성적표지 인증의 절차는 인증을 받고자 하는 기업(신청자)이 한국환경산업기술원에 인증신청을 한다. 신청을 받은 한국환경산업기술원은 서류심사와 현장심사 및 인증심의를 거쳐 인증서를 발부한다. 인증서를 발급받은 기업은 환경성적표지를 사용한다. 신청에서 인증서 발급까지 대략 90일 정도가 소요된다. 한편, 한국환경산업기술원은 인증받은 기업에 대한 사후관리를 매년 실시한다.

(3) 탄소발자국

위에서 기술한 표시 내용 중 탄소발자국(Carbon Footprint)을 보충설명하면 다음과 같다.

탄소발자국은 환경성적표지 환경영향 범주 중 하나로 제품 및 서비스의 원료채취, 생산, 수송 · 유통, 사용, 폐기 등 전 과정에서 발생하는 온실가스 발생량을 이산화탄소 배출량으로 환산하여 라벨 형태로 제품에 표시된다. 탄소발자국은 일상 생활용품, 가정용 전기기기 등 모든 제품의 탄소배출량 정보를 공개하고 저탄소 제품의 인증을 통해 시장 주도의 저탄소 소비문화 확산을 유도하는 역할을 한다.

탄소발자국 인증은 제품 및 서비스의 생산부터 폐기까지의 전과정에서 발생되는 온실가스 배출량을 이산화탄소 발생량으로 환산하여 산정한 제품임을 정부가 인증하는 것이다. 탄소발자국 값이 동종제품의 최대허용 탄소배출량이하이거나 최소 탄소감축률 이상인 제품을 저탄소제품이라 한다. 저탄소제품 인증은 정부가 저탄소 제품임을 인증하는 것이다. 탄소발자국과 저탄소 제품 인증마크는 다음 **〈그림 8-5〉**와 같다.

〈그림 8-5〉 우리나라 탄소발자국과 저탄소제품 인증마크

우리나라 탄소발자국

저탄소제품 인증마크

토론하고 발표하기

1. 그린마케팅이란 무엇이며, 왜 필요한지를 설명하라.

2. 그린마케팅과 전통적 마케팅의 차이를 비교 · 설명하라.

3. 그린마케팅의 장 · 단기 접근방법을 설명하라.

4. 녹색소비자의 개념과 행동 및 특성을 설명하라.

5. 녹색소비자의 유형을 설명하라.

6. 녹색소비자의 구매행위단계와 구매과정을 설명하라.

7. 그린마케팅 믹스와 각 요소에서 고려할 사항을 설명하라.

8. 그린제품 개발을 위한 평가단계별 환경성평가 요소를 설명하라.

9. 그린제품의 가격전략에 대하여 설명하라.

10. 역유통경로에 대하여 설명하라.

11. 그린커뮤니케이션에 대하여 설명하라.

12. 그린워싱에 대하여 설명하라.

13. 환경라벨링의 개념과 ISO의 환경라벨링 분류를 설명하라.

14. 환경라벨을 획득한 기업의 사례를 조사하여 보고하라.

15. 우리나라의 환경성적표지제도를 설명하라.

16. 우리나라의 탄소발자국 인증제품, 저탄소 인증제품의 사례를 조사하여 발표하라.

환경경영 TIP

제13회 한 · 중 · 일 환경산업라운드테이블 회의 열려

환경부는 한 · 중 · 일 환경산업발전을 위한 공동협력 사업을 도출하기 위해 제13회 한 · 중 · 일 환경산업라운드테이블 회의를 오는 24일과 25일 양일간 인천 송도 쉐라톤 호텔에서 개최한다. 이 회의는 동북아시아의 동일한 환경 영향권에 속하는 한 · 중 · 일 3국의 정부, 학계, 기업관계자가 모여 서로 간의 환경정책과 기술을 공유하고 협력방안을 모색하는 자리다.

지난 2000년 2월 중국 북경에서 열린 제2차 한 · 중 · 일 환경장관회의에서 환경산업과 환경기술협력을 위해 3국이 매년 교대로 개최하기로 합의하고, 2001년 제1회 회의를 서울에서 개최한 이래 13회째를 맞았다. 12회에 걸친 회의에서 3국 정부와 환경산업 전문가들은 환경산업과 기술에 대한 전망, 발전전략 등의 논의에서 출발해 녹색구매, 녹색금융, 환경경영, 환경라벨링, 환경정보공개 등에 대한 폭넓은 논의를 통해 환경기술과 환경정책분야의 협력방안을 모색해왔다.

회의는 환경기술 교류 및 협력, 환경라벨링, 환경경영, 환경산업육성정책 등 총 4개 세션으로 나누어 각 세션별로 3국이 각각 1~2명씩 발표하고 토론하는 방식으로 진행된다. 각 세션을 통해서는 민간과 공공차원의 기술교류협력 사례, 포스코와 히타치그룹의 환경경영 사례가 소개된다. 이와 함께 각국의 환경산업육성을 위한 주요 지원정책 등에 대한 발표와 논의를 통해 3국 간 우수 환경기술 및 정책에 대한 이해를 높이고 실질적인 협력방안을 도출하게 된다.

특히 이번 회의에서는 DVD 재생 · 기록기 공통기준에 대한 상호인정협정 조인식 개최될 예정이다. 그동안 3국은 환경산업라운드테이블 회의를 통해 환경라벨링에 대한 공통기준을 개발해왔다. 앞서 사무용복합기와 개인용 컴퓨터(PC)에 대한 공통기준 개발을 완료한 데 이어 이번에 DVD 재생 · 기록기가 추가됨에 따라 환경라벨링 공통기준을 마련한 품목은 총 3개로 늘어나게 됐다.

환경라벨링을 공통으로 적용하게 되면 3국 중 1국에서 환경마크를 받은 경우 다른 나라에서도 이를 인정하게 돼 3국 간 친환경제품 교역증진에 기여할 것으로 전망된다. 앞서 공통기준이 마련된 사무용복합기, 개인용 컴퓨터(PC)와 더불어 DVD 재생 · 기록기 또한 국내 환경마크를 획득한 제품이라면 다른 두 국가에서도 쉽게 환경마크를 획득할 수 있어 우리 환경산업의 해외 시장진출 턱을 낮출 수 있을 것으로 기대된다.

(자료: 환경일보, 2013.10.22)

제 09 장

환경성과평가

환경문제에 대한 심각성이 부각되고 사회적 관심이 고조되면서 기업들이 구축한 환경경영 시스템에 대한 평가가 중요한 과제로 등장하고 있다. 왜냐하면 성과평가는 외적으로 이해관계자들의 알 권리를 충족시키는 수단이고, 내적으로 경영자는 성과평가를 통해 어제의 실수와 오늘의 상황을 파악하고 내일의 해결책을 얻는 경영전략의 하나로 활용할 수 있기 때문이다.

이 장에서는 환경성과평가의 의의와 절차, 환경성과평가지표, 환경성과평가의 방법을 설명한다.

제1절 환경성과평가의 개요

1. 환경성과평가의 의의

정부규제기관은 물론 주주, 소비자, 종업원 및 지역사회를 포함한 일반대중까지 기업의 환경성과에 보다 많은 관심을 갖게 되면서 환경성과평가의 중요성이 더욱 증가하고 있다. 그동안 기업의 환경활동에 대한 관심과 주의가 높아지고 있음에도 불구하고 회계분야에서는 기업의 환경문제를 측정하고 통제하는 역할을 소홀히 해 왔으나, 최근 새로운 회계영역으로 환경회계가 부각되면서 환경성과평가에 회계학자들의 연구가 시도되고 있다. 전통회계의 평가대상이 재무적 성과인 데 비하여 환경회계는 환경성과를 평가대상으로 한다는 점에 차이가 있을 뿐이다.

2006년 환경부가 발표한 「2006 환경성과평가 가이드라인」에는 "환경성과평가(EPE: Environmental Performance Evaluation)는 기업의 과거 및 현재의 환경성과를 기업이 설정한 환경성과기준과 비교한 정보를 제공하기 위하여 지표들을 사용하는 내부관리절차 및 수단"이라고 정의하고 있다. 환경성과평가에 대한 지침을 담고 있는 ISO14031 규격에는 "환경성과평가는 현재 및 일정기간의 환경성과를 평가하기 위해 필요한 자료와 정보를 수집 및 분석하는 지속적인 절차"라고 정의한다. 다시 말해서 환경성과평가는 조직이 정한 나름의 기준을 가지고 각종 지표를 활용하여 조직의 과거 및 현재의 환경성과를 지속적으로 평가하는 내부관리 및 수단이라 할 수 있다(이병욱 외 2인, 2005, p.587). 즉 기업의 경영자에 의해 설정된 목표를 기업의 환경성과가 만족시키고 있는지를 일정한 지표에 의해 판단하는 과정을 환경성과평가라고 할 수 있다. 기업경영의 새로운 패러다임으로 등장한 환경경영이 기업의 환경성과를 지속적으로 개선시키는 경영수단으로 활용되기 위해서는 지속적인 점검과 평가가 이루어져야 한다. 이때 필요한 정보와 지표를 제공하는 것이 환경성과평가이다.

환경성과평가는 신뢰할 수 있고 검증가능성 있는 정보를 경영자에게 제공하여 환경활동에 관련된 의사결정을 지원한다. 환경성과평가 정보는 정부의 정책결정(환경 관련 법률의 제정, 환경세제 도입 등)에 활용될 수 있고, 기업의 이해관계자에게 제공되어 그들의 알 권리를 충족시킴은 물론 기업의 이미지 개선에도 큰 몫을 담당한다.

환경성과평가는 기업의 환경활동에 대한 점검이라는 의미에서 환경감사와 유사하다. 그러나 환경감사는 독립된 외부전문가에 의해 연 1회 정도 제한 실시하지만, 환경성과평가는 내부자에 의해 실시되는 일상적인 관리활동으로서 주기별(일간, 주간, 월간, 분기간, 연간 등)로 성과에 대한 상황을 분석, 점검, 평가한다는 점에 차이가 있다.

2. 환경성과평가의 필요성

평가가 없으면 개인이든 조직이든 발전을 기대하기 어려울 것이다. 평가를 통해 과거를 반성하고 현재의 상황을 파악하며 미래를 도모하게 된다. 평가가 있기 때문에 사람들은 경쟁을 하고 경쟁하는 과정 속에 성장하고 발전하는 것이다. 평가제도가 없으면 문제가 발생한 후에 이를 해결하는 반작용(reactive)식 접근을 하게 되고, 평가제도가 있으면 문제를 예상하고 이를 피하려는 사전예방적(proactive) 접근을 하게 된다.

환경성과평가를 통해 기업의 환경관리 수준을 평가하는 데에는 여러 가지 목적과 이유가 있을 것이다. 그러나 근본적으로 이해관계자들의 다양한 욕구를 충족시키는 데 1차적인 목적이 있다. 투자자, 은행, 보험회사, 신용평가기관, 지방자치단체, 경영자, 종업원, 고객 등 기업 내외의 이해관계자들은 기업활동이 환경에 미치는 영향을 포함하여 환경적 위험에 따른 기업 자산의 변화에 커다란 관심을 보인다. 환경성과평가 정보는 이해관계자의 다양한 욕구를 충족시킬 수 있다.

기업 외적인 면에서 환경성과평가가 필요한 이유는 이해관계자들의 욕구를 충족시키기 위함이다. 그 내용을 구체적으로 살펴보면 다음과 같다(이병욱 외 2인, 2005, pp.588-589).

(1) 자연생태계의 지속가능성

기업은 지구환경문제의 해결에 필요한 제반조치를 취해야 하며, 그 결과를 환경성과평가를 통해 분석 · 평가해서 지속적인 환경개선을 도모해야 한다.

(2) 재무적 이해관계자에 대한 수익성 보장

재무적 이해관계자는 환경을 고려하지 않는 전통적 이해관계자로서 기업의 환경활동이 자기들의 이익을 해치지 않을까 염려한다. 따라서 기업의 환경관리 수준이나 활동이 이들의 수익성 확보에 큰 위험요인이 되지 않음을 환경성과평가를 통해 보여 줄 필요가 있다.

(3) 환경지향적 이해관계자에 대한 신뢰성 확보

자기들의 이익도 고려하지만 환경문제를 인식하고 환경보전에 더욱 관심을 갖는 환경지향적 이해관계자(환경단체, 녹색소비자, 녹색투자자 등)와 정부기관, 지역사회 등의 기대에 부응하지 못할 경우 기업은 여러 가지 불이익을 당할 수 있다. 그러므로 환경성과평가를 통해 기업의 환경경영 결과를 보여 주어 기업의 신뢰성을 높여 나가야 한다.

(4) 고객에 대한 효용가치 제공

기업은 기존제품의 환경성 개선은 물론 새로운 제품개발을 통해 고객이 기대하는 효용가치를 충족시킬 수 있어야 한다. 이와 관련된 각종 정보를 환경성과평가로 제공할 수 있다.

더불어 기업 내적으로는 다음과 같은 이유에서 환경성과평가를 필요로 한다.

- 환경성과평가를 통하여 환경성과를 개선할 수 있는 기회를 식별하고, 나아가 새로운 사업기회를 포착할 수 있다.
- 환경성과평가를 통해 환경성과에 대한 자료를 전략적 의사결정에 필요한 정보로 가공하여 활용할 수 있다. 즉, 환경성과평가는 에너지 사용 비용, 폐기물 처리비용, 원료 교체에 따른 비용 절감과 벌금 등 법률 비용의 회피와 같은 경제적 이득은 물론이고 재활용체계 구축, 제품에 함유된 위험물질 제거, 환경홍보 강화 등 환경 관련 이니셔티브를 촉진시켜 경쟁기업과의 차별화를 실현할 수 있다는 장점이 있다.
- 종업원의 환경인식 개선, 환경관리 역량 강화라는 보이지 않는 효과도 기대할 수 있다.
- 전반적인 환경관리의 효율성을 강화할 수 있다. 즉 환경성과평가를 통해 생산공정에서 사용하는 물질의 양과 질, 제품의 환경영향, 환경문제로 인한 경제적 손실 등에 대한 관리 및 통제역량의 강화를 기대할 수 있다. 이를 통하여 법적 허용기준의 위반횟수의 최소화, 사전에 인지하지 못하였던 환경책무와 간과하였던 환경업무를 새롭게 파악할 수 있기 때문이다(안윤기, 1999, p.34).
- 기업은 환경성과평가 결과를 바탕으로 환경 관련 담당자나 부서에 대한 보상을 실시할 수 있다.

3. 환경성과평가의 주요 영역

ISO14031과 환경부의 환경성과평가 가이드라인에 의하면, 환경성과평가의 주요 영역은 **〈표 9-1〉**에서 제시된 것처럼 경영부문(management area), 운영부문(operation area) 및 여건부문(condition area)으로 구분할 수 있다. 이들 영역은 각각 환경성과평가지표인 경영성과지표, 운영성과지표 및 환경여건지표와 관련된다.

주요 영역별 내용을 간략히 설명하면 다음과 같다.

〈표 9-1〉 환경성과평가의 주요 영역과 관련 지표

영역	경영부문	운영부문	여건부문
주요내용	• 기업경영에 관한 전반적인 내용 포함 • 환경과 관련된 의사결정 및 행동지침에 대한 협력방안 제공	• 시설 및 설비의 설계 · 운영 · 보수 포함 • 부서 간 업무관계 및 협력방안 제공	• 주변 생태계에 관한 정보 교류 • 지역사회, 주민과의 협력관계
관련지표	경영성과지표	운영성과지표	환경여건지표

자료: 이남주 외 2인, 2008, p.285

(1) 경영부문

기업경영에 관한 전반적인 내용을 말한다. 이는 경영전략, 생산관리, 마케팅, 인사조직 및 재무 등을 포함한다. 이 부문은 조직의 모든 계층에 관련된 방침, 인력, 관행, 절차뿐만 아니라 조직의 환경요인과 관련된 의사결정 및 행동지침에 대한 상호 이해와 협력방안을 제공한다.

(2) 운영부문

환경과 관련된 조직의 전반적인 운영사항을 포함한다. 즉, 이 부문은 조직의 시설 및 장비뿐만 아니라 이들의 설계, 운영 및 보수와 관련되는 내용을 포함한다. 또한 조직의 운영부문에 투입되는 원료, 에너지, 서비스와 산출물인 제품, 서비스, 폐기물, 배출물 등에 대한 부서간의 업무관계 및 협력방안을 제공한다.

(3) 여건부문

사업장 주변 지역사회와의 협력관계를 위한 사항을 포함한다. 이 부문은 수질, 토양, 대기, 천연자원, 동식물 등 사업장 주변 생태계에 대한 영향 및 정보교류와 기업이나 조직체가 입지한 지역사회, 국가별 또는 범지구적 협력관계를 위한 사항을 제공한다.

제2절 환경성과평가의 절차

환경성과평가시스템이 체계적으로 추진되어 제도로서 정착하고 성공적으로 운영되려면 단계별 접근이 필요하다. ISO14031에서 제시하는 환경성과평가의 절차는 〈그림 9-1〉과 같다. 그림에서 보는 바와 같이 환경성과평가의 절차는 기본적으로 PDCA(Plan-Do-Check-Act)모형을 따르고 있으며, 크게 계획, 실행, 점검 및 조치의 3단계로 나눌 수 있다.

1. 계획단계

환경성과평가의 제1단계는 계획단계이다. 관리순환과정에서 계획이란 조직목표를 수립하고 설정된 목표를 달성하기 위한 절차와 방법을 강구하는 과정이다. 마찬가지로 환경성과평

〈그림 9-1〉 환경성과평가의 절차

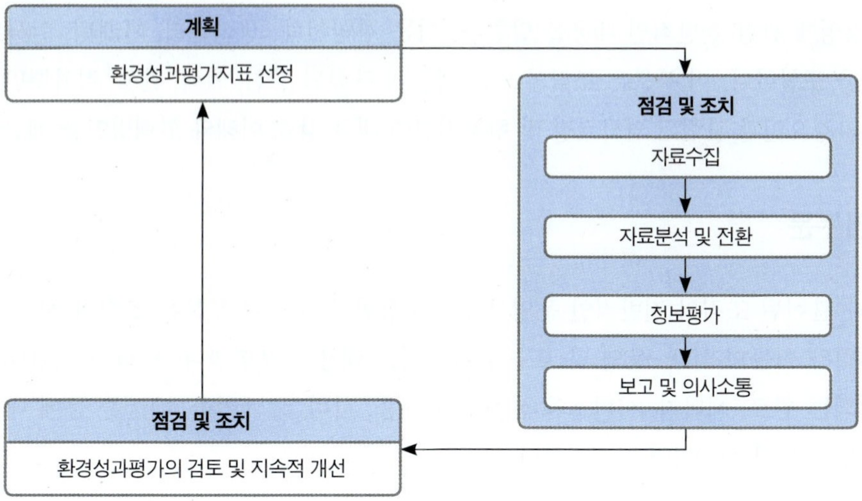

자료: 이남주 외 2인, 2008, p.285

가과정의 계획단계에서는 환경목표를 설정하고 성과평가의 범위를 설정하여 평가대상을 구체화한 후 적정한 환경성과지표의 선정과 지표별 세부목표를 선정한다. 환경목표나 평가대상을 결정하기 위해서는 기업의 활동, 제품 또는 서비스의 환경측면(environmental aspects)을 파악하고 검토하여야 한다.

환경측면이란 환경에 중요한 영향을 미치고 있거나 미칠 가능성이 있는 것으로, ISO14001에는 "환경과 상호작용을 할 수 있는 조직의 활동, 제품 또는 서비스 요소"로 정의하고 있다. 예컨대 제품제조과정에서 발생한 폐기물, 소음, 폐유, 분진 등은 환경측면이고, 재활용, 토양오염, 청각장애, 수질오염, 대기오염 등은 환경영향이다. 환경측면과 환경영향은 인과관계(因果關係)에 있다고 할 수 있다.

따라서 계획단계에서는 기업의 현황을 분석하고 평가대상을 구체화하며, 성과지표를 선정하고 지표별 목표를 설정한다.

(1) 현황분석

가장 우선적으로 할 일은 환경성과평가를 담당할 팀을 구성하여 그룹, 계열사, 또는 사업장별로 주요 환경측면을 도출하고, 환경이슈와 주변여건의 차이, 현장의 데이터 관리 및 개선의 여지 등을 파악 · 진단한다. 기업의 환경목표 및 이슈를 비롯하여 환경경영활동 전반을 파악하고 조직의 특성이나 관리역량 등을 분석하는 것이다. 이를 위해 현장을 방문하거나 인터뷰를 실시하고 체크리스트 등을 활용하여 직접 환경진단할 수 있고, 필요하다면 동종업계나 유사업종의 선진기업에 대한 벤치마킹을 통해 환경성과평가의 기본체계를 수립할 수 있다.

(2) 평가대상의 구체화

제한된 시간과 인력, 한정된 예산으로 모든 사업장에 대한 구체적인 지표설정을 하고 환경성과평가를 실행하는 것은 무리이다. 그러므로 환경에 비교적 민감한 사업부문이나 보다 심각한 환경측면을 우선 고려하여 평가대상, 즉 평가의 범위를 결정한다.

환경성과평가의 범위는 기업의 특성이나 구조에 따라서, 그리고 기업이 표명하는 환경방침이나 정책에 따라서 다양하게 나타난다. 환경성과평가의 범위는 경영진의 전략에 따라서 어떤 부문(예: 운영단위, 사업장)에 적용할 것이며, 무엇(예: 제품, 서비스, 에너지, 폐기물처리, 공급업자의 활동 등)을 포함할 것인가로 나누어 볼 수 있다.

(3) 환경성과지표의 선정

환경성과평가의 일차적 목표는 환경성과기준에 부합하는 환경성과지표를 개발하고 선정하는 데 있다. 이를 위해서는 일반적인 지표선정기준 및 자체기준이 마련되어야 할 것이다. 적절한 평가지표의 선정 또는 개발을 위해서 고려해야 할 사항은 다음과 같다.

- 성과지표는 적절한 정보를 제공할 수 있도록 간단하고, 이해하기 쉬워야 하며, 최소한의 수로 이루어져야 한다.
- 물리적 프로세스나 운영에 대해서는 정량적 지표를 선택해야 한다.
- 기업의 환경계획의 영향과 비용절감액을 추정하기 위해서는 화폐가치로 측정해야 한다.
- 정량적인 자료가 없을 때는 정성적인 지표를 선정 또는 개발해야 한다.

그 밖에도 평가지표의 비교가능성, 평가지표의 중복성 등을 검토하여야 할 것이다. 환경성과지표의 선정에 대하여는 제3절에서 우리나라 환경부의 환경성과평가 가이드라인과 ISO14031의 내용을 중심으로 다시 소개하기로 한다.

(4) 목표의 설정

선정된 각 지표별로 구체적인 목표를 설정해야 한다. 이를 위해서는 각 계열사 및 사업장별 실태파악이 선행되어야 한다. 세부목표 설정을 위해서는 경영자의 요구사항, 이해관계자의 요구사항과 기대사항 및 기존의 환경성과정보 등을 고려한다. 또한 각종 환경 관련 법적 기준, 선진기업의 수준, 경쟁기업의 동향, 달성가능성 등을 종합적으로 검토해야 하며, 설정된 목표의 달성에 소요되는 투자계획도 수립하여야 할 것이다.

2. 실행단계

환경성과평가의 실행단계에서는 환경성과평가에 필요한 자료를 수집하여 환경성과평가지표로 변환한 뒤 조직의 환경성과기준과 비교 · 평가를 실시한다. 또한 성과평가결과에 대한 보고와 커뮤니케이션에 대한 체계를 구축한다. 그뿐 아니라 평가자와 관련 담당자 및 이해관계자에 대한 공감대 형성, 투자 및 인력의 재배치 등이 구체적으로 실행되어야 한다.

(1) 자료 수집

자료 수집은 환경성과평가의 계획과 일관성을 유지하면서 적절한 정보원으로부터 체계적으로 가급적 자주 실시한다. 이 과정에는 자료의 수집뿐만 아니라 수집된 자료의 정리, 보관, 유지, 수정 및 폐기처리에 대한 사항이 모두 포함된다. 자료를 수집할 때 가장 중요한 점은 자료의 질과 타당성을 확보할 수 있는 체계적 방법을 활용해야 한다는 것이다.

수집된 자료의 목적적합성과 신뢰성이 중요하다. 신뢰성 있는 자료가 되기 위해서는 자료의 검증가능성, 오류나 편견이 개입되지 않은 중립성, 사용된 자료 및 계산방법의 일관성, 자료의 출처와 수집절차, 계산방법 등의 투명성이 확보되어야 할 것이다. 또한 자료의 적용가능성도 갖추어야 할 것이다.

(2) 수집 자료의 분석

수집된 자료는 분석되어 선정된 환경성과지표의 가치를 산정하는 데 사용된다. 예컨대 원자료가 CO_2의 배출량이라면 관련 환경성과지표는 제품단위당 CO_2의 배출량으로 나타낼 수 있다. 이러한 분석은 정성적 · 정량적 및 기술적 용어로 표현할 수 있다.

자료분석을 위해 자료를 종합 정리할 때 유의해야 할 점이 있다. 즉, 과학적인 근거가 없는 한 서로 다른 자료를 하나의 자료로 종합하여 분석해서는 안 된다. 예컨대 대기배출물, 수계배출물, 토양오염물질 등은 과학적인 기반이 없으면 이들을 하나로 취합하는 것은 불가능하다. 또한 사업장이 여러 지역에 있는 기업의 경우 배출물 자료를 하나로 취합하기보다는 각 지역별로 취합하는 것이 더 과학적이다.

(3) 평가와 보고

환경성과지표로 표현되는 각종 정보는 기업의 환경성과 기준과 비교를 통해 평가가 이루어진다. 환경성과의 기준은 기준연도의 환경성과 또는 당해연도의 환경목표가 될 수 있다. 만약 평가에 문제가 있다면 근본원인 분석, 시정조치, 개선계획에 초점을 두어야 할 것이다.

환경성과평가의 결과는 경영자를 비롯한 이해관계자에게 보고하여 그들의 의사결정에 활용되도록 해야 할 것이다. 이를 위해 기업은 내외에 커뮤니케이션을 위한 계획을 마련해야 한다. 커뮤니케이션 계획은 경영진의 환경보호에 대한 의지를 포함하고 있어야 한다. 또한 기업의 목표에서 환경이 차지하는 비중이나 관심을 표명하는 일도 중요하다.

경영자나 종업원을 대상으로 한 내부커뮤니케이션에 포함되어야 할 환경성과정보의 유형은 다음과 같다: 준수 관련 정보, 잠재적인 법적 · 재무적 책임, 기업의 환경성과 수준, 이해관계자집단의 기대 등이다.

또한 환경성과평가의 결과를 외부의 이해관계자들, 즉 규제기관, 지역사회, 환경단체, 보험업자, 거래처, 고객, 투자자 등에게 보고하는 절차를 마련하여야 할 것이다. 이는 환경보고서 등의 수단을 통해 가능하다. 다만, 외부보고는 기업이 이해관계자집단의 요구사항이나 기대사항을 정확히 파악함은 물론 제공되는 정보에 대한 명확한 이해가 있을 때 효과를 얻을 수 있다.

우리나라 환경부의 환경성과평가 가이드라인에는 환경성과의 보고 및 의사소통의 이점을 다음과 같이 제시하고 있다.

- 조직의 환경성과기준의 달성을 돕는다.
- 조직의 환경방침, 환경목표, 세부목표, 환경성과기준 및 관련 성취도에 관한 논의의 인식을 제고한다.
- 환경성과를 개선하기 위한 조직의 참여와 노력을 공개한다.
- 조직의 환경측면에 관한 관심과 의문에 대응하는 체계를 제공한다.

3. 점검 및 조치 단계

환경성과평가의 효율성을 높이고, 자료의 질, 신뢰성, 정확성을 제고하며, 자료수집방법의 개발 및 평가방법의 개선 그리고 새롭거나 보다 유용한 환경지표를 개발하기 위해 환경성과평가에 대한 검토와 개선의 과정이 필요하다.

(1) 실행결과의 검토

환경성과평가를 통해 확인된 환경성과의 적정성 및 문제점을 종합적으로 검토하고, 그 결과를 기업의 내부는 물론 외부에 공표한다. 이를 통해 내부적으로는 환경성과평가 결과에 대한 정보공유와 환경성과평가제도의 전반적인 개선을 도모할 수 있고, 외부적으로는 기업의 대외 신뢰도 및 환경친화적 이미지 제고의 효과를 극대화할 수 있다.

우리나라 환경부의 환경성과평가 가이드라인은 환경성과평가의 검토내용으로 다음 사항을 제시한다.

- 달성된 비용효과 및 편익
- 환경성과 기준의 준수 진척도
- 환경성과 기준의 적절성
- 선정된 환경성과평가 지표의 적정성
- 자료원, 자료수집방법 및 자료의 질

(2) 개선

환경성과평가과정은 환경성과의 발전과정에 대한 정보를 제공함으로써 환경경영시스템의 지속적인 개선을 지원할 수 있으며, 또한 경영진으로 하여금 새로운 기업 환경방침과 환경목표 및 세부목표를 세울 수 있도록 한다. 이와 같이 환경성과평가제도는 기업에 중요한 환경관리의 틀을 제공하여 날로 강화되는 환경규제에 대처하고 이해관계자들의 정보욕구에 부응할 수 있도록 한다.

제3절 환경성과평가지표

환경성과평가지표는 무엇보다도 기업의 환경경영전략의 수립과 그 운용에 필수적인 정보가 된다. 따라서 타당성 있는 환경성과평가지표의 선정이 주요한 과제라 하겠다. 이제부터 환경성과평가지표의 의의와 유형, 선정기준과 선정방법 등에 대하여 고찰해 보자.

1. 환경성과평가지표의 의의

환경성과평가지표(indicators of environmental performance evaluation)란 환경성과를 적절히 평가하고 관리 및 분석하기 위한 체계적인 기준이라 할 수 있다. 환경성과평가지표는 정량적 또는 정성적인 자료나 정보를 좀 더 이해하기 쉽고 사용하기 편리한 형태로 제공하기 위해서 조직이 선정한 것이다. 이 지표는 조직의 환경성과에 영향을 미치는 경영자의 노력, 조직의 운영부문 환경성과 또는 환경상태에 관한 관련 자료를 간결하고 유용한 정보로 전환하는 데 도움이 된다.

환경성과평가지표에 대한 선정은 환경성과평가의 주요 절차 중에서도 가장 중요한 위치를 차지하고 있으며, 환경경영전략을 수립하고 이를 성공적으로 운영하는 데 필수적이다. 전통적으로 대부분의 기업이 선정한 지표들은 관련 법규에 의거해 대기, 수질, 폐기물에 대한 배출물과 관련된 것이 대부분이었다. 그러나 앞으로 환경성과평가지표는 기업의 다양한 이해관계자의 정보에 대한 욕구를 충족시킬 수 있어야 하며, 미래의 기업경영의 환경성과나 환경여건에 대한 전략을 계획하고 수립하는 데 유용한 정보가 되어야 한다.

2. 환경성과평가지표의 유형

(1) 이론적 분류

유럽이나 미국 등의 학계에서 개발하여 제시하고 있는 환경성과평가지표는 산정방법에 따라 단순지표(simple indicators), 표준화지표(normalized indicators), 종합지표(aggregated indicators)로 유형화할 수 있다.

1) 단순지표

단순지표는 환경영향 및 위험지표, 배출물지표, 투입자원지표, 재무지표로 세분할 수 있다. 이 지표는 기업경영성과와 밀접한 상관관계를 나타낼 수 없고, 표준화되지 않았으므로 다른 조직과의 상호 비교가 어렵다는 한계를 갖고 있다. 단순지표들의 내용을 간략히 기술하면 다음과 같다.

① 환경영향 및 위험지표

기업활동 자체나 배출물이 주변 환경과 생태계에 미치게 될 영향과 심각한 유해사태가 발생하게 될 가능성 등에 대한 지표를 말한다. 이 지표는 특정사업의 시행에 따른 환경영향을 평가할 때 주로 사용되며, 대외 공표용 지표보다는 내부 의사결정과정에서 중요하게 고려해야 할 정보로 이용된다. 이 지표에는 공장 주변에 서식하는 생물종의 다양성 및 풍부성, 특정지점의 소음 수준, 수질을 나타내는 생물학적 산소요구량(BOD) 및 화학적 산소요구량(COD), 생태계 파괴위험성, 투입원료의 재생 비율, 유해물질의 사용정도 등이 포함된다.

② 배출물지표

배출물과 폐기물에 관련되는 지표이다. 다른 지표에 비해 측정 및 수치화가 용이한 편이다. 우리나라의 환경법규에도 주로 대기, 수질, 폐기물 등에 관련된 배출물지표를 중심으로 관리기준을 설정하고 있다. 고형폐기물 총량, 유해폐기물 총량, 매립 · 소각 · 재생되는 폐기물의 양 등이 이 지표에 속한다.

③ 투입자원지표

인적 및 물적 자원의 투입이 환경에 부정적 영향을 미치기 때문에 투입자원의 물량을 바탕으로 환경성과를 평가하는 지표이다. 이 지표를 통해 기업의 자원 절약이나, 재사용 및 재활용 등에 대한 대응 정도를 파악할 수 있다. 이에 속하는 지표는 전력, 가스, 석유 등 에너지 소비량, 종이나 각종 광물 소비량, 물 소비량, 재활용 원료비율, 제품 사용 후 회수율 등이다.

④ 재무지표

환경 관련 기업활동의 최종결과를 재무적 자료로 나타낸 지표로서 환경경영활동의 경제적 성과를 나타낸다. 이 지표에는 환경 관련 투자액, 환경관리비용, 기부금 등 자발적 환경비용, 각종 부과금이나 부담금 등 법규 준수에 따른 비용, 에너지 비용 등이 포함된다.

2) 표준화지표

표준화지표는 단순지표의 한계를 보완한 지표로, 2차원적 복합지표를 말한다. 이 지표는 단순지표의 결과를 생산량과 같은 기업경영 실적과 대비하여 표시한다. 즉, 표준화지표의 일반적 형태는 단순지표에 종업원의 수, 생산량, 매출액 등과 같은 경영성과 지표와 대비한 상대적 수치로 표시된다. 예컨대 매출액이나 생산량 대비 유독물질 배출량, 생산량 대비 폐기물량, 생산량 대비 환경관리비용, 매출액 대비 환경관리비용, 매출액 대비 에너지 사용량 등이다.

3) 종합지표

종합지표는 복잡한 환경정보를 하나의 환경성과지표로 나타냄으로써 기업 간 환경성과 비교를 보다 용이하게 하기 위한 목적으로 등장한 지표이다. 그러나 이 지표는 광범한 자료를 활용한 수리적 함수관계에 의해 산출하거나, 측정과정에 주관성이 개입될 가능성이 있는 등 여러 가지 문제점을 가지고 있어 실효성에 의문이 제기되고 있다.

(2) ISO의 분류

ISO에서 개발한 환경성과평가 가이드라인(ISO14031)은 **〈그림 9-2〉**에서 보는 바와 같이 환경성과평가지표를 환경성과지표(EPIs: Environmental Performance Indicators), 환경여건지표(ECIs: Environmental Condition Indicators)로 구분하고, 환경성과지표는 다시 경영성과지표(MPIs: Management Performance Indicators)와 운영성과지표(OPIs: Operational Performance Indicators)로 나눈다. 우리나라 환경부가 발표한 환경성과평가 가이드라인도 같은 분류를 하고 있다.

〈그림 9-2〉 ISO14031의 환경성과평가지표 체계

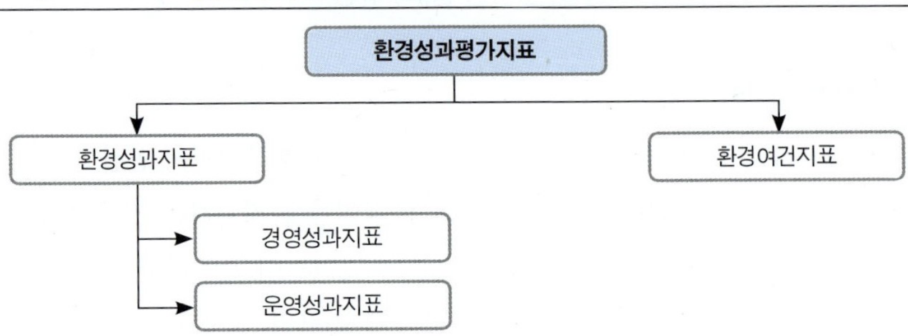

1) 경영성과지표

경영성과지표는 기업 내 모든 인력과 업무절차, 의사결정 등 제반활동과 관련된 환경성과를 나타내는 지표로, 다시 말하면 조직의 환경성과에 영향을 미치거나 미칠 수 있는 지표이다. 예컨대 훈련, 법률요건, 자원배분 및 효율적인 활용, 환경비용관리, 구매, 제품개발, 문서화 또는 시정조치 등이 주요 내용이다. 경영성과지표는 구체적으로 다음을 평가하기 위해 활용된다.

- 다양한 환경경영 추진계획의 이행과 효과
- 조직운영부문의 환경성과, 가급적 환경여건에 영향을 미치는 경영부문의 행동조치
- 조직의 성공적인 환경경영에 대한 중요한 노력
- 조직의 환경경영능력(변화하는 여건에 대처하는 유연성, 특정목표의 달성도, 효과적인 협력, 혹은 문제해결능력 등)
- 조직이 준수해야 할 법규 및 기타 요건의 준수
- 재무적 비용 또는 효익

2) 운영성과지표

운영성과지표는 기업이 제품이나 서비스를 생산 · 공급하는 데 필요한 각종 원자재, 에너지 등의 사용과 관련된 지표로, 기존의 환경관리 대상에 속하던 배출물 관련 지표들이 여기에 속한다. 이 지표를 통해 조직운영부문의 환경성과에 관한 정보를 경영자에게 제공할 수 있다. 운영성과지표는 구체적으로 다음을 평가하기 위해서 활용된다.

- 투입물(물질, 에너지 및 서비스)을 조직의 운영부문으로 공급
- 물적 시설 및 장비의 설계, 설치, 운영 및 보수
- 조직의 운영부문으로부터 발생하는 산출물(제품, 서비스, 폐기물 및 배출물[예: 부산물, 재활용가능한 폐기물, 대기 중 배출물, 배출물, 방사능 등])의 유통

3) 환경여건지표(ECIs)

환경여건지표는 지방, 지역, 국가 혹은 범지구적 차원의 환경여건에 관한 정보를 제공하는 지표를 말한다. 이 지표는 기업 주변지역에 대한 환경영향을 평가하는 것들(대기, 수질, 토양, 동식물의 서식, 인류의 건강 및 천연자원 등)로 구성된다. 모든 기업들이 측정하고 평가해야 하는 지표는 아닌데, 왜냐하면 측정의 곤란성과 평가 및 해석에 논란의 소지가 있기 때문이다. 환경여건지표는 다음과 같은 내용을 평가하기 위해서 활용된다.

- 조직의 중대한 환경측면의 파악과 관리
- 환경성과 기준의 적절성 평가
- 환경성과지표의 선정
- 변화정도를 측정하기 위한 기준의 수립
- 현재 진행 중인 환경프로그램과 관련하여 시간의 결과에 따른 환경변화의 결정
- 환경여건과 조직의 활동, 제품 및 서비스 사이에 예상되는 관계의 조사
- 행동조치의 필요성 결정

3. 환경성과평가지표의 선정(개발)

환경성과평가를 진행하는 과정에서 가장 많은 시간과 인력이 투입되는 단계가 평가지표의 선정단계이다. 우리나라 환경부의 환경성과평가 가이드라인은 환경성과평가지표의 선정과정을 크게 4단계로 구분하고 있다. 각 단계에 대한 세부내용은 다음과 같다.

(1) 1단계: 체크리스트 개발

지표선정을 위한 체크리스트에는 환경경영현황 진단에서 수집된 정보를 바탕으로 해당기업의 환경성과를 평가할 수 있다고 예상되는 항목이 포함된다. 단, 체크리스트를 개발할 때 환경성과평가를 수행하고자 하는 목적 및 대상을 고려하는 것이 바람직하다.

체크리스트는 조직의 환경성과지표를 개발하기 위한 준비작업으로서 가능한 한 많은 이해관계자의 의견을 듣기 위해 인터뷰나 설문지를 만들 때 활용된다. 각 지표가 해당조직의 환경성과평가지표로서 타당한지를 판단하기 위한 몇 가지 기준은 다음과 같다.

1) 관리 여부

각 평가지표를 현장에서 관심을 가지고 관리하고 있는지, 평가지표의 활용을 위해서 필요한 자료가 현장에 있는지를 평가한다.

2) 본사 보고

본사 차원에서 해당지표를 관리하고 있는지, 평가지표에 대한 보고 또는 자료수집체계가 존재하는지를 평가한다.

3) 적용가능성

각 평가지표를 실제로 적용할 수 있는지, 적용할 가치가 있는지를 평가한다.

4) 개선가능성

각 평가지표가 측정 및 평가를 통해서 개선이 가능한지를 평가한다. 매우 중요한 지표라 할

〈표 9-2〉 경영성과지표 선정을 위한 체크리스트

대분류	중분류	세분류	평가항목				
			관리 여부	본사 보고	적용 가능성	개선 가능성	검증 가능성
경영 성과 지표	환경경영 체제	외부(내부)환경감사에 의한 지적건수 및 개선율					
		환경방침 및 목표 달성정도					
		환경교육 및 훈련 과정수					
		환경교육 및 훈련 교육인원/총인원					
		환경 또는 에너지 관련 업무를 가진 종업원의 수(또는 비율)					
		환경개선 프로그램의 수(또는 달성률)					
		ISO14001 인증 사업장의 비율					
		협력업체의 환경관리 지원횟수					
		종업원들의 환경개선 제안건수					
	법규준수	법규 위반건수					
		환경 관련 사고건수					
		배출기준 초과횟수					
		벌금액					
	환경회계	환경 관련 투자금액					
		공정 또는 제품의 환경측면과 관련된 비용					
		환경개선을 통한 경비절감효과					
		단위제품 생산량당 에너지 비용					
	지역사회와의 관계	지역사회 환경보전활동 참가지원					
		환경보고서 발간 여부					
		환경 관련 민원건수					
		환경 관련 견학자의 수					
		지역사회에 대한 환경개선 프로그램 지원건수					
		지역사회 공헌비용					
		고객 질의 건수					

지라도 개선가능성이 낮으면 평가지표에서 제외한다.

5) 검증가능성

외부로부터 지표산정 근거에 대한 요구가 있을 때 명확하게 설명하기 위한 정보의 근거자료, 산정방법, 데이터의 수집시스템 등이 있는지를 검토한다.

〈표 9-2〉는 환경성과지표 중 경영성과지표 선정을 위한 체크리스트의 예이다. 이 체크리스트는 시범사업 대상기업 및 선진기업의 사례를 참고한 것으로서 많은 산업분야에서 일반적으로 사용가능한 지표로 구성되어 있다. 운영성과지표와 환경여건지표에 대한 체크리스트는 원본을 통해 파악하기 바란다.

(2) 2단계: 이해관계자 의견수렴

지표선정을 위한 체크리스트를 바탕으로 내부 및 외부 이해관계자를 대상으로 설문 및 인터뷰를 진행하고 필요에 따라 워크숍을 통하여 지표의 타당성에 대하여 논의한다. 이해관계자 의견수렴은 적절한 지표를 선정하기 위한 일차적인 목적 이외에도 환경성과평가에 대한 조직의 이해를 도모하고 시스템 도입 및 운영 시 반영되어야 하는 요구사항을 파악하는 기회이다.

이해관계자 의견수렴과정에서 병행되어야 할 것은 체크리스트 내용 및 평가방법에 대한 교육이다. 각 지표가 갖는 의미와 평가기준을 사전에 설명함으로써 정확한 지표가 선정될 수 있도록 유도할 필요가 있다. 또한 사업장 또는 사업부문별 의견수렴 결과의 특징 및 경향을 정리하여 추후 지표체계 및 지표 확정 시 활용하는 것도 유용하다.

(3) 3단계: 지표별 타당성 분석

이해관계자 의견수렴을 통하여 선정된 지표는 환경성과평가 전문가와 현장전문가를 중심으로 그 타당성을 분석해야 한다. 최종 지표선정을 위한 타당성 분석 시 각 지표의 평가방법, 즉 예상되는 척도를 감안하여 결정하는 것이 중요하다. 타당성 분석 시 현 시점에서 측정가능하고 개선가능한 지표를 선정하되 추후 고려가능한 지표의 경우 관리항목으로 지정하여 지속가능한 환경경영이 유지되도록 해야 한다.

(4) 4단계: 환경성과평가지표의 선정

1) 환경성과평가지표의 선정기준

기업으로서는 환경성과를 적절하고 명확하게 평가할 수 있는 지표의 선정이 중요한 과제이다. 업종과 사업장의 특성이나 규모 및 입지조건 등을 반영하여 환경성과평가지표의 유형이나 수를 정해야 한다. 따라서 지표를 선정할 때는 정보의 수요자, 필요로 하는 이유, 환경성과지표를 활용하는 방법 등을 신중하게 고려해야 한다.

지표선정을 보다 효율적으로 하기 위해 고려해야 할 기준을 제시하면 다음과 같다.

첫째, 환경 관련 법규에서 지정하고 있는 오염물질과 관련된 지표는 필수적으로 포함하여야 한다. 우리나라의 경우 대기환경보전법 및 수질환경보전법에서 각각 규정하고 있는 대기오염물질 및 특정대기유해물질과 수질오염물질 및 특정수질오염물질, 폐기물관리법상의 지정폐기물 등에 포함되는 오염물질이나 폐기물이 해당사업장에서 발생할 경우 이에 관련된 지표는 필수적인 관리대상이 된다.

둘째, 환경성과평가의 목적에 적합한 지표인지 검토가 필요하다. 해당지표가 지니는 의미가 명확한지, 그 지표를 관리함으로써 기업의 환경성과 개선에 도움이 되는지, 이용가능한 자료를 최대한으로 활용한 최선의 방법인지, 환경성과지표의 설정이 기업이 설정한 환경방침이나 지향하는 방향에 부합되는 내용인지 등에 대한 종합적인 판단에 따라 선정하여야 할 것이다.

셋째, 측정가능성과 투명성이 있어야 한다. 환경성과평가지표는 개념적으로 아무리 훌륭한 지표가 개발되었다 하더라도 객관적으로 측정이 가능하여야 한다. 특히, 외부 이해관계자의 정보욕구를 충족시키기 위한 경우에는 그 투명성이 절대적으로 중요하다.

넷째, 측정에 소요되는 비용을 고려하여야 한다. 완벽한 환경성과평가지표의 개발과 실행에는 많은 예산이 소요되므로, 해당기업의 환경경영이 지향하는 목적에 적합한 수준의 환경성과평가지표를 선별적으로 적용하는 방법이 바람직하다. 일반적으로 대부분의 환경성과평가지표는 새로운 자료를 수집하여 만들기보다는 회사가 이미 보유하고 있는 기존의 자료를 근거로 새로운 각도에서 체계화하는 것이 효과적일 수 있다.

다섯째, 지표 간의 비교가능성을 고려하여야 한다. 환경성과평가를 통하여 환경성과의 지속적인 개선을 도모하기 위해서는 시차적 평가결과에 대한 객관적인 비교 · 검토가 필요하다. 이를 기간별 비교가능성이라고 한다. 또한 산업계 평균치나 경쟁회사의 평가결과와 비교함으로써 자사의 환경성과에 대한 상대적 수준을 가늠할 수 있도록 지표를 선정해야 한다. 이는 상호 비교가능성 혹은 기업 간 비교가능성이라 한다. 이를 위해서는 한 번 선정하여 적용한 지표는 매 평가에 계속해서 적용하여야 할 것이다. 즉, 지표적용의 계속성이 유지되어야 한다. 상호 비교가능성을 높이기 위해서는 지표의 통일성이 요구된다. 서로 다른 지표를 이용하여 평가한 결과를 비교하는 것은 의미가 없기 때문이다.

여섯째, 이해관계자 지향적인 환경성과평가지표를 선정하여야 한다. 환경성과평가지표는 궁극적으로 다양한 환경적 이해관계자들의 정보욕구를 충족시키는 데 그 목적이 있으므로 환경성과평가지표를 개발하고 선정하는 과정에서 이해관계자들이 중요시하는 환경성과가 어떠한 것인지를 파악하여 지표에 반영해야 할 것이다.

이상의 6가지 기준 이외에도 조직의 환경방침과의 일관성(특히 경영부문의 노력, 운영성과 또는 환경여건에 대한 적절성 등을 고려), 이해관계자의 이해가능성, 과학적 타당성과 대표성 등을 고려하여 지표를 선정해야 한다.

2) 환경성과평가지표의 선정방법

ISO14031에는 환경성과평가지표의 선정방법으로 다음과 같이 4가지를 제시하고 있다(이병욱 외 2인, 2005, pp.625-628).

① 인과접근법(cause and effect approach)

인과접근법은 환경성과에 영향을 미치는 제반 기업활동을 파악한 후, 각 활동에 미치는 영향요소나 활동의 결과를 기업의 환경성과지표로 선정 · 활용하는 것이다. 교육활동을 예로 들면, **〈표 9-3〉**에서 보는 바와 같이, 교육활동에 영향을 미치는 지표로는 훈련에 배정된 자원의 양을 들 수 있고, 그 훈련 내용과 관련된 사고의 감소치와 유형 등은 결과지표로 볼 수 있을 것이다.

〈표 9-3〉 인과접근법에 의한 지표의 예

활동	영향	결과
교육	• 교육에 투입된 자원과 절대비용 또는 전체예산 대비 비용 • 1인당 교육시간 • 환경교육 참석자의 수 • 특정교육 수강자의 수	• 부적절한 교육으로 인한 사고유형 및 횟수 • 일정수준의 지식 및 행동에 도달한 종업원의 수
공정기술 개선	• 연구에 배정된 절대비용 및 전체 예산에서 차지하는 비중 • 소요 시간 • 사용된 정보(데이터베이스)의 양 • 기술 제공자에 대한 질문횟수	• 재료나 에너지 소비량 • 개체된 생산공정의 수 • 공장의 효율성 향상 정도 • 특정오염물질의 주변농도

② 위험기준 접근법(risk-based approach)

조직의 경영자가 결정한 특정 활동, 제품 또는 서비스와 관련하여 위험이 예상되는 경우에 이를 예방하도록 지표를 선정하는 방법이다. 실제로 위험에 대한 평가에는 다양한 정량적 또는 정성적 방법이 활용된다. 이러한 분석방법을 통해 나온 결과는 환경성과지표를 선정하는 데 유용하게 활용되며, 조직의 활동, 제품 및 서비스의 위험성에 따라 우선순위를 정하여 개선활동을 추진할 수 있다는 장점이 있다.

ISO14031에 따라 환경경영시스템을 구축한 기업들은 대체로 환경측면 및 영향분석의 수단으로 위험평가 방법을 준용하고 있다. 예컨대 소금을 채굴하는 기업은 주변지역으로 염분이 확산되는 것을 환경적으로 가장 위험한 활동으로 평가한다. 이와 관련하여 환경여건지표로는 주변 지역의 토양 또는 수계에 함유된 염분의 양을, 운영성과지표로는 회사부지 주변으로 유출된 소금의 양을, 그리고 경영성과지표로는 소금의 유출량을 줄이기 위한 기술개발에 소요된 자금 등을 환경성과지표로 활용할 수 있다.

③ 전과정접근법(life cycle approach)

전과정접근법은 제품의 설계단계에서부터 원료, 생산, 포장, 운송, 사용 및 폐기에 이르는 전 과정을 대상으로 각 단계와 관련된 환경성과지표를 설정, 분석하는 것이다. 전 과정 개념에 입각한 접근방법이 환경경영의 기본이 되고 있음에 비춰 볼 때, 가장 설득력 있고 포괄적인 접근법으로 많은 관심을 받고 있는 방법이다.

〈표 9-4〉는 이론적 분류체계에 따른 환경성과지표의 각 항목을 전과정접근법에 따라 체계

〈표 9-4〉 전과정접근법에 의한 지표의 예

	환경영향 및 위험지표	배출물지표	투입자원지표	재무지표
설계	• 재생가능성 • 유해물질 사용	• 제품의 배출물 • 제품의 구성	• 제품의 무게 • 에너지 구성	• 전 과정의 에너지 비용
원료	• 자원복구율 • 생물지표	• 원료 생산 시의 배출물	• 원료 사용량 • 에너지 소비량	• 원재료비
생산	• 소음 및 진동 • 공중보건	• 매체별 배출물	• 생산시설 수준 • 용수 소비량	• 환경 관련 투자 및 비용
포장	–	–	• 포장재 사용량 • 포장재 폐기량	• 포장재 비용
운송	• 운송수단별 구성비	• 운송 시 배출물(CO_2 등)	• 운송 시 소요 에너지	• 연료비
사용·폐기	• 제품 사용 시 인체유해성	• 제품 사용 시 배출량	• 사용 중 에너지 소비량	• 재활용 효과

화한 예이다.

④ 규제 혹은 자발적 접근법(regulatory or voluntary initiative approach)

기업이 정부의 규제요건이나 자발적인 선도를 목적으로 지표를 선정하는 방법이다. 정부의 규제에 따라 기업이 평소에 측정해 오던 오염배출 자료가 있다면 이를 활용해서 통제대상인 특정오염물질의 누출사고 횟수와 같은 지표를 선정하여 기업의 환경개선 노력을 적극적으로 알리려 할 것이다.

일상적이든 아니면 사고의 경우처럼 우발적이든 환경으로 배출되는 특정오염물질의 배출량을 보고할 것을 요구받는 조직은 배출량 측정치를 환경성과의 평가지표로 활용할 수 있다. 이때 예상가능한 운영성과지표로는 규제대상이 되는 오염물질의 연간 누출횟수와 배출량을 들 수 있다.

또한 자발적 활동을 수행한 조직은 그러한 자발적 활동과 관련된 환경성과지표를 선정할 수 있다. 예를 들어 자발적 환경개선활동의 일환으로 오염예방을 위한 특정 프로그램을 이행하기로 한 조직은 자체적으로 행한 관련 활동의 연간횟수를 추산하여 성과를 평가할 수 있다.

3) 환경성과평가지표 선정의 예

환경부 환경성과평가 가이드라인은 시범사업에 참여한 기업이 선정한 지표를 기본으로 국내의 기업이 환경성과평가를 수행할 때 사용할 수 있는 지표의 예를 제공하고 있다.

환경부 환경성과평가 가이드라인에는 핵심지표 30개와 부가지표 48개로 총 78개의 지표가 선정되어 있다. 핵심지표는 기본적으로 고려해야 하는 지표이지만 반드시 모든 핵심지표를 선정하여야 하는 것은 아니다. 30개의 핵심지표는 경영성과지표 13개, 운영성과지표 17개로 구성되어 있다. 48개의 부가지표는 경영성과지표 14개, 운영성과지표 18개, 환경여건지표 16개로 구성되어 있다. 환경여건지표는 기업활동으로 인한 환경성과를 직접적으로 반영하는 지표가 아니기 때문에 모두 부가지표로 분류되어 있다. 이들 지표 중 경영성과지표는 **〈표 9-5〉**와 같다. 운영성과지표와 환경여건지표는 원문을 찾아 참고하기 바란다.

(5) 지표의 확정

지표명과 지표에 대한 명확한 정의를 확정하고 조직 내에서 공유해야 한다. 그리고 지표명과 지표에 대한 정의를 확정했다면, 그 지표에 해당하는 데이터를 어디서, 언제, 어떻게 취합해서 누가 관리하고 확인하는가에 대한 명확한 취합규정을 제정하여야 한다.

〈표 9-5〉 경영성과지표의 예

	핵심지표	부가지표
환경경영 체제	• 환경방침 및 목표의 달성정도 • 환경 또는 에너지관련 업무를 가진 종업원의 수(또는 비율) • 환경교육을 받은 종업원의 수(또는 비율, 교육시간, 교육 횟수 등) • 외부(내부) 환경감사에 의한 지적 건수 및 개선율 • 종업원들의 환경개선 제안 횟수 • 협력업체의 환경관리 지원 횟수	• 환경개선프로그램의 수(또는 달성률) • 환경목표의 건수 증감률 • 녹색상품의 구매실적 • 위험관리(risk management) 횟수 • 내부감사자 보유율 • 내부감사 평균점수 • 내부감사 부적합 개선율 • 안전사고 건수
법규준수	• 법규위반 건수 • 환경관련 사고 건수	• 배출기준 초과 횟수
환경회계	• 환경관련 투자금액(또는 총투자 대비 비율, 매출 대비 비율) • 매출액 대비 환경관련 운영(투자)비용 비율	• 공정 또는 제품의 환경측면과 관련된 비용(제조원가 중 환경비용) • 환경개선을 통한 경비절감효과 • 환경사고 등으로 인하여 조직의 재무상태에 영향을 미친 정도
지역사회와의 관계	• 지역사회 환경보전활동 참가인원(또는 건수) • 환경관련 견학자의 수 • 환경관련 민원의 수	• 지역사회 공헌비용 • 지역사회에 환경성과 공개 건수 • 지역 환경관련 단체 참여/가입 건수

토론하고 발표하기

1. 환경성과평가의 의의를 설명하라.
2. 환경성과평가의 필요성을 기업내외로 나누어 설명하라.
3. 환경성과평가시스템의 구축과정을 설명하라.
4. 환경성과지표의 정의와 지표의 체계에 대하여 설명하라.
5. 환경성과지표의 이론적 유형에 대하여 설명하라.
6. ISO14031에서 분류한 환경성과지표의 분류체계를 설명하라.
7. 환경성과평가지표 개발을 위한 단계를 설명하라.
8. 환경성과평가지표의 선정기준에 대하여 설명하라.
9. 우리나라 환경부의 환경성과평가 가이드라인에서 분류한 환경성과지표의 체계를 설명하라.
10. 환경성과평가의 검토 및 개선에 대하여 설명하라.

제 10 장

전과정평가

환경규제가 매년 확산, 강화되고 있으며 사업장 중심에서 제품 중심으로 전환되고 있다. 이 장에서는 제품의 전 과정에 대한 친환경성을 평가하고 입증하는 전과정평가에 대하여 기술한다. 즉, 전과정평가의 의의와 목적 그리고 주요 원칙을 소개하고, 전과정평가의 절차를 고찰하며, 전과정평가의 유용성과 한계를 설명한다.

제1절 전과정평가의 기초

1. 전과정평가의 의의와 목적

전과정평가(LCA: Life Cycle Assessment)란 제품이나 서비스가 환경에 미치는 부하를 수명주기 전 과정에 걸쳐 정량적으로 파악·분석·평가하는 방법이라고 정의할 수 있다. 즉, 어떤 제품이나 공정, 활동의 전 과정에 걸쳐 소모되고 배출되는 에너지와 물질의 양을 정량화하여 이들이 환경에 미치는 영향을 평가하고, 이를 통해 환경개선의 방안을 모색하고자 하는 객관적인 환경영향 평가기법이다(이병욱, 1997). 보다 엄밀히 말하면, 원료를 확보하기 위한 자원의 채취부터 수명을 다한 제품이 폐기되어 환경으로 돌아갈 때까지(즉, 요람에서 무덤까지)의 전 과정에 걸친 환경부하를 계산하고, 그 결과가 환경에 미치는 영향을 분석·평가하는 일련의 과정이 전과정평가이다. 특정 과정에서의 환경부하에 주목하는 것이 아니라 종합적으로 환경영향을 평가한다는 점을 유의하여야 한다. 전과정평가의 구조와 절차에 대한 국제표준규격은 ISO14040과 ISO14044이다.

일반적으로 전과정평가의 목적은 기업, 소비자, 정부의 입장에 따라 3가지로 세분할 수 있다.

첫째, 기업의 입장

- 동일 성능을 가진 복수의 제품, 재료 간의 비교를 통하여 환경부하가 적은 것 선택
- 환경부하의 주요 원인이 되는 요소, 공정, 시스템 등을 파악하여 비교함으로써 제품의 환경성과 향상
- 제품설계, 소재에 관한 장기전략계획 수립
- 환경성적표지제도 인증을 통한 시장경쟁력 확보
- 자사 내 제품공정에 대한 정보제공, 타 기업 주장 등의 평가

둘째, 소비자 입장

- 제품의 환경측면과 그 영향에 대한 구체적 정보를 획득
- 소비자들의 구매결정(제품선택)에 유용한 정보로 활용되어 환경친화적 소비 유도

셋째, 정부기관

- 제품의 환경규제에 필요한 각종 정보의 제공과 기준 설정에 필요한 기반 구축
- 제품의 환경라벨링에 관한 기초 데이터 구축
- 제품과 재료의 환경부하저감에 관한 장기정책을 개발, 지원함으로써 환경저부하형 산업체계 구축

2. 전과정평가의 특징

전과정평가를 통하여 제품의 전 과정을 고려함으로써 이전에 발견하지 못했던 문제점을 도출할 수 있다. 그리고 자원 및 에너지 고갈, 온실가스배출(지구온난화) 등 다양한 환경 영향에 대한 종합분석을 할 수 있다. 전과정평가 결과를 바탕으로 원재료 선정, 제품개발 등의 의사결정에서 최적 대안을 선택할 수 있다. 전과정평가의 주요 특징은 아래와 같다.

첫째, 공정시스템 관점보다는 전 과정 사고로 전환을 유도한다.

둘째, 환경오염에 대한 사후 처리(end of pipe)보다는 사전 예방(front of pipe)을 중시하도록 한다.

셋째, 지역규모에서 지구적 규모의 환경 영향을 고려(지구온난화, 오존층파괴 등)하도록 한다.

넷째, 토양, 대기, 수계에 미치는 다양하고 종합적인 환경 영향을 평가한다.

3. 전과정평가의 주요 원칙

전과정평가를 실시하기 위해서는 다음과 같은 4가지 주요 원칙에 충실해야 한다(이병욱, 1997).

(1) 환경영향을 각 제품 간에 비교할 수 있어야 한다

여기서 '제품 간의 비교'란 양이나 무게와 같은 물리적 단위의 비교가 아니라, 기능단위(functional units)의 비교를 말한다. 기능은 특정 제품에 의해서 제공되는 서비스 기능으로, 기능단위란 제품이 제공하는 서비스 기능을 정량화한 것이다. 예를 들면, 우유 포장용기의 경우 병과 종이팩을 비교하는 것은 적절하지 않다. 왜냐하면 병은 회수하여 여러 차례 재사용할 수 있지만, 종이팩은 오직 한 번만 사용하고 폐기하기 때문이다. 따라서 두 용기를 대상으로 비교·분석하는 대신 "1,000l의 우유를 수송할 수 있는 포장"이라는 기능단위가 평가대상으로 유용하다. 이와 같이 기능단위는 공통의 기능을 기초로 서로 다른 제품의 비교를 가능하게 한다.

(2) 제품에 대한 전 과정을 고려하여야 한다

제품에 대한 전과정평가는 글자 그대로 전 과정을 고려하여야 한다. 즉, 원재료의 취득부터 부품 혹은 반제품의 제조, 제품제조, 제품의 사용, 재생 이용, 마지막 폐기까지 평가대상에 포함하여야 하는 것이다.

(3) 환경부하의 모든 형태를 고려하여야 한다

어떤 제품이 미치는 환경부하의 일부 측면만을 고려한다면, 그 제품의 완전한 개선이나 환경부하의 원만한 복구는 어려울 것이다. 그러므로 전과정평가 시 최소한 다음과 같은 환경부하를 고려하여야 한다.

- 주요 자원(에너지를 포함)의 추출에 따른 부하
- 물이나 대기 또는 토양에 해로운 물질의 배출에 따른 부하

• 토지 사용에 따른 부하

위에 열거한 것 외에도 방사선, 소음 등 환경에 피해를 입히는 기타 부하형태들이 고려되어야 할 것이다.

(4) 환경부하는 가능한 한 정량화해야 한다

다양한 형태의 환경부하는 될 수 있는 한 정량화하여야 한다. 왜냐하면 동일하거나 유사한 기능을 수행하는 제품은 정량화된 환경심사에 따라 비교될 수 있기 때문이다. 그러나 환경부하를 정량화하는 것은 어렵기 때문에 정성적 기준으로 보충한다. 정성적 기준의 예로는 잠재적 환경부하, 자원이나 배출물의 본질을 포함한 제품의 재이용가능성, 원료의 재생이용 정도, 제품 혹은 원재료 또는 제품의 폐기로 인한 자연의 손상가능성 등이 있다. 정량적 정보와 정성적 정보는 상호 보완관계에 있다. 그러나 평가대상 제품의 비교가능성을 높이기 위해서는 정량화가 필수적이다.

제2절 전과정평가의 절차

전과정평가에 대한 접근방법은 연구기관이나 학자에 따라 조금씩 다르지만, 전반적 구조에 대하여는 합의가 형성되어 있다. 대표적으로 국제환경독성화학회(SETAC: Society of Environmental Toxiological & Chemistry)는 전과정평가 단계로 목적의 설정과 범위 결정, 목록 분석, 영향평가, 개선평가 등 4가지를 들고 있다. 그리고 ISO는 4단계 중 개선평가를 제외하는 대신 앞의 세 단계와 모두 연계되는 해석단계를 제시하고 있다. 여기서는 ISO의 구조를 골격으로 하여 논의를 전개한다. 각 단계의 상호관계를 그림으로 나타내면 〈그림 10-1〉과 같다.[1]

1) 일본의 LCA포럼은 ISO의 4단계에 '보고단계'와 '비판적 검토단계'를 추가하여 6단계로 전과정평가의 구조를 제시하고 있다(LCA 일본포럼, 1997, "LCA 일본포럼 보고서" 산업환경관리협회, p.9).

〈그림 10-1〉 전과정평가의 구조

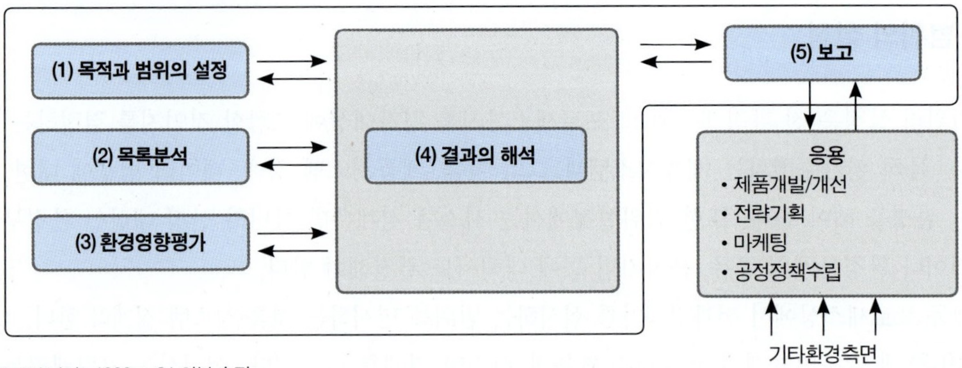

자료: 國部克彥, 1998, p.61 일부 수정

1. 목적과 범위 설정

(1) 목적의 설정

목적의 설정은 다음 3가지를 결정하는 것이다. 첫째는 전과정평가의 목적(필요성, 이유)이 무엇이며, 둘째는 평가결과를 어디에 활용할 것인가, 셋째는 보고할 대상을 구체화하는 것이다.

다음은 전과정평가의 이해를 돕기 위하여 대표적 포장용기인 알루미늄캔을 생산하는 회사의 예를 이용한다(國部克彥 외 2인, 2012, pp.91-105). 다만, 여기서 나타내는 수치는 어디까지나 예로 제시된 것이므로 실제 데이터나 환경부하와 다르다는 점을 유의하기 바란다.

알루미늄캔의 전과정평가의 목적은 다음과 같다.

1) 평가의 필요성

자사에서 생산하는 알루미늄캔의 전 과정에서 지구온난화에 미치는 영향을 평가하고, 알루미늄캔의 환경부하 현상을 파악하는 것이다.

2) 평가결과의 용도

환경부하를 효과적으로 삭감하기 위한 대책 수립에 정보로 활용한다.

3) 보고대상

우선 기업 내부 협의용으로 활용하고, 앞으로 친환경제품 개발에 활용할 것이며, 평가결과를 외부에도 공개할 것이다.

(2) 범위의 설정

범위의 설정은 전 과정에서 어느 프로세스까지를 평가대상에 포함할 것인지를 결정하는 것이다. 특히 평가수행자는 제품시스템과 그의 기능, 제품시스템 경계, 데이터 범주에 대한 정확한 설명을 해야 한다. 또한 범위설정에서는 시스템 경계뿐만 아니라 산정 대상인 환경부하물질이나 환경문제의 종류, 분석기법 등에 대해서도 결정해야 한다.

제품 프로세스상에서 전과정평가를 실시하는 범위를 명시하는 것을 시스템 경계라 한다. **〈그림 10-2〉**에 알루미늄캔의 프로세스 흐름과 시스템 경계를 나타냈다. 여기서는 자원채취부터 소재제조, 용기제조, 충전, 유통, 폐기까지의 흐름을 포함하고 있다. 일반적으로 전 과정이란 자원의 채취부터 재활용 및 폐기처분까지를 말하지만, 전과정평가에서는 평가 목적에 따라 전 과정을 포함하지 않을 수도 있다. 이러한 경우에 제외된 부분에 대해서는 평가의 한계로 보고서에 기록하면 좋을 것이다. 알루미늄캔의 전과정평가에서도 재활용 부분은 제외하고 평가를 한다.

〈그림 10-2〉 알루미늄캔의 프로세스 흐름과 물량 흐름

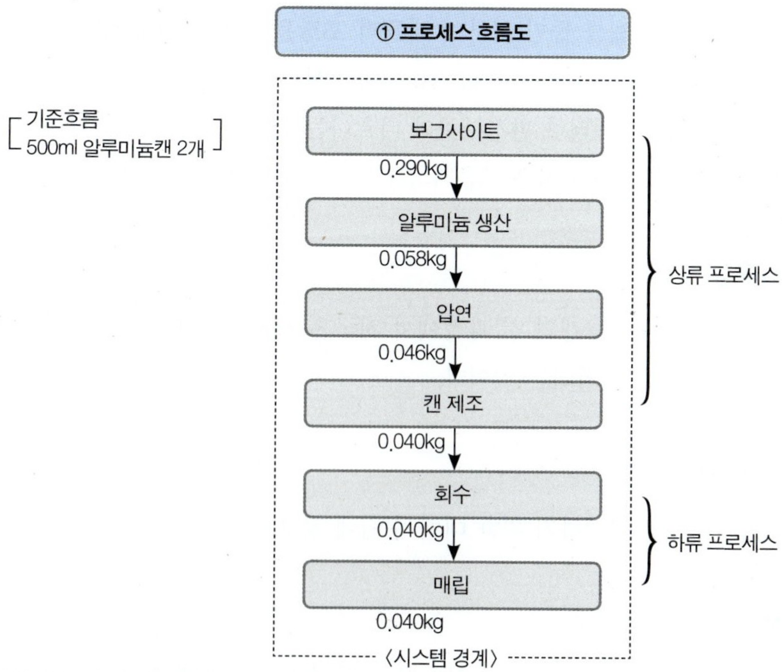

주: 여기에 기록한 데이터는 실제와 다르다.

〈표 10-1〉 알루미늄캔의 전과정평가 범위 설정의 예

환경문제의 종류	지구온난화, 산성화
평가대상물질	CO_2, NO_x, SO_2
환경영향평가방법	지구온난화: GWP(지구온난화지수) 산성화: DAP(산성강하물의 침착량을 고려한 산성화지수)
기능단위	1*l* 음료의 보존과 제공
기준흐름	500*ml* 알루미늄캔 2개
한계	• 재활용에 대해서는 본 평가의 조사대상에서 제외함 • 재활용에 의한 환경영향 삭감효과에 대한 평가를 위해서는 별도 흐름을 추가한 조사가 필요함 • 본 평가에서 이용하는 데이터는 자사의 프로세스에 특화한 데이터로부터 산정하였으므로 우리나라 전체를 평균한 것은 아님 • 공장 내 데이터는 1년간 구하여 얻은 것이므로, 작년도 이전 데이터는 반영되지 않았음

〈표 10-1〉은 시스템 경계를 제외하고 범위 설정에 포함될 내용을 제시한 것이다.

전과정평가에서는 제품의 기능에 주목한다. 왜냐하면 제품의 종류가 같은 것이라도 기능은 여러 가지일 수 있고, 기능이 다른 것을 사용하면 제품량이 변화하는 경우가 있기 때문이다. 예를 들면 같은 알루미늄캔이라도 용량이 다르면 구별하여 평가하여야 한다. 기능단위는 평가제품에 요구되는 기능을 수량으로 표현한 것이다. 기준흐름은 기능단위에 필요한 제품의 양을 의미한다. 따라서 기준흐름의 산정을 위해서는 제품이 갖는 기능과 평가자가 설정한 기능단위 두 가지가 설정되어 있어야 한다. 제품이 갖는 기능이 1개당 500*ml* 보존이고, 기능단위가 1*l*의 음료보존인 경우 기준흐름은 알루미늄캔 2개분이 된다.

$$\text{기준흐름} = \frac{\text{기능단위}}{\text{제품 1단위당 기능}} = \frac{1l}{500ml/\text{개}} = 2\text{개}$$

2. 목록분석

(1) 목록분석의 의의

목록분석이란 전과정평가의 설정된 목적과 범위에 따라 대상 시스템과 그 투입물 및 산출물에 대한 데이터를 수집하고 환경부하를 계산하는 과정이다. 즉, 목록분석이란 선정된 시스템을 대상으로 해당 시스템에 투입되는 에너지와 원료, 산출되는 제품, 부산물, 오염물질 등의 종류와 양을 파악해 정량화하는 것이다. 목록분석의 목적은 대상 시스템의 전 과정에서 나

타나는 물질의 흐름과 환경부하를 계산하는 데 있다. 목록분석은 일반적으로 전과정(공정) 흐름도 작성, 자료수집, 환경부하량 계산, 목록분석결과에 대한 해석단계로 진행된다. 앞에서 제시한 알루미늄 캔의 목록 분석을 실시하기로 한다. 흐름도 작성은 **〈그림 10-2〉**로 대체하고, 자료수집에 대한 일반적 설명과 환경부하량 계산방법 및 목록분석결과에 대한 해석을 개략적으로 설명한다.

(2) 자료수집

목록분석을 위한 자료수집과정에는 자료수집 준비와 수집한 자료의 출처, 수집방법, 처리과정, 검증방법 및 결과 등의 명시가 포함된다.

1) 자료수집 준비

자료수집의 준비는 수집할 자료의 목록을 작성하는 것이다. 여기서 자료의 범주는 두 가지로 나누어 볼 수 있다.

첫째, 투입물의 자료 범주로 이에 속하는 것은 제품 제조에 사용되는 물질(원재료, 보조재료), 용수 및 에너지 등을 말한다.

둘째, 산출물 자료 범주로 여기에는 제품, 부산물, 환경배출물(대기배출물, 수계배출물, 폐기물 등) 등을 말한다.

2) 자료수집방법

수집할 자료의 목록이 정해졌으면 목록별로 관련 자료를 실제 수집한다. 수집방법에는 설문지조사, 문헌조사, 현장방문조사 등이 있고, 기 축적된 자료(인벤토리 데이터베이스)를 활용할 수도 있다.

3) 검증

전과정평가 결과의 신뢰도를 향상시키려면 수집한 자료를 가공하여 사용하기 전에 자료에 대한 검증을 실시하여야 한다. 검증은 투입물과 산출물의 물질수지, 에너지수지, 중간재 흐름, 폐기 흐름 등을 통해 이루어진다. 검증을 통해 자료의 정밀성, 완전성, 대표성, 일관성 등을 파악할 수 있다.

앞에서 제시한 알루미늄 캔에 대한 목록분석은 위와 같은 과정을 모두 거친 것으로 볼 수 있다.

(3) 환경부하량 계산

앞에서 제시한 예인 500*ml* 알루미늄캔 2개를 기준흐름으로 분석한다. 기준흐름 설정 후 알루미늄캔의 전 과정 흐름을 그린다. 알루미늄의 생산은 알루미늄 추출원료인 알루미나 생산이나 전해정련이 있지만 여기서는 단순화해서 알루미늄 생산까지를 1프로세스로 쓴다. 먼저 원재료 입수부터 가공, 캔 제조까지를 상류(up stream)프로세스, 그리고 소비에서 회수, 매립까지를 하류(down stream)프로세스라고 부른다. 이번 평가에는 **〈그림 10-2〉**에 제시한 프로세스까지를 조사범위로 한다. 시스템 경계를 설정한 후, 물량흐름 즉 제품 전 과정을 구성하는 중간제품이나 원재료의 중량흐름을 구한다. 물량흐름을 알기 위해서는 각 프로세스를 통해 얻은 제품의 중량과 수율을 고려한다.

시스템 경계와 물량흐름을 알았으면 시스템 경계에서 각 프로세스의 환경부하를 구한다. 환경부하의 산정은 통상 데이터의 접근이 가장 쉽고 신뢰성이 높은 데이터를 얻을 가능성이 있는 자사공정부터 하는 것이 일반적이다.

〈그림 10-3〉에서 1단위(예: 1kg)의 캔을 생산하는 데 투입된 전력과 LPG(액화석유가스)의 양은 각각 0.95kw/h, 0.18kg로 공장 내 데이터로부터 얻은 것이다. 이러한 투입 데이터로부터 발생하는 환경부하를 계산한다. CO_2의 경우는 발전이나 연료를 생산, 소비할 때 연료 중에 탄소분이 산화하면서 발생한다. 1단위당 전력이나 연료의 소비에 발생하는 환경부하는 각종 문헌에 공표된 CO_2 배출 원단위를 이용하면 1단위 캔 제조에 발생하는 CO_2량(0.91kg)을 구할 수 있

〈그림 10-3〉 캔 제조과정을 대상으로 한 환경부하 계산과 1단위당 환경부하 환산

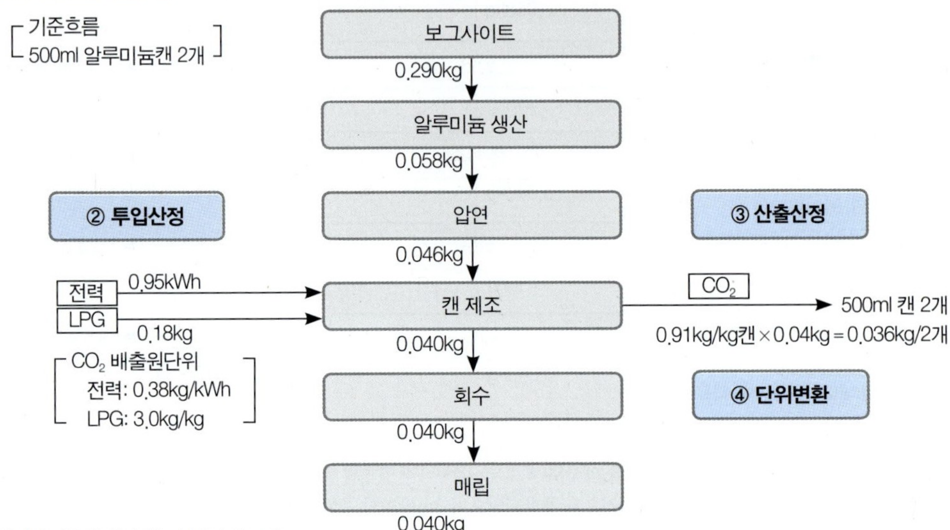

주: 여기에 기록한 데이터는 실제와 다르다.

다. 이번 평가에는 500*ml* 알루미늄캔 2개(0.04kg)의 환경부하를 산정하는 것이 목적이기 때문에 앞의 수치를 알루미늄캔 2개로 환산한다(0.036kg/알루미늄캔 2개).

(4) 목록분석의 결과 해석

위와 같은 계산을 캔 제조과정뿐만 아니라 시스템 경계에 포함된 모든 프로세스에서 실시하여 합산하면 **〈그림 10-4〉**와 같이 전 과정의 환경부하량을 산출할 수 있다. 위 결과는 철제 캔이나 페트병 등 다른 포장용기와 비교할 수도 있다. 그러나 중요한 것은 알루미늄캔의 환경부하 삭감을 위해 어느 프로세스에 주목해야 할 것인가에 대한 정보를 얻을 수 있다는 점이다. 알루미늄캔 전과정평가의 예에 따르면, 환경부하 삭감을 위해서는 알루미늄 생산공정의 효율화가 가장 중요하다. 참고로 알루미늄의 생산방법으로 19세기 후반부터 사용되고 있는 홀-에루법[2]이 지금도 이용되고 있는 것을 보면, 생산방법의 개량보다 회수의 효율화를 통한 재활용률의 향상이나 두께를 얇게 하거나 강도를 높임으로써 캔 1개당 원 재료 소비량의 삭감이 환경부하 삭감에 매우 유효한 대책이라고 본다.

여기서는 알루미늄캔을 대상으로 CO_2의 배출량을 구하기 위한 계산방법을 설명했지만

〈그림 10-4〉 전과정의 환경부하 산정

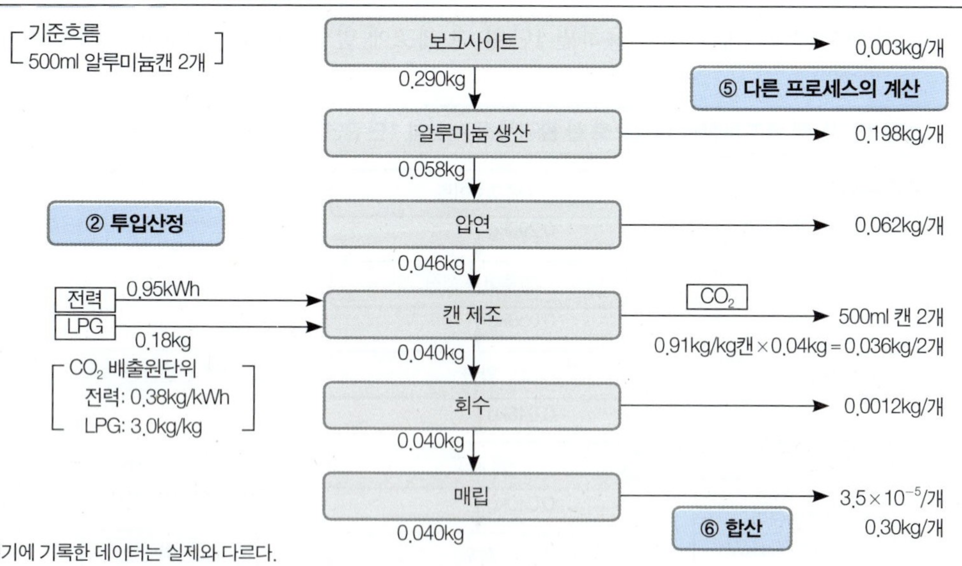

주: 여기에 기록한 데이터는 실제와 다르다.

2) 오늘날 알루미늄의 생산방법으로 사용되는 홀-에루법(공정)은 1886년에 미국의 홀(Charles Martin Hall, 1863~1913)과 프랑스의 에루(Paul Héroult, 1863~1914)에 의해 독립적으로 개발되었으며, 이 방법의 출현으로 알루미늄을 값싸게 생산할 수 있게 되었다. 이 방법은 알루미나를 빙정석(cryolite)과 함께 용융하고 그 용융액을 전기 분해하여 알루미늄을 생산하는 것이다.

NOx, SO_2 등과 같은 배출물질이나 원유나 석탄, 천연가스, 철이나 알루미늄 등 자원의 소비량도 같은 인벤토리분석을 통해 계산할 수 있다.

(5) 인벤토리 데이터베이스

앞의 예에서와 같이 자사에서 직접 알루미늄캔을 제조하는 경우 환경부하 계산을 위한 정확한 데이터를 얻을 수 있다. 그러나 외부에서 구입하는 부품이나 재료에 대해서는 환경부하를 정밀하게 파악하기 어렵다. 예컨대 알루미늄캔 제조를 위한 보크사이트의 구입 장소, 알루미늄의 정련방법, 수송방법이나 거리 등에 대한 자료를 정확히 파악하지 않으면 전과정평가가 어렵다. 즉, 다른 기업에서 담당하는 영역에 대한 데이터 수집이 어렵고, 수집한 데이터의 신뢰성도 확보하기 어렵다.

또한 여기서 예로 든 알루미늄캔은 재료나 연료의 종류가 비교적 적지만 세탁기나 냉장고와 같은 가전제품은 수백 혹은 수천 개의 부품이 들어간다. 복사기와 같은 복잡한 전기기기의 부품도 수천 개이고, 자동차라면 수만 점의 부품이 사용된다. 이들 모든 부품이나 재료에 대하여 독자적으로 환경부하 계산을 위한 데이터를 수집한다면 시간과 비용이 엄청 발생할 것이다. 때로는 데이터를 수집했다 해도 적절한 분석을 행하기 전에 데이터가 진부화될 수도 있다.

따라서 전과정평가를 신속하게 하려면 인벤토리 데이터베이스를 이용하는 것이 효과적이다. 국가별 혹은 전문기관, 관련업계 연구소 등에서 여러 가지 환경부하 관련 데이터베이스를 공개한다. 목록분석을 원활히 진행하기 위해서는 이러한 데이터베이스를 활용하여야 할 것이다.

3. 전과정(환경)영향평가

환경영향평가는 전과정평가의 목록분석 단계에서 산정된 환경부하량이 어떠한 환경에 얼마나 영향을 미치는가를 평가하는 과정이다. 정식 명칭은 전과정영향평가(LCIA: Life Cycle Impact Assessment)라고 할 수 있다. 즉, 전 과정에서 발생한 에너지 및 자원의 소요와 배출물이 환경에 미치는 잠재적 영향을 정량적으로 파악하고 평가하는 과정이다.

일반적으로 전과정영향평가의 절차는 분류, 특성화, 정규화, 가중치 부여의 4단계로 구분된다. 이 중 분류와 특성화는 필수적인 단계이지만 정규화와 가중치 부여는 선택사항(임의 요소)이다(이병욱 외 2인, 2005, p.390). 이를 그림으로 나타내면 〈그림 10-5〉와 같다.

〈그림 10-5〉 전과정영향평가 요소 및 관계

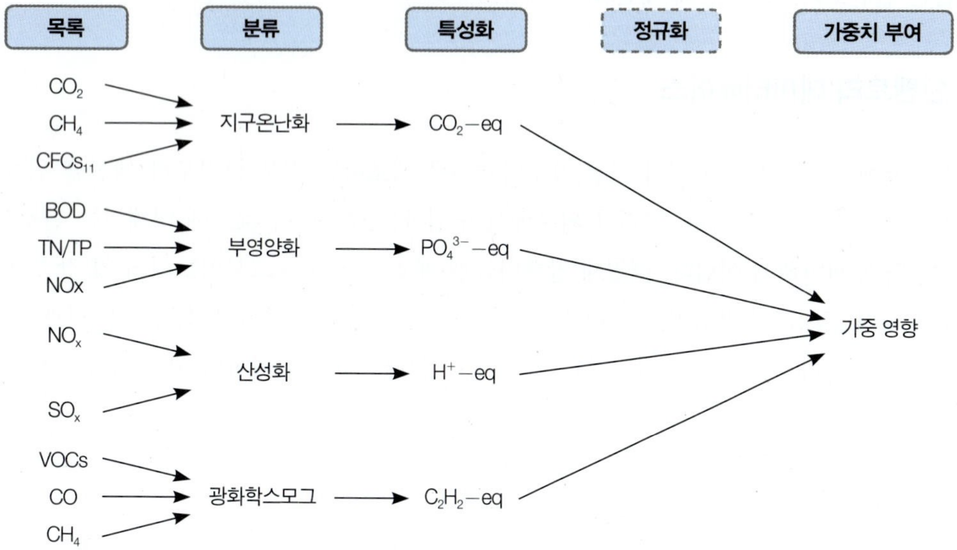

(1) 분류

분류(classification)는 전과정평가의 목록분석 결과 산출된 항목들 중에서 예상되는 환경영향이 유사하게 나타나는 항목끼리 모으는 것이다. 즉, 환경부하를 전과정평가의 목적과 범위를 고려해 환경영향의 범주별로 구분하는 단계이다. 분류의 목적은 다양한 항목의 환경영향을 단순화하기 위한 것이다. 일반적인 환경영향의 범주는 천연자원의 고갈, 자연환경 파괴, 사람의 건강에 대한 위협 등으로 나뉘지만, 이러한 기준으로 그 영향을 정량화하기가 거의 불가능하므로 좀 더 세부적으로 나누어 분류하는 것이 바람직하다.

결과적으로 분류과정을 통하여 목록항목이 환경에 미치는 영향의 형태(type)를 알 수 있게 된다. 분류과정은 과학적 근거에 의거한 비교적 명료한 작업이라 할 수 있다.

(2) 특성화

분류단계에서 목록항목을 각각의 영향범주에 연결시켰으나, 아직 영향의 정도를 알 수 있는 것은 아니므로 영향의 정도를 파악하는 특성화과정이 필요하다. 특성화(characterization)란 분류과정을 통해 세부적인 영향범주별로 분류된 목록항목들이 각각의 영향범주에 미치는 환경영향을 정량화하는 과정이다. 이 과정에서 각 항목의 환경부하와 환경에 미치는 상관관계를 나타내는 특성화 모델이 사용되며, 이 모델은 각 항목이 세부 영향범주에 미치는 영향을 정량화하는 도구이다. 따라서 특성화는 분석된 목록의 개별항목이 환경에 잠재적으로 미치는 영향의 크기를 나타낼 수 있어야 한다.

전과정영향평가에서 특성화는 특성화계수에 목록 데이터 수량을 곱하여 구한 값으로 평가한다.

$$\text{CIi} = \sum_{s} \text{CFs,i} \times \text{LCIs}$$

계산결과는 범주별 영향값(CIi)이라 부르고, 영향영역(i)별로 각각 구할 수 있다. 특성화계수(CF)는 영향영역별, 환경부하물질(s)별로 설정된다. 지구온난화의 경우 GWP가 특성화계수에 해당한다. 이와 같이 이미 설정된 특성화계수에 목록별 데이터(LCIs)를 곱하여 그 결과의 합계로 특성화의 계산결과를 얻을 수 있다.

〈표 10-2〉는 위와 같은 방식을 사용하여 특성화과정을 마친 예이다. **〈표 10-2〉**를 보면 지구온난화(영향범주)의 특성화 결과(영향 값의 합계)는 1,276g CO_2-eq.로 나타낼 수 있다. 이 값은 2단계를 통해 산출되었다. 1단계는 각 목록항목이 지구온난화에 미치는 영향값을 구하는 것이다. 이 영향값은 세 가지 목록 배출량, 즉 CO_2 1,000g, CH_4, 10g, CFCs11 0.01g에 특성화계수인 지구온난화지수를 각각 곱하여 산출한 CO_2 1,000g, CH_4 230g, CFCs 46g이다. 2단계는 이들 영향값을 합산하는 것으로 1,276g CO_2-eq.가 된다. 이는 세 가지 목록에서 이산환탄소가 1,276g 발생한 것과 같다는 의미이고, 지구온난화에 미치는 영향의 크기이다.

특성화는 GWP와 같이 자연과학 지식에 근거하여 산정된 계수를 이용하기 때문에 비교적 정확하고 신뢰성 높은 평가를 할 수 있다. 그러나 특성화의 결과로는 같은 범주 안의 특정 환경목록에 대해서만 비교 · 평가할 수 있을 뿐 각 영향범주별로 단위가 다르기 때문에 영향범주 간 비교는 할 수 없다. 따라서 어느 환경문제에 대한 영향이 상대적으로 중요한지, 환경문

〈표 10-2〉 특성화의 예

목록	목록별 데이터(배출량) (g/기능단위)	특성화계수 (환산계수/온난화계수) (gCO_2⁻eq/g)	영향 값 (gCO_2⁻eq/기능단위)
CO_2	1,000	1	1,000
CH_4	10	23	230
$CFCs_{11}$	0.01	4,600	46
합계			1,276

제 간 상반관계가 발생하는 경우 어떻게 대응할지에 대한 답을 얻을 수 없다. 이러한 단점을 보완하기 위해 정규화, 가중치부여가 시도된다.

(3) 정규화 및 가중치부여

정규화(normalization)는 특성화 단계에서 구한 영향범주별 값을 정규화 기준값(Normalization Score)으로 나누어 구한다. 정규화를 통해 개별 목록항목이 환경오염에 미치는 상대적인 영향(기여도)을 평가할 수 있다.

정규화 기준값은 영향범주별로 분류된 목록항목의 환경부하량에 해당하는 상응인자를 곱하여 환경영향범주별로 구한다. 정규화 기준값은 일정기간 동안에 일정지역에서 평균적인 개인에 의해 야기되는 영향을 의미한다.

정규화는 전과정영향평가에 필수적인 과정은 아니지만 이를 수행하는 이유는 각 영향범주별로 영향정보의 단위를 동일하게 함으로써 각각의 영향범주에 관계되는 영향 크기의 해석을 동일한 지표로 할 수 있기 때문이다.

가중치 부여(weighting)는 각각의 영향범주가 환경 전반에 미치는 영향을 고려하여 영향범주간 상대적 비중을 평가하는 것이다. 즉, 영향범주별 상대적 중요도를 부여하는 과정이다. 상대적 중요도를 가중치라 하고, 이 가중치를 할당하는 행위를 가중치 부여라고 한다.

다만 상대적 중요도 결정에는 서로 다른 영향범주에 대한 주관적 평가가 수반된다. 과학적 사실에 근거하기보다 환경영향의 사회성 · 정치성 · 윤리성 등에 따라 가중치가 결정되는 것이다. 그러므로 가중치 부여는 국가와 문화, 또는 시기에 따라 달라진다.

일반적인 가중치 부여기준은 다음과 같다.

- 가역성(reversibility): 재생 불가능한 자원의 사용이나 복구가 어려운 환경오염이 그렇지 않은 경우보다 가중치가 높다.
- 시간(time): 장기적 영향이 단기적 영향보다 가중치가 높다.
- 지역(area): 전 세계 또는 국제적으로 영향을 미치는 환경문제가 특정 국가 혹은 지역에만 영향을 미치는 환경문제보다 가중치가 높다.
- 예방기준(precautionary criterion): 과학적인 근거나 기술부족으로 인하여 발생원인이나 대비책이 명확하지 않은 환경문제일수록 가중치가 높다.

4. 결과의 해석

결과의 해석은 전과정평가의 목록분석과 영향평가의 결과를 바탕으로 평가대상 제품이 환경에 미치는 영향과 개선이 필요한 부분 등 평가목적에 맞게 결론과 활용방안을 이끌어 내는 과정이다. 이 과정은 크게 주요 이슈(key issue)의 규명, 완성도 · 민감도 · 일관성평가, 결론 및 건의 등의 단계로 이루어진다.

(1) 주요 이슈의 규명

주요 이슈의 규명은 전 과정에 걸쳐 환경에 중요한 영향을 미치는 경영활동, 공정, 물질, 부품 등을 찾는 과정이다. 일반적으로 전체 환경영향 가운데 1% 이상의 비중을 차지할 경우 주요 이슈로 간주한다. 이때 상대적 중요도를 감안하여 가장 심각하게 다루어야 할 대상을 파악하는 것이 무엇보다 중요하다. 주요 환경이슈의 규명은 그 자체로 끝나는 것이 아니라 선정된 환경이슈를 바탕으로 대안을 찾아내는 데 그 의미가 있다.

주요 환경이슈의 분석은 다음의 관점에서 수행될 수 있다.

첫째, 대상 제품에 있어 가장 민감한 환경적 이슈(범주)는 무엇인가?

둘째, 대상 제품의 환경영향을 좌우하는 전과정단계는 무엇인가?

셋째, 대상 제품의 환경영향을 좌우하는 주요 단위공정은 무엇인가?

넷째, 대상 제품의 환경영향을 좌우하는 주요 물질/에너지는 무엇인가?

다만, 주요 이슈를 규명할 때 유의사항은 다음과 같다.

첫째, 주요 이슈 규명은 평가대상과 목적에 따라 달라질 수 있다.

둘째, 주요 이슈 규명은 대안을 찾기 위한 원인규명단계이다.

셋째, 주요 이슈 규명은 기업의 전략을 수립할 때 활용한다.

앞에서 예로 제시한 알루미늄캔의 전과정평가에서는 보그사이트로부터 알루미늄을 생산하기까지의 공정이 매우 중요한 것으로 밝혀졌다. 따라서 해당 공정 데이터의 재조사를 실시하는 것이 전과정평가 결과의 신뢰성을 향상시킬 수 있다. 예컨대, 알루미늄 생산공정을 세분화하여 보그사이트에서 알루미나까지의 생산과 알루미나로부터 알루미늄의 정련을 행하는 공정으로 분해하고 각각에 대하여 평가를 하는 것으로 전과정평가의 신뢰성을 높일 수 있고, 환경부하의 저감 대책을 보다 명확히 수립할 수 있다.

(2) 평가

평가에는 완성도평가, 민감도평가, 일관성평가가 있다. 완성도평가는 전과정평가에 활용한 모든 정보와 데이터가 이용 가능하고 완전한지를 보는 것이다.

민감도평가는 시스템에 투입되는 물질의 양에 따라 배출물의 양이 변하는 정도를 분석하는 것이다. 즉, 전과정평가 중에 적용된 방법론, 가정, 데이터 등의 변화가 평가결과에 미치는 영향은 어떠한지를 분석하는 것이다. 만약, 최초 결과와 차이를 보인다면 그 원인을 분석하고 재고의 필요성을 확인한다.

일관성평가는 전과정평가에 사용된 데이터, 가정, 방법 등이 전체적으로 일관성 있게 사용되었는지를 평가하는 것이다.

예를 들면, 알루미늄캔을 생산하는 지역이 달라지면 원료의 수송거리가 변한다. 지역에 따라 전력회사가 다르고 전력회사마다 발전소의 구성이 다르기 때문에 전력단위당 환경부하도 달라진다. 따라서 생산지역이 달라지면 알루미늄캔의 평가결과는 변화할 것이다. 또한 생산기술도 나날이 향상하기 때문에 최신의 데이터와 5년 전 데이터로 얻은 환경부하 데이터는 다를 수밖에 없다. 이와 같은 평가 요소들에 대한 변화나 차이 때문에 평가결과로부터 얻을 수 있는 결론이 변화하는지 여부를 검토하여야 할 것이다. 예컨대 5년 전과 최신의 데이터를 비교해도 알루미늄 정련공정의 환경부하가 가장 크다고 밝혀지면 데이터의 시간적 차이는 전과정평가로부터 얻을 수 있는 결론에 큰 영향을 미치지 않는 것으로 볼 수 있다.

(3) 결론 및 건의

위에서 설명한 완성도, 민감도 평가 등을 통해 보다 정확하고 신뢰성이 있는 결론을 도출하는 것이 중요하다. 이러한 결론이 보고 대상자에게 설득력이 있기 때문이다. 즉 지금까지의 흐름을 통해 얻은 최종 결론은 최고경영자 등 의사결정자에게 문서화하여 보고한다. 동시에 전과정평가의 결과에 따라 환경영향이나 자원 및 에너지 사용 등에서 많은 개선이 필요한 부분에 대한 대안을 제시하여야 한다. 결론 및 건의의 과정을 요약하면 다음과 같다.

- 목록분석이나 영향평가를 바탕으로 가장 중요한 투입물, 산출물, 잠재적 영향을 식별한다.
- 평가결과를 이해관계자가 이해하기 쉽도록 종합 정리한다.
- 최고경영자를 비롯한 의사결정권자에게 보고하기 위하여 평가결과에 대한 최종적인 결론을 도출한다.
- 최종적인 결론에 따라 환경부하나 자원 및 에너지의 절감을 위한 대안을 모색하여 건의한다.

- 전과정평가의 최종적인 결과는 일반적으로 보고서, 즉 문서화를 통해 보고대상자에게 정확히 보고한다. 이 보고과정은 내부보고에 그치지 않고 외부보고까지 포함된다.

전과정평가의 해석단계에서는 기업 내부의 의견만이 아니라 외부 전문가의 의견이나 이해관계자의 관점도 충분히 반영하는 것이 바람직하다.

제3절 전과정평가의 유용성과 한계

1. 전과정평가의 유용성과 활용

전과정평가의 유용성은 다음과 같이 요약할 수 있다.

- 전과정평가는 비교가능성이 있는 방법이다. 즉, 전과정평가는 기업 간, 제품 간, 시스템 간에 전반적 환경성과를 비교할 수 있다. 제품이나 공정 간에 차이가 있을지라도 전과정평가를 통해 환경에 미치는 영향을 전반적으로 비교·평가할 수 있다.
- 전과정평가는 포괄적인 방법이다. 전과정평가는 평가대상 시스템에 대한 모든 투입요소와 시스템으로부터의 모든 배출물이 목록화되고 이를 합계한다는 측면에서 근본적으로 회계과정과 유사하다.

전과정평가의 가장 기본적인 용도는 기업의 의사결정자에게 제품이나 공정 등 기업활동이 환경에 어떤 영향을 미치는가를 이해할 수 있도록 정보를 제공하는 데 있다. 전과정평가 결과의 용도를 몇 가지 제시하면 다음과 같다.

- 기존 공정이나 제품의 환경성과 개선이 필요한 부분을 확인할 수 있다. 즉 환경 피해의 주원인이 되는 공정이나 부품을 규명하여 개선케 함으로써 기업의 환경성과를 올릴 수 있는 것이다.
- 전과정평가는 비슷한 기능의 제품들을 서로 비교하는 데 활용할 수 있다. 예를 들어 천기저귀와 종이기저귀를 비교하거나 앞의 예처럼 음료수 포장에 따라 알루미늄캔과 유리병, 페트병을 비교할 수 있다.
- 경영자의 전략적 의사결정을 지원한다. 전과정평가는 기업의 기획, 협력업체 관리, 연구개발, 친환경제품의 설계 등의 의사결정에 활용할 수 있다. 또한 부지선정, 생산설비의 가동 및 폐기 과

정에서 환경에 미치는 영향, 에너지 사용 그리고 폐기물에 대한 평가를 통해 환경에 미치는 영향이 가급적 적은 방향으로 의사결정을 하게 한다.

- 제품의 환경라벨링 획득에 활용할 수 있다. 전과정평가는 객관적인 관점으로 제품의 친환경성을 주장할 수 있는 기준을 마련하여 다양한 환경라벨링을 적용 · 획득하는 데 활용할 수 있다.
- 전과정평가는 정부의 정책 수립 시 의사결정 지원도구로 사용이 가능하다. 새로운 규제를 도입하는 경우 이러한 규제가 미칠 영향에 대해 전과정평가를 실시하여 최적의 대안을 모색하는 것이 가능하다.

2. 전과정평가의 한계

전과정평가는 위에서 본 바와 같은 유용성이 있기 때문에 기업의 환경관리 수단으로 활용될 수 있다. 그러나 환경부하를 물량단위로 파악은 하지만 이를 화폐단위로 측정하기에는 현실적으로 한계가 있다. 그 밖의 한계점을 지적하면 다음과 같다.

- 전과정평가를 위해 수집된 자료의 대표성과 목적적합성 및 정확성의 결여이다. 전과정평가를 위한 관련 자료를 원료공급업체나 소비자(사용자)로부터 수집했을 때 그 자료의 목적적합성이나 정확성은 결여될 수 있다.
- 환경영향 평가에 사용하는 목록자료는 공간적 · 시간적 차이를 고려하지 않아서 평가결과에 대한 부정확성을 초래하기 쉽다.
- 전과정평가에 대한 경제성에 문제가 있다. 즉, 원가/효익분석 측면에서 전과정평가를 위해 투입되는 비용에 비해 평가결과의 실효성이 높지 않을 수 있다. 전과정평가 시 많은 가정을 설정하기 때문에 환경영향을 충분히 반영하지 못하기 때문이다.
- 시스템 경계의 설정, 자료 출처 및 영향범주 선정과 같은 전과정평가의 핵심사항들과 평가과정에서 설정하는 가정들이 대부분 주관적으로 결정된다. 즉, 평가 자료와 평가결과의 객관성과 신뢰성이 결여될 수 있다.
- 전과정평가를 실행하기 위한 구체적인 기준이나 절차의 결여로 평가방법이나 평가결과의 일관성과 비교가능성이 결여된다.

토론하고 발표하기

1. 전과정평가의 의의와 목적을 설명하라.

2. 전과정평가의 원칙을 설명하라.

3. 전과정평가의 절차를 설명하라.

4. 전과정평가의 절차에서 목록분석이란 무엇인지 설명하라.

5. 전과정평가의 절차에서 영향평가에 대하여 설명하라.

6. 전과정평가의 절차 중 해석단계에서 행하여야 할 업무는 무엇인지 설명하라.

7. 전과정평가의 유용성과 한계를 설명하라.

8. 전과정평가 결과의 활용방안을 설명하라.

환경경영 TIP

"생태산업단지 개도국에 수출" 산업부

생태산업단지는 산업단지에서 발생하는 폐 · 부산물을 자원으로 재이용한다. 제품의 설계 · 생산 공정에서 환경오염을 제거하거나 줄이는 청정제조기술이기 때문에 효과를 높일 수 있다.

세계은행그룹(WBG) 박지운 컨설턴트는 한국 생태산업단지 모델은 온실가스 감축 및 산업단지 생산성 향상 측면에서 개도국 산업단지에 적용할 수 있는 우수한 친환경 사업모델이라며 신규 사업성이 높은 분야라고 평가했다. 박 컨설턴트는 또 한국의 생태산업단지 모델을 최빈국과 개발도상국의 지속가능한 개발을 위한 핵심 아이템으로 선정하고 관련 기관 · 기업들의 실질적인 협력을 통한 해외공동 진출을 추진한다고 주장했다.

국내 전문가들은 생태산업단지(EIP) 모델의 성공적 해외 진출 전제 조건으로 생태산업단지 고도화를 위한 청정기술 개발 및 유관분야 간 협력을 강조했다. 한국산업생태학회장인 박흥석 울산대 교수는 "생태산업단지 사업 해외진출은 우리의 강점인 스팀네트워크 기술 개발을 발전시켜 적용하고 공적개발원조(ODA) 사업과 연계를 통해 확산할 수 있다"는 의견을 제시했다. 스팀네트워크는 기업에서 사용하고 남은 스팀을 다른 기업과 공유하는 것이다.

노형근 두산중공업 수석은 "해외 개도국 수요가 증가하고 있는 폐수처리 생태산업단지를 구축할 때 담수화 기술을 적용한다면 산업단지 내 용수 이용에 도움을 주는 등 플랜트 업계의 신규 사업 진출에 도움이 될 것"이라고 전망했다.

안상준 한국생산기술연구원 국가청정생산지원센터 박사는 "그간 생태산업단지에서 개발된 공정배열 및 소각열 활용, 폐유기용제 재자원화, 공정폐수 내 유가금속 회수 등의 대표기술이 범용적으로 적용될 수 있도록 표준화해야 한다"면서 "이를 통해 해외 진출 성공가능성을 높일 수 있다"고 제안했다.

(자료: 정지우 기자, 파이낸셜뉴스, 2017년 12월 6일)

제 11 장

환경회계

최근 환경회계에 대한 관심이 고조되고 있다. 환경회계가 21세기의 화두가 되고 있는 지속가능한 발전의 실현을 위한 하나의 툴(tool)로 제시되기 때문이다. 이러한 시대적 요청에 따라 환경회계는 더욱 활발하게 연구되고 있지만 아직 연구와 실무의 수준은 만족스럽지 못한 실정이다. 이 장에서는 환경회계의 의의와 필요성, 분류 등을 고찰하고, 환경회계의 영역인 환경재무회계, 환경관리회계, 환경감사를 논의하기로 한다. 환경보고서는 장을 달리하여 설명하기로 한다.[1)]

제1절 환경회계의 기초

1. 환경회계의 의의와 필요성

(1) 환경회계의 의의

환경회계의 정의는 학자나 기관에 따라 다소 상이하다. 이것은 환경회계가 새로운 회계영역으로 제대로 자리 잡지 못한 때문이라고 보인다. 그 용어도 학자에 따라 환경회계(environmental accounting), 녹색회계(green accounting), 지속가능회계(sustainable accounting), 생태회계

1) 환경회계에 대한 보다 자세한 내용은 전영승, 2012a, "환경회계의 이해와 적용"을 참조할 것.

(ecological accounting) 등 다양하게 사용되고 있다. 이 책에서는 환경회계라는 용어를 사용하기로 한다.

환경회계는 광의로 "기업이 지구환경보호를 위해 어떤 노력을 하며 공헌하였는가를 측정, 공시하는 회계적 사고와 시스템"으로 정의한다(小川 洌, 1996). 쉘티거(Schaltegger, 1996) 등은 "환경회계란 특정 경제시스템(예: 기업, 공장, 지역, 국가 등)이 환경과 관련하여 발생시키는 재무적 영향과 생태적 영향을 기록, 분석 보고하기 위한 활동, 방법 및 시스템을 다루는 회계학의 한 분야"로 정의한다. 위와 같은 정의는 추상적이거나 측정의 어려움이 있는 생태적 영향까지를 측정의 대상으로 보고 있다.

환경회계를 좀 더 구체적으로 정의한 캐나다 관리회계학회(1996)에 의하면 "환경회계는 환경원가를 규명하고 측정하여 적절히 배분하며 이를 경영의사결정에 반영하고, 그 결과를 기업의 이해관계자에게 알리는 것"이다. 일본 환경성의 환경회계 가이드라인(2005)에서도 "환경회계는 기업 등이 지속가능한 발전을 목표로, 사회와의 양호한 관계를 유지하면서 환경보전에의 대응을 효율적이고 효과적으로 추진하는 것을 목적으로 하며 사업활동에서 환경보전을 위해 발생한 원가와 그 활동의 결과 획득할 수 있는 효과를 인식하고, 가능한 한 정량적(화폐단위 또는 물량단위)으로 측정하여 전달하는 시스템"이라고 정의한다. 우리나라 환경부가 발표한 「2006 환경회계 가이드라인」에서는 "환경회계는 기업이 경영활동에서 발생하는 환경영향을 줄이기 위한 다양한 활동에서 발생하는 환경원가(environmental cost)와 효익(benefit)을 인식하고 측정 · 배분함으로써 내부의사결정자와 이해관계자에게 올바른 의사결정을 위한 정보를 제공하는 일련의 체계"라고 정의하고 있다.

환경회계는 넓은 의미에서 기업의 경영활동이 환경에 미치는 재무적 영향뿐만 아니라 화폐적 측정이 곤란한 생태적 영향까지를 측정하여 정보이용자에게 제공하는 시스템이라 할 수 있다. 반면에 좁은 의미의 환경회계는 기업활동에서 발생하는 환경원가와 원가발생의 결과 얻게 되는 환경효익을 가능한 화폐단위(물량단위를 포함하는 의미임)로 측정하여 전달하는 정보시스템이라 할 수 있다.

이러한 정의들을 정리하면, 환경회계란 기업이 환경활동의 내용이나 환경성과를 화폐적 혹은 비화폐적인 측정도구를 활용하여 측정하고, 그 결과를 이해관계자들에게 공시함으로써 이해관계자들이 해당기업과 관련된 각종 의사결정이나 환경성과와 환경위험을 평가할 수 있도록 유용한 정보를 제공하는 시스템이라고 할 수 있다. 전통회계가 오직 화폐단위로 측정할 수 있는 것만을 대상으로 한다면, 환경회계는 화폐단위는 물론 물량적 단위, 기술적 정보까지도 측정단위로 보고 있다는 데 큰 특징이 있다.

〈표 11-1〉 전통회계와 환경회계의 차이

구분	주요 정보이용자	측정 및 성과	보고서	보고의 근거
전통회계	투자자, 채권자 등 전통적 이해관계자	화폐적 정보: 재무적 성과, 재무적 위험	재무제표	회계책임
환경회계	녹색투자자, 녹색소비자 등 환경적 이해관계자	화폐적 정보와 물량적 정보: 환경성과, 환경위험	환경보고서 지속가능성보고서	환경회계책임

자료: 장지인, "환경회계의 현황과 발전방향에 대한 토론," 회계저널 제9권 제2호, 2000.6, p.94 일부 수정

전통적 회계와 환경회계의 차이를 요약하면 **〈표 11-1〉**과 같다.

(2) 환경회계의 필요성

환경회계는 기업 내부적으로 경영자의 의사결정 지원과 외부적으로 다양한 이해관계자의 정보욕구 만족을 위해 필요하다. 환경회계의 필요성을 구체적으로 살펴보면 다음과 같다(전영승, 2001).

1) 환경원가의 증가

환경보호에 관한 국제협약이나 각국 정부의 환경법규의 강화는 기업의 환경지출을 증가시켜 환경원가의 증가를 가져왔다. 각국 정부가 환경규제기준, 오염공정 및 생산방법의 규제, 환경유해제품의 사용규제 등을 강화함에 따라 기업에서는 환경 관련 투자나 비용의 추가지출이 늘어나고 있다. 또한 환경규제 미이행으로 인한 벌과금이나 환경파괴에 따른 손해배상액이 점차 증대되었다.

과거에는 이들 환경원가의 대부분이 사회적 비용으로 간주되어 내부회계에 반영되지 않았다. 그러나 오늘날 오염자부담원칙(PPP: Polluter Pays Principle)에 따라 환경원가를 내부화함에 따라 환경원가의 비중이 커지게 되었다. 이에 따라 경영자를 비롯한 이해관계자들은 회계시스템을 통해 정확한 환경원가정보를 파악하지 않고는 최적의 의사결정을 할 수 없게 된 것이다.

2) 환경친화적 경영시스템의 구축

환경경영시스템의 성공적 구축을 위한 주요 수단으로 환경회계시스템을 도입하는 것이다. 회계는 기업경영의 언어이자 성과평가를 위한 주요 수단이다. 즉, 환경경영시스템의 성과측정과 감사는 물론 환경 관련 투자안의 평가 등에 환경회계는 필수적이다.

3) 이해관계자의 압력

이해관계자는 기업의 존속 및 유지를 위해 필요한 물질적 자원과 비물질적 자원을 제공하는 개인이나 집단을 말한다. 전통적 이해관계자는 단기적인 재무적 성과에만 관심을 갖고 있다. 그러나 오늘날 환경지향적 이해관계자(예: 녹색구매자, 녹색투자자 등)는 단기적인 재무적 성과보다 장기적인 환경적 성과를 중시한다. 이들은 가격정보나 이익정보만으로 구매나 투자의사 결정을 하지 않는다.

따라서 환경지향적 이해관계자는 물론 환경문제로 인해 일차적 피해를 입을 가능성이 있는 종업원이나 지역사회, 환경규제를 담당하는 정부기관 등 다양한 이해관계자의 알 권리와 정보욕구를 충족시키기 위해서는 환경회계를 통해 기업의 환경정보를 제공할 필요가 있다.

4) 다양한 국제환경협약과 국제무역규제의 등장

다양한 국제환경협약과 WTO체제에서 환경과 연계한 국제무역규제도 환경회계의 필요성을 높이고 있다. 환경상계관세 등 무역규제를 회피하기 위해서는 교역제품 생산기업의 환경영향, 환경투자 및 환경지출, 환경성과 등의 자료를 명확히 산출하여 제공하는 환경회계정보가 요구된다.

그 밖에도 유리한 자금조달이나 보험계약체결을 위해서도 환경회계가 필요하다. 금융기관은 대출대상기업의 안전성과 수익성만을 고려하여 대출을 결정하지는 않는다. 보험회사 역시 보험계약 전에 계약기업의 환경보고서 제출을 요구하는 시대가 되었다. 환경친화적이지 못한 기업은 높은 대출이자율로 인한 자금조달의 어려움과 더 많은 보험료를 부담하게 될 것이다.

2. 환경회계의 기능

(1) 내부기능

환경회계는 기업 내부 환경정보시스템의 일환으로 환경보전대책에 필요한 원가와 그 효과를 평가하여 환경보전대책을 보다 효율적이고 효과적으로 추진하게 하는 기능이 있다. 그리고 환경보전활동이 사업활동에 미치는 영향을 파악하는 데 유효한 기능을 한다. 즉 환경회계시스템은 환경부하정보, 환경원가, 환경효익 등을 측정 · 분석하여 경영자원을 적절히 배분하도록 한다. 나아가 환경성과를 측정, 관리하여 효율적인 환경경영을 가능하게 한다.

또한 사내에 환경회계 정보를 공표하여 종업원의 환경의식을 고취시키고, 환경문제에 대한 올바른 인식을 갖게 함은 물론 환경을 배려하는 기업에 근무한다는 자부심을 갖도록 한다.

(2) 외부기능

기업은 환경보고서 등을 통하여 환경회계정보를 공표하는데, 이로써 환경회계는 기업이 사회와 의사소통을 촉진하는 기능을 한다. 즉, 기업이 환경보전을 위해 얼마나 노력하는지에 대해 정량적으로 측정한 결과를 공표하여 소비자, 투자자, 지역사회 등 외부 이해관계자의 의사결정에 영향을 미치는 기능을 한다. 이는 회계의 설명 · 보고책임(accountability)에 해당된다. 기업은 이해관계자들로부터 위탁받은 자원에 대한 유지 · 관리책임(stewardship)이 있고, 회계정보를 통해 그 결과를 설명하고 보고할 책임이 있다. 이러한 회계책임 개념을 확충하여 기업은 경영활동에 의하여 환경에 미치는 영향에 대하여 이해관계자집단에게 설명 · 보고하는 환경회계책임(environmental accountability)이 있는 것이다.

환경회계정보의 공표를 통해 기업은 사회적 신뢰를 얻게 되고 기업의 사회성을 향상시킬 수 있다. 기업이 환경친화적인 기업으로 평판을 얻으면 매출수익의 증대는 물론 자금조달이 용이해지고, 주가에 영향을 미쳐 주주나 투자가에게도 이익이 될 수 있다. 환경을 배려하는 기업은 취업 희망자들에게도 인기가 있어 신입사원을 채용할 때 우수인력을 확보할 수 있다.

3. 환경회계의 영역

환경회계는 정보활용대상(정보이용자)에 따라 환경재무회계와 환경관리회계로 구분되고, 측정단위에 따라 화폐적 정보와 물량적 정보 두 가지 영역으로 나뉜다. 이러한 분류체계는 **〈표 11-2〉**와 같다.[2] 이 책에서는 화폐단위를 이용한 환경재무회계와 환경관리회계를 주요 대상으로 한다.

그 밖에 환경회계정보를 포함한 환경활동에 대한 전반적 정보를 이해관계자에게 제공하는 수단인 환경보고서와 환경보고서의 신뢰성 확보를 위한 환경감사 등이 환경회계의 주요 영역이라 할 수 있다.

2) 미국 환경청(EPA)은 환경회계의 형태를 실시 주대상과 이해관계자를 기준으로 ① 국민소득회계, ② 재무회계, ③ 관리회계로 분류한다. 국민소득회계는 국가경제를 대상으로 하고 외부 이해관계자를 위한 회계로, 국가의 재생가능한 자연자원과 재생불가능한 자연자원의 소비를 물량적 또는 화폐적 단위로 측정하며 '자연자원회계'로 불린다(EPA, 1995, pp.4-5). 이와 같은 EPA의 분류는 환경회계의 거시적 측면과 미시적 측면을 망라한 것으로 볼 수 있다.

〈표 11-2〉 환경회계의 분류체계

구분		정보의 측정단위	
		화폐(monetary)단위	물량(physical)단위
정보 활용 대상	내부의사결정자	환경관리회계	물량적 환경관리
	외부이해관계자	환경재무회계	물량적 환경재무회계

출처: 환경부, 2006 환경회계 가이드라인, 환경부, p.1

환경회계의 4가지 영역의 범위와 각 영역에서 다루는 중요한 내용을 요약하면 **〈표 11-3〉**과 같다.[3)]

〈표 11-3〉 환경회계의 영역

영역	범위	주요 내용
환경재무회계	현행 재무회계의 틀 내에서 환경관련 정보를 인식 · 측정하고 제공함	• 환경원가의 배분(환경자산회계) • 환경부채의 인식과 측정 • 환경회계정보의 공시
환경관리회계	환경원가를 측정하고 이 정보를 경영자의 다양한 의사결정에 제공	• 환경원가의 개념과 측정, 분류 • 환경효익의 개념과 측정, 분류 • 환경원가정보의 활용 • 환경성과평가
환경보고서	현행 재무보고서와 별도로 독립된 환경보고서를 작성하여 환경관련 재무적 · 비재무적 정보를 제공함	• 환경보고서의 이용자와 포함될 정보내용 • 환경보고서 가이드라인 • 환경보고서의 형태
환경감사	환경보고서, 환경경영시스템에 대한 전문가(공인회계사, 환경전문가 등)의 검증서비스	• 환경감사의 종류 • 환경감사의 절차와 기준 • 환경감사전문가

출처: 장지인, "환경회계연구의 현상과 과제", 환경회계의 과제와 전망, 중앙대학교 경영연구소, 1999, p.6 일부 수정

3) 연구자에 따라서 '환경보고서' 대신 '환경성과평가'를 독립된 환경회계의 한 영역으로 주장하며, 환경보고서는 환경재무회계의 영역으로 분류한다(이병욱, 2004, p.61; 산업자원부, 2004 p.2; 김종대 · 장지인, 2001, pp.31-36). 필자는 성과평가가 관리회계의 주요 하부영역에 속하는 것으로 보기 때문에 환경성과평가를 환경관리회계의 한 하부영역으로 간주하였다.

제2절 환경재무회계

환경재무회계는 현행 재무회계의 틀 안에서 환경자산과 환경부채 및 환경비용과 효익을 인식·측정하고 이를 외부 이해관계자에게 공시하는 시스템이다. 이 정보를 통해 이해관계자들은 기업활동의 환경영향, 환경개선을 위한 기업의 지출 및 노력, 환경성과 개선의 추이, 현재 및 미래의 환경위험 등을 파악할 수 있다. 이제 환경재무회계의 주요 이슈를 간략히 살펴보기로 한다. 그러나 공식적으로 인정된 환경재무회계 기준이 별도로 마련되어 있지 않기 때문에 지금까지의 연구결과와 환경회계가이드라인을 바탕으로 기술한다.

1. 환경자산

(1) 환경자산의 의의와 취득

환경자산이란 환경오염을 예방 또는 감소시키기 위한 목적으로, 혹은 과거의 영업활동으로 인해 발생한 환경오염을 복구하거나 정화할 목적으로 취득 또는 개발한 자산을 말한다. 회계상의 다른 자산과 마찬가지로 환경자산도 취득 시 구입가액에 운임, 수수료 등 제반 부대비용을 가산한 취득원가를 재무상태표에 자산으로 계상한다.

우리나라 환경회계 가이드라인에서는 환경성과 개선을 목적으로 이루어진 지출로서 장기간에 걸쳐 지속적인 환경효익을 발생시키는 것을 환경투자라 하고, 이러한 환경투자는 환경자산으로 보고 있다. 또한 환경자산을 사후처리 목적과 사전예방 목적으로 구분하여 사전예방 자산과 설비, 사후처리 자산과 설비로 분류한다. 그리고 이들 각각의 자산과 설비는 환경매체별로, 즉 대기, 에너지, 수질, 폐기물로 나누어 관련 자산의 예를 소개하고 있다. 대부분의 환경투자는 설비 및 기계장비의 취득원가로 유형자산의 취득과 관련되지만, 이에 한정되지 않고 환경오염의 저감이나 예방, 환경보전 목적을 위한 개발비와 같은 무형자산도 포함한다.

우리나라 기업회계기준서 제5호에 따르면, 안전 또는 환경상의 규제 때문에 취득하는 유형자산은 그 자체로는 직접적인 미래 경제적 효익이 없을지라도 다른 자산으로부터 경제적 효익을 얻기 위하여 필요하므로 유형자산으로 인식할 수 있다. 또한 환경오염을 유발할 가능성이 있는 유형자산(예: 원자력발전소, 쓰레기매립장 등)을 취득, 건설, 개발할 때에는 경제적 사용이 종료된 후 환경보전을 위해 소요될 복구비용이 충당부채의 인식요건을 충족하는 경우 그 지출의 현재가치를 취득시점에서 취득원가에 산입한다.

(2) 취득 후 발생한 환경원가의 배분: 환경자산과 환경비용 및 환경손실

환경자산의 취득 또는 개발 이후에 다양한 목적으로 원가가 발생한다. 대부분의 환경자산은 내용연수가 길기 때문이다. 또한 비환경목적의 자산에 환경 관련 장치나 설비를 추가하는 경우도 생길 수 있다. 이러한 경우에 발생한 환경원가는 일정한 기준에 따라 환경자산, 환경비용 및 환경손실로 처리하여야 할 것이다.

환경원가는 기업이 환경목적을 달성하기 위하여 환경활동에 사용한 재무적 · 비재무적 자원이라 할 수 있다. 환경목적이란 환경영향을 최소화하면서 기업가치를 극대화하는 것이다. 그리고 환경활동이란 기업이 대기, 수질오염 및 폐기물 등을 처리하거나 사전에 줄이기 위한 활동과 환경성과개선을 목적으로 수행하고 있는 제반 환경경영활동을 말한다. 따라서 환경원가는 기업이 경영활동에서 발생하는 환경오염(대기, 수질, 폐기물, 토양 등)을 처리하기 위한 사후활동, 이들을 원천적으로 저감하기 위한 사전예방활동과 이해관계자에 대한 환경 관련 활동 및 법적 의무 준수활동 등에 투입된 인적 · 물적 자원의 가치로 정의할 수 있다.

원가배분(cost allocation)이란 발생한 원가를 인위적 기준에 의해 자산과 비용으로 구분하는 회계제도를 말한다. 전통회계에서 발생한 원가(costs) 중에 수익창출에 기여하고 소멸된 원가를 당기 비용(expenses)으로, 소멸되지 않고 차기로 이월되는 원가는 자산(assets)으로 기록된다. 원가가 소멸은 되었지만 수익창출에 공헌하지 않았으면 그 소멸원가는 손실(losses)이 되는 것이다.

이와 마찬가지로 발생한 환경원가 중에 미래 기간에 걸쳐 환경효익 창출이 기대되면 자본화하여 환경자산으로 기록하고, 당기의 환경효익 창출에 기여하고 소멸되는 부분은 환경비용으로 기록한다. 환경효익이란 환경활동의 결과 환경에 미치는 환경부하(혹은 환경영향)가 감소하거나 환경의 질이 개선되는 것을 말한다. 환경원가가 발생하였으나 현재나 미래에 환경효익을 가져오지 못하고 소멸되면 이는 환경손실로 처리한다. 환경법규 위반에 따른 벌과금이나 제3자에 대한 환경손상에 따른 손해배상금은 아무런 환경효익을 창출하지 못하는 환경손실이라 할 수 있다. 환경자산은 재무상태표에, 환경비용과 환경손실은 손익계산서에 각각 계상할 수 있을 것이다.

취득 후 발생한 환경원가가 환경자산으로 인식되기 위해서는 다음 기준 중 하나를 충족시켜야 한다(김종대 · 장지인, 2001).

- 환경자산의 능력을 증가시키거나 내용연수를 연장
- 기업이 소유하고 있는 다른 자산(비환경자산)의 환경효율의 개선

- 미래의 운영결과 발생할 가능성이 있는 환경오염의 저감 또는 예방
- 기타 장기적인 환경보전효과

첫 번째 기준에서 환경자산이란 순수하게 환경성과개선을 위한 목적으로 소유 · 운영하는 유형자산을 말한다. 두 번째 기준에서는 환경자산이 아닌 일반적인 유형자산에 대해서 언급하고 있다. 이 경우 자본화된 원가는 별도의 환경자산으로 기록되지 않고 일반 유형자산 원가의 일부에 포함되어 장기에 걸쳐 상각된다. 세 번째와 네 번째 기준에서는 유형자산이 아닌 환경무형자산이 가능함을 시사하고 있다. 예를 들면 환경성과개선을 위한 신기술, 신공정 및 신제품의 개발에 소요된 개발비는 자본화하여 무형자산으로 기록할 수 있다.

(3) 환경자산의 공시

환경자산의 공시에 관련해서는 다음의 대안이 가능하다(김종대 · 장지인, 2001, p.66).

- 환경자산을 구분표시하지 않는 방법
- 전적으로 환경자산인 자산을 다른 자산과 구분하여 환경자산으로 구분 · 표시하는 방법
- 전적으로 환경자산인 것뿐 아니라 다른 자산 중 환경원가를 자본화한 부분까지 표시하는 방법

환경정보에 대한 이해관계자들의 관심이 높아지면서 환경자산과 환경부채에 대한 정보를 재무상태표에 공시할 필요성은 점점 높아질 것이다. 따라서 가능하면 상세한 정보를 재무상태표에 공시해 주는 것이 회계정보의 목적적합성을 높일 것이다. 이런 관점에서 보면 위의 대안 중 두 번째 또는 세 번째 방법을 사용하여 재무상태표상에 공시하는 것이 바람직할 것이다.

2. 환경부채

(1) 환경부채의 인식

부채는 과거의 거래나 사건의 결과 미래에 자원의 유출 또는 사용이 예상되는 현재시점의 경제적 의무이다. 따라서 환경부채는 과거의 거래나 사건으로부터 발생한 환경손상을 복구하기 위하여, 혹은 환경손상으로부터 피해를 입은 제3자에게 보상하기 위하여 미래에 지출을

수반하는 현재의 의무이다.

여기서 의무는 법률과 계약으로 지급조건과 금액이 확정되어 있는 법적인 환경의무뿐만 아니라 사회정의상의 채무인 의제적인 의무(constructive obligation)를 포함한다. 의제적인 의무란 과거의 실무 관행이나 발표된 경영방침 또는 구체적이고 유효한 약속 등을 통하여 기업이 특정책임을 부담한다는 것을 표명함으로써 그 책임을 이행할 것이라는 정당한 기대를 상대방이 가지게 되는 경우에 발생하는 의무이다.

예를 들면 용지오염의 복구책임에 대한 구체적인 법규가 제정되어 있지 않은 상황에서 특정기업이 기름 유출로 용지를 오염시켰다고 하자. 이 기업은 오염시킨 용지의 복구에 대해서는 정화책임을 지겠다는 환경정책을 공표하였고, 과거의 유사 사건에서도 그러한 약속을 지킨 경험이 있다. 이 경우 지역사회 주민들은 과거에 이 기업이 취한 행동으로 보아 오염제거를 할 것이라는 합리적인 기대를 갖기 때문에 의제의무가 성립된다. 따라서 이 기업은 오염제거를 위한 미래의 복구비용을 추정하여 부채로 인식하여야 한다.

환경을 위한 미래의 지출을 의미하는 환경부채는 일반부채와 마찬가지로 확정부채와 추정부채가 있을 것이다.

- 확정부채: 지급시기, 지급금액, 채권자 등이 확정된 부채로, 재무상태표 본문에 계상되어야 함
- 추정부채: 지급시기와 지급금액, 채권자 등을 추정해야 하는 부채로, 충당부채와 우발부채가 여기에 속함

추정부채 중 충당부채(provisions)란 우발손실(미래의 어떤 사건의 발생 여부에 따라서 손실이 발생할 가능성이 있는) 항목 중에서 재무상태표일 현재 의무가 발생될 가능성이 매우 높고(발생확률이 50% 이상) 자원유출액을 신뢰성 있게 추정할 수 있는 의무를 말한다. 따라서 환경 관련 부채 중 위와 같은 요건을 충족하면 충당부채로 재무상태표 본문에 계상한다.

예를 들면 화학약품 제조업체가 수년간 토지를 오염시켜 왔다. 토지 오염에 대한 법적 규제가 없었다가 201X년 12월 31일 현재 오염토지에 대한 복구의무를 규정하는 새로운 법안이 제안되어 곧 제정될 것이 확실하다. 이러한 경우 법 제정이 확실하므로 토지를 오염시킨 것은 의제의무의 발생사건이 된다. 그 결과 의무 이행을 위한 자원의 유출가능성이 매우 높아졌다. 따라서 오염복구비용에 대한 최선의 추정치를 충당부채로 계상하여야 한다.

우발부채(contingent liabilities)는 다음 두 가지 중에 하나에 해당되는 잠재적인 부채로 주석으로 기재한다.

- 과거 사건은 발생하였으나 기업이 전적으로 통제할 수 없는 하나 또는 그 이상의 불확실한 미래사건의 발생 여부에 의하여서만 그 존재 여부가 확인되는 잠재적인 의무일 때 주석으로 공시한다.
- 과거사건이나 거래의 결과로 발생한 현재의무이지만 그 의무를 이행하기 위하여 자원이 유출될 가능성이 매우 높지 않거나(5% < 발생확률 < 50%), 또는 그 가능성은 매우 높으나 당해 의무를 이행하여야 할 금액을 신뢰성 있게 추정할 수 없는 경우이다. 즉, 수질오염 등 환경 관련 사건은 과거에 발생하였으나 그에 따른 의무이행 여부는 재무상태표일 현재 불확실한 경우라든지 재무상태표일 현재 의무는 확정되었지만 의무이행을 위한 지급금액을 추정할 수 없는 경우 등은 우발부채이기 때문에 주석으로 공시한다.

환경부채의 인식(보고)시점은 통상 환경오염이 발생하고 그 의무가 확인된 시점이라고 할 수 있다. 따라서 이 시점에서 환경부채의 금액을 합리적으로 추정할 수 있다면 부채로 인식하여야 할 것이다. 그 밖에도 환경부채를 인식할 수 있는 가능한 시점은 다음과 같다.

- 환경부채 의무를 지게 되는 유해한 용지나 설비 등을 기업 내부에서 발견하고 확인한 시점
- 유해 용지 등으로 판명되어 규제당국으로부터 정화책임을 통지받은 시점
- 당해자산의 정화나 복구가능성 조사를 행한 시점 등

보수주의 관점에서 보면, 환경부채의 인식시점은 환경오염조사 실시 중간이나 완료시점으로 하는 것이 바람직하다. 그러나 이는 환경위험에 관한 정보공시를 연기하는 셈이 된다.

(2) 환경부채의 측정

환경부채의 측정이란 재무상태표에 인식할 금액을 결정하는 것이다. 환경부채의 측정은 대부분 신뢰성 있는 추정을 통해 이루어진다. 환경부채를 추정할 때 고려할 요소는 현행 환경법규, 해당 사건에 관련된 당사자의 수 · 복구기술, 과거의 복구경험 등이다. 환경부채의 추정금액은 정화노력에 투입될 원가로서 다음과 같은 항목을 포함한다.

- 외부 법률 자문비
- 정화를 위한 탐색과 실행가능성 연구를 위한 지출
- 정화탐색과 정화계획에 대한 외부 엔지니어링회사나 자문회사의 자문비
- 정화활동에 소요되는 직접원가
- 정부의 감시비용

• 정화활동에 사용되는 기계설비의 상각비와 운영유지비 등

환경부채의 측정방법에는 최선의 추정치, 현재가치에 의한 측정, 현행원가에 의한 측정, 기대되는 지출금액에 의한 측정이 있다.[4] 최선의 추정치를 측정하는 방법은 기대현금흐름접근법(expected cash flow approach)과 발생가능성이 가장 높은 추정액에 의한 방법으로 나눌 수 있다. 추정에 어려움이 있을 때는 가능한 최선의 추정치를 제시하여야 하며, 추정치를 구한 방법에 관한 세부내용을 재무제표의 주석에 공시하여야 한다. 추정치를 구하는 것이 불가능한 경우에는 이러한 사실과 그 이유를 재무제표의 주석에 공시한다.

환경부채의 측정에 있어 장래에 있을 환경손상에 대해서 제3자로부터 기대되는 보상액이나 회수액(대리변제)은 총액주의 원칙에 의해 환경부채와 상계처리를 해서는 안 되고, 대리변제가 확실한 경우 그 금액을 별도의 자산으로 기록한다. 예를 들면 환경설비의 불량으로 오염이 발생한 경우 보험회사나 거래처(설비판매업체) 등으로부터 보험약정이나 보증계약에 의해 일정액을 보상받게 되면 그 금액을 환경부채에서 상계처리해서는 안 된다.

일반적으로 환경부채도 일반부채와 마찬가지로 단기에 상환될 부채는 실제 지급가액 혹은 이행가액으로 평가할 수 있을 것이다. 이행가액이란 미래에 의무의 이행으로 지급될 현금액에 지급에 직접 소요될 비용액을 가산한 가액을 말한다. 반면에 부채상환에 장기간이 소요되는 경우라면 현재가치로 평가하여야 할 것이다.

(3) 환경부채의 공시

환경부채도 채무의 지급기한에 따라 유동부채와 비유동부채에 속하는 것으로 구분할 수 있을 것이다. 또한 채권자, 지급시기, 지급금액 등이 확정되어 있다면 확정부채로 재무상태표 본문에 기록될 것이다. 재무상태표일 현재 순수한 환경목적의 설비를 구입하고 대금을 지급하지 않았다든지, 환경 관련하여 확정된 손해배상액을 지급하지 않았다면 확정된 환경부채로 지급기한에 따라 유동부채 혹은 비유동부채의 한 항목으로 보고하여야 할 것이다.

환경부채 중 충당부채나 우발부채의 성격에 해당되는 것은 앞에서 설명한 요건의 충족정도에 따라 충당부채로 재무상태표 본문에 공시하든지, 우발부채로 주석 공시하면 될 것이다.

4) 보다 자세한 설명은 전영승, 2012a, pp.187-189 참조.

3. 환경효익(수익)과 환경비용

(1) 환경효익의 정의

환경효익이란 기업의 환경활동(환경보전활동)으로부터 발생하는 유형 · 무형의 환경개선효과를 말한다. 환경효익은 화폐액으로 측정할 수 있는 경우도 있지만 환경활동의 결과 환경의 질 향상으로 쾌적한 환경, 국민 건강의 증진 등으로 인한 삶의 질 향상, 기업이미지의 향상 등과 같이 화폐액 측정이 곤란한 경우도 있다.

(2) 환경효익의 분류

산업자원부가 발간한 환경관리회계 매뉴얼(2004)에는 다음과 같이 다양하게 환경효익을 분류하고 있다.

1) 화폐적 효익과 물량적 효익

화폐적 효익이란 화폐단위로 측정될 수 있는 환경효익이다. 화폐적 효익에는 측정이 용이하거나 합리적 측정이 가능한 직접효익(실질적 효익)과 효익의 화폐액을 추정하거나 추정조차 어려운 추정효익이 있다. 물량적 효익이란 물량단위로 측정될 수 있는, 즉 화폐단위로 환산하지 않고 물리적 단위로 오염물질의 양이나 자원 및 에너지의 사용량이 측정되는 환경효익이다.

그러나 화폐적 효익과 물량적 효익이 항상 상호 배타적인 것은 아니다. 물량적 환경효익이 발생한 경우 그 효익을 화폐단위로 환산할 필요가 있고 동시에 그것을 합리적으로 추정할 수 있다면 화폐적 효익으로 볼 수 있다.[5)]

2) 사적 효익과 사회적 효익

사적 효익(private benefit)은 환경원가를 지출한 기업에만 가져오는 환경효익이다. 이는 내부효익이라고도 한다. 사회적 효익은 환경원가 발생의 결과 기업 입장이 아니라 국가경제 전체에 미치는 물량적 환경개선효과를 말한다. 예를 들면 탈황설비를 가동하여 대기배출물질 중

5) 일본 환경성의 환경회계 가이드라인(2005)은 환경효익을 환경보전효과와 환경보전대책에 따른 경제효과로 구분한다. 환경보전효과는 환경부하의 발생방지, 억제 또는 회피, 영향의 제거, 발생한 피해의 회복 등에 따른 효과로, 물량단위로 측정하는 물량적 효과로 볼 수 있다. 환경보전대책에 따른 경제효과는 환경보전대책을 추진한 결과 기업의 이익에 공헌한 효과로, 화폐단위를 이용하여 측정되기 때문에 화폐적 효익으로 볼 수 있다.

SOx 배출량의 감소로 대기오염도가 개선되고 국민건강 증진에 기여한 것은 사회적 환경효익에 속한다.

환경회계는 기업을 대상으로 하기 때문에 기업에게 경제적 이익을 가져다준 사적 효익이면서 동시에 측정가능한 화폐적 효익을 대상으로 한다. 사적 효익의 분류와 예는 **〈표 11-4〉**와 같다.

〈표 11-4〉 사적 효익의 분류 및 예

분류			정의	예	측정 가능성
직접 효익	매각 이익	—	• 환경보전활동에 의해 발생한 직접적인 매각액	• 재활용폐기물의 매각액 • 재활용제품의 매각액 • 회수한 폐열의 매각액	합리적 측정 용이
	직접 비용 절감액	• 자원사용에 관한 비용 절감 • 오염물질 배출에 관한 비용 절감 • 환경손상비용과 관련한 비용 절감	• 자원투입비용 중 자원의 순환적 혹은 효율적 이용으로 인한 비용절감액 • 규제대상 오염물질의 배출량저감에 따른 비용절감액 • 환경손상비용의 당기 절감액	• 원재료비 절감액, 에너지비용 절감액, 용수비 절감액 • 법정부담금 절감액, 배수처리비 절감액, 폐기물 처리비 절감액 • 보험료 절감액	합리적 측정 가능
추정 효익	위험 회피 효익	• 조업손실 및 벌금 회피 • 피해보상 및 배상 회피	• 환경활동을 통해 환경사고나 규제위반으로 인한 조업손실 및 벌과금 회피 • 환경활동을 통해 환경사고나 재산권침해 등에 의한 피해보상 및 배상 회피	• 법규 위반으로 인한 조업손실 회피 • 수질오염대책, 소각로 제거로 인해 주민이나 보험회사에 보상 회피	합리적 추정 가능
	환경 경영 시스템 효익	• 환경경영으로 인한 관리효율화 • 환경경영이 부가가치에 기여한 효과	• 환경경영시스템의 설치, 운영으로 인한 경영관리의 효율성 제고 효과 • 환경경영이 부가가치에 기여한 효과	• 환경경영시스템 운영과정에서의 교육효과, 환경광고활동 효과 등 • 생산으로 인한 부가가치 중 환경보전활동의 기여분	합리적 추정 곤란
	미래 매출 증대 효익	• 기업의 환경이미지 제고로 미래매출 증대 • 기업가치 증가	• 기업의 환경이미지 향상 및 제품의 환경친화성 향상으로 인한 미래매출 증대	• 기업의 종합적 환경활동이 기업이미지 향상에 기여한 부분을 계량화한 금액	합리적 추정 매우 곤란

출처: 산업자원부, 환경관리회계 매뉴얼, 2004, p.48

3) 유형효익과 무형효익

유형효익(tangible benefits)은 환경활동으로 인한 효익의 실체를 직접 보고 느낄 수 있는 효익이다. 앞에서 설명한 직접효익과 상통하는 개념이다. 예컨대 부산물 매각수익, 환경활동으로 인한 자원절감액 등이다. 무형효익(intangible benefits)은 환경활동으로 인해 얻은 효익을 직접 측정하거나 확인하기 어려운 효익이다. 환경활동으로 인한 기업이미지 제고, 고객충성도의 증가, 지구환경개선의 정도 등이 이에 속한다.

(3) 환경효익의 측정

우리나라 환경부의 「2006 환경회계 가이드라인」에는 환경효익 측정의 기본원칙을 다음과 같이 제시하고 있다.

1) 비용효과성의 원칙

기업이 환경효익을 측정할 때 중요한 효익을 우선적으로 측정한다. 중요성의 원칙을 준수하되 이를 측정하는 데 소요되는 인적 · 물적 자원이 많이 소요될 경우 측정을 생략할 수 있다. 이는 모든 정보생산의 기본원칙이라 할 수 있다.

2) 측정의 용이성과 합리성의 원칙

당해 기간에 인식한 환경비용에 수익을 적절히 대응하는 것이 원칙이다. 그러나 효익측정이 용이하지 않거나 발생가능성의 불확실성으로 인해 적절히 측정할 수 있는 합리적이고 일관성 있는 방법을 채택하기 힘든 경우에는 여러 가지 여건이 마련될 때까지 측정을 생략할 수 있다.

환경효익의 측정은 환경원가의 측정보다 훨씬 어려운 작업이다. 그 이유는 환경효익에 관한 정확한 개념 정리가 되어 있지 않기 때문이고, 환경효익의 측정방법에 관해 기존의 사례나 연구가 거의 없기 때문이다.

화폐적 효익과 물량적 효익의 구체적인 측정방법은 산업자원부가 제시한 환경관리회계 매뉴얼(2004)을 참고하기 바란다.[6)]

6) 화폐적 환경효익 중 추정효익과 물량적 효익의 측정방법 및 사례 등에 대하여는 산업자원부의 환경관리회계 매뉴얼(2004, pp.41-65)을 참조할 것.

(4) 환경비용과 환경효익(수익)의 공시

1) 환경비용의 공시

환경비용은 당해기간의 환경효익 창출에 공헌하기 위해 소멸된 환경원가이다. 아무런 환경효익 창출에 기여하지 못하고 소멸된 환경원가는 환경손상원가(환경손실)로 분류할 수 있으나 환경원가이기 때문에 여기서 함께 고찰하기로 한다.

환경비용의 공시를 위해서는 경상항목에 속하는 환경비용과 비경상항목에 속하는 환경비용으로 구분할 필요가 있다. 또 경상항목에 속한다면 제조원가인지 비제조원가(판매비와 관리비, 영업외비용 등)인지 등을 구별해야 할 것이다. 환경비용이 임시적, 비반복적, 우발적으로 발생하든지, 영업외비용이 거액 발생한다면 비경상항목으로 공시하여야 할 것이다. 이는 기본적으로 환경원가를 발생시키는 활동의 성격과 기존의 비용항목 구분의 원칙에 따라야 할 것이다.

2) 환경수익(효익)의 공시

환경효익은, 앞에서 보았듯이, 기업의 환경활동을 통해 발생하는 유형 · 무형의 효익을 말한다. 이들 환경효익 중 손익계산서에 수익으로 공시할 수 있는 것은 화폐액으로 측정할 수 있는 직접효익일 것이다. 화폐액으로 측정이 어려운 추정효익은 보수주의 관점에서 수익으로 공시하는 것은 곤란하다.

직접효익은 재활용제품의 매각액, 재활용 폐기물의 매각액, 회수한 폐열의 매각액 등과 같은 매각이익과 환경활동으로 인한 자원이나 에너지 절감액, 폐수나 폐기물처리비 절감액, 보험료 절감액 등과 같은 비용절감액으로 구분할 수 있다.

환경효익 정보를 공시할 경우 이해관계자가 적절한 판단을 할 수 있도록 측정범위 및 측정방법 등을 주석으로 기재하여야 한다.

제3절 환경관리회계

환경관리회계는 기업 내부 경영자의 의사결정에 필요한 환경정보를 화폐적 혹은 물량적으로 측정하여 제공하는 환경회계의 한 분야이다. 환경관리회계의 목적은 경영자의 환경보전활동을 추진하기 위한 관리를 지원하고, 환경보전을 목적으로 하는 의사결정에 유용한 환경정보를 제공하는 것이다.

환경관리회계의 주된 영역은 환경원가의 측정과 환경원가관리기법 및 그 활용이다. 이 절에서는 환경원가의 측정과 환경원가관리기법 중 최근 주목을 받고 있는 물질흐름원가회계에 중점을 두어 설명하기로 한다.

1. 환경원가의 정의

환경원가란 환경목적을 달성하기 위한 기업의 강제적 또는 자발적 활동에 소요된 자원이다. 환경목적은 기업활동으로 인한 환경영향을 사전에 예방 또는 감소시키거나, 사후에 처리, 처분 또는 제거하여 자연환경에 미치는 영향을 최소화하는 것이다. 법규나 협약에 의한 강제적인 환경활동이든 경영자의 자발적인 의사결정에 의한 활동이든 기업의 환경활동은 자원을 사용한다. 이러한 환경활동에 사용된 자원을 환경원가라 한다(산업자원부, 2004, p.4).

2. 환경원가의 분류

환경원가는 학자나 나라에 따라 다소 상이하게 분류하고 있다.[7] 여기서는 환경원가의 일반적 분류와 환경활동에 따른 분류를 중심으로 설명한다.

(1) 일반적 분류

환경관리회계 측면에서 환경원가의 범위는 환경관리회계기법이 어떠한 목적을 가지고 있는지에 따라 달라진다. 즉, 환경관리회계가 대상으로 하는 환경원가의 범위는 다음과 같이 7가지로 나눌 수 있다(國部克彦, 2004, p.28).

- 환경원가
- 재료원가와 에너지원가

7) 일본 환경회계 가이드라인(환경성, 2005)은 환경원가를 사업활동에 따라 ① 사업영역내원가(공해방지원가, 지구환경보전원가, 자원순환원가), ② 상 · 하류원가, ③ 관리활동원가, ④ 연구개발원가, ⑤ 사회활동원가, ⑥ 환경손상원가, ⑦ 기타원가로 분류하고 있다. 그리고 각각의 원가에는 소분류되어 기타원가를 제외하고 모두 36가지 원가의 예를 제시하고 있다. 2005년판 가이드라인은 환경원가의 성격에 따라 9가지의 원가를 추가로 제시하고 있다. 미국 환경청(EPA, 1995)은 경영자의 투자의사결정에 초점을 맞추어 환경원가를 ① 전통적 원가, ② 숨겨져 있을 가능성이 있는 원가, ③ 우발원가, ④ 이미지 및 관계조성 원가, ⑤ 사회적 원가로 분류하고, 각 원가에 속하는 세부적인 항목의 예를 제시하고 있다.

- 폐기물에 배분되는 가공원가
- 제품에 배분되는 가공원가
- 제품 사용 시에 발생하는 환경원가(에너지 원가 등)
- 제품 폐기 혹은 리사이클 시에 발생하는 원가
- 환경부하로서의 사회적 원가

위의 내용을 좀 더 구체적으로 살펴보면 다음과 같이 3가지로 범주화할 수 있을 것이다.

첫째, 기업 내부에서 발생하는 원가이다. 여기에는 ① 환경(보전)원가, ② 재료원가와 에너지원가, ③ 폐기물에 배분되는 가공원가, ④ 제품에 배분되는 가공원가가 속한다. 이 중에서 환경재무회계에서 주요 대상으로 하는 것이 환경원가이다. 환경원가계산과 관련된 것은 재료원가와 에너지원가 및 제품에 배분되는 가공원가이다. 폐기물에 배분되는 가공원가는 전통적 원가계산에서 별도로 계산하지 않았으나, 최근 새로운 원가계산기법으로 대두된 물질흐름원가회계에서는 별도로 계산하고 있다.

둘째, 전과정원가로서 제품이 판매된 이후 ⑤ 제품 사용 시에 발생하는 환경원가(에너지 원가 등)와 ⑥ 제품 폐기 혹은 리사이클 시에 발생하는 원가가 이에 속한다. 제품의 사용이나 폐기 및 리사이클하는 경우에 발생하는 원가의 상당수는 환경에 관련된 원가이며, 제품의 환경부하를 저감시키기 위해서는 제품의 설계와 개발단계에서부터 전 과정에서 발생하는 원가를 파악할 필요가 있다. 이를 전과정원가계산(Life Cycle Costing)이라 한다.

셋째, 사회적 원가이다. ⑦ 환경부하로서의 사회적 원가가 이에 해당된다. 사회적 원가는 기업의 경영활동이 원인이 되어 발생한 환경부하이지만 기업이 부담하지 않는 외부불경제이다. 그러나 환경부하를 일으킨 원천적인 책무가 기업에 있으므로 기업에 있어서의 환경보전 활동의 본질은 이 외부불경제로서의 사회적 원가를 최소화하여야 할 것이다.

사회적 원가까지 포함하여 7가지 환경원가를 모두 계산하는 기법은 완전(전부)원가회계(Full Cost Accounting)라고 한다. 그러나 완전원가회계는 사회적 원가 측정의 어려움 때문에 아직까지 개념적 차원에 그치고 있다. 앞으로 사회적 원가의 측정기법을 연구·개발하여 사회적 원가까지 포함한 광의의 환경원가계산인 완전원가회계를 실시할 날이 올 것으로 믿는다.

(2) 환경활동별 분류

우리나라 환경부가 제시한 「2006 환경회계 가이드라인」은 환경원가의 범위를 기업의 환경활동에 따라 크게 4가지로 분류하고 있다.

1) 사후처리활동원가(end-of pipe activities costs)

사후처리활동원가는 대기오염 및 수질오염 처리를 위한 시설이나 설비에 소요된 비용, 폐기물처리 관련 발생비용, 기타 소음이나 진동 및 토양오염과 관련된 시설 및 설비에 소요된 비용과 이들 오염의 사후처리에 발생한 비용을 말한다. 사후처리활동원가는 다시 사내시설 운영비용, 위탁처리비용, 기타 비용 등으로 세분된다.

2) 사전예방활동원가(pollution prevention activities costs)

사전예방활동원가는 오염이 발생하기 전, 즉 제품개발, 원재료 조달, 제품생산, 폐기물 처리 및 부산물 재자원화 등의 모든 과정(life cycle)에서 환경오염물질 발생을 원천적으로 방지, 최소화하기 위해 발생하는 비용이다. 사전예방활동이 사후처리활동보다 더 큰 환경개선효과가 있기 때문에 사전예방활동원가의 비중은 높아지는 추세이다. 사전예방활동원가는 다시 환경경영 관련비용, 자원 절약 및 재활용 활동비용, 연구개발활동비용, 기타 예방활동비용으로 나뉜다.

3) 이해관계자활동원가(stakeholder activities costs)

이해관계자활동원가는 기업의 사회적 · 환경적 책임을 완수하기 위해 환경 관련 단체나 지역사회와 협력 프로그램을 운영하거나, 이러한 단체에 기부나 지원하는 활동, 그리고 이해관계자에게 환경성과를 공개하고 환경친화적 이미지 제고를 위해 수행하는 다양한 활동에서 발생하는 원가이다. 여기에 속하는 비용은 대외협력활동비용과 기타 관련 활동비용이 있다.

4) 법규준수 및 복원활동원가(environmental compliance & remediation activities costs)

법규준수활동비용은 각종 환경 관련 법규에 따라 기업이 지급하게 되는 각종 부과금 및 부담금을 말한다. 환경복원활동비용은 기업이 오염물질을 제대로 처리하지 않거나 사고로 발생하게 되는 각종 법규 위반, 환경사고 및 피해에 대한 벌과금, 환경소송 및 손해배상, 자연복구 등에 지급하게 되는 비용이다. 따라서 법규준수 및 복원활동원가에 속하는 비용은 법규대응비용, 환경복원 및 소송비 등으로 구분한다.

3. 환경원가의 측정

(1) 구분기준

환경원가를 측정할 때 무엇보다 중요한 것은 비환경원가로부터 환경원가를 구분하는 것이다. 쉽게 말하면 환경활동에 의해 발생한 원가는 환경원가이며 비환경활동을 통해 발생한 원가는 비환경원가이다. 그러나 실제로 둘을 구분하는 것은 간단하지 않다. 일반적으로 환경원과와 비환경원가를 구분하는 기준에는 목적기준과 효과기준이 있다.

목적기준이란 환경보전을 목적으로 지출한 원가는 환경원가로 간주하는 것이다. 환경성과 개선을 목적으로 발생한 원가는 결과적으로 환경성과의 개선을 가져오지 않더라도 환경원가로 보는 것이다. 다만, 환경효익이 없으면 환경손실로 기록한다. 효과기준이란 환경보전목적은 아니었지만 원가지출의 결과 환경보전효과가 있다면 이를 환경원가로 보는 것이다. 일반적으로 목적기준을 따른다.

따라서 실무에 적용할 수 있는 간단한 지침 2가지는 다음과 같다.

- 어떤 활동이 환경 법률과 규정에 의거하여 이루어진 경우, 이러한 활동과 관련된 지출은 환경원가이다. 환경법률과 규정준수를 위하여 발생한 원가는 지출목적(또는 동기)이 환경보호와 관련이 있기 때문이다.
- 환경오염물질의 사후(종말)처리(end-of pipe)를 위한 지출은 모두 환경원가이다. 사후처리시설과 그와 관련된 지출은 환경오염물질을 직접적으로 처리하기 위한 것이므로 모두 환경원가가 된다.

(2) 복합원가 분리

복합원가(complex costs)란 환경목적과 비환경목적을 동시에 갖는 활동에서 발생한 원가로 기업의 환경보호를 위한 자발적인 지출이나 공정개선과 관련된 원가는 대부분 복합원가에 해당된다. 복합원가에 대한 환경원가와 비환경원가의 분리방법은 다음과 같다.

1) 전액계상법

이 방법은 복합원가를 일정한 기준으로 구분하여 모두 환경 또는 비환경원가로 보는 것이다. 즉 유형자산을 분류할 때 그 자산을 취득한 동기 또는 목적이 일정한 비율(예: 50%) 이상 환경목적이라 판단되면 그 자산을 모두 환경자산으로 분류하고, 그 자산에 대한 감가상각비를 모두 환경비용으로 계상하는 방법이다. 단순하고 편리하다는 장점이 있어 실무에서 흔히 사용하는 방법이다. 그러나 일정한 기준에 대한 객관성이 결여될 수 있다.

2) 부분계상법

이 방법은 복합원가를 환경과 비환경원가로 분리해 별도로 계상하는 것이다. 즉, 복합원가의 일정부분을 환경원가로 계상하고 나머지는 비환경원가로 계상하는 방법이다. 구체적인 방법은 다음의 2가지가 있다.

첫째, 차액원가계산방법(differential cost method)이다. 이는 같은 기능을 수행하는 비환경설비의 원가를 산출해 낼 수 있다면 복합원가와 비환경설비 원가 간의 차이를 환경원가로 간주하는 방법이다. 증분원가계산방법(incremental cost method)이라고도 한다.

- 환경원가 = 복합원가 − 같은 성능 및 사양의 비환경설비원가

예를 들면 환경을 배려한 설비의 원가가 200,000원이고 환경을 배려하지 않은 경우의 원가가 150,000원이라면 환경원가는 50,000원이 된다.

둘째, 비례원가계산방법(proportional cost method)이다. 이 방법은 차액원가계산방법을 적용하기 힘들 경우 총원가를 활동의 목적에 비례하여 환경과 비환경원가로 할당하는 것이다. 이 경우 모든 설비나 운영원가에 대해서 각각 다른 비율을 적용한다는 것은 실무적으로 어렵고 실익도 없다. 따라서 기업은 미리 정해진 기준에 따라 각 설비 및 운영원가를 몇 가지로 유형화하여 원가를 구분한다.

4. 물질흐름원가회계

환경원가정보를 기업경영 의사결정에 활용하는 방법은 여러 가지가 있다. 예컨대 물질흐름원가회계, 전과정원가계산, 환경설비의 투자결정, 환경품질원가계산, 환경원가기획, 균형성과표와 환경원가관리 등이다.[8)] 이들 방법론은 제각기 다른 특성과 목적이 있으므로 업종이나 기업이 처한 상황에 따라 선택적으로 사용할 수 있을 것이다. 여기서는 최근 중요성이 부각되고 있는 물질흐름원가회계[9)]에 대하여 간략히 소개한다.

(1) 물질흐름원가회계의 의의

물질흐름원가회계(Material Flow Cost Accounting)는 1990년대 후반 독일의 민간 환경경영연구소인 IMU(Institute fur Management und Umwelt)가 개발한 환경관리회계 기법이다.

전통적 원가계산의 목적은 제품을 제조할 때 소비된 물질이나 서비스의 가치를 해당제품

8) 이들 기법에 대한 상세한 설명은 전영승, 2012a; 이병욱, 2004, pp.58-61; 矢澤秀雄, 湯田雅夫, 2004 등을 참조할 것.

9) 보다 상세한 내용은 산업자원부(2004)에서 발간한 환경관리회계 매뉴얼(pp.77-107)을 참조할 것. 여기서는 이병욱(2004)의 전게자료(pp.60-63)를 중심으로 간략히 기술함.

에 전가시키는 과정을 기록 · 계산하는 데 있다. 따라서 투입된 재료가 얼마나 제품을 구성하는지는 파악하지 않는다. 즉, 원재료가 100% 제품이 되는(폐기물이 발생하지 않는) 경우나 원재료의 90%가 폐기물이 되는 경우에도 폐기물처리비용 등을 무시하고 나머지 조건이 동일하다면 제품원가가 같다. 그러나 두 경우는 자원생산성 측면에서 볼 때 엄청난 차이가 있으며 환경에 미치는 부하도 크게 다르다. 원재료가 제품으로 되지 않으면 폐기물이 되고, 그만큼 환경적으로 비효율성이 발생하기 때문이다.

이러한 환경적 비효율성은 생산공정에서의 비효율을 의미하므로 폐기물을 저감한다는 것은 기업경영에서 매우 중요한 과제가 된다. 전통적 원가계산에서는 이 점을 충분히 파악할 수 없으므로, 제조과정을 폐기물의 발생(제조)이라는 관점에서 재조명할 필요성이 대두되었고 이를 위한 방법이 바로 물질흐름원가회계이다.

제조과정을 폐기물의 발생과정으로 파악한다는 것은 제조과정을 원재료라고 하는 물질(material)의 흐름으로 보고, 각 물질이 생산공정(process)에서 어떻게 이동하고, 어디에서 체류(stock)하며, 어느 부문에서 제품과 폐기물로 나뉘는지를 파악하는 것이다. 따라서 물질흐름원가회계는 물질(원재료와 에너지)의 흐름을 파악하여 제품의 원가계산은 물론 폐기물의 발생장소와 물량을 파악할 뿐만 아니라 추가적으로 폐기물의 원가를 계산할 수 있는 시스템이다. 특히 폐기물을 물질손실(material loss)로 파악하고 이를 삭감시켜 환경부하의 저감과 동시에 기업이익도 증대(원가의 절감)시키려는 방법이다.

국제표준화기구는 2011년 9월 물질흐름원가회계에 대한 국제표준규격(ISO14051)을 발표하였다. 이 규격은 인증을 받기 위한 규격은 아니고 기업이 자발적으로 적용할 수 있는 규격이다.

(2) 물질흐름원가의 산출과정

1) 단계1: 물질흐름모델을 작성한다

이 단계에서는 물량센터를 설정하고 물질흐름모델을 작성한다. **〈그림 11-1〉**과 같이 생산공정을 분석하여 제품 및 물질손실(material loss) 흐름(flow)과 제품 및 물질손실의 저장(stock)에 대한 차트를 만드는 것이다. 물질흐름모델을 통해 외부에서 구입한 원재료(물질)가 창고에 입고되고, 생산과정을 포함하여 어떻게 이동하는지를 파악할 수 있다.

2) 단계2: 각 물량센터의 물질수지를 산출한다

물질수지(mass balance)란 기업이 어떠한 환경부하를 발생시키고 있는지를 알아보기 위해, 기업에 투입되는 물질과 기업으로부터 배출되는 물질을 물질의 종류별로 물량단위를 이용하여 측정·표시하는 방법이다. 그리고 물질수지를 측정하는 포인트를 물량센터라 한다. 예컨대 〈그림 11-1〉에서 물량센터는 창고(입고와 출고), 생산, 폐기물처리시스템이다.

〈그림 11-1〉 물질흐름모델

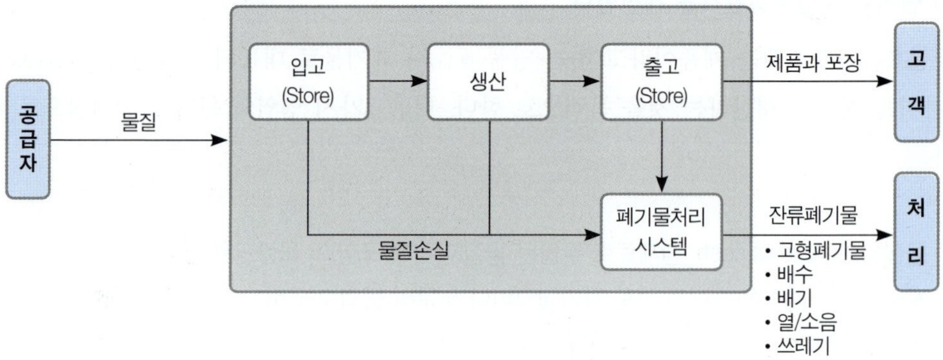

물량센터를 설정한 후 투입, 산출, 물질손실 이외에 필요한 경우 기초재고, 기말재고 자료를 각 물량센터별로 계산한다. 이 경우 물질흐름원가회계는 과거 데이터에 대한 계산이며 미래를 예측한 계산이 아니기 때문에 6개월이나 1년 등 대상기간을 미리 설정하고 해당 기간의 데이터만 계산한다.

3) 단계3: 물량데이터를 포함한 물질흐름도를 작성한다

물량센터별 물질수지를 모두 파악한 뒤에는 물질흐름원가회계 대상범위의 흐름모델을 다

〈그림 11-2〉 정보시스템과 물질흐름도의 관계

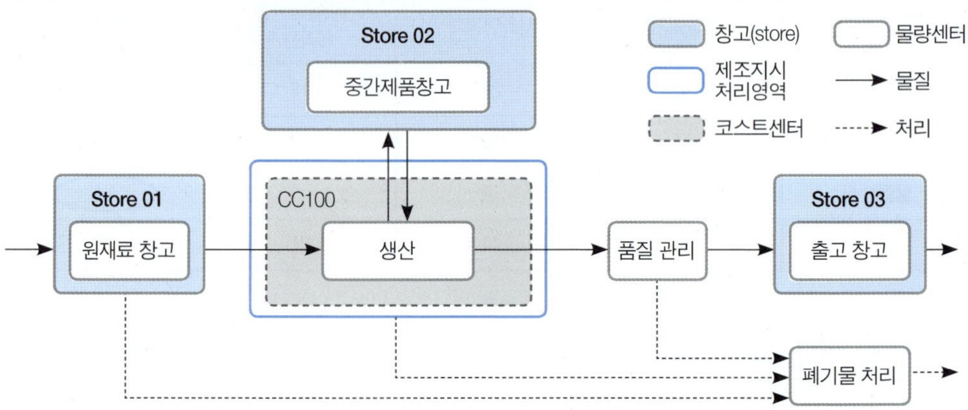

시 한 번 확인해야 한다. 물질흐름도(material flow chart)란 물질의 흐름과 체류(stock)에 대한 정보를 흐름도에 집약한 후 정보시스템이 어떤 정보체계, 범위, 단위로 설정되어 있는지를 나타내는 것이다. **〈그림 11-2〉**는 이러한 관계를 도식화한 것이다.

4) 단계4: 물질흐름원가를 계산한다

물질흐름원가회계는 제품이라고 하는 양품(良品)과 폐기물로 대표되는 물질손실(material loss)의 가치를 정확히 계산하는 것을 목적으로 한다. 다음 3가지 영역의 원가를 중점적으로 파악한다.

- 물질원가(material cost): 원재료로 투입된 물질(에너지 포함)의 물량단위와 중량을 파악
- 시스템 원가(system cost): 주로 감가상각비나 노무비 등의 가공비
  가공비 = 제조원가−(물질원가+폐기물 배송/폐기물 처리원가)
- 배송/폐기물 처리원가: 제품, 폐기물 등을 이송 또는 처리하는 데 소요되는 배송비와 폐기물 처리비용

5) 단계5: 흐름원가 매트릭스를 작성한다

이 매트릭스는 **〈그림 11-3〉**과 같이 구성된다. 여기서는 전통적인 원가계산에서 명시되지 않는 포장, 물질손실원가 이외에도 물질, 시스템, 배송/폐기물처리 등에 관한 원가가 제시되어 새로운 관점에서의 기업의 원가를 분석할 수 있다. 즉, 이 표를 통해 실제 물질원가가 전체원가에서 차지하는 비중과 물질손실인 부(負)의 제품인 폐기물원가가 전체원가에서 차지하는

〈그림 11-3〉 원가 매트릭스 작성의 예

제조코스트 (in US $ m.)	물질원가	시스템원가	배송/폐기물 처리원가	합계
제품	85	22	18	125
포장	27	18	2	47
물질손실	19	4	1	24
합계	131	44	21	196

물질원가가 상당한 비율을 차지한다!
(제조원가의 67%)

제조원가의 상당부분이 물질손실에 기인한다!
(제조원가의 12% 이상)

비중을 구분하여 파악할 수 있다.

〈그림 11-3〉의 사례를 보면 전체원가의 12% 이상이 물질손실로 파악되고 있어 적절한 관리가 이루어지면 상당한 저감효과를 기대할 수 있음을 알 수 있다. 이와 같은 물질흐름원가회계는 대체로 원재료 투입량이 많으며 부산물 및 폐기물 발생이 많은 철강, 시멘트, 제지, 석유화학 등의 업종에서 매우 효과적으로 적용될 수 있을 것이다.

(3) 물질흐름원가회계의 유용성과 한계

1) 물질흐름원가회계의 유용성

첫째, 설비투자안의 평가에 유용한 정보를 제공한다. MFCA를 통해 공정에 있어서의 폐기물의 원가를 정확하게 파악할 수 있으므로 여러 개의 설비투자안 중에서 폐기물절감액이 가장 큰 투자안을 선택할 수 있다. 폐기물을 삭감하기 위해 얼마 정도 투자를 행하면 좋을지 투자액의 허용범위 또한 파악할 수 있을 것이다.

둘째, 원재료나 설계변경에 유용한 정보를 제공한다. MFCA를 통해 폐기물이 발생하는 장소(공정)와 발생량 및 원가도 파악할 수 있다. 따라서 폐기물의 발생이 원재료나 설계방식에 영향을 받은 것이라면 구매부서나 설계부서에 원재료의 변경이나 설계변경을 요구할 수 있을 것이다. 즉, 폐기물 발생이 적은 원재료를 구입하도록 요구하는 것이다.

셋째, 현장개선활동을 촉진시킨다. 전통적 원가계산에서는 폐기물원가를 별도로 구하지 않았지만, MFCA는 폐기물의 물량은 물론 원가까지 계산하여 그 원가를 절감함으로써 얻는 경제적 효익을 가시적으로 보여 준다. 따라서 현장책임자로 하여금 폐기물 삭감활동에 의해 얻을 수 있는 경제적 효과를 제시하여 개선활동을 촉구하게 된다. 또한 MFCA의 도입으로 생산라인 전체를 볼 수 있어 문제가 되는 장소(물량센터 혹은 공정)를 발견하여 그곳을 집중적으로 관리하므로 현장개선을 도모할 수 있다.

넷째, 기업경쟁력 강화에 기여한다. MFCA의 도입으로 기업은 각 제조공정에 투입된 물질과 에너지뿐만 아니라 원가범위를 인건비, 감가상각비 등까지 확대하여 제품(양품)의 생산에 사용된 가치와 폐기물을 발생시키는 부(−)의 가치를 구분할 수 있다. 따라서 폐기물의 원가를 가시화하여 이를 절감하는 것은 자원생산성을 높이는 것이고, 경제적 이익을 확보하는 것인 동시에, 환경부하의 저감을 실현하는 것이다. 따라서 경제적 수익성과 환경적 건전성을 동시에 추구하여 궁극적으로 기업경쟁력 강화에 기여하게 된다.

2) 물질흐름원가회계의 한계

앞에서 기술한 바와 같이 MFCA가 유용성이 많음에도 불구하고 다음과 같은 한계도 있다.

MFCA를 통해 얻은 폐기물의 발생량이나 원가가 환경부하 저감이나 폐기물의 삭감으로 직결되는 것은 아니다. 즉, MFCA를 통해 전통적 원가계산에서 얻을 수 없었던 물질손실의 물량과 금액을 알 수는 있지만 환경부하의 저감이나 물질손실의 삭감에 관한 대책까지는 알 수 없는 것이다. 마치 병원에서 찍은 x-ray가 질병을 발견하는 것이지 치료하는 것은 아닌 것과 같은 이치이다.

또한 원천적으로 중량이 없는 에너지를 제품과 폐기물로 배분하는 적절한 기준이 없는 점과, 물질손실에 고정비나 감가상각비까지 포함하는 근거가 미흡한 점 등은 앞으로 해결해야 할 과제라 할 수 있다.

제4절 환경감사

환경감사는 기업이 도입한 환경경영시스템이나 이해관계자의 알 권리 충족과 커뮤니케이션 수단으로 제공하는 환경보고서에 대한 감사를 의미한다. 여기서는 환경감사의 의의와 필요성, 환경감사의 영역만을 간략히 기술하기로 한다.[10)]

1. 환경감사의 의의와 필요성

(1) 환경감사의 의의

유럽연합의 EMAS(환경경영 및 감사제도: Eco-Management & Audit Scheme)는 환경감사란 "환경에 영향을 미치는 기업실무를 관리할 목적과 기업의 환경목적 및 목표를 포함한 환경방침에 따라 평가할 목적으로 환경보전을 달성하기 위한 조직, 환경경영시스템 및 과정의 성과를 체계적, 문서적, 정기적, 객관적으로 평가하는 경영관리수단(management tool)이다"라고 정의하고 있다. 그리고 이어서 환경성명서(환경보고서와 같은 성격임)에 대한 외부 공인환경검증인에 의한 외부감사(검증)를 받아 공시할 것을 제시하고 있다.

국제표준화기구(ISO: International Organization for Standardization)도 환경감사를 "명시된 환경활동,

10) 보다 자세한 내용은 전영승, 2012a, pp.554-604 참조할 것.

사건, 여건, 경영시스템, 또는 이들에 관한 정보가 환경감사기준에 적합한지를 확인하기 위하여, 관련증거를 객관적으로 수집하여 평가하고 그 결과를 감사의뢰인에게 알리는 체계화되고 문서화된 검증과정"이라고 정의하고 있다(ISO, 1996, ISO14010). 2002년 10월에는 품질경영시스템(ISO9000) 감사와 환경경영시스템(ISO14001) 감사를 통합한 새로운 감사규격인 ISO19011이 발표되었다. 이 규격은 품질경영시스템의 감사는 물론 환경경영시스템을 감사할 수 있는 지침에 해당된다. 더욱이 대규모 조직은 물론 소규모 조직에도 적용할 수 있어 유연성 있는 규격으로 평가받고 있다.

따라서 환경감사는 독립된 환경감사인에 의해 기업이 구축한 환경경영시스템이 규격에 적합한지를 평가하고, 환경성과가 환경법규 등 각종 규제를 준수하고 있는지를 점검하며, 기업이 공표한 환경보고서의 신뢰성을 검증하는 활동이라고 할 수 있다. 환경 관련 활동에 대한 회계처리의 타당성을 확인하는 활동도 환경감사에 속한다. 이를테면 환경원가의 측정과 배분, 환경효익의 측정과 공시, 환경부채의 평가와 공시 등 회계처리에 대한 적합성을 확인하는 것이다.

(2) 환경감사의 필요성

환경감사의 필요성을 환경경영시스템 감사와 환경보고서 감사로 나누어 설명하면 다음과 같다.

환경경영시스템 감사의 필요성은, 먼저 환경경영시스템이 ISO14001 국제표준규격의 충족 여부를 확인하고, 둘째로 환경법규와 제반규격의 준수 여부를 검증하며, 셋째로 환경경영시스템의 효용성을 평가하고, 넷째로 기업에서 사용하는 설비와 작업절차에서 비롯되는 각종 환경적 위험(대기, 수질, 토양 등에 미치는 오염)을 평가하는 데 있다. 그리고 환경보고서 감사의 필요성은 환경보고서의 신뢰성을 확보하는 데 있다. 환경보고서에 대한 외부감사의 필요성을 구체적으로 살펴보면 다음과 같다(장지인, 1999, p.26).

- 외부검증은 검증과정에서 내포된 정밀한 검토과정을 통하여 환경보고의 질을 향상시킬 수 있다.
- 정기적인 환경보고서에 대한 외부검증은 환경문제를 고려한 연차보고서에 추가적인 신뢰성과 보증을 더해 준다. 예컨대, 환경보고서에 대한 전문성 있는 제3자의 외부검증은 환경부채와 같은 항목의 신뢰성을 더해 줄 것이다.
- 환경보고서에 환경정보의 허위보고에 대한 주주나 규제기관의 법적인 소송문제를 외부검토를 통하여 완화해 줄 것이다.
- 신뢰성 있는 외부검토가 없다면 투자자들이 환경보고서에 나타난 환경성과정보가 기업의 환경

책임이라고 보기보다는 일종의 이해관계자와의 관계를 개선하기 위한 행위로 간주할 가능성이 있다. 그러나 어느 기업의 환경보고서가 외부기관에 의해 검증되어 신뢰성이 확보되었다면 환경 의식이 있는 투자자들은 이 기업에 기꺼이 투자를 할 것이다.

2. 환경감사의 분류

(1) 감사주체에 따른 분류

1) 내부환경감사

내부환경감사(Internal Environmental Audit)란 환경 관련 지식은 물론 당해기업의 제품과 공정에 대한 지식과 피감사부서나 영역에 대한 지식 및 경험이 풍부한 내부인 또는 내부조직에 의하여 정규적으로 실행되는 감사를 말한다. 내부감사인은 감사 대상 부서나 영역으로부터 독립성이 보장되어야 한다.

내부환경감사의 주요 내용은 다음과 같다.

- 기업의 환경 관련 활동이 효과적이고 효율적으로 수행되고 있는지를 평가한다.
- 이를 위해 환경경영시스템이 유효하게 기능하고 있는지를 확인한다.
- 환경관리활동이 환경계획에 따라서 진행되고 있는지를 확인한다.
- 환경을 배려한 기업정책을 실행에 옮길 때 적절한 기술을 투입하고 있는지를 감사한다.
- 환경상의 문제점을 발견하여 그 개선책을 모색하고 환경관리수준 자체의 향상을 도모한다.

2) 외부환경감사

외부환경감사(External Environmental Audit)는 외부 전문기관에 의해 환경경영시스템 이행 여부, 환경방침과 환경목표의 달성 여부 확인 등을 통하여 환경성과를 개선하는 감사를 말한다.

외부환경감사의 주요 내용은 다음과 같다.

- 환경정책이 수립되어 있는지, 수립되어 있다면 요건에 부합하는지를 감사한다.
- 환경경영시스템이 규칙에 맞게 효과적으로 정비 · 운용되고 있는지를 감사한다.
- 내부 환경감사와 조사는 규칙의 요건에 따라 실시되고 있는지를 감사한다.
- 환경보고서에 수록된 정보의 신뢰성이 있는지, 감사 대상 사업장의 모든 중요한 정보를 망라하고 있는지를 감사한다.

(2) 감사대상에 따른 분류

1) 환경경영시스템 감사

환경경영시스템 감사(EMS 감사: Environmental Management System Audit)란 기업이 EMAS나 ISO14001과 같은 환경경영시스템 규격에서 규정한 요건에 적합하게 경영체제를 갖추고 있는지를 점검하는 것이다. 환경경영시스템에 대한 국제감사규격은 2002년에 품질 및 환경경영시스템 감사 규격으로 제정된 ISO19011이 있다.

2) 환경보고서 감사

환경보고서 감사(Environmental Report Audit)란 공인된 외부 환경감사인에 의해서 환경보고서의 신뢰성 여부, 감사 대상 사업장의 모든 중요한 정보를 망라하고 있는지의 여부를 감사하는 것이다. 환경보고서 감사는 자발적인 환경감사라는 점에서 내부환경감사와 유사하나 공인회계사 등 제3자에 의해 수행되는 외부감사이다. 환경보고서 감사는 공인회계사에 의한 재무제표감사와 유사한 구조이지만 아직은 공인회계사에 의한 외부환경감사는 제한적으로 이루어지고 있는 실정이다. 따라서 '환경보고서 감사'라는 용어보다 '환경보고서 검증'이라는 용어가 보편적으로 사용되고 있다.

3) 법규준수 감사

법규준수 감사(Compliance Audit)란 환경 관련 법규에서 규정한 환경기준이나 배출허용기준 등을 준수하고 있는지를 감사하는 것이다. 이는 법규이행 감사라고도 한다. 법규준수 감사는 다른 환경감사에 비하여 비교적 간단하며, 환경감사 가운데 가장 보편적으로 실시되고 있다.

토론하고 발표하기

1. 환경회계의 의의와 필요성을 설명하라.

2. 환경회계의 기능을 설명하라.

3. 환경회계의 영역을 설명하라.

4. 환경원가의 자본화 기준을 설명하라.

5. 환경부채의 개념을 설명하라.

6. 환경부채의 측정에 대하여 설명하라.

7. 환경효익(수익)의 의의와 분류를 설명하라.

8. 환경원가의 개념과 분류를 설명하라.

9. 환경원가와 비환경원가를 구분하는 기준에 대하여 설명하라.

10. 복합원가의 분리방법에 대하여 설명하라.

11. 물질흐름원가회계에 대하여 설명하라.

12. 환경감사의 의의와 필요성을 설명하라.

13. 환경감사의 분류를 설명하라.

환경경영 TIP

'ISO14051' 無대응 산업경쟁력 약화 우려 원가 절감 · 자원손실 최소화 동시추구 필요

생산원가와 환경오염 부하를 동시에 낮추는 환경경영기법을 담은 국제표준 ISO14051이 오는 6월 발효되지만 국내기업의 인식이 이를 따라잡지 못해 장기적으로 산업경쟁력 약화가 우려되고 있다. ISO14051의 요체는 환경관리회계 기법의 하나인 물질흐름원가회계(Metirial Flow Cost Accounting, MFCA)다.

MFCA는 원재료와 자재 등의 흐름과 재고를 물량과 금액 측면에서 측정한다. 생산 공정과 제품 전 과정에서 각 단계에 투입된 물질과 여기서 산출된 제품 및 손실에 대한 원가를 파악, 원가 절감과 동시에 자원 손실을 최소화하기 위한 기법이다.

특히 제조업 중에서도 소재 · 가공 부문에서 효과가 가장 크고 물류업종이나 서비스업에도 적용 가능하다. 최근에는 기업의 서플라이 체인(Supply Chain)을 활용한 MFCA가 각광을 받고 있다. 대기업은 주로 제품 조립단계에 참여하므로 실질적인 원가를 줄이기 위해서는 협력사에서 원가를 대폭 줄이는 것이 방법이기 때문이다. 한국의 경우 원재료비 비중이 62%로 압도적으로 높아 MFCA를 언제까지 외면할 수는 없다.

김종대 인하대 교수는 "현재 기업들은 세부공정별 투입 · 산출량을 측정하지 않기 때문에 정확한 손실이 얼마인지, 어느 공정에서 어떻게 줄일 수 있는지는 '블랙박스'"라며 "특히 제품 생산과정에서 나오는 폐기물이나 폐수 등을 손실로 보지 않고 정상적인 절차로 보는 것도 문제"라고 말했다. 기업 부서 간 협조가 잘 이뤄지지 않는 것도 문제로 지적되고 있다.

김 교수는 "환경부서와 생산 · 회계부서의 협조가 있어야만 MFCA가 활성화되지만 알다시피 생산부서나 회계부서의 파워가 커 환경부서에 그다지 협조적인 편이 아니다"면서 "기업 최고 경영자가 관심을 갖고 추진해야만 가능하다"고 지적했다.

(자료: 이투뉴스 184호, 2011.3.14)

제 12 장

환경보고서

기업은 환경경영활동의 성과를 보고하기 위하여 환경보고서를 작성하여 공개하고 있다. 환경보고서는 이해관계자와의 커뮤니케이션 수단으로서 역할을 하고 있다. 환경보고서가 환경성과정보의 전달기능을 담당한다고 볼 수 있기 때문이다. 환경보고서는 물량정보만이 아니라 많은 기술적 정보가 포함되는 특징이 있다. 이 장에서는 환경보고의 가장 포괄적이고 일반적 형태인 환경보고서(environmental report)의 의의와 필요성, 작성원칙, 작성절차 및 가이드라인에 대하여 고찰하기로 한다.

제1절 환경보고서의 이해

1. 환경보고서의 의의와 목적

환경보고서란 기업이 일정기간마다(정기적으로) 기업의 환경방침과 목표, 환경조직, 환경경영시스템, 환경성과 등을 이해관계자에게 제공하는 보고서를 말한다. 환경에 관련된 정보는 전통적인 이해관계자에게도 그렇겠지만 환경단체와 같이 기업의 사회적 측면에 관심을 갖는 이해관계자 집단에게는 더욱 중요하다. 따라서 오늘날 기업 환경보고서는 환경문제의 심각성이 높아지면서 기업의 환경 관련 노력과 활동내용을 투자자와 소비자, 종업원 및 지역사회 등에게 알리는 주요 채널로 확고하게 자리를 잡아 가고 있다.

환경보고서를 통한 이해관계자와의 커뮤니케이션은 기업의 환경성과에 대한 정보공개를 의미하며, 이는 기업의 환경정책과 방침에 대한 약속이행을 객관적으로 입증하는 전략적 수단으로서의 의미도 있다.

환경보고서의 목적은, 먼저 기업 내외의 현재 및 잠재적 이해관계자들이 의사결정을 할 수 있도록 환경경영과 관련된 유용한 정보를 제공하는 것이다. 둘째, 기업 내적으로는 환경경영의 효율성을 제고하는 데 기여하는 것이다. 셋째, 기업 외적으로는 사회적 신뢰성 제고와 경영투명성 향상에 일조하는 것이다. 환경보고서는 기업의 환경성과에 대한 투명성 확보, 환경책임의 완수, 환경성과의 입증, 환경적으로 건전하고 지속가능한 발전의 실현 등의 목적을 달성하기 위하여 발간되고 있다(전영승, 2008, p.315).

서유럽과 북미의 선진기업들은 1980년대 후반부터 자발적으로 환경보고서를 작성하기 시작하였다. 여러 선진국가의 대기업에서는 연차보고서에 환경정보를 언급하는 것에 그치지 않고 독립된 환경보고서(stand-alone environmental report)를 매년 혹은 2~3년에 1회 정도의 비율로 발행하고 있다.[1] 2000년대에 들어서면서부터 환경보고서뿐만 아니라 지속가능성(경영)보고서 또는 사회책임보고서 등 다양한 형태의 보고서에 환경보고를 실시하고 있다.

환경보고서는 책자로 작성되는 것이 일반적이다. 그러나 최근에는 인터넷 웹사이트에 전자공개도 보편화되고 있다. 우리나라의 기업들도 인터넷 웹사이트에 환경보고서를 공개하고 있는 추세이다. 그리고 환경보고서의 질적 충실에도 현저한 변화가 일어나고 있다. 이러한 발전과 변화의 배경에는 환경지향적 이해관계자의 높은 관심은 물론, 환경보고서의 작성지침(guideline) 발간, 환경보고서에 대한 표창제도의 실시 등이 있다.

2. 환경보고서의 발전단계

환경보고서의 발행에 있어서 그 내용이나 수준은 여러 가지인데, 환경보고의 현상과 장래의 방향성을 나타내기 위해 환경보고서의 발전단계모델이 연구되고 있다. 환경보고서를 선도적으로 발간한 주요 기업들을 대상으로 UNEP와 Sustain Ability사는 공동조사하여 환경보고서를 작성수준에 따라 5단계로 구분하였다. 환경보고서에 대한 선진국의 동향은 이 5단계를 밟고 있다고 볼 수 있다(〈그림 12-1〉 참조).

- 1단계: 최소한의 환경정보를 연차보고서에 수록하는 단계

1) 환경보고서의 적절한 공표 간격에 대하여는 아직까지 합의된 바가 없지만 연차적으로 보고하는 기업이 증가하는 추세이다. 비정기적 공시보다는 정기적으로 작성 · 공시하는 것이 이해관계자에게 유용할 것이다(Schaltegger et al., 1996, p.243).

〈그림 12-1〉 환경보고서의 발전단계

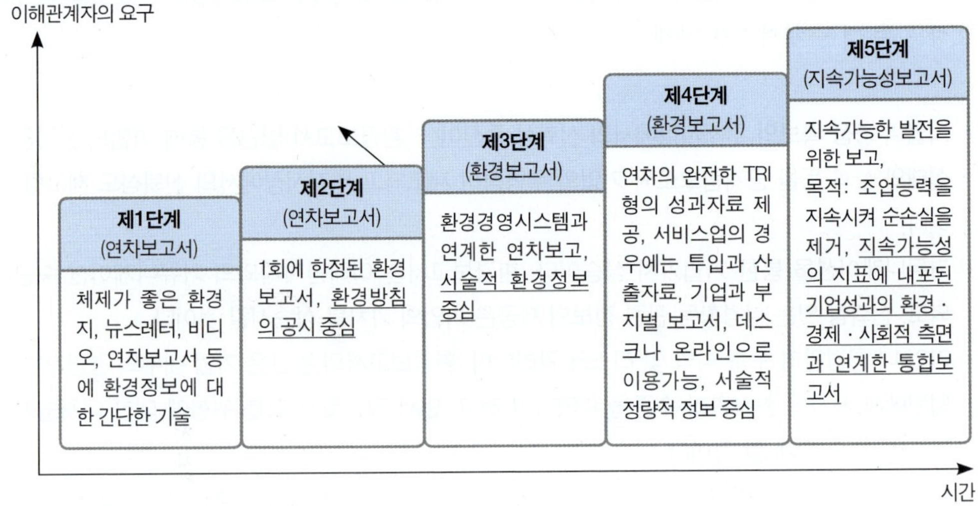

자료: 國部克彦, 1998, p.132, 일부 수정

- 2단계: 환경방침 중심으로 연차보고서에 수록하는 단계
- 3단계: 환경성과 자료를 주로 서술형식으로 담아 환경보고서를 작성하는 단계
- 4단계: 서술적 정보는 물론 물량적 정보까지 포함하여 환경보고서를 작성하는 단계
- 5단계: 기업의 경제, 환경 및 사회적 측면을 연계하여 통합한 소위 지속가능성보고서를 작성하는 단계로, 오늘날 대기업들은 5단계에 이르렀다고 할 수 있음

21세기의 화두가 되고 있는 지속가능한 발전을 위해서는 경제적 측면, 사회적 측면, 환경적 측면의 조화와 균형이 요구되기 때문에 향후 기업의 환경보고서는 환경이 경제적 및 사회적 측면과 함께 고려되는 지속가능성(경영)보고서로서 발간될 것으로 보인다.

3. 환경보고서의 필요성

기업은 매 결산기에 경영성과와 재무상태, 현금흐름 등을 담은 재무보고서를 발간하여 이해관계자의 의사결정을 돕는다. 환경보고서는 환경측면에 대한 기업의 활동과 성과 등을 정기적으로 이해관계자에게 제공함으로써 환경측면의 투명성과 커뮤니케이션을 제고하는 역할을 한다. 특히 각종 대형 환경사고가 발생하고 환경 관련 시민단체를 비롯한 NGO, 소비자 등으로부터 기업의 환경 관련 활동에 대한 정보공개 요구가 커지면서 환경보고서의 필요성은 더욱 높아지게 되었다.

환경보고서를 발간함으로써 기대되는 다음과 같은 효과(산자부, 2005, p.30)가 환경보고서의 필요성을 좀 더 구체적으로 말해 준다.

- 기업 투명성 확보와 투자시장에서의 신뢰성 증진이다. 환경보고서 발간을 통해 기업의 환경경영 실태와 성과 등을 공개함으로써 기업의 투명성이 제고되고 투자시장에서의 신뢰성도 제고될 것이다.
- 커뮤니케이션을 통한 기업가치 상승이다. 환경보고서는 이해관계자와의 커뮤니케이션 수단이 되고, 신뢰성 있는 환경활동 관련 정보의 제공은 기업의 가치를 상승시킬 것이다.
- 기업 내 환경관리 수준 파악 및 리스크 관리이다. 환경보고서의 발간은 기업 내부의 경영자나 종업원에게 자사의 환경관리 수준을 파악하게 하고, 언제 발생할지 모를 위험에 대한 대처능력을 가늠해 볼 수 있게 할 것이다.
- 해외사업 등 신규사업 기회 확보이다. 환경보고서 발간을 통해 자사가 경쟁기업에 비해 환경경영 수준이나 강점이 무엇인지 파악 가능하게 되고, 이를 통해 신규사업 기회의 확보나 해외사업 진출가능성 등을 평가할 수 있을 것이다.
- 친환경적 기업이미지 제고이다. 환경보고서를 발간하는 기업은 상대적으로 친환경적 기업이미지가 제고되어 자금 확보나 우수인력 확보에 유리할 수 있다.

4. 환경보고서의 기능

환경보고서는 기업의 환경경영 상황을 사회에 널리 알림으로써 기업 내외적으로 다양한 기능(역할)을 수행한다(환경부, 2007, p.10).

환경보고서의 기업 외부적 기능은 다음과 같다.

- 기업의 사회적 환경책임 요구에 대한 보고수단으로서 역할을 수행한다. 나날이 강조되고 있는 기업의 사회적 책임 중에서 환경부문에 대한 책임에 대하여 기업 외부의 이해관계자에게 알리는 매체로서의 기능을 담당한다.
- 이해관계자의 판단에 영향을 주는 유용한 정보를 제공하는 역할을 수행한다. 예컨대 환경신용평가에 유용한 정보를 제공한다. 환경신용평가란 기업의 환경성과, 위험, 기회를 고려하여 기업에 대한 투자결정 및 환경의 신뢰성을 평가하는 것을 말한다.
- 환경 커뮤니케이션의 수단으로서 역할을 수행한다. 환경보고서는 기업의 환경관리 상황을 사회에 알림으로써 사회적 신뢰성과 투명성을 높이는 환경 커뮤니케이션의 수단이 된다.

- 환경보전형 사회구축을 위한 수단으로서 역할을 한다. 환경보고서의 공시를 통해 사회 전체의 환경보전의식 향상을 도모할 수 있다.

환경보고서의 기업 내부적 기능은 다음과 같다.

- 기업이 자주적으로 환경경영 수준을 향상시키도록 한다. 환경방침, 목표, 실행계획 등을 재검토하도록 하고 환경정보의 수집이나 시스템을 재정비하도록 한다.
- 경영자나 종업원으로 하여금 자사의 환경경영에 대한 효과적인 이해와 자부심을 갖도록 한다.

5. 환경보고서의 주요 이해관계자와 활용목적

환경보고서의 이해관계자는 관점에 따라 투자자에서부터 지역사회까지 광범위하다. 주요 이해관계자를 들면 투자자 및 주주, 소비자, 기업 내 임직원, 고객사 및 협력업체, 행정기관, 지역사회 등이다. 이들 이해관계자의 환경보고서 활용목적을 살펴보면 다음과 같다(산자부, 2005, p.31).

(1) 투자자와 주주 및 금융기관

투자자와 주주 및 금융기관과 관련하여 보면, 기업의 환경보고서 발간 및 환경이슈 관리는 해당 기업의 투명성을 높여 주어 투자시장에서의 신뢰성을 증진시키는 역할을 한다. 이런 측면에서 환경보고서는 기업활동의 설명(IR: Investor Relations) 및 홍보자료로 쓰이며, 투자 결정이나 보험료 및 융자를 위한 이자율 결정 등의 판단기준으로 이용된다.

(2) 소비자

기업의 환경보고서는 제품선택과정에서 소비자에게 관련 기업 및 제품의 환경 관련 정보를 제공한다. 소비자와 관련하여 보면, 최근 질적 요구수준의 향상 및 환경피해에 대한 심각성 인식의 확산에 따라 상품이나 서비스를 선택할 때 제품의 가격이나 품질뿐만 아니라 제품 전 과정의 환경영향을 고려하는 요구가 늘고 있으며 이러한 요구를 환경보고서가 충족시켜 준다.

(3) 기업 내 임직원

직원(종업원)에게 환경보고서의 발간 및 준비과정은 기업 내 환경 · 안전 · 보건 등에 관련된 정보의 공유를 가능하게 하며, 이를 통하여 종업원의 사기 진작이나 환경의식 고취, 환경사고 대응 능력의 향상을 돕는다.

(4) 고객사 및 협력업체

거래처(고객사 및 협력업체)와 관련하여 보면, 환경보고서의 발간 및 환경이슈 관리는 친환경 공급망 관리, 녹색구매 시스템 등의 도입으로 협력사와의 연계적인 리스크 관리를 가능하게 하여 안정적인 환경리스크 대응을 준비할 수 있게 한다. 지속적인 친환경경영 및 정보공개로 인한 신규시장 확보에도 사용될 수 있다.

(5) 행정기관

행정기관에서는 녹색기업(환경친화기업) 선정 등에 환경보고서의 제공을 요구하고 있으며, 기업의 환경성과를 모니터링하여 환경성과가 뛰어나거나 투명성 있게 정보를 공개하는 기업에게 인센티브를 주는 등의 정책적인 도구로 활용할 수 있다.

(6) 지역사회

지역사회와의 관계에서 환경보고서는, 기업이 생산활동으로 인한 환경영향이나 환경보전 또는 환경사고를 미연에 방지하기 위한 환경활동 등을 투명하게 공개함으로써 지역사회에 대한 관심을 표명하는 커뮤니케이션 통로가 되므로 지역주민의 신뢰를 얻는 중요 자료로 활용될 수 있다.

(7) 시민단체

환경 NGO 등 시민단체는 환경보고서를 통해 기업의 경영활동에 따른 환경부하 정도를 알 수 있고, 동종기업 간 비교도 할 수 있으며, 기업의 사회적 책임 이행정도에 대한 파악을 할 수 있다. 환경보고서는 기업과 시민단체 사이의 쌍방향 의사소통 도구로 활용될 수 있다.

그 밖에도 환경문제에 관심 있는 학생이나 동아리들이 환경보고서를 통해 기업의 환경문제 대한 대처 노력과 환경배려를 위한 활동들을 파악함으로써 미래의 취업대상기업이나 거래처 선정 등에 활용할 수 있다.

제2절 환경보고서의 작성

1. 환경보고서의 작성원칙(환경정보의 질적 특성)

환경정보의 질적 특성이란 환경보고서가 추구하는 목적을 달성하고 이용자들에게 유용한 환경정보가 되기 위한 특성을 말한다. 이것은 환경보고서상의 정보가 정보로서의 가치(유용성)를 갖고 있는가를 평가하는 기준이 된다. 환경보고서가 보유해야 할 정보의 질적 특성으로 다음 6가지를 들 수 있다(환경부, 2007).

(1) 목적적합성

목적적합성(Relevance)이란 정보 이용자의 다양한 기대와 요구들을 인식해서 의사결정에 활용하기에 적합하여야 한다는 특성이다. 목적적합한 정보는 정보 이용자의 의사결정에 필요할 뿐만 아니라 관심을 고조시키고 의견을 형성하는 데에도 유용하다. 따라서 정보 이용자가 누구인지를 미리 정하여 대화를 통해 기대와 요구들을 이해한 뒤, 이에 적합한 정보를 수록하는 것이 바람직하다. 그러나 환경보고와 같이 비교적 도입 역사가 짧은 경우에 무엇이 정보 이용자의 관심에 적합성이 있는지를 파악하는 것은 그리 쉽지 않다. 이 점에 대하여는 각종 환경보고서에 관한 지침을 참조하고 정보 이용자와 쌍방향 의사소통경로를 구축하여 정보를 수집하는 것이 필요하다.

(2) 신뢰성

신뢰성(Reliability)이란 정보가 믿을 수 있는 신실한 것이어야 한다는 특성으로 환경보고서에 공개된 정보의 정확성을 말한다. 환경정보가 신뢰성을 갖지 못한다면 정보 이용자는 환경정보를 의사결정에 이용할 수 없을 뿐만 아니라, 미래의 예측도 불가능하게 될 것이며, 환경정보에 대한 사회적 신뢰도 얻지 못할 것이다. 유용한 정보가 되기 위해서는 반드시 신뢰성이 보장되어야 한다.

환경보고서의 신뢰성을 평가하는 하나의 기준은 기업이 부정적인 정보(bad news)를 공시하는지의 여부를 검토하는 것이다. 그러나 부정적인 정보라도 적극적으로 공시하는 기업은 성실하다고 볼 수는 있지만, 이것에 의해 환경정보의 신뢰성 전체를 증명한다고 보기에는 한계가 있을 것이다.

(3) 명료성

명료성(Clarity)이란 보고서가 다양한 이해관계자에게 이해하기 쉽게 작성되어야 한다는 특성으로, 이해가능성(understandability)이라고도 한다. 명료성을 확보하기 위해서는 학술적이고 과학적인 용어를 주의 깊게 사용하여야 하며, 명료한 단어와 간결하고 적절한 그래프, 사진 등을 적소에 사용하여야 한다. 필요하다면 추가적 설명도 하여야 할 것이다. 또한 환경보고서의 용어, 양식과 내용을 표준화할 필요도 있다. 환경정보가 목적적합성과 신뢰성을 갖추고 있다 하더라도 의사결정자가 그것을 이해하지 못한다면 유용한 정보라고 할 수 없을 것이다.

(4) 비교가능성

비교가능성(Comparability)이란 정보의 인식 및 측정, 제시가 일관성을 유지하여 한 시점에서 기업 간 비교 혹은 동일기업 내에서의 기간별 비교를 할 수 있도록 해야 한다는 특성이다. 환경정보는 비교가능성이 있을 때 의사결정에 유용한 정보가 되고 미래 예측에 도움이 된다고 할 수 있다. 목적적합성이 있고 신뢰성이 있는 정보를 명료한 형식으로 제공한다 해도 환경정보의 측정절차나 평가방법, 공시방식 등을 매년 변경하여 비교가능성을 해치는 보고서는 유용한 보고서라 할 수 없다. 특히 환경보전활동은 매년 누적된 정보가 중요하다. 특정연도의 개선지표만으로는 전체의 성과를 평가할 수 없으므로 정보의 비교가능성이 중시된다.

(5) 시기적절성

시기적절성(Timeliness)이란 이해관계자에게 기업의 환경보전 방침이나 목표 등이 적절한 시기에 공표되어야 한다는 특성이다. 즉 정보이용자가 필요로 하는 시점에 정보가 제공되어야 한다는 것으로, 정보가 정보로서의 가치를 잃기 전에, 정보가 이해관계자의 의사결정에 영향을 미칠 수 있는 능력을 상실하기 전에 제공되어야 함을 의미한다. 최근에는 인터넷 웹사이트에서의 전자공시를 이용하여 주요 변화가 발생할 때마다 새로운 공시를 추가함으로써 보다 적시성 있는 정보를 제공할 수 있게 되었다.

(6) 검증가능성

검증가능성(Verifiability)이란 보고되는 자료 및 정보가 객관적 · 독립적으로 검증 가능해야 한다는 특성이다. 만약 정보 제공자의 주관에 의해서 측정되거나 평가된 정보가 객관적 검증 없이 환경보고서에 수록된다면 그 보고서는 신뢰성이 떨어질 것이다.

2. 환경보고서의 주요 내용

환경보고서에 포함되어야 할 내용에 대해서는 여러 가지 견해가 있지만 핵심적인 항목에 대하여는 대강의 합의가 형성되어 있다고 볼 수 있다. 기본적 항목으로는 다음 5가지를 들 수 있다(國部克彦, 1998, pp.187-189).

- 조직의 개요
- 환경방침 및 환경목적 · 목표
- 환경경영시스템
- 환경성과평가
- 기타

(1) 조직의 개요

조직의 개요란 이해관계자들이 기업과 관련된 환경문제를 개괄적이고 전반적으로 파악할 수 있도록 한 기업의 일반현황에 대한 간단한 설명을 말한다: 업종, 종업원의 수, 매출액 및 총자산액 등 기업의 경영활동과 재무능력을 평가할 수 있는 경영 관련 통계수치와 주요 생산제품, 공정에 관한 기본적인 자료 및 환경보전활동에 임하는 최고경영책임자의 서약 등이다. 이것은 환경보고서의 도입부분으로서 환경보고서 전체의 기조를 결정하는 중요한 부분이다.

(2) 환경방침 및 환경목적 · 목표

환경보고서에는 최고경영자의 환경에 대한 서약에 근거해서 기업의 환경방침을 명확히 하고, 이를 지향하는 목적과 최종적으로 목적을 실현하기 위한 구체적 세부목표를 기록하여야 한다. 환경방침은 기업의 환경경영에 대한 의지와 결의를 공식적으로 표명하는 문서이다. 이해관계자는 환경방침이나 환경목표를 통하여 기업의 환경보전활동에 대한 자세나 환경개선 의지를 알게 된다. 환경방침을 환경목적 및 목표로 구체화하는 것은 당해기업의 환경보전활동을 결정하는 가장 중요한 부분이다. 실행가능성과 중요성을 비교 · 검토하면서 환경목표가 설정되어야 할 것이다. 그리고 설정된 여러 가지 목표의 실적은 환경성과로 평가하게 된다.

(3) 환경경영시스템

환경경영시스템은 위와 같은 환경방침 · 목표를 실현하기 위한 구체적 업무와 조직체계를 말한다. 환경경영시스템 항목의 주요 내용은 환경경영을 위한 조직기구, 시스템을 운영하기 위한 기본적인 모델(예: Plan-Do-Check-Act의 순환), 환경감사 프로그램의 설명 등이다. 종업원들에게 환경개선에 대한 동기를 부여하고 창의력을 발휘하도록 조직체계를 갖추어야 한다. 또한 최고경영자의 환경경영철학이 모든 종업원들에게 원만히 전달될 수 있는 의사소통 통로도 조직체계에 반영되어야 한다. 이들은 환경경영시스템을 지탱하는 정보로서 환경보고서에 기록되어야 할 것이다.

(4) 환경성과평가

환경성과평가는 기업이 설정한 환경목표의 달성정도를 평가하는 것이고, 이는 기업활동이 환경에 미치는 영향정도를 설명한다고 볼 수 있다. 환경성과평가는 환경보고서의 중심항목이다. 실무에서는 환경성과평가에 대하여 여러 가지 방법이 시도되고 있다. 환경성과는 정성적 평가도 가능하고, 그것이 적당한 영역도 있지만 기본적으로는 정량적 지표에 의한 기간비교 혹은 기업 간 비교가 가능한 평가방법을 추구하여야 할 것이다. 우리나라의 경우 환경부가 제시한 환경성과평가 가이드라인을 준수하여 평가한 결과를 공시하면 될 것이다. 환경성과평가에 대한 보다 자세한 내용은 제9장에서 고찰하였다.

(5) 기타

환경보고서에 수록될 기타 내용으로는 검증보고서 등 제3자의 의견이나, 전문용어에 대한 용어해설, 이해관계자로부터의 의견수렴을 위한 설문지, 전화번호, 팩스번호, 전자우편, 환경관련 부서명과 담당자 성명 등이다. 나아가 환경보고서에 우표가 부착된 반송용 봉투나 엽서를 첨부해 배포하거나, 수신자 부담 전화번호 등을 기록하여야 할 것이다.

한편, 독일의 Clausen과 Fichter(1995)는 다양한 이해관계자의 정보욕구를 충족시키기 위해서 환경보고서에 포함해야 할 내용으로 다음 10가지를 제시한 바 있다. ① 기업의 개요, ② 환경방침 및 전략, ③ 환경경영을 위한 조직체계, ④ 환경문제와 관련되는 생산공정, ⑤ 제품 및 서비스의 환경영향, ⑥ 환경문제의 분석 및 평가, ⑦ 환경목표 및 개선계획, ⑧ 환경 관련 재무정보, ⑨ 이해관계자와의 의사소통, ⑩ 제3자 검증 및 의견반영 등이다. 그 밖의 것으로 기업의 전화번호, 전자우편, 환경 관련 부서명과 담당자 등을 제시하는데, 이 내용은 앞의 5가지 기본적 항목과 크게 다를 바 없다고 본다.

3. 환경보고서의 작성절차

환경보고서 작성을 위해서는 사전에 다음과 같은 3가지를 고려하여야 한다(이병욱 외 2인, 2005, pp.701-702).

〈그림 12-2〉 환경보고서의 작성절차

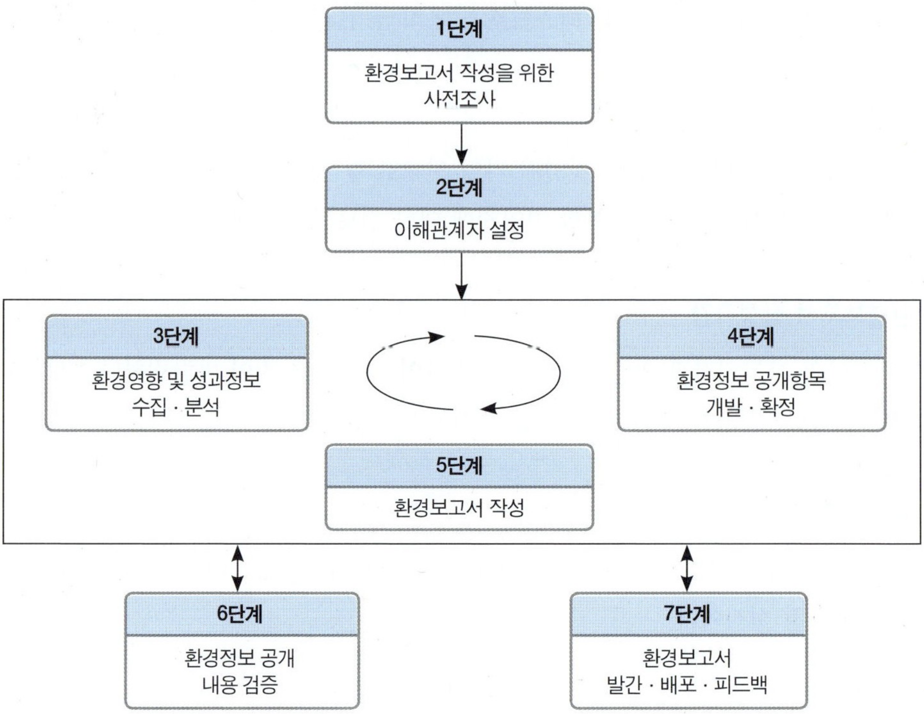

- 환경경영에 대한 최고경영자의 의지와 기업문화의 성숙이 전제되어야 한다.
- 환경성과를 지속적으로 일관되게 공표할 수 있도록 환경성과지표를 개발 · 적용해야 한다. 단, 전문지식이 없는 일반대중도 쉽게 이해할 수 있도록 개발되어야 한다.
- 환경보고서 발간의 효용성을 사전에 충분히 검토하고 그 필요성과 내용을 종업원들에게 주지시킬 필요가 있다.

환경부의 환경보고서 가이드라인에서 제시하고 있는 환경보고서를 작성하는 절차는 **〈그림 12-2〉**와 같이 7단계로 구성되어 있다.

환경보고서의 단계별 작성 내용을 살펴보면 다음과 같다(환경부, 2007; 신지원 2010).

(1) 1단계: 환경보고서 작성을 위한 사전조사

1단계에서는 환경보고서 작성조직, 작성범위, 작성기간 및 작성내용 등에 대하여 검토한다.

1) 환경보고서 작성조직 구성

환경관리부서의 직원을 중심으로 구성하되 유관부서 간의 업무협조가 원활하도록 자료가 필요한 타 부서의 직원을 추가하여 태스크포스 조직(TF: Task Force)을 구성한다.

2) 환경보고서 작성범위 결정

작성범위를 사업장 단독으로 할 것인지 기업 전체로 할 것인지, 또한 국내 사업장을 대상으로 할 것인지 국외 사업장까지 포함할 것인지에 대한 검토를 수행한다.

3) 환경보고서 작성기간

환경보고서의 보고기간과 환경자료의 수집기간이 일치하는 것이 바람직하나, 그렇지 못한 경우는 이유 등을 명기하고 과거의 자료를 가지고 작성한다.

4) 환경보고서 작성내용

작성내용은 기업의 환경비전 및 전략, 시스템에 대한 검토수행, 국내외 타사의 환경보고서에 대한 벤치마킹 실시이다.

(2) 2단계: 이해관계자 설정

이해관계자 설정은 환경 커뮤니케이션의 주요 대상을 설정하는 것이다. 설정된 이해관계자에 따라 필요로 하는 환경정보 내용이나 이해할 수 있는 정도가 다를 수 있으므로 설문조사, 워크숍, 시장조사, 공개 커뮤니케이션 채널 등을 운용하여 환경보고서를 활용하는 이해관계자와 이들이 필요로 하는 환경정보내용을 분석한다. 분석이 종료되면 적절한 용어사용이나 설명정도(예: 이해관계자가 환경 NGO일 경우 보다 구체적이고 전문적인 자료해석, 외국 구매자일 경우 영어 또는 해당국의 언어로 작성된 자료 제시)를 결정한다. 특히 고객사의 환경정보 요청에 의해 작성되는 환경보고서의 경우, 고객사가 중요하게 생각하는 환경적 이슈를 파악하여 환경보고서 구성을 하여야 한다.

(3) 3단계: 환경영향 및 성과정보 수집 · 분석

이 단계에서는 환경보고서 작성의 기준이 되는 환경보고서 가이드라인 분석 내용을 토대로 환경보고서의 공개내용을 선정하고, 해당부서에서 정보를 수집한다. 공개내용의 선정은 환경보고서 가이드라인에서 각 항목별로 제시하고 있는 정보항목 예시를 참고하여 기업의 활동여부, 공개가능 여부를 확인한다. 환경보고서는 기본적으로 기업에서 발생하는 모든 정보를 투명하게 공개하는 것을 원칙으로 하나 기업의 핵심전략이나 주요 기술에 관련된 항목 등은 공개 여부에 경영진의 의사결정이 필요한 경우도 있으므로 사전에 공개내용을 선정하여야 한다. 선정된 내용에 대해서는 적절한 포맷을 작성하여 주관부서에 자료수집을 요청한다.

또한 기업활동으로 인한 여러 가지 환경영향과 이러한 영향을 저감하기 위한 환경관리 및 환경개선 노력의 성과를 분석한다. 가이드라인에서 제시하고 있는 정보 공개분야 및 항목을 참고하여 환경비전 및 전략, 시스템에서부터 기업활동으로 인한 자원 및 에너지 사용, 각종 오염물질 배출 등에 관한 여러 가지의 환경영향과 이러한 영향을 저감하기 위한 환경친화제품, 환경친화적인 포장 · 수송 등의 환경관리 및 환경개선 노력의 성과, 그리고 이해관계자와의 파트너십에 대한 정보를 수집하여 분석한다.

(4) 4단계: 환경정보 공개항목 개발 · 확정

4단계에서는 3단계의 환경영향 및 성과정보 수집 · 분석을 토대로 기업별로 업종의 특색에 따라 중요하다고 생각하는 부문의 가중치 부여 등을 통해 이해관계자가 쉽게 이해할 수 있도록 환경보고서에 공개할 항목을 분류하고 통합하여 개발 · 확정한다. 이때 환경보고서 가이드라인에서 제안하는 항목을 우선적으로 고려할 수 있다.

가장 쉬운 방법은 환경보고서 가이드라인의 흐름을 따라서 기업의 일반적인 경영환경과 환경경영시스템의 운영성과, 환경제품 및 공정 관련 성과, 이해관계자와의 파트너십, 부록 순으로 작성하는 것이다. 그러나 각 기업의 특성을 최대한 살리면서 독자로 하여금 기업의 이미지를 각인하고 친근함을 느낄 수 있도록 작성하는 것이 바람직하며 주요 항목별로 세부항목에 대한 목차도 작성한다.

이 단계부터 보고서의 디자인을 고려하여야 한다. 디자인은 외부 발주를 하는 경우가 많은데 적절한 디자인업체를 선정하는 과정도 필요하다. 너무 자연친화적인 이미지를 심어 주는 것보다는 기업이미지와 환경친화적인 이미지를 섞어서 밝고 건전한 이미지로 디자인을 구성하는 것이 바람직하다.

(5) 5단계: 환경보고서 작성

5단계에서는 환경자료의 수집, 조합 및 분석 등을 통해 환경정보 공개항목에 대한 측정 및 평가를 실시하여 환경보고서를 작성한다. 이때에는 수집된 데이터에 관한 정확한 확인을 통해 투명성을 확보할 필요가 있다. 또한 이해관계자가 이해하기 쉽도록 정보를 가공하여 구체적으로 설명해야 한다. 즉, 본문 내용은 보통 환경보고서 가이드라인의 사례를 참고하여 목차 작성 시 수립한 소제목을 중심으로 작성하며 표, 그래프, 사진, 다이어그램 등을 적절히 배치하여 독자의 이해를 돕는 것이 바람직하다. 표나 그래프에 들어가는 정량적인 데이터는 정확하여야 함은 말할 나위도 없다. 아울러 환경보고서를 작성하면서 활용한 가이드라인을 표기해야 한다.

(6) 6단계: 환경정보 공개내용 검증

작성이 완료된 환경보고서는 제3자에 의한 독립적인 검토 및 검증을 통하여 환경정보의 특성을 갖추었는지를 확인한다. 제3자 검증은 보통 기업을 잘 알고 있는 전문가나 환경컨설팅업체, 회계감사기관 등에서 수행하며, 보고서의 신뢰성과 투명성을 높이기 위해서 적극적으로 도입할 필요가 있다.

환경정보 공개 내용에 대한 검증에 대하여는 다음 장에서 좀 더 자세히 설명하기로 한다.

(7) 7단계: 환경보고서 발간 · 배포 · 피드백

환경보고서의 마지막 단계에서는 환경보고서 발간, 배포 및 피드백을 수행한다. 발간된 환경보고서는 이해관계자가 활용할 수 있도록 배포하여야 한다. 최근에는 정보화의 확산으로 e-book이나 PDF 파일로 작성하여 기업 홈페이지 등에도 공개하며 언론, 환경 NGO 등의 단체에도 관련 정보를 배포하기도 한다. 환경보고서의 활용도를 높이기 위한 설문조사 등을 통해 이해관계자들의 의견을 수렴하고, 수렴된 내 · 외부 의견은 차기연도 환경보고서에 반영하여 보완시켜 나가는 것이 바람직하다.

1) 환경보고서 발간

기업 연례보고서 이미지와의 부합 등을 고려하여 전체적인 디자인 작업 및 발간형태, 부수를 결정한다.

2) 환경보고서 배포

온라인상에 환경보고서를 게시하고, 오프라인상에서의 배포대상자를 결정하여 그에 대한 목록을 작성한다.

3) 환경보고서 피드백

이해관계자의 의견을 수렴하여 차기연도 환경보고서에 반영할 수 있도록 피드백시스템을 구축한다.

제3절 환경부의 환경보고서 가이드라인

1. 환경보고서 가이드라인의 의의와 필요성

환경보고서의 작성과 공시가 일반화되어 가고 있지만 보고해야 할 항목의 선택이나 정보의 질을 담보하는 방법, 검증방법 등에서 강제적으로 준거해야 될 일반적으로 인정된 기준(standard)은 아직 없는 실정이다. 즉 환경보고서 작성과 관련된 많은 내용이 기업의 자유재량에 맡겨져 있다. 따라서 자발적으로 작성되는 환경보고서는 기업의 경영자나 작성자의 주관과 자의성이 개입할 여지가 많다고 할 수 있다.

환경보고서 작성을 위한 기준 제정의 이전 단계로서 환경보고서 가이드라인이 등장하게 되었다. 환경보고서 가이드라인은 환경보고서의 객관성을 확보하고 비교가능성을 높이기 위해 환경보고서를 작성함에 있어 참고하면서 자율적으로 지켜야 할 지침이라 할 수 있다.

환경보고서 가이드라인의 필요성은 ① 유용하고 신뢰성 있는 환경보고서를 작성하기 위함이고, ② 환경보고서의 기업 간 비교가능성과 기업 내에서 기간별 비교가능성을 높이기 위함이다.

우리나라 환경부는 2001년에 6개 업종 13개 기업이 참여한 환경보고서를 발간하여 시범사업을 실시하였고, 그 결과 2002년 5월 국내 기업 환경보고서 가이드라인을 제정하였다. 이 가이드라인은 몇 차례 개정되었으며 가장 최근의 개정은 2007년 11월 발표된 「2007 환경보고서 가이드라인」이다.

여기에서는 「2007 환경보고서 가이드라인」에서 제시하는 각 항목별 작성내용과 작성방법을 중심으로 간략히 기술한다.

2. 환경보고서의 전체 구성

환경부가 공표한 「2007 환경보고서 가이드라인」은 총 4장으로 구성되어 있다. 1장에서는 환경보고서 가이드라인의 발간배경, 목적 및 내용을 기술하고 있다. 2장에서는 환경보고서의 정의, 필요성 및 기대효과 등 전반적인 개요를 기술하고 있다. 3장에서는 환경보고서의 작성원칙과 작성절차 및 GRI 지속가능경영보고서의 가이드라인과의 비교를 제시하고 있다. 4장에서는 환경보고서의 전체 구성과 항목별 작성내용 및 작성방법에 대하여 구체적으로 기술하고 있다.

「2007 환경보고서 가이드라인」은 정보공개분야와 항목을 6개 분야 43개 항목(핵심항목 26개, 부가항목 17개)으로 구성하고 있다(**〈표 12-1〉** 참조). 핵심항목이란 대부분의 보고 기업들과 관련 있는 항목을, 부가항목은 일부 보고 기업과 관련 있거나 당장 적용하기에 어려운 항목을 말한다.

3. 항목별 작성내용 및 작성방법

환경보고서에 공개되는 6개 분야 43개 항목의 내용을 간략하게 기술하면 다음과 같다. 각 항목에 대한 상세한 내용은 「2007 환경보고서 가이드라인」 원본을 입수하여 활용하기를 바란다.

〈표 12-1〉 2007 환경보고서 가이드라인 정보공개분야 및 항목

공개분야(6개)	공개항목	
	핵심(Core Indicator): 26개	부가(Additional Indicator): 17개
1. 개요(4)	1.1 최고경영자의 선언 1.2 기업 개요 1.3 환경보고서 개요	1.4 요약문
2. 환경비전 및 전략(4)	2.1 환경방침 2.2 중 · 장기 환경목표	2.3 당해연도 환경목표 달성실적 2.4 차기연도 환경목표
3. 환경경영시스템(7)	3.1 환경경영체제 3.2 환경사고 대응체계 3.3 환경감사 3.4 환경교육	3.5 환경성과평가(EPE) 3.6 환경회계 3.7 외부환경투자
4. 환경영향 및 성과(16)	4.1 자원 사용 4.2 용수 사용 4.3 에너지 사용 4.4 기후변화대응 4.5 오존층파괴물질사용 및 배출 4.6 대기오염물질 배출 4.7 수질오염물질 배출 4.8 폐기물 배출 및 재활용 4.9 토양오염관리 4.10 환경영향평가 4.11 환경친화제품	4.12 환경친화적인 포장 4.13 환경친화적인 수송 4.14 보건 · 안전 4.15 소음 · 진동 4.16 유해화학물질관리
5. 이해관계자 파트너십(6)	5.1 자연생태계 보전노력 5.2 친환경공급망관리 5.3 법규준수 5.4 인증 · 수상 5.5 환경커뮤니케이션 활동	5.6 국제환경규제 대응
6. 부록(6)	6.1 보고서 색인	6.2 제3자 검증의견서 6.3 용어정의 6.4 설문지 6.5 설문분석결과 6.6 사업장별 환경데이터

(1) 개요

개요는 환경보고서의 도입 부분으로, 기업이 환경과 관련된 보고 책임을 완수하는 것과 동시에 이해관계자들에게 의사결정에 유용한 정보를 제공해 사회와의 환경 커뮤니케이션을 도

모하여 파트너십을 구축해 가는 데 필요한 기초적인 내용을 담고 있다. 따라서 보고서의 전체 내용을 독자들이 보다 쉽게 파악할 수 있도록 작성해야 한다.

1) 최고경영자의 선언

기업 혹은 기업의 최고경영자나 환경부서의 고위관리자가 환경에 어느 정도 관심을 갖고 있는지를 기술하는 항목이다.

2) 기업 개요

보고 기업에 대한 일반적인 현황을 소개하는 항목으로, 그래프나 표를 활용하여 기업의 정량적인 정보를 제시할 수 있다.

3) 환경보고서 개요

기업의 환경보고서 작성과 관련된 기본적 사항을 나타내는 항목이다.

4) 요약문

독자에게 보고서의 내용에 대한 전반적인 개요를 제공하기 위해 필요한 항목이다. 최소한 요약문의 신뢰성을 지니기 위해서는 그래프나 도표와 같이 이해하기 쉬운 형식을 이용하여 주요 정보를 제공하는 것이 바람직하다.

(2) 환경비전 및 전략

환경비전 및 전략 부분은 핵심지표 2개, 즉 환경방침, 중·장기 환경목표와 부가지표 2개, 당해연도 환경목표 달성실적, 차기연도 환경목표로 구성되어 있다.

1) 환경방침

보고 기업이 대내·외적으로 기업의 환경전략의 핵심사항을 널리 알리기 위해 필요한 항목이다. 구체적이거나 정량적인 목표에 대한 제시가 아니라 환경전략 추진을 위한 기본적인 원칙과 개념에 대하여 접근하는 정도로 기술한다. 일반적으로 친환경제품 및 기술 개발, 에코효율성 달성, 환경친화적인 생산, 친환경공급망 관리, 기후변화 대응, 환경커뮤니케이션, 지속가능성에 대한 기업의 전략 등에 대한 기업의 기본 입장을 제시한다. 최고경영자의 선언 항목에서 중요한 이슈로 언급한 내용 및 후술하는 환경목표와 일관성을 유지하여야 한다.

2) 중 · 장기 환경목표

기업이 중 · 장기적으로 설정한 환경목표를 제시하기 위한 항목이다. 중 · 장기 환경목표는 환경방침에서 제시하고 있는 각 방침과 일관성을 유지하면서 정량적이고 측정가능한 목표를 제시하여 연도별로 진척상황을 모니터링할 수 있어야 한다.

3) 당해연도 환경목표 달성실적

보고연도의 환경목표 달성정도를 나타내는 항목이다. 표나 그래프를 활용하여 보고연도에 달성 또는 수행한 환경목표를 정리하는 것이 바람직하다.

4) 차기연도 환경목표

보고연도의 차기 보고기간 동안 기업이 추진할 환경목표를 나타내는 항목이다. 여기서도 표나 그래프를 활용하여 정리 · 보고하는 것이 바람직하다.

(3) 환경경영시스템

환경경영시스템 부분은 환경문제에 대한 기업의 대응시스템 및 조직체계를 구체적으로 설명한다.

1) 환경경영시스템

기업 내 환경경영시스템 구축현황 등 환경 관련 조직구성을 보여 주는 항목으로, 기업이 자체적으로 환경경영시스템을 어떻게 구성하고 있으며 어떻게 운영하고 있는지를 설명한다.

2) 환경사고 대응체계

기업이 환경사고에 대하여 어떠한 비상사태 대응계획을 가지고 있는지를 기술하는 항목이다.

3) 환경감사

기업이 수행하고 있는 환경감사 정보에 대해 기술하는 항목이다.

4) 환경교육

기업이 수행하고 있는 환경교육 현황에 대해 기술하는 항목이다.

5) 환경성과평가

기업이 환경성과의 개선을 위해 수행하고 있는 환경성과평가시스템 정보에 대해 기술하는 항목이다.

6) 환경회계

기업이 환경목적을 위해 지출한 원가와 투자내용, 환경효익 등을 측정하여 기술하는 항목이다. 이 항목은 환경부가 발간한 환경회계 가이드라인을 참고할 수 있다.

7) 외부 환경투자

최근 평가기관이나 금융기관 및 투자기관에서 기업평가나 융자 및 투자를 결정할 때 기업의 환경정보를 고려하는 상황을 반영하여 신설된 항목이다. 여기서 말하는 외부 환경투자는 기업이 내부의 환경효율성 제고나 환경개선을 위해 수행한 투자가 아니라 외부의 환경 관련 사업이나 펀드에 대한 투자를 의미한다.

(4) 환경영향 및 성과

환경영향 및 성과는 기업의 부문별 환경개선활동 및 실적에 대하여 기술하는 부분으로서 환경보고서의 핵심을 이루는 영역이라 할 수 있다.

1) 자원 사용

기업에서 사용하는 주요 원자재에 대해 언급하는 항목이다. 표나 그래프를 활용하는 것이 바람직하다.

2) 용수 사용

기업에서 사용하는 모든 용수(지하수, 상수도 등)에 대해 언급하는 항목으로, 연간 용수사용량 또는 원 단위 사용량을 기술하며 자체적인 용수관리 현황에 대해서도 설명한다. 표나 그래프를 활용하는 것이 바람직하다.

3) 에너지 사용

기업에서 사용하고 있는 직접 또는 간접 에너지에 대해 언급하는 항목이다. 표나 그래프를 활용하는 것이 바람직하다.

4) 기후변화대응

지구온난화 방지 등과 관련하여 기업에서 직 · 간접적으로 배출하고 있는 온실가스(CO_2, CH_4, HFCs, N_2O, PFCs, SF_6) 배출에 대해 설명하는 항목이다. 표나 그래프를 활용하는 것이 바람직하다.

5) 오존층파괴물질 사용 및 배출

기업에서 사용 및 배출하고 있는 오존층파괴물질(ODS: Ozone Depleting Substances), 예를 들면 CFC, HCFC, 할론, CH_3Br, R-22 등에 대해 설명하는 항목이다. 몬트리올의정서에서 국제적으로 오존층파괴물질의 단계적 사용금지를 규정하고 있기 때문에 이 항목의 보고를 통해 보고기업의 법규준수 수준이나 관련 위험을 알릴 수 있다.

6) 대기오염물질 배출

대기로 배출되는 주요 오염물질에 대하여 기술하는 항목이다. 주요 대기오염물질(주로 NOx, SOx, 먼지 등)별로 배출총량과 농도수준, 원단위를 기술한다.

7) 수질오염물질 배출

수계로 배출되는 주요 오염물질에 대해 기술하는 항목이다.

8) 폐기물 배출 및 재활용

기업에서 발생하는 폐기물 배출량과 재활용 비율에 대해 기술하는 항목이다. 폐기물은 사업장폐기물과 지정폐기물질을 구분하여 연도별 총량이나 원단위로 기술하는 것이 바람직하다.

9) 토양오염관리

기업이 소유하고 있거나 기업활동을 하고 있는 토지에 설치되어 있는 토양오염 유발시설, 토양오염평가, 복원현황, 복원비용 규모 등에 대한 정보를 기술하는 항목이다.

10) 환경영향평가

사업장과 관련된 위험관리 및 최소화 노력에 대해 기술하는 항목으로 정기적인 환경영향평가 현황을 기술한다.

11) 환경친화제품

환경친화적인 제품 생산 및 소비를 위한 기업의 노력을 기술하는 항목이다.

12) 환경친화적인 포장

제품의 포장재 사용 현황과 사용량을 줄이기 위한 기업의 노력 등에 대해 기술하는 항목이다.

13) 환경친화적인 수송

기업의 주요 수송수단과 관련된 환경개선 프로그램 및 정보에 대해 기술하는 항목이다.

14) 보건 · 안전

기업 내 직원들의 질병 발생이나 안전사고에 대한 정보 및 이에 대한 개선계획을 언급하는 항목이다.

15) 소음 · 진동

기업이 발생시킨 소음 및 진동에 대하여 기술하는 항목으로, 소음과 진동 발생현황을 규제기준과 비교하여 기술한다.

16) 유해 화학물질 관리

기업에서 사용하는 유해 화학물질에 대해 언급하는 항목이다. 유해 화학물질에 대한 데이터는 일정규모 이상 기업의 경우 유해화학물질관리법에 의하여 정기적으로 정부에 제출하도록 의무화되어 있으므로, 정부에 제출한 데이터와 일관성을 유지하여야 한다. 표나 그래프를 활용하는 것이 바람직하다.

(5) 이해관계자 파트너십

이해관계자 파트너십 부분은 보고 기업이 환경 관련 활동을 추구함에 있어 외부 이해관계자와 연계되어 추진되는 환경경영활동에 대한 정보를 제공한다.

1) 자연생태계 보전노력

기업의 활동에 의해 영향받는 지역의 서식지 및 생태계, 생물의 보호를 위한 노력에 대해 설명하는 항목이다.

2) 친환경공급망관리

기업이 환경이슈와 관련하여 협력업체를 평가하고 관리함으로써 기업 전체의 환경성과를 개선하기 위한 기업의 활동을 설명하는 항목이다.

3) 법규준수

법규준수 부분은 기업의 활동이 환경 관련 규제를 준수하고 있는지에 대해 기술하는 항목이다.

4) 인증 · 수상

기업의 환경개선성과 및 환경보전 노력 등으로 인해 외부기관으로부터 인증을 받았거나 수상한 실적에 대해 기술하는 항목이다. 그리고 기업 자체적으로 실시하고 있는 직원이나 협력업체에 대한 포상제도 등도 기술한다.

5) 환경커뮤니케이션 활동

기업이 환경이라는 주제를 가지고 내부 및 외부의 이해관계자들과 의사소통하고 있는 모든 활동을 제시하는 항목이다. 환경커뮤니케이션 활동에는 환경보고서와 지속가능성보고서 발간, 환경광고(TV, 신문), 웹사이트를 통한 환경의사소통 현황, 전시회, 환경뉴스 제공, 강의 등 다양한 방법이 활용될 수 있으며, 기업은 이런 다양한 방법을 적절히 혼합하여 균형 있게 활용하여야 할 것이다.

6) 국제환경규제 대응

국내에서 생산하는 제품에 대한 환경규제인 국제환경규제에 대하여 기업이 적절히 대응하고 있는지에 대해 기술하는 항목이다.

(6) 부록

부록 부분은 환경보고서에 대한 활용성과 이해가능성 및 신뢰성을 높이고 이해관계자들과의 쌍방향 소통을 위한 항목들로 구성된다.

1) 보고서 색인

독자들이 분야 및 항목별로 내용을 보다 쉽게 찾도록 돕기 위하여 보고서에 포함시키는 항목이다. 이 가이드라인에서 제시한 구성요소의 위치를 보고서 색인 번호와 해당 페이지를 함께 제시함으로써 보고서의 활용성을 높일 수 있다.

2) 제3자 검증의견서

보고서의 신뢰성을 높이기 위해서 외부기관 및 전문기관으로부터 받은 검증결과를 보고서에 포함시킬 수 있다. 환경보고서에 대한 검증은 보고서의 객관성과 신뢰성을 높여 주며 일반적으로 회계법인, 환경컨설팅 기관에서 주로 수행한다. 만일 검증이 어려울 경우에는 제3자 검토를 통한 검토의견을 포함시켜도 무방하다.

3) 용어정의

보고서에 제시되어 있는 용어에 대한 독자들의 이해를 돕기 위해 포함하는 항목이다. 보고서 본론에 제시되어 있는 전문용어에 대한 설명을 수록하여 보고서에 대한 비전문 일반독자들의 이해도를 높일 수 있다.

4) 설문지

독자로부터 보고서에 대한 의견을 수렴하기 위해서 필요한 항목이다. 설문지 항목은 보고서의 주요 독자를 파악하여 기업마다 특성 있게 개발할 수 있다.

5) 설문분석결과

전년도에 발간한 보고서에 대한 독자의견을 분석하여 해당연도 보고서에 포함시킬 수 있다. 이 항목을 통해 기업은 이해관계자들과 활발한 상호 커뮤니케이션을 하고 있음을 보여 줄 수 있다.

6) 사업장별 환경데이터

여러 사업장을 운영하고 있는 기업의 경우 보고서의 본론에서 각 사업장별로 세부적인 데이터를 제공하기 어렵기 때문에, 각 사업장 주변의 지역주민 등을 고려하여 특수한 이해관계자가 특정 사업장의 데이터를 참고하도록 세부적으로 제공하기 위해 필요한 항목이다. 주로 표나 그래프를 통해 공개한다.

4. 환경부 환경보고서 가이드라인의 개선점

지금까지 발표된 여러 나라의 가이드라인 중에서 가장 실무적용성이 높다고 평가받고 있는 일본의 환경보고서 가이드라인(환경성, 2007)과 비교해 볼 때 우리나라 「2007 환경보고서 가이드라인」의 개선점은 다음 3가지 분야로 나누어 제시할 수 있다(전영승, 2008).

(1) 형식적인 면

첫째, 환경보고서 가이드라인의 개정배경과 개정 주요 내용을 보다 상세하게 설명할 필요가 있다. 독자들의 이해가능성을 높이기 위해 2004년에 발간된 「2004 환경보고서 가이드라인」과의 차이점, 개정의 주요 내용 등을 표로 요약하여 제시하면 좋을 것이다.

둘째, 환경보고서 가이드라인과 환경회계 가이드라인 혹은 환경성과평가 가이드라인의 관계를 그림으로 제시하여 가이드라인 간의 연계성을 보여 줄 필요가 있다.

셋째, 환경보고서의 공개항목이 6개 분야로 되어 있어 이를 체계적으로 정비할 필요가 있다. 즉, 환경비전 및 전략을 개요 분야로 통합하여 단순화하고, 성과지표를 경영성과, 운영성과, 효율지표로 분류하여 체계화할 필요가 있다.

넷째, 환경보고서 가이드라인의 결론으로 환경보고서의 활성화를 위한 방안을 추가하여야 할 것이다.

(2) 내용적인 면

첫째, 환경경영성과 관련 정보공개 항목 중 부가항목으로 되어 있는 환경회계 정보를 핵심항목으로 전환하고 환경회계가이드라인과 연계시켜 공개 내용도 확대할 필요가 있다.

둘째, 환경영향 및 성과분야 16개 공개항목을 재검토하여 운영성과와 관련된 항목만 남겨야 한다. 운영성과 관련 항목도 투입, 내부순환, 산출로 구분하여 관련지표를 정리할 필요가 있다.

셋째, 기업의 사회적 책임을 반영하는 사회적 성과지표를 독립된 공개분야로 설정할 필요가 있다. 기업의 사회적 책임 관련 정보에 대한 요구가 높아지는 시대적 상황을 반영하기 위함이다.

넷째, 환경보고서의 활성화와 질 높은 환경보고서 작성을 위해 이해관계자를 식별하고, 이들의 참여를 유도하는 방안을 모색하여야 한다. 이해관계자의 알 권리와 욕구를 충족시킬 수 있는 환경보고서가 되어야 하기 때문이다.

다섯째, 참고자료 혹은 현재의 부록을 보강하여 독자들이 관심을 가질 내용으로 Q&A를 추가하면 좋을 것이다. 환경보고서를 처음 작성하는 기업을 위해 예상되는 질문과 답변 내용을 수록해 놓으면 유용한 가이드라인이 될 것이다.

(3) 제도적인 면

첫째, 환경보고서 가이드라인에 대하여 지속적으로 검토하고 연구하는 위원회를 구성하면 좋을 것이다. 위원회는 학계, 연구기관, 실무계의 환경경영 전문가들로 구성하여야 할 것이다. 이 위원회는 변화하는 환경에 맞추어 적절히 가이드라인을 개정 보완해 가야 할 것이다. 환경보고서 가이드라인에 대한 책임감을 갖도록 위원 명단을 공개하는 것도 적극 검토하여야 한다.

둘째, 중소기업용 환경보고서 가이드라인도 발간하여야 할 것이다. 중소기업이 차지하는 비중이 압도적으로 많은 우리나라 현실을 감안할 때 중소기업에 적합한 환경보고서 가이드라인을 제정할 필요가 있다.

셋째, 환경보고서의 신뢰성 확보를 위한 제도적 방안이 마련되어야 할 것이다. 내부 검증보다는 독립된 외부의 제3자 검증시스템을 구축할 필요가 있다. 검증기관, 검증기준, 검증방법, 검증절차, 검증인의 자격 등이 제도적으로 준비되어야 할 것이다.

토론하고 발표하기

1. 환경보고서의 의의와 작성목적을 설명하라.

2. 환경보고서의 필요성을 설명하라.

3. 환경보고서의 기대효과를 설명하라.

4. 환경보고서의 발전단계를 설명하라.

5. 환경보고서의 주요 독자는 누구이며 그들의 이용목적은 무엇인지를 설명하라.

6. 환경보고서의 작성원칙(정보의 질적 특성)에 대하여 설명하라.

7. 환경보고서의 주요 내용을 설명하라.

8. 환경보고서의 작성절차를 설명하라.

9. 환경보고서 가이드라인을 설명하라.

10. 우리나라 환경보고서 가이드라인의 전체 구성을 설명하라.

11. 우리나라 기업의 환경보고서를 구하여 분석하고 의견을 제시하라.

제 3 부

환경경영 영역의 확대와 지속가능경영

제13장 탄소경영

제14장 에너지 경영

제15장 사회적 책임 경영과 ISO26000

제16장 지속가능경영

제17장 지속가능경영보고서

제13장 탄소경영

기후변화시대에 적극적으로 대응하기 위해 기업들은 탄소경영을 도입하고 있다. 탄소경영은 온실가스배출을 줄이기 위한 목표를 설정한 후 이를 달성하기 위한 계획을 수립하고 실행하는 제반 활동이라 할 수 있다. 이 장에서는 탄소경영을 위한 제도 중 온실가스 인벤토리, 우리나라에만 실시되고 있는 온실가스 · 에너지 목표관리제를 설명한다. 이어서 배출권 거래제를 살펴보기로 한다.

제1절 온실가스 인벤토리

1. 온실가스 관리의 의의와 중요성

인류의 미래를 위협하는 지구온난화에 의한 기후변화는 오늘도 계속되고 있다. 지구온난화로 인한 기후변화의 징후는 세계 도처에서 발견되고 있으며, 인류를 불안하게 하고 있다. 기후변화를 일으키는 지구온난화의 주된 원인은 무엇일까? 그것은 바로 온실가스이다. 지구온난화는 사람의 활동에 수반하여 발생하는 온실가스가 대기 중에 축적되어 온실가스 농도를 증가시킴으로써 지구 전체적으로 지표 및 대기의 온도가 점점 상승하는 현상을 말한다. 즉 지구 순환시스템에 문제가 생기는 현상이다. 온실가스는 적외선 복사열을 흡수하거나 재방출하여 온실효과를 유발하는 대기 중의 가스이다.

전 세계는 기후변화의 주원인이 되는 온실가스를 줄이기 위해 파리협정을 비롯한 국제적 노력을 기울이고 있다. 각 나라별로 감축목표량을 제시하고 목표달성을 위한 다양한 정책과 제도 및 수단을 도입하고 있다. 우리나라도 예외가 아니어서 2030년에 배출전망치(BAU) 대비 37%를 감축하겠다는 목표를 2015년에 이미 제시하고,[1] 국가는 물론 개별 기업, 공공기관, 대학 등 구별 없이 온실가스 감축을 위한 다각적인 노력을 기울이고 있다.

최근에는 금융 · 투자기관을 중심으로 기업의 기후변화 대응 정도를 파악해 투자에 활용할 목적으로 기업의 온실가스 배출 정보를 공개하는 프로젝트(CDP)를 운영 중이다. 만약, 기업이 온실가스 배출 정보 공개 요구에 적절히 대응하지 못한다면 투자대상에서 불이익이 예상되고 기업경쟁력의 저하는 물론 브랜드 가치에도 영향을 받을 것이다.

배출권거래제의 도입 등으로 온실가스가 거래의 대상이 되었다. 즉 기업이 관리할 대상이 된 것이다. 온실가스 관리는 기업의 경영성과와 재무상태에 영향을 미칠 수 있는 요소로서 자리 잡아 가고 있다. 온실가스 관리란 기업이 설정한 온실가스 감축목표를 달성하기 위한 온실가스 배출량의 산정, 보고, 검증과 배출권거래 등 온실가스 관련 일련의 행위를 말한다. 온실가스 관리는 환경적 측면이나 사회적 측면뿐만 아니라 경제적 측면에서도 기업의 경영활동에 영향을 줄 것이다. 따라서 온실가스를 성공적으로 관리하지 못하면 크게는 인류나 국가의 미래를 어둡게 하고, 작게는 기업의 미래를 보장받지 못할 것이다. 여기에 온실가스 관리의 중요성이 있다.

2. 온실가스 인벤토리의 의의와 목적

온실가스 인벤토리(Inventory)란 조직에서 일어나는 일련의 활동(에너지 사용, 수송 등)에 따라 발생하는 온실가스 배출원을 규명하고, 각 배출원별 온실가스 배출량을 산정하여 체계적으로 목록화한 것을 말한다. 온실가스 관리를 위해서는 온실가스가 어디서 얼마큼 배출되는지 알아야 한다. 이에 대한 답은 인벤토리 구축을 통해 얻을 수 있다. 따라서 온실가스 관리의 첫 단추는 온실가스 인벤토리 구축이라 할 수 있다.

온실가스 인벤토리는 1994년 발효된 기후변화협약과 밀접한 관련이 있다. 이 협약에서 온실가스 배출량 감축을 위한 국가전략을 수립하고 온실가스 배출량 및 흡수량에 대한 보고서를 3년마다, 개발도상국은 4년마다 제출하도록 의무화하였다. 이후 2009년 제15차 당사국회의에서 코펜하겐 협정이 채택되었다. 이 협정에 의해 기온상승을 2℃ 이내로 억제하고 2020

1) 우리나라는 2030년 배출전망치 8억 5,060만tCO_2의 37% 수준을 절감한 5억 9,540만tCO_2를 배출목표로 설정하였다. 그러나 2020년 말에 2017년 배출량(7억 910만 톤) 대비 24.4% 감축으로 배출목표를 수정하였다.

년 계량화된 감축목표(법적 구속력은 없음)를 제출하도록 하였다. 앞에서 기술하였듯이 우리나라도 이러한 흐름에 맞추어 2030년 국가 온실가스 감축목표를 공표한 것이다. 이를 달성하기 위해서는 산업을 구성하고 있는 각 사업장(혹은 조직)의 인벤토리 구축이 필수적이다.

온실가스 인벤토리 구축의 주된 목적은 다음과 같다(최선 외 3인, 2012, pp.115-116).

첫째, 리스크 관리 및 저감 잠재력 확인

온실가스 관련 규제에 따른 향후 발생 가능한 리스크를 확인할 수 있고, 각 사업장별 혹은 공정별 비용효율적인 저감 기회를 포착할 수 있다. 또한 온실가스 배출량 목표 설정, 경과의 측정 및 보고로 효율적 관리가 가능하다.

둘째, 기업이미지를 위한 배출량 공개 및 국가/국제 온실가스 프로그램 참여 준비

자발적 온실가스 배출량 및 향후 저감목표를 공개함으로써 기업이미지 제고가 가능하고, 온실가스 registery 등 국가 프로그램에 참여할 수 있으며, 에코 라벨링 및 온실가스 배출량 인증으로 소비자에게 친환경기업이라는 인식을 심어 줄 수 있다.

셋째, 강제적 보고 프로그램 대비

온실가스 · 에너지 목표관리제와 같은 정부의 규제적 환경정책에 미리 대비할 수 있다.

넷째, 온실가스 시장에의 참여

2015년부터 도입한 국내 '온실가스 배출권거래제(배출권거래제)'를 위한 준비의 성격도 갖고 있다.

3. 온실가스 인벤토리 원칙 및 구축절차

(1) 인벤토리 원칙

온실가스 인벤토리 구축은 다음과 같은 원칙을 준수하여야 한다.

1) 적절성(Relevance)

의도된 사용자의 요구에 적합한 온실가스 배출원, 흡수원, 데이터 및 방법론을 채택한다.

2) 완전성(Completeness)

모든 관련 온실가스 배출량 및 흡수량을 포함한다. 조직/운영 경계 내의 모든 온실가스 배출원의 배출량을 산정, 보고한다. 제외된 배출원이나 활동이 있으면 그 이유를 설명하여야 한다.

3) 일관성(Consistency)

시간경과에 따른 배출량의 의미 있는 비교를 위해 범위, 산정방법 등에서 일관성을 유지해야 한다. 데이터, 조직/운영 경계, 방법론 그 외 관련 요소를 변경할 경우에는 그 내용을 명확히 기술한다.

4) 정확성(Accuracy)

온실가스 배출량의 추정 또는 측정 결과가 실제 배출량보다 높거나 낮지 않아야 하고, 불확실성을 최소화해야 한다.

5) 투명성(Transparency)

인벤토리 조사과정, 절차, 가정 등의 정보가 명확하고 제3자가 납득할 수 있도록 공개한다. 산정 · 계산방법, 정보원의 출처는 분명하게 해야 한다.

(2) 인벤토리 구축절차

온실가스 인벤토리 구축절차를 대학의 예를 이용하여 세분하면 **〈표 13-1〉**과 같이 10단계로 구분할 수 있다.

이상의 온실가스 인벤토리 구축절차 10단계를 3개의 범주로 나누어 설명하기로 한다.

1) 배출원 목록 작성

배출목록 작성은 아래 **〈표 13-1〉**의 1,2,3 단계와 관련되는 것으로 조직에서 최초 인벤토리를 구축하기 위한 기초단계라 할 수 있다.

배출원 목록 작성 전에 우선 온실가스 산정업무(자료수집, 산정, 보고 등)를 담당할 담당자와 부서를 지정한다. 이어서 경계(boundary)를 설정한다. 경계는 조직경계와 운영경계가 있다. 기업의 구조는 법적 · 조직적 구조에 따라 다양한 형태를 가지고 있는 바, 조직경계라는 의미는 온

〈표 13-1〉 온실가스 인벤토리 구축절차

단계	활동	내용
1	배출량 산정 및 보고체계 구축	조직 내 온실가스 산정 담당자 및 활동자료 취급 담당자 지정 및 관리
2	조직경계 설정	조직에서 소유한 건물, 차량 등을 분류하여 원칙에 따라 조직경계에 포함여부 결정
3	배출원 목록 작성	조직경계 내의 배출원을 조사하여 카테고리별(고정연소, 이동연소 등)로 분류
4	배출량 산정방법 선정	최소산정등급(Tier) 요구기준에 따라 카테고리별 배출량 산정방법론 선택
5	활동자료 수집	결정된 산정방법에 따라 배출원별로 필요한 활동자료(유류 사용량, 전력 사용량 등) 수집
6	배출량 산정	수집한 활동자료와 배출계수를 이용하여 배출량 산정
7	인벤토리 작성	공통보고형식(CRF) 작성 및 온실가스 인벤토리 보고서 작성
8	명세서 작성	온실가스 배출량 명세서 작성
9	제3자 검증(QA)	검증기관을 활용하여 작성한 명세서에 대한 제3자 검증을 실시
10	보고서 제출 및 활용	감축계획 수립 등을 위한 기초자료로 활용
품질관리(QC)		활동자료 수집 및 배출량 산정, 정보의 보관 · 보고 등 인벤토리 구축 전 과정에 걸쳐 품질을 평가 및 유지하기 위한 활동

자료: 환경부 · 한국환경공단, 2011, 대학온실가스 인벤토리 구축 가이드라인, pp.6-7 일부 수정

실가스 배출량을 산정할 때 어떤 조직까지 그 산정범위에 포함할 것인가를 미리 명확하게 정리하는 것을 말한다. 조직경계의 설정은 인벤토리 구축을 위해 배출원의 경계를 구분지어 배출원 산정에 포함할 것인지 혹은 제외할 것인지를 결정하는 것이다.

조직경계가 설정되고 나면 운영경계 설정을 한다. 운영경계 설정은 온실가스 배출의 유형을 결정하는 것으로 관리범위의 온실가스 배출 유형을 설정한다. 즉, 배출원을 직접배출(Scope 1), 간접배출(Scope 2), 기타 직 · 간접 배출(Scope 3)로 분류하는 것이다. 운영경계 설정은 배출원의 구분을 의미한다.

먼저, 직접배출은 사업자가 직접적으로 소유하고 통제하는 배출원에서 발생하는 배출이다. 여기에는 고정배출(고정된 장비들을 사용하여 전기, 열, 증기, 동력을 생산함으로 인한 배출로 예를 들면 보일러, 난로, 터빈 등이 있음), 공정배출(물리적 또는 화학적 공정으로 인한 배출), 이동배출(자재, 제품, 폐기물, 직원의 운송수단으로 인한 배출로 예를 들면 트럭, 기차, 배, 비행기 등이 있음), 탈루배출(연료 및 다른 물질들의 사용, 저장, 이동, 생산, 공정으로부터 발생하는 배출로 예컨대 에어컨, 냉매 사용에서 배출되는 HFCs)이 있다.

다음으로, 간접배출은 연료의 연소나 제품 생산공정에서 발생하는 온실가스가 아닌, 소비

재 소비로 인한 배출이다. 즉 간접적으로 온실가스를 발생시키는 배출로 소비단계에서 온실가스가 발생하지 않으나 생산단계에서 온실가스를 배출한다. 예를 들면, 구매 전력, 구매 스팀, 수도, 폐기물 배출 등이다.

기타 직 · 간접배출은 사업자의 활동 결과이기는 하나 사업자가 직접 소유하거나 통제하지 않는 배출원으로부터 발생하는 온실가스 배출이다, 예컨대 임대한 자산, 프랜차이즈, 출장, 출퇴근 등에 의한 배출이다.

직접배출은 에너지의 사용과 온실가스의 배출이 모두 기업의 조직경계 내에서 일어나는 배출이고, 간접배출은 에너지의 사용은 조직경계 내에서 일어나지만 온실가스의 배출은 조직경계 밖에서 일어나는 배출이다. 기타 직 · 간접배출인 Scope 3의 경우는 에너지 사용과 온실가스 배출 모두 조직경계 밖에서 일어나는 것으로 기업의 통제 범위 밖에서 존재하는 온실가스 배출이라고 할 수 있다.

배출원 목록작성을 위해서는 에너지 및 온실가스 진단을 통한 공정을 분석한다. 즉, 공정문서 검토 및 표준공정 프로세스를 작성하고 공정별 투입/산출 목록을 작성한다. 그리고 온실가스 배출원 및 배출가스를 분석한다.

2) 방법론 개발

배출원 목록 작성이 완료되면 어떤 방법을 통해 인벤토리를 구축할지를 결정해야 한다. **〈표 13-1〉**의 4, 5, 6, 7단계가 여기에 속한다.

- 배출원별 배출량 산정방법 선정: 국제표준 방법론 조사, 정리 및 검토하고 배출량 산정식 선정 및 배출산정 방법론 개발
- 데이터 수집 및 변환계수 선정 · 개발: 배출원별 활동데이터 정의 및 취합양식 개발과 변환계수 조사 및 선정, 특별부문 배출계수 개발
- 데이터 수집 및 인벤토리 작성

3) 보고서 작성

개발된 방법론에 따라 데이터를 수집하고 제3자 검증을 위한 인벤토리를 보고서 형태로 작성한다. **〈표 13-1〉**의 8, 9, 10단계가 이에 해당된다.

- 배출가스별 배출통계 작성 및 분석: 자료 취합, 변환계수 데이터 검증, 배출원별 온실가스 배출량 산정과 검증 및 분석

- 인벤토리 매뉴얼 및 QA/QC절차서 개발: 보고 단계에서의 품질관리 및 품질보증(QA/QC)목록 및 절차 개발, QA/QC 양식 개발, 제3자 인증 적합성 검토
- 온실가스 보고서 및 시스템 제3자 검 · 인증 지원

4. 배출량의 산정

(1) 산정등급 설정

산정등급(Tier)이란 활동자료의 수집방법, 배출계수의 정확도 및 분류에 따른 단계적 접근법으로, 온실가스 배출량 산정방법의 복잡성을 나타내는 수준을 말한다.

〈표 13-2〉 Tier의 구분

산정등급	분류체계	배출계수	배출량 규모
Tier 1	• 가장 기본적인 방법 • 연소기술을 고려하지 않고 에너지소비에 대한 배출계수를 적용 • 연료형태/공정에 의한 공통 배출계수를 사용	국제 배출계수 (기본계수)	5만 톤 미만
Tier 2	• 연료연소 기술별 배출계수 적용	국가 배출계수 (국가고유계수)	5만~50만 톤 미만
Tier 3	• 연료소비 기준이 아닌 시험분석을 통하여 개발한 시설단위의 고유배출계수	사업장 배출계수 (시설고유계수)	50만 톤 이상

Tier의 구분은 **〈표 13-2〉**와 같다. Tier 1에서 3으로 갈수록 신뢰도 및 정확도가 향상되나, 산정비용이 증가하여 많은 인력이 필요하고, 활동자료와 배출계수의 확보도 어려워진다.

(2) 산정방법

온실가스를 산정하는 방법은 배출계수를 이용한 계산에 의한 산정과 온실가스 배출량을 직접 측정하여 하는 산정으로 나눌 수 있다. 현재는 계산에 의한 배출량 산정방법이 주로 사용되고 있다. 온실가스 배출량은 다음과 같은 간단한 식에 의해서 구할 수 있다. 각각의 데이터 값들이 모두 확보할 수 있는 데이터이기 때문에 계산은 아주 간단하다.

온실가스 배출량 계산방법	
직접배출	배출량＝활동데이터×순발열량×배출계수×산화계수×지구온난화지수
간접배출	배출량＝전력/스팀사용량×간접배출계수×지구온난화지수

※ **순발열량**: 일정단위의 연료가 완전 연소되어 생기는 열량에서 연료 중 수증기의 잠열을 뺀 열량

※ **배출계수**: 연료(석유, 가스, 석탄 등)의 발열량에 따라 배출되는 탄소를 수치화한 것이며, 에너지원별로 단위 에너지당 발생하는 온실가스 배출량

활동데이터는 온실가스 배출을 야기하는 인간활동의 크기로 연료사용량, 원료사용량, 제품생산량 등의 자료가 활용되고 그에 따른 발열량 데이터, 배출계수, 지구온난화지수를 모두 곱하여 산정한다. 배출계수는 단위 연료사용량, 단위 제품생산량 등 단위 활동데이터당 발생하는 온실가스 배출량을 나타내는 계수를 말한다. 발열량 데이터, 배출계수, 지구온난화지수는 기후변화에 관한 정부 간 패널(IPCC) 가이드라인의 계수 또는 국가 고유 발열량 등 이미 알려진 수치를 그대로 활용한다.

예제

A대학이 자체 운영하는 기숙사에서 난방을 위해 실내등유 15,000리터를 사용했다. 단 실내등유의 순발열량 34.3MJ/리터이고 배출계수는 71,900kgCO_2/TJ, 10kgCH_4/TJ, 0.6kgN_2O/TJ이다. 지구온난화지수는 CO_2는 1, CH_4는 21, N_2O는 310이다.

물음 사용한 연료로 인한 온실가스 배출량을 산정하라.

해답

1단계: 연료소비량 파악 → 실내등유 15,000리터

2단계: 연료별 발열량 산정 → 실내등유 34.3MJ/리터

3단계: 배출계수 선정 → 실내등유 71,900kgCO_2/TJ, 10kgCH_4/TJ, 0.6kgN_2O/TJ

4단계: 배출량 산정

CO_2 = 15,000리터 × 34.3MJ/리터 × 71,900kgCO_2/TJ × $1/10^9$
= 36.99 tonCO_2 (실내등유)

CH_4 = 15,000리터 × 34.3MJ/리터 × 10kgCH_4/TJ × $1/10^9$
= 0.005 tonCH_4(실내등유)

N_2O = 15,000리터 × 34.3MJ/리터 × 0.6kgN_2O/TJ × $1/10^9$
= 0.0003tonN_2O(실내등유)

5단계: CO_{2eq}환산

(실내등유) 36.99tCO_2 + 0.005 tCH_4 × 21 + 0.0003tN_2O × 310
= 37.20tCO_{2eq}

5. 인벤토리 보고와 활용

연도별로 산출된 온실가스 배출량 등을 공통된 보고형식(CRF: Common Reporting Form)에 기입한다. 인벤토리 구축의 목적은 조직의 온실가스 배출량 현황 파악에 그치지 않는다. 즉, 산정된 배출량을 토대로 연도별 증감요인 분석, 미래 배출량의 전망(예측), 감축목표의 설정, 감축을 위한 분야별 대책수립 및 감축량 산정, 온실가스 저감 시나리오 작성 등 종합적인 감축계획을 수립하는 데 활용하기 위함이 주된 목적이라 할 수 있다.

6. 품질관리 및 품질보증활동

(1) 품질관리활동

품질관리(QC: Quality Control)는 배출량 산정결과의 품질을 평가 및 유지하기 위한 일상적인 기술적 활동이며, 이는 배출량 산정 담당자에 의해 수행된다. 품질관리는 다음의 목적을 위하여 설계 · 실시된다.

- 자료의 타당성, 정확성 및 완전성을 보장하기 위한 일상적이고 일관적인 검사의 제공
- 오류 발생과 누락을 예방하고 수정하기 위함
- 배출량 산정자료의 문서화 및 보관, 모든 품질관리활동의 기록
- 전반적인 인벤토리 품질 향상과 온실가스 인벤토리의 신뢰성 확보

품질관리활동에는 자료수집 및 계산에 대한 정확성 검사와 배출량의 계산 · 측정, 정보의 보관 및 보고를 위한 공인된 표준절차의 이용과 같은 일반적인 방법이 포함된다.

품질관리활동의 세부내용과 방법을 구축단계와 관련지어 4가지로 나누어 살펴보면 다음과 같다.

1) 기초자료의 수집 및 정리

- 측정자료(연료 사용량, 전력 및 열에너지 구매량, 유량 및 농도 등)의 정확한 취합 · 보관 · 관리
- 측정기기의 주기적인 검 · 교정 실시
- 측정지점(하위 레벨)에서 배출량 산정 담당자(부서)(상위 레벨)까지의 정확한 자료 수집 · 정리체계의 구축

- 측정 관련 담당자가 직접 자료를 기록하는 과정에서 발생할 수 있는 오류의 점검
- 산정방법론, 발열량, 배출계수의 출처 기록관리
- 내부감사 및 제3자 검증을 위한 온실가스 배출량 관련 정보의 보관 · 관리
- 보고된 온실가스 배출량 관련 데이터의 안전한 기록 · 관리

2) 산정과정의 적절성

- 단위에 대한 정확성 확인
- 각 매개변수(활동자료, 발열량, 배출계수, 산화율 등) 활용의 적절성 확인
- 내부감사 및 제3자 검증단계에서 배출량 산정의 재현가능성 여부의 확인
- 배출량 산정과 관련한 정보화시스템을 구축하거나 활용할 경우, 자료의 입력 및 처리과정의 적절성 여부 확인 등
- 가이드라인 산정방법론과의 일치 여부, 자체 매뉴얼 구축 여부

3) 산정결과의 적절성

- 조직경계 내 모든 온실가스 배출활동의 포함여부 확인(포함되지 않은 배출활동에 대한 누락 · 제외 사유를 기재)
- 공정물질수지 등을 활용한 활동자료의 합(하위 레벨)과 사업장 단위 활동자료(상위 레벨) 간 일치 여부 등 완전성의 확인
- 활동자료, 배출계수 등의 변경이 발생할 경우, 각 자료의 변동사항 확인 등 시계열적 일관성 확보에 관한 사항
- 기준연도부터 현재까지의 온실가스 배출량 산정에 활용된 기초자료 등의 기록 · 관리 · 보안상태 확인
- 배출량 산정결과에 대한 내부감사 실시 여부

4) 보고의 적절성

- 조직경계 설정의 적정성 · 정확성 확인
- 배출량 산정 및 보고업무 담당자(실무자, 책임자) 및 내부감사 담당자 등에 대한 책임 · 권한의 문서화 여부
- 명세서 등 가이드라인에서 요구하는 자료의 목차, 내역, 서식에 따라 적절하게 배출량을 보고하는지의 여부
- 품질보증(QA)활동과 관련하여 내부감사 담당자의 감사 · 검토활동의 실시 여부 및 관련 규정(매뉴얼 등) 존재 여부 확인

(2) 품질보증활동

품질보증(QA: Quality Assurance)은 일종의 검증절차로서 배출량 산정과정에 참여하지 않은 독립적인 제3자에 의해 수행된다. 검증은 측정목적이 만족되었는지, 주어진 과학적 지식 조건 하에 가장 좋은 배출량 산정결과(명세서)를 나타내는지 확인하고, 품질관리활동의 유효성을 지원한다.

예컨대 측정기기의 정확성을 주기적으로 확인하여 문제가 있으면 수정 · 보완하도록 조치한다. 온실가스 배출량 산정 관련 서류를 검토하고, 현장점검 등을 포함한 자체 검증계획을 수립하며, 이에 따라 검증하고, 검증결과 발견된 오류 및 수정결과를 보고서 형태로 작성한다.

기업이 구축한 온실가스 인벤토리의 정확성 확인과 대외적으로 신뢰성과 객관성을 인정받기 위해서는 외부의 제3자 전문검증기관으로부터 검증이 필요하다. 인벤토리 구축의 최종 완성은 제3자 검증을 통해 이루어진다고 보아야 할 것이다. 외부의 제3자 검증에 대한 내용은 다음 절에서 설명하기로 한다.

제2절 온실가스 · 에너지 목표관리제

1. 목표관리제의 개념

온실가스 · 에너지 목표관리제(이하 목표관리제)는 간단히 정의하면, 온실가스를 다량으로 배출하거나 에너지를 많이 소비하는 사업장 또는 업체를 관리업체로 지정하고, 관리업체별로 온실가스 감축목표와 에너지 절약목표를 설정하여 그 이행을 정부가 관리하는 제도이다. 이 제도는 우리나라 온실가스 감축목표(2030년에 2017년 온실가스 배출량의 24.4%감축)를 달성하기 위해 마련한 우리나라 고유의 제도다.

목표관리제는 업체가 온실가스 감축목표를 설정하여 보고하고 매년 말 해당연도 감축실적을 점검하여 목표를 달성하지 못한 경우 제재를 가하는 직접규제방식의 일종이다. 요약하면 다음과 같은 절차를 통해 목표관리제가 운영된다.

- 정부와 목표관리업체가 온실가스 감축 및 에너지 절감 목표를 협의 · 결정
- 관리업체는 목표달성을 위한 이행계획을 제출
- 목표를 이행한 후, 온실가스 배출량 및 에너지 사용량을 측정 · 검증 · 보고
- 정부가 목표이행 여부를 평가

목표관리제의 적용대상은 비용 측면을 감안하여 적정규모 이상의 에너지 사용자들로 산업부문(연간 에너지소비량 2만TOE 이상), 건물부문(연간 에너지소비량 1만TOE 이상), 공공부문(합동청사, 지자체 청사, 공공기관), 교통부문(허가대수 100대 이상인 화물운송업체)으로 나뉜다.

목표관리제 운영의 부처별 역할을 보면 총괄기관은 환경부로서 목표관리에 대한 종합적 기준 · 절차 및 지침 등을 마련하고 부문별 관장기관 사무에 대하여 점검 · 평가한다. 부문별 관장기관으로는 농업 · 축산분야에 농림축산식품부, 산업 · 발전분야에 산업통상자원부, 폐기물분야에 환경부, 건설 · 교통분야에 국토교통부와 해양수산부가 있다.

2. 목표관리제의 주요 내용 요약

환경부는 2011년 3월 16일 목표관리제 운영에 필요한 절차와 방법을 담은 「온실가스에너지 목표관리 운영 등에 관한 지침」을 고시하였다. 그 내용을 요약하면 다음과 같다.

첫째, 관리업체의 지정

온실가스 · 에너지 목표 설정 및 관리대상인 관리업체는 업체 단위와 사업장 단위로 구분된다. 관리업체(업체, 사업장) 지정은 온실가스 배출량 및 에너지 소비량 기준으로 한다. **〈표 13-3〉**은 온실가스배출량에 따른 지정기준을 나타낸다. 온실가스 배출량의 산정은 해당 연도 1월 1일을 기준으로 최근 3년간 업체의 모든 사업장에서 배출한 온실가스와 소비한 에너지의 연평균 총량 기준으로 한다. 다만, 신설 등으로 인해 최근 3년간 자료가 없을 경우, 보유(최초 가동연도를 포함한다)하고 있는 자료를 기준으로 산정한다. 관리업체의 조직경계에는 업체가 소

〈표 13-3〉 관리업체 지정기준

구분	2014. 1. 1		2015(배출권 거래제 시행)		2016	
	업체	사업장	업체	사업장	업체	사업장
온실가스 배출량(톤CO_{2eq})	87,500 이상	20,000 이상	87,500~ 125,000 미만	20,000~ 25,000 미만	50,000~ 125,000 미만	15,000~ 25,000 미만

※ 최근 3년간 연평균 총량기준

유 · 운영하는 생산시설 외에도 건물, 차량, 폐기물 처리시설 등 모든 시설이 포함된다.

둘째, 감축목표의 설정

국가 온실가스 감축목표를 토대로 설정된 업종별 온실가스 배출허용량 범위 내에서 개별 관리업체의 목표를 설정한다.

셋째, 온실가스 배출량의 산정 · 보고 · 검증

목표관리제의 가장 핵심적인 내용이라 할 수 있으며, 자세한 내용은 앞 절의 인벤토리 구축에서 설명하였다.

넷째, 검증기관의 지정 및 관리

업체가 산정한 온실가스 배출량 정보에 대한 신뢰성과 객관성을 확보하기 위해서는 외부의 제3자 검증을 받아야 한다. 제3자 검증을 통해 배출량 관련 기준, 모니터링, 보고 프로세스에 대한 개선점을 발견하여 시정 · 보완할 수 있을 것이다. 이를 통해 신뢰성 있는 온실가스 감축 잠재량의 확인과 장기적인 온실가스 감축 계획의 수립이 가능할 것이다.

환경부는 검증기관의 지정에 필요한 요구조건이나 지정절차 등을 규정해 놓고 관리하고 있다.

3. 목표관리제의 효과

목표관리제가 아직 도입 초기단계라서 전문인력도 부족한 실정이고, 검증 인프라도 미흡한 실정이다. 특히 배출권거래제의 도입으로 양 제도의 동시 운영에 따른 업계의 혼란도 있다. 그러나 이 제도의 시행으로 기대되는 효과는 다음과 같다.

첫째, 우리나라 온실가스 배출량의 2/3를 차지하는 대규모 배출업체들을 직접관리함으로써 국가 온실가스 감축목표 달성에 기여할 수 있을 것으로 기대된다.

둘째, 온실가스에너지 의무보고와 제3자 검증체계의 마련을 통해 관리업체들은 국제적 수준의 산정 · 보고 · 검증체계를 확보할 수 있다.

셋째, 목표관리제의 이행을 통해 온실가스 배출권거래제에 필요한 중요한 토대를 마련할 수 있다. 배출권거래에 필수적인 온실가스 배출량의 산정 · 보고는 목표관리제와 동일한 내용으로 운영되기 때문이다. 목표관리제와 배출권거래제의 양자 비교는 다음 절에서 설명한다.

4. 온실가스에 대한 제3자 검증

(1) 제3자 검증의 의의와 필요성

2005년 2월 16일 교토의정서가 발효된 이후 교토의정서에 비준한 국가(부속서 I 국)들은 국내 기업의 삭감목표량을 설정하고 있다. 또한 국가나 기업들이 온실가스 삭감목표를 달성하기 위한 보조적 수단으로 배출권을 사고파는 배출권거래제도가 도입되었다. 그러나 거래의 목적물인 온실가스는 눈으로 볼 수 없는 무형의 것이기 때문에 거래되는 배출권이 수량적으로 정당한지의 여부를 제3자 기관이 증명하는 온실가스(배출권) 검증업무가 주목을 받고 있다.

온실가스 검증은 기업과 독립적 위치에 있는 제3자 전문검증기관을 통해 온실가스 배출량 수치의 정확성을 확인하고 배출량보고서 등이 사실에 입각하여 작성되었는지를 확인하는 과정이다.

배출권 검증업무는 기업활동의 실적을 수치로 검증한다는 점에서 기업회계감사와 극히 유사하다. 이 때문에 일본에서는 회계감사업무를 수행하는 공인회계사가 배출권에 대한 제3자 검증업무 수행에 유리하다고 보고 있다. 우리나라에서도 최근 배출권 검증업무 수행을 위한 교육에 공인회계사들이 대거 참가하는 추세를 보이고 있다. 감사의 노하우가 있는 전문가로서의 공인회계사에게는 새로운 업무영역이 열리고 있는 것으로 해석할 수 있다.

배출권의 가치는 '눈으로 볼 수 없는 권리상품'이기에 제3자의 검증이 없다면 이에 대한 거래를 신뢰하기 어렵다. 날로 증대되는 배출권거래량을 감안할 때 검증업무의 잠재적 수요는 크다고 할 수 있다. 우리나라 기업들도 지속가능성보고서를 작성하면서 자사의 온실가스 배출량에 대한 제3자 검증서를 첨부하는 추세에 있다.

제3자 기관에 의한 온실가스 검증의 필요성은 다음과 같다.

- 신뢰성(Reliability) 확보: 환경보고서나 지속가능성보고서에 공개된 온실가스(배출권) 정보에 대한 신용성 혹은 신뢰성을 확보하기 위함이다.
- 완전성(Integrity) 확보: 기업과 독립적 관계에 있는 제3자 기관에 의한 검증은 이해관계자들에게 검증자료가 충실함을 보여 주게 된다.
- 투명성(Transparency) 확보: 온실가스배출 데이터에 대한 제3자 검증을 통한 보고는 환경활동의 투명성과 신뢰성을 보여 주는 셈이 된다.
- 일관성(Consistency) 확보: 일정한 규약(protocol)에 따른 배출 데이터에 대한 검증은 그 데이터의 일관성을 확보하게 해 준다.
- 신용성(Credibility) 확보: 경영자의 투자 및 목표 설정 시 토대가 될 인벤토리 데이터의 진실성을 확보하기 위함이다.

그 밖에도 온실가스 검증으로 기업의 친환경이미지를 부각시키고 대외홍보에도 활용할 수 있다.

(2) 제3자 검증의 절차

온실가스에 대한 제3자 검증에 대한 절차는 다음과 같이 크게 5단계로 나누어 볼 수 있다.

- 1단계: 검증협의를 한다. 제3자 검증기관과 고객 기업은 검증대상과 검증수준 및 범위, 검증 목적 등에 대하여 협의한다.
- 2단계: 검증계획을 수립한다. 제3자 검증기관은 검증 팀을 구성하고, 검증 일정, 검증 기준과 방법 등을 결정한다.
- 3단계: 문서검토를 통하여 온실가스 데이터관리시스템을 파악하고 주요 온실가스의 배출원을 파악한다. 검증기준의 대표적 예로는 2006년에 발행된 ISO14064-1을 들 수 있을 것이다.
- 4단계: 현장검증을 실시한다. 고객기업의 검증 현장에 나가 경영자 면담, 현장 담당자 인터뷰, 검증기준에 따라 온실가스 정보시스템 관리방법에 대한 검토와 온실가스 데이터 및 정보에 대한 완전성, 신뢰성 등에 대한 심사를 실시한다. 특히 온실가스 선언에 대한 평가와 검증을 실시한다. 온실가스 선언이란 환경보고서 혹은 지속가능성보고서에 발표되는 데이터를 말한다.
- 5단계: 검증의견이 포함된 검증의견서(verification statement)를 작성 · 발행한다. 검증의견의 예로는 검증위험수준이 낮은 Reasonable Assurance와 위험수준이 중간 정도인 Limited Assurance가 있다.

(3) ISO 온실가스관리 국제표준

기후변화협약 비준국과 교토의정서 의무감축대상국들은 객관성과 공신력이 있는 제3자가 검증한 온실가스 감축성과만이 국제적으로 그 국가의 온실가스 감축실적으로 인정받을 수 있기 때문에 온실가스 배출량이나 감축량의 제3자 검증이 매우 중요한 이슈가 된다. 이러한 검증과정에서 국제적으로 공인되는 기준이나 표준이 반드시 필요하다(박종일, 2009, p.48). ISO는 온실가스 관련 표준에 대한 세계적 요구에 따라 온실가스 정량화 및 검증에 필요한 국제표준을 2006년부터 개발하여 보급하고 있다. 이들 내용을 간략히 살펴보면 다음과 같다.

ISO14064는 온실가스 배출량의 산정, 보고, 검증 등에 대한 ISO의 규격으로 2006년 3월에 발행되었다. ISO14064는 다음과 같이 3부로 구성되어 있다.

- ISO14064-1: 온실가스의 배출 및 제거의 정량화와 보고를 위한 조직 차원의 사용규칙 및 지침이다.
- ISO14064-2: 온실가스의 배출삭감 및 제거의 정량화, 평가와 보고를 위한 프로젝트 차원의 사용규칙 및 지침이다.
- ISO14064-3: 온실가스 선언에 대한 타당성 평가 및 검증을 위한 사용규칙이다.

온실가스 검증은 앞에서 언급했듯이 온실가스 배출 조직(기업)과 독립된 개인 또는 조직이 실시한다. 대부분은 검증기관에서 실시한다. ISO14064-1은 총량제한방식에서의 온실가스 산정에 대한 규격이고, ISO14064-2는 기준인정방식에서의 온실가스 산정에 대한 규격이다. ISO14064-3은 온실가스 검사 · 검증에 대한 규격이다.

ISO14064와 관련된 규격에는 ISO14065와 ISO14066이 있다. ISO14065는 2007년 4월에 발표된 온실가스 타당성 평가 및 검증기관에 대한 인정 요구사항에 관련한 규격이다. ISO14066은 2011년에 발표된 온실가스 배출량 산정에 대한 타당성 평가 및 검증요원의 자격에 대한 적격성 기준을 제시하고 있다. ISO14066은 개인이 아니라 팀에 초점을 두고 구성인력들이 갖추어야 할 기술과 지식을 세부적으로 제시하고 있다. 한편 ISO14067은 제품의 전 과정 온실가스 배출량이 그대로 드러나는 탄소발자국을 다루는, 즉 제품의 탄소발자국 정량 및 보고를 위한 사용규칙 및 지침으로 곧 공표될 예정이다.

정리하면, 기업 등에서는 ISO14064-1에 따라 온실가스 인벤토리를 만들거나 ISO14064-2에 따라 온실가스 프로젝트를 수행하고, 그 결과인 온실가스 인벤토리나 온실가스 보고서를 제출하게 된다. ISO14065의 요건을 충족하는 타당성 평가 및 검증기관에서는 ISO14066의 요건에 적격한 인원들로 타당성 평가팀 또는 검증팀을 구성하여, 온실가스 인벤토리나 온실가스 보고서에 대한 타당성 평가나 검증을 ISO14064-3에 따라 수행하게 된다.

제3절 배출권거래제

1. 배출권거래제의 의의

배출권[2]거래제도는 온실가스 감축 보조수단으로서 정부나 규제기관이 각 참여기업(국가)에

2) 배출권을 나타내는 영어는 Emissions right, Emissions allowance, Emissions credit, quota, permit 등이 있고, 일본에서도 排出枠, 排出権, 排出量, 排出クレジット 등으로 다양하게 표현하고 있으나, 이들 모두 배출권거래제도의 거래대상으로 동일한 의미를 갖는다고 할 수 있다.

게 배출감축 목표를 제시하고 그것과 동일한 양의 배출권(온실가스를 배출할 수 있는 권리, 즉 배출허용량)을 할당한 후 이러한 권리를 사고팔 수 있는 시장을 개설하여 거래하도록 하는 제도이다. 배출허용량을 초과하여 온실가스를 배출한 기업과 배출허용량에 미달하여 배출한 기업이 부족분과 잉여분을 매매하는 제도인 것이다.

배출권거래제도가 실시되면 온실가스 배출권을 추가로 구입한 기업은 구입분만큼 온실가스의 추가배출이 허용되고, 배출권을 판매한 기업은 그만큼 배출을 줄여야 한다. 따라서 배출량이 많은 기업은 배출권 구입에 소요되는 비용절감을 위해 배출량을 삭감하게 되고, 배출량이 적은 기업은 배출권 판매로 얻는 수익을 높이기 위해 온실가스 배출 저감에 힘쓰게 된다. 이와 같이 배출권거래제도는 배출권을 사고팔 수 있도록 시장을 개설함으로써 시장기능을 이용하여 자율적으로 저감목표치를 달성하도록 하는 방법이다.

배출권거래제도를 그림으로 나타내면 **〈그림 13-1〉**과 같다.

우리나라도 우여곡절 끝에 2012년 5월 2일 '온실가스 배출권의 할당 및 거래에 관한 법률'이 국회를 통과하여 2015년 1월 1일부터 배출권거래제도를 전면 도입하게 되었다. 1차 계획기간은 2015년 1월 1일~2017년 12월 31일(3년), 2차 계획기간은 2018년 1월 1일~2020년 12월 31일(3년)이며, 3차 계획기간부터는 5년 단위로 실시한다.

배출권거래제도는 온실가스 감축을 위한 한계저감비용이 배출권 가격보다 낮은 기업이 온실가스를 보다 많이 저감하도록 유도하여 모든 기업에게 비용절감효과를 가져다주고 사회 전체적으로는 비용을 효과적으로 들여 배출목표를 달성토록 하는 시장경제적 정책수단이다(이병욱 외 2인, 2005, p.115).

〈그림 13-1〉 배출권거래제도

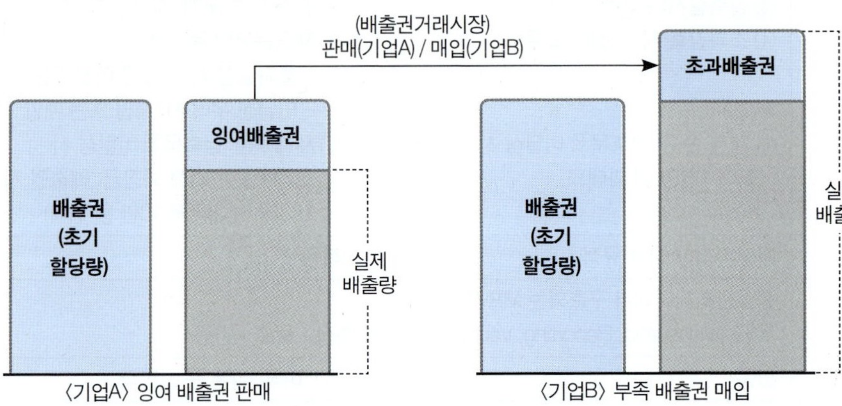

2. 배출권거래제와 타 제도의 비교

(1) 배출권거래제와 목표관리제의 비교

우리나라는 목표관리제와 배출권거래제를 병행하고 있다. 두 제도 모두 국가의 온실가스 감축목표를 달성하고자 도입한 제도이나 차이가 있다. 배출권거래제와 목표관리제의 정의와 성격상 차이를 살펴보면, 배출권거래제는 할당보다 배출량이 초과하거나 미달할 경우 배출권을 각각 사거나 파는 시장형 규제이고, 목표관리제는 정부로부터 배출량을 할당받아 지키지 못하면 벌금을 내는 직접규제이다. 관리방식상으로는 목표관리제는 단년도를 대상으로 목표가 설정되고 연도말에 이행실적이 점검되는 반면, 배출권거래제는 계획기간을 대상으로 목표가 설정되고 초과감축량의 이월을 감안하여 계획기간 말에 이행실적을 점검한다. 우리나라 관련 법규를 중심으로 양자의 주요한 차이를 살펴보면 **〈표 13-4〉**와 같다.

〈표 13-4〉 우리나라 배출권거래제와 목표관리제의 비교

구분	목표관리제	배출권거래제
성격	직접규제(command & control)	시장메커니즘(market friendly)
대상물질	6대 온실가스, 에너지	6대 온실가스
적용대상	[사업장 기준 CO_2배출량] 11.12.31까지 25천 톤 이상 배출 12. 1. 1부터 20천 톤 이상 배출 16. 1. 1부터 15천 톤 이상 25천 톤 미만 배출	① 의무대상: 15. 1. 1부터 25천 톤 이상 배출 사업장 또는 최근 3년간 연평균 125천 톤 이상 배출업체 ② 자발적 참여업체
운영체계	① 매년 단년도 목표 설정 ② 이행경계: 자기 사업장에 한정 ③ 감축실시: 유일한 수단 ④ 초과감축 시: 인센티브 무 ⑤ 제재 수준: 감축목표 미달성 시 최대 1천만 원 과태료	① 다년도, 5년 단위 ② 외부감축(상쇄) 인정 ③ 감축 또는 구매, 차입 등 유연성 ④ 제도운영의 유연성 – 초과달성 시: 배출권 이월 또는 매각 – 미달성 우려 시: 차입 또는 매입 ⑤ 제재수준: 감축목표 미달성 시 초과배출량 비례 과징금: 배출권 시장평균가 3배 이내(톤당 10만 원 이내)
검증기관	운영지침에 상세 규정	좌동
MRV	목표관리제하에서 구축되는 MRV 공동활용 *MRV(Measuring, Reporting, Verifying): 배출량 측정 · 보고 · 검증	
해외 사례	없음	EU, 미국, 일본 등 선진국

(2) 배출권거래제와 탄소세의 비교

배출권거래제와 온실가스 감축을 위한 또 하나의 경제적 유인책(수단)인 탄소세를 비교하면 다음과 같다. 탄소세는 온실가스를 배출하는 석유, 석탄 등 화석연료의 사용량에 따라 연료 단위당 일정세율을 적용하여 부과하는 세금이다. 배출권거래제는 배출허용량을 초과하여 배출한 기업과 배출허용량에 미달되게 배출한 기업이 부족분과 잉여분을 거래하는 제도이다.

탄소세의 효과는 화석연료가격의 상승으로 화석연료의 사용을 억제한다는 점과 대체 에너지 개발 촉진을 통한 온실가스 배출량을 억제한다는 점이다. 정부 입장에서는 탄소세 징수를 통해 재정수입을 개선하고, 저렴한 행정비용으로 온실가스 저감을 유도할 수 있다는 장점이 있다.

반면에 탄소세는 배출할 수 있는 온실가스의 양이 지정되지 않으므로 특정 기준 이하로 온실가스 배출을 통제하기 어렵다는 문제점이 있다. 또한 세제 도입의 효과가 간접적이며, 세율이 높지 않으면 탄소세를 부과하는 효과가 없을 것이고 세율이 높으면 조세저항에 직면할 수 있다. 탄소세의 부과는 기업이나 가계에 경제적 부담도 된다.

배출권거래제는 온실가스 감축효과가 직접적이며 계량적 평가도 가능하다. 기업들은 온실

〈표 13-5〉 배출권거래제와 탄소세의 비교

구분	배출권거래제	탄소세
적용대상	온실가스를 일정량 이상 배출하는 사업장에 한정함	에너지를 사용하는 불특정다수로 포괄성이 있음
제도운영의 유연성	할당수준을 통한 정책적 목표에 따라 제도 운용 강도를 적기에 조절 가능	세제의 특성상 유연성이 떨어짐
부담의 수준	시장메커니즘을 통해 의미 있는 부담 부과 가능	과도한 부과는 조세저항 유발
공평성	100% 경매방식 외에는 공정성, 공평성 문제 발생	공평성 문제는 없음
투명성	거래과정이 복잡하고 다단계일 경우 투명성 결여	제도가 간결하고 환경오염의 책임성 부여가 투명함
성과측정	온실가스 감축효과가 직접적이며 계량적 평가 가능, 감축목표 달성 확실	세제 도입의 효과가 간접적이고 누적적으로 발생하여 계량화가 어려움, 감축목표 달성 불확실
제도시행의 장애요소	기업들의 원가부담과 거래비용 발생	정치적 저항 우려
정책의 모양	신선하고 새로운 느낌	진부함

자료: 국내 온실가스 배출권거래제 도입에 관한 대토론회 자료집, 2010 일부 수정 · 보완

가스 배출로 인한 비용을 감소시키기 위해 온실가스 배출량을 삭감하려 노력할 것이고, 에너지 효율을 높이기 위한 기술개발을 시도할 것이다. 국민들의 조세부담도 경감시킬 수 있다. 다만 100% 유상경매방식이 아닌 경우 배출권 할당방식과 할당량의 공정성과 공평성의 문제가 발생할 것이다. 유상경매방식의 경우 배출권 구입에 따른 자금부담을 주고 원가상승요인으로 작용하게 될 것이다. 배출권을 사는 것보다 벌금을 내는 것이 기업에게 이익이라면 기업들은 벌금을 선택할 수도 있을 것이다. 또한 행정비용과 거래비용이 크고, 배출권 가격의 불확실성으로 투기위험도 있다.

배출권거래제와 탄소세는 서로 배타적인 제도가 아니기 때문에 양자를 모두 채택하는 것도 가능하겠지만 중복규제가 될 수 있기 때문에 각 국가들은 자신의 상황에 적합한 제도를 설계할 필요가 있다. 배출권거래제와 탄소세를 비교하여 제시하면 **〈표 13-5〉**와 같다.

3. 배출권의 거래방식

(1) 총량제한방식

총량제한방식(Cap & Trade)은 정부가 온실가스의 총배출량(총배출권)을 정하고, 이를 개별주체에 배출권으로 분배하여 개별주체 간에 배출권의 일부 이전(또는 획득)을 인정하는 제도다. 즉 총량제한방식은 배출량 한도(Cap)를 정하고, 이를 기준으로 초과분이나 여유분만큼 배출권으로 거래하는 방식이다. 이러한 배출권이 거래되는 시장을 할당량시장(allowanced-based market)이라 한다. 총량제한방식의 대표적 예는 교토의정서의 부속서 I 국가 간의 배출권거래, 미국 전력회사 간의 SO_2 거래, EU의 배출권거래제도 등이다.

총량제한방식을 좀 더 세부적으로 살펴보면 다음과 같다.

첫째, 배출삭감량을 정하고 배출권을 발행한다.

기준연도의 배출량으로부터 목표연도의 배출량을 결정한다. 즉 삭감량을 결정하고 그에 상응하는 배출권을 발행한다(예: 기준연도에 100톤을 배출하는 국가가 10톤 삭감을 목표로 하는 경우 90톤만큼의 배출권을 발행하는 것이다).

둘째, 배출권을 분배(할당)한다.

배출권의 할당에 대하여는 뒤에서 설명한다.

셋째, 분배된 할당량과 실제 배출량을 비교한다. 개별기업은 생산활동이 이루어지는 동안 실제배출량과 분배된 배출할당량의 차이를 점검하여, 분배된 배출할당량보다 실제배출량이 초과된 경우 삭감비용을 기준으로 자력 삭감하거나 다른 기업으로부터 배출권(배출할당량)을 구입하여 삭감한다. 그리고 규제기간 종료 후 실제배출량과 배출할당량을 대응시킨다. 양자가 일치하는 목표를 달성한 것이고, 배출할당량에 비해 실제배출량이 크다면 벌금이 부과될 것이다.

(2) 기준인정방식

기준인정방식(Baseline & Credit)은 특정 프로젝트(자금지원, 기술이전 등을 통한 배출삭감사업)가 실시된 경우의 실제배출량과 이를 실시하지 않았더라면 배출될 것으로 예상되는 배출량(Baseline)을 비교하여 삭감된 배출량만큼을 저감량 인정분(Credit)으로 발급받아 거래하는 방식이다. 기준인정방식은 일명 감축실적거래방식이라고도 한다. 이러한 배출권이 거래되는 시장을 프로젝트시장(project-based market)이라 한다.

기준인정방식은 온실가스 배출량을 삭감한 양만큼 정부 또는 다른 국가로부터 보상을 받는 셈이다. 즉 삭감량에 해당하는 크레디트를 정부에 판매할 수 있다. 따라서 온실가스 배출량 삭감을 위해 노력한 개별기업은 금전적(물질적) 보상을 받고, 사회 전체적으로 크레디트에 해당하는 온실가스의 배출량을 인정받을 수 있다.

교토메커니즘의 공동이행제도나 청정개발체제는 기준인정방식의 대표적인 예라 할 수 있다. 다만, 공동이행제도를 통해 얻게 된 삭감량은 프로젝트에 관련된 선진 2개국 간에 이전된다. 따라서 프로젝트와 관련된 2개국의 총배출량에는 변화가 없고 세계 전체적으로도 배출량에는 증감이 없다. 이에 비해 청정개발체제는 선진국이 개발도상국에 프로젝트를 실시하기 때문에 삭감량은 선진국의 배출량에 가산된다. 개발도상국에는 배출허용량이 없었기 때문에 세계 전체적으로 보면 배출량이 증가하는 셈이다.

위 두 방식의 장단점을 요약하면 **〈표 13-6〉**과 같다.

〈표 13-6〉 총량제한방식과 기준인정방식의 장 · 단점

구분	총량제한방식(cap and trade)	기준인정방식(baseline and credit)
장점	• 이행기간 중 거래가 가능하여 시장의 효율성 제고와 규모 확대 • 예측가능성으로 위험 사전방지 • 제도운영에 따른 행정비용 감소	• 규제당국과 참여자 간의 합의도출 용이 → 기업의 제도 참여
단점	• 최초 제도설계 시 복잡 • 할당기준, 경매 등 고려해야 할 변수가 많음	• 감축실적의 불확실성으로 거래 활성화에 어려움 • 배출기준선 선정 시 도덕적 해이의 동기가 존재 • 인증, 모니터링 등의 행정비용 과다

자료: 박천규 외 4인, 2012, p. 145

4. 배출권의 할당방식

총량제한방식에서 배출권을 할당(분배)하는 방식은 할당량 기준과 할당 시 원가발생 유무에 따라 다음과 같이 각각 구분된다.

(1) 할당량 결정기준에 따른 분류

1) 과거 배출량 기반 할당(GF: grand fathering)

이 방식은 과거의 배출실적을 바탕으로 하여 그 수준에 상응 또는 그 이하 수준으로 배출권을 할당 분배하는 방식이다.

2) 과거 생산(활동)량 기반할당(BM: benchmarking)

이 방식은 동일업종에서 우수한 감축기술을 보유한 업체의 기술수준을 기반으로 제품단위당 감축계수(표준배출원단위; 벤치마크계수)를 개발하고, 해당업종 업체의 생산량에 이를 적용하여 배출권을 할당하는 방식이다.

(2) 할당 시 원가발생 유무에 따른 분류

1) 무상할당방식

이 방식은 무상으로 배출권을 할당하는 방식이다.

2) 유상할당(경매)방식

이 방식은 입찰을 통한 경매(Auction)로 배출권을 할당(분배)하는 방식이다.

(3) 각 할당방식의 장·단점

위 4 가지 방식의 장 · 단점을 요약 비교하면 **〈표 13-7〉**과 같다.

〈표 13-7〉 각 할당방식의 장 · 단점

구분기준	할당방식	장점	단점
과거 배출량 기준	grand fathering	• 할당량결정과정이 용이 • 획득 가능한 할당량 예측 가능 • 참여업체의 반발 최소화	• 감축기술 개발유인 저하 • 과거실적이 없는 신규기업 적용 곤란 • 할당량 증가를 위한 전략적 행동, 도덕적 해이 우려
	benchmarking	• 신규기업에도 적용 가능 • 참여업종의 전반적 감축 • 저탄소기술 개발 촉진 • 중장기적 감축비용 절감유인 큼	• 여러 제품 생산 시 표준배출원단위(계수개발)의 어려움 • 업종별 감축기술 정보 확보의 어려움 • 상대적으로 높은 행정비용
할당 시 원가발생	무상할당	• 참여업체의 초기 취득원가 발생하지 않음 • 배출권거래제도 수용성 제고	• 과당할당, 우발이익 발생우려, 원인자 부담원칙 훼손 • 감축기술 개발유인 한계
	유상할당 (경매)	• 실제 감축비용에 근거한 최적 할당, 최적 가격형성 • 경매수익 환원을 통해 환경기술 개발 극대화	• 참여업체의 초기 할당량 취득원가 발생 • 배출권거래제도에 대한 반발 초래 • 경매 시 할당량 예측 곤란

5. 배출권거래의 분류

(1) 국제배출권거래

국제적으로 배출권거래가 행해지는 것으로 교토메커니즘의 하나인 국제배출권거래(International Emission Trading)가 여기에 해당된다.

(2) 역내배출권거래

특정 지역 내의 국가와 기업 등이 규제대상이 되어 그 지역 내에서 배출권을 거래하는 것으로 2005년부터 개시된 EU-ETS가 여기에 해당된다.

(3) 국내배출권거래

특정 국가 내에 있는 기업 등을 규제대상으로 하여 그 국가 내에서 배출권의 거래가 이루어지는 것이다. 일본에서 실시되고 있는 자주참가형 배출량거래제도가 여기에 해당된다.

(4) 사내배출권거래

특정 기업 내의 각 부문, 부서를 규제대상으로 하고 그 기업 내에서 배출권의 거래가 이루어지는 것이다.

6. 배출권거래의 문제점

배출권거래의 문제점 몇 가지를 제시하면 다음과 같다.

- 적절한 배출허용량 산출이 어렵다는 것이다. 배출권거래를 위해서는 먼저 배출허용량이 결정되어야 한다. 그러나 세계적으로 모든 국가가 동의할 수 있는 최적수준의 배출허용량을 결정하기가 어렵다는 것이다. 포스트 교토체제가 합의를 이루지 못하는 주원인이 여기에 있다고 보아야 할 것이다.
- 각 산업이나 기업 등 경제주체에게 배출허용량을 합리적으로 배분하기 어렵다는 것이다. 총량제한방식에서는 배출허용량을 배분기준에 따라 각 기업에 배분하여야 하는데 이때 객관적이고 합리적인 기준의 마련이 쉽지 않다는 데 문제가 있다.
- 도덕적 측면의 문제가 있다. 배출권은 달리 말하면 환경오염을 시키는 온실가스를 배출할 수 있는 권리를 의미하는 것이다. 따라서 배출권거래는 환경오염을 시키는 권리를 매매한다는 도덕상의 문제가 제기되고 있다.

위와 같은 문제점 이외에도 배출권거래는 일종의 통제경제 행위로 보고 기업들이 반발하는 모습도 보인다. 이처럼 각 나라, 각 산업 혹은 각 기업 간 이해가 얽혀 있어 배출권거래에 대한 부정적 시각이 존재한다는 점도 기억하여야 할 것이다.

제4절 우리나라 배출권거래제의 주요 내용

우리나라는 국가 온실가스 감축목표를 달성하기 위하여 2015년 1월 1일 배출권 거래제를 본격적으로 도입하였다. 우리나라 「온실가스 배출권의 할당 및 거래에 관한 법률」과 「온실가스 배출권의 할당 및 거래에 관한 법률 시행령」을 중심으로 배출권 거래제의 주요 내용을 요약하여 살펴보면 다음과 같다.

1. 기본계획과 할당계획의 수립

(1) 기본계획의 수립

정부는 10년을 단위로 하여 5년마다 배출권거래제 기본계획을 수립하여야 한다. 이는 중장기적으로 배출권 거래제 운영이 국가온실가스 감축목표의 달성에 기여할 수 있도록 정책목표와 기본방향을 제시하기 위한 것이다.

기본계획에는 배출권거래제에 관한 국내외 현황 및 전망에 관한 사항, 배출권거래제 운영의 기본방향에 관한 사항, 국가온실가스감축목표를 고려한 배출권거래제 계획기간의 운영에 관한 사항 등 여러 가지가 있다.

(2) 할당계획

국가 배출권 할당계획은 매 계획기간 시작 6개월 전까지 수립된다. 계획기간이란 국가온실가스감축목표를 달성하기 위하여 5년 단위로 온실가스 배출업체에 배출권을 할당하고 그 이행실적을 관리하기 위하여 설정되는 기간을 말한다. 다만, 2020년까지 2회의 계획기간을 운영할 수 있도록 1차(2015~2017), 2차(2018~2019) 계획기간에 한하여 3년으로 설정하였다. 이행연도는 계획기간별 국가온실가스감축목표를 달성하기 위하여 1년 단위로 온실가스 배출업체에 배출권을 할당하고 그 이행실적을 관리하기 위하여 설정되는 계획기간 내의 각 연도를 말한다.

할당계획에 포함될 내용은 온실가스 배출허용총량, 계획기간 · 이행연도별 배출권의 총수량, 부문별 · 업종별 할당기준 및 할당량 등이다. 이것들은 배출권 거래제 운영에서 가장 중요한 요소라 볼 수 있다. 또한 할당계획을 통하여 할당대상 부문 및 업종, 즉 배출권 거래제 적용대상이 결정된다.

할당계획은 계획기간 중 국내외 경제상황의 급격한 변화, 기술 발전, 국내 전력수요의 예상하지 못한 급격한 변화 등으로 인하여 할당계획을 변경하여야 할 중대한 사유가 발생한 경우와 기후변화 관련 국제협상의 결과에 따라 할당계획을 변경하여야 할 필요가 있는 경우에는 변경이 가능하다. 이는 할당계획의 수립 단계에서 예상하지 못한 경기변동으로 온실가스 배출전망이 급격하게 변한 경우 배출허용총량을 수정함으로써 외적 환경변화에 탄력적으로 대응하기 위한 것이라 할 수 있다. 할당계획 수립에 대한 심의 · 조정은 할당위원회를 통해 이루어진다.

2. 할당대상 업체의 지정 및 배출권의 할당

(1) 할당대상 업체의 지정

배출권 거래제가 의무적으로 적용되는 할당대상 업체는 녹색성장기본법에 따라 지정 · 고시되는 관리업체 중 일정기준 이상을 배출하는 업체이다. 다만 의무적 할당대상에 해당하지 않는 업체도 자발적인 신청을 통해 배출권 거래제에 참여할 수 있다.

배출권 거래제에 의무적으로 참여해야 하는 업체는 사업장 기준 25,000톤 CO_2 이상, 업체 기준 125,000톤 CO_2 이상 배출업체이다.

(2) 배출권의 할당

1) 배출권 할당기준 및 절차

배출권의 할당은 할당대상 업체에게 계획기간 중의 총 배출권과 이행연도별 배출권을 배분하는 방식으로 실시된다. 계획기간의 총 배출권을 할당함으로써, 해당업체는 다년도 배출허용량을 기준으로 사업전략, 투자계획을 수립하는 등 유연한 대응이 가능하도록 했다. 특정연도에 거래하거나 제출할 수 있는 배출권은 이행연도별로 할당된 배출권으로 한정되나, 할당대상 업체는 이월 또는 차입을 통하여 계획기간별로 할당된 배출권의 유동적인 활용이 가능하다.

배출권을 할당할 때는 먼저 할당대상 업체의 배출권 수요, 부문 · 업종별 온실가스 감축기술 등을 본다. 즉, 과거 배출실적을 기반으로 수요를 예측하고 업종별 최적기술을 고려하여 배출권을 할당한다. 또한 조기감축 실적 및 배출권제출 실적, 목표관리제에서의 목표준수 실적과 같은 할당시점 이전의 온실가스 감축노력 또한 반영한다. 이 밖에도 할당대상 업체의 무역집약도, 탄소집약도, 할당대상 업체 간 할당량의 형평성, 배출권 거래시장 활성화에 기여한 정도 등도 고려하여 할당한다.

할당은 유상 또는 무상으로 할 수 있다. 다만, 제도의 연착륙 및 산업계의 부담완화를 위해 2차 계획기간(2020년)까지 전체 배출권의 97%를 무상으로 할당한다. 3차 계획기간 이후의 무상할당비율은 90% 이내의 범위에서 이전 계획기간의 평가 및 관련 국제 동향 등을 고려하여 할당계획에서 정한다. 할당대상 업체에 유상으로 할당하는 배출권은 할당대상 업체를 대상으로 경매 등의 방법으로 할당한다.

할당대상 업체는 매 계획기간 4개월 전까지 할당신청서를 제출하고 할당을 받는다. 할당신청서에는 계획기간별 · 이행연도별 신청수량, 과거 3년간 배출량, 계획기간 내 시설변경, 연료 및 원료소비, 온실가스 감축설비 및 기술도입 계획 등의 내용이 포함된다.

정부는 국가감축목표 및 부문별 · 업종별 감축목표를 전제로 하향식 할당을 한다. 정부는 개별업체에 할당된 배출권 할당량을 계획기간 2개월 전까지 통보하여야 한다. 할당업체는 배출권 할당에 이의를 신청할 수 있다. 정부는 할당량을 개별업체에 통보함과 동시에 배출권 등록부의 각 업체별 계정에 할당내역을 등록해야 한다. 배출권 등록부는 배출권의 할당과 거래 및 보고 · 검증 · 인증, 할당대상 업체의 온실가스 배출량 등에 관한 사항을 등록 · 관리하기 위한 시스템이다.

2) 조기감축실적의 인정

배출권을 할당하는 단계에서 조기감축실적을 인정할 수 있다. 이는 과거 배출량을 기준으로 배출권을 할당하는 경우, 이전부터 감축노력을 실시하여 온실가스 배출량이 감소한 업체에 그동안 감축노력을 보이지 않은 업체보다 상대적으로 적은 수량의 배출권이 할당되어 불리할 수 있기 때문이다.

조기감축실적으로 인정받을 수 있는 온실가스 감축량은 배출권 할당 이전에 검증된 것을 대상으로 한다. 조기감축실적을 인정하는 방식은 할당계획 수립단계에서 이를 반영하거나, 개별업체에 배출권을 추가로 할당하는 방식으로 이루어진다. 조기감축실적의 인정으로 인한 추가할당은 배출권 예비분에서 한다. 배출권 예비분은 신규 진입자에 대한 배출권 할당, 시장 안정화 조치, 배출권 추가 할당 등을 위하여 계획기간의 총 배출권의 일정 비율만큼 보유하고 있는 배출권 수량이다.

3) 배출권 할당의 조정 및 취소

계획기간 중 당초에 예상하지 못한 경제상황의 급격한 변동으로 인한 할당계획이 변경되는 경우와 개별업체의 시설규모에 변동이 발생하는 경우 예외적으로 배출권을 추가로 할당할 수 있다. 이들을 나누어 살펴보면 다음과 같다.

첫째, 할당계획 변경으로 배출허용총량이 증가한 경우이다. 이 경우에는 정부의 직권에 의해 하향식으로 추가할당이 이루어진다. 즉, 증가된 배출허용총량에 상응하는 배출권을 전체

할당대상 업체에 각각의 기존 할당량에 비례하여 추가 할당하거나, 특정 부문 또는 업종에 증가된 배출권의 전부 또는 일부를 추가 할당할 수 있다.

둘째, 개별업체의 신청에 의한 할당조정이다. 신청에 의한 할당조정의 경우를 몇 가지만 살펴보기로 한다.

- 시설의 신설 · 증설, 일부 사업장의 양수 또는 합병으로 인하여 업체별로 할당된 배출권에 비하여 배출량이 증가된 할당대상 업체는 매 이행연도 종료일부터 3개월 이내에 주무관청에 배출권 추가 할당을 신청할 수 있다. 주무관청은 신청을 받으면 할당대상 업체별 할당량 결정 시 해당 할당대상 업체에 적용된 기준이나 벤치마크방식을 기준으로 배출량 증가분을 확정하고, 해당 이행연도 종료일부터 5개월 이내에 확정된 증가분에 상응하는 배출권을 추가 할당한다. 이 경우 추가 할당되는 배출권은 추가 할당 사유가 발생한 이행연도분의 배출권으로 할당한다.
- 생산품목의 변경, 사업계획의 변경(시설의 신 · 증설 등으로 인한 변경은 제외) 등으로 인하여 해당 이행연도에 업체별 할당된 배출권에 비하여 30% 이상 배출량이 증가한 할당대상 업체는 매 이행연도 종료일부터 3개월 이내에 주무관청에 배출권 추가 할당을 신청할 수 있다. 주무관청은 신청을 받으면 할당량 결정 시 해당 할당대상 업체에 적용된 기준이나 벤치마크방식을 기준으로 배출량 증가분을 확정하고, 해당 이행연도 종료일부터 5개월 이내에 확정된 증가분의 50% 이내의 범위에서 배출권을 추가 할당한다. 이 경우 추가 할당되는 배출권은 추가 할당 사유가 발생한 이행연도분의 배출권으로 할당한다.
- 사업계획의 변경 등으로 인하여 이행연도별 할당량을 조정하려는 할당대상 업체는 매 이행연도 시작 4개월 전까지 주무관청에 할당량 조정을 신청할 수 있다. 이 경우 추가 할당되는 배출권은 추가 할당 사유가 발생한 이행연도분의 배출권으로 할당한다. 이 경우 주무관청은 신청사유를 검토하여 계획기간 중 해당 할당대상 업체에 할당된 배출권의 총수량이 변하지 아니하는 범위에서 이행연도별 할당량을 조정할 수 있다.

다만, 할당량의 사후 조정이 일상적으로 허용될 경우 배출권 거래제도의 근간이 흔들릴 우려가 있기 때문에 할당량의 사후 조정은 일반적으로 허용되지 않는다. 즉, 할당 단계에서 예상하지 못하였으나 조정이 반드시 필요한 경우에 한정하여 예외적으로 실시한다. 따라서 생산량이 증가하여 온실가스 배출량이 증가하는 경우 개별업체는 시장에서 배출권을 구입하거나 상쇄사업 등을 통해 부족한 배출권을 보충하여야 한다.

위와는 반대로 예상하지 못한 경기침체가 발생하거나 개별업체의 시설이 폐쇄된 경우 할당된 배출권의 일부 또는 전부를 취소할 수 있다. 배출권 할당의 취소를 인정한 이유는 경기침체로 생산량이 감소하거나 시설이 폐쇄되었을 때 온실가스 배출량이 감소하는 경우 잉여 배출권의 판매를 통한 이익이 발생할 수 있기 때문이다. 또한 거짓이나 부정한 방법으로 배출권을 할당받은 업체에 대한 제재 차원에서도 배출권 할당의 취소는 필요하다. 다만, 유상으로 할당된 배출권을 취소하는 경우에는 손실보상 문제가 발생할 수 있으므로 취소할 수 있는 배출권은 무상으로 할당된 것에 한정한다.

3. 배출권의 거래 및 거래시장

(1) 배출권의 거래

개별업체에 할당된 배출권은 매매나 그 밖의 방법으로 거래가 가능하다. 배출권 거래제의 대상이 6대 온실가스를 모두 포함하기 때문에 배출권 거래의 통일성 및 효율성을 위하여 배출권 거래는 이산화탄소 1톤 단위 즉, 이산화탄소상당량톤(tCO_2-eq)으로 환산하여 이루어진다.

국내법인 및 개인은 원칙적으로 배출권 거래의 주체가 될 수 있다. 배출권을 거래하려는 자는 배출권 등록부에 거래계정을 등록하여야 한다. 법인 또는 개인 간 배출권 거래의 효력은 거래 당사자의 신고에 의하여 배출권 등록부에 거래내용이 등록된 때에 발생한다. 실제 배출권의 거래행위가 있더라도 등록부상 그 내용이 등록되지 않은 경우 거래행위 자체의 효과가 부정되는 것은 아니지만 배출권 거래제법에 따라 배출권을 보유한 것으로 인정되지 않는다. 이는 거래 자체의 신속성 및 용이성보다는 국가 차원에서 배출권을 효과적으로 관리하고 거래의 안정성을 도모하려는 취지이다.

배출권의 공정한 가격형성과 매매, 거래의 안정성과 효율성을 도모하기 위하여 정부는 배출권 거래소를 지정하거나 설치할 수 있다. 배출권 거래소를 지정하는 경우 해당 거래소는 거래의 건전성 및 안정성 확보를 위한 운영규정을 정하여 정분의 승인을 받아야 한다.

(2) 배출권 거래시장의 안정화

배출권 거래제 적용업체는 보유하고 있는 배출권 범위에서 온실가스를 배출할 수 있으므로, 시장에서의 배출권 가격의 급등락 현상이 발생할 경우 생산 활동에 직접적인 영향을 받을 수 있다. 따라서 가격의 급등이나 수요의 이상 급증이 발생할 경우 정부는 시장안정화 조치를 취할 수 있다.

정부가 시장안정화 조치를 취할 수 있는 경우는 첫째, 배출권 가격이 6개월 연속으로 직전 2개 연도의 평균 가격보다 대통령령으로 정하는 비율(3배) 이상으로 높게 형성될 경우 둘째,

배출권에 대한 수요의 급증 등으로 인하여 단기간에 거래량이 크게 증가하는 경우 셋째, 그 밖에 배출권 거래시장의 질서를 유지하거나 공익을 보호하기 위하여 시장안정화 조치가 필요하다고 인정되는 경우이다. 시장안정화 조치를 실시하는 방법은 배출권 예비분의 추가할당을 통한 배출권의 공급확대, 배출권의 최소 또는 최대 보유한도 설정을 통한 이상거래 방지 등이 있다.

4. 배출량의 보고 · 검증 및 인증

할당대상 업체는 매 이행연도 종료 후 3개월 이내에 해당 이행연도의 실제 온실가스 배출량에 대한 명세서를 작성하여 보고하여야 한다. 배출량의 보고는 외부 전문기관의 검증을 받아야 한다.

정부는 할당대상 업체가 전문기관의 검증을 거쳐 명세서를 통해 보고한 경우 그 내용에 대한 적합성을 평가하여 실제 온실가스배출량을 인증한다. 배출량을 인증할 때에는 배출량 인증위원회의 심의를 거쳐야 한다. 배출권 거래제는 현금을 수반하므로 배출량 보고의 정확성이 매우 중요하다. 그러므로 목표관리제에 없는 정부의 배출량 인증절차를 추가하고 인증된 배출량을 기준으로 배출권의 제출, 과징금 부여 등을 실시한다.

만약 할당대상 업체가 실제 배출량 보고의무를 이행하지 않는 경우, 정부는 해당업체가 속한 업종의 평균 온실가스배출량, 생산 기술 및 감축기술 수준, 실제 생산량 등을 고려하여 직권으로 배출량을 산정하여 인증할 수 있다.

주무관청은 실제 온실가스 배출량을 인증한 때에는 지체 없이 그 결과를 할당대상 업체에 통지하고, 그 내용을 이행연도 종료일부터 5개월 이내에 배출권등록부에 등록하여야 한다.

5. 배출권의 제출, 이월 · 차입, 상쇄

(1) 배출권의 제출

할당대상 업체는 배출권의 제출을 위하여 이행연도 종료일부터 6개월 이내에 배출권 제출 신고서를 주무관청에 제출하여야 한다. 주무관청은 신고서를 제출받으면 그 내용을 검토하여 이상이 있는 경우 즉시 해당 할당대상 업체에 해당 내용의 수정을 요구하거나 직권으로 이를 수정할 수 있다. 이상이 없는 경우에는 지체 없이 배출권등록부에 등록하고, 해당 할당대상

업체의 배출권 거래계정에서 배출권의 제출을 위한 배출권 거래계정으로 제출된 배출권을 이전하고 폐기한다. 배출권 제출은 배출권 제출의무를 지는 온실가스 배출이 이루어진 이행연도 분으로 할당된 배출권, 이전 이행연도에서 이월된 배출권 또는 다음 이행연도에서 차입한 배출권과 상쇄배출권으로만 제출할 수 있다.

(2) 배출권의 이월 · 차입 및 소멸

배출권의 이월은 배출권 제출 시 제출하여야 할 배출권의 수량보다 보유한 배출권의 수량이 초과하여 그 잉여분을 다음 이행연도로 넘기는 것이다. 역으로 배출권의 차입은 제출하여야 할 배출권의 수량보다 보유한 배출권의 수량이 부족하여 배출권 제출의무를 완전히 이행하기 곤란한 경우에 부족분을 다음 이행연도 분에서 차입하는 것이다.

개별업체가 실제 배출량을 초과하는 배출권을 보유하거나, 반대로 배출권이 부족한 경우 해당 업체는 배출권의 판매 · 구입 등의 방법 이외에도 이월 · 차입 등의 방법을 통해서 해결할 수 있다. 즉, 개별업체가 배출권을 초과로 보유(실제 배출량<배출할당량)하고 있다면 이를 시장에 판매하여 수익을 올릴 수도 있고, 다음 이행연도(계획기간이 종료하는 경우에는 차기 계획기간의 첫 이행연도)로 배출권을 이월할 수 있다. 배출권의 이월은 배출권 거래제가 적용되는 할당대상 업체뿐 아니라 거래 참여를 목적으로 배출권을 보유한 제3자도 가능하다. 이는 제3자가 보유한 배출권이 이월되지 않아 그 효력이 소멸된다면 전체 배출권수량의 감소로 배출권 거래제에서의 배출허용총량이 의도치 않게 감소하는 것을 방지하기 위함이다.

만약 할당대상 업체가 보유한 배출권이 실제 배출량보다 적은 경우(실제배출량>배출할당량)에는 계획기간 내 다른 이행연도의 배출권을 차입하여 제출할 수 있다. 배출권은 계획기간 중의 총 배출권과 각 이행연도별 배출권이 동시에 할당되는데, 배출권의 차입은 동일한 계획기간 내의 다른 이행연도분에 대하여만 이루어진다는 점에서 다른 계획기간 간에도 허용되는 배출권의 이월과 다르다. 또한 배출권의 이월과 달리 차입은 할당대상 업체에만 가능하며, 무분별한 차입으로 인한 시장 불안정 및 도덕적 해이를 방지하기 위하여 차입한도가 정해져 있다. 배출권의 차입한도는 다음의 산식으로 구한다.

- 해당 계획기간의 1차 이행연도: 해당 할당대상 업체가 주무관청에 제출하여야 하는 배출권 수량 ×100분의 15
- 해당 계획기간의 2차 이행연도부터 마지막 이행연도 직전 이행연도까지: 해당 할당대상 업체가 주무관청에 제출하여야 하는 배출권 수량×[해당 계획기간 내 직전 이행연도의

배출권 차입한도-(해당 계획기간 내 직전 이행연도에 제출하여야 하는 배출권 수량 중 차입한 배출권 수량의 비율×100분의 50)]

배출권의 이월과 차입을 통해 개별 기업들은 중장기적 전략을 갖고 온실가스 감축을 추진할 수 있으며, 대내외적 여건변화에 탄력적으로 대응할 수 있다. 주무관청은 이월 또는 차입을 승인한 때에는 지체 없이 그 내용을 배출권등록부에 등록하여야 한다.

할당된 배출권은 이행연도가 종료된 후 6개월 내에 제출하거나, 다음 이행연도로 이월하지 않으면 자동적으로 효력이 소멸된다. 이는 할당대상 업체의 실제 배출량 측정 · 보고 등이 이행연도 단위로 실시되므로 배출권의 유효기간 역시 이행연도에 맞추기 위함이다.

(3) 상쇄

상쇄란 할당대상 업체가 배출권 거래제법이 적용되지 않는 국내외 부분에서 온실가스 감축사업을 실시하여 발생한 감축량을 배출권 제출 시에 활용하는 것을 말한다.

상쇄는 할당대상 업체가 보유하거나 취득한 외부사업부에서 발생한 온실가스 감축량에 대하여 배출권으로 전환(상쇄배출권이라 함)한 후, 이를 배출권 제출 시 활용하는 방식으로 인정된다. 따라서 개별업체는 직접 외부 감축사업을 실시할 수도 있고, 타인이 실시하여 발생한 감축량을 구입하여 활용할 수도 있다. 상쇄배출권은 할당된 배출권과는 별도로 상쇄등록부에서 관리된다.

상쇄배출권으로 전환할 수 있는 외부사업 온실가스 감축량의 범위는 법령을 통해 정해져 있다. 즉, 상쇄배출권으로 전환이 가능한 외부사업 온실가스 감축량은 첫째, 배출권 거래제법이 적용되지 않는 국내외부분(할당대상 업체 조직 경계 밖의 영역)에서 국제적 기준에 부합하는 측정 · 보고 · 검증이 가능한 방식으로 실시한 온실가스 감축사업을 통해 발생한 감축량과 둘째, 국제협약에 의해 인정되는 사업 등에 의한 감축량이 대상이 된다.

개별기업이 외부사업 온실가스 감축량을 상쇄배출권으로 전환하기 위해서는 해당 감축량에 대하여 정부의 인증을 받아야 한다. 외부사업 온실가스 감축량의 인증은 할당대상 업체가 아니라도 신청할 수 있다.

다만, 상쇄를 무제한적으로 허용할 경우 할당대상 업체가 자체적 노력보다는 더 저렴한 비용의 감축사업을 추진하는 데 치중할 우려가 있다. 따라서 상쇄를 인정하는 외부 감축사업의 종류, 상쇄배출권의 제출한도 및 유효기간을 제한하고 있다. 상쇄배출권의 제출한도는 해당 할당대상 업체가 주무관청에 제출하여야 하는 배출권의 5% 이내이다. 따라서 할당대상 업체는 제출한도 내에서 국내외 시행 외부사업 상쇄배출권을 구분 없이 사용할 수 있다. 상쇄배출권은 주무관청에 제출되거나 다음 이행연도로 이월되지 않은 경우에는 각 이행연도 종료일부터 6개월이 경과하면 그 효력을 상실한다.

상쇄는 온실가스를 감축할 충분한 여력이 되지 않거나 감축비용이 높은 할당대상 업체에 다양한 감축수단을 선택할 수 있도록 하여 온실가스 감축에 따르는 부담을 줄여주기 위한 제도이다. 배출권 거래제가 적용되는 할당대상 업체는 온실가스 감축의무를 이행하기 위하여 첫째, 초과감축 + 배출권의 판매 또는 이월, 둘째, 일부 감축 + 배출권의 구매 또는 차입, 셋째, 일부 감축 + 상쇄 활용 등 다양한 조합으로 감축수단을 전략적으로 선택할 수 있다.

(4) 과징금

할당대상 업체가 제출한 배출권이 인증한 온실가스 배출량보다 적은 경우에는 그 부족한 부분에 대하여 이산화탄소 1톤당 10만 원의 범위에서 해당 이행연도의 배출권 평균 시장가격의 3배 이하의 과징금을 부과할 수 있다. 다만, 주무관청은 과징금을 부과하기 전에 미리 당사자 또는 이해관계인 등에게 의견을 제출할 기회를 주어야 한다.

주무관청은 과징금 납부의무자가 납부기한까지 과징금을 납부하지 않은 경우에는 납부기한의 다음 날부터 납부한 날의 전날까지의 기간에 대하여 가산금을 징수할 수 있다.

2015년 도입된 우리나라 배출권 거래제도를 2020년까지 운영해 본 결과 온실가스 감축의 효과는 기대에 미치지 못했으며 드러난 문제점은 다음과 같다.

첫째, 일부 대기업의 경우 배출권(배출허용량)이 실제배출량보다 많아 온실가스는 감축하지 않고 여분을 매각하여 거액의 이익을 챙겼다.

둘째, 우리나라 온실가스 배출량의 40% 이상을 차지하는 석탄 화력발전소의 경우 부족한 배출권에 대한 매입금액을 한국전력에서 보전해 주기 때문에 온실가스 감축노력을 적극적으로 하지 않았다. 한국전력의 보전금액은 국민이 납부한 전기료로 마련되기 때문에 결국 국민이 부담하게 된다.

셋째, 일부 기업들은 여분의 배출권을 시장에 내놓기보다는 이월을 택하기 때문에 배출권의 공급량이 부족하여 배출권가격이 폭등하기도 했다.

토론하고 발표하기

1. 온실가스를 관리해야 하는 이유에 대하여 설명하라.
2. 온실가스 인벤토리의 의의와 목적에 대하여 설명하라.
3. 온실가스 인벤토리의 원칙을 설명하라.
4. 온실가스 인벤토리 구축절차를 설명하라.
5. 온실가스 · 에너지 목표관리제에 대하여 설명하라.
6. 온실가스 · 에너지 목표관리제의 주요내용을 설명하라.
7. 온실가스에 대한 제3자 검증이 필요한 이유를 설명하라.
8. 온실가스에 대한 제3자 검증절차를 설명하라.
9. 배출권거래제도란 무엇인지를 설명하라.
10. 배출권거래제도와 목표관리제를 비교 · 설명하라.
11. 배출권거래제도와 탄소세를 비교 · 설명하라.
12. 배출권의 할당방식에 대하여 설명하라.
13. 우리나라의 배출권거래제도에 대하여 설명하라.
14. 배출권거래의 문제점을 설명하라.
15. 배출권거래제도의 유연성을 설명하라.

환경경영 TIP

2050년 탄소중립 실현을 위한 2021년 환경부 탄소중립 이행계획 발표

환경부는 2050년까지 우리나라의 탄소중립 실현을 위한 '2021년 탄소중립 이행계획'을 3월 2일 발표했다.

■ 우선, 2050 탄소중립의 방향을 제시하기 위해 정교한 온실가스 감축 시나리오를 올해 6월까지 수립한다.
 • 감축 잠재량을 분석하여 2050 탄소중립을 위한 복수의 시나리오안을 마련한다.
 • 산업계 · 시민사회 · 지자체 등의 의견수렴과 국민토론회를 거쳐 시나리오를 확정한다.

■ 탄소중립 시나리오를 바탕으로, 관계부처와 함께 '2050 탄소중립 추진전략(2020월 12월 7일)'의 부문별 핵심정책 추진전략도 수립한다.
 • 주요 전략의 내용은 다음과 같다.

① '수송부문 미래차 전환 전략'은 무공해차 보급 · 혁신, 내연기관차의 무공해차 대체, 무공해차 충전인프라 대폭 확대 등을 통해 2050년 무공해차 100% 전환을 위한 비전을 제시할 계획이다.

② '순환경제* 혁신 로드맵'은 자원순환의 전 과정관리, 순환경제 이행 확산을 위한 기업의 친환경성 유도, 물 · 에너지 등 부문별 순환경제 달성 등을 포함한 중장기 단계별 이행안(로드맵)이다.

 * 원료의 채취-소비-폐기에 따른 선형 경제구조를 행태 개선에 따른 수요관리강화, 재활용, 식생활 구조개선 등에 따라 연 · 원료 투입을 줄여 순환형 경제구조로 전환하는 개념

③ '자연 · 생태기반 온실가스 감축 · 적응전략* 마련'은 탄소흡수원인 생태공간의 복원확대, 기후조절 등 생태계 기능을 극대화하는 등 자연생태계를 활용한 기후변화 문제 대응전략이다.

■ 또한, '2030 국가온실가스 감축목표(NDC)'의 상향(현 국가온실가스 감축목표 2017년 기준 대비 24.4% 감축)도 추진하게 된다.(환경부 보도자료 2021년 3월 3일 중에서)

제 14 장

에너지경영

우리가 겪고 있는 지구온난화문제는 에너지 사용과 직결된다. 과도한 에너지 사용이 지구온난화의 주범이라는 의미다. 지금은 에너지의 효율적 이용과 절약이 그 어느 때보다 절실히 요구된다.

이 장에서는 최근 ISO50001에 의해 국제표준규격이 제정된 에너지경영시스템의 의의와 특징 및 구성을 고찰하고 에너지경영시스템의 도입효과를 설명한다.

제1절 에너지경영시스템의 의의와 특징

1. 에너지경영시스템의 의의

2005년 2월 온실가스 감축의무를 부여한 교토의정서 발효와 최근 중동사태 등으로 인한 국제유가의 불확실성 등으로 에너지의 효율적 관리가 시급한 과제로 등장하고 있다. 특히 우리나라는 화석연료를 비롯한 에너지의 해외의존도가 매우 높은 국가임에도 불구하고 에너지소비량이 세계 10위에 달하고 있다. 더욱이 최근에는 과도한 냉 · 난방기의 사용 등으로 전력사용이 급증하여 정전위기를 맞는 등 에너지 수급에 비상이 걸리는 실정이다. 이러한 과제를 해결할 수 있는 대안으로 제시된 것이 바로 에너지경영시스템이다.

이미 미국, 캐나다, 덴마크, 네덜란드, 스웨덴, 영국, 호주 등 환경산업 및 정책에 있어 선진국인 이들 나라들을 중심으로 에너지경영시스템을 국가표준으로 제정하여 인증제도를 실시하여 왔다. 우리나라에서도 2007년 에너지경영시스템에 대한 국가표준(KSA4000)을 개발하여 시범인증사업을 진행하여 왔다. 이처럼 각 국가마다 존재하던 에너지경영시스템이 2011년 6월 국제표준화기구(ISO)에 의해 ISO50001 국제표준규격으로 통합되었다. 온실가스 감축을 위해 배출권거래제도의 도입과 함께 에너지경영시스템 인증의 필요성이 점점 높아질 것으로 예상된다.

환경경영시스템과 같은 PDCA(Plan-Do-Check-Act) 순환과정 개념에 입각하여 설명하면, 에너지경영시스템(EnMS: Energy Management System)이란 기업이 에너지 방침과 에너지 목표를 설정하고 이를 달성하기 위한 계획을 세우고 이행하며 그 결과를 점검하고 지속적으로 개선해 가는 일련의 활동이라고 할 수 있다. 다시 말하면, 에너지경영시스템은 기업이 효율적 에너지 이용을 위해 에너지 절약 및 효율개선과 관련한 방침, 목표를 수립하고 이를 달성하기 위한 인적 · 물적 자원 및 관리체제를 구축하는 활동이다. 에너지경영시스템은 최고경영자에서부터 조직구성원 전체가 참여하는 전사적 에너지 개선활동이다. 에너지경영시스템에서 말하는 에너지는 신재생에너지를 포함한 다양한 형태의 에너지로 전력, 연료, 스팀, 열, 압축공기, 그 밖의 매체 등이다.

에너지경영시스템의 핵심은 에너지 사용기기의 구매에서부터 에너지 사용설비의 설계에 이르기까지 에너지 소비에 영향을 미치는 모든 요인을 관리하는 것이다. 이를 위해 전체 조직원에게 에너지 절감목표를 부여하게 된다. 이 과정에서 에너지경영시스템 운영의 효율화를 위해 에너지 기획과정에서 주요 에너지 이용부문에 대한 우선순위를 결정하며, 순차적으로 관리하게 되므로 조직은 에너지경영에 필요한 시간과 비용을 줄일 수 있는 효과를 기대할 수 있다(김운수, 2011, p.45).

에너지경영시스템의 목적은 에너지 절감 및 효율개선을 통한 환경보호와 비용개선이다. 즉, 에너지 효율을 개선함으로써 비용과 온실가스 배출을 삼감하고, 지속적 개선을 가능하게 하는 프로세스를 도입함에 따라 보다 효율적인 에너지 사용을 촉진하며, 에너지 이용 현황분석을 가능하게 하는 것을 목적으로 한다. 이를 통해 기업은 원가절감을 통한 제품경쟁력을 키울 수 있으며, 나아가 환경보전과 지속가능한 성장을 할 수 있는 것이다(최선 외 3인, 2012, p.149).

2. 에너지경영시스템의 특징

(1) 에너지경영시스템과 온실가스·에너지목표관리제의 비교

앞 장에서 설명한 온실가스·에너지 목표관리제와 에너지경영시스템은 온실가스 감축과 에너지 절약이라는 공통된 목표를 갖고 있다. 그러나 **〈표 14-1〉**과 같이 차이점도 있다.

〈표 14-1〉 에너지경영시스템과 온실가스·에너지 목표관리제의 비교

구분	ISO50001 에너지경영시스템	온실가스·에너지 목표관리제
목적	온실가스 감축과 에너지 절약	
대상	조직 및 시스템 중심	사업장 중심
특징	시스템적 접근을 통한 개선활동 전개	데이터 중심의 목표 설정과 이행
기본활동	• 조직활동 전반에 걸친 에너지 관련업무 분석 • 에너지 인벤토리, 측면분석 및 효율분석	• 사업장 에너지 사용량 조사 및 목표 설정 • BAU를 고려한 합리적 목표 설정
수단	• 에너지 고효율 장비구매, 신·증설 시 에너지 고려, 실시간 에너지 사용량/효율관리, 통계적 툴을 활용한 원인분석	• 규제 및 인센티브

자료: http://cafe.naver.com/kmar 일부 수정

(2) 에너지경영시스템의 특징

에너지경영시스템은 주로 에너지 담당자에게 의존하던 기존의 에너지 절약에서 벗어나 전체 조직원의 참여를 전제로 하기 때문에 지속가능한 온실가스 감축 대안 중 우수한 제도로 받아들여지고 있다.

EnMS의 특징으로 크게 3가지를 꼽을 수 있다(최선 외 3인, 2012, pp.149-150).

첫째, 실질적 에너지 절감 중심의 개선활동

- 경영자 중심의 개선활동
- 에너지 사용 전 부문에 대한 절감목표 설정
- 에너지경영 성과평가 및 관리시스템 구축

둘째, 구매 및 설계·사용과 관리 전 과정의 에너지관리활동 촉진

- 공정, 설비에 대한 에너지원별 에너지 측면 분석 실시

- 에너지 효율을 고려한 설계 및 고효율제품 구매
- 에너지경영 개선계획 수립 및 활동 전개

셋째, 기존의 에너지 개선의 장벽을 개선하는 시스템

- 전사적 에너지경영활동 및 지속적인 개선활동 추진
- 조직활동 전반에 걸친 에너지관리시스템 구축
- 경영자 마인드 제고 및 에너지절약활동 참여

3. 다른 유형의 경영시스템과의 비교

에너지경영시스템의 기본개념은 환경경영시스템(ISO14001)이나 품질경영시스템(ISO9001)과 마찬가지로 PDCA 순환과정을 사용하고 있다는 점에서 외형상 유사하다. 또한 국제표준화기구(ISO)에서 관리하는 규격이라는 점에서도 공통된다. 그러나 이들 3가지 유형의 경영시스템은 목적, 대상, 이해관계자 등에서는 차이를 보인다.

품질경영시스템은 고객의 기대수준을 만족시키기 위하여 제품의 설계부터 고객의 욕구를 고려하며, 생산단계에서는 전사적 품질경영을 추구함으로써 불량률 제로, 즉 불량품의 발생을 원천적으로 방지하고 또 제품의 품질 극대화를 도모하는 관리를 말한다. 환경경영시스템은 제품의 설계에서부터 최종단계인 폐기단계까지 환경부하 최소화를 모색하는 한편 품질경영시스템에서 추구하였던 불량률 제로뿐만 아니라 에너지 소비 절감, 자원 절감, 배수관리, 화학물질관리, 폐기물 극소화 등 환경측면을 망라하여 관리하고 있다. 에너지경영시스템은 특화된 형태로 에너지효율 개선을 관리대상으로 한다는 점에 뚜렷한 차이가 있다.

이들 3가지 시스템의 장·단점을 포함한 상호 비교를 하면 **〈표 14-2〉**와 같다.

〈표 14-2〉 경영시스템의 상호 비교

구분	품질경영시스템	환경경영시스템	에너지경영시스템
대상	품질	환경	에너지
이해관계자	고객	다수의 불특정 이해관계자	경영자 및 내부고객
관리기관	국제표준화기구		
목적	고객만족, 품질개선	환경개선, 환경방침 준수	에너지 절감(비용 절감)
항목/규격	고객만족을 위한 요구사항 중심으로 구성	조직의 활동으로 인한 환경적 측면을 조사하고, 개선하는 형태로 구성	조직의 활동으로 인한 에너지 사용현황을 분석, 직접적으로 에너지비용을 감축하는 형태로 구성
장점	• 고객만족을 위한 활동 중심으로 규격 구성 • 제품의 품질 및 고객관계 관리 • 불량률 개선 및 원가절감	• 환경개선에 필요한 각종 제도 및 절차 수립 • 각종 환경사고 개선 및 사전 환경관리체계 구축 • 환경원가 감소 가능	에너지관리의 효율성 제고 • 장기적 · 지속적 에너지 개선활동 시스템 정착 • 시스템 도입을 통해 실질적 에너지 개선 및 원가절감
단점	• 에너지에 대한 부문이 없음 • 인증규격이 포괄적이어서 실질적인 품질개선에 한계가 있음	• 에너지에 대한 부문이 미약 • 인증규격이 포괄적이어서 실질적인 환경개선에 한계가 있음	• 품질개선과 전반적인 환경개선에 대한 부문은 한계가 있음

자료: 김현일, 2007; 김운수, 2011, pp.42-43 재인용하여 일부 수정

제2절 에너지경영시스템의 구성

에너지경영시스템(ISO50001)은 4부분으로 구성되어 있다. ① 머리말, ② 개요(Introduction), ③ 4개의 장으로 구성된 본문, ④ 부속서 A와 B가 그것이다.

머리말에서는 에너지경영시스템의 활용이 에너지의 보다 효율적인 이용, 경쟁력 향상, 온실가스 배출량 및 그 밖의 관련된 환경영향의 저감에 기여함을 기술하고, 이 표준규격이 EnMS에 대한 인증, 등록 및 자체선언의 목적으로 사용될 수 있음을 언급하고 있다.

개요에서는 이 표준규격의 목적과 사용되고 있는 체계(PDCA 순환과정)를 기술하고, 에너지경영시스템의 모델을 **〈그림 14-1〉**과 같이 제시하고 있다.

〈그림 14-1〉 ISO50001의 에너지경영시스템 모델

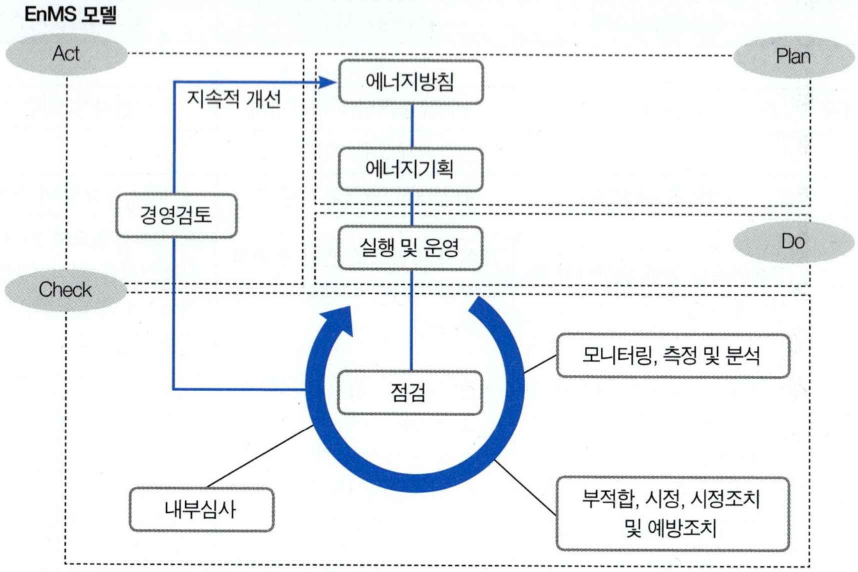

자료: KSA한국표준협회 ISO50001 소개(https://ksa.or.kr/ksa_kr/986/subview.do)

4개의 장으로 구성되어 있는 본문은 1장 적용범위, 2장 인용표준, 3장 용어와 정의로 이 표준에서 사용하는 용어 28개를 설명한다. 4장은 이 표준에서 가장 중요한 부분으로 에너지경영시스템을 구축하는 데 필요한 요구사항을 규정하고 있다.

다음은 ISO50001의 4장 내용을 PDCA(Plan-Do-Check-Act) 순환과정을 적용하여 요약·기술한다. 보다 자세한 내용은 원문을 구하여 참고하기 바란다.

1. 계획

(1) 경영책임

최고경영자는 EnMS를 지원하고, 그 효과성을 지속적으로 개선하려는 의지가 있어야 한다. 따라서 최고경영자는 에너지방침의 수립, 실행 및 유지, 에너지관리책임자(경영대리인)를 선임하고 에너지경영팀 구성의 승인, EnMS와 그 결과인 에너지성과를 수립, 실행, 유지 및 개선에 필요한 자원을 제공하여야 한다.

에너지관리 책임자는 적절한 숙련도와 적격성을 갖춘 인물로 EnMS를 표준에 일치하도록 실행, 유지하고, 그 성과와 에너지성과를 최고경영자에게 보고한다. 그 밖에도 에너지경영팀 구

성, 에너지경영활동의 계획을 수립한다. 에너지관리 책임자는 에너지경영시스템의 실시와 운영에 대한 책임과 권한을 가진 사실상의 최고의사결정자의 역할을 한다고 보아야 할 것이다.

(2) 에너지 방침

에너지 방침은 에너지경영시스템의 방향성 또는 목적을 명확하게 제시하고 에너지성과 개선을 이루겠다는 의지가 반영되어야 한다. 구체적으로 살펴보면 에너지 방침은 ① 조직의 에너지 이용 및 사용량에 대한 성격과 규모에 적절하고, ② 에너지 성과개선에 대한 의지를 포함, ③ 에너지 목표 및 세부목표 달성에 필요한 자원과 정보를 확실하게 보장함을 선언, ④ 적용되는 에너지사용에 관한 법규제 요구사항과 기타 요구사항을 준수할 것을 선언, ⑤ 에너지 목표 및 세부목표의 수립 및 검토를 위한 근거(틀) 제공, ⑥ 에너지효율이 우수한 제품 및 서비스의 구매와 설계 지원 등의 내용을 담고 있어야 한다.

(3) 에너지 기획

에너지 기획은 에너지 방침과 일관되어야 하고, 에너지 성과를 지속적으로 개선하는 활동을 이끌어 낼 수 있어야 한다.

1) 법규 및 그 밖의 요구사항

에너지경영시스템에서 규정하고 있는 법적 요구사항은 에너지 이용, 사용량, 효율과 관련한 법규제 가운데 조직이 준수해야 할 내용을 규정한 것이다. 여기에는 조직이 참가하고 있는 협회나 단체가 발행하는 가이드라인이나 요청사항, 지방공공단체에서 발행하는 지역 어젠다 등이 해당된다.

2) 에너지 검토(Energy review)

에너지 검토는 에너지경영시스템의 관리대상을 결정하는 프로세스이다. 즉, 가장 많은 에너지를 사용하고 있는 부문, 에너지 절약 가능성이 매우 높은 부문 등을 결정하는 것이다. 에너지 검토는 아래와 같은 3단계를 통해 이루어진다.

- 현재 시점의 에너지원 파악, 과거와 현재의 에너지 사용과 소비 평가
- 중요한 에너지 이용부분을 파악, 즉 에너지효율 관리대상을 명확하게 한다. 미래 에너지 사용과 소비를 예측한다.

- 에너지성과(효율)를 개선하기 위한 기회를 파악하고 우선순위를 결정한다. 기회는 재생에너지, 잠재적 에너지, 기타 대체에너지도 고려할 수 있다.

3) 에너지 베이스라인(Energy baseline)

에너지 베이스라인은 에너지 성과를 평가(점검, 측정)하기 위한 정량적 기준으로 에너지 성과 평가의 비교 근거를 제공한다. 예컨대 직전연도 에너지소비량, 과거 일정기간의 평균소비량 등이다.

4) 에너지 성과지표(Energy performance indicators)

에너지 성과지표는 에너지 성과를 적절하게 나타낼 수 있는 분석기준이라 할 수 있다. 에너지 성과를 평가(점검, 측정)하고 관리하기 위해서는 성과지표(분석기준)가 필요하다. 성과지표는 에너지 베이스라인과 비교되고 검토되어야 한다. 예컨대 당해연도 에너지사용량과 직전연도 사용량의 비교, 혹은 에너지사용량과 목표사용량의 비교, 생산량당 에너지소비량의 비교 등이다.

〈표 14-3〉 에너지경영시스템의 목표, 세부목표, 실행계획 사례

목표	세부목표	실행계획	실시 부문
전사적으로 에너지 삭감활동 추진	부문 횡단적인 에너지 삭감추진회의를 매일 개최	각 부문에서 에너지 삭감에 대한 개선 제안을 가져와 그 계획이나 결과, 진척도 등을 토의하고 추진	전사
에너지 소비처별 사용량을 가시화	현저한 에너지 사용에 관해서는 소비처별 에너지 사용량을 100% 파악할 수 있도록 함	열원, 조명 등 에너지 소비처별 전력량 · 연료소비량 · 열량 파악에 필요한 계측기 도입 계획 책정	총무부 설비 관리부
자연에너지 활용 추진	전체 에너지 사용의 1%를 태양광 발전 활용	태양광발전시스템 도입의 투자 대비 효과를 조사	총무부
조명기구에서 전력사용량 삭감	조명기구에서 사용되고 있는 전력량을 5% 삭감	조명기구의 청소상태를 정기적으로 점검하고 에너지효율이 높은 조명기구로의 교체 검토	총무부
엘리베이터의 전력사용량 삭감	엘리베이터에서 사용되고 있는 전력량을 5% 삭감	토요일 엘리베이터의 일부 운행 정지	총무부
건물의 전력 사용량 삭감	건물에서 사용되고 있는 전략량을 2% 삭감	외부에 접해 있는 문의 개방시간을 단축하고, 회의실 미사용 시 소등을 철저히 하며 옥상녹화 추진	전사
생산라인의 에너지 사용량 삭감	생산라인에서 사용되고 있는 생산량 단위당 에너지 사용량 5% 삭감	생산라인의 아이들링 시간을 단축하고 에너지효율에 관련되는 기구의 보수, 점검 철저	생산부

자료: 김운수, 2011, p.50

5) 에너지 목표, 세부목표 및 실행계획

조직은 에너지 검토 결과를 바탕으로 결정된 에너지 성과(효율) 개선대상에 대하여 에너지 목표와 세부목표를 수립하여야 한다. 다만, 에너지 목표와 세부목표는 에너지방침과 일관성이 있어야 한다. 또한 조직의 목표와 세부목표를 달성하기 위한 실행계획을 수립하여야 한다. 실행계획의 내용에는 실행 책임, 목표달성방법, 방식과 기한, 에너지 성과평가 수단, 실행계획의 결과를 검증하는 방법 등이 포함되어야 한다.

에너지경영시스템의 목표, 세부목표, 실행계획의 예를 소개하면 **〈표 14-3〉**과 같다.

2. 실행 및 운영

(1) 적격성 평가와 교육훈련 및 인식

적격성이란 특정 업무와 관련된 지식과 기량을 적용하는 능력을 말한다. 조직은 에너지 소비가 많은 부문에 근무하는 모든 구성원들의 적격성을 충족시키기 위해 적절한 교육, 훈련 등을 실시하여 역량을 강화하여야 한다. 또한 조직구성원에게 에너지방침, 절차, EnMS 요구사항, 그들의 역할과 책임, 개선된 에너지 성과에 대한 혜택 등을 인식시켜야 한다.

(2) 의사소통

조직은 조직의 규모에 적절하게 에너지 성과와 EnMS 관련 정보를 조직 내부에서 원활하게 의사소통할 수 있는 체계를 수립하여야 한다. 회의 개최, 제안제도 실시, 주요 결정사항 또는 의견 공모, 회의록 회람, 인터넷 게시판 활용, 부문 횡단적인 위원회 설치, 전자메일 등을 활용한 커뮤니케이션 등이 고려될 수 있다.

외부와의 의사소통 여부도 결정하고 소통하기로 했다면 외부와의 커뮤니케이션 체계를 수립하여야 한다. 외부와의 커뮤니케이션 목적은 조직의 에너지관리활동을 이해시키고 이해관계자와의 대화를 촉진하는 것이다, 이를 통해 조직의 사회적 명성, 신뢰성, 이미지 등을 제고할 수 있다. 커뮤니케이션 수단으로는 신문 발행, 보고, 이벤트 개최, 비공식 회의, 정기간행의 뉴스레터 발간, 연차보고(연차, 반기, 분기, 월 등), 웹사이트 정보공개, 특정 이해관계자에게 전자메일을 활용한 리포트 송부 등을 검토할 수 있다.

(3) 문서화

에너지경영시스템의 주요 요소와 그 상호관계는 문서로 만들어져야 한다. 문서로 남겨야 할 사항은 ① EnMS의 적용범위 및 경계, ② 에너지 방침, ③ 에너지 목표, 세부목표 및 실행계획, ④ 위 세 가지 외에 표준(ISO50001)에서 요구하는 문서, ⑤ 조직이 필요하다고 결정한 그 밖의 문서 등이다.

또한 문서의 발행 전 승인, 작성과 검토 및 갱신, 문서의 이용, 배포, 폐기 등의 문서관리가 요구된다.

(4) 운영관리

운영관리의 목적은 에너지방침과 에너지검토의 결과를 바탕으로 설정한 에너지 목표, 세부목표 및 실행계획과 실제 운영사항을 일치시키는 것이다. 운영관리에서는 에너지 사용의 효과적인 운영과 유지를 위해 운영기준/순서를 설정하고, 조직구성원에게 이 내용을 적절하게 전달하도록 하고 있다.

(5) 설계

에너지 성과 향상에 영향을 미치는 에너지 소비 설비, 시스템, 프로세스의 신설이나 변경 및 보완을 실시할 경우의 시방서, 설계 및 구매활동에 에너지 성과 개선이 우선적으로 고려되어야 한다. 에너지 성과 개선의 기회를 고려하는 몇 가지 질문사항을 예시하면 다음과 같다(김운수, 2011, p.52).

- 왜 특정 에너지 자원(에너지 종류)을 사용하는가?
- 무엇이 바람직한 자원(에너지 종류)인가?
- 기술적인 선택사항은 무엇인가?
- 누가 이러한 계획을 유지 · 관리하는가?
- 어떻게 현재의 프로세스를 개선할 수 있는가?
- 개선 결과는 지속가능한 또는 재생가능한 에너지 기회를 가지고 있는가?
- 이들 변화는 어느 시기에 에너지경영시스템에 영향을 미치게 되는가?

(6) 에너지 서비스, 제품, 장비 및 에너지 조달

조직은 에너지 사용에 영향을 미치는 서비스와 제품, 장비 등을 구매할 때는 에너지 효율향상을 평가한다는 것을 미리 거래처에 공지하여야 한다. 따라서 조직은 에너지 사용제품, 장비, 서비스의 전체 운영기간 동안 에너지 소비를 평가하는 기준을 수립하고 실행하여야 한다.

3. 점검

(1) 점검, 측정 및 분석, 법규 및 그 밖의 요구사항에 대한 준수 평가

조직은 주기적으로 에너지 검토의 결과를 바탕으로 에너지 사용대상(압축기, 보일러, 공기조화설비, 조명설비 등), 중요 에너지 이용(량)과 관련된 변수(생산량, 기후, 가동률 등)와의 관계, 에너지 성과지표, 에너지 목표와 세부목표 달성을 위한 실행계획의 유효성, 실제 에너지사용량과 예측된 에너지사용량의 평가 등에 대하여 점검, 측정하고 분석하여야 한다.

법규 및 그 밖의 요구사항에 대한 준수의 평가에서는 미리 계획된 주기로 그 준수상황을 평가하고 기록하여야 한다.

(2) 내부감사

조직이 구축한 EnMS가 표준에 적합한지, 수립한 에너지 목표와 세부목표가 합리적인지, EnMS가 효과적으로 실행되고 있으며 에너지 성과는 개선되었는지 등에 대하여 내부감사를 실시한다. 이를 위해 필요한 감사증거를 수집하고, 객관적으로 평가하기 위한 체계적 내부감사절차가 마련되어야 한다.

(3) 부적합 사항에 대한 시정 및 예방조치

에너지경영시스템은 부적합 항목에 대한 대응과 부적합 항목의 재발 방지를 확실하게 하기 위해 다음의 사항에 대하여 시정조치 및 예방조치를 취하여야 한다.

- 부적합 또는 잠재적 부적합 사항 확인
- 부적합 또는 잠재적 부적합 사항의 원인 파악
- 시정조치와 예방조치의 필요성 평가

- 적절한 조치의 결정 및 실행
- 시정조치와 예방조치의 결과 기록
- 실시된 시정조치와 예방조치의 유효성 평가

(4) 기록관리

기록관리(Control of records)는 2가지 측면을 의미한다. 하나는 이 표준에서 요구하는 사항들의 적합성과, 달성된 에너지 성과를 실증하기 위한 기록을 남기는 기록 작성 자체이다. 다른 하나는 기록의 식별, 검색 및 보유기간에 대한 관리를 규정하는 기록관리이다.

4. 경영자 검토

최고경영자는 EnMS의 지속적인 적절성, 충족성, 효과성을 보장하기 위해 주기적으로 입력과 출력사항을 검토하고 기록으로 남겨야 한다. EnMS의 입력과 관련된 검토사항은 아래와 같다.

- 이전 경영자검토에 따른 후속조치
- 에너지방침 검토
- 에너지성과 및 관련된 에너지성과지표
- 법적 요구사항에 대한 준수평가
- 에너지목표 및 세부목표의 충족정도
- EnMS의 감사결과
- 시정조치 및 예방조치의 현황
- 차기에 예상되는 에너지성과
- 개선을 위한 제안

한편, 다음 사항들과 관련된 결정사항이나 조치결과를 경영자는 출력을 통해 검토하여야 한다.

- 에너지 성과의 변동
- 에너지방침 변동
- 에너지성과지수의 변동

- 에너지 목표와 세부목표 및 그 밖의 EnMS 요소의 변동
- 자원배분 변동

제3절 에너지경영시스템의 도입효과

EnMS의 구축과 인증요구는 기업 입장에서 또 하나의 규제로 인식되는 경향이 있다. 인증의 실효성에 의문을 갖는 경우도 있다. 따라서 기업들이 에너지경영시스템 도입의 효과를 분명히 알 필요가 있다. 에너지경영시스템 도입의 효과를 몇 가지 제시하면 다음과 같다.

1. 에너지에 대한 최고경영자의 관심과 책임 유도

어떤 제도나 정책이 조직에서 뿌리 내리고 정착하여 열매를 맺느냐의 여부는 그 조직 최고경영자의 지원과 관심 여부에 달려 있다 해도 과언이 아니다. ISO50001 규격에서는 최고경영자의 책임을 특별히 강조하고 있다. 에너지경영시스템은 부분적인 에너지 절약 추진이 아니라 최고경영자의 참여하에 경영과 기술적인 측면을 포함하는 전사적이고 체계적인 경영시스템이기 때문이다. 오늘날 중시되는 에너지와 온실가스 문제를 담당 부서장이 총괄하여 진행하는 데는 한계가 있을 수밖에 없다. 그러나 ISO50001은 도입단계에 경영자 책임 아래 전사적인 에너지 방침을 설정하도록 하고 있어 자연스럽게 최고경영자의 관심과 책임을 유도해 낼 수 있다.

2. 도입 성과를 경제적 가치로 측정

품질경영시스템이나 환경경영시스템의 도입과 인증획득으로 얻는 성과는 화폐가치로 측정하기 어려운 한계가 있다. 예컨대 품질경영시스템 도입의 성과인 품질향상, 고객만족도라든지, 환경경영시스템의 인증획득으로 인한 기업이미지 향상, 기업경쟁력 제고, 사회적 신뢰성 확보 등은 화폐가치로 측정하기 곤란하다. 그러나 ISO50001의 도입으로 에너지의 비효율적 관리에 따라 발생했던 에너지 손실분을 찾아내면 이는 곧 에너지 절감이나 에너지 효율향상에 의한 화폐가치로 측정가능한 성과로 나타난다. 에너지경영시스템 도입 성과를 경제적

가치로 측정할 수 있다는 것은 경영자 설득에 매우 중요한 측면이다. 에너지 원가절감과 같은 경제적 성과는 가시적이고 실질적인 손에 잡히는 성과이기 때문이다. 이러한 효과를 통해 경제적 수익성과 환경적 건전성을 확보하고 이를 바탕으로 지속가능한 발전에 기여하는 결과를 가져온다고 할 수 있다.

3. 온실가스 감축 및 지구온난화 완화효과

에너지경영시스템의 기본목적은 에너지의 효율적 사용과 낭비되는 부분의 에너지 저감을 통한 온실가스 감축을 모색하는 것이다. 에너지경영시스템을 표준규격에 맞추어 구축하고 실행하면 기업의 온실가스 배출량 삭감에 기여할 것이다. 이는 궁극적으로 인류의 지상과제인 기후변화의 원인이 되는 지구온난화를 완화하는 효과를 가져올 것이다(김윤수, 2011, p.55).

4. 에너지 관리정보의 체계적 수집 및 활용

에너지 관련 모든 정보를 수집하고 체계적으로 정리함으로써 에너지 사용에 대한 관리정보의 구축 및 활용이 가능하다. 에너지 사용정보 및 기타 에너지원에 대한 사용정보 등의 비용으로 계산될 수 있는 에너지에 대한 모든 데이터를 수집 및 체계화하여 정보화함으로써 에너지 사용에 대한 베이스라인 구축이 가능하다. 에너지 관련 정보체계의 구축은 에너지 감축과 효율 향상을 위한 모든 활동의 시작이므로 가장 중요한 기반이라고 할 수 있다(김윤수, 2011, p.55).

5. 기존의 경영시스템과 시너지효과를 극대화

기존의 환경경영시스템 구축과 에너지경영시스템의 구축은 유사한 점이 많다. 두 규격 모두 PDCA Cycle을 따라 시스템이 구축되기 때문이다. 즉 기획(Plan)단계에서 방침, 목표, 세부목표, 실행계획을 수립하고, 운영(Do)단계에서 역할 및 책임, 적격성, 교육, 훈련, 의사소통, 문서화, 문서관리, 운영관리, 설계, 구매, 조달 관련 매뉴얼과 절차에 따라 실행하고, 점검 및 시정조치(Check and Act)단계에서 모니터링 및 측정, 준수평가, 부적합, 시정조치 및 예방조치, 내부심사 등을 행하게 된다. 이들 단계는 두 시스템 구축에 있어 대부분 공통적으로 거치는 부분이다. 따라서 환경경영시스템과의 유사점을 살려 에너지경영시스템을 도입하든지, 처음부터 통합적으로 시스템을 구축하는 방법을 택하면 시너지효과를 극대화할 수 있을 것이다.

토론하고 발표하기

1. 에너지경영시스템의 의의를 설명하라.
2. 에너지경영시스템과 온실가스 · 에너지 목표관리제를 비교하여 설명하라.
3. 에너지경영시스템의 특징을 설명하라.
4. 에너지경영시스템과 품질경영시스템, 환경경영시스템을 비교하여 설명하라.
5. ISO50001 구성체계를 설명하라.
6. 에너지 방침, 목표, 세부목표의 관계를 설명하라.
7. 에너지경영시스템을 인증받은 기업의 사례를 수집하여 보고하라.
8. 에너지경영시스템의 도입효과를 설명하라.

환경경영 TIP

LG화학 에너지 경영 결실… "올해 820억 원 절감"

LG화학이 차세대 에너지 절감 기술을 앞세워 올 한 해에만 820억 원의 비용을 절감하는 성과를 거뒀다. 단순한 절약이 아닌 기술을 바탕으로 원가절감을 실현한다는 점에서 전력난 시대의 새로운 롤 모델로 주목받을 것으로 보인다.

LG화학은 차세대 에너지 절감 기술을 적용해 올 한 해에만 전체 비용의 약 3.5%에 달하는 820억 원의 에너지 사용을 줄이는 성과를 거뒀다고 10일 밝혔다.

회사는 이와 관련, 우선 PVC(폴리염화비닐)과 같은 합성수지 생산공정에서 원심력을 이용해 열 전달 효율을 향상시키는 '회전형 컬럼(Column) 기술'을 도입, 올해 여수공장 내 일부 생산라인에 시범 적용했다. 내년에는 다른 생산라인에도 확대 적용할 계획이다.

회사는 아울러 △고효율 · 친환경 공정 개발 △열에너지 교환 네트워크 구축 △축열 · 축냉 시스템과 같은 에너지 저장 시스템 도입 등 신기술도 주요 공정에 속속 적용했다. 회사는 이미 자체적으로 개발한 열에너지 회수 효율을 높이는 기술로 기존 대비 평균 20%의 에너지를 절감했으며, 혼합제품의 분리효율을 높이는 '분리벽탑' 기술을 적용한 공정으로 하이브리드 자동차 3000여 대를 보급한 효과와 맞먹는 에너지 절감 효과를 거뒀다고 설명했다.

회사는 이 같은 에너지 경영을 위해 CEO를 중심으로 주요 의사결정자가 위원으로 참여하는 '전사 에너지 위원회'를 지난 2006년부터 운영 중이다. 그 결과 연 평균 1%에 그치던 에너지 절감율을 위원회 구성 2년 만인 2008년부터 연평균 6% 수준으로 높였다고 회사측은 설명했다.

회사는 이외에도 IT 융합을 통한 에너지관리시스템 적용을 시도하고 있다. 올해 공정자료 수집 및 분석에서부터 공정운전 최적화, 에너지 절감 목표관리까지 통합적 관리가 가능한 전사 차원의 '토털 에너지 IT 솔루션' 구축을 완료하고 국제표준 에너지경영시스템(ISO 50001) 도입을 결정했다. 시범적으로 여수 VCM공장의 인증을 진행 중이며 내년에는 전 사업장의 인증을 완료한다는 게 회사의 계획이다.

박진수 사장은 이와 관련, "이제는 마른 수건 다시 짜기 식의 구시대적 활동에서 벗어나 한 차원 높은 에너지 기술 도입과 관리체계를 확립해야 한다"며 "에너지 위기는 곧 새로운 사업의 기회가 될 수 있다는 발상의 전환을 통해 ESS(전력저장장치) 및 전기차용 배터리와 같은 그린 에너지 사업에 더욱 집중해야 한다"고 말했다.

(자료: 디지털타임스, 2013.11.10)

제 15 장

사회적 책임 경영과 ISO26000

사회적 책임 경영은 기업이 사회적 책임을 다하기 위한 목표와 계획을 설정하고 이를 실행한 후 평가하는 일련의 과정을 말한다. 따라서 이 장에서는 기업의 사회적 책임에 대한 전반적인 설명과, 사회적 책임에 대한 국제적 지침인 ISO26000의 내용을 소개한다. 또한 기업의 사회적 책임 실행절차를 고찰하고, 사회책임투자에 대하여 기술한다.

제1절 기업의 사회적 책임에 대한 이해

1. 기업의 사회적 책임의 정의

기업의 사회적 책임(CSR)에 대한 통일된 정의는 아직 없지만, 일반적으로 기업이 목표로 하는 경제적 이익추구를 넘어서 보다 넓은 영역에서의 사회에 대한 기업의 역할과 책임을 의미한다고 볼 수 있다. 기업이 지속적으로 존속하기 위한 이익추구활동 이외에 법령과 윤리를 준수하고, 이해관계자 요구에 적절히 대응함으로써 사회에 긍정적 영향을 미치는 책임 있는 활동을 기업의 사회적 책임이라 할 수 있다. 오늘날에는 기업의 성장과 발전이 사회나 국가 경제발전과 경제사회의 구조를 규정할 수 있을 만큼 대규모화되고 있다. 따라서 기업의 활동은 사회적으로 큰 영향을 미치며, 이로 인해 기업의 사회적 위치가 커지고 그만큼 기업에게 요구하는 사회적 책임도 커지게 되었다.

CSR은 각국의 경제 · 사회 상황이 서로 상이하고 각 기업마다 사회적 책임에 대한 인식 차이가 존재해 국제적으로 통일된 정의는 없다. 하지만 일반적으로 다음과 같은 4단계로 구분된다.

- 1단계: 경제적인 책임으로, 이익극대화와 고용창출 등이다.
- 2단계: 법적인 책임으로, 회계의 투명성, 성실한 세금 납부, 소비자의 권익 보호 등이다.
- 3단계: 윤리적인 책임으로, 환경 · 윤리 경영, 제품 안전, 여성 · 현지인 · 소수인종에 대한 공정한 대우 등을 말한다.
- 4단계: 자선적인 책임으로, 사회공헌활동 또는 자선 · 교육 · 문화 · 체육 활동 등에 대한 기업의 지원을 의미한다.

결국, 기업의 사회적 책임은 기업활동으로 인해 발생하는 경제 · 사회 · 환경문제를 해결함으로써 기업의 이해관계자와 기업이 속한 공동체의 요구나 사회적 기대를 충족시키는 기업행동이라 할 수 있다.

2. 기업의 사회적 책임에 대한 견해

기업의 사회적 책임에 대한 견해는 역사적으로 살펴보면 신고전학파의 시각을 바탕으로 한 부정적인 견해, 사회경제학적 시각을 바탕으로 한 긍정적 견해가 있다. 최근에는 두 견해를 혼합한 절충적인 견해가 등장하였다. 이들의 주장을 차례로 살펴보기로 한다.

(1) 부정적인 견해

신고전학파(neo-classical economics)의 시각으로, 기업의 사회적 책임에 대해 부정적 견해를 내놓는다. 이들의 논리는 기업은 수익과 능률을 증진시키고 비용을 절감하여 이익을 최대화함으로써 사회에 공헌한다는 것이다. 따라서 기업은 본연의 임무인 이익을 내는 것에 충실하면 될 뿐, 사회의 제반 문제에 신경을 쓰는 것은 그만큼 다른 비용을 유발시키므로 이익의 감소를 초래한다고 주장한다. 프리드먼(Milton Friedman)이 부정적 견해의 대표적인 학자다. 그는 기업은 단 하나의 책임 즉, 경제적 성과만 내면 된다고 한다. 경제적 성과창출을 통해 주주들의 이익을 보장하는 것이 기업의 책임이라는 것이다.

또한 기업이 사회적 책임을 수행하면서 기업 본연의 경제적 기능을 약화시킨다고 이들은 주장한다. 즉 기업의 본연적인 기능은 재화와 서비스를 생산하는 경제적 기능을 전문적으로 담당하는 것이므로, 사회적 책임이라는 추가적인 기능을 수행하면 오히려 기업 본연의 기능인 경제적 기능을 수행하는 데 방해가 된다는 것이다.

신고전학파 경제학자들은 기업에 대한 사회적 요구가 거세질 경우 세금을 더 내면 된다고 주장한다. 즉, 세금 이외의 사회적 책임 요구는 사회적 부라는 측면에서 바람직하지 않다고 본다.

사회적 책임에 대한 부정적 견해를 요약하면 다음과 같다.

첫째, 사회적 책임을 경영자가 지게 되면 사회적 비용의 내부화로 비용이 증가하고 이익이 감소하여 기업 존속을 어렵게 한다.

둘째, 사회적 책임의 이행은 주주에 대한 봉사자라는 경영자 고유의 책임을 벗어난 것이다.

셋째, 국가가 기업의 CSR 강화를 위해 기업 활동에 법률적, 행정적으로 개입할 위험이 있게 되면 이는 정경유착으로 나타나게 된다.

넷째, 이익극대화의 추구는 궁극적으로 국민의 경제적 복지를 최고도로 실현할 수 있는 원동력이기 때문에 기업은 이익극대화에만 전념토록 해야 한다.

(2) 긍정적인 견해

기업의 사회적 책임을 긍정적으로 보는 시각으로, 이해관계자론(stakeholder theory)이라고도 한다. 기업의 사회적 책임에 대한 긍정론자의 논리는 현대사회가 안고 있는 환경문제를 포함한 많은 문제들이 기업활동과 관련되어 있으므로 기업은 이러한 문제를 해결할 책임이 있다는 것이다. 따라서 기업이 사회적 책임을 다해 사회발전에 기여하면 궁극적으로 기업의 경제적 성과에도 도움을 준다고 주장한다. 기업의 사회적 책임에 대한 긍정적 효과는 다음과 같다.

첫째, CSR을 수행하는 것은 궁극적으로 기업경쟁력을 향상시킨다. 기업이 CSR을 수행함으로써 기업과 브랜드 이미지를 향상시켜 매출액 증대를 가져오며, 우수한 인재를 확보할 수 있고, 근로자에게 자부심과 애사심을 심어 주어 이직을 방지할 수 있다. 또한 정부나 이해관계자 집단의 기업에 대한 규제 감소와 우호적인 태도 형성을 기대할 수 있다. 결과적으로 CSR 수행을 통하여 기업은 이해관계자의 욕구를 충족시킴으로써 경영기반을 더욱 공고하게 다져 나갈 수 있다.

둘째, 기업은 CSR의 실천을 통해 우리 사회의 형평성을 제고하는 데 기여한다. 즉, 기업의 CSR 수행은 정부 복지정책의 미흡한 부분을 보완할 수 있는 동시에 사회 전체의 윤리적 수준을 제고시켜 건전하고 투명한 사회, 공정한 사회를 만드는 데 공헌한다. 기업이 사회적 책임을 외면하면 결국 사회 전체의 비용으로 되돌아오게 되어 기업의 비용지출이 증대될 수밖에 없다는 것이다. 따라서 사회적 책임 수행을 통한 사회 전체의 발전이 기업의 발전에도 유리하다는 견해이다.

셋째, 현대사회에서 대기업의 권력은 방대하기 때문에 그 거대한 권력에 상응하는 책임을 져야 한다. 대기업이 국가경제에 미치는 영향이 커지면서 목소리가 높아지고 정치권과 유착하여 각종 물의를 일으키는 사례를 종종 보게 된다. 기업은 사회공익을 위해 기업이 소유하고 있는 능력을 활용하는 것이 옳다. 역으로 기업이 권력을 남용하면 정부의 개입을 불러와 시장경제질서의 기본인 사기업의 자율성이 침해받게 될 수 있다. 이를 방지하기 위해서도 기업의 능력을 사회공헌에 맞게 행사하여야 할 것이다.

넷째, 기업의 이미지를 제고한다. 기업이 사회적 책임을 적극적으로 수행하면 기업이미지 향상으로 매출액 증가, 우수한 인적자원의 유입, 이해관계자의 압력 감소 등 긍정적 효과가 있다.

마지막으로 이해관계자집단과 우호적 협력관계를 형성할 수 있다. 기업이 사회적 책임을 수행하면 내부 구성원들의 애사심과 자부심을 높여 원만한 노사관계 형성에 기여할 수 있다. 외부의 거래처, 고객, 지역사회, 정부 등 이해관계자집단으로부터의 민원을 감소시킬 수 있으며, 이들과 우호적인 협력관계를 구축할 수 있다.

(3) 절충적인 견해

절충적인 견해는 부정론과 긍정론의 극단적 시각을 통합하는 시각이다. 사회적 투자론(social investment theory)에 기초한 수렴론이라 할 수 있다. 수렴론은 기업의 활동을 이익추구 혹은 이타주의라는 이분법적 관점에서 분석하지 않는다. 즉, 기업은 사회에 대한 책임이 있다는 것에 동의하면서, 주주와 이해관계자 모두의 입장을 대변하는 것이다. 부정론은 주주의 이익을 저해한다는 입장이고 긍정론은 이해관계자의 입장을 강조하지만, 수렴론은 장기적으로 보아 주주들에게 이익이 되는 것은 이해관계자들에게도 역시 이익이 된다는 것이다(최선 외 3인, 2012, p.296). 즉 주주도 이해관계자에 포함되므로 장기적인 관점에서 보면 이들 집단이 가지는 이해관계 역시 궁극적으로 하나로 수렴된다는 것이다. 따라서 기업의 목표는 이익추구이지만 기존의 단기적인 이익추구와 차별되는 장기적인 이익추구에 초점을 맞추어야 한다는 것이다. 즉 사회적 책임을 다하는 기업이 장기적으로 주주에게도 더 많은 이익을 가져다준다고 보는 견해다.

최근 주목을 받는 사회책임투자(SRI: Social Responsible Investment)가 절충적 견해를 따르는 투자라 할 수 있을 것이다. 사회책임투자란 투자의 요소로서 사회와 환경을 고려하는 투자 개념으로, 기업의 재무적 성과뿐 아니라 인권, 환경, 노동, 지배구조, 지역사회공헌도 등 다양한 사회적 성과를 잣대로 기업에 투자하는 금융활동을 말한다. 위와 같은 요소를 고려해 장기적으로 지속가능한 기업에 투자해 수익을 올리는 방법이다. 사회적 책임을 수행하는 기업은 그렇지 않은 기업보다 장기적으로 보아 실적이 좋고 주가도 올라 주주도 만족하고 사회구성원들도 만족하게 된다. SRI에 대해서는 뒤에서 다시 설명하기로 한다.

3. 기업의 사회적 책임의 추세와 과제

(1) CSR의 추세

CSR이 도입된 초기의 관련 기업활동은 기업이익을 사회에 환원하는 차원에서 기부 내지 봉사활동을 강화하는 정도였다. 즉 기업의 경영전략이나 마케팅활동과 연계하여 체계화된 CSR을 추진하기보다는 주로 자선행위나 봉사활동을 통한 홍보효과를 얻으려는 측면이 강했다. 그러나 오늘날에는 CSR경영이라고 하여 기업전략과 연계하거나 사회문제를 해결하고 나아가 사회변화를 추진하는 방향으로 전환되고 있다. 또한 CSR을 위해 소요되는 비용을 장기적이고 간접적인 사회투자로 인식하면서, 가급적 사업영역과 관련된 분야에서 사회공헌활동을 전개하는 등 전략 및 마케팅과 연계하려는 경향이 두드러지고 있다. 이러한 경향을 반영한 CSR의 추세 몇 가지를 소개하면 다음과 같다(전영승, 2012c, p.9).

- 현금이나 현물 중심의 기부에서 자기 회사의 업종특성을 반영한 매우 다양한 형태의 전문성 기부활동이 전개되고 있다.
- 임직원들의 주요 관심사인 핵심 사업영역을 사회책임활동과 연계함으로써 우호적 소비자 확보, 새로운 시장 창출, 영업비용의 감소 등을 통해 CSR활동을 비즈니스와 연계하는 전략을 추진하고 있다.
- 최근 일자리 창출 차원에서 일정한 역할을 하는 것으로 평가받는 사회적 기업에 대한 인력양성 지원, 전문성 기부활동 등의 움직임도 주목할 필요가 있다.
- CSR 이슈의 확대와 이해관계자의 범위가 확대되고 있다. 최근 사회책임과 관련된 글로벌 표준은 인권, 노동, 양성평등, 지역사회 등 다양한 이슈와 폭넓은 이해관계자를 고려하는 방향으로 변화하고 있다.

위와 같이 오늘날 CSR 경영을 기업전략과 연계시키고 정착시키기 위해서 기업들은 대응적(Reactive) CSR에서 선도적(Proactive) CSR 단계로 나아가야 한다. 대응적 CSR은 법률과 규범이 허용하는 범위에서, 그리고 사회의 비난과 부작용을 최소화하는 선에서 특정 이해관계자를 염두에 두고 활동을 하는 것이다. 이는 소극적이고 방어적인 전략이라 할 수 있다. 반면에 선도적 CSR은 법률과 규범이 허용하는 기준은 물론이고 사회가 기업에 요구하는 기대치를 넘어 기업의 자발적인 노력으로 사회발전을 위한 선제적인 노력과 활동을 벌이는 단계를 말한다. 이는 적극적이고 공격적 전략이라 볼 수 있다.

따라서 선도적 CSR은 전체 사회의 모든 이해관계자들을 대상으로 포함하며 이들과 공유가치를 함께 창출함으로써 기업과 사회의 상생을 넘어 지속적 발전을 도모하는 것이다. 따라서 지속가능성을 꿈꾸는 기업은 CSR의 흐름과 추세변화에도 관심을 기울여야 한다.

(2) CSR의 과제

시대적 요구에 따라 CSR의 범위가 점차 확산되고 있으며 그 내용도 변화, 발전하고 있음을 알 수 있다. 우리나라에서 CSR이 확고하게 자리매김하기 위해 요구되는 과제를 몇 가지 정리하면 다음과 같다(전영승, 2012c, p.9).

첫째, CSR의 성과를 객관적으로 측정하고 평가할 수 있는 도구가 개발되어야 할 것이다. 대상이 무엇이든 측정과 평가 없이는 개선이나 발전을 기대할 수 없기 때문이다. CSR의 성과는 성격상 화폐적 측정은 물론 물량적 측정조차 곤란한 경우가 대부분이다. 그럼에도 불구하고 CSR의 확산과 정착을 위해서 학계나 전문가들은 우리 국내 상황과 실정을 반영한 정성적·정량적 측정과 평가도구의 개발을 위해 지속적인 노력을 기울여야 할 것이다.

둘째, 사회책임보고서(우리나라 실무에서는 주로 '지속가능경영보고서'라는 명칭을 사용함)에 대한 제3자 검증을 의무화하고 현실성 있는 검증기준이 마련되어야 할 것이다. 최근 CSR의 결과를 수록한 사회책임보고서의 발간기업의 수가 증가하고 있다. 그러나 기업이 임의로 사회책임보고서를 작성하기 때문에 보고서에 수록된 정보의 신뢰성에 의문이 생긴다. 따라서 사회책임보고서의 신뢰성을 확보하기 위해서는 기업과 독립적 위치에 있는 제3자 검증을 의무화하고 검증기준도 준비하여야 할 것이다.

셋째, 이해관계자들의 식별과 참여가 실질적으로 이루어져야 할 것이다. 이해관계자는 기업의 의사결정에 영향을 미치거나 기업의 의사결정 결과로 영향을 받는 개인이나 집단을 말한다. 성공적 CSR을 위해서는 현재뿐만 아니라 잠재적 이해관계자도 파악하고 고려하여야 할 것이다. 다양한 이해관계자들의 경제·환경 및 사회적 관심사를 고루 반영하기 위해 이들의 참여기회를 보장하고 이들이 제기하는 이슈를 균형 있게 관리하고 대응할 수 있도록 지속적인 노력을 하여야 한다. 이해관계자들의 식별과 참여가 형식적이거나 소극적으로 이루어지지 않고 실질적이며 적극적으로 이루어지도록 하여야 할 것이다.

넷째, CEO를 포함한 경영진의 CSR 경영의식이 요구된다. 기업의 최고의사결정권자인 CEO가 무슨 생각을 갖고 있는가에 따라 기업의 운명이 결정되는 경우가 많다. CEO가 단기적인 안목으로 이익추구에 전념하거나 기업을 사유물로 간주하고 기껏해야 주주나 채권자 우선의 마인드를 갖고 경영한다면 CSR경영의 도입이나 정착은 요원하다. 기업의 지속적 성장과 발전을 위해서는 CEO가 앞장서야 하고 임직원들이 CSR경영의식을 갖도록 촉구하여야 할 것이다.

다섯째, CSR경영 관련 전문가를 육성하여야 한다. 새롭게 대두되고 부각되는 CSR경영에 대한 전문가가 부족한 실정이다. 기업이 전문컨설팅기관에 의지해 CSR경영을 도입하고 실천하는 것은 한계가 있을 수밖에 없다. CSR경영을 전략적 차원에서 기업의 핵심사업과 연계시키고, 이를 실천하며, 그 결과를 평가하고 이해관계자에게 보고할 줄 아는 전문가를 양성 · 확보하여야 한다. 또한 사회책임보고서를 검증할 수 있는 검증전문가도 육성하여야 할 것이다. 전문가 육성을 위한 학계의 분발이 절실히 요구된다.

4. 기업의 사회적 책임과 공유가치 창출

(1) 공유가치 창출의 개념

공유가치 창출(CSV: Creating Shared Value)은 마이클 포터(Michael E. Porter)와 마크 크레이머(Mark R. Kramer)가 2011년 하버드 비즈니스 리뷰에서 제안하였다. 이들은 사회에서 기업의 역할은 공유가치를 창출하는 것이라고 했다. 공유가치 창출의 개념은 기업이 운영되는 지역사회의 경제 · 사회적 환경을 발전시키는 동시에 기업의 경쟁력을 높이는 정책과 활동이다. 공유가치 창출은 기업의 경제적 가치(사익)와 사회적 가치(공익)의 조화와 양립을 추구하는 경영정책과 활동이다. 공유가치 창출은 기업이 추구하는 경제적 가치가 사회적 가치창조에 의해 만들어진다는 인식에서 비롯된다. 즉, 사회 공동체에 유익한 것이 곧 기업에게 유익한 것임을 인식한 것이다. 사회적 문제를 해결하면서 경제적 기회의 발굴하고 수익도 창출하자는 것이다. 따라서 공유가치 창출은 기업과 사회가 함께 생존하고 번영하는 경영활동을 의미한다.

공유가치 창출 개념이 등장하게 된 배경은 환경오염 유발, 분식회계, 불공정거래, 인권침해, 노동력 착취 등으로 기업에 대한 신뢰가 전례 없이 하락하면서 기업과 사회가 상생 · 공존할 수 있는 방향을 찾고자 하는 데 있다. 기업의 사회적 책임을 통해 위와 같은 문제를 해결하려고 했지만 근본적으로 사회적 책임은 기업의 부수적 활동이라는 데 한계가 있다. 기업의 사회적 책임(CSR)은 기업의 이익추구와 별개로 환경문제나 사회적 문제를 해결하기 위해 자선활동이나 인도주의적 활동을 하는 것이다. 반면에 공유가치 창출(CSV)은 기업활동 자체가 사회적 가치를 창출하면서 동시에 기업의 경제적 이익을 추구할 수 있는 방향을 지향하는 행위이다. 공유가치 창출은 기업의 경제적 수익성과 공동체의 번영이라는 두 마리 토끼를 잡는 경영활동이라는 측면에서 사회적 책임보다는 발전적이고 적극적 개념이라 할 수 있다.

그러나 피터 드러커(Peter Ferdinand Drucker)와 같이 기업의 사회적 책임을 기업 본연의 임무 수행이라는 관점으로 보면 공유가치 창출 개념은 사회적 책임과 반드시 차이나는 것은 아니라고 볼 수도 있다(지속가능발전협의회, 2013, p. 428). 드러커는 기업은 사회의 한 기관이기 때문에 기업의 목적은 언제나 사회 속에 있어야 한다고 했다. 따라서 기업은 사회에서 해결을 바라는 문제가 생기면 이를 해결하기 위한 사회적 책임을 부담하게 된다고 드러커는 주장했다.

(2) 공유가치 창출 전략

경제적 가치창출과 사회적 목표 사이의 조화를 이끌어 낼 수 있는 공유가치 창출 전략(방법)은 다음과 같이 세 가지를 들 수 있다.

1) 제품과 시장에 대한 새로운 인식

제품과 시장에 대한 새로운 인식이란 충족되지 못한 사회구성원의 욕구를 찾아 충족시키는 것을 의미한다. 사회구성원의 욕구에 맞게 제품과 서비스를 디자인하는 것으로써 환경성, 안전성, 건강, 영양, 거주환경, 장애인들의 생활 등을 고려하는 것이다. 또한 혜택을 받지 못하는 사회구성원들의 욕구를 충족시킬 수 있는 새로운 시장을 개척하는 것이다.

제품과 시장에 대한 새로운 인식은 개도국 기업이나 선진국 기업 구별 없이 일어나는 것이다. 새로운 욕구와 새로운 시장에 대해 인지한다면 기업은 차별화와 성장에 대한 기회를 찾아낼 수 있고 근본적인 혁신을 추구할 수 있다.

2) 가치사슬 안에서 제품을 재정립

가치사슬(value chain)이란 기업이 제품 또는 서비스를 생산하기 위해 원재료를 구입하여 생산, 유통, 판매하기까지 일련의 부가가치 창출과정을 말한다. 가치사슬 즉, 부가가치 창출과정은 본원적 활동(primary activities)과 지원활동(support activities)으로 나눠볼 수 있다.

본원적 활동은 제품의 생산 · 운송 · 마케팅 · 판매 · 물류 · 서비스 등과 같은 현장업무활동을 의미하며, 지원활동은 구매 · 기술개발 · 인사 · 재무 · 기획 등 현장활동을 지원하는 제반 업무를 의미한다. 본원적 활동은 부가가치를 직접 창출하는 부문을, 지원활동은 부가가치가 창출되도록 간접적인 역할을 하는 부문을 말한다.

가치사슬 안에서 제품을 재정립한다는 의미는 가치사슬과정에서 제품의 품질은 물론 환경성, 안전성을 높이고 동시에 원가를 절감하여 고객과 지역사회의 불만을 해소하고, 생산성 향상과 경제적 이익을 확보할 수 있는 전략을 강구하는 것을 말한다. 예컨대 제품생산을 위한 공장입지 선정에서부터 효율성이 높은 에너지 사용, 친환경 원부자재 구입, 조달과 유통과정에서의 물류원가 절감, 종업원의 생산성 향상 등 가치사슬과정에서 다양한 노력을 통하여 경제적 가치와 사회적 가치 향상을 동시에 추구하는 것이다.

3) 지역 클러스터의 발전을 촉진

지역 클러스터(cluster)는 연관이 있는 기업과 기관들이 일정지역에 모여 있는 것을 말한다. 지역 클러스터에는 지역 제조업자들과 기업을 지원하는 협회 및 인프라, 관련된 사업들이 속한다. 기업은 홀로 성공할 수 없으며 주변의 기업, 기반시설, 제도, 지방정부 등 광범위한 공공자산의 영향을 받는다. 기업의 성장과 생산성 향상은 지역 클러스터와의 끈끈한 관계를 통해 가능하다. 따라서 지역 클러스터의 발전 촉진은 지역사회와 기업이 함께 성공할 수 있는 방법이다. 지역 클러스터의 발전을 위해 개방적이고 투명한 경영과 상부상조의 자세를 보여야 한다.

(3) 공유가치 창출과 사회적 책임의 비교

공유가치 창출(CSV)과 사회적 책임(CSR)을 비교하면 다음과 같다.

첫째, CSV는 투입비용 대비 높은 사회적 가치를 추구하는 데 비해 CSR은 선행에 가치를 둔다.

둘째, CSV는 비즈니스(수익 창출)와 연계하여 사회적 · 경제적 가치를 동시에 인식하는 데 비해 CSR은 비즈니스와 관계없이 수행한다.

셋째, CSV는 기업과 사회 모두를 위한 가치창출활동인 데 비해 CSR은 자선활동으로 볼 수 있다.

제2절 ISO26000

1. ISO26000의 의의와 목적 및 구성

(1) 의의와 목적

2010년 11월부터 ISO26000, 즉 조직(기업)의 사회적 책임에 대한 지침(Guidance on Social Responsibility)이 적용되었다. 2004년 10월 지침개발을 공식적으로 시작한 이래 6년여 만에 빛을 보게 된 것이다. ISO26000은 조직의 사회적 책임을 어떻게 효과적이고 체계적으로 실행할 것인지를 국제적 합의를 통해 제정한 조직의 사회적 책임 이행에 대한 국제표준이라 할 수 있다. 즉, ISO26000은 조직의 사회적 책임의 기본원칙, 조직의 사회적 책임인식, 이해관계자 참여, 핵심주제와 쟁점 그리고 사회적으로 책임 있는 행동을 조직과 통합하는 방법에 대한 지침을 제공한다. 이 국제표준은 사회적으로 책임 있게 활동하기 위해 조직들은 무엇을 해야 하는가에 대해 세계적으로 공유할 수 있는 이해의 틀을 제공하고 있다.

ISO26000의 목적은 선진국이든 개도국이든, 조직의 규모와 업종에 관계없이 사적, 공적, 비영리 조직을 막론하고 모든 형태의 조직에 사회적 책임 관련 개념, 용어, 배경과 동향, 특성, 원칙과 관행, 핵심주제와 쟁점, 조직을 통한 사회적 책임의 통합과 실행 및 촉진, 이해관계자 식별과 참여, 사회적 책임 관련 조직의 의무와 성과에 대한 지침을 제공하여 조직이 지속가능한 발전에 기여하도록 지원하는 것이다.

ISO26000의 적용대상으로는 정부, 비정부민간기관, 영리기관, 소비자단체, 노동단체 등 포괄적인 적용범위를 설정하고 있다. 비록 강제규정은 아니지만 각국의 이해관계자 그룹이 공동으로 만든 지침인 데다, 기업의 국제입찰 심사 등에 적용될 가능성이 높아 기업활동에 큰 영향을 미칠 것으로 보인다. 또한 ISO26000은 국제표준으로서 가장 약한 수준인 지침(Guidance)이라는 위상으로 만들어졌고, ISO9001이나 ISO14001과 달리 인증을 목적으로 활용되지는 않는다. 즉 ISO26000은 경영시스템 표준이 아니며, 어떠한 인증목적이나 법적 계약 활용을 위한 것이 아니다. 그러나 오늘날 시대적 상황을 고려할 때 이 지침은 단순한 지침 이상의 의미와 역할을 하게 될 것이라는 점에서 해당 조직들에게 많은 부담을 줄 가능성이 있다. 시민단체, 압력단체, 언론사, 사회책임투자자들은 기업성과를 판단하기 위해서 ISO26000을 활용할 가능성이 높다.

(2) 구성

ISO26000의 내용은 본문 7개 장과 참고자료에 속하는 부속서 2개와 참고문헌으로 구성되어 있다(〈표 15-1〉 참조).

〈표 15-1〉 ISO26000의 개요

제목	장	내용 요약
적용범위	1장	본 국제표준이 다루고 있는 범위를 정의하고, 한계 또는 예외사항을 규명한다.
용어와 정의	2장	사회적 책임을 이해하고 본 국제표준을 활용하는 데 있어 기본적으로 중요한 핵심용어들의 정의를 규명하고 제시한다.
사회적 책임에 대한 이해	3장	사회적 책임의 발전에 영향을 미쳐 왔으며 그 특성과 관행에 지속적으로 영향을 주고 있는 중요한 요인 및 조건들에 대해 설명한다. 또한 사회적 책임 자체의 개념을 설명한다. 즉, 무엇을 의미하고 조직에 어떻게 적용되는지에 대해 설명한다. 이 항은 중소 조직에 대한 지침을 포함하고 있다.
사회적 책임의 원칙	4장	사회적 책임의 원칙을 소개하고 있다(〈표 15-2〉 참조).
사회적 책임 인식 및 이해관계자 참여	5장	사회적 책임의 두 가지 실천사항을 다룬다. 즉, 조직의 사회적 책임 인식과 이해관계자 식별 및 참여에 관한 것이다. 이 장은 조직, 이해관계자 그리고 사회의 관계에 대한 지침을 제공하는데, 이는 핵심주제와 쟁점 그리고 조직의 영향 범위를 인식하는 것이다.
사회적 책임의 핵심주제에 대한 지침	6장	사회적 책임에 관한 핵심주제와 관련 쟁점들을 설명한다(〈표 15-3〉 참조). 각각의 핵심주제별로 그 범위, 사회적 책임과의 관계, 관련된 원칙 및 고려사항, 그리고 관련 행위 및 기대사항에 관한 정보를 제공한다.
조직 전반에 걸친 사회적 통합에 관한 사례	7장	사회적 책임을 조직 내에서 어떻게 적용하는지에 대한 지침을 제공한다. 이는 다음 사항에 대한 지침을 포함한다: 조직의 사회적 책임에 대한 이해, 조직 전체에 걸친 사회적 책임 통합, 사회적 책임 관련 커뮤니케이션, 사회적 책임과 관련한 조직의 신뢰성 개선, 진전사항에 대한 검토 및 자발적 이니셔티브에 대한 평가이다.
사회적 책임에 관한 자발적 이니셔티브 및 틀에 대한 부속사항	부속서 A	한 가지 이상의 핵심주제나 조직 전체에 걸친 사회적 책임 통합을 다루는 사회적 책임과 관련된 자발적 이니셔티브와 틀의 목록(모든 이니셔티브나 틀을 포함하는 목록은 아님)을 제시한다.
단축 용어들	부속서 B	본 국제표준에 사용된 단축된 용어를 포함한다.
참고문헌	–	출처자료로 본 국제표준의 내용에서 인용된 권위 있는 국제적 서류와 ISO 표준에 대한 자료를 포함하고 있다.

자료: 한국능률협회인증원, ISO26000 KMAR2010 번역본, pp.6-7

2. 사회적 책임의 원칙

조직이 사회적 책임을 다하려면 **〈표 15-2〉**와 같은 7가지 원칙을 존중해야 한다.

〈표 15-2〉 사회적 책임의 원칙

원칙	내용
설명책임	• 조직의 의사결정이 경제 · 사회 및 환경에 미치는 영향에 대한 책임을 완수해야 함 • 적절한 수준의 조사 및 감시에 대한 대응의무가 있음
투명성	• 사회 및 환경에 영향을 미치는 조직의 의사결정 및 활동은 투명해야 함 • 투명성은 조직의 결정 및 활동을 누구에게까지 알려야 할 것이며, 공시의 정보와 방법 및 시기, 그 구체적인 공시대상이 무엇인지를 포함하는 넓은 개념
윤리적 행동	• 조직은 윤리적으로 행동해야 함 • 조직의 행동은 정직, 평등, 성실이라는 가치 동반 • 이해관계자의 관심사항에 조직의 의사결정과 활동이 미치는 영향을 관리
이해관계자의 관심사항 존중	• 조직이 이해관계자의 관심사항을 존중하고 고려하며 대응해야 함 • 이해관계자 식별, 관심사항 존중 및 대응, 법적 권리 인식 등
법률 존중	• 조직은 법의 지배를 강제적 의무로 받아들여야 함 • 법의 지배란 개인, 조직, 정부까지 법을 위반하지 않고, 법에 따라야 함 • 모든 법적 의무사항 인식 및 정기적인 준수 여부 검토
국제행동규범 존중	• 조직이 법률 존중의 원칙을 따르면서 국제행동규범을 존중해야 함 • 조직은 국제행동규범을 준수하지 않는 다른 조직의 활동에 연루되어서는 안 됨
인권 존중	• 조직은 인권을 존중하고 인권의 중요성 및 보편성을 인지해야 함 • 세계 인권장전에서 제시된 권리 장려 및 존중 • 법 또는 법 시행이 인권을 적절하게 보호하지 못하는 경우, 국제행동규범 존중원칙 준수

자료: 최선 외 13인, 2007, p.18의 표를 수정 보완

3. 핵심주제

ISO26000은 사회적 책임의 내용을 7대 핵심주제와 각각의 핵심주제마다 1개에서 많게는 8개의 쟁점(issues)으로 구조화시켜 제시하고 있다. 각각의 쟁점과 관련된 행동과 기대(related actions and expectations)를 제시하여 사회적 책임을 구체적으로 명시하고 있다.

또한 해당 핵심주제를 간단하게 소개하는 개요(overview)와 핵심주제의 실천에 있어 감안해야 하는 원칙과 고려사항(principles and considerations)을 제시하고 있다.

ISO26000에서의 7대 핵심주제는 조직에서 발생하기 쉬운 경제 · 환경 · 사회에 미치는 영향

과 관련된 것들을 말한다. 사회적 책임을 실천하려는 조직은 7대 핵심주제를 모두 검토해서 조직과 관련된 이슈를 식별하는 것이 바람직하다. 핵심주제는 조직이 자신의 사회적 책임의 범위를 정의하고, 관련 이슈를 식별하며, 이들의 우선순위를 결정하는 데 도움을 준다.

7대 핵심주제는 서로 관련이 있고, 서로를 보완하기도 하는 상호의존성이 있기 때문에 사회적 책임을 이행하려는 조직은 7대 핵심주제에 대해 총체적인 접근방식을 취하는 것이 좋다. 7대 핵심주제를 간략히 설명하면 다음과 같다.

(1) 지배구조(governance)

조직의 지배구조는 목표를 추구하여 의사결정을 내리고 그 결정사항을 이행하는 체계를 말한다. 기업의 지배구조는 기업을 다스리는 구조, 내부의사결정시스템을 말한다. 따라서 기업의 지배구조는 경영진, 소액주주, 채권자, 종업원 등 이해당사자들의 역학관계를 총칭하는 말이다. 효과적인 지배구조는 의사결정 및 이행에 있어서 위에서 언급한 7가지 사회적 책임원칙이 존중되고 지켜지도록 도와준다.

(2) 인권(human rights)

인권은 인간이기에 부여받은 권리로 크게 2가지 범주로 나눈다. 첫째, 시민권과 정치적 권리(생명권, 자유권, 법 앞에서의 평등과 표현의 자유 등 포함), 둘째, 경제 · 사회문화적 권리(일할 권리, 음식에 관한 권리, 의료서비스를 받을 권리, 교육을 받을 권리, 사회보장제도에 관한 권리 등 포함)이다.

(3) 노동관행(labour practices)

조직의 노동관행은 조직 내의, 조직에 의한, 조직을 대신하여 수행되는 업무와 관련된 모든 정책 및 관행, 하도급 업무를 포함한다. 구체적으로 노동자의 채용 및 승진, 징계 및 고충처리 절차, 노동자의 전근과 재배치, 고용기간 만료, 교육 및 기술 개발, 건강 · 안전 및 산업보건, 특별한 작업시간 및 보수와 같은 작업 환경에 영향을 미치는 정책 또는 관행 등이다.

(4) 환경(environment)

조직의 결정과 활동은 조직이 어디에 위치해 있든 상관없이 자연환경에 영향을 미치기 마련이다. 조직의 환경에 대한 영향을 줄이기 위해, 조직은 조직의 의사결정과 활동의 직 · 간접적인 경제, 사회, 건강 및 환경적 영향력을 고려하는 통합적인 접근방식을 취하는 것이 바람직하다. ISO14000 시리즈와 관련된 기술적 도구표준은 조직에 도움을 주는 전체 프레임워크로서 환경성과평가, 측정, 온난화 물질보고, 전과정평가, 친환경디자인, 환경라벨링, 그리고 환경 커뮤니케이션 평가 시 고려될 수 있다.

(5) 공정운영관행(fair operating practices)

공정운영관행은 조직과 다른 조직 간의 거래 시 윤리적 행동에 관한 것이다. 조직과 다른 조직 간의 거래에는 조직과 정부기관 간, 조직과 조직의 파트너들 간, 공급업체, 하청업체, 고객, 경쟁업체 및 조직이 속한 협회 간의 관계 등이 포함된다.

(6) 소비자 이슈(consumer issues)

상품과 서비스를 소비자와 고객에게 제공하는 조직은 소비자와 고객에 대한 책임이 있다.

(7) 지역사회 참여와 발전(community involvement and development)

조직의 활동이 미치는 영향과 관련하여 이해관계자를 파악하고 이해관계자와 관계를 맺는 것을 넘어서, 지역사회를 지원하고 지역사회와의 관계를 수립하는 것까지 아우른다.

이상의 7가지 핵심주제의 쟁점사항을 정리하면 **〈표 15-3〉**과 같다.

4. ISO26000의 활용방안

ISO26000에는 이 지침을 어떻게 이용해야 하는지에 대한 설명이 없고, 지침 곳곳에 활용방안에 관한 다양한 내용이 흩어져 있다. 여기서는 지속가능기업발전협의회(2013)가 제시한 6단계 활용방안을 살펴본다.

- 1단계: ISO26000을 통해 사회적 책임 실천을 고려하는 조직은 우선 ISO26000 3장에서 설명하는 사회적 책임의 특성과 사회적 책임과 지속가능한 발전과의 관계를 파악해, 사회적 책임에 대한 일반적인 이해를 높인다.
- 2단계: 조직은 ISO26000 4장에 서술된 7대 사회적 책임 원칙을 검토한다. 이 7대 원칙은 사회적

〈표 15-3〉 ISO26000의 핵심주제와 쟁점

핵심주제	쟁점
지배구조	조직의 지배구조
인권	1. 실사
	2. 인권위험 상황
	3. 공모회피
	4. 고충처리
	5. 차별과 취약집단
	6. 시민의 권리와 정치적 권리
	7. 경제, 사회 및 문화적 권리
	8. 직장에서의 기본원칙과 권리
노동관행	1. 고용과 고용관계
	2. 근로조건과 사회적 보호
	3. 사회적 대화
	4. 직장에서의 보건과 안전
	5. 인적 자원 개발과 직장 내 교육
환경	1. 오염방지
	2. 지속가능한 자원이용
	3. 기후변화 완화와 적응
	4. 환경보호와 자연서식지 복원
공정운영관행	1. 부패방지
	2. 책임 있는 정치참여
	3. 공정경쟁
	4. 영향력 범위 내에서의 사회적 책임 촉진
	5. 타 조직과 관련된 재산권 존중
소비자 이슈	1. 공정 마케팅, 사실적이고 공정한 정보와 공정거래관행
	2. 소비자 보건과 안전 보장
	3. 지속가능한 소비
	4. 소비자서비스 지원 및 불만과 분쟁해결
	5. 소비자 정보보호와 개인 정보보호
	6. 필수 서비스에 대한 접근
	7. 교육과 인식
지역사회 참여와 발전	1. 지역사회 참여
	2. 교육과 문화
	3. 고용창출과 숙련도 증진
	4. 기술 증진
	5. 부와 소득 창출
	6. 보건
	7. 사회적 투자

책임을 실천하는 토대가 된다.

- 3단계: ISO26000 5장을 통해 조직 영향권 내에서 조직의 사회적 책임을 인식하고, 조직의 이해관계자를 식별하며 이들과의 상호작용을 고려한다.
- 4단계: ISO26000 6장에서 제시한 사회적 책임 핵심주제와 이슈, 관련 행동과 기대를 분석하여 조직의 사회적 책임 내용을 구체화한다. 이때 핵심주제별 관련된 원칙과 고려사항 등을 참고하여 사회적 책임 실천절차의 기초로 삼는다.
- 5단계: ISO26000 7장의 지침을 사용해서 조직 결정과 활동 전반에 걸쳐 앞에서 구체화된 사회적 책임을 통합하도록 한다.
- 6단계: 문헌목록에 제시된 자료와 부속서 A에 제시된 자발적 사회적 책임 이니셔티브 및 도구를 검토해서 ISO26000의 사회적 책임 핵심주제와 통합관행을 넘어서는 조직의 사회적 책임 심화를 모색한다.

ISO26000 4장과 6장에서 확인된 원칙은 5장과 7장 실행의 토대가 되며, 7장 실행의 결과 그리고 문헌목록이나 부속서를 통해 얻은 ISO26000 이외의 추가지침은 다시 3장의 사회적 책임에 대한 이해를 넓힘으로써, ISO26000을 기반으로 한 사회적 책임의 실행과정을 심화시킨다.

ISO26000의 이용 순서를 정리하면 **〈그림 15-1〉**과 같다.

〈그림 15-1〉 ISO26000 실행의 접근순서

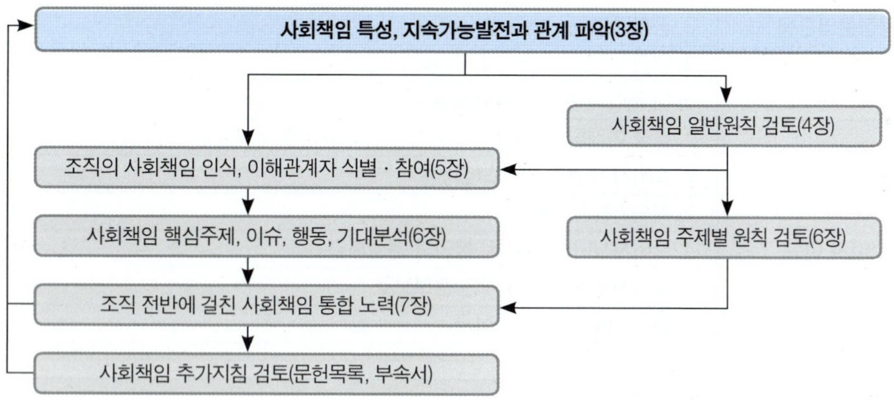

자료: 노한균, 2011, 「ISO26000을 통해 사회책임 살펴보기」, 박영사, 지속가능발전기업협의회, 2013, p. 396 재인용

제3절 ISO26000에서의 사회적 책임 실행

1. ISO26000에 기초한 사회적 책임 실행 모형

기업에서 어떻게 사회적 책임을 실행할 것인가를 살펴보자. ISO26000에서는 사회적 책임의 실천을 여러 곳에 분산하여 설명하기 때문에 사용자 입장에서는 혼란스럽다. 이 책에서는 ISO26000이 언급한 사회적 책임 실행과정의 여러 측면을 기존에 제시된 몇 가지 사회적 책임 실행절차 모형과의 공통요소를 결합해 다음 **〈그림 15-2〉**와 같이 제시한다.

〈그림 15-2〉 ISO26000에 기초한 사회적 책임 실행 모형

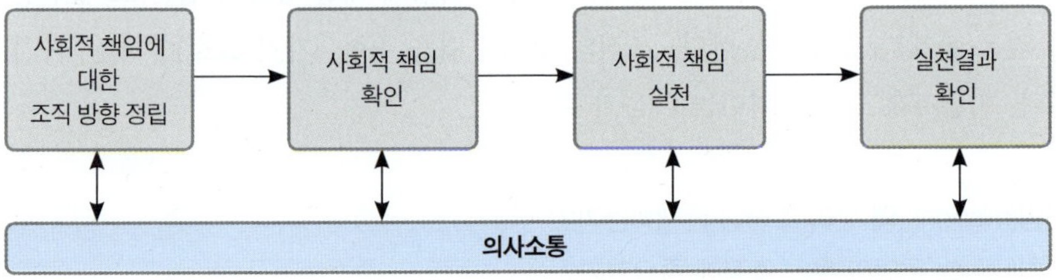

자료: 노한균, 2011, 「ISO26000을 통해 사회책임 살펴보기」, 박영사, 지속가능발전기업협의회, 2013, p. 439, 재인용

그림에서 보는 바와 같이 이 모형의 특징은 크게 두 가지이다.

첫째, 사회적 책임의 방향 정립이 사회적 책임 확인보다 선행되어야 한다는 점이다. 이는 조직이 스스로 사회적 책임을 찾아 결정하고 실천하겠다는 주도성과 능동성을 보여주는 것이다.

둘째, 의사소통이 실천절차 모형 전체에 걸쳐 이루어져야 함을 보여준다는 점이다. 이는 사회적 책임이 조직 운영의 근본으로 자리 잡기 위해서는 의사소통의 대상이 조직의 내·외부를 막론한 모든 이해관계자로 확대되어야 함을 뜻한다. 또한 의사소통의 시점도 결과가 보고된 이후의 시점뿐만 아니라 조직의 사회적 책임 방향설정과 사회적 책임 확인 및 실천을 포함한 모든 과정에서 일어나야 함을 의미한다.

2. 사회적 책임의 실행절차

(1) 사회적 책임에 대한 방향 정립

ISO26000 7장에서 조직의 사회적 책임 방향 설정과 직접 관련 있는 두 가지 방법이 제시되어 있다.

첫째, 조직의 포부(aspiration)나 비전 선언(vision statement)에 사회적 책임이 조직활동에 어떻게 영향을 미치게 할 것인지 언급한다.

둘째, 조직의 목적이나 사명 선언(mission statement)에 사회적 책임의 중요 측면에 대한 구체적이고 명료한 언급을 한다. 여기에는 조직의 운영방식 결정에 도움을 주는 사회적 책임 원칙 및 쟁점이 포함된다.

위 두 가지 방법이 의미하는 것은 조직의 사회적 책임에 대한 방향 정립은 조직의 전략수립 과정과 깊은 관계가 있음을 뜻한다. 조직의 전략수립을 위한 4가지 요소는 사명, 가치, 비전, 전략이다. 이들 4개 요소의 의미는 다음과 같다.

- 사명(mission): 왜 우리 조직이 존재하는가?
- 가치(value): 무엇이 우리 조직에 중요한가?
- 비전(vision): 우리 조직은 어떤 조직이 되고 싶은가?
- 전략(strategy): (위 3개 요소의 답에 기초하여) 우리 조직은 어떻게 활동할 것인가?

따라서 조직이 사회적 책임을 실행하기 위한 첫 단계는 사명, 가치, 비전에 사회적 책임 이행을 위한 방향을 제시하는 것이다.

(2) 사회적 책임 확인

사회적 책임 확인이란 사회적 책임 범위를 결정짓는 것이다. ISO26000에서 사회적 책임의 범위를 결정짓는 데 관련된 개념은 연루와 영향권이 있다.

1) 연루

연루(complicity)는 법적 의미와 비법적 의미를 모두 갖는다.

- 법적 연루: 해당 불법행위를 알거나 이에 기여할 의도를 갖고 불법행위를 하는 당사자가 되는 것을 말한다.
- 비법적 연루: 사회, 경제, 환경에 상당한 정도의 부정적인 영향을 미칠 것을 알고 있거나 알 수 있었던 타인의 불법행위를 돕는 것을 말한다.

또한 조직이 이러한 불법행위에 대해 침묵하거나 이로부터 이득을 얻은 것도 연루된 것으로 간주할 수 있다.

ISO26000은 사회적 책임의 핵심주제 중 하나인 인권과 관련해서는 연루의 유형을 셋으로 나누고 있다.

- 직접연루: 조직이 알면서 인권침해를 고의적으로 도울 때를 말한다.
- 이득연루: 타인이 저지른 인권침해로부터 조직이 직접적으로 이득을 얻는 것을 말한다.
- 침묵연루: 체계적이거나 지속적인 인권침해에 대해 조직이 문제를 제기하지 않는 것을 말한다.

2) 영향권

영향권(sphere of influence)이란 조직이 개인이나 조직의 의사결정 혹은 활동에 영향력을 행사할 수 있게 해주는 정치적, 계약관계, 경제적 또는 기타 관계의 범위 · 정도를 말한다. 이와 같이 ISO26000에서 말하는 영향권은 조직 영향력의 범위를 의미한다.

(3) 사회적 책임의 실행

사회적 책임의 실행은 사회적 책임의 범위가 결정된 후 이를 구체적으로 경영활동을 통해 실천에 옮기는 것을 말한다. 사회적 책임의 실행에는 조직 내 사회적 책임에 대한 인식 제고와 역량 구축 및 시스템 구축을 포함한다.

조직 내 구성원들의 사회적 책임에 대한 인식 제고를 위해서는 최고경영층이 사회적 책임에 대한 이해와 관심 및 지원이 절대적으로 필요하다. 사회적 책임을 실행하기 위한 역량 구축을 위해서는 이해관계자의 참여, 핵심주제의 적용을 이해하여야 한다. 특히 관리자와 근로자의 인식 제고와 역량 구축을 위해서는 교육과 훈련이 필요하다.

또한 사회적 책임을 방침과 의사결정 프로세스에 통합시킴으로써 사회적 책임을 조직의 전략의 핵심요소에 포함되도록 한다. 조직 전략의 핵심요소가 되려면 기업이 채택하는 강령, 지배구조, 조직문화 등에 사회적 책임이 반영되어야 한다. 또한 전담조직을 설치하고 체계적이면서 발 빠르게 사회적 책임을 실행에 옮길 수 있는 시스템이 구축되어야 한다.

(4) 실행 결과 확인

사회적 책임의 효과적 실행은 활동 및 과정, 목표 달성, 활용자원 등에 대한 신중한 감시, 평가, 검토 등에 달려 있다. ISO26000은 사회적 책임 실천 결과를 확인하는 과정을 관찰, 검토, 개선의 세 가지 측면에서 기술하고 있다.

1) 관찰

관찰은 핵심주제와 이슈에 관련된 활동에 대한 진행 중인 성과를 살펴보는 활동이다. 관찰활동은 사회적 책임 활동이 의도한 대로 진행되고 있는지 파악하는 것이다. 관찰활동을 통해 조직이 효과성과 효율성 있게 사회적 책임을 실행하고 있는지 알 수 있다. 또한 관찰활동을 통해 위기나 비일상적 사안의 발생을 발견하기도 하고, 이를 바로잡아 올바른 방향으로 수정을 하기도 한다.

2) 검토

검토는 사회적 책임 관련 달성 목표와 목표 대비 성과를 확인하고, 프로그램이나 절차에 필요한 변화가 있는지 적절한 주기로 파악하는 것이다. 일반적으로 검토에는 사회적 책임 핵심주제 전반에 걸친 실적과 이전의 검토 결과와의 비교가 포함된다. 검토과정에 포함될 수 있는 질문의 유형은 다음과 같다.

- 목표가 계획된 대로 성취되었는가?
- 전략 및 프로세스가 목표에 적합한가?
- 무엇이 효과가 있었으며, 그 이유는 무엇인가? 무엇이 효과가 없었으며 그 이유는 무엇인가?
- 목표가 적절했는가?
- 더 잘할 수 있었던 것은 무엇인가?
- 모든 관련 인원이 참여하였는가?

조직은 검토 결과에 근거하여 프로그램의 결점을 수정할 수 있고, 사회적 책임 실적을 개선하기 위해서는 프로그램에 어떤 변화를 주어야 하는지를 찾아낸다.

3) 개선

개선은 정기적인 혹은 적절한 주기별 검토에 근거하여 조직이 사회적 책임성과를 향상시킬 수 있는 방법을 찾아내고 이를 실천하는 것이다. 검토 결과는 조직의 사회적 책임의 지속적 개선을 위해 사용되어야 한다. 개선은 상황의 변화나 더 큰 성취를 위한 열망 등을 반영하기 위한 목표와 목표치를 조정하는 것을 포함할 수 있다.

(5) 의사소통

의사소통(communication)은 앞의 사회적 책임 실행절차 모형에서 설명한 바와 같이 조직의 내 · 외부를 막론한 모든 이해관계자로 확대되어야 하고, 의사소통의 시점도 사회적 책임 실행 결과가 보고된 이후뿐만 아니라 조직의 사회적 책임 방향 설정과 사회적 책임 확인 및 실행을 포함한 모든 과정에서 일어나야 한다. 조직이 사회적 책임을 성공적으로 실행하기 위해서는 조직과 이해관계자 간, 경영층과 종업원 간, 조직 내 부서와 부서 사이에 원활한 의사소통이 필요하다.

의사소통은 한마디로 관련 당사자 간에 정보를 주고받는 것이다. 따라서 사회적 책임 관련 정보의 질적 특성과 정보를 소통하는 방법을 간략히 살펴보기로 한다.

1) 사회적 책임 관련 정보의 특성

ISO26000 7장에서 조직의 사회적 책임 관련 정보가 유용하기 위해 갖추어야 할 질적 특성을 다음과 같이 제시하였다.

- 완전성: 정보는 사회적 책임과 관련된 모든 중요한 활동과 영향을 다루어야 한다.
- 이해가능성: 사용언어와 자료의 구성을 포함한 정보가 이해관계자들이 이해하기 쉽도록 제공되어야 한다. 이를 위해 의사소통에 참여할 이들의 문화, 사회, 교육, 경제적 배경과 지식을 고려하여 정보가 제공되어야 한다.
- 대응성: 정보는 이해관계자들의 관심사에 부합해야 한다.
- 정확성: 정보는 사실에 입각하여 옳고, 정보 목적에 유용하고 적합하도록 충분하게 제공되어야 한다.
- 균형: 정보는 균형 잡히고 공정하며, 조직활동의 영향에 관한 부정적 정보를 생략해서는 안 된다.
- 적시성: 시기가 지난 정보는 오해를 야기할 수 있다. 정보가 특정 기간의 활동을 설명한다면 기간을 명시하여 이해관계자가 조직의 성과를 이전 성과나 다른 조직의 성과와 비교할 수 있도록 한다.
- 접근성: 특정 주제에 대한 정보는 관련 이해관계자들이 이용할 수 있어야 한다.

2) 사회적 책임과 관련된 의사소통의 방법

사회적 책임과 관련하여 매우 다양한 형태의 의사결정이 존재한다. 몇 가지 예를 들면 다음과 같다. 모든 의사소통에는 의사소통 대상(예: 이해관계자)에게 피드백 기회를 제공해야 한다.

- 이해관계자와의 미팅 및 대화
- 사회적 책임과 관련된 구매 조건에 대한 공급자들과의 의사소통
- 사회적 책임 관련 긴급 상황 발생 시 대중과의 의사소통
- 제품 라벨링, 제품 정보 등과 같은 제품 관련 의사소통
- 내부 조직에 알리거나 영향을 줄 목적의 뉴스레터나 매거진에 실린 사회적 책임 관련 기사
- 사회적 책임의 몇몇 측면을 장려하기 위한 광고
- 정부기관, NGO, 대중의 질의에 대한 답변
- 이해관계자나 대중을 대상으로 하는 주기적인 보고활동

제4절 사회책임투자

1. 사회책임투자의 개념과 필요성

(1) 사회책임투자의 개념

사회책임투자(SRI)란 기업의 경영성과 및 재무상태 등의 가시적인 재무적 성과뿐만 아니라 환경 · 인권 · 노동 · 반(反)부패 · 투명한 지배구조 · 지역사회의 공헌도 등과 같은 다양한 사회적 성과를 대상으로 하는 투자행위를 말한다. 달리 말하면 지속가능경영을 실천하는 기업을 대상으로 하는 투자를 말한다. 또는 CSR을 잘 수행하는 기업에 투자하는 것이다.

따라서 SRI는 CSR과 밀접한 관계가 있다. CSR과 SRI는 동일한 근원에서 파생된 것으로 볼 수 있다. 즉 SRI는 기업의 주체인 주주(투자자)의 입장에서 기업의 CSR 수준을 향상시키려는 것으로 볼 수 있고, CSR 향상 요인 중 가장 강력하며 설득력 있는 수단이라고 할 수 있다. SRI는 도덕적이고 투명한 기업, 환경친화적인 기업에는 투자하지만 비도덕적이고 환경파괴를 일삼는 기업에는 투자하지 않음으로써 기업의 변화와 노력을 이끌어 내는 효과를 가져온다. 예컨대 환경오염 기업이나 핵무기 관련 기업 등과 같이 사회에 해악을 끼치는 기업의 주식을 투자대상에서 배제함으로써 사회 해악적 기업이 도태되도록 하는 것이다.

SRI는 1920년대에 기독교 단체가 중심이 되어 술, 담배, 도박 등 반사회적이거나 윤리에 반하는 기업에 투자하지 않는 데서 출발한 사회운동의 일환으로 시작되었다. 이후 1960년대부터 1970년대에 걸쳐 전개된 공민권운동, 반전운동 등 다양한 사회운동과 연계해서 인권문제를 일으키는 기업, 무기제조 관련 회사 등을 투자대상에서 제외하는 등 SRI가 공익적 성격을 갖게 되었다. 1980년대 이후 환경산업의 급성장으로 SRI는 환경기술과 벤처 중심의 투자로 이어졌고, 1990년대에는 환경뿐만 아니라 경제적 · 사회적 책임을 종합적으로 고려하는 사회책임투자의 성격을 갖게 되었다.

2000년대 SRI는 이후 UN을 중심으로 환경 · 사회 · 지배구조(ESG: Environmental · Social · Governance) 요소를 고려한 투자로 인식되기 시작했다. ESG가 투자성과에 직 · 간접적인 영향을 미쳐 기업의 지속가능성과 관계가 있다고 보아 ESG 이슈가 투자에서 중요한 요소로서 새롭게 인식되기 시작한 것이다.

일반적인 투자는 이익, 주가 등 재무적 관점만 중시하는 데 비해, SRI는 재무적 요소와 함께 ESG 요소를 비재무적 핵심가치 요소로 인식하는 차이가 있다. ESG 요소가 장기적으로 기업의 가치와 지속가능성에 영향을 미칠 수 있는 요인으로 인식되면서 SRI는 지속가능한 책임투자(sustainable & responsible investment), 지속가능투자(sustainability investing)라고도 불린다.

(2) 사회책임투자의 필요성

CSR과 SRI는 경제적 이유에서 필요하다. 즉, CSR은 기업의 이익과 관련된 이해관계자 및 사회 전체의 이익을 위하여 필요하고, SRI는 SRI 펀드에 투자하는 투자자의 이익을 위해서 필요하다. 좀 더 구체적으로 SRI가 필요하게 된 배경을 CSR과 연관시켜 살펴보면 다음과 같다.

1) 환경문제의 심각화와 환경에 대한 규제강화

환경문제가 심각해지면서 제품에 대한 환경규제가 강화되었다. 이에 따라 기업은 환경규제에 대응하기 위해 노력하게 되었고, 소비자는 친환경제품을 선호하는 녹색소비자로 변신하지 않으면 안 되었다. 따라서 기업은 환경적인 측면에서 사회적 책임을 다함으로써 소비자를 비롯한 이해관계자를 만족시킬 수 있으며, 기업의 위험도 낮출 수 있다. 따라서 환경문제에 사전예방적으로 대응하여 환경규제를 지혜롭게 벗어나는 기업에 투자하는 SRI가 위험도 낮추고 수익을 내는 투자기법이 될 수 있는 것이다.

2) 다양한 이해관계자의 등장, 사회적 책임을 새롭게 인식하는 기업의 증가

오늘날 기업의 이해관계자는 주주나 소비자만이 아니라 종업원, 납품업자, 금융기관, 환경단체 등의 NGO, 행정기관, 지역사회 등 다양하다. 과거에는 주주에 대한 경제적 책임과 법적 책임을 다하면 되었으나, 오늘날에는 이들 다양한 이해관계자의 욕구를 충족시키기 위한 윤리적 책임, 환경적 책임 등 기업의 사회적 책임을 다하여야 한다. 역으로 기업의 사회적 책임을 다하지 못하여 환경파괴기업, 비도덕적이고 비윤리적인 기업으로 낙인이 찍히면 소생할 가능성이 없을 정도로 치명적 타격을 입게 된다. 따라서 사회적 책임에 대한 인식을 새롭게 하는 기업들이 대폭적으로 증가하게 되었고, 이는 SRI가 필요하게 된 배경이 되었다.

3) CSR에 대한 국제적 표준규격 제정

GRI 지속가능경영보고서 기준, UN 글로벌 컴팩트의 10대 원칙, ISO26000 등의 제정으로 기업의 사회적 책임은 기업의 선택사항이 아니라 필수사항으로 변모하고 있다. 이들 국제적 표준규격의 제정으로 사회적 책임을 이행하지 않는 기업은 특히 글로벌 시장에서 설 땅이 없게 된다. 따라서 CSR 관련 국제표준규격 제정으로 SRI가 증대되는 효과를 낳게 되었다.

4) 지속가능경영으로의 경영패러다임의 변화

21세기의 경영패러다임은 이미 여러 차례 지적하였듯이 지속가능경영이다. 즉, 경제적 수익성과 환경적 건전성 및 사회적 책임의 조화와 균형을 통해 지속적 성장과 발전을 추구하는 지속가능경영이 시대의 대세가 되고 있다. 지속가능경영을 실천하는 기업이 증가하면서 더불어 SRI의 필요성도 증대되었다.

2. 사회책임투자의 유형

미국에서의 SRI는 사회적 선별투자, 주주행동주의, 저소득 지역이나 지역개발을 위한 지역사회투자 등 3가지 유형으로 구분할 수 있다. 이들을 차례로 설명하면 다음과 같다.

(1) 사회적 선별투자

투자자가 투자할 때 사회적 선별(social screening)이라는 필터링(filtering) 절차를 통해 투자할 대상기업을 선별하여 투자하는 유형이다. 통상 투자의사결정을 할 때는 이익률이나 성장성 등을 기준으로 재무적 선별을 한다. 이에 반해 사회적 선별은 환경문제나 사회문제의 관점에서 투자기업을 선별하는 것이다. 즉, 재무적 성과만을 평가하는 것이 아니라 기업의 이해관계자인 주주, 소비자, 종업원, 지역사회, 환경, 사회문제 등 관련 사항을 평가한다.

스크리닝에는 네거티브 스크리닝과 포지티브 스크리닝이 있다. 네거티브 스크리닝이란 무기, 담배, 주류, 유해물 제조 등 사회적 책임을 위반하는 기업, 환경문제를 일으키는 기업 등을 투자대상에서 배제하는 방식이다. 반면에 포지티브 스크리닝은 환경문제나 종업원문제 등을 평가하여 평가가 낮은 기업은 제외하고, 평가가 높은 기업 이를테면 지속가능경영에 충실한 기업을 선별하는 투자방식으로 최근의 경향이다.

사회적 선별투자에서 평가의 기준을 사회적 기준이라 부른다. 미국의 대표적인 SRI조사회사인 KLD사의 환경문제와 관련된 사회적 기준을 제시하면 **〈표 15-4〉**와 같다. 이들 기준에 관계된 정보는 기업의 환경보고서, 유해물질배출목록 등 정부가 공표하는 데이터베이스, 각 기업과의 인터뷰, 개별로 회수한 설문지 등을 정보원으로 하며, 그 결과를 종합하여 기업을 선별한다.

〈표 15-4〉 KLD사의 환경문제와 관련된 사회적 기준

플러스 평가	마이너스 평가
• 환경에 좋은 제품 · 서비스	• 농약
• 그린에너지	• 기후변하(지구온난화)
• 환경경영시스템	• 유해 화학물질
• 오염예방	• 오존층 파괴물질
• 재활용	• 법 · 규제 위반
기타	• 중요한 배출
	기타

자료: KLD사 홈페이지(http://www.kld.com/research/ratings_indicators.html)

(2) 주주행동주의

주주행동(share holder engagement)은 기업의 사회적 책임과 환경문제에 대해 주주로서 대화를 요구하거나 의결권과 주주제안권을 행사하는 것으로, 지속가능경영을 하는 기업을 선별하여 투자하는 것에 그치지 않고 주주가 기업의 지속가능경영을 유도하는 역할을 수행한다. 주주행동주의방법에는 불매운동, 투자 철회, 주주결의안 제출, 의결권 행사, 감사보고서 요구, 주주와 경영자 간의 대화 등이 있다.

주주행동주의의 대표적 사례 중 하나가 인종차별폐지 행동규범인 설리번 원칙(Sullivan Principles)이다. 설리번 원칙은 남아프리카공화국 내에 있는 미국 기업이 채택하고 있는 비(非)인종 차별적 고용 원칙이다. 설리번은 1977년에 남아프리카공화국에 투자한 미국의 기업들에게 아프리카인 종업원들을 미국인 종업원들과 동등하게 대우해 줄 것을 요구했다. 이를 시발점으로 1999년 11월에 기업의 사회적 책임에 대한 세계적인 설리번 원칙으로 재출범했다. 범세계적인 설리번 원칙의 지향 목표는 본질적으로 서로 다른 산업과 문화 안에서 모든 규모의 기업과 조직들이 인권 존중과 노동의 기회를 모든 사람에게 동일하게 적용할 것을 권장하는 것이다. 이를 포함하여 경제적, 사회적 및 정치적 정의라는 공통의 목표를 향해 기업과 조직이 노력해 줄 것을 권장하는 것이다. 이 원칙에 제휴하기를 원하는 기업들은 설리번 원칙을 적용한다는 점을 공개하며, 이에 대한 정보를 제공해야 한다.

사회적 선별투자가 장기적이고 구조적인 성격을 갖는 데 비하여, 주주행동주의는 기업과 직접적인 대화를 통하여 즉각적인 효과를 얻을 수 있는 적극적 투자방식이다.

(3) 지역사회투자

지역사회투자(community investment)는 소수인종과 저소득층 등 소외된 사람에게 주택취득자금이나 사업자금 등을 저리로 융자하는 금융지원과 투자이다. 사회적 선별투자나 주주행동주의가 주로 상장기업을 대상으로 하고 대기업의 경영행동과 관계된 것인 데 비해, 지역사회투자는 빈곤층, 소규모기업을 대상으로 필요한 자금을 공급하는 것이다. 지역사회개발 금융기관이 이러한 역할을 수행한다. 지역사회개발 금융기관에는 지역사회개발대출펀드, 지역사회개발은행, 지역사회개발신용조합 등 3종류가 있다.

이상의 3종류 금융기관은 약간의 차이는 있지만, 차입자가 시도하는 사업을 성공으로 이끌기 위해 필요한 자금과 함께 건물임대나 기술적 문제도 도와준다. 차입자들은 이러한 지역사회개발 금융기관 이외의 다른 곳에서는 대출을 받을 수 없을 정도로 신용이 좋지 않은 사람들이 대부분이다.

3. 사회책임투자의 확산을 위한 실천 프로그램

금융기관이나 비영리단체 등이 사회책임투자 확산을 위한 실천 프로그램(투자원칙이나 정보공개 요구 및 평가 등)을 시행하고 있다. 이러한 실천 프로그램을 지속가능경영 정보 공개 이니셔티브(initiative)라고도 한다. 이들 프로그램의 대표적인 예가 유엔(UN)의 책임투자원칙, 적도원칙, 탄소정보공개프로젝트 등이 있다. 각각의 내용과 기업의 대응방안을 간략히 설명하면 다음과 같다.

(1) UN 책임투자의 원칙

UN의 산하기관인 유엔환경계획(UNEP)은 1992년에 '환경과 지속가능한 발전에 관한 은행 성명', 1995년에는 '보험업계의 환경에 관한 커미트먼트 성명'을 공표한 바 있다. 그리고 1997년에는 앞의 은행성명을 보다 광범한 금융기관을 대상으로 '환경과 지속가능한 발전에 관한 금융기관 성명'으로 개정하여 각국 금융기관에 서명을 요청하였고, 서명한 금융기관들의 네트워크로 유엔환경계획금융이니셔티브(UNEP-FI)를 결성하였다. UNEP-FI에는 전 세계적으로 200여 개의 금융기관이 참여하고 있으며, 우리나라도 9개 금융기관이 참여하고 있다.

UNEP-FI는 2006년에 UN 글로벌 컴팩트와 공동으로 책임투자원칙(PRI: Principles for Responsible Investment)을 제정하고, 그해 4월에 뉴욕증권거래소에서 당시 사무총장인 코피아난에 의해 그 원칙이 발표되었다. 책임투자원칙이란 금융기관이 기관투자가로서 투자결정을 할 때 환경문제, 사회문제, 지배구조 등을 배려할 것을 요구한 것이다. 책임투자원칙을 요약하면 **〈표 15-5〉**와 같다.

〈표 15-5〉 UN의 책임투자원칙(요약)

책임투자원칙(요약)
기관투자가로서 우리는 수익자의 장기적 이익을 위해 행동할 의무가 있다. 이러한 수탁자의 역할을 함에 있어 환경, 사회, 지배구조(ESG)의 문제가 투자성과에 영향을 미친다고 믿는다. 또 우리는 이 원칙을 적용하는 것으로 사회의 보다 광범한 목적과도 좋은 연계를 할 수 있다고 본다. 따라서 수탁자 책임에 부합하는 범위에서 우리는 다음 사항을 공약한다. 1. 투자분석과 의사결정 과정에 ESG 문제를 적극적으로 반영한다. 2. 투자철학 및 운용원칙에 ESG 이슈를 통합하는 적극적인 투자자가 된다. 3. 투자대상 기업에게 ESG 이슈의 정보공개를 요구한다. 4. 금융산업의 PRI 준수와 이행을 위해 노력한다. 5. PRI의 이행에 있어서 그 효과를 증진시킬 수 있도록 상호 협력한다. 6. PRI의 이행에 대한 세부활동과 진행사항을 보고한다.

(2) 적도원칙

적도원칙(equator principle)은 세계은행(World Bank) 산하 국제금융공사(IFC: International Finance Corporation)가 수립한 환경 및 사회 정책기준에 따라 프로젝트 파이낸스(PF: Project Finance)를 공여하기로 한 협약이다. PF란 대규모 자본이 필요한 석유개발·탄광채굴, 조선소·발전소 건설, 사회간접자본 건설 등에 금융회사가 자금을 지원하는 금융기법으로, 사업주의 신용이나 물적 담보가 아니라 사업 자체의 수익성을 담보로 한 장기적 대출이다. 이 원칙은 2003년 제정되고 2006년 개정되었으며, 2012년 세 번째 버전이 마련되었다.

적도원칙은 개발도상국 내 PF를 환경 및 사회적 리스크 측면에서 평가하여, 환경 등에 악영향을 미치는 사업에 대해서는 자금을 지원하지 않겠다는 것을 주된 내용으로 하고 있다. 한마디로 대규모 개발프로젝트가 환경파괴를 일으키거나 지역주민 또는 사회적 약자들의 인권을 침해할 경우 자금 지원을 하지 않겠다는 금융회사들의 자발적 행동협약이다. 일례로, 스탠다드차타드(SC)은행은 열대림이나 희귀식물의 자생지, 멸종 위기에 처한 야생동물의 서식지 등에 대한 벌목 행위와 이를 통해 생산하는 목재를 구입하는 기업, 해당 벌목 행위에 장비를 공급하는 업체에 대출을 해 주지 않고 있다.

적도원칙은 총액 1,000만 달러 이상의 모든 프로젝트에 대해 환경과 사회에 미치는 영향을 검토하고 최소한의 영향이 없는 경우를 제외하고, 영향평가를 실시할 것을 요구하고 있다. 적도원칙 서문에는 "우리의 환경조항이나 사회정책에 호응하지 않는 사업주에게는 대출할 수 없다"라는 문구가 명시되어 있다. 적도원칙에 동참하는 금융회사들에게 대출을 받으려면 엄격한 조건의 대출심사를 통과해야 한다. **〈표 15-6〉**은 환경 및 사회적 리스크에 대한 IFC의 심사기준을 보여 준다.

표에서 A와 B의 경우 해당 지역주민 또는 지역시민단체 등 관련 당사자 그룹과 충분한 협

〈표 15-6〉 환경 및 사회적 리스크에 대한 IFC의 심사기준

구분	환경 및 사회적 리스크	적용
A	생태계를 파괴하는 등 환경에 회복할 수 없는 영향을 주거나, 사회적 약자 및 소수민족의 생활을 위협하게 될 위험이 있는 사업, 원주민의 강제이전·퇴거를 수반하며 중요한 문화재에 영향을 주는 경우, 특히 사업실시 지역을 넘어 광범위하게 영향을 미칠 가능성이 있는 사업	환경을 고려할 의무를 강력히 부과
B	현지 환경과 사회에 영향을 미칠 위험이 A급 사업보다 낮은 사업, 또는 영향이 사업실시 지역의 주변 등 좁은 지역에 한하여 개선하기 쉬운 경우	완화된 의무 부과
C	현지 환경과 사회에 미칠 영향이 전혀 또는 거의 없는 사업	특별한 의무가 없음

자료: 박훤일, 2006, p.30

의를 거칠 것을 요구한다.

(3) 탄소정보공개프로젝트

기후변화시대에 탄소정보공개프로젝트(CDP: Carbon Disclosure Project)가 전 세계 기업들의 기후변화 대응을 위한 유용하고도 중요한 수단으로 급속히 자리 잡고 있다.

CDP는 연기금, 은행, 투자기관 등 전 세계 금융기관의 위임을 받아 전 세계 주요 상장회사로부터 탄소배출과 관련된 정확한 정보와 장·단기적 관점에서의 경영전략을 요구하고, 이를 수집한 후, 이 정보를 금융기관이 활용할 수 있도록 연구·분석을 수행하는 글로벌 프로젝트이자 비영리 수행기관의 명칭이다. CDP는 금융기관의 책무를 다하고, 지속가능경영뿐만 아니라 더 나아가 기후 관련 문제점에 대한 해결책을 모색하여 지구의 지속가능성을 확보하려는 노력의 산물이라고 할 수 있다.

CDP는 기후변화가 기업에 투자나 대출, 보험 등을 수행하는 금융기관의 위험과 기회가 될 수 있다는 인식을 공유한 전 세계 금융기관이 주도가 되어 2003년에 처음으로 시작되었다. CDP는 대상기업으로부터 ① 지배구조, ② 위험과 기회, ③ 전략, ④ 온실가스 회계·에너지 및 연료사용·배출권거래, ⑤ 기후변화 커뮤니케이션에 대한 정보를 수집한다. CDP가 수집하여 제공하는 기후 관련 정보는 기관투자자, 기업, 정부, 시민단체 등을 포함한 여러 그룹들이 이용한다. CDP는 기업의 온실가스 경영과 관련해 최대의 데이터베이스를 구축하고 있는 셈이나.

금융기관들은 CDP에 등록된 정보를 기업평가, 저탄소펀드 등 각종 금융상품 개발에 활용하고 있다. JP모건은 '제니-카본 베타지수(JENI-Carbon BETA Index)'라는 기업 채권지수를 만들어 기업평가에 이용하고 있다. CDP는 탄소정보공개리더십지수(CDLI)를 기초로 글로벌, 유럽, 미국, 영국의 기후변화투자지수도 만들었다. 탄소경영을 못하는 기업은 기업채 발행이 힘들어지거나 투자를 받지 못하는 등 자금조달에 어려움을 겪을 수 있는 상황을 조성한 것이다. 이와 같이 CDP 정보는 탄소효율적인 기업에게는 재무적 기회요인으로, 탄소비효율적인 기업에게는 재무적 위험요인으로 작용하므로, 향후 기업가치평가에 큰 영향을 미치며 투자지표로 유용하게 사용될 전망이다.

CDP는 주요 상장기업 이외에도 공급망과 도시, 정부의 공공조달 등에도 탄소정보공개를 요청하는 등 촘촘한 그물망을 구축해 나가고 있다. 이 그물망에서 완전히 자유로운 기업은 없다. 선진기업들은 자신들의 공급망과의 거래과정에서 CDP에 응답했는가를 묻기도 한다. 영국이나 미국 정부에 물품을 납품하려는 기업은 CDP에 응답을 해야만 한다. 두 정부가 CDP

공공조달 프로그램(CDP Public Procument)에 가입해 있기 때문이다.

(4) 기업의 대응

금융기관이나 비영리단체 및 전문 평가기관들은 수집한 정보를 통해 사회책임투자만이 아니라 지속가능경영 전반에 대한 평가를 하게 되므로 기업은 이들 프로그램에 적극 대응하여야 할 것이다. 금융기관이나 평가기관이 중점적으로 보는 것은 해당 기업이 사회책임투자나 지속가능경영에 대한 인지도, 이를 개선하기 위한 노력 등이다.

특히 정보공개는 일반적으로 매년 진행되기 때문에 소폭이라도 개선되는 것이 바람직하다. 또한 기업은 협력업체나 거래처, 즉 공급망의 간접적 영향까지도 파악하여 대응할 필요가 있다. 기업이 미흡한 활동이나 성과, 준비부족을 이유로 정보공개를 거부한다면 시장에 나쁜 영향을 줄 수 있다.

4. 사회책임투자지수

사회책임투자(SRI)지수란 환경(Environmental), 사회(Social), 지배구조(Governance) 등 기업의 지속가능성에 영향을 미치는 요소들을 비재무적 관점에서 평가한 후 우수기업을 대상으로 산출한 지수를 말하며, 지속가능책임투자지수로도 통용된다. 이 지수를 통해 투자대상기업의 지속가능경영성과를 정확하게 평가할 수 있다. 여기서는 이 분야에서 대표적인 지수인 다우존스 지속가능성지수(DJSI), 파이낸셜타임스 지속가능성지수(FTSE4Good), 도미니400 사회지수(DS400)를 살펴보고, 우리나라의 지수도 간략히 설명한다.

(1) 다우존스 지속가능성지수

다우존스 지속가능성지수(DJSI: Dow Jones Sustainability Index)는 기업의 지속가능성 여부를 판단하는 대표적인 지수 중 하나이다. 이는 글로벌 기업의 재무적 성과는 물론 비재무적 성과까지 고려해 평가하므로 현재의 경영성과와 함께 미래의 잠재적 가치까지 알 수 있는 지수이다. 즉, 기업을 단순히 재무적 정보로 파악하는 데 그치지 않고 지배구조, 사회공헌도 등을 토대로 위기관리능력이나 노사관계, 사회기여도 등 사회적인 측면과 환경적인 측면을 종합하여 평가하고 지수에 편입할 우량기업을 매년 선정하여 발표한다.

DJSI는 금융정보사인 다우존스와 지속가능경영지수 선도기업인 SAM(Sustainable Asset Management)사가 개발하여 지난 1999년부터 지속가능성을 평가하는 평가기법으로 우량기업 주가지수 중 하나이다. 이 지수는 2005년 12월 31일을 시작으로 삼고 있으며 기준지수는 1,000포인트이다.

DJSI는 전 세계 유동자산 시가총액 상위 2,500개 기업을 대상으로 재무성과와 경제성, 환경성, 사회성 등을 종합적으로 평가해 상위 10%를 편입시키는 글로벌 지수인 DJSI World와 아시아 · 태평양 지역의 상위 600대 기업을 평가하여 상위 20%를 편입시키는 DJSI Asia Pacific 지수, 국내 200대 기업을 평가해 상위 30%를 편입시키는 DJSI Korea로 구성되어 있다.

DJSI의 평가요소를 살펴보면, 경제적 측면에서는 재무성과, 지배구조, 부패와 뇌물행위, 고객관계관리, 투자자관계, 위험관리, 전략기획 등을 평가하고, 환경적 측면에서는 환경정책, 환경경영시스템, 환경성과, 환경보고서 등을 평가하며, 사회적 측면에서는 기업의 사회활동, 자선활동, 노동표준인력개발, 지식관리 등을 평가한다.

(2) FTSE4GOOD지수

FTSE4GOOD지수는 영국의 유력 경제지인 파이낸셜타임스(FT)와 런던증권거래소(LSE)가 공동으로 소유하고 있는 'FTSE(Financial Time Stock Exchange) 인터내셔널'이 개발한 지수이다. FTSE 지수 등을 발표해 오고 있는 FTSE 인터내셔널은 2001년 7월 윤리적 기업들만을 대상으로 하는 'FTSE4GOOD'라는 지수를 새로이 개발했다. 즉 FTSE지수에 포함된 757개 기업을 대상으로 환경보호, 인권보장, 사회적 책임 등의 세 가지 항목을 조사하여 우수한 점수를 얻은 기업들을 FTSE4 GOOD의 지수에 포함시켰다.

FTSE4GOOD지수의 평가요소를 살펴보면, 환경적 측면에서는 이사회의 환경정책에 대한 책임, 환경보고서와 행동지침 감사시스템을 평가하고, 사회적 측면에서는 연차보고서에 있는 평등정책, 윤리규정, 교육 인력개발, 노사관계, 사회적 기부, 임직원의 지역사회봉사활동 등을 평가하며, 인권적 측면에서는 인권정책, 경영진의 인권 관련 책임, 인권 교육, 인권정책 실천 모니터링 등을 평가한다.

반면에 담배, 핵무기, 유해물질과 관련된 업체와 거래관계 등 이해관계가 있는 기업은 원천적으로 편입될 수 없도록 했다.

(3) 도미니 400 사회지수

Domini 400 Social Index(DS400)는 KLD(Kinder, Lydenberg, Domini)가 S&P500지수를 모델로 발행주식의 수를 가중치로 사용한 시가총액(Free-float market capitalization weighted)방식으로 400개의 종목을 선정하여 1990년 5월 발표한 주가지수이다. DS400지수는 환경과 사회 및 지배구조

(ESG)에 근거하여 선정한다.

DS400의 투자대상 후보군은 미국에서 상장되어 거래되는 기업으로 하며, 미국 주식시장의 80%를 차지하는 대규모 기업들로 구성된 S&P500지수이다. DS400지수를 구성하는 기업수는 S&P500지수에서 250개, 산업 다양성과 시가총액 기준으로 선택된 S&P500지수에 포함되지 않은 100개 기업, 사회적 책임을 잘 이행하고 있는 모범적인 ESG 성과를 가진 50개 기업으로 모두 400개이다.

DS400지수는 배제산업에 일정 수준 이상 관련된 기업은 포함시키지 않고 있다. 이들 배제산업은 담배, 술, 도박, 군수물자, 무기, 핵 관련 산업들이다.

KLD는 부정적 스크리닝과 긍정적 스크리닝을 병행한 투자를 하고 있으며 한 기업이 제거될 경우 반드시 한 기업을 추가하여 DS400지수 내에 항상 400개 기업을 유지하는 것이 방침이다. 최근에는 기후변화와 환경, 후천성면역결핍증(AIDS), 생물다양성 보호까지 평가범위를 넓히는 등 통상적인 사회문제로 투자기준 범위를 확장시키고 있다(이연진, 2007, p.107).

(4) KRX SRI와 신(New) ESG지수

KRX SRI는 국내기업의 사회책임투자 및 지속가능경영 인식 제고를 위하여 한국거래소(KRX: Korea Exchange)에 의하여 산출된 국내 최초의 사회책임지수이다. SRI지수는 유가증권시장 및 코스닥시장의 사회책임투자 우수기업 70종목을 구성종목으로 하여 2009년 9월 14일부터 산출 · 발표하고 있다.

KRX의 구성종목 선정방법은 유가증권시장 및 코스닥시장의 대표 기업 중 SRI 우수기업을 대상으로 시가총액, 거래대금, 유동비율 등 최소유동성기준을 충족시키는 종목 중에서 SRI 평가등급에 따라 선정하되, 평가등급이 동일한 경우 시가총액 순으로 70종목을 선정한다. 단, 도박, 주류, 무기, 담배 등의 업종을 주 영업으로 하는 기업은 대상에서 제외된다.

SRI 우수기업은 유가증권시장 및 코스닥시장의 대표종목을 대상으로 국내 SRI 전문평가기관인 한국기업지배구조센터 및 에코프런티어에서 실시한 SRI 평가결과를 기초로 선정하며, SRI 평가대상이 되는 국내 대표 상장종목이란 KOSPI200 및 스타지수(코스닥 상위 50개 종목) 구성종목과 기타 한국기업지배구조센터 지배구조평가 보통 등급 이상의 종목을 뜻한다. 또한 예비종목은 구성종목으로 하되 선정되지 않은 종목 중 SRI 평가등급 및 시가총액 순으로 상위 14개사를 선정한다. ESG 요소별 평가항목을 살펴보면 다음과 같다.

사회부문 평가항목은 ① 인적자원(임직원 동기부여 및 개발, 훈련 및 개발, 근로복지 환경, 보상 및 권한, 노사관계, 보건안전), ② 이해관계자 관리(이해관계자 파트너십, 고객, 규제 및 정책, 지역사회, 공급망 관리), ③ 제품 및 서비스(지적 지산 및 연구개발, 제품 안전), ④ 이머징마켓(전략, 인권보호, 아동 및 강제노동, 억압정권)이다.

환경부문 평가항목은 ① 환경위험(환경오염, 운영위험, 산업별 특성 위험), ② 환경경영 역량(환경경영전략, 환경조직, 환경경영시스템, 환경감사, 환경보고, 환경교육, 인증현황, 제품 및 원자재), ③ 전략적 수익기회(전략적 경쟁우위, 환경적 기호, 환경제품 및 서비스 성과)이다.

그리고 지배구조 평가항목은 주주권리보호, 이사회, 공시, 감시기구, 경영의 과실배분 등이다.

한국거래소는 2015년 12월 21일 사회책임투자 활성화와 기업지배구조 개선을 유도하기 위해 기존 SRI지수를 보완해 신(New) ESG 시리즈 지수를 발표했다. ESG는 환경(E), 사회책임(S), 지배구조(G)의 영문 앞 글자에서 따왔다. 한편, 한국거래소는 2009년 9월부터 발표해온 SRI 지수의 활용도가 저조하자 2016년 9월 산출을 중단했다.

3종의 ESG 지수는 다음과 같다.

첫째, KRX ESG Leaders 150이다. 이는 ESG 통합점수가 높은 상위 150개 종목으로 구성한 지수이다.

둘째, KRX Governance Leaders 100이다. 이는 지배구조 점수가 높거나 과거보다 많이 상승하여 지배구조가 개선된 100종목으로 구성한 지수이다.

셋째, KRX Eco Leaders 100이다. 이는 환경 점수가 높거나 환경점수가 개선된 100종목으로 구성한 지수이다.

새 지수는 구성 종목 수가 100~150개로 종전 SRI(30~70개)보다 늘어났고 개별 종목의 시가총액이 아닌 ESG 평가 점수를 가중 산출한 게 특징이다. 그러나 2017년 8월 기준 신 지수도 인식부족과 수익성 저하로 외면당하고 있는 실정이다.

토론하고 발표하기

1. 기업의 사회적 책임이란 무엇이며, 사회적 책임에 대한 찬반의견을 말하라.

2. 기업의 사회적 책임의 추세와 과제를 설명하라.

3. ISO26000의 의의와 특징을 설명하라.

4. ISO26000에서의 사회적 책임원칙과 핵심주제를 설명하라.

5. ISO26000의 활용방안을 설명하라.

6. ISO26000에서의 사회적 책임 실행절차를 설명하라.

7. 사회적 책임을 모범적으로 행하는 기업의 사례를 수집하여 발표하라.

8. 사회책임투자의 의의와 필요성을 설명하라.

9. 사회책임투자의 유형을 설명하라.

10. 사회책임투자의 확산을 위한 실천 프로그램을 설명하라.

11. 사회책임투자의 지수를 설명하라.

12. 국내외 사회책임투자의 동향을 조사하고 발표해 보라.

제 16 장

지속가능경영

21세기 새로운 패러다임으로 등장한 지속가능경영이 자리를 잡아가고 있다. 이 장에서는 지속가능경영의 개념과 필요성, 발전단계 등을 설명하고 지속가능경영의 성패를 좌우하는 이해관계자 관리에 대한 내용을 고찰한다. 혼용되고 있는 지속가능경영과 사회적 책임(경영)의 차이에 대하여도 기술한다.

제1절 지속가능경영의 이해

1. 지속가능경영의 개념

21세기에 들어서 국내외적으로 기업의 지속가능경영(Corporate Sustainability Management)이 화두가 되고 있다. 한국표준협회(KSA)에서 정의하고 있는 지속가능경영은 조직활동(기업 및 공공부문)에 있어서 경제적 성장과 아울러 환경보호 및 사회적 책임을 경영에 동시에 고려함으로써 발생가능한 위험요소를 사전에 제거하고 새로운 기회에 대처하여 기업이 사회 속에서 동화되고 지속적인 성장을 지향하도록 하는 경영의 신(new)패러다임이다. 즉 기업이 경영에 영향을 미치는 경제적, 환경적, 사회적 이슈들을 종합적으로 균형 있게 고려하면서 기업의 지속가능성을 추구하는 경영활동을 지속가능경영이라고 한다. 기업들이 전통적으로 중요하게 생각했던 매출과 이익 등 경제적 수익성뿐만 환경보전을 통한 환경적 건전성 및 인권, 지배구조 등 사회적 책임성 등 비재무적 성과에 대해서도 함께 고려하는 경영을 통해 기업의 가치를 지속적으로 향상시키려는 경영기법이다.

지속가능성(sustainability)이란 지속가능한 발전의 개념과 불가분의 관계에 있다. 지속가능한 발전이란 미래세대의 필요를 충족시킬 수 있는 가능성을 손상시키지 않는 범위에서 현재세대가 필요를 충족시키는 발전을 말한다. 이 개념은 '환경과 개발에 관한 세계위원회(WCED: World Commission on Environment and Development)'가 1987년에 발표한 보고서 「우리의 미래(Our Common Future)」(일명 브룬트란드 보고서)에 의해서 공식화되었다. 이는 경제의 지속가능성뿐만 아니라 자연자원을 포함한 생태계 전체가 지속가능할 것을 요구하고 있다. 결국 지속가능한 발전이란 현세대는 물론 미래세대까지도 인류가 지속적으로 발전할 수 있는 형태의 발전양식을 말한다.

지속가능한 발전은 ① 경제적 관점에서 효율적인 배분이 달성되고, ② 사회적 관점에서 부와 기회의 균등한 분배가 이루어져야 하며, ③ 환경적 관점에서는 지속가능한 규모가 이루어져야 한다. 이런 3대 축(TBL: Triple Bottom Line)의 상호 조화와 균형을 통해 지속가능한 발전을 이룩할 수 있다는 것이다.[1] TBL 콘셉트는 경제적 번영, 사회적 정의, 온전한 환경을 달성하기 위한 총체적인 사고와 행위를 필요로 한다. 3대 축을 기업현장의 지속가능경영에 원용하면 **〈그림 16-1〉**과 같다.

〈그림 16-1〉 지속가능경영의 3대 축

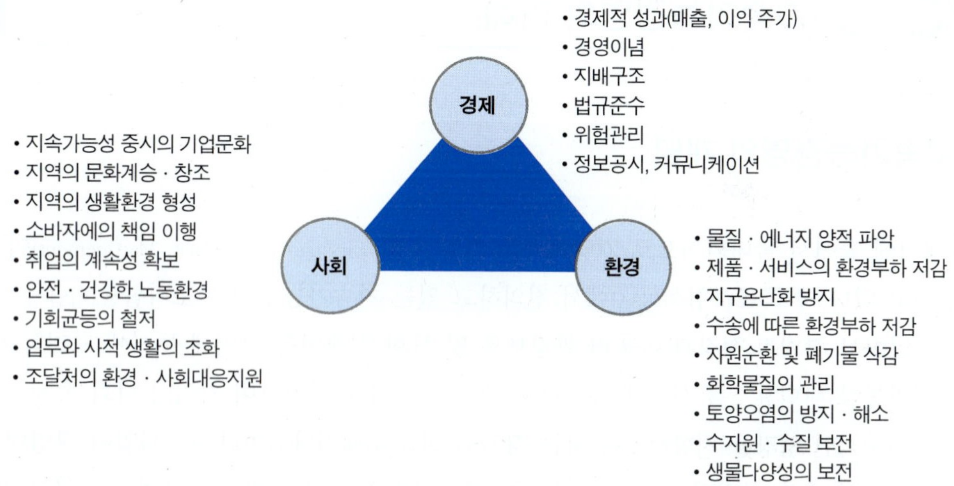

자료: 최선 외, 2012, p.269

1) TBL 개념을 3P로 요약하기도 한다. 기업은 사회구성원(People)의 행복에 관심을 가져야 하며, 지구환경(Planet) 보호에 앞장서면서 경제적 이익(Profit)을 추구해야 한다는 것이다.

지속가능경영과 관련된 다양한 용어가 존재하여 혼란을 주고 있는 현실이다. 이 책에서는 최근 이슈가 되고 있는 기업의 사회적 책임경영도 지속가능경영과 통용되는 용어로 본다. 또한 투명경영, 상생경영, 윤리경영, 녹색경영 등도 유사한 용어로 간주한다. 기업의 사회적 책임에 대해서는 다음 절에서 설명한다.

2. 지속가능경영의 필요성

(1) 경영패러다임의 변화

1980년대 전반까지의 전통적 경영은 주주 중심의 단기수익성, 특히 단기적인 재무성과를 통한 기업의 가치 증대에 초점을 두었다. 그러나 가속화되는 기후변화와 각종 대형 환경사고, 인권문제, 지배구조문제 등 사회적 이슈에 대한 기업의 책임문제가 제기되면서 사회적 존재로서의 기업은 더 이상 환경과 사회적 이슈를 외면할 수 없게 되었다. 이에 대한 해결방안으로 1980년대 후반에 환경경영이 등장하게 되었다. 환경경영은 환경문제에 대한 사전예방적 접근과 경제적 수익성 및 환경적 건전성의 조화와 균형을 모색하는 경영패러다임이다. 또한 이해관계자들은 기업이 공표하는 재무보고서 외에 기업이 발간하는 환경보고서에 이해관계자들이 관심을 보이기 시작하였다.

2000년대에는 지속가능경영이 글로벌 경영의 새 패러다임으로 자리를 잡아 가고 있다. 기업의 사회책임문제, 투명성과 윤리성이 강조되고 이해관계자는 기업이나 조직에게 지속가능성보고서에 대한 요구를 하기 시작하였다. 선진국의 우수기업들은 물론 국내 대기업들도 지속가능경영을 성장동력의 기회로 삼아 신사업 투자기회의 발굴과 더불어 새로운 비즈니스 모델을 개발하려 하고 있다.

경영패러다임의 변화를 요약하면 **〈그림 16-2〉**와 같다.

〈그림 16-2〉 경영패러다임의 변화

전통적 경영 (1980년대 전반)	→	환경경영 (1980년대 후반)	→	지속가능경영 (2000년대 이후)
• 단기수익성 강조 • 높은 이익과 주가 • 전통적 이해관계자 • 재무정보 요구 • 재무보고서 • 전통회계	→	• 경제성과 환경성의 조화 • 생태효율성 • 녹색이해관계자 • 재무정보와 환경정보 요구 • 환경보고서 • 환경회계	→	• 경제, 환경, 사회의 통합 • 투명성과 윤리성 • 모든 이해관계자 • 지속가능성 정보 요구 • 지속가능경영보고서 • 지속가능회계

(2) TBL 측면에서의 필요성

지속가능경영의 3대 축(TBL) 측면에서 지속가능경영의 필요성을 살펴보면 다음 **〈표 16-1〉** 과 같다.

〈표 16-1〉 TBL 측면에서의 필요성

측면	지속가능경영 필요성		기업에 대한 영향
	필요성	세부내용	
사회 측면	기업의 사회적 책임(CSR) 요구	• 투명경영, 윤리경영 요구 • 기업의 사회공헌 요구 • 기업의 사회공헌활동 대중화	사회공헌에 대한 전략적 접근 필요(막대한 투자를 하고도 기업이미지 제고를 못 한 기업이 많음)
	CSR에 대한 국제표준화	• GRI 가이드라인 및 ISO26000의 제정 • 사회책임 활동정보 요구 • 무역장벽수단의 가능성	투명경영 및 윤리경영 체제구축 요구(기업의 지배구조 개선, 투명경영 통한 협력적 노사문화 형성, 직원복지 향상, 고객/공급사와의 상생 추구)
환경 측면	교토의정서 발효	• 한국도 온실가스 감축의무국 편입 예상 • 투온실가스 감축 및 환경보호 요구 증대	온실가스 배출량 감축을 위한 기업 역할 강조(체계적 온실가스 리스크관리시스템 구축 필요, 배출량 감축 및 의무보고에 따른 경제적 부담 가중)
	글로벌 환경규제 강화	• EU 6대 화학물질 사용 금지, 산업 전 분야 화학물질 등록화 • 중국도 EU 수준으로 환경규제 강화 움직임	환경통제 미흡 시 막대한 경제적 손실 발생(SONY: 2001년 게임기기에 카드뮴 함량 초과로 인해 통관 금지 130억 엔 매출 손실/Union Carbide: 1984년 인도 폭발사고 30억 달러 비용 발생 → 국제환경규제 상시 감시 및 내부 환경통제체제 구축 필요)
경제 측면	사회책임투자(SRI)증가	• SRI 펀드 투자 증가	기업경쟁력 및 가치평가의 중요 요인으로 작용(기업신용평가 기준 변화, 재무정보 이외에 환경 · 사회 관련 데이터관리 요구 → 미흡 시 이자율 등의 불이익)
	지속가능경영 정보 요구 증대	• 지속가능성과 수익률의 비례 • 기업의 지속가능성평가 확산	기업이미지 및 생존에 지대한 영향(환경적 및 사회적 위험이 높은 기업투자 회피, 정보 미제공으로 인한 기업이미지 악화)

자료: 김기철, 2006, "지속가능경영을 통한 기업가치 향상 방안과 사례", LG CNS; 최선 외 3인, 2012, p.272 재인용

첫째, 사회적 측면

오늘날 기업은 이익을 추구하는 사적 존재인 동시에 사회적 책임을 다해야 하는 사회적 존재로서 지속가능경영이 필요하게 되었다. 더욱이 ISO26000의 제정 등으로 국제표준에 의해

기업을 압박하고 있다.

둘째, 환경적 측면

교토의정서 발효와 EU를 중심으로 한 글로벌 환경규제를 들 수 있다.

셋째, 경제적 측면

금융기관에서 기업의 지속가능성을 평가해 선별적으로 투자하는 사회책임투자(SRI: Socially Responsible Investment)의 증가와 이해관계자의 지속가능경영 정보 요구 증대를 들 수 있다.

(3) 지속가능경영의 적극적 동인과 소극적 동인

지속가능경영이 필요한 이유는 지속가능경영을 함으로써 얻을 수 있는 효익(benefits)을 얻기 위함이고, 또 다른 면에서는 지속가능경영을 하지 않음으로써 겪게 될 위험(risk)을 회피하기 위함이다. 전자를 적극적 동인이라 하고, 후자를 소극적 동인이라 한다(김종대, 2007).

적극적 동인에 속하는 것은 신제품, 신공정 및 신시장의 개발과 개척, 기업이미지 제고 및 차별화, 미래규제 대응, 법규위반 위험과 보험료 저감, 그리고 양질의 노동력 확보 등이다. 소극적 동인에 속하는 것은 시장의 상실, 이미지 손상, 법률적 위험 및 환경부채 위험, 원재료 및 에너지 공급의 애로 등이 있다. 따라서 기업은 지속가능경영을 통하여 긍정적 효익을 추구함과 동시에 부정적 위험을 감소시킬 수 있다.

3. 지속가능경영의 프레임워크

지속가능경영 프레임워크란 지속가능경영을 이루기 위한 구성요소를 말한다. **〈그림 16-3〉**은 2006년에 환경부가 제시한 국내 대기업 수준에서 모델로 삼을 수 있는 프레임워크이다. 이 프레임워크는 크게 전략과 실행시스템으로 구분되며, 환경 · 사회 및 경제적 측면을 모두 포괄하고 있다.

지속가능경영 전략부문은 도입 초기단계에서 이루어져야 하는 것들이다. 주요 내용은 ① 지속가능경영 비전과 방침, ② 지속가능경영 중 · 장기 마스터플랜, ③ 지속가능경영 추진을 위한 최고경영자의 의지, ④ 지속가능경영 추진조직 구축, ⑤ 기업내외의 커뮤니케이션 등이다.

지속가능경영 실행시스템의 하부항목과 세부항목은 다음과 같다(이하에서 괄호 안의 내용은 세부항목이다). 먼저 환경적 지속가능경영 실행시스템은 ① 환경부하 관리(오염물질 관리, 자원의 효율

〈그림 16-3〉 지속가능경영의 프레임워크

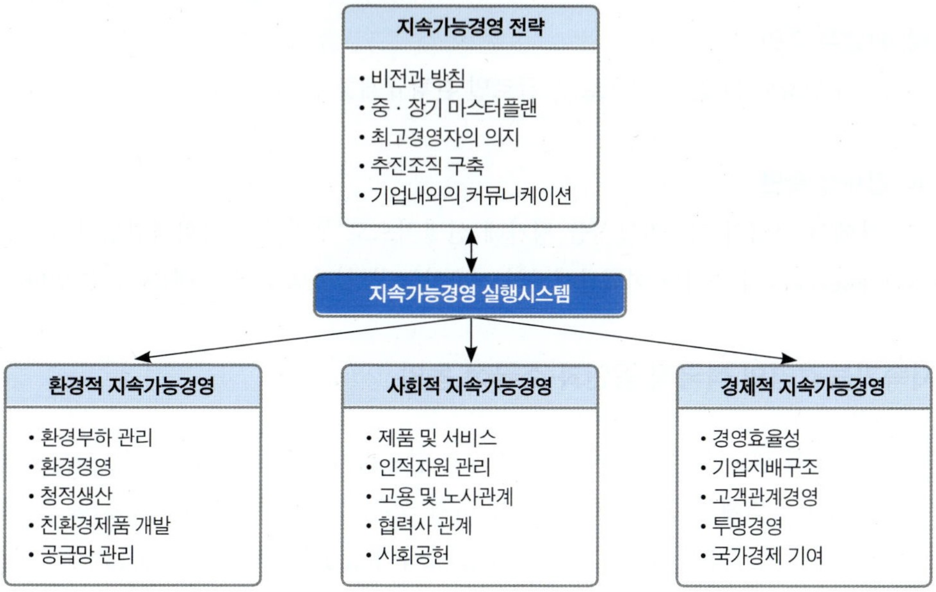

자료: 최선 외, 2012, p.273

적 이용, 자원 재순환), ② 환경경영(환경경영시스템의 구축범위, 환경경영시스템의 통합, 환경감사, 환경성과 평가, 환경교육, 환경회계, 환경성과 보상), ③ 청정생산(생산공정 설계의 친환경성, 생산공정 분석 및 모니터링 체계, 생산공정 환경관리방법), ④ 친환경제품 개발(전과정평가, 에코디자인, 환경연구개발부서 수준, 환경마케팅, 환경라벨링), ⑤ 공급망 관리(원부자재 평가시스템, 원부자재 유해물질 제거, 공급사 평가시스템, 공급사 환경역량 지원, 공급사 환경경영시스템 인증)로 구성되어 있다.

사회적 지속가능경영 실행시스템은 ① 제품 및 서비스(사회적 영향 대응, 신뢰성 확보, 법규 준수), ② 인적자원 관리(보상 및 인사제도, 임직원 복리후생, 임직원 교육훈련, 보건 및 안전), ③ 고용 및 노사관계(다양성 확보, 노사관계), ④ 협력사 관계(계약투명성, 협력사 지원 및 보호, 협력사 선정), ⑤ 사회공헌(사회공헌 조직 및 시스템, 사회공헌현황, 사회공헌 성과관리)으로 구성되어 있다.

경제적 지속가능경영 실행시스템은 ① 경영효율성(생산성, 혁신시스템 운영, 연구개발역량), ② 기업지배구조(주주권리 보호, 이사회의 다양성 및 독립성, 감사기구 운영), ③ 고객관계경영(고객의견 수렴, 고객만족 수준), ④ 투명경영(내부신고자 보호, 윤리경영 추진현황, 정보공개수준), ⑤ 국가경제 기여(고용창출, 공정거래, 성실납세)로 구성되어 있다.

4. 지속가능경영의 발전단계

지속가능경영의 발전단계는 초기단계, 성장단계, 확대발전단계로 나누어 볼 수 있다. 초기단계는 주로 규제대응 차원의 환경경영을 실천하던 단계로 기업들이 의무로 받아들이는 소극적 단계라 할 수 있다. 성장단계는 이해관계자나 비정부조직인 시민단체 등의 영향력이 증대하면서 기업들은 사회적 책임을 이행하는 단계라 할 수 있다. 성장단계에서는 지속가능경영을 투자로 인식했다고 볼 수 있다. 확대발전기는 기후변화가 심화되면서 환경경영의 영역을 확대하여 탄소경영, 에너지 경영을 도입했다. 확대발전기에 들어서면서 기업들은 경제적 수익성과 환경적 건전성 및 사회적 책임의 균형과 조화를 추구하는 지속가능경영의 본질에 충실을 기하게 되었다. 지속가능경영의 실천이 새로운 성장동력을 마련하는 기회로 인식하게 된 것이다.

환경경영에 뿌리를 두고 있다고 할 수 있는 지속가능경영의 발전단계를 요약하면 다음 **〈표 16-2〉**와 같다.

〈표 16-2〉 지속가능경영의 발전단계

구분	초기(Duty)	성장기(Investment)	확대발전기(Opportunity)
배경	• 규제 강화, 다양화 • 제품환경 규제 • 인증 미취득 시 판매 불가	• NGO 증가, 이해관계자 영향력 증대 • 인터넷 발전, 정보 공유 확산	• 고객 인식 및 구매 행동 변화 • 녹색 및 윤리 구매인식 확대 • 에너지 원자재 가격 급등
목표	• 리스크 손실 최소화	• 기업 평판 제고	• 차별적 가치창출
키워드	• 환경경영, 규제 대응	• 사회공헌, 사회적 책임	• 탄소경영, 에너지 경영, 신성장 동력
핵심 활동	• 규제 모니터링 대응 • 윤리경영 체계 구축, 인증 취득 • 협력업체 친환경 공급망 관리	• 사회공헌활동 다양화 • 사회적 책임활동(경제, 환경, 사회) 개선 • 이해관계자 대응체계 구축	• 환경 · 사회적 어젠다를 제품 개발, 차별화 전략과 연계 • 제품 혁신, 신성장동력 진출 활동 • 사회적 책임 마케팅
기대 효과	• 규제위반 회피, 손실 최소화 • 신규 시장 진출	• NGO 공격 회피, 대응책 확보 • 기업 이미지, 평판, 브랜드 가치 개선	• 브랜드, 제품 차별화 • 신성장동력 확보 • 생산성, 효율성 개선으로 비용 절감

자료: 지속가능발전기업협의회, 2013, p. 481 일부 수정

5. 지속가능경영보고서와 지속가능회계

(1) 지속가능경영보고서

지속가능경영보고서는 지속가능경영의 실행 내용과 성과를 주기적으로 이해관계자에게 보고하는 보고서이다. 즉, 지속가능경영보고서는 지속가능경영의 실천 내용을 경제적, 환경적, 사회적 부분으로 구분하여 이해관계자에게 커뮤니케이션 수단으로 제공하는 보고서이다. 기업은 재무상태와 경영성과 및 현금흐름 등을 나타내는 재무보고서와 별개로 지속가능성보고서를 발간한다. 재무보고서는 강제로 작성되는 반면 지속가능성보고서는 자발적으로 작성되고 있다.

지속가능경영보고서는 지속가능성보고서, 사회책임보고서, 사회 · 환경보고서 등 다양한 이름으로 발간된다. 이해관계자들은 지속가능경영보고서를 통해 보다 구체적인 기업의 지속가능경영의 내용을 알 수 있을 것이다. 지속가능경영보고서에 대하여는 다음 장에서 보다 자세히 설명하기로 한다.

(2) 지속가능회계

회계는 경영의 언어로서 기업경영의 성과를 측정하여 이해관계자들이 의사결정에 유용하게 활용하도록 보고하는 시스템이다. 이러한 맥락에서 지속가능회계는 지속가능경영의 성과를 측정하여 이해관계자에게 보고하는 시스템이라 정의할 수 있을 것이다. 지속가능회계는 기업의 사회책임회계(CSR 회계)라는 용어로도 사용된다. 그러나 지속가능회계는 환경회계에 비해 아직 논의가 활발하지 못하다. 그 이유는 환경회계는 환경경영성과의 측정과 보고수단으로 자리를 잡아 가고 있지만 지속가능회계는 지속가능경영 촉진의 수단으로 충분한 개발이 되지 못하였기 때문이다.

지속가능경영은 앞에서 기술하였듯이 기업의 경제적 수익성과 환경적 건전성 및 사회적 책임성의 균형과 조화 속에 지속가능한 성장과 발전을 추구하는 경영활동이다. 전통적으로 경제적 성과는 재무회계정보를 통해 이해관계자에게 제공되어 왔다. 환경적 성과는 만족할 만한 수준은 못 되지만 환경회계를 통해 측정하고 보고하는 시스템을 구축해 가고 있다. 이를 위해 환경회계 가이드라인도 만들어지고 적용되는 현실이다. 이제 지속가능경영이 경영의 새로운 패러다임으로 대두되고 있기 때문에 경제 · 환경 · 사회성과를 측정보고하기 위한 지속가능회계의 도입이 필요하다.

지속가능경영을 실무에서 지원할 수 있는 지속가능회계는 연구와 기업 실무에 빈번하게 사용되는 용어이다. 그러나 지속가능회계와 관계된 용어들, 예컨대 지속가능관리회계, 지속가능재무회계 등에 대한 개념은 관련 문헌에서 아직 명확히 규정되어 있지 않다. 또한 지속가능보고서에 관계된 개념들을 검토하는 데 있어서 지속가능회계는 아직 개념화되어 있지 못하다(김인식, 2010, p.50).

현재까지 지속가능회계라는 이름으로 측정되고 보고되는 정보는 기업의 경제적 가치의 분배상황을 나타내는 부가가치계산서, 사회활동원가가 어느 정도 기업경영에 효과를 가져왔는가를 평가하는 사회활동원가계산서, 기업활동의 외부성을 평가하는 외부성 평가계산서 3종류로 나눌 수 있다(國部克彦 외 2인, 2007, p.300). 이들 계산서 역시 국제적으로 통용되고 일반적으로 받아들여지는 양식이나 측정방법 등이 확정되지 않은 실정이다.

따라서 지속가능회계는 앞으로 연구되어야 할 분야이고 회계학의 과제라 할 수 있다.

제2절 지속가능경영과 이해관계자

1. 이해관계자의 정의와 특성

(1) 이해관계자의 정의

이해관계자(stakeholder)에 대한 정의는 다양하지만, 가장 보편화된 것은 1984년 에드워드 프리먼(R. E. Freeman)의 정의이다. 그는 "조직의 이해관계자는 조직목표의 달성에 의해 영향을 주고받는 단체나 개인"이라고 한다. GRI 가이드라인 G3 버전(2006)은 "이해관계자는 조직의 활동, 제품/서비스로부터 지대한 영향을 받을 만하고 또한 조직이 성공적으로 전략을 이행하고 목표를 달성하는 능력에 영향을 줄 만한 실체(entities)나 개인을 의미한다"고 정의한다. 한국표준협회도 유사하게 "이해관계자란 조직의 행동, 제품 또는 서비스 및 관련된 성과에 영향을 주거나 받을 수 있는 개인 또는 그룹"이라고 정의한다. 결국 이해관계자는 기업활동에 영향을 미치거나 영향을 받는 개인이나 집단을 말한다. 달리 말하면 이해관계자는 기업활동으로 피해를 입거나 이익을 얻는 개인이나 집단을 말한다. 예를 들면 주주, 채권자, 종업원, 소비자, 거래처 등이다.

이해관계자들은 기업의 의사결정에 영향력을 끼칠 수 있는 수단을 지니고 있다. 예컨대 주주들은 직접적인 의결권을 갖고 경영에 참여할 수 있다. 이해관계자들은 기업의 경영활동상의 자유를 크게 변화시킬 힘을 가지고 있다. 그러므로 이해관계자들이 지닌 영향력을 이해하고 그들의 관심사에 적절히 대응하는 것이 현명한 경영방식이다.

전통적 경영에서 나아가 지속가능경영시대가 된 오늘날 기업의 이해관계자의 범위는 크게 확대되었다. 지속가능성을 추구하기 위해서는 이해관계자들의 위치에서 그들을 이해하여야 한다. 이해관계자들을 싸워야 할 적으로 여기거나, 그들로부터 훈계를 들어야 한다는 사실에 회의적인 태도를 취하거나, 단기간 협력할 가치가 있는 일시적인 동료쯤으로 생각해서는 안 된다. 오히려 그들과 협력하는 자세를 가져야 한다.

(2) 이해관계자의 특성

이해관계자는 기업의 상황에 따라 내 · 외부에 다양하게 존재할 수 있다. 따라서 이해관계자의 특성을 일반화할 수는 없지만 다음과 같은 특성을 지닌다. 기업은 이들 특성을 감안하여 이해관계자들과 소통을 해야 한다.

첫째, 이해관계자와 기업은 서로 일치하거나 상충하는 이해관계를 가질 수 있다. 지역사회는 고용창출과 인재확보라는 점에서 공통된 이해관계를 가지고 있지만, 환경오염의 문제에서 서로 상반된 이해관계를 가질 수 있다.

둘째, 이해관계자들 사이의 이해관계는 상충할 수 있다. 예컨대 주주는 기업의 환경비용에 대한 지출을 반대할 수 있지만, 시민단체는 기업의 환경책임을 다하려면 환경지출이 필요하다고 볼 수 있다.

셋째, 이해관계자들의 지역적 또는 문화적 차이에 따라 기업의 행위에 대한 인식이 상이하게 나타날 수도 있다. 글로벌 경제하에서 환경문제나 사회적 책임에 대한 기업활동을 놓고 선진국과 개발도상국의 이해관계자들은 서로 다른 인식을 할 수도 있다.

넷째, 이해관계자는 기업의 내부에 존재할 수도 있고, 외부에 존재할 수 있다.

다섯째, 이해관계자는 기업 경영에 긍정적 영향을 미칠 수도 있고, 부정적 영향을 미칠 수도 있다.

마지막으로 모든 이해관계자가 영향력 있는 집단에 소속되어 있는 것은 아니다. 특정한 개인이거나 비조직화된 취약집단일 수도 있다.

2. 이해관계자 관리

이해관계자 관리란 기업의 주요 이해관계자를 식별하고 이들의 관심사나 기대사항을 파악함으로써 기업의 비즈니스 기회를 발견하고 위험요소를 예방하는 기업활동을 말한다. 이해관계자 관리의 목적은 기업뿐만 아니라 다양한 이해관계자들의 가치를 함께 극대화하기 위한 것이다. 이해관계자 관리는 일반적으로 이해관계자 파악, 분류, 참여라는 3단계 과정으로 진행된다. 단계별 내용을 살펴보면 다음과 같다.

(1) 이해관계자 파악

이해관계자 관리의 첫 번째 단계는 이해관계자를 파악(identification)하는 것이다. 즉, 기업이 경영활동이나 의사결정에 영향을 주고받는 모든 주체를 파악하는 것이다. 이때 중요한 점은 이해관계자들의 영향력이나 중요도에 관계없이, 이해관계자 대상을 가능한 한 모두 파악하는 것이다. 기업의 내 · 외부, 직접적 또는 간접적 영향관계, 경제 · 사회 · 환경적 영향력 등 다양한 식별 기준을 활용하여 파악 가능한 모든 이해관계자 대상을 선정해야 한다.

ISO26000에서는 이해관계자를 파악(식별)하기 위해 다음과 같은 질문을 한다.

- 조직은 누구에게 법적 의무를 가지는가?
- 누가 조직의 의사결정과 활동으로 긍정적 또는 부정적으로 영향을 받는가?
- 누가 조직의 의사결정과 행동에 대하여 (주장 또는 의견을) 표현하는 경향이 있는가?
- 과거 유사한 쟁점이 다뤄졌을 때 누가 개입하였는가?
- 조직의 책임을 지는 능력에 누가 영향을 미치는가?
- 만일 참여에서 제외된다면 누가 불리한가?
- 가치사슬 내에서 누가 영향을 받는가?

(2) 이해관계자 분류

이해관계자 분류는 특성에 따라 파악된 이해관계자를 일정한 기준에 따라 공통된 그룹으로 분류하는 것을 말한다. 이해관계자의 분류는 기업의 특성과 필요에 따라 다양하게 이루어질 수 있다.

1) 경제적 관점에 따른 분류

기업과의 경제적 관계를 중심으로, 즉 기업활동이나 의사결정의 결과 경제적 이해관계를 맺고 있느냐의 여부에 따라 1차 이해관계자(primary stakeholder)와 2차 이해관계자(secondary stakeholder)로 나눌 수 있다. 1차 이해관계자는 경제적 이해관계를 맺는 개인이나 집단으로서 주주, 채권자, 종업원, 소비자, 협력업체 등이 해당하며 직접적 이해관계자라고도 한다. 2차 이해관계자는 경제적 이해관계가 없는 개인이나 집단으로서 인권단체, 언론기관, 환경단체, 정부, 재무분석가, 학자 등이 이에 속하며 간접적 이해관계자라고도 한다.

2) 범주별 분류

범주별 분류는 이해관계자가 속한 범주가 기업 외부냐 내부냐에 따른 분류이다. 내부이해관계자는 경영자, 근로자 등을 말한다. 외부 이해관계자는 고객, 공급업체, 채권자, 주주, 지역사회, 정부, 언론기관, 시민단체 등 다양하다.

3) 중요성에 따른 분류

이해관계자는 그 중요성에 따라 분류할 수 있다. 중요성은 상황에 따라 달라질 수 있으나 일반적으로 3가지 기준, 즉 영향력, 합법성, 긴급성이 있다. 먼저 영향력(power)은 기업활동에 영향을 미칠 수 있는 이해관계자의 능력을 말한다. 그리고 합법성(legitimacy)은 이해관계자 요구의 도덕성, 적절성, 합당성을 말한다. 마지막으로 긴급성(urgency)은 이해관계자 요구의 시급성을 말한다.

이상의 3가지 중요성 판단기준에 따라 이해관계자는 잠재적 이해관계자, 예정된 이해관계자, 결정적 이해관계자로 구분할 수 있다. 잠재적 이해관계자(latent stakeholder)는 위 기준 가운데 한 가지만을 충족시키는 경우로 덜 중요하다고 볼 수 있다. 예정된 이해관계자는 3가지 기준 중 두 가지를 만족시키는 이해관계자로 중요성이 중간정도 된다. 결정적 이해관계자는 3가지 기준을 모두 충족시키는 경우로 가장 중요한 집단이라 할 수 있다.

4) 기타

지속가능경영에서는 환경적 지속가능성을 위한 자연생태계(지구 환경과 동식물계)까지도 이해관계자에 포함시킨다. 또한 현재 현존하는 이해관계자만이 아니라 미래세대까지 이해관계자에 포함시키고 있다. 특히 자신의 경제적 이익만을 추구하는 이해관계자는 물론 자신의 경제적 이익 못지않게 환경보전을 추구하는 환경지향적(녹색) 이해관계자도 중요하다. 환경지향적 이해관계자의 대표적인 예로는 녹색투자자와 녹색소비자를 들 수 있다.

(3) 이해관계자 참여

1) 이해관계자 참여의 의의

지속가능경영활동에서는 이해관계자의 참여가 매우 중요하다. 이해관계자의 참여 없이는 지속가능경영이 성공할 수 없기 때문이다.

이해관계자 참여(stakeholder engagement)는 이해관계자들을 지속가능경영활동에 참여시키는 것으로, 이해관계자들의 의견, 기대와 관심사항 및 요구사항 등을 효율적으로 파악하여 반영·처리하고 그 결과에 대한 보고의무를 이행하는 모든 행위를 말한다. 즉, 이해관계자를 적극적으로 지속가능경영에 관여시키는 행동이다. GRI 기준에서는 지속가능성 원칙의 하나로 이해관계자 참여를 정하고 있다. 즉, 지속가능경영보고를 하는 조직은 이해관계자를 규명하고 이해관계자의 합리적인 기대와 관심에 어떻게 부응하였는가를 보고서에 설명하도록 규정하고 있다.

이해관계자 참여의 효과는 이해관계자에게 발언권을 제공함으로써 보다 평등하고 지속가능한 개발에 공헌할 수 있으며, 위험(risk) 및 평판관리에 용이, 공동문제 해결을 통해 지식·인원·자금 및 기술 등의 자원을 집중시킬 수 있다. 그리고 이해관계자 및 사업환경에 대한 이해를 제고시키며, 이해관계자와의 신뢰구축이 가능하다.

이해관계자의 참여가 중요한 이유는 이해관계자의 참여로 인하여 조직은 그들에게 책임을 다하고 조직의 성공에 기여하도록 기회를 부여하기 때문이다. 또한 조직이 대면하고 있는 도전과 지속가능발전의 필요성을 살펴보면, 모든 이해관계자들이 새로운 주제와 방식으로 조직활동에 참여하는 것이 중요해지고 있으며, 조직의 특정목표 실현과 경제·환경·사회적 도전에 대응하기 위해 이해관계자와 새로운 관계 형성의 필요성이 강화되고 있기 때문이다.

이해관계자 참여의 중요성은 지속가능경영보고서의 검증에서도 알 수 있다. 지속가능경영보고서의 검증원칙에 이해관계자의 의견을 적절히 반영하였는지를 확인하여 의견을 표명하도록 되어 있다. 즉, 기업이 커뮤니케이션 채널을 통해 이해관계자의 주요 관심사항과 의견을 수렴하였는지를 의미하는 포괄성, 이해관계자의 판단이나 의사결정에 영향을 미칠 수 있는 중요한 의견수렴 내용(이슈)은 누락시키지 않았다는 중요성, 그리고 이들 중요한 이슈에 대하여 적절히 대응했는지를 점검하는 대응성에 대한 원칙을 지키고 그 결과를 보고서에 담아야 한다.

2) 이해관계자의 참여방법

이해관계자의 참여를 통해 기업은 이해관계자들의 관심사, 우려사항, 기대사항 등을 파악할 수 있다. 즉 이해관계자 참여는 이해관계자들의 주요 이슈를 파악하는 커뮤니케이션이라 할 수 있다. 커뮤니케이션방법은 1:1인터뷰, 집단인터뷰, 중요한 그룹과의 대화, 워크숍, 세미나, 공개질의, 질문지, 전화, 인터넷 등 다양하다. 이들 중 이해관계자 인터뷰와 패널토의를 좀 더 살펴보기로 한다.

① 이해관계자 인터뷰

이해관계자 인터뷰는 특정 이해관계자와 심도 깊은 인터뷰를 실시하여 기업에게 기대하는 점, 우려하는 점 등을 파악하고 이해하는 것이다. 인터뷰를 통해 이해관계자의 주요 이슈를 파악하려면 올바른 이해관계자를 선정하는 것이 중요하다. 이해관계자 선정 시 고려할 점은 이해관계자가 기업에 대해 충분한 이해와 관심을 갖고 있는지, 논의하고자 하는 주제에 대해 전문성을 갖추고 있는지, 소속된 이해관계자 그룹의 대표성이 있는지, 특정한 신념과 이념을 고수하고 있지는 않은지 등을 면밀히 고려해야 한다.

이해관계자가 선정되면 인터뷰를 진행한다. 인터뷰 진행에 앞서 기업의 정책, 전략, 활동 등에 대한 내용을 인터뷰 대상자가 충분히 이해할 수 있도록 공유할 필요가 있다. 또한 인터뷰에 대한 최고경영진의 관심과 기대감을 설명하여 인터뷰 대상자의 참여의지를 높이는 것도 중요하다. 인터뷰가 종료된 이후에는 인터뷰 결과에 대한 후속조치, 기업의 대응 현황 등에 대한 투명한 공개를 실시하여야 한다.

② 이해관계자 패널 토의

패널 토의는 주어진 주제에 대하여 몇몇 대표자들이 자유 토의를 하고, 토의가 끝난 후에는 청중이 참여하여 질문을 하거나 의견을 제시하는 집단토의방법이다. 패널 토의는 청중의 참여를 유도하여 청중에게 토의에 대한 일체감을 줄 수 있으며 적극적으로 문제를 해결하는 의지를 보일 수 있다.

이해관계자 참여방법으로서의 패널 토의는 정기적으로 모든 이해관계자를 소집하여 패널 토의 형식을 통해 주요 이슈를 도출하는 것이다. 이해관계자 패널이 성공적으로 진행되려면 다음과 같은 점에 유의하여야 한다.

첫째, 이해관계자 패널 선정 시 기업에 대해 중립적이고 합리적인 입장을 가진 패널을 선정해야 한다. 기업에 대해 지나치게 적대적인 성향을 가진 패널은 토의의 효과를 감소시킬 수 있다. 반대로 너무 호의적인 성향을 가진 패널은 토의 결과의 객관성을 떨어트릴 수 있을 것이다.

둘째, 패널 토의의 목적을 명확히 하고 운영방식을 결정하여야 한다. 패널에게 회의의 목적은 물론 패널로서의 의무와 역할을 명확히 전달해야 한다. 논의안건, 토의원칙 등 패널 토의 운영방식도 사전에 결정하고, 패널이 숙지하도록 한다.

셋째, 이해관계자 패널이 논의안건에 대하여 잘 이해하고 생산적인 토의가 이루어질 수 있도록 기업은 자사의 정책, 전략, 활동 등에 관한 정보를 충분히 제공하여야 한다.

마지막으로 패널 토의 종료 후에는 토의결과를 참여자들과 공유하고, 주요 이슈로 도출된 토의 내용에 대한 개선노력, 대응활동, 추진목표 등에 대한 후속조치 보고와 평가를 실시하여야 한다.

3) 중요성: 주요 이슈 포함 여부 결정기준

이해관계자의 요구나 관심사항을 위와 같은 여러 가지 방법으로 수집해도 거기에는 복잡다기한 내용들이 있을 수 있다. 수집된 내용 중 실제 포함시켜야 할 것을 판단하는 기준이 중요성(materiality)이다. 중요성은 이해관계자의 판단 및 평가와 의사결정에 실질적으로 영향을 미치는 정도를 말한다. 따라서 중요성이 높은 문제를 식별하여 반영하여야 할 것이다. 정보의 중요성 여부를 판단할 때는 조직의 미션, 경쟁 전략, 이해관계자가 직접적으로 명시한 관심사, 보다 광범위한 사회적 기대수준, 협력업체와 같은 상류(upstream)업체 또는 고객과 같은 하류(downstream)업체에 대한 영향 등 내·외부의 여러 요인을 복합적으로 고려해야 한다.

AccountAbility(2005)에서는 중요성의 식별을 위해 5가지 판단기준을 제시하고 있다. 즉 중요성은 다음과 같은 5가지 기준을 테스트하여 한 가지라도 해당되는 과제는 중요성이 있다고 본다.

- 직접적 또는 단기적으로 재무적 영향을 미치는 사항
- 기업이 전략상 방침을 정하고 있는 사항(주요 이해관계자와 공약의 형태를 취하는 경우가 많음)
- 동업의 조직에서도 중요성의 범위 내에 포함된다고 판단되는 사항
- 이해관계자가 (현재 혹은 장래에) 행동을 일으킬 정도로 중요하다고 판단되는 사항
- 사회규범으로 볼 수 있는 사항(규제, 앞으로 제정될 규제, 관습화된 규범과 규격 및 기준 등에 의해 표시됨)

위 5가지 테스트는 기업이 관심을 기울여야 하는 이해관계자별 중요성 식별을 위한 판단기준이다. 즉 5가지 테스트와 관련된 이해관계자는 각각 주주, 경영자, 동업자, 일반 이해관계

자, 지역사회를 의미한다. 이것들은 고려해야 할 대상을 나타내지만 그 구체적인 내용은 이해관계자 참여를 통해 정보를 수집·분석하여 결정될 것이다.

이해관계자 참여에 있어 기억해야 할 점은 단순히 이해관계자의 의견을 듣는 기회를 갖는 것에 있지 않다는 점이다. 즉, 이해관계자들로부터 수집한 의견을 어떻게 지속가능경영활동에 반영할 것인가, 지속가능경영방침이나 목표에 어떻게 스며들게 할 것인가, 그리고 활동을 어떻게 평가할 것인가 하는 점이다. 이를 위해 위와 같은 기준에 의한 중요성 분석이 필요하다.

3. 이해관계자 관리 전략

지속가능경영의 성패는 이해관계자들과의 관계로 결정될 수 있다. 주요 이해관계자인 소비자, 협력업체, 지역사회, 종업원으로 나누어 다음과 같이 관리 전략을 설명한다(지속가능발전기업협의회, 2013, pp. 497-505).

(1) 소비자

1) 소비자 이해관계 관리의 의의

소비자는 기업 외부에 존재하는 이해관계자로서 기업의 제품과 서비스를 구매해 기업의 이익창출에 직접적으로 기여하는 주요 이해관계자이다. 소비자의 욕구가 다양하기 때문에 이들 욕구에 적절히 대응하여 이들을 고객으로 확보하기 위해서는 소비자 관리가 매우 중요하다. 소비자 이해관계 관리는 기업이 소비자들의 관심과 기대사항 등을 파악하고 신속하게 대응하는 일련의 행위, 제도를 말한다.

이해관계자로서 소비자의 특성은 개별적으로 활동하기도 하지만 소비자보호단체, 소비자연맹 등 단체를 결성해 기업에 영향력을 행사할 수 있다는 점이다. 그러므로 소비자 이해관계자 관리는 대상이 개별적인 소비자인지, 소비자 단체인지에 따라 상이한 대응방식이 요구된다.

소비자 개인의 경우는 자신이 구매한 제품이나 서비스의 품질에 대한 불만사항이나 개선요구가 대부분이므로 일대일 대응으로 해결이 가능하다. 반면에 소비자 단체의 경우는 기업의 제품이나 서비스에 대한 정책, 가격, 안전성, 환경성 등 복잡한 이슈에 대해서 문제를 제기하므로 보다 제도적인 대응이 요구된다.

기업은 소비자나 소비자 단체의 불만 및 분쟁해결을 통해 소비자의 욕구를 충족시켜야 할 뿐만 아니라 소비자의 불만을 사전에 예방할 수 있는 제도를 마련하고 이를 공개해야 한다.

기업이 소비자 이해관계 관리를 적절하게 수행함으로써 얻을 수 있는 장점은 다음과 같다. 첫째, 제품 출시 이전 리스크 발생을 최소화할 수 있다. 둘째, 기업 브랜드이미지를 강화할 수 있다. 셋째, 소비자 수요 및 시장변화를 이해할 수 있다.

반면에 소비자 이해관계 관리를 적절히 하지 못하면 다음과 같은 위험에 직면할 수 있다.

첫째, 불량제품에 대한 외부노출 위험이 있다. 둘째, 기업 이미지가 악화된다. 셋째, 추가비용이 발생한다. 넷째, 신제품의 출시가 지연된다.

2) 소비자 이해관계 관리를 위한 커뮤니케이션 방식

소비자 이해관계 관리를 위한 커뮤니케이션 방식은 3가지 유형으로 구분할 수 있다. 3가지 유형은 제품 및 서비스에 대한 정보(information) 공개, 소비자의 의견과 만족도를 조사하기 위한 대화(consultation), 제기된 소비자의 요구와 불만사항을 처리하기 위한 계약이행활동(contractual relation)이다.

개별 소비자와 소비자 단체로 구분하여 3가지 방식의 구체적 예를 제시하면 다음 **〈표 16-3〉**과 같다.

〈표 16-3〉 소비자 이해관계 관리를 위한 커뮤니케이션 방식

구분	정보공개	대화	계약이행
개별 소비자	제품 라벨링, 제품 인증, SR 발간, 웹사이트 홍보 등	제품 시연 및 테스트, 제품 만족도 조사 등	제품보증, A/S, 소비자 불만 해결
소비자 단체	SR 발간	패널 토의 진행	합의사항 이행, 전략적 파트너십

(2) 협력회사

1) 협력회사 이해관계 관리의 의의

협력회사는 기업외부에 존재하는 외부 이해관계자이다. 협력회사는 원부자재 구매, 제품생산, 유통, 판매 등 기업의 영업활동 중 일부분을 담당하면서 협력적 관계를 형성하고 있는 이해관계자이다. 최근 기업의 사업범위가 점차 글로벌화, 대규모화됨에 따라 기업이 관리하게 되는 협력회사가 많아지는 추세이다. 협력회사 이해관계 관리는 협력회사와 동반성장을 모색하고 상생관계를 유지하기 위한 활동이나 제도를 의미한다.

기업은 협력회사와 공정한 거래관계를 유지하여야 하며, 권력을 남용하여 뇌물수수, 불법적이거나 부당한 이익을 취해서는 안 된다. 대기업이 소위 갑의 횡포를 부려서는 곤란하다. 협력회사와의 원만한 관계는 건전한 기업문화 조성과 기업의 사회적 책임 이행, 나아가서 균형 있는 국민경제발전을 위해 반드시 필요하다.

기업이 원만한 협력회사 이해관계 관리를 통해 얻을 수 있는 장점은 다음과 같다. 첫째, 제품의 품질 향상, 둘째, 경쟁력 강화, 셋째, 기업의 이미지 개선, 넷째, 정부의 협력회사 관련 규제에 선도적 대응을 할 수 있다. 반면에 협력회사 이해관계 관리를 실패하면 위 장점의 반대 현상이 발생하여 재무적 추가비용의 발생과 비재무적 평가에서 큰 타격을 입게 될 것이다.

2) 협력회사 이해관계 관리를 위한 프로세스

협력회사 이해관계 관리를 위한 커뮤니케이션은 계약 이전, 계약, 계약 이행 등 구매계약 단계에 따라 이루어진다. 이들 3단계별로 중점 추진활동, 세부활동 및 고려사항을 요약하여 제시하면 **〈표 16-4〉**와 같다.

〈표 16-4〉 협력회사 이해관계 관리를 위한 커뮤니케이션 프로세스

구분	중점 추진활동	세부활동	고려사항
계약 이전 단계	• 기업 구매정책 수립 • 현장, 지침 등 준비 • 협력회사와 기업 구매정책(녹색구매, 사회적 책임원칙 등) 공유 • 협력회사 관리현황 진단 및 파악	• 기업 구매활동 관련 정보공개 채널 구축 • 기업 구매정책 규정 전달 • 협력회사 설문조사, 인터뷰 실시	• 복잡한 구매정책 및 규정 지양 • 협력회사 평가의 어려움 인식
계약 단계	• 세부 구매조항 마련 • 인증서 및 제품 라벨링 요건 구축	• 기업과 협력회사 간 공정거래 조항 마련 • 협력회사 금융지원 프로그램 운영	• 산업적 특성 고려 • 과도한 페널티는 참여의지 약화 • 구매기준과 비용효율성의 조화
계약 이행 단계	• 지속적 모니터링 및 사후관리 • 협력회사 규정 준수 여부 감사	• 기업 구매정책으로 인한 협력회사의 과잉부담 여부 확인 • 녹색 구매의 산업 내 확산 노력 • 대금 지급기간 엄수	• 감사비용의 적절한 집행

(3) 지역사회

1) 지역사회 이해관계 관리의 의의

지역사회도 기업이 가장 먼저 배려해야 하는 중요한 외부 이해관계자이다. 지역사회는 지역경제발전, 고용창출, 환경오염 등 기업의 경영활동에 따른 직·간접적인 영향을 주고받는 이해관계자다. 지역사회에 해당하는 이해관계자로는 지방정부, 지역주민, 지역 NGO 등이 포함된다. 지역사회 이해관계 관리는 지역주민 삶의 질을 개선하고 지역경제의 활성화를 도모하며 지역사회와 우호적 관계를 갖기 위한 각종 제도와 소통 등을 통한 활동을 말한다.

기업이 지역사회의 이해관계를 관리함으로 얻는 장점은 다음과 같다. 첫째, 기업 경영의 정당성을 확보하여 주민반대, 시위와 같은 불필요한 리스크를 사전에 예방할 수 있다. 둘째, 지역사회와 우호적 관계를 유지할 수 있다. 셋째, 인적자원 확보 및 관리가 용이하다. 넷째, 기업과 지역사회가 상생할 수 있는 공동의 수익모델을 창출할 수 있다. 반면에 지역사회 관리에 실패하거나 소극적이면 다음과 같은 어려움에 처할 수 있다. 첫째, 민감한 이슈(환경, 보건 등)에 대한 강력한 주민반대가 발생할 수 있다. 둘째, 수많은 지역주민들의 이해관계 조율이 어려울 수 있다.

2) 지역사회 이해관계 관리를 위한 커뮤니케이션 방식

지역사회 관리는 그 대상 즉, 지방정부, 지역주민, 지역 NGO에 따라 내용이 상이하며, 정보공개, 대화와 협상 등 커뮤니케이션 방식에 따라 차별화된 활동이 요구된다. 이들 내용을 요약하면 **〈표 16-5〉**와 같다.

〈표 16-5〉 지역사회 이해관계 관리를 위한 커뮤니케이션 방식

구분	정보공개	대화	협상
지방정부	• 지속가능성보고서 • 공문 발송	• 패널 토의 실시 • 지방의회, 공청회를 통한 의견 수렴 및 전달	• 대정부 협상 • 정부 공공정책에 참여
지역주민	• 홈페이지 운영 • 현장 견학 • 교육 및 훈련 제공	• 지역주민 대상 설문조사 실시 • 지역주민 인터뷰 • 사회공헌 프로그램 운영	• 패널 토의 실시
NGO	• 지속가능성보고서 • 홈페이지 운영 • 설문조사 대응	• 기업 스폰서십	• 전략적 파트너십 • 패널 토의 실시

(4) 종업원

1) 종업원 이해관계 관리의 의의

종업원은 기업 내부 이해관계자로서 기업 경영의 성패 여부에 매우 긴밀한 영향을 미치는 내부 고객이다. 내부 고객의 만족 없이 외부 고객의 만족을 기대하기는 어렵다. 종업원 이해관계 관리는 종업원이 만족할 수 있도록 적합한 보수와 승진체계, 근로조건, 근무환경, 복지와 후생, 직장분위기 등을 조성하기 위한 소통, 제도 구축 등의 활동을 말한다.

종업원은 노동조합이라는 단체를 결성함으로써 공통된 이해관계를 형성하고 집단적인 영향력을 행사할 수 있다는 점에서 세심한 관리활동이 요구된다고 할 수 있다. 기업은 건전한 노사관계를 형성하여 소모적 분쟁을 최소화하고, 기업(경영자)과 종업원의 상호 이익을 증대시키도록 노력해야 한다.

성공적인 종업원 관리를 통해 얻을 수 있는 장점은 다음과 같다. 첫째, 파업이나 영업방해 등과 같은 위기상황을 사전에 예방할 수 있다. 둘째, 기업의 지속가능경영에 대한 종업원의 인식을 제고할 수 있다. 셋째, 종업원들의 애사심과 자부심 및 소속감이 높아진다. 넷째, 우수 인력 확보에도 기여한다. 반면에 종업원 관리가 적절하게 이루어지지 않으면 위와 반대되는 현상이 발생하여 추가적인 비용 발생은 물론 기업의 생존에 위협을 받을 수 있다.

2) 종업원 이해관계 관리를 위한 커뮤니케이션 방식

종업원의 이해관계 관리를 위한 일반적인 유형으로는 설문조사, 인터뷰 등을 통한 직접 커뮤니케이션 방식과 노동조합과 같은 대표조직과 협상을 통한 간접 커뮤니케이션이 있다. 또한 커뮤니케이션의 구체적 형식은 기업의 정책과 목표에 대한 정보공개, 종업원의 의견수렴을 위한 대화, 중요 현안에 대한 합의를 도출하기 위한 협상(negotiation)이 있다. 이들 방식과 형식에 따라 종업원 이해관계 관리를 위한 커뮤니케이션 내용을 요약하면 **〈표 16-6〉**과 같다.

〈표 16-6〉 종업원 이해관계 관리를 위한 커뮤니케이션 방식

구분	정보공개	대화	협상
직접 커뮤니케이션	홈페이지, 뉴스레터, 이메일 등	설문조사, 신문고, 성과평가 등	개별 인터뷰
간접 커뮤니케이션	홈페이지, 뉴스레터, 이메일 등	노동조합, 노사위원회 등	노동조합, 노조연맹 등 회의 개최

제3절 지속가능경영과 사회적 책임

실무에서 기업의 사회적 책임과 지속가능경영을 같은 개념으로 해석하여 혼용하고 있다. 기업의 사회적 책임과 지속가능경영의 두 가지 개념이 발전해 온 역사적 배경을 이해하면서 본질적으로 갖고 있는 차이를 정리하면 다음과 같다(김성택, 2012, pp. 277-284).

1. 사회적 측면과 환경적 측면

기업의 사회적 책임과 지속가능경영은 서로 다른 개념 발전의 경로를 밟아왔다. 지속가능성(sustainability)은 환경에 기반을 두고 발전된 개념인 반면, 기업의 사회적 책임(CSR)은 인권, 지역사회 등 보다 사회적인 이슈에 의미를 두었던 개념이다.

전통적 경영은 경제적 수익성 창출에 목적을 두었다. 그러나 1980년대에 들어서면서 많은 환경사고가 발생하면서 기업은 환경적 건전성과 경제적 수익성의 조화를 추구하지 않을 수 없게 되어 환경경영이 등장하게 된 것이다. 21세기에 접어들면서 기업은 분식회계, 불공정거래, 인권 문제 등으로 지탄을 받게 되자 사회적 책임까지 담당하게 되었다. 즉 기업이 지속적으로 성장하기 위해서는 경제적 수익성, 환경적 건전성, 사회적 책임을 균형 있게 추구하는 경영패러다임으로 지속가능경영이 도입되었다.

정리하면 지속가능경영의 역사적 배경은 환경문제 해결에 뿌리를 두고 있다. 1987년 지속가능발전(sustainable development)이라는 개념이 처음 등장할 때 그 배경은 개발에 따른 자원 고갈과 환경오염 문제를 고찰하는 것이 주된 이슈였다. 지속가능발전이라는 정책적인 개념이 기업경영의 차원으로 적용되면서 지속가능경영의 개념이 탄생하였다. 반면에 기업의 사회적 책임은 주로 사회적 문제에 대한 책임에 비중을 두는 활동이라 할 수 있다.

2. 관계적 가치와 독립적 가치

기업의 사회적 책임은 기업과 연관성을 가지고 있는 다른 주체와의 관계에서 비로소 의미가 성립되는 쌍무적 개념이다. 책임이라는 말 자체가 둘 이상 당사자의 관계에서 설정된 것이고 사회구성원 간 또는 영향을 주고받는 당사자 간에 공식적 · 비공식적으로 형성된 권한과 의무로 규정되기 때문이다. 반면, 지속가능경영은 그 자체로서 독립적인 의미이므로 가치의 차이가 없다.

사회적 측면 · 환경적 측면으로 초기 관심이 시작된 출발점이 달랐다는 점도 이러한 차이와 무관하지 않다. 사회적 측면은 사회에서의 가치에 대한 합의(consensus)의 측면이 중요하기 때문에 상대적이면서 상호관계에 의존하는 부분이 큰 반면, 환경적 측면은 자연에 대한 가치를 부여하는 것으로 객관적이고 절대적인 가치부여가 가능하다. 기업 입장에서도 기업의 사회적 책임은 이해관계자와의 관계에서 의미를 가질 수 있는 반면, 지속가능경영은 그 자체로서 추구해야 하는 하나의 완결된 경영가치로 의미를 가질 수 있다.

따라서 사회적 책임은 기업 투명성, 이해관계 협력활동 및 대화 등 교류와 참여가 중심이 되는 반면, 지속가능경영은 경제적 수익성, 환경적 건전성, 사회적 책임 등 이슈를 중심으로 그 가치에 대한 관점이 다르다고 할 수 있다.

3. 목표와 실행과정

일반적으로 기업의 사회적 책임은 지속가능성을 달성하기 위한 기업의 노력이자 중간 과정이라고 볼 수 있다. 반면에 지속가능경영의 기원은 지속가능성에 있다. 이 개념은 구체적으로 어떤 활동이나 내용을 의미한다기보다는 전 세계가 궁극적으로 추구해야 하는 궁극적 목표 혹은 패러다임의 의미가 강하다.

기업의 사회적 책임과 지속가능경영을 요약 비교하면 **〈표 16-7〉**과 같다.

〈표 16-7〉 기업의 사회적 책임과 지속가능경영의 비교

구분	기업의 사회적 책임	기업의 지속가능경영
개념의 원천	사회적인 측면에서 태동	환경적인 부분에서 태동
가치적 측면	상대적, 관계적 가치	절대적, 독립적 가치
목표와 과정	실행접근법, 중간단계의 활동	궁극적 목표

위에서 본 바와 같이 기업의 사회적 책임과 지속가능경영은 역사적 배경뿐만 아니라 내포하고 있는 개념 자체에도 차이가 있다. 이론적 관점에서 지속가능경영을 궁극적 목표로 보고 기업의 사회적 책임은 지속가능을 이루기 위한 중간단계의 활동이라고 할 수 있다. 따라서 지속가능경영은 사회적 책임, 환경경영, 윤리경영 등을 포괄하는 개념이다. 따라서 지속가능경영을 기업의 사회적 책임의 상위 개념으로 보기도 한다. 다만, 두 개념 모두 지향하는 목표는 지속성이라는 점을 인식해야 한다. 따라서 기업의 사회적 책임이든 지속가능경영이든 그 기업전략과 경영활동의 변화에 적용할 때에는 기업의 상황에 맞게 사용하는 것이 중요할 것이다.

제4절 ESG 경영

1. ESG 경영의 개념과 요소

(1) ESG 경영의 개념

이익을 내고 고용을 창출하는 것만이 기업 책임의 전부라 여기던 시대는 이미 지났다. 기업은 성장과 개발에 가려져 있던 환경문제(환경오염, 탄소배출 등), 사회문제(건강과 안전, 인권, 공정경쟁 등), 불투명한 지배구조로 인한 문제(독점과 각종 부패 등)를 해결하지 않고는 존속하기 어려운 시대가 되었다. 오늘날 기업은 지구환경을 보호하고 사회적 가치를 추구하며 투명한 경영을 실천할 때 지속적으로 성장할 수 있을 것이다.

이러한 시대적 상황 변화에 따라 최근 ESG 경영이 화두가 되고 있다. 국내 기업들은 업종을 불문하고 ESG 경영선포에 나서고 있다. ESG는 환경(Environmental), 사회적 책임(Social), 지배구조(Governance)를 의미한다. ESG의 개념은 다양하게 정의되고 있으나, 일반적으로 기업의 전략을 실행하고 기업의 가치를 높이는 데 영향을 미칠 수 있는 환경, 사회 및 지배구조에 관한 요소들을 포괄하는 개념으로 이해되고 있다. ESG는 기업의 존립을 판가름하는 생존의 이슈가 되었다고 해도 과언이 아니다. ESG라는 표현을 대신하여 "지속가능성(Sustainability)"이라는 표현이 사용되기도 한다.

ESG 경영은 기업이 환경적 책임과 사회적 책임을 다하며 투명하고 민주적인 지배구조를 유지하는 일련의 활동이다. 지속가능경영의 3대 축(TBL) 중에 경제적 수익성을 포함하지 않은 점에 특징이 있다. 경제적 이익창출을 외면하거나 무시하는 것은 아니라고 본다. 경제적 이익창출은 기업 본래의 목적이기 때문이다. 따라서 ESG 경영은 기업이 지속적인 이익을 창출하며 존속하기 위해서는 환경보전과 사회적 책임을 이행하고 건전한 지배구조를 갖추어야 함을 의미한다. ESG 경영은 궁극적으로 지속가능경영을 이루기 위한 경영 형태의 하나로 볼 수 있다.

(2) ESG 경영의 요소

ESG 경영의 요소는 업종이나 규모에 따라 다를 수 있다. 대표적인 ESG 경영요소 몇 가지를 정리하면 **〈표 16-8〉**과 같다.

〈표 16-8〉 ESG 경영의 요소

환경(Environmental)	사회적 책임(Social)	지배구조(Governance)
– 탄소배출저감 – 에너지효율 – 대기 및 수질오염 – 폐기물관리 – 친환경설계 – 청정생산 – 친환경배송	– 인권 – 노동기준 – 지역사회 공헌 – 고객(소비자) 만족 – 공정한 마케팅 – 협력업체 관계 – 개인정보 보호	– 이사회 구성과 독립성 – 경영독립성 – 감사위원회 구조 – 정치적 로비, 뇌물, 부패 – 내부고발제도 – 조세전략 – 기업윤리

위와 같은 ESG 요소를 기업의 전략과 통합함으로써 기업이 기후변화, 노동환경 등 글로벌 이슈들을 어떻게 바라보고 이에 대응하는지 알릴 수 있으며, 이를 통해 지속가능한 경영체계를 만들어 가는 데 기여할 수 있을 것이다.

2. ESG 성과평가

ESG 경영이 뿌리를 내리기 위해서는 객관적이고 합리적인 성과측정이 필요하다. 또한 기업의 성장전략과 ESG 전략의 통합, 최고경영자의 ESG 중요성 인지, 명확한 프로세스와 우선순위 및 목표 설정 등이 요구된다.

기관투자자를 중심으로 투자대상기업을 선정할 때 재무적 성과만이 아니라 ESG와 같은 비재무적 성과를 평가한다. 투자대상기업의 ESG 경영요소를 검토·분석하는 것은 기관투자자의 투자의사결정 과정의 필수적인 절차로 자리 잡아가고 있다. 나아가 기관투자자들은 ESG 경영을 기업의 전략과 어떻게 연계하고 있는지를 평가하고 있다. 기관투자자는 물론 의식 있는 투자자들은 투자대상기업의 재무적 성과가 양호해도 ESG 경영요소를 포함한 비재무적 성과가 미흡하면 투자를 하지 않는다. 이미 투자한 자금도 회수하는 추세이다.

따라서 ESG 경영성과를 어떻게 평가(측정)할 것인가가 중요한 과제이다. 화폐적 정보 중심의 재무적 성과와 달리 ESG 경영성과는 정량적 지표가 아니라 대부분 정성적 지표로 측정하기 때문에 성과측정의 객관성 확보가 어렵다. 따라서 성과평가를 위한 합리적이고 객관적인 측정지표의 개발이 필요하다.

우리나라 국민연금의 ESG 평가지표를 소개하면 **〈표 16-9〉**와 같다.

〈표 16-9〉 국민연금의 ESG 평가지표

구분	ESG 이슈	정의	평가 지표
환경(E)	기후변화	탄소배출 관리 수준	온실가스관리시스템
			탄소배출량
			에너지소비량
	청정생산	환경유해물질 배출 관리 수준	청정생산관리시스템
			용수사용량
			화학물질 사용량
			대기오염물질 배출량
			폐기물 배출량
	친환경 제품 개발	환경친화적 제품 개발 노력 수준	친환경 제품 개발 활동
			친환경 특허
			친환경 제품 인증
			제품 환경성 개선
사회(S)	인적자원관리	근로환경과 인권 및 다양성 관리 수준	급여
			복리후생비
			고용
			조직문화
			근속연수
			인권
			노동관행
	산업안전	작업장 내 안전성 관리 수준	보건안전시스템
			안전보건경영시스템 외부 인증
			산재다발사업장 지정
	하도급 거래	공정하고 합리적인 협력업체 관리 수준	거래대상선정 프로세스
			공정거래자율준수 프로그램
			협력업체 지원 활동
			하도급법 위반 사례
	제품 안전	제품안전성 관리 수준	제품안전시스템
			제품안전경영시스템 인증
			제품안전사고 발생
	공정경쟁	공정경쟁 및 사회발전 노력 수준	내부거래위원회 설치
			공정경쟁 저해 행위
			정보보호시스템
			기부금

구분	ESG 이슈	정의	평가 지표
지배구조(G)	주주의 권리	주주권리 보호 및 소통 노력 수준	경영권 보호장치
			주주의견 수렴장치
			주주총회 공시시기
	이사회 구성과 활동	이사회의 독립성 및 충실성 수준	대표이사와 이사회 의장의 분리
			이사회 구조의 독립성
			이사회의 사외이사 구성 현황
			이사회 활동
			보상위원회 설치 및 구성
			이사보수 정책 적정성
	감사제도	감사의 독립성 수준	감사위원회 사외이사 비율
			장기 재직 감사 또는 감사위원 비중
			감사용역 비용 대비 비감사용역 비용
	관계사 위험	관계사 부실로 인한 위험성 수준	순자산 대비 관계사 우발채무 비중
			관계사 매출 거래 비중
			관계사 매입 거래 비중
	배당	배당 등 주주가치 환원 노력 수준	중간/분기배당 근거 마련
			총주주수익률
			최근 3년 내 배당 지급
			과소 배당

출처 : 국민연금관리공단, 한국거래소 「ESG 정보 공개 가이던스」 pp. 8-9에서 재인용

3. ESG 정보 공개와 공개지표

(1) ESG 정보 공개 지침

최근 ESG에 대한 관심이 더욱 높아진 계기는 금융위원회에서 2021년 1월 발표한 「기업공시제도 종합 개선방안」 때문이다. 금융위원회는 ESG와 같은 비재무적 요소를 감안한 사회적 투자를 활성화할 수 있도록 관련 정보를 포함한 "지속가능경영보고서" 공시를 의무화할 계획을 밝혔다. 즉, 2025년부터는 일정규모 이상(예: 자산 2조 원 이상) 코스피 상장사에 대해서는 지속가능경영보고서 공시가 의무화되며, 2030년부터 전체 코스피 상장사로 확대될 예정이다.

한편, 한국거래소는 2021년 1월 「ESG 정보 공개 가이던스」를 발표하였다. 이 가이던스는 ESG의 개념, 정보 공개의 필요성과 보고서 작성 및 공개절차, 공개지표 등 정보 공개를 위한 실질적 방법을 담고 있다. 이는 각 기업들이 ESG 정보를 공개할 때 참고할 수 있는 지침이다.

그 목차와 주요 내용은 **〈표 16-10〉**과 같다.

〈표 16-10〉 ESG 정보 공개 가이던스 목차와 주요 내용

구분	주요 내용
1. 목적	가이던스 제정의 목적
2. ESG의 개념	ESG의 개념, 정보 공개의 필요성
3. 이사회 및 경영진의 역할	ESG 이슈 관리를 위한 이사회·경영진의 역할
4. 정보공개원칙	ESG 정보 공개 과정에서 준수해야 할 원칙
5. 중요성	중요성의 개념 및 중요성 평가 절차
6. 보고서 작성 및 공개 절차	이해관계자 의견수렴 등 보고서 작성 절차
7. 공개지표	주요 정보공개 표준 및 권장 공개지표
[참고] 주요 표준의 공개지표	WFE, TCFD 및 GRI의 공개지표

(2) ESG 정보 공개의 필요성

「ESG 정보 공개 가이던스」에서는 ESG 정보 공개의 필요성을 다음과 같이 세 가지로 들고 있다.

첫째, 기후변화 위험에 대한 관심 고조이다. 오늘날 기업이 직면한 커다란 위험 중 하나는 기후변화와 관련된 것이다. 기후변화에 대응하기 위한 저탄소 경제로의 전환은 경제 및 산업 전반에 걸쳐 중대한 변화를 요구하기 때문에 투자자와 기업 모두 장기 전략과 자본의 가장 효율적인 배분을 고려해야 한다. 투자자, 대출기관 등은 기후변화로 인해 어떤 회사가 위험한 상황에 놓여 있고 어떤 회사가 이에 잘 대응하고 있는지를 고려하여 의사를 결정하게 되므로 기업의 기후변화와 관련한 정보를 요구하고 있다.

둘째, 책임투자의 확산이다. 최근 연기금, 자산운용회사 등 기관투자자의 투자방식이 투자대상기업의 재무적 성과에 초점을 맞추던 방식에서 벗어나 비재무적 성과를 고려하여 투자대상의 잠재적 위험을 관리하는 방식으로 바뀌고 있다. 투자대상기업의 ESG 요소를 검토·분석하는 것은 기관투자자의 투자의사결정 과정의 필수적인 절차로 자리 잡아가고 있으며, 기관투자자들은 기업이 이러한 문제들을 어떻게 평가하고 이를 기업의 전략과 어떻게 연계하고 있는지를 중요한 요소로 평가하고 있다.

셋째, 글로벌 규제 강화이다. 많은 국가에서 기업의 자율적인 ESG 활동을 권고하는 단계를 넘어, 최근에는 ESG 성과 관리를 위한 정부 차원의 다양한 규제들이 마련되고 있다. 특히,

2014년 EU 집행위원회(European Commission)는 기업의 비재무 정보 공개에 관한 지침(Directive 2014/95/EU)을 제정하고 2018년부터 근로자 수 500인 이상인 기업에 대해 환경, 사회, 노동, 인권, 반부패 등에 관한 정보의 공개를 의무화하였다. EU 내 약 6천여 곳이 그 대상이다. 기업이 정보를 공개하는 경우 해당 문제와 관련한 정책, 결과 및 위험을 설명하고, 기업이 시행하는 준수절차(due diligence processes)뿐만 아니라 공급업체 및 하청업체와 관련한 준수절차에 관한 정보를 포함해야 한다. 이 지침은 국내 기업에도 영향을 줄 수 있는데, EU 내 현지 법인이나 공장을 설립한 국내 기업의 경우에도 이 기준에 해당하는 경우 그 대상이 된다. 그뿐 아니라 EU 내의 기업과 거래 관계가 있는 국내 기업의 경우 해당 기업으로부터 ESG 관련 정보의 제공을 요청받을 수 있다. 각 기업들은 ESG 요소를 파악하고 이를 공개할 수 있는 체계를 마련함으로써 이러한 규제 환경의 변화에 선제적으로 대응할 수 있다.

(3) 공개원칙과 권장 공개지표

「ESG 정보 공개 가이던스」에서 ESG 정보의 공개원칙으로 정확성, 명확성, 비교가능성, 균형, 검증가능성, 적시성 여섯 가지를 들고 있다. 이들 내용은 다음 제17장에서 설명하는 지속가능경영보고서의 정보 품질원칙과 사실상 같다. 따라서 구체적 내용은 제17장을 참고하기 바란다.

한국거래소의 「ESG 정보 공개 가이던스」에서는 세계의 다양한 정보 공개 표준/이니셔티브의 공개지표를 참고하여 핵심적이고 공통성이 있는 권장 공개지표를 **〈표 16-11〉**과 같이 제시하였다. 이들 지표는 12개 항목에 21개로 조직 관련지표 3개, 환경과 사회 관련지표가 각각 9개씩이다.

〈표 16-11〉 권장 공개지표

구분	항목	지표	비고
조직	ESG 대응 (1)	경영진의 역할	ESG 이슈의 파악/관리와 관련한 경영진의 역할
	ESG 평가 (1)	ESG 위험 및 기회	ESG 관련 위험 및 기회에 대한 평가
	이해관계자 (1)	이해관계자 참여	이해관계자의 ESG 프로세스 참여 방식

구분	항목	지표	비고
환경	온실가스배출 (3)	직접 배출량(Scope 1)	회사가 소유하고 관리하는 물리적 장치나 공장에서 대기 중으로 방출하는 온실가스 배출량
		간접 배출량(Scope 2)	회사 소비용으로 매입 또는 획득한 전기, 냉난방 및 증기배출에 기인한 온실가스 배출량
		배출 집약도	활동, 생산 기타 조직별 미터법의 단위당 배출된 온실가스 배출량
	에너지사용 (3)	직접 에너지 사용량	조직이 소유하거나 관리하는 주체의 에너지 소비량
		간접 에너지 사용량	판매제품의 사용 및 폐기처리 등 조직 밖에서 소비된 에너지 소비량
		에너지 사용 집약도	활동, 생산 기타 조직별 미터법의 단위당 필요한 에너지 소비량
	물사용 (1)	물 사용 총량	조직의 물 사용 총량
	폐기물배출 (1)	폐기물 배출 총량	매립, 재활용 등 처리 방법별로 폐기물의 총 중량
	법규위반 · 사고 (1)	환경 법규 위반 · 사고	환경 법규 위반 · 환경 관련 사고 건수 및 조치 내용
사회	임직원현황 (4)	평등 및 다양성	성별 · 고용형태별 임직원 현황, 차별 관련 제재 건수 및 조치 내용
		신규고용 및 이직	신규고용 근로자 및 이직 근로자 현황
		청년인턴 채용	청년인턴 채용 현황 및 정규직 전환 비율
		육아휴직	육아휴직 사용 임직원 현황
	안전 · 보건 (3)	산업재해	업무상 사망, 부상 및 질병 건수 및 조치 내용
		제품안전	제품 리콜(수거, 파기, 회수, 시정조치 등) 건수 및 조치 내용
		표시 · 광고	표시 · 광고 규제 위반 건수 및 조치 내용
	정보보안 (1)	개인정보 보호	개인정보보호 위반 건수 및 조치 내용
	공정경쟁 (1)	공정경쟁 · 시장지배적 지위 남용	내부거래 · 하도급거래 · 가맹사업 · 대리점거래 관련 법규 위반 건수 및 조치 내용

기업이 ESG 정보를 공개하는 방법은 산업별 또는 기업별로 다양하며, 모든 기업에 하나의 통일된 원칙이 적용되는 것도 아니다. ESG 보고체계를 마련하는 데 각 기업은 자체적인 특성이나 자기 기업이 속한 산업의 특수성 등을 감안하면서 이 가이던스를 참고할 수 있을 것이다. 따라서 기업이 ESG 정보를 공개하는 경우 이러한 지표를 포함하여 기업 실정에 맞게 공개할 필요가 있다. 기업은 '공개 또는 설명(respond or explain)'의 원칙에 따라 지표를 공개하고,

만약 특정 지표가 생략되는 경우 주석 등을 이용하여 그 이유를 설명하면 좋을 것이다.

정보는 연 1회 이상 공개하는 것을 원칙으로 하고, 매년 일정한 시기에 공개하는 것을 권고한다. 투자자들이 ESG 요소와 재무 정보를 연계하여 평가할 수 있도록 공개하는 시기는 사업보고서를 공개하는 시점과 지나치게 차이가 나지 않도록 하는 것이 바람직할 것이다.

이해관계자들은 기업의 ESG 성과 평가 및 동일 업종 내 다른 기업과의 비교를 위해 정량적 데이터를 요구하므로 가능하면 정략적 정보를 제공하여야 할 것이다. 또한 기업은 지표의 연도별 증감 현황 및 그 이유와 기업의 대응전략을 설명함으로써 이해관계자들의 요구에 효과적으로 대처할 수 있을 것이다.

토론하고 발표하기

1. 지속가능경영의 개념과 등장배경을 설명하라.

2. 전통적 경영, 환경경영, 지속가능경영을 비교 · 설명하라.

3. 지속가능경영의 필요성을 TBL 측면, 적극적 동인과 소극적 동인 측면에서 설명하라.

4. 지속가능경영의 프레임워크를 설명하라.

5. 지속가능경영의 발전단계를 설명하라.

6. 지속가능회계를 설명하라.

7. 이해관계자의 개념과 분류에 대하여 설명하라.

8. 이해관계자의 참여 사례를 수집하여 그 중요성을 설명하라.

9. 이해관계자 참여방법을 설명하라.

10. 소비자, 협력회사, 지역사회, 종업원의 이해관계 관리를 설명하라.

11. 지속가능경영과 사회적 책임의 차이를 설명하라.

12. ESG 경영을 설명하고 사례를 발표하라.

환경경영 TIP

“지속가능경영이 기업실적에 많은 영향을 미칩니다”

마이클 왈라스 GRI 미국 · 캐나다 지역 담당 국장은 19일 서울 여의도 63컨벤션센터에서 열린 ‘2013 CSR필름페스티벌&국제컨퍼런스’에서 “좋은 거버넌스를 가지고 있는 기업이 우수한 성적을 내고 있다”며 이같이 말했다.

왈라스 국장은 “이런 결과가 가능한 것은 보고가 단순히 기업뿐만 아니라 폐기물을 처리하는 단체 등 모든 이해관계자를 포함하기 때문”이라고 설명했다. 특히 그는 대부분의 금융기업들이 PRI(유엔의 책임투자원칙)에 대해 큰 관심을 갖고 있다고 강조하면서 “금융기업들은 대출을 해 주는 기업에 대해 많은 정보를 원하고 있는 만큼 PRI의 중요성도 커지고 있기 때문”이라고 근거를 제시했다.

왈라스 국장은 증권시장에서도 이런 지속가능보고의 관심도가 높아지고 있다고 강조했다. 그는 “증권거래는 기업 평판이 중요하기 때문에 ESG(친환경 · 사회적 기여 · 투명한 지배구조 성과) 정보가 필요하다”며 “지속가능보고서를 통해 업계의 방향성을 가늠할 수도 있다”고 말했다.

이어 “지난 2년간 기업의 지속가능성을 바라보는 시각에 많은 변화가 있었다”면서 “지속가능보고는 기업들이 자발적으로 지속가능보고를 적용해 무엇이 가장 중요한 것인지 분별해 낼 수 있는 원칙이 될 것”이라고 덧붙였다.

(자료: 이투데이, 2013.11.19)

제 17 장

지속가능경영보고서

21세기에 들어서서 지속가능한 발전이 화두가 되면서 이를 실현하기 위한 지속가능경영과, 지속가능경영보고서가 급속히 확산되고 있다. 환경정보는 지속가능경영보고서의 한 축이 되어 보고된다. 이 장에서는 지속가능경영보고서의 의의, 작성원칙과 GRI기준 및 제3자 검증에 대하여 살펴보기로 한다.

제1절 지속가능경영보고서의 이해

1. 지속가능경영보고서의 의의

2010년 11월 국제표준화기구(ISO: International Standard for Organization)가 기업의 사회적 책임에 관한 국제표준규격인 ISO26000을 공표함에 따라 지속가능경영에 대한 관심이 더욱 고조되고 있다. 왜냐하면 지속가능경영이란 기업이 사회적 · 윤리적 측면의 의무를 다하고, 환경을 보전하면서, 경제적 성과까지 창출하는 이른바 세 마리 토끼를 모두 잡는 경영방식이기 때문이다. 지속가능경영을 추구하는 기업은 그 성과를 이해관계자들에게 보고하기 위하여 주기적으로 지속가능경영보고서(sustainability report)를 작성하여 공표하고 있다.

지속가능경영보고서는 지속가능한 발전을 위한 기업(조직)의 성과를 측정하여 내외의 이해관계자에게 제공하는 보고서라 할 수 있다. 지속가능한 발전이란 "미래 세대들이 그들의 생활에 필요한 기본욕구를 충족시킬 수 있는 능력을 희생시키지 않으면서 현재 세대들이 자신의 기본욕구를 충족시키는 것"이다(WCED, 1987). 즉, 지속가능한 발전은 현세대는 물론 미래세대까지도 인류가 지속적으로 발전할 수 있는 형태의 발전양식을 말한다. 우리나라 지속가능발전기본법에는 지속가능한 발전을 경제의 성장, 사회의 안정과 통합 및 환경의 보전이 균형을 이루는 발전이라고 정의하고 있다(지속가능발전기본법, 2007). 이러한 지속가능한 발전은 기업 입장에서 볼 때 경제적 수익성과 환경적 건전성, 나아가 사회적 책임성의 조화와 균형을 추구하는 지속가능경영을 통해 이룰 수 있다.

이에 따라 기업은 지속가능경영의 성과를 측정하여 보고하는 지속가능경영보고서를 발간하게 되었다. 지속가능경영보고서에는 재무상태, 경영성과, 현금흐름과 같은 경제적 성과뿐 아니라 에너지, 폐기물, 환경오염, 지구온난화문제 등과 관련된 환경적 성과, 기업지배구조, 지역사회에의 공헌, 고용 및 노사관계, 제품의 안전과 소비자 등에 대한 사회적 측면의 성과를 모두 담아야 한다. 지속가능경영보고서는 이해관계자의 알 권리를 충족시켜 신뢰를 확보하기 위한 커뮤니케이션 수단으로서 역할을 한다.

우리나라에서는 2003년 말 삼성SDI가 최초로 지속가능경영보고서를 발간한 이래 대기업을 중심으로 확산되고 있다. 규모면에서는 대기업 중심이지만, 업종에 있어서는 제조업, 서비스업, 공공기관까지 다양하게 지속가능경영보고서를 발간하고 있다.

지속가능경영보고서의 명칭은 다양하다. 예를 들면, 지속가능성보고서, 사회책임보고서, 사회·환경보고서, 기업시민보고서, TBL(Triple Bottom Line)보고서 등이 있다. 이들 보고서는 약간씩 차이가 있지만 모두 지속가능경영보고서의 일종이라고 볼 수 있다(이남주 외 2인, 2007). 지속가능경영보고서의 발간 주체도 기업만이 아니라 비영리조직, 정부기관 등으로 다양하다.

2. 지속가능경영보고서의 필요성

세계적으로 지속가능경영보고서의 발간이 확산되는 이유는 다음과 같다. 기업은 지속가능경영보고서의 발간을 통해, 기업 내부적으로는 지속가능성 주제와 관련하여 추구해야 할 과제에 대한 명확한 방향성을 찾을 수 있고, 지속가능경영 전략 수립에 활용이 가능하며, 종합적이며 신뢰할 수 있는 지속가능경영 정보의 개발이 가능하다. 그리고 기업 외부적으로는 투자가들이 요구하는 다양한 정보수요에 대응할 수 있는 수단으로 활용 가능하고, 지속가능경영 방침과 지속가능경영 성과를 명확하게 커뮤니케이션할 수 있으며, 이를 통해 기업의 이미지를 제고할 수 있다.

지속가능경영보고서 발간의 필요성을 좀 더 세부적으로 살펴보면 **〈표 17-1〉**과 같다.

〈표 17-1〉 지속가능경영보고서 발간의 필요성

필요성	세부내용
기업의 내부 프로세스 개선	• 기업목표와 성과 공개로 혁신적인 지속가능한 전략 추진 • 지속가능성을 효율적으로 다루는 경영체제의 강화 • 기업경영과 가치를 제고하는 프로세스를 활용하여 기업의 경쟁력 강화
이해관계자와의 커뮤니케이션 강화	• 내부 및 외부적으로 이해관계자가 필요로 하는 정보 제공 • 기업 내 사회 및 환경이슈에 대한 종업원의 의식을 제고하는 수단으로 활용 • 쌍방향 커뮤니케이션 강화로 기업경영의 투명성, 이미지 및 신뢰도 제고
리스크 관리 및 기업가치 제고	• 이해관계자 요구 파악 • 사고나 문제의 사전 인지와 대비책 마련으로 비용손실 최소화 • 마케팅 및 홍보수단으로 활용하거나 변화를 위한 프로세스로 과거 부정적 이미지를 극복하기 위한 수단으로 활용 • 지속가능성 성과 개선 • 기업의 브랜드가치 제고 • 기업의 시장점유율 증대

자료: 삼성지구환경연구소, "경영의 새로운 나침반: 지속가능경영보고서", 2006.7, pp.15-17; 이남주 외 2인, 2008, p.410 재인용

3. 지속가능경영보고서의 보고원칙

지속가능경영보고서의 보고원칙이란 지속가능경영보고서에 포함된 정보의 고품질을 확보하기 위해 보고서 작성 시 지켜야 하는 기준을 말한다. 2016년 10월 공표된 GRI Standards(지속가능경영보고서의 기준)에서 지속가능경영보고서의 보고원칙을 보고내용의 원칙과 보고품질의 원칙으로 나누어 제시하였다. 이들 내용을 살펴보기로 한다.

(1) 보고내용의 원칙

보고내용의 원칙은 보고서에 담아야 할 내용을 결정하고 보고할 때 준거해야 하는 원칙이다. 여기에는 이해관계자 참여, 지속가능성 맥락, 중요성, 완전성의 4가지가 있다.

1) 이해관계자 참여

이해관계자 참여(stakeholder inclusiveness)란 보고서를 작성할 때 이해관계자의 기대수준과 관심사를 고려해야 함을 의미한다. 이해관계자 참여는 지속가능경영보고서의 유용성과 이해관

계자의 수용성 확보를 위해 필요하다. 이해관계자를 식별하고 참여시키는 데 실패하면 부적합한 보고서가 작성될 것이고 보고서의 신뢰성도 결여될 것이다.

이해관계자의 합리적인 기대와 관심은 보고서 작성에 있어 보고 범위, 보고 경계, 지표 적용, 보증 방식 등 여러 가지 의사결정 사안에서 핵심적인 참고사항이 된다. 특히 보고서 검증을 위해서 이해관계자의 참여 프로세스가 문서화돼야 한다. 즉, 보고 조직은 참여할 이해관계자 선정, 참여방식과 시점, 참여로 인해 보고서 내용 및 조직의 지속가능 경영활동 자체에 준 영향 등을 문서화해야 한다.

2) 지속가능성 맥락

지속가능성 맥락(sustainability context)이란 보고서가 광범위한 지속가능성 맥락에서 조직의 성과를 나타내야 함을 말한다.

지속가능경영보고는 근본적으로 어떤 조직이 현지지역 또는 세계적인 범위에서 경제, 환경, 사회 상태, 개발, 동향 등의 개선 또는 악화에 현재 어떻게 기여할 것인가가 관건이다. 따라서 보고서는 더욱 폭넓은 지속가능성의 관점에서 성과를 나타내도록 하여야 한다. 이를 위해서는 산업, 현지, 지역, 세계 수준에서 환경 또는 사회적 자원의 한계와 수요를 감안한 조직의 성과를 다루어야 한다.

3) 중요성

중요성(materiality)이란 보고서에 수록되는 정보는 주요 경제, 환경, 사회 영향을 반영하거나 이해관계자의 평가 및 의사결정에 중대한 영향을 줄 수 있는 주제와 지표를 포괄해야 함을 의미한다.

지속가능경영보고서 작성과정에서 중요성에 대한 결정을 내리기 위해서는 미래세대의 필요에 지장을 주지 않으면서 현재의 필요를 해결하는 지속가능성의 측면에서 판단해야 한다. 따라서 중요성 여부를 판단할 때는 조직의 미션, 경쟁전략, 이해관계자의 관심사, 사회적 기대수준, 협력업체 또는 고객에 대한 영향 등 기업 내외부의 여러 요인을 복합적으로 고려해야 한다. 또한 보고 조직이 준수해야 하는 국제표준 및 협약에 명시된 기본적인 기대수준도 고려해야 한다.

4) 완전성

완전성(completeness)이란 중요한 주제와 지표의 범위 그리고 보고서 경계 정의는 중대한 경제, 환경, 사회 영향을 반영함과 동시에 이해관계자가 보고기간 동안 보고 조직의 성과를 평가하기에 충분해야 함을 말한다.

완전성은 주로 범위, 경계, 시간 등의 측면을 대상으로 한다. 범위(scope)란 보고에서 다루는 지속가능성 주제의 범위를 말한다. 즉 보고되는 모든 주제와 지표는 중요한 경제, 환경, 사회적 영향을 반영해야 한다. 경계(boundary)는 보고서의 대상이 되는 조직(예: 자회사, 협력업체, 합작회사 등)의 범위를 뜻한다. 이들 실체와 관련된 모든 정보가 보고서에 수록되어야 한다. 그리고 활동, 사건, 영향 등은 해당 사건이 발생한 시점이 속하는 기간에 가능한 한 보고되어야 한다.

(2) 보고대상 정보의 품질보증원칙

보고대상 정보의 품질보증원칙은 지속가능경영보고서가 제공하는 정보의 품질을 높이고 나아가 투명성을 확보하기 위한 질적 속성이다. 보고의 품질보증원칙에는 정확성, 균형, 명확성, 비교가능성, 신뢰성, 적시성 6가지가 있다. 즉 이들 원칙은 정보의 품질을 높이고 나아가 투명성을 확보하기 위한 질적 속성이라 할 수 있다.

1) 정확성

정확성(accuracy)이란 보고 대상 정보는 이해관계자가 보고 조직의 성과를 평가할 수 있을 만큼 정확하고 상세해야 함을 말한다. 제공하는 정보의 수치나 내용이 정확하지 않다면 정보의 신뢰성은 결여될 것이다.

정보의 정확성을 결정하는 요소는 정보의 특성과 정보의 사용자에 따라 달라진다. 예컨대 정성적 정보의 정확성은 주로 프레젠테이션의 명료함, 상세함, 균형의 정도에 따라 결정된다. 한편 정량적 정보의 정확성은 정보의 수집, 통합, 분석에 사용된 방식에 따라 달라질 수 있다.

2) 균형

균형(balance)이란 보고서 전반적인 성과를 타당하게 평가할 수 있도록 조직성과의 긍정적 측면과 부정적 측면을 모두 포함해야 함을 의미한다.

지속가능경영보고서는 보고 조직의 성과가 공정하게 나타나도록 작성되어야 한다. 이해관계자의 의사결정이나 판단에 부적절한 영향을 줄 수 있는 정보의 선별, 가공, 누락 행위를 삼가야 한다. 보고서에 긍정적 정보만 보고하고 부정적 정보를 제외해서는 안 된다.

3) 명확성

명확성(clarity)이란 보고서 이용자가 쉽게 접근하고 이해할 수 있는 방식으로 정보가 제공되어야 함을 의미한다. 지속가능경영보고서는 다양한 이해관계자가 쉽게 접근(인쇄물 또는 다른 채널을 통해)하고, 이해하기 쉽고 활용하기 편리한 방식으로 정보를 제시해야 한다. 그래프, 사진, 도표, 용어 해설 등을 활용하는 것은 독자의 이해가능성을 높여 줄 것이다. 최근 대부분의 기업이 인터넷 웹사이트에 지속가능서보고서를 공시하는 것은 바람직한 일이다.

4) 비교가능성

비교가능성(comparability)이란 이슈와 정보가 일관성 있게 선택, 통합 보고되어야 함을 의미한다. 정보는 기간 경과에 따라 동일 조직 내에서는 기간비교가 가능하고, 다른 조직과 비교할 때는 조직 간 비교가 가능해야 한다.

지속가능경영보고서를 이용하는 이해관계자는 경제, 환경, 사회적 성과에 대해 보고된 정보를 보고 조직의 과거의 성과나 목표와 비교할 수 있어야 한다. 이를 위해서는 성과측정 방식의 일관성이 있어야 할 것이다. 지속가능경영보고서는 타 조직의 성과와도 비교할 수 있어야 한다. 다만, 조직 간 비교에서는 조직의 규모, 지역적 영향력, 조직의 상대적 성과에 영향을 줄 수 있는 다른 조건 등을 인식할 필요가 있다.

5) 신뢰성

신뢰성(reliability)이란 보고서 작성에 사용된 정보와 프로세스는 면밀한 점검을 거치며 정보의 품질과 중요성을 확립하는 방식으로 수집, 기록, 통합, 분석되고 공개되어야 함을 의미한다.

점검을 통해 이해관계자에게 보고 내용의 진실성과 보고 원칙 적용의 수준을 확신시켜 줄 수 있다. 따라서 지속가능경영보고서에 수록된 데이터를 보고서 작성에 참여하지 않은 사람에 의해 검토될 수 있도록 내부통제 또는 문서화에 의해 뒷받침하여야 한다. 증거에 의해 입증되지 않은 성과 정보와 불확실성에 대한 명확한 설명이 없는 정보는 보고서에서 제외하여야 한다.

6) 적시성

적시성(timeliness)이란 보고가 정기적인 일정에 따라 이루어지며, 이해관계자가 제시된 정보를 바탕으로 의사결정을 할 수 있도록 적시에 제공되어야 함을 말한다. 적시성은 정보로서의 가치를 상실하기 전에 이해관계자에게 정보가 제공되는 것을 의미한다. 이해관계자가 필요로 하는 적절한 시점에 제공되는 정보가 효용성이 높은 정보다.

지속가능경영보고서는 정보의 비교가능성과 이해관계자의 보고서 이용가능성을 보장하기 위해서 보고 빈도와 보고 기간의 길이에서 일관성을 유지해야 한다. 지속가능성 보고서와 재무보고서의 보고 기간이 일치한다면 이해관계자에게 도움이 될 수 있다.

제2절 지속가능경영보고서의 기준

1. GRI 기준

(1) 의의와 목적

지속가능경영보고서 기준을 개발하고 보급하는 것을 주요 사명으로 삼고 있는 GRI(Global Reporting Initiative)[1)]는 2016년 10월 19일 지속가능경영보고서 기준(GRI Standards)을 공표했다. GRI 기준은 2018년 7월 1일부터 적용하지만 조기에 적용할 수도 있다. GRI는 2000년 6월 지속가능경영보고서 가이드라인(G1)을 처음 발표한 이래 2002년 8월 개정판(G2), 2006년 제3판(G3), 2011년 3월 제3판을 업데이트한 G3.1판, 2013년 5월 제4판(G4)까지 개정을 거듭해 왔다.

GRI 기준은 전 세계적으로 표준화된 지속가능경영보고서의 작성과 보고를 위한 기준이다. GRI 기준은 규모나 업종, 위치에 관계없이 세계의 모든 기업이나 조직이 경제, 환경, 사회에 미치는 영향을 보고하거나 지속가능경영보고서를 작성할 때 지켜야 하는 규정이다. 우리나라 상장기업이 재무제표를 작성할 때 국제재무보고기준(IFRS)을 따르는 이치와 같다.

GRI 기준의 목적은 다음과 같다.

- 기업의 경제, 환경 및 사회 측면에서 성과정보의 보고 틀을 제시한다.
- 표준화된 지속가능성 보고의 지침을 제시한다.
- 지속적이고 비교가능하며 투명한 보고를 통해 조직의 지속가능성 성과향상에 기여한다.
- 조직 내부의 기간별, 외부 조직 간 상호 성과비교를 가능하게 한다.
- 보고 조직과 지속가능발전 간의 상호작용을 입증하게 한다.

1) GRI는 1997년 미국의 환경시민단체인 세리즈(CERES)와 유엔환경계획(UNEP)이 중심이 되어 설립한 비영리조직이다. GRI는 지속가능경영보고서의 기준을 제정하고 기업이 이해관계자들에게 자신의 정보를 투명하게 공개하도록 유도하는 역할을 한다.

(2) 구성

GRI 기준은 과거의 가이드라인과 달리 〈그림 17-1〉과 같이 모듈구조로 형성되어 있다.

〈그림 17-1〉 GRI 기준의 모듈구조 개요

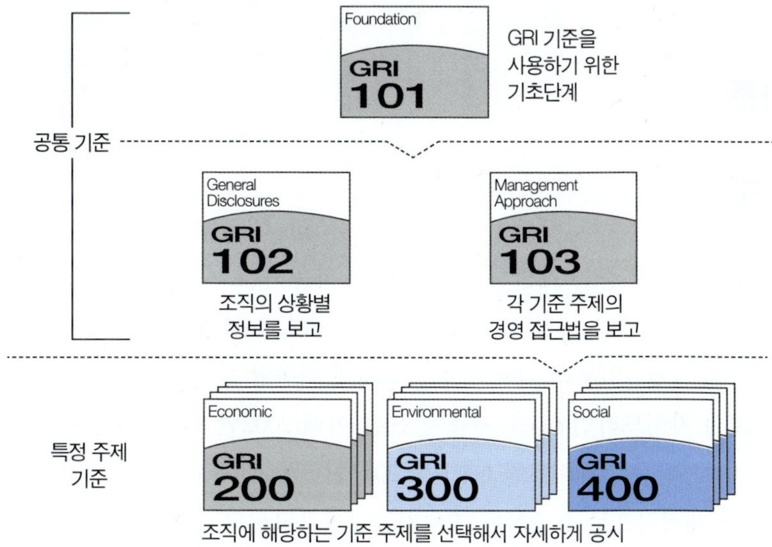

GRI 기준은 공통기준(Universal Standards) 3개, 특정주제 기준(Topic-specific standards) 33개로 구성되어 있으며 용어집이 첨부되어 있다.

1) 공통기준

공통기준, 일명 GRI기준 100시리즈는 지속가능경영보고서를 만드는 모든 조직이 적용해야 하는 기준으로 여기에는 기초, 일반 공시, 경영접근방식이 포함된다.

① 기초(GRI 101 Foundation)

지속가능경영보고서의 내용과 품질을 확정하는 보고원칙, 보고원칙의 적용방법, 보고서 작성 시 요구사항, 기준의 사용 및 참조방법 등에 대한 기준이다.

② 일반 공시(GRI 102 General Disclosure)

이 기준은 조직의 상황을 보고하는 데 사용되는 기준이다. 지속가능경영보고서 작성에 있어 배경정보(조직의 프로필, 전략, 윤리와 청렴성, 지배구조, 이해관계자 참여, 보고 프로세스 등) 보고와 관련된 기준이다.

③ 경영접근방식(GRI 103 Management Approach)

이 기준은 각 기준 주제의 경영접근방식을 보고하는 데 사용된다. 어떤 항목이 왜 중요한지, 영향은 어디까지 발생하는지, 그 영향을 조직은 어떻게 관리하는지 등에 대한 기준이다.

2) 특정주제 기준

특정주제 기준은 **〈표 17-2〉**에서 보는 바와 같이 경제주제(GRI 기준 200시리즈) 6개, 환경주제(GRI 기준 300시리즈) 8개, 사회주제(GRI 기준 400시리즈) 19개로 총 33개의 기준으로 되어 있다. 각 기업들은 앞에서 설명한 GRI 101의 보고원칙에 따라 경제, 환경, 사회 주제를 각각 선택하여 보고하면 된다.

〈표 17-2〉 각 주제별 기준

주제	내용
경제 (6)	① 경제적 성과(GRI 201) ② 지역경제에서의 존재감(GRI 202) ③ 간접적인 경제적 영향(GRI 203) ④ 조달관행(GRI 204) ⑤ 부패방지(GRI 205) ⑥ 반경쟁적 행위(GRI 206)
환경 (8)	① 원재료(GRI 301) ② 에너지(GRI 302) ③ 용수(GRI 303) ④ 생물다양성(GRI 304) ⑤ 대기 배출(GRI 305) ⑥ 배수 및 폐기물(GRI 306) ⑦ 법규 준수(GRI 307) ⑧ 공급자에 대한 환경적 측면의 평가(GRI 308)
사회 (19)	① 고용(GRI 401) ② 노사관계(GRI 402) ③ 안전 및 보건(GRI 403) ④ 교육 및 훈련(GRI 404) ⑤ 다양성과 기회균등(GRI 405) ⑥ 차별금지(GRI 406) ⑦ 결사 및 단체교섭의 자유(GRI 407) ⑧ 아동노동(GRI 408) ⑨ 강제노동(GRI 409) ⑩ 보안관행(GRI 410) ⑪ 원주민의 권리(GRI 411) ⑫ 인권(GRI 412) ⑬ 지역사회(GRI 413) ⑭ 공급자에 대한 사회적 측면의 평가(GRI 414) ⑮ 공공정책(GRI 415) ⑯ 고객의 건강 및 안전(GRI 416) ⑰ 마케팅과 라벨링(GRI 417) ⑱ 고객 개인정보 보호(GRI 418) ⑲ 사회경제면의 법규준수(GRI 419)

(3) 특징: G4 가이드라인과의 차이점

GRI는 지금까지 사용해 온 지침(Guidelines) 대신 기준(Standards)이라는 용어를 택하였다. GRI 기준은 GRI 지침의 제5판(G5)이 아님을 뜻한다. 이는 의미하는 바가 크다고 본다. 즉, 지침은 지속가능경영보고서 작성 시 참고하는 정도의 임의적 규정 성격이었다면 기준은 준거해야만 하는 강제적 성격을 지닌다고 본다. G4 가이드라인에 비해 GRI 기준의 특징을 몇 가지 제시하면 다음과 같다.

첫째, 모듈 구조의 도입이다. GRI 기준은 모든 조직에 적용되는 3가지의 공통기준과 각 조직이 주제별로 선택 적용하는 33개의 특정주제 기준으로 구성되어 있다. 이에 따라 전체를 수정하지 않고 모듈단위(각 기준단위)로 수정이 가능한 구조가 되었다. 각 세부 주제에 대한 업데이트를 할 때에도 필요한 부분만 업데이트할 수 있다. 기업은 보고서 전체를 바꾸지 않으면서 새로운 정보를 업데이트하거나 기존 정보를 수정할 수 있다.

모듈 구조 형식의 도입 배경은 세계적으로 비재무적 정보공시의 요구가 높아지는 상황에서 공시기준을 수월하게 업데이트할 필요성이 있기 때문이다.

둘째, 보고 요구사항의 명확화다. G4 가이드라인까지는 공시항목을 어디까지 엄밀하게 공시할 것인가가 애매한 점이 있었다. GRI 기준에서는 33개의 특정주제 기준별로 반드시 보고해야만 하는 의무사항인 "Reporting requirements"와 보고하는 것이 바람직하다는 권고사항인 "Reporting recommendations"을 명확히 구분하였다. 즉, 정보공개 구분을 명확히 한 것이다. 따라서 GRI 기준을 준거하기 위해서는 "Reporting requirements"에 부합하는 내용을 보고하여야 한다.

셋째, 내용의 명확화와 재구성을 했다. GRI 기준의 이해와 적용을 쉽게 하기 위해 G4 가이드라인에서 모호하거나 복잡한 개념을 분명히 하고 중복되는 내용은 축약, 통합, 재배치를 했다. 예컨대 영향(impact)을 조직이 주고받는 양방향이 아니라 '조직이 미치는 영향'으로 명확히 규정한 점, 주제 경계를 정하는 방법, 직원(employee)과 근로자(worker)의 용어 구분, 중복을 줄이기 위해 몇 가지 지표를 통합, 삭제, 재배치를 하였다.

넷째, 쉬운 언어로 표현한 점이다. 지속가능경영보고서를 발간하는 기업의 사용편의성을 높이고 보고서의 접근성과 활용도를 높이기 위해 논리적인 구조와 단순해진 언어로 표현하였다. 예컨대, Aspect(측면)이라는 용어는 topic(항목)으로 변경하였다.

2. BSR 가이드라인

(1) 제정 경위와 구성

2006년 지식경제부(구 산업자원부)는 대한상공회의소, 산업정책연구원과 공동으로 BSR[2] 가이드라인을 발표하였다. 국내 기업들의 지속가능경영보고서 발간 도입을 촉진하기 위하여 제안된 이 가이드라인은 보다 체계적이고 객관적인 지침이 되도록 여러 전문가들과 이해관계자들의 의견을 반영하여 제정되었다.

BSR 가이드라인은 GRI 기준을 기초로 하고 있어 경제, 환경, 사회 3개 분야를 포함하고 있다. GRI 지표 중 복잡하고 중복적인 지표는 일부 통합하였고, 국내 기업환경의 특수성을 감안하여 노사관계, 협력업체, 지역사회 등의 주요 이슈 관련 지표는 추가적으로 보완하였다. 그러나 현실적으로 지속가능경영보고서를 작성하는 국내 기업의 대부분이 글로벌활동을 지향하는 기업이며, 글로벌 스탠더드가 요구되는 경영환경에서 국내에서 개발한 BSR의 유효성이 의문시된다(정명환, 2009).

BSR 지속가능경영보고서 가이드라인은 크게 보고서 개요와 성과지표로 구분된다.

- 보고서 개요: 보고서 작성 조직의 개요와 보고의 전제조건이 명시되어 있다. 이에는 기업현황 소개, 보고서 내용, 이해관계자 참여 및 지속가능성 등이 포함된다.
- 성과지표: 경제성과(경영활동 결과인 재무적 성과와 윤리, 사회, 환경 관련 투자), 사회성과(이해관계자에 대한 정책과 실행, 모니터링) 및 환경성과(조직 내의 에너지 소비와 폐기물 배출에 대한 관리와 환경영향 감소를 위한 정책 및 투자)로 구성되어 있다.

BSR 지속가능경영보고서의 주요 지표를 개관하면 **〈표 17-3〉**과 같다.

(2) 작성원칙

BSR 지속가능경영보고서 가이드라인은 보고서 작성 시 GRI 기준이 제안하는 보고서 작성 원칙을 포괄하되, 주요한 우선순위를 고려한 다음과 같은 원칙을 도출하였다.

1) 중요성

이해관계자의 요구를 파악하여 조직에게 주요한 사회책임 경영이슈를 도출하고 이에 대해

2) BEST(Business Ethics Source of Top performance) Sustainability Report의 약어로 BEST 가이드라인이라 부르기도 한다.

〈표 17-3〉 BSR 지속가능경영보고서의 주요 지표 개관

부문	구분	내용
보고서 개요	기업현황 소개	• 기업 개요(규모, 사업장, 소유구조, 활동내용 등) • 지속가능경영에 대한 기업의 비전
	보고서 내용	• 보고된 정보의 범위 및 측정과 산출기준
	이해관계자 참여	• 이해관계자의 선정 및 참여
	지속가능성	• 경제적, 사회적 및 환경적 목표
성과지표	경제성과지표	• 경영활동을 통하여 생산 및 분배되는 경제가치 • 지속가능경영에 대한 투자비용 • 혁신경영 및 창조경영 성과
	사회성과 지표	• 지배구조 및 리스크관리(지배구조 관련 법규 및 내규준수 현황, 리스크 관리) • 종업원(성별, 직급별, 장애인 등) 구성, 종업원 보상 및 복리후생, 고용 창출 및 이직률, 건전한 노사관계, 윤리경영 조직 및 교육 • 협력업체(협력업체 상생협력 지원제도, 협력업체 선정 및 평가 시 지속가능경영 고려 여부) • 소비자(소비자 관련 법규 및 내규 준수 현황, 소비자 안전보건, 윤리, 사회, 환경과 관련한 제품 및 서비스) • 지역사회 공헌활동(기부금, 자원봉사활동), 반부패에 관련된 내부정책
	환경성과지표	• 환경정책 및 투자(환경영향 감소정책) • 원재료 및 에너지 (자원 · 에너지 절약 및 재활용) • 환경영향, 유해물질 배출량, 환경 관련 법규 및 내규 준수현황

자료: 이남주 외 2인, 2008, p.444

보고해야 한다.

2) 명확성

쉬운 용어 사용과 보고서 접근성을 높여야 한다.

3) 정확성

충분한 정량적 데이터를 근거로 하여 정보의 왜곡이나 불균형성(부정적 정보와 긍정적 정보의 불균형)이 없도록 보고해야 한다.

4) 완전성

보고 정보가 허위나 가공 없이 주요한 경제, 환경 및 사회적 영향요인을 반영하고, 정보 수집절차가 체계성과 타당성을 가지고 있어야 한다.

(3) 성과지표의 개요와 내용

1) 성과지표의 개요

BSR 가이드라인에서 성과지표는 경제, 사회, 환경 3개의 범주로 구분되는데, 경제범주의 하위부문은 경제적 영향으로, 사회범주의 하위부문은 종업원, 협력업체, 소비자, 지역사회로, 환경범주의 하위부문은 환경정책 및 투자, 원재료 및 에너지, 환경영향으로 되어 있다.

BSR 가이드라인의 총지표수는 145개로 보고서 개요 관련 지표 27개, 성과지표 118개로 구성되어 있다. 성과지표 118개는 경제성과지표 10개, 사회성과지표 74개, 환경성과지표 34개로 되어 있다. 사회성과지표의 비중이 높은 특징이 있다. 그만큼 우리나라에서는 기업의 사회적 책임을 중시하고 있음을 알 수 있다.

지속가능경영보고서의 핵심은 지속가능성 성과를 나타내는 3개 범주의 보고라 할 수 있다. BSR 가이드라인 성과지표의 개요를 살펴보면 **〈표 17-4〉**와 같다.

〈표 17-4〉 BSR 가이드라인 성과지표의 개요

범주	부문	중 분류
경제성과지표	경제적 영향	• 경영활동을 통하여 생산 및 분배되는 경제가치 • 지속가능경영에 대한 투자비용 • 혁신경영, 브랜드가치 및 창조경영 성과
사회성과지표	지배구소 및 리스크관리	• 지배구조 관련 법규 및 내규 준수 현황, 리스크 관리
	종업원	• 종업원(성별, 직급별, 장애인 등) 구성 • 종업원 보상 및 복리후생 • 고용창출 및 이직률 • 건전한 노사관계 • 윤리경영 및 교육
	협력업체	• 협력업체 상생협력 지원제도 • 협력업체 선정 및 평가 시 지속가능경영 고려 여부
	소비자	• 소비자 관련 법규 및 내규 준수 현황 • 소비자 안전보건 • 윤리, 사회, 환경과 관련한 제품 및 서비스
	지역사회	• 지역사회 공헌활동(기부금, 자원봉사활동) • 반부패 관련된 내부정책
환경성과지표	환경정책 및 투자	• 환경영향 감소를 위한 정책
	원재료 및 에너지	• 자원 · 에너지 절약 및 재활용
	환경영향	• 유해물질 배출량 • 환경 관련 법규 및 내규 준수 현황

BSR은 GRI에 비해 지배구조, 소비자, 노조 등에 관련한 지표가 신설되었고, GRI는 이해관계자로 분류되는 협력업체를 사회성과 부문의 지표로 신설하였다. 이는 국내에서 필요한 기업의 사회적 책임을 인지하고, 이에 대한 기업의 행동을 촉구하려는 의도라고 본다.

2) 성과지표의 내용

BSR 지표는 수준별 보고체제로서 보고지표를 난이도별로 1단계부터 5단계까지 구분하였다. 총 145개 지표는 1단계(52개), 2단계(14개), 3단계(17개), 4단계(55개), 5단계(7개)로 나뉜다. 따라서 보고 기업은 자사의 지속가능경영 수준에 맞는 단계를 목표로 설정하여 보고전략을 수립할 수 있어서 지속가능경영보고서의 접근성을 향상시켰다. 성과지표의 자세한 내용은 생략한다.

3. UN 글로벌 콤팩트의 가이드라인

UN 글로벌 콤팩트(Global Compact)는 2000년 7월 전 세계 50여 개 기업 대표들이 모여 선언한 지구협약이다. 즉, 이 협약은 UN이 기업의 사회적 책임을 강조하기 위해 제시한 개념으로, 사회적 책임경영과 관련해 단체 및 기관과 협약을 맺는 것을 일컫는다. 이 협약이 성사된 계기는 1999년 1월 31일 스위스 다보스 세계경제포럼에서 코피아난(Kofi Atta Annan) 사무총장이 인권, 노동, 환경문제에 관한 재계 지도자 모임의 필요성을 역설한 데 있다.

UN 글로벌 콤팩트는 인권, 노동, 환경 부패방지 등 4개 영역에 관한 10개 항목(10대 원칙)에 걸쳐 지속가능한 기업경영을 규정하고 있다. 1999년 코피아난 연설에서는 9대 원칙이었으나 2004년 열린 글로벌 콤팩트 모임에서 부패방지에 관한 10번째 원칙이 추가되었다. 10대원칙의 내용은 **〈표 17-5〉**와 같다.

UN 글로벌 콤팩트에 규정된 원칙의 내용은 근본적인 것이지만 세계화로 야기된 인권, 노동, 환경, 기업부패 등의 문제해결을 위해 글로벌 기업의 참가를 요구하고 기업의 경영자가 부담해야 할 책임을 명확하게 한다는 점에서 큰 의의가 있다. 다만, 구체적인 행동이 기업의 자주성에 맡겨져 있고, 행동의 결과를 평가 및 측정하는 수단도 아니기 때문에 실효성의 확보가 당면과제로 남아 있다(민경호, 2010).

〈표 17-5〉 UN Global Compact 10대 원칙

4개 영역	10개 항목
인권	1. 기업은 그 영향력 범위 내에서 국제적으로 선언된 인권옹호(보호)를 지지하고 존중한다.
	2. 기업은 인권침해에 가담하지 않는다.
노동	3. 조합결성의 자유와 단체교섭 권리를 인정한다.
	4. 모든 형태의 강제노동을 배제한다.
	5. 아동노동을 효과적으로 폐지한다.
	6. 고용과 직업에 관한 차별을 철폐한다.
환경	7. 환경에 관한 예방적 접근을 지지한다.
	8. 환경에 대한 보다 강한 책임감을 갖기 위해 솔선수범한다.
	9. 환경친화적 기술의 개발과 보급을 촉진한다.
부패방지	10. 강요와 뇌물을 포함한 모든 형태의 부패를 방지하기 위해 노력한다.

제3절 지속가능경영보고서의 제3자 검증

기업이 자발적으로 작성하는 지속가능경영보고서가 이해관계자의 의사결정에 유용한 정보로 활용되기 위해서는 지속가능경영보고서의 신뢰성 확보가 시급한 과제이다. 그러나 지속가능경영보고서의 신뢰성 확보를 위한 제도 확립은 미흡한 실정이다. 여기서는 신뢰성 확보를 위한 지속가능경영보고서의 제3자 검증을 중심으로 설명하기로 한다. 단, 지속가능경영보고서의 검증은 환경보고서의 검증에도 동일하게 적용될 수 있기 때문에 환경보고서와 지속가능경영보고서를 혼용하여 사용하였음을 밝혀 둔다.

1. 지속가능경영보고서의 신뢰성 확보를 위한 방법

지속가능경영보고서(환경보고서)의 신뢰성이란 보고서에 제시된 각종 수치를 포함한 내용의 정확성을 말한다. 제공된 수치, 예컨대 폐기물 처리량, 화학물질의 배출량 등이 정확해야 신뢰성 있는 정보가 된다. 또한 산출기준의 타당성이 있을 때 신뢰성 있는 정보가 된다. 예컨대 이산화탄소의 배출량은 에너지 사용량에 일정의 환산계수를 곱하여 산출하게 된다. 이때 사용하는 환산계수가 타당하여야 이산화탄소 배출량의 신뢰성이 확보될 것이다.

환경보고서의 신뢰성은 중요한 환경문제에 관한 정보가 누락 없이 공시되고 부정적인 정보까지 모두 공시될 때 확보된다. 공시되는 정보의 설명이 충분해야 신뢰성이 확보되는 것이다. 예컨대 금년에 몇 개의 공장을 처분하였기 때문에 전년도에 비해 전기사용량이 대폭 감소했을 경우, 그 이유를 설명하지 않고 환경보고서에 에너지 사용량이 전년 대비 대폭 감소했다고 공시하면 그것은 독자를 오도하는 신뢰성이 없는 정보다(國部克彦 외 2인, 2007, pp.202-203).

환경보고서의 신뢰성 확보를 위한 방법은 제3자 검증을 제외하면 다음과 같이 크게 3가지가 있다(柴田英樹 · 梨岡英理子, 2009, p.59).[3)]

(1) 보고서에 기재되는 데이터의 원자료를 공개하는 방법

보고서에 수록된 정보의 원자료를 공시하여 독자 스스로 정보의 중요성이나 정확성을 검증하는 방법이다. 그러나 환경보고서에 공시되고 있는 정보의 원자료는 기업 기밀에 관계된 것이 많이 포함되어 있을 수 있어 현실적으로 모든 정보를 이용자에게 공시하는 데는 한계가 있다. 더욱이 이용자가 스스로 검증작업을 진행하기 때문에 비효율적이다. 또한 이용자가 정보의 신뢰성을 확인했다 하더라도 사회적으로 보증받은 것은 아니라는 한계도 있다. 이 방식은 결국 환경보고서 이용자 개인이 자신의 능력 범위 내에서 정보를 신뢰할 수 있다는 심증을 얻을 뿐 객관적인 신뢰성을 확보하는 데는 한계가 있다.

(2) 이해관계자와 공동으로 보고서를 작성하는 방법

보고 기업이 외부의 제3자인 이해관계자(stakeholder)와 함께 환경보고서를 작성하는 방법이다. 이 방법은 이해관계자의 관점을 반영하여 작성한다는 점에서 독선적인 정보공시를 배제할 수 있다는 장점이 있다. 다만, 보고 기업의 사업이나 조직에 대하여 전문적 지식이 없거나 적은 사람이 작성함으로써 중요한 정보가 간과될 우려가 있다. 기업의 사회적 책임이 중시되는 상황에서 이해관계자를 참여시킨다는 점은 의미가 있지만 현실적으로 모든 이해관계자를 보고서 작성에 참여시킬 수 없어 실현가능성이 적다고 할 수 있다.

---

3) 한편, 일본 환경성 가이드라인(2007)은 환경정보의 정보의 신뢰성을 확보하는 방법으로 기업 내부적으로는 ① 체크리스트 등을 이용한 자기평가 실시, ② 내부관리의 철저, ③ 내부감사기준이나 환경보고서 적성기준의 준거, ④ 사내 감사제도의 활용을 제시하고 있다. 그리고 기업 외부적으로는 ① 쌍방향 커뮤니케이션을 도입하는 방법, 예컨대 이해관계자를 대상으로 설문조사, 좌담회, 설명회 등을 이용, ② 제3자의 의견을 반영하여 환경보고서를 작성하는 방법, ③ 제3자로부터 환경보고서의 검증을 받는 방법, 즉 감사법인이나 심사기관 등의 검증을 통해 신뢰성을 확보하는 방법, ④ NGO, NPO 등을 참여시켜 공동으로 환경보고서를 작성하는 방법을 제시한다.

(3) 계산근거를 명확히 공시하는 방법

환경보고서 본문에 공시된 각종 수치의 계산근거를 명확히 밝혀 신뢰성을 확보하는 방법이다. 현재도 일부 수치의 산출근거에 대하여는 공시하고 있고, 효과를 얻고 있는 방법이라 할 수 있다. 즉, 기업이 선택한 방법을 가능한 한 명료하게 공시하여 정보를 정확하게 전달함으로써 독자의 신뢰를 얻는 방법이다. 다만, 사용한 방법의 타당성이나 계산결과의 정확성에 대하여는 보증할 수 없다는 데 한계가 있다. 또한 이 방법은 수치 하나하나에 대한 신뢰성을 확보하는 데는 유효하지만, 보고서에 기재된 정보 전체의 신뢰성을 얻는 데는 한계가 있다.

2. 지속가능경영보고서에 대한 제3자 검증

(1) 제3자 검증의 의의

앞의 3가지 방법은 각각 한계를 갖기 때문에 실무상 지속가능경영(환경)보고서에 대한 신뢰성 확보방법으로 가장 많이 사용되는 방법이 제3자에 의한 검증이다. 지속가능경영(환경)보고서에 대한 제3자 검증이란 기업과 독립된 제3자가 기업의 책임하에 작성된 환경보고서의 내용에 대하여 조사 · 측정 · 평가하여 평가대상 항목이 적절한 기준과 절차에 따라 작성되었는지 검증하고 의견을 표명함으로써 환경보고서의 신뢰성을 확보하는 방법이다. 지속가능경영보고서의 제3자 검증이란 기업 책임 아래 작성된 보고서에 포함된 정보가 정확하고 신뢰성이 있는지를 기업과 독립적 위치에 있는 외부의 전문가나 전문기관(컨설팅기관, ISO 인증기관, 회계법인, 연구소 등)에서 일정한 기준과 절차에 따라 검증하고 보증하는 것을 말한다.

일반적으로 지속가능경영보고서에 대한 검증은 기업의 지속가능경영활동이 적절한지 혹은 법규를 준수하고 있는지를 평가하는 것이 아니라, 기업이 지속가능경영성과로 제시한 다양한 지표와 데이터가 적절하게 파악 · 집계 · 평가된 것인지, 그리고 절차 및 내부통제 시스템이 제대로 갖춰져 있는지 등에 대한 검토과정을 말한다. 제3자 검증은 주로 회계법인, 환경컨설팅 기관, ISO 인증기관 등이 수행하고 있다.

제3자에 의한 검증을 얻는 것이 중요한 이유는 무엇보다도 지속가능경영보고서 작성기업과 이해관계가 없는 독립된 제3자로부터 신뢰성을 부여받는다는 점과 이를 통해 사회적 신뢰성을 확보한다는 점에 있다. 따라서 지속가능경영보고서에 대한 제3자 검증을 확대해석하면 지속가능경영보고서에 대한 감사라 할 수 있을 것이다.

한편, 제3자 검증과 유사한 신뢰성 확보방법이지만 다른 방법인 '제3자 의견'도 있다. 제3자의견은 기업의 지속가능경영보고서, 지속가능경영성과 등에 대하여 전문가로서의 지식을 바탕으로 제3자가 행하는 평가나 권고 등을 말한다. 즉, 전문지식을 갖춘 제3자 혹은 소비자단체, 지속가능경영단체 등에서 지속가능경영보고서를 읽거나 지속가능경영담당자 등을 면담한 후 지속가능경영보고서의 기재방법이나 수록되어 있는 지속가능경영활동에 대하여 평가나 의견, 제언 등을 한다. 제3자의 의견수준은 기업 전체의 지속가능경영에 대한 대응노력을 평가하고 제언하는 것, 대표적인 지속가능경영성과에 대하여 평가하고 제언하는 것, 지속가능경영보고서에 대하여 평가하고 제언하는 것으로 구분할 수 있다.

그러나 제3자 의견은 업무적으로 표준화하기 어렵고, 그 효과도 의견을 기술하는 제3자의 자질에 크게 의존하는 점에 한계가 있다. 기업 입장에서도 제3자의 의견을 반영할 의사가 없으면 단순한 논평에 그칠 염려가 있다.

검증이 재무보고서에 대한 감사와 유사한 성격이 있으므로 감사전문가인 공인회계사나 회계법인이 검증기관이 되는 것이 바람직할 것이다. 그러나 공인회계사는 지속가능경영에 대한 전문가가 아니라는 점에 한계가 있는 것이 현실이다. 따라서 지속가능경영이나 지속가능경영보고서 작성 관련 컨설팅기관이 주로 검증을 담당하는 실정이다. 지속가능경영보고서의 검증이 제도화되고 정착되기 위해서는 검증전문가들로 구성된 독립적인 검증기관이 분명히 있어야 할 것이다.

제3자 검증이 의무사항이 아니라는 점과 재무제표에 대한 감사와 같이 일반적으로 인정된 감사 기준과 절차가 아직은 마련되지 않았다는 점이 과제로 남아 있다. 따라서 용어도 통일되지 않고 있음을 알 수 있다. 즉 검증(assurance)이라는 말 이외에 감사(audit), 인증(validation) 및 심사(verification)라는 용어가 혼용되고 있다(David Owen, 2007).

(2) 제3자 검증의 필요성

지속가능경영보고서에 대한 제3자 검증은 보고서의 신뢰성을 확보하고 지속가능경영 프로세스 효과를 제고하여 궁극적으로 기업의 지속가능경영 성과를 개선시키기 위해 필요하다. 좀 더 구체적인 제3자 검증의 필요성은 다음과 같다.

- 지속가능경영보고서 검증을 통해 조직이 경제, 환경, 사회적 성과에 대해 보고서 작성기준(예: GRI 기준)을 준수해 보고하고 있는지 점검함으로써 보고서의 객관성을 확보할 수 있다.
- 객관적 검증을 받은 보고서를 통해 이해관계자들의 기대와 요구에 부합하는 신뢰할 만한 정보를 줄 수 있으며, 이러한 정보는 보고 조직과 관련된 의사결정에 유용하게 활용될 수 있다.

- 조직은 검증과정에서 지속가능경영 활동 및 제반 시스템에 대한 점검 · 평가의 기회가 되어 지속가능경영 정보의 질을 높이고 지속가능경영 전략과 방침을 개선할 수 있다.
- 지속가능경영보고서의 내용과 관련되어 규제기관이나 이해관계자로부터 된 법적 소송문제 발생 시 기업 측에 유리하게 작용할 수 있다.
- 녹색투자자나 녹색구매자의 의사결정과 우수 인재 채용에 도움을 줄 수 있으며, 대내적으로 종업원들의 애사심과 자부심을 고취시키고 이직률을 낮출 수 있다.

(3) 검증기준

지속가능경영(환경)보고서의 신뢰성을 검증하기 위해서는 검증기준(지침)이 필요하다. 그러나 아직 전 세계적으로 통용되는 기준이나 지침은 마련되어 있지 않은 실정이다. 여기서는 검증계약에 관한 국제표준(ISAE3000: International Standards on Assurance Engagement)과 어카운터빌리티(AccountAbility)의 AA1000을 중심으로 설명한다.

1) AA1000

AA1000(AccountAbility 1000)은 2003년 3월 영국의 비영리 연구단체인 Accountability에서 기업의 사회적 책임과 지속가능경영보고서의 검증을 위해 제정한 표준이다. 이 기준은 환경보고서 검증에도 준용할 수 있다. AA1000은 이해관계자의 참여를 중시하고 있으며, 후술하는 ISAE3000에 비해 규정이 간단하고 검증인의 자격요건도 엄격하지 않은 특성이 있다.

이 기준은 2008년 10월 이해관계자들의 의견을 적극 반영하여 개정되었다. 이 기준의 구성은 지속가능경영보고서의 검증원칙인 AA1000APS(2008), 지속가능경영보고서의 검증절차에 관한 기준인 AA1000AS(2008), 이해관계자 참여 프로세스를 위한 표준 AA1000SES(2011)가 있다.

① AA1000APS(2008)

AA1000APS에서 밝히고 있는 검증의 기본원칙은 다음 3가지이다.

- 포괄성(inclusiveness): 이해관계자의 참여를 보장하는 원칙이다. 즉 지속가능경영에 대해 설명의무를 다하고 전략적인 대응방안을 개발하고 달성해 가는 과정에 이해관계자의 참여를 확실하게 보장하여야 한다는 것이다. 이 원칙을 근본원칙(Foundation Principle)으로 제시하고 있다.
- 중요성(materiality): 중요한 이슈를 선정하고 보고하여야 한다는 원칙이다. 중요한 이슈란 지속가능경영에 영향을 미치고 이해관계자들의 의사결정과 판단 및 행동에 영향을 주는 이슈를 말한다.

- 대응성(responsiveness): 조직의 지속가능경영 성과에 영향을 미치는 이해관계자의 요구에 대응하고 책임을 다하여야 한다는 원칙이다. 이는 조직의 목표설정, 경영시스템, 프로세스 반영, 성과 측정, 모니터링 등을 통해 실현된다.

② AA1000AS(2008)

AA1000AS(2008)의 주요 내용은 검증 유형을 Type 1과 Type 2로 구분한 것과 검증 실행수준을 고위수준(High assurance)과 보통수준(Moderate assurance)으로 구분한 것이다.

검증유형 Type 1과 Type 2를 요약하여 비교하면 **〈표 17-6〉**과 같다.

〈표 17-6〉 AA1000AS의 검증 유형

Type 1	Type 2
• 검증의 기본원칙 세 가지 충족 정도를 검증함. 즉, 조직이 지속가능경영 성과와 지속가능경영 보고에서 어떻게 의사소통하고 있는지를 검증함 • 특정 정보의 신뢰성은 검증하지 않음 • 공개된 정보의 증거(evidence)를 찾을 필요 없음 • 경영자에게 명확한 정보의 공개를 요구하지도 않음	• 검증의 기본원칙 충족 정도 검증에 추가하여 특정 지속가능경영 성과 정보에 대한 신뢰성을 검증함 • 특정 지속가능경영 성과란 중요도 평가결과와 보고서 사용자들에 가치 있을 만한 내용임 • 특정 성과정보(예: 온실가스 배출량)의 신뢰성 검증 시 정보의 완전성과 정확성을 포함한 경영자의 명확한 주장에 근거해야 함 • 검증보고서에 검증 결과 확인사항과 결론을 제시해야 함

검증 실행은 높은 수준의 검증과 보통 수준의 검증으로 구분된다. 검증 수준에 따라 검증준비는 달라진다. 높은 수준과 보통 수준을 요약하여 비교하면 **〈표 17-7〉**과 같다.

〈표 17-7〉 AA1000AS의 검증 수준

구분	Moderate Assurance	High Assurance
목적	검증결과에 대한 오류를 줄이기는 했지만 매우 높은 신뢰수준은 아님	검증결과에 오류가 없을 정도의 높은 신뢰수준의 검증 수행
특성	• 원칙: 기업 내부의 정보원 및 관계자로부터 자료를 수집, 통상 경영층으로부터 증거 수집 • 특정 성과정보: 제한된 자료의 수집과 표본 추출, 정보의 개연성을 중시	• 원칙: 내 · 외부 정보원 및 이해관계자를 통해 증거 수집, 조직의 전 계층을 대상으로 증거 수집 • 특정 성과정보: 충분한 표본 추출을 통한 깊이 있는 증거 확보 및 조사, 정보의 신뢰성 중시
검증보고서	• 원칙: 검증인의 검증작업 범위에 한정된 결론 • 특정 성과정보: 검증작업 범위에 근거한 신뢰성만 제공	• 원칙: 검증받는 조직이 공개한 정보의 검증원칙(포괄성, 중요성, 대응성) 충족 상황 및 정도에 대한 결론 • 특정 성과정보: 신뢰성에 기초한 결론

2) ISAE3000

ISAE3000은 국제회계사연맹(IFAC: International Federation of Accountants)의 국제감사 · 검증기준 위원회(IAASB: International Auditing and Assurance Standards Board)에서 2003년 12월 제정하여 2005년 1월부터 모든 전문회계법인이 준수하도록 발효된 검증기준으로, 재무정보 이외의 검증 즉 환경정보 등 비재무정보의 신뢰성을 보증하기 위한 국제검증기준이다.

ISAE3000은 주로 회계감사, 즉 재무정보의 감사에 적용되는 기준으로 제정되었지만 재무정보 이외의 검증을 위한 기본원칙과 절차도 규정하고 있다. 회계정보의 감사를 염두해 둔 기준이기 때문에 정확성을 중시하고 검증절차가 복잡하며, 회계감사과정과 감사절차, 진행방식 및 용어 등이 흡사하다. 또한 검증인에게 고도의 전문지식과 기술 및 역량은 물론 윤리의식까지 요구하는 등 검증인의 자격에 제약이 많다.

ISAE3000은 검증유형(수준)을 검증 결론의 표현방식의 차이와 증거자료의 확보차이(검증수준)에 따라 합리적 검증(Reasonable assurance)과 한정적 검증(Limited assurance)으로 구분하고 있다. 합리적 검증은 긍정적 표현으로 결론을 맺으며, 높은 수준의 검증을 실시한 것을 의미한다. 합리적 검증은 AA1000AS(2008)의 고위수준에 해당한다. 합리적 검증의견의 예는 다음과 같다.

"XYZ기준에 근거하여 중요성 원칙에서 보았을 때 내부통제는 효율적이다."

제한적 검증은 부정적 표현으로 결론을 맺으며, 증거지료의 확보에 제한적이있음을 나타낸다. 따라서 제한적 검증은 합리적 검증보다 낮은 확신을 제공하는 것이다. 제한적 검증은 AA1000AS(2008)의 중간수준과 일치한다고 볼 수 있다. 제한적 검증의견의 예는 다음과 같다.

"XYZ기준에 근거하여 중요성 원칙에서 보았을 때 내부통제가 효과적이지 않다는 다른 어떤 근거도 발견할 수 없었다."

3) AA1000과 ISAE3000의 비교

두 가지 검증기준은 상호 배타적 기준이라기보다 상호 보완관계에 있다고 할 수 있다. ISAE3000은 보고체계에 기반을 두고 정보의 확실성을 중시하여 엄밀한 검증절차를 요구하므로 AA1000AS의 취약한 부분인 정확성을 보완할 수 있다. 두 검증기준의 중요한 차이를 요약 · 비교하면 **〈표 17-8〉**과 같다.

〈표 17-8〉 AA1000AS와 ISAE3000의 비교

구분	AA1000AS	ISAE3000
대상	폭넓은 이해관계자	특정 정보이용자 집단
범위	이해관계자의 참여 프로세스에 비중을 두어 범위와 기준을 결정	검증정보의 확실성과 정보이용자의 욕구에 대응하는 적절한 기준을 결정
검증인의 역할	이해관계자의 참여에 대한 질과 범위 및 보고기준을 고려한 의사결정 프로세스의 견고성을 평가	기준과 보고정보의 일치여부를 평가하면서 중요성을 고려
검증수준	고위수준과 보통수준	합리적 검증과 제한적 검증
독립성과 공평성	보고조직과 독립을 유지하고 이해관계자를 위해 공정성 있는 공적으로 이용 가능한 정보를 작성하여야 함	규범 · 독립성 · 객관성 · 비밀을 보장하기 위해 회계전문가로서의 윤리를 지켜야 함
장점	중요성원칙에 입각하여 이해관계자들의 요구를 세밀하게 반영	엄밀한 검증절차를 갖고 있어 보다 정확한 검증 가능
단점	검증인에 대한 기준과 검증절차가 취약	환경(지속가능경영)보고서만을 위한 검증기준이 아님

자료: 柴田英樹 · 梨岡英理子, 2009, p.74의 내용을 일부 보완

(4) 검증절차

지속가능경영보고서의 검증절차는 검증기관에 따라 조금씩 다르지만 개략적으로 범주화하면 ① 검증계획 수립, ② 문서 검토(1차 검증), ③ 현장검증(2차 검증), ④ 검증결과 정리 및 보완사항 확인, ⑤ 검증보고(의견)서 제출 5단계로 볼 수 있다. 이들 단계별로 주요 검증활동을 정리하면 다음과 같다.

1) 검증계획 수립

1단계 검증계획 수립 시 할 활동은 다음과 같다.

- 검증 팀을 구성한다.
- 검증 범위와 기준을 설정한다. 검증기관은 피검증(보고) 조직과 협의하여 검증 유형(범위)과 검증 수준을 정한다. 예컨대 AA1000AS에서 정의하는 기준에 따라 검증 유형은 Type 1, 2 중에서 그리고 검증 수준은 보통수준과 높은 수준 중에서 선택한다.
- 검증 일정을 협의한다.
- 기초자료를 검토한다. 동종업계의 주요 이슈와, 동종유사업계의 지속가능경영보고서의 주요 내용 데이터 등을 통하여 기초자료를 검토한다.

2) 문서 검토(1차 검증)

피검증 조직이 작성한 지속가능경영보고서의 작성절차, 보고서 내용 및 표현에 대한 적합성을 확인하고 점검하는 단계로 주요 검증 내용을 살펴보면 다음과 같다.

- 준거한 기준과 내용 점검: 보고서 작성 시 준거한 기준과 보고범위와 보고기간 및 보고서에 주요 이슈들이 망라되어 있는지 점검한다.
- 보고 내용 및 품질 확인: 예컨대 GRI 표준에서 제시하는 보고 내용의 결정원칙 4가지와 보고대상 정보의 품질원칙 6가지를 반영하여 보고서를 작성했는지 점검한다.
- 지표 확인: 예컨대 GRI 지표에 대한 보고율을 확인하고 벤치마킹 대상 기업과의 보고율을 비교하며 해당 지표의 규약에 근거해 정확한 정보를 공개하고 있는지 분석한다.
- 내용 및 표현 오류 점검: 다양한 이해관계자에게 정확하게 기업의 정보를 제고하는 측면에서 해당 내용이나 표현에 중대한 오류가 없는지 확인하고 이에 대한 보완사항을 제시한다.
- 주요 정보의 누락 여부 확인: 경제, 환경, 사회적 측면에서 중요한 정보의 누락 여부에 대해 확인한다.

3) 현장검증(2차 검증)

본사나 사업장을 방문하여 관련 자료 확인, 프로세스 및 시스템 점검과 담당자 인터뷰 등을 통해 현장검증을 실시한다. 현장검증에서 필요한 활동은 다음과 같다.

- 사전준비를 한다. 현장검증 대상 사업장을 선정해 전체 일정을 조율하고 사전에 확인 자료에 대한 정보를 제공하여 현장검증이 효율적으로 진행되도록 준비한다.
- 현장검증을 실시한다. 사업장을 방문하여 관련 자료 확인, 프로세스 · 시스템 점검 및 담당자 인터뷰를 진행해 지속가능경영활동의 실적과 시스템을 확인한다.

4) 검증결과 정리 및 보완사항 확인

검증결과를 종합하여 정리하고 수검 팀의 확인을 받고 시정조치를 취한다. 이 단계에서 필요한 활동은 다음과 같다.

- 검증결과를 종합한다. 문서 및 현장검증 결과를 바탕으로 보고서 수정 및 보완사항을 도출한다.
- 수검 팀에게 검증결과와 보완사항 등을 설명 · 확인받는다.
- 반영사항을 최종 확인한다. 수검 팀이 검증결과를 바탕으로 반영한 수정보완 사항을 재검토하고 필요하다면 추가적인 수정 요청 후 최종적으로 수정사항을 확인한다.

5) 검증보고서 제출

제3자 검증의 마지막 단계로 다음과 같은 활동을 한다.

- 검증보고서와 경영보고서를 작성한다. 최종적으로 지속가능경영보고서에 대한 검증보고서를 작성하고 검증결과에 대한 종합분석 자료로서 경영보고서를 작성한다.
- 검증보고서를 전달한다. 지속가능경영 관련 임원진에게 최종적으로 완성된 검증보고서를 제출(발송)한다.
- 피검증 조직은 지속가능경영보고서에 검증보고서를 수록한다.

(5) 검증보고서에 포함될 내용

검증절차가 완료되면 검증기관은 피검증 조직에게 검증보고서를 작성하여 제출하여야 한다. AA1000AS에 따르면 검증보고서에 포함되어야 할 정보를 다음과 같이 제시했다.

- 검증보고서 이용자
- 보고(피검증)조직 및 검증기관의 책임
- 사용된 검증기준
- 검증유형(범위)
- 정보공시 정도에 대한 설명
- 방법론
- 한계점
- 적용한 검증원칙(포괄성, 중요성, 대응성)
- 검증수준(고위수준, 보통수준)
- 포괄성, 중요성, 대응성의 충족과 관련하여 발견한 사항 및 결론
- 특정성과 지표의 신뢰성에 대한 발견사항 및 결론(Type 2 검증만 해당)
- 관찰사항 및 권고(제언)
- 검증기관의 전문적 능력과 독립성
- 검증기관의 명칭
- 날짜 및 장소

3. 제3자 검증의 제도화를 위한 제언

지속가능경영(환경)보고서의 신뢰성 확보를 위한 가장 좋은 방법이 제3자 검증이라 할 수 있지만 현재까지 제도화되지 않고 있다. 지속가능경영보고서 작성 자체가 아직은 기업이 자발적으로 작성하도록 되어 있기 때문에 제3자 검증 역시 선택사항일 뿐 강제사항이 아닌 셈이다. 지속가능경영보고서에 대한 제3자 검증, 나아가 감사를 제도화하기 위한 제언을 하면 다음과 같다.

- 지속가능경영보고서 감사 전문가의 육성과 확보가 시급하다. 감사전문가인 공인회계사에게 지속가능경영교육을 실시하든, 지속가능경영전문가에게 감사교육을 실시하든, 양 전문가 집단을 하나의 팀으로 하든 지속가능경영보고서 감사전문가의 육성과 확보가 시급한 과제이다.
- 공정하고 객관적인 제3자 인증기준(감사기준)의 제정이 필요하다. 제3자 인증기준을 통해 감사행위(검증절차, 검증방법, 검증보고서 작성 등)에 대한 규정을 마련하여야 할 것이다.
- 지속가능경영보고서에 대한 제3자 검증이 기업의 지속가능경영활동의 계속적 개선에 기여한다는 점을 감안할 때 제3자 검증을 법정감사로 추진할 필요가 있을 것이다.

제4절 지속가능경영보고서의 평가

1. 지속가능경영보고서 평가의 의의와 목적

지속가능경영보고서의 평가란 이미 발간된 보고서를 일정한 평가기준에 의해 평가하는 것을 말한다. GRI 또는 BSR 가이드라인은 지속가능경영보고서에 담아야 할 내용의 수집과 공개에 대한 지침일 뿐이다. 즉 이들 가이드라인이 지속가능경영보고서의 품질을 결정하는 기준이라 볼 수 없는 것이다. 지속가능경영보고에 대한 제3자 검증 역시 사회적 신뢰성 확보를 위한 방편은 되지만 지속가능경영보고서 발간의 유인책이 될 수 없다. 따라서 각국에서는 지속가능경영보고서 발간의 유인을 제공하는 동시에 발간된 지속가능경영보고서의 품질 향상을 꾀하기 위해 평가를 실시하고, 평가결과를 바탕으로 시상하는 제도를 도입하고 있다.

지속가능경영보고서의 평가 및 시상의 목적은 발간된 지속가능경영보고서의 질적 평가, 광범위한 이해관계자에게 기업이 커뮤니케이션 역량 공표, 지속가능경영보고서의 질적 향상에 기여, 지속가능경영보고서의 수용과 인지도 개선 등이라 할 수 있다(남상민, 2009). 다만, 지속가능경영보고서의 품질이 우수하다고 평가받은 기업이라 해서 그 기업의 지속가능성이 높은 것이라 할 수는 없다. 즉, 지속가능경영보고서에 대한 평가는 발간된 지속가능경영보고서에 대하여 평가하는 것이지 지속가능성 성과에 대한 평가가 아니라는 것이다.

지속가능경영보고서에 대한 평가는 일반적으로 학계, 정부, 연구기관, 관련 협회 등으로 구성된 심사단을 선정하여 수행하고 있다.

2. 각국의 평가기준

지속가능경영보고서에 대한 평가와 시상은 지속가능경영보고서의 질적 및 양적 향상, 나아가 기업의 지속가능경영을 유도하기 위해 1990년대 초반부터 서유럽 국가를 중심으로 진행되어 오고 있다. 다음에서 보는 바와 같이 GRI 지속가능경영보고서의 가이드라인이 국제표준으로 사용됨에 따라 평가기준 또한 동질화되는 경향을 보이고 있다. 또한 대부분 국가의 평가체계는 지속가능경영보고서의 내용적 차별성과 내용의 적합성을 대분류, 중분류(구성의 상위내용), 소분류(구성의 세부내용)로 묶어 평가하는 특징을 갖고 있다. 몇몇 국가의 평가기준의 예를 제시하면 다음과 같다.

(1) 영국의 평가기준

영국의 ACCA(Association of Chartered Certified Accountants)는 지속가능경영보고서를 평가하여 시상하고 있다. 평가기준은 크게 완성도(Completedness) 40%, 신뢰성(Reliability) 35%, 의사소통(Communication) 25%의 3개 범주로 구분되며 범주별로 세부 항목을 포함하고 있다. 그 밖에도 최근의 보고서 추세, 환경테마, 특별한 부문별 이슈, 혁신적 보고방법 등도 평가에 반영한다. ACCA의 평가기준은 **〈표 17-9〉**와 같다.

(2) 유럽연합의 평가기준

유럽연합은 15개국(오스트리아, 벨기에, 덴마크, 핀란드, 프랑스, 독일, 아일랜드, 룩셈부르크, 네덜란드, 노르웨이, 포르투갈, 스페인, 스웨덴, 스위스, 영국)이 공동으로 지속가능경영보고서 시상제도(ESRA: European Sustainability Reporting Awards)를 운영하고 있다.

ESRA는 유럽 15개국 각각에서 시상된 2편씩의 우수 환경보고서 및 지속가능경영보고서를 평가대상으로 한다. 각 참가국을 대표하는 심사위원들과 두 개의 독립기관의 심사위원으로

〈표 17-9〉 ACCA의 평가기준

<table>
<tr><th>구분</th><th colspan="2">내용</th><th>항목</th></tr>
<tr><td>완전성
(40%)</td><td colspan="2">• 우수한 지속가능경영보고서는 독자로 하여금 기업의 운영과 환경영향에 대해 완전히 알 수 있도록 해야 함
• 완전성검토는 지속가능경영보고서의 목적을 위한 보고주체의 정의에 관해 명료해야 함과, 보고주체의 모든 중요한 환경영향이 보고서에 설명되어 있는지를 검토</td><td>• 기업개요: 제품/서비스, 재무성과, 지정학적 위치, 고용정보
• 주요(직 · 간접) 환경영향
• 환경방침과 경영층의 참여
• 보고서에 사용된 환경성과지표 선택의 타당성
• 환경목표와 세부목표
• 제품에 대한 책임성(설계, LCA, 폐기방침)
• 공급자에 대한 방침
• 보고서의 범위 및 독자에 대한 규명
• 보고와 회계방침(보고 간격, 통합 등)
• 환경보고와 지속가능성 이슈의 연계</td></tr>
<tr><td rowspan="2">신뢰성
(35%)</td><td>내부
신뢰성</td><td>환경영향에 대한 정보를 적절하게 조직이 나타낼 수 있도록 조직구조, 절차, 조정이 되고 있는지 확인</td><td>• 최근 주요 환경적 성과
• 지속가능한 발전 관련 이슈에 대해 책임지고 있는 임원 및 보고서 담당자 이름과 정보
• 경영시스템과 비즈니스 프로세스에의 통합
• 비상사태 대응계획 및 위험관리
• 내부감사과정 및 법규준수 기록
• 경제/사회/환경영향 데이터(연도별 또는 산업별 비교 데이터, 절대 또는 표준화된 데이터): 자원사용(에너지, 원료, 용수, 포장), 토양오염/복원 배출물(대기, 수계, 토양으로의 배출 및 제품/폐기물 발생), 수송(연료 소비와 보유대수)
• 전통적 재무 관련 데이터(환경투자, 설비, 부채 등)
• 환경재무보고서와 총원가회계(full cost accounting)</td></tr>
<tr><td>외부
신뢰성</td><td>내부시스템과 정보가 적절하게 검토되고 외부기관의 견해가 보고서에 포함되어 있는 정도와 관련됨</td><td>• ISO/EMAS 인증
• 보고 가이드라인 적용(GRI, DETR)
• 이해관계자와의 의사소통 및 피드백 사용
• 외부검증</td></tr>
<tr><td>의사
소통
(25%)</td><td colspan="2">지속가능경영보고서가 선정한 독자들과 어느 정도까지 의사소통하고 있는가에 대한 평가, 의사소통하는 매체에 대한 평가가 이루어짐</td><td>• 배치와 표현
• 이해가능성, 읽기 수월성, 접근성, 분량, 빈도, 요약보고서
• 의사소통과 피드백 메커니즘
• 혁신적인 방법(approaches)
• 인터넷 사용, 웹사이트 및 다른 보고서 언급
• 그래프, 사진, 그림의 사용
• 재무보고서와의 통합</td></tr>
</table>

구성된 심사단에 의해 평가된다. ESRA 평가기준은 크게 내용(Contents) 50%와 보고원칙(Reporting Principles) 50%로 구성된다. 평가기준의 세부항목은 **〈표 17-10〉**과 같다.

〈표 17-10〉 ESRA의 평가기준

구분	항목	구분	항목
내용 (50%)	• 경영자의 성명(5%) • 비전 및 전략(5%) • 보고 및 회계방침(5%) • 성과(15%) • 보고조직의 개요(5%) • 요약 및 핵심지표(5%) • 방침, 조직, 경영시스템/이해관계자(10%)	보고 원칙 (50%)	• 관련성(5%) • 완전성(5%) • 신뢰성(5%) • 검증가능성(10%) • 명료성(5%) • 전반적인 인상(10%) • 비교가능성(5%) • 시기적절성(5%)

(3) 일본의 평가기준

일본의 환경성과 지구 · 인간환경포럼은 공동으로 지속가능경영보고서를 평가하여 시상하고 있다. **〈표 17-11〉**에서 제시한 각 평가항목별 점수를 합하여 100점 만점으로 평가한다(전영승, 2011).

〈표 17-11〉 일본의 평가기준

구분	항목	
경영자 인사말과 체제 (30점)	• 최고경영자의 선언(10점) • 지속가능성에 대한 인식(10점) • 사회책임경영시스템의 구축 등(10점)	
사회 · 경제적 측면 (50점)	사회적 측면(40점)	고용 · 노동(7점), 인권(7점), 지구사회 · 공정거래(7점), 제품책임 · 고객만족(7점), 사회공헌 내용 · 수상경력 등(7점), 기타 사회성 항목(5점)
	경제적 측면(10점)	재무보고서를 초월한 경제적 측면의 공시, 기타 지표의 창의성 등
이해관계자와의 커뮤니케이션(10점)	이해관계자와의 커뮤니케이션을 위한 대응	
종합평가(10점)	상기 내용 전체를 평가하고, 독자적 창의성, 선도적 시도 등을 고려하여 종합평가	

(4) 한국능률협회의 평가기준

한국능률협회(KMAR)의 지속가능경영보고서 평가를 위한 지표는 대분류, 중분류, 세(細)분류로 구분하고 있다. 평가배점은 중분류별로 10점에서 40점까지 배분하였으며, 중분류 배점은 다시 세분류별로 3점에서 10점까지 가중치를 감안하여 배분되었다. 이 내용을 요약하면 **〈표 17-12〉**와 같다.

〈표 17-12〉 한국능률협회의 평가지표 분류와 배점 및 세부항목별 평가관점

대분류	중분류(배점)	세분류(배점)	평가관점
보고품질	중요성(40)	전략적 연계성(10)	• 보고서의 CEO 메시지에 따른 본문 기술의 충실도 • CEO 메시지에 따른 경영전략 내용의 연계성 • 조직의 지속가능 경영전략과 본문 기술 내용의 연계성
		정보의 완전성(10)	• 보고 내용에 따른 관련 근거가 해당 보고서 내에 모두 존재하는지의 여부
		주요지표보고(5)	• 주요 보고지표 도출 프로세스에 대한 설명 여부 • 필수지표의 포함 및 해당산업별 주요 지표에 대한 보고 여부
		이해관계자 참여와 성과(15)	• 회사의 주요 이해관계자를 선정하는 절차 • 참여체계 및 결과 반영 여부
	적합성 및 명료성(20)	정보의 포괄성(10)	• 정보공개의 충실성(네거티브 정보의 포함 여부)
		명료성(5)	• 사실에 기초한 간결한 보고 및 불필요한 정보의 반영 여부
		보고체계의 용이성(5)	• 보고체계의 적절성(참고 가이드에서 제시한 보고 체계 준수 여부)
	신뢰성(10)	자료 및 평가방법의 연속성(3)	• 해당 보고서의 근거자료와 이에 대한 보고가 연속성을 가지고 있는지의 여부
		데이터 비교가능성(3)	• 과거 데이터의 적절한 비교 가능 여부 및 적절한 원단위 기술
		전체적 신뢰성(제3자 검증)(4)	• 3자 검증보고서 또는 검토의견 수록 여부
의사소통의 효과성	문장 및 용어(10)	제목의 정보가치(4)	• 보고 내용을 대표할 수 있는 적절한 목차 및 목차에 따른 체계적인 내용 전개
		문서체계의 생동감(4)	• 목차 구성, 기술 방식 등 회사의 특징 반영수준
		이해가능성(3)	• 문장 및 용어의 이해가능성, 문체의 간결성

<table>
<tr><th>대분류</th><th>중분류
(배점)</th><th>세분류(배점)</th><th>평가관점</th></tr>
<tr><td rowspan="5">의사소통의
효과성</td><td rowspan="3">가독성
(10)</td><td>도표의
활용 및 질(4)</td><td>• 그래프, 표 편집의 적정성</td></tr>
<tr><td>글자의 가독성(3)</td><td>• 글자 모양 및 텍스트 크기, 컬러 사용 등의 적정성</td></tr>
<tr><td>사진의 활용(3)</td><td>• 본문 내용과의 연계성, 사진 총량의 적정성</td></tr>
<tr><td rowspan="2">보고서
활용
(10)</td><td>피드백 의견
반영(5)</td><td>• 전회 보고서의 검증보고서 및 검토의견서 내용의 반영 여부</td></tr>
<tr><td>정보의
접근가능성(5)</td><td>• 추가정보에 대한 안내, 홈페이지 등을 통한 관련 정보 취득의 용이성</td></tr>
<tr><td>(배점 계)</td><td>(100)</td><td colspan="2">(100)</td></tr>
</table>

자료: 한국경영인증원, 2010, pp.10-13의 표들을 수정 · 결합

토론하고 발표하기

1. 지속가능경영보고서의 의의와 필요성에 대하여 설명하라.

2. 지속가능경영보고서의 보고내용 결정원칙과 정보의 품질보증원칙을 설명하라.

3. GRI 기준의 의의와 목적을 설명하라.

4. GRI 기준의 구성을 설명하라.

5. GRI 기준의 성과지표체계를 설명하라.

6. BSR의 의의와 특징을 설명하라.

7. UN Global Compact에 대하여 설명하라.

8. 지속가능경영보고서의 신뢰성이란 무엇이며, 어떻게 신뢰성을 확보할 수 있는지에 대하여 설명하라.

9. 지속가능경영보고서의 검증기준인 AA1000과 ISAE3000을 비교 · 설명하라.

10. 지속가능경영보고서에 대한 제3자 검증의 주요내용과 검증절차 및 기대효과를 설명하라.

11. 지속가능경영보고서에 대한 제3자 검증의견서(보고서)를 수집하여 내용을 확인해 보라.

12. 지속가능경영보고서의 평가가 필요한 이유와 평가지표에 대하여 설명하라.

13. 우리나라 기업의 지속가능경영보고서를 구하여 분석하고 의견을 제시하라.

참고문헌

강성관, 2007,「환경경영과 환경경영시스템」, SBC인증원.

권동명 · 임지혜 · 김의경, 2008, "에너지경영시스템 도입 방안에 관한 연구",「환경경영연구」 제6권 제1호, 한국환경경영학회, pp.85-108.

권수영, 황유선, 허진숙, 2014, "통합보고의 현황과 기업보고서로의 당면과제 분석-포스코 사례분석을 중심으로-",「회계저널」, 제23권 제6호, pp. 487-515.

권오상, 2003,「환경경제학」, 박영사.

고동수, 2006,「기업의 사회적 책임(CSR): 국제논의 동향 및 우리의 대응방안」, 산업연구원.

국가청정생산지원센터, 2003,「주요 국제환경협약 및 환경규제」, 한국생산기술연구원.

기획재정부, 2017,「온실가스 배출권의 할당 및 거래에 관한 법률」

기획재정부, 2017,「온실가스 배출권의 할당 및 거래에 관한 법률 시행령」

김성우, "지속가능경영보고의 인증과 법적 책임", 2015,「지속가능경영보고 및 효과측정 심포지엄」, 2015 한국회계학회 발표자료, 한국회계학회.

김범식, 2012, "국내외 환경라벨링 운영 현황과 향후 대응 방향",「지속가능산업발전」 V.15 No.2, 한국생산기술연구원.

김선영 · 안상전 · 송지연 · 정재수, 2007, "국내기업의 에코디자인 활성화방안 연구",「춘계학술대회 발표논문집」, 한국환경경영학회, pp.45-57.

김성택, 2012,「CSR 5.0 기업의 사회적 책임과 역할」, 도서출판 청람.

김수종 · 문국현 · 최열, 2008,「지구온난화의 부메랑」, 환경재단 도요새.

김운수, 2011,「서울시 기후변화 대응체계 개선을 위한 에너지경영시스템(ISO50001) 도입방안 연구」, 서울시정개발연구원.

김인식, 2010, "기업의 지속가능회계에 관한 연구",「한국세무회계학회지」 제26호, 한국세무회계학회, pp.49-69.

김종대, 2007, "왜 지속가능경영인가?",「국제표준화저널」 제9호.

김종대, 2008, "환경경영-새로운 경영 패러다임?",「환경경영의 과제와 전망」, 콘라드 아데나워재단, 경실련 제5회 CSR포럼.

김종대 · 장지인, 2001,「환경회계 연구보고서」 제9호, 한국회계연구원.

김현일, 2007, "에너지 경영시스템의 도입과 추진현황",「한국가스연맹」 겨울호.

남상민, 2009, "지속가능성보고서를 토대로 한 기업 지속가능가치평가",「한국콘텐츠학회논문지」 Vol. 9 No.10, pp.339-348.

노한균, 2011,「ISO26000을 통해 사회책임 살펴보기」, 박영사.

매일경제 · 에너지경제연구원 · 대한상공회의소 외, 2010,「국내온실가스 배출권거래제 도입에 관한 대토론회 자료집」.

민경호, 2010,「친환경경영의 실제」, 무역경영사.

박종일, 2009, "온실가스 관리 표준 동향 및 검증심사원의 자격 표준화 동향",「지속가능산업발전」V.12 No.3, 한국생산기술연구원 국가청정생산지원센터, pp.48-55.

박윤정, "미국 지속가능회계기준 개발 동향 및 기존 ESG공시기준과의 비교", 2015,「CORPORATE GOVERNANCE SERVICE」제16호, pp. 13-16.

박지혜, 2005, "지속가능경영보고서의 제3자 검증과 이해관계자: 해외사례를 중심으로",「환경경영연구」제3권 제1호, pp.45-60.

박천규 외 4인, 2012,「탄소, 사고팔 준비가 되었나요?」, 도요새.

박훤일, 2006, "해외투자와 지속가능발전원칙: 적도원칙을 중심으로",「무역상무연구」제31권, 한국무역상무학회, pp.27-56.

부기덕, 이원희, 김희락, 2010,「배출권 거래와 탄소 금융」, 한국금융연수원.

산업자원부, 2004,「환경관리회계 매뉴얼」, 산업자원부.

산업자원부, 2005,「중소기업형 환경경영기법 가이드라인」.

산업자원부, 2006,「환경규제 극복을 위한 산업간 공급망관리 연계방안 연구(최종보고서)」.

송유진 · 이정 · 김길홍, 2011, "그린워싱 정보인식에 따른 소비자의 구매행동의도",「소비자학연구」제22권 제1호.

신건권, 2010, "정부부문 지속가능성보고서의 평가와 개선방향",「지방재정연구」제14권 제1호, pp.225-248.

신용승, 2011,「기후변화에 따른 건강영향평가 · 적응정책방안」, 한국환경정책 · 평가연구원.

신지원, 2010, "환경커뮤니케이션의 시작, 환경보고서",「지속가능산업발전」V.13 No. 1, 국가청정생산지원센터, pp.34-39.

신태종, 2007, "지속가능성 평가와 국내 기업의 지속가능성보고서",「기업지배구조연구」2007 Spring, 좋은 기업지배연구소, pp.25-39.

안윤기, 1999, "환경성과평가(EPE) 규격제정 동향과 의의",「인증월드」제12호, 한국품질환경인증협회, p.34.

오진규, 2016, "파리협정의 주요 내용과 의의",「SID 지속가능산업발전」, Vol. 19, No. 3,국가청정생산지원센터, pp. 6-11.

유재욱, 이근철, 선정훈, 2014,「현대사회와 지속가능경영」, 박영사「SID 지속가능산업발전」, Vol. 19, No. 3, 국가청정생산지원센터, pp. 12-21.

윤진수, 2009, "국내 지속가능경영보고서 발간현황과 시사점",「기업지배구조리뷰」통권 제46호, 한국기업지배구조원, pp.70-88.

앤드류 사비츠 · 칼 위버 지음, 삼일회계법인 역, 2008,「지속가능경영의 3대 축」, 거름.

양인목, 2011, "그린비지니스를 위한 그린마케팅 현황",「지속가능산업발전」, 한국생산기술연구원, pp.10-17.

이기훈, 2005,「지속가능성 경영 기업가치 평가」, 박영사.

이기훈, 2007, "개념적 고찰을 통한 녹색구매와 환경친화적 공급망 관리 비교연구",「환경경영연구」제5권 제1호, pp.1-18.
이남주 · 박규일 · 신건권, 2008,「21세기 사회책임경영시대의 환경회계」, 도서출판 청람.
이대호, 2016, "주요 국가 감축목표와 온실가스 정책 현황 및 시사점".
이병욱, 2004, "환경관리회계",「지속가능산업발전」7(3), 한국생산기술연구원 국가청정지원센터, pp.56-63.
이병욱, 2004, "환경관리회계",「지속가능산업발전」7(4), 한국생산기술연구원 국가청정지원센터, pp.57-63.
이병욱 · 안윤기, 2015,「환경경영의 이해」, 에코리브르.
이병욱 · 황금주 · 김남규, 2005,「환경경영」, 에코리브르.
이승준, 2016, "기후변화 적응 및 손실과 피해에 관한 파리협정의 의의와 우리의 대응",「환경포럼」제20권 제2호, 한국환경정책평가연구원, pp. 2-19.
이연진 · 이병욱 2007, "사회책임투자(SRI)의 동향 및 전망",「환경경영연구」제5권 제1호, 한국환경경영학회, pp.93-118.
이윤아, 2010, "일본의 배출권거래제도 현황과 과제",「그린삼성」, 삼성지구환경연구소, Vol.95, pp.17-25.
이정호 · 김종대, 1998, "환경원가회계의 구조 및 현황",「경영논집」32(2), 서울대학교 경영연구소.
장지인, 1999, "환경회계연구의 현상과 과제",「환경회계의 과제와 전망」, 중앙대학교 경영연구소, pp.1-43.
전영승, 2001,「환경회계 · , 두남.
전영승, 2003, "우리나라의 환경보고서 공시제도 활성화 방안",「회계정보연구」20, 한국회계정보학회, pp.109-129.
전영승, 2004, "환경보고서 작성지침의 비교연구",「경영교육연구」34, 한국경영교육학회, pp.43-68.
전영승, 2004, "강원지역 중소기업의 환경경영 실태와 과제",「산학경영연구」제17집, 한국산학경영학회, pp.53-81.
전영승, 2005, "우리나라 2004 환경원가회계 가이드라인의 개선방안",「상업교육연구」10, 한국상업교육학회.
전영승, 2005, "한 · 일환경회계가이드라인의 비교연구", 국제회계연구 제12집, 한국국제회계학회, pp.17-39.
전영승, 2006, "환경회계가이드라인의 국제비교연구",「국제회계연구」제15집, 한국국제회계학회, pp.93-114.
전영승, 2007, "우리나라 중소기업 환경보고서의 실태와 과제",「상업교육연구」제17권, pp.267-283.
전영승, 2008, "우리나라 환경보고서 가이드라인의 개선방안에 관한 연구" -한일 환경보고서 가이드라인의 비교를 중심으로-,「상업교육연구」제21권, pp.313-337, 113-133.
전영승, 2010, "배출권거래의 회계처리에 관한 연구",「회계정보연구」제28권 제4호, pp. 299-321.
전영승, 2011, "지속가능성보고서의 실태와 개선방안",「상업교육연구」제25권 제2호, pp.135-162.
전영승, 2012a,「환경회계의 이해과 적용」, 도서출판 청람.
전영승, 2012b, "사회책임경영의 이해와 과제",「2012 지속가능경영」, 한국능률협회인증원, pp.8-9.
전영승, 2012c, "지속가능성보고서의 제3자 검증에 관한 연구",「상업교육연구」제26권 제3호, pp.135-

157.
전영승, 2015, " 통합보고서의 검증현황에 관한 연구", 「상업교육연구」 제29권 제5호, 한국상업교육학회, pp. 131-154.
정명환, 2009, "우리나라 기업의 환경정보 공시 현황과 제도적 개선방안"-지속가능경영보고서 분석을 중심으로-, 「대한경영학회지」 제22권 제6호, pp.3529-3562.
조동성 · 산업정책연구원 지속경영본부, 2007, 「지속(가능)경영」, 서울경제경영.
조재립, 1999, 「환경경영」. 청문각.
지속가능발전기본법, 2007.8.
지속가능발전기업협의회, 2013, 「SMAT를 위한 지속가능경영 이해와 활용」, 매일경제신문사.
지식경제부, "BSR 보고 가이드라인(B.E.S.T, Sustainability Report Guidelines)", 2006.
지식경제부 · 대한상공회의소, 2012, 「온실가스배출권의 할당 및 거래에 관한 법률 산업계 설명회」.
지식경제부 기술표준원, 2012, KS A ISO26000:2012.
지호준, 2000, 「알기 쉽게 배우는 21세기 경영학」, 법문사.
최선 외 13인, 2007, 「환경경영」, 두남.
최선 · 박선경 · 김용현 · 이성철, 2012, 「알기쉬운 녹색경영」, 한경사.
최정철, 2006, "사회책임경영과 지속가능성보고" -국내기업의 지속가능성보고서 도입실태분석을 중심으로-, 「기업윤리연구」 11권, pp. 1-35.
한국거래소, 2021, 「ESG 정보 공개 가이던스」.
한국경영인증원, 2010, 「2010 Sustainability Management」.
한국경영인증원, 2010, 「ISO26000 KMAR번역본」.
한국회계연구원, 2003, 「재무회계개념체계」, 회계기준위원회.
환경부, 2002, 「국내 환경비용 측정 지침 개발 및 제도화 방안 연구」.
환경부, 2005, 「2005 환경원가회계 가이드라인」.
환경부, 2004, 「2004 환경원가회계 가이드라인」.
환경부, 2004, 「2004 환경보고서 가이드라인」.
환경부, 2006, 「환경성과평가 가이드라인」.
환경부, 2007, 「2007 환경보고서 가이드라인」.
환경부, 한국환경공단, 2011, 「대학온실가스 인벤토리 구축 가이드라인」.
환경부, 2012, 「그린캠퍼스 온실가스 인벤토리 구축 교육」.

高橋由明 · 鈴木辛毅, 2005, 「環境問題の經營學」, ミネルヴァ書房.
國部克彦, 1998, 「環境會計」, 新世社.
國部克彦, 2004, 「環境管理會計入門」, 産業環境管理協會.
國剖克彦 · 伊坪德宏 · 水口 剛, 2012, 「環境經營 · 會計」 第2版, 有斐閣アルマ.
國剖克彦 · 伊坪德宏 · 水口 剛, 2007, 「環境經營 · 會計」, 有斐閣アルマ.
山上達人 · 向山敦夫 · 國剖克彦, 2005, 「環境會計の新しい展開」, 白桃書房.
石津壽惠, 2003, 「持續可能な發展のための環境會計」, 白桃書房.
小川 冽, 1996, "社會會計と環境會計", 「企業會計」, 中央經濟社, 9, 36.

柴田英樹, 梨岡英理子, 2014,「進化する環境・CSR會計」, 東京：中央經濟社.
矢澤秀雄・湯田雅夫, 2004,「環境管理會計概論」,稅務經理協會.
柴田英樹・梨岡英理子, 2009,「進化する環境會計」第2版, 中央經濟社.
伊藤邦雄, 2013, "統合報告スミナー 基調講演",「會計・監査ジャーナル」, 第25卷 第9号.
奧村 剛史, "CSR報告書 動向",「會計情報」, Vol. 403, トーマツ リサーチセンタ, 2010. 3, pp.32-35.
金原達夫, 2012,「環境經營入門」-理論と實踐-, 創成社.
金原達夫・金子慎治・藤井秀道・川原 博満, 2011,「環境經營の日米比較」, 中央經濟社.
高垣行男, 2010,「環境經營戰略の潮流」, 創成社.
環境省, 2005, 環境會計ガイドライン(2005年版), 1-58.
環境省, 2002, 環境會計ガイドライン(2002年版), 1-45.
環境省, 2007, 環境報告 ガイドライン(2007年度版), 環境省, pp.1-142.

A. Carol and Venket Narayanan, 2007, "The Standardization of Sustainability Reporting", *Sustainability Accounting and Accountability*, Routledge, pp.70-85.
Account Ability, 2005, The Stakeholder Engagement Manual. Vol.1 and 2, Account Ability.
Anne Y. Ilinitch, Naomi S. Soderstrom and Tom E. Thomas, 1998, "Measuring corporate environmental performance," Journal of Accounting and Public Policy 17, p.383.
Bruice W. Piasecki, Kevin A. Fletcher and Frank J. Mendelson, 1999, *Environmental Management and Business Strategy*, John Wiley & Sons, p.52.
Canadian Institute of Chartered Accountants(CICA), 1993, *Environmental Costs and Liabilities:* Accounting and Reporting Issues.
Christie, I., H. Rolfe and R. Legard, 1995, *Cleaner Production in Industry: Integrating Business Goals and Environmental Management*, London, Policy Studies Institute.
Clausen J. and K. Fichter, 1995, *Environmental Reporting and the EMAS- Statement in Germany*, Berlinm IOW, pp.14-16.
Drucker, Peter F., 1974, *Management: Tasks, Responsibilities, Practices*, New York, Collins
Eccles, R. G. and Krzus, M. P. 2010, *One Report Integrated Reporting for a Sustainable Strategy*. John Wiley & Sons. N.Y.
Elkington, J. and J. Hailes, *The Green Consumer Guide*, London, Victor Gollancz.
Environmental Protection Agency(EPA), 1995, *An Introduction to Environmental Accounting As a Business Management Tool:* Key Concepts and Terms.
EPA, 1995, *An Introduction to Environmental Accounting as a Business Management Tool:* Key Concepts and Terms, EPA.
EPA, 1992, *The Total Cost Assessment: Accelerating Industrial Pollution Prevention Through Innovate Project Financial Analysis,* EPA.
Freedman, R. E. 1984, *Strategic Management:* A Stakeholder Approach, Boston, Pitman Publishing.
GEMI, 2002, *New Paths to Business Value: Strategic Sourcing-Environment, Health and Safety,* Global Environmental Management Initiative.

Gray, Rob, 1990, *The Greening of Accountancy,* Certified Accountants Publications Ltd.
Global Reporting Initiative(GRI), 2006, Sustainability Reporting Guidelines G3 version, 2006.
Global Reporting Initiative(GRI), 2013, Sustainability Reporting Guidelines G4 version, 2013.
International Chamber of Commerce, 1991, *Guide to Effective Environmental Auditing,* ICC.
International Organization for Standardization(ISO), 1996, *Environmental Management System-Specification with Guidance for Use,* Geneva.
ISOISO14010, 1996, *Guidelines for Environmental Auditing-General Principles,* Geneva.
ISO14031, 1999, *Environmental Management-Environmental Performance Evaluation Guidelines,* Geneva.
ISO14032, 1999, *Environmental Management-Examples on Environmental Performance Evaluation Guidelines,* Geneva.
ISO14041, 1998, *Environmental Management-Life Cycle Assessment Goal and ScopeDenefition and Inventory Analysis,* Geneva.
ISO14051, 2011, *Environment Management -Material flow cost accounting- General framework.*
ISO50001, 2011, *Energy Management systems-Requirements with Guidance for Use, Geneva.*
Owen D., 2007, *"Assurance Practice in Sustainability Reporting," Sustainability Accounting and Accountability,* Routledge, pp.168-183.
Peattie, K., 1995, Environmental Marketing: Meeting the Green Challenge, London: pitman publishing.
Porter, Michael E. and Kramer, Mark R., 2011, "Creating Shared Value", *Harvard Business Review,* 89(1/2), pp. 62-77.
Schaltegger, S. Muller, K. and Hindrichsen, H., 1996, *Corporate Environmental Accounting,* John Wiley & Sons.
Tilt, C. A., 2007, "External Stakeholders' Perspectives on Sustainability reporting," *Sustainability Accounting and Accountability,* Routledge, pp.104-126.
United Nations Conference on Trade and Development, 1996, *Accounting and Reporting for Environmental Costs and Liabilities.*
WCED, 1987, *Our Common Future,* World Commission on Environment and Development Oxford, Univ. Press.

http://www.ksasma.or.kr
http://gpress.jp/csrnews/archives/2005/05/09-120632.php
http://www.kld.com/research/ratings_indicators.htm
http://cafe.naver.com/kmar
http://www.globalreporting.org/reporting/g4/pages/default.aspx

찾아보기

[국문]

ㄱ

가격 183
가중치 부여 238
간접규제 39
간접배출 311
검증가능성 285
검증계약에 관한 국제표준 445
경영 3
경영성과지표 213
경영의 중요성 4
경영패러다임의 변화 10, 397
경영활동 6
경제적 수익성 166
경제적 책임 8
경제주체 7
계획 4
공급망 관리 130
공동이행 57
공유가치 창출 367
공유가치 창출 전략 368
공유가치 창출과 사회적 책임의 비교 369
공정운영관행 374
공통기준 434
공해문제 25
과거 배출량 기반 할당 328
과거 생산(활동)량 기반할당 328
관리적 의사결정 5
교토 메커니즘 56
교토의정서 33, 54, 60
교토의정서와 파리협정의 비교 61
국제배출권거래 56
규제 혹은 자발적 접근법 221
규제준수형 17
균형 431
그린가격전략 188
그린마케팅 173
그린마케팅 믹스 184
그린마케팅 믹스 전략 186
그린마케팅의 접근방법 176
그린마케팅의 필요성 175
그린워싱 190
그린유통전략 189
그린제품 186
그린제품전략 186
그린커뮤니케이션 190
기능적 의사결정 5
기술 발전 24
기술적 타당성 166
기업 7
기업과 경영의 관계 8
기업의 사회적 책임 10, 361
기업의 사회적 책임의 추세 365
기업의 책임 8
기준인정방식 327
기준흐름 231
기타 직 · 간접 배출 311
기후변화 307

기후변화에 관한 정부 간 협의체 33
기후변화협약 33, 52
기후변화협약의 의미 53
기후변화협약의 주요 내용 53
기후변화협약이 기업에 미치는 영향 68

ㄴ

내부환경감사 272
네거티브라벨링 193
노동관행 373
녹색구매 127
녹색구매의 목적 129
녹색구매의 특징 128
녹색설계 110
녹색소비자 178
녹색소비자의 구매과정 182
녹색소비자의 구매행위단계 181
녹색소비자의 유형 180
녹색소비자의 행동과 특성 179
능동적 대응기 37

ㄷ

다우존스 지속가능성지수 390
단순지표 211
대기오염 25
대응성 446
도미니 400 사회지수 391
도시화 24

ㄹ

람사르협약 36
리우+20 정상회의 32
리우선언 32

ㅁ

마이클 포터 367
마케팅 전략 183
마케팅관리 5
마크 크레이머 367
멀티이슈라벨링 193
명료성 284
명확성 431
목록분석 231
목적적합성 283
목표관리제의 효과 319
몬트리올의정서 35
무관심형 17
무상할당방식 328
문서화 85
물 부족 30
물질흐름원가회계 265
물질흐름원가회계의 유용성 269

ㅂ

바젤협약 35
배출권 할당의 조정 333
배출권거래의 분류 329
배출권거래제 322
배출권거래제와 목표관리제의 비교 324
배출권거래제와 탄소세의 비교 325
배출권의 거래방식 326
배출권의 이월 337
배출권의 이월 · 차입 337
배출권의 제출 336
배출권의 할당 332
배출권의 할당방식 328
배출량의 산정 313
배출부과금 39
법규준수 감사 273
법규준수 및 복원활동원가 263
복지경영 11
분류 236
브루트란트 보고서 31
비교가능성 284, 432
BSR 가이드라인 437

ㅅ

사막화 29
사막화방지협약 34
사적 효익 257
사전예방기술 153
사전예방활동원가 263
4Ps 183
사회적 규제 40
사회적 선별투자 384
사회적 시장 40
사회적 책임 관련 정보의 특성 381
사회적 책임 실행 모형 377
사회적 책임과 지속가능경영 415
사회적 책임에 대한 견해 362
사회적 책임의 실행절차 378
사회적 책임의 원칙 372
사회적 효익 257
사회책임투자 382
사회책임투자의 유형 384
사회책임투자의 필요성 383
사회책임투자지수 390
사후처리기술 153, 154
사후처리활동원가 263
산업화 24
산정등급 313
3대 축 12
삼림 파괴 28
상쇄 338
새집증후군 30
생물다양성협약 34
생물종 다양성의 감소 29
생산관리 5
생태마케팅 174
생태산업단지 160
생태산업단지의 구축효과 161
생태적 디자인 110
석면 30
성장경영 11
세계 환경의 날 31
세계환경개발위원회 31
소비자 410
소비자 이슈 374
수동적 대응기 37
수질오염 30
쉘티거 246
스모그 25
스톡홀름협약 35
시기적절성 284
신(New) ESG지수 392
신뢰성 283, 432
신화학 물질 관리제도 43
싱글이슈라벨링 193

ㅇ

ISO14000 시리즈 100
ISO14001 인증 97
ISO14001의 개요 95
ISO26000의 의의와 목적 370
ISO26000의 활용방안 374
에너지 검토 349
에너지 방침 349
에너지 베이스라인 350
에너지 사용 제품의 친환경 설계 규정 45
에너지 성과지표 350
에너지경영시대 70
에너지경영시스템 343, 344, 346
에너지경영시스템 도입의 효과 355
에너지경영시스템의 모델 347
에너지경영시스템의 목적 344
에너지경영시스템의 특징 345
AA1000AS의 검증 수준 446
AA1000AS의 검증 유형 446
AA1000과 ISAE3000의 비교 447
FTSE4GOOD지수 391
엘손하트 173
역유통 140

역유통경로 140
열섬현상 30
영업활동 6
예방형 17
예치금환불제도 39
오존층 파괴 27
온실가스 감축목표 66
온실가스 배출 유형 311
온실가스 인벤토리 308
온실가스 인벤토리 구축절차 310
온실가스 인벤토리 원칙 309
온실가스 · 에너지 목표관리제 317
온실가스에 대한 제3자 검증 320
온실효과 26, 50
완전성 430
완화 52
외부환경감사 272
운영경계 310
운영성과지표 213
위험기준 접근법 220
유상할당(경매)방식 328
UN 글로벌 콤팩트의 가이드라인 440
UN 인간환경회의 31
UN 책임투자의 원칙 387
UN 환경개발회의 32
UN 환경계획회의 31
유통관리 139
유통채널 및 판매장소 183
유해물질 사용제한 지침 42
6대 온실가스 54
의사결정 5
의제21 32
ESG 경영의 개념 417
ESG 경영의 요소 417
ESG 성과평가 418
ESG 정보 공개 420
ESG 정보 공개 가이던스 422
ESG 정보 공개의 필요성 421
ESG 평가지표 418
2차 이해관계자 406
이해관계자 9, 403
이해관계자 관리 405
이해관계자 관리 전략 410
이해관계자 분류 405
이해관계자 참여 407, 429
이해관계자 파악 405
이해관계자 파트너십 298
이해관계자의 참여방법 408
이해관계자의 특성 404
이해관계자활동원가 263
인과접근법 219
인구증가 23
인권 373
인류 공동의 미래 31
인사관리 5
1차 이해관계자 406

ㅈ

자발적 실천기 37
자원 절감 119
자원과 에너지의 고갈 30
재무관리 5
재무활동 6
재이용 159
재제조 159
재활용 159
저탄소 제품 198
적도원칙 388
적시성 432
적응 52
적합성평가 97
전과정사고 77
전과정영향평가 235
전과정접근법 220
전과정평가 225
전과정평가의 목적 226
전과정평가의 유용성 241

전과정평가의 절차 228
전과정평가의 주요 원칙 227
전과정평가의 특징 226
전과정평가의 한계 242
전기 · 전자장비 폐기물 처리 지침 41
전략적 의사결정 5
전통적 마케팅 174
전통적 마케팅 믹스 183
정규화 238
정량적 평가 137
정보의 품질보증원칙 431
정성적 평가 137
정확성 431
제3자 검증의 의의 443
제재조 141
제품 183
제품부과금 39
제품의 환경성 105
조정 4
조직경계 310
조직화 4
종업원 414
종합지표 211
주주행동 385
중요성 430
중요성 445
지구온난화 26, 49, 307
지구온난화의 원인 49
지구온난화지수 54
지배구조 373
지속가능경영 10, 12, 395
지속가능경영 프레임워크 399
지속가능경영보고서 402, 427
지속가능경영보고서 기준 433
지속가능경영보고서에 대한 제3자 검증 443
지속가능경영보고서의 검증절차 448
지속가능경영보고서의 보고원칙 429
지속가능경영보고서의 평가 451
지속가능경영보고서의 필요성 428
지속가능경영의 발전단계 401
지속가능경영의 필요성 397
지속가능발전 세계정상회의 32
지속가능성 396
지속가능성 맥락 430
지속가능한 마케팅 174
지속가능한 발전 31, 396
지속가능회계 402
지속발전형 18
지속적 확산기 38
GRI 기준의 목적 433
GRI 기준의 특징 436
지역사회 413
지역사회 참여와 발전 374
지역사회투자 386
지휘 4
직접규제 39
직접배출 311

ㅊ

청정개발체제 58
청정생산 120, 151
청정생산기술 154
청정생산기술과 사후처리기술의 비교 155
청정생산기술의 특징 155
청정생산의 이행절차 162
청정생산의 장애요소 168
청정생산의 촉진 요인 152
청정생산의 효과 168
초기 환경성 검토 80
총량제한방식 326
친환경공급망 관리 128, 131
친환경공급망 관리의 절차 141
친환경공급망 관리의 필요성 132
친환경설계 110
친환경제품 105
친환경제품 전략 108
친환경제품의 필요성 106

7대 온실가스 50
7대 핵심주제 372

ㅌ

Type I 환경라벨링 194
Type II 환경라벨링 194
Type III 환경라벨링 194
탄소라벨링 195
탄소발자국 196, 197
탄소발자국 인증 198
탄소세 325
탄소정보공개프로젝트 389
탄소중립 34, 341
토양오염 30
통제 4
통합제품정책 107
투자활동 6
특성화 236
특정주제 기준 434

ㅍ

파리협정 33, 60
파리협정의 구조 62
파리협정의 의의 67
파리협정의 한계 67
판매촉진 183
폐기물 처리 30
폐차 처리 지침 43
포괄성 445
포스트 교토체제 59
표준화지표 211
품질경영 11
품질경영시스템 346
품질관리 315
품질보증 317
PDCA(Plan-Do-Check-Act)모형 205
피아티 174

ㅎ

해양오염 27
협력업체 관리방법 138
협력업체 선정 143
협력업체의 관리 134
협력업체의 평가방법 136
협력회사 411
환경 373
환경 매뉴얼 85
환경 · 사회 · 지배구조 383
환경감사 85, 270
환경감사의 분류 272
환경감사의 필요성 271
환경경영 11, 13
환경경영규격 87
환경경영기법 14
환경경영시스템 75, 295, 346
환경경영시스템 감사 273
환경경영시스템 도입의 목적 76
환경경영시스템에 대한 성과평가 86
환경경영시스템의 기본 요건 78
환경경영시스템의 특징 77
환경경영의 목적 16
환경경영의 발전 17
환경경영이념 14
환경관리회계 260
환경규제 38
환경기술 153
환경디자인 110
환경라벨링 192
환경마케팅 174
환경목표 83
환경문제 25
환경문제의 원인 23
환경방침 79
환경배려형 시장 15
환경보고서 87, 277
환경보고서 가이드라인 291

환경보고서 감사 273
환경보고서의 기능 280
환경보고서의 목적 278
환경보고서의 이해관계자 281
환경보고서의 작성원칙 283
환경보고서의 작성절차 287
환경보고서의 주요 내용 285
환경보고서의 필요성 279
환경복원기술 153
환경부채 253
환경비용 260
환경비전 및 전략 294
환경성과지표 213
환경성과평가 201, 202
환경성과평가 가이드라인 209
환경성과평가의 절차 205
환경성과평가의 주요 영역 204
환경성과평가의 필요성 202
환경성과평가지표 211
환경성과평가지표의 선정 215
환경성과평가지표의 선정기준 218
환경성과평가지표의 선정방법 219
환경성과평가지표의 유형 211
환경성적표지 제도 196
환경성적표지 제도의 특징 197
환경소비세 40
환경여건지표 213
환경영향 76, 88, 206
환경영향 및 성과 296
환경영향 평가 91
환경영향의 범위 92
환경원가 261
환경원가의 분류 261
환경원가의 측정 263
환경자산 251
환경재무회계 251
환경적 건전성 166
환경적 책임 9
환경측면 76, 88, 206
환경측면 파악 84, 88
환경측면의 결정 90
환경친화적 설계 110
환경친화적 설계의 도입효과 122
환경친화적 설계의 실행 112
환경친화적 설계의 장애요인 123
환경친화적 설계의 필요성 111
환경호르몬 29
환경회계 18, 19, 245
환경회계의 기능 248
환경회계의 영역 249
환경회계의 필요성 247
환경회계책임 19
환경효익 257
환경효익의 분류 257
회계책임 19
효과 4
효율 4

[영문]

A

AA1000 445
AA1000APS 445
AccountAbility 1000 445
accountability 19
accuracy 431
adaption 52
Agenda21 32
aggregated indicators 211
asbestos 30

B

balance 431
Basel Convention 35
Baseline & Credit 327

BM(benchmarking) 328
Brundtland Report 31
business 3

C

Cap & Trade 326
Carbon Footprint 197
cause and effect approach 219
CBD(Convention on Biological Diversity) 34
CDM(Clean Development Mechanism) 58
CDP(Carbon Disclosure Project) 389
characterization 236
clarity 284, 431
classification 236
community investment 386
community involvement and development 374
comparability 284, 432
completeness 430
Compliance Audit 273
conformity assessment 97
consumer issues 374
controlling 4
coordinating 4
Corporate Green Procurement 127
Corporate Sustainability Management 395
CP(Cleaner Production) 151
CSR(Corporate Social Responsibility) 10, 361, 369
CSV(Creating Shared Value) 367, 369

D

decision making 5
deposit-refund system 39
DfE(Design for Environment) 110
DJSI(Dow Jones Sustainability Index) 390

E

ECIs(Environmental Condition Indicators) 213
eco design 110
Eco-industrial Park 160
ecological design 110
ecological marketing 174
economic entity 7
effective 4
efficient 4
EL(Environmental Labeling) 192
Elsonhart 173
ELV(End-of-Life Vehicle Directive) 43
EMAS(Eco-Management and Audit Scheme) 87
emission charge 39
EMS(Environmental Management System) 75
end-of pipe activities costs 263
Energy baseline 350
Energy performance indicators 350
Energy review 349
EnMS(Energy Management System) 344
enterprise 7
environment 373
environmental accountability 19
environmental accounting 19, 245
environmental aspects 76, 206
environmental compliance & remediation activities costs 263
environmental design 110
environmental impacts 76
Environmental Management 13
Environmental Management System Audit 273
environmental manual 85
environmental marketing 174
Environmental Product Declaration 196
Environmental Report Audit 273
environmental statement 87
EPE(Environmental Performance Evaluation) 202
EPIs(Environmental Performance Indicators) 213
equator principle 388
ESG(Environmental · Social · Governance) 383
EuP(Eco-Design Requirements for Energy using

Products) 45
External Environmental Audit 272

F

fair operating practices 374

G

GF(grand fathering) 328
governance 373
green consumer 178
green design 110
green marketing 173
Green Washing 190
greenhouse effect 26, 50
GRI Standards 433
GRI(Global Reporting Initiative) 433
GWP(Global Warming Potential) 54

H

heat island 30
human rights 373

I

inclusiveness 445
indicators of environmental performance evaluation 211
Internal Environmental Audit 272
International Emission Trading 56
International Standards on Assurance Engagement 445
Inventory 308
IPCC(Intergovernmental Panel on Climate Change) 33
IPP(Integrated Product Policy) 107
ISAE3000 445, 447
ISO(International Organization for Standardization) 94
ISO14001 94, 346
ISO14064 321
ISO14064-1 322
ISO14064-2 322
ISO14064-3 322
ISO14065 322
ISO14066 322
ISO9001 346

J

J. Elkington 178
J. hails 178
JI(Joint Implementation) 57

K

K. Peattie 174
KRX SRI 392
Kyoto Protocol 33

L

labour practices 373
LCA(Life Cycle Assessment) 225
LCIA(Life Cycle Impact Assessment) 235
leading 4
life cycle approach 220
life cycle thinking 77

M

management 3
Mark R. Kramer 367
Material Flow Cost Accounting 265
materiality 430, 445
Michael E. Porter 367
mitigation 52
Montreal Protocol 35
MPIs(Management Performance Indicators) 213
multi issue 193

N

negative 193

Net-zero 34
normalization 238
normalized indicators 211

O

OPIs(Operational Performance Indicators) 213
organizing 4
Our Common Future 31

P

Paris Agreement 33, 60
PDCA 5
PDS 5
place 183
planning 4
pollution prevention activities costs 263
Post-Kyoto 59
price 183
primary stakeholder 406
private benefit 257
product 183
product charge 39
promotion 183

Q

QA(Quality Assurance) 317
QC(Quality Control) 315

R

REACH(Registration, Evaluation and Authorization of Chemicals) 43
recycle 159
regulatory or voluntary initiative approach 221
Relevance 283
reliability 283, 432
remanufacturing 159
responsiveness 446
reuse 159
risk-based approach 220
RoHS(Restriction of the use of certain Hazardous Substances in electric and electronic equipment) 42

S

SCEM(Supply Chain Environmental Management) 128
Schaltegger 246
SCM(Supply Chain Management) 130
Scope 1 311
Scope 2 311
Scope 3 311
secondary stake holder 406
share holder engagement 385
sick house syndrome 30
simple indicators 211
single issue 193
smog 25
social market 40
SRI 382, 390
stakeholder 9, 403
stakeholder activities costs 263
stakeholder engagement 407
stakeholder inclusiveness 429
Stockholm Convention on Persistent Organic Pollutants 35
sustainability 396
sustainability context 430
Sustainability Management 10, 12
sustainability report 427
Sustainable Development 31
sustainable marketing 174

T

TBL(Triple Bottom Line) 12
Tier 313

Timeliness 284, 432
Topic-specific standards 434

U

UNCED(United Nations Conference on Environment and Development) 32
UNCHE(United Nations Conference on Human Environment) 31
UNFCCC(United Nations Framework Convention on Climate Change) 33
Universal Standards 434
user fee 40

V

Verifiability 285

W

WCED(World Commission on Environmental and Development) 31
WEEE(Waste Electrical and Electronic Equipment) 41
weighting 238
WSSD(World Summit on Sustainable Development) 32

저자약력

전영승(田永昇)

경영학박사
상지대 회계학과 교수

[주요경력]

한국상업교육학회 회장, 한국경영학회 부회장, 한국회계정보학회 부회장,
한국환경경영학회 감사, 한국그린캠퍼스협의회 이사, 관세사, 공무원시험 출제위원,
대학기관평가인증위원, 한국경영인증원 지속가능경영대상 심사위원
상지대 대학원장, 경상대학장, 교무처장, 기획처장, 산업경영연구소장
일리노이대학 객원교수(1999), 유타주립대학 객원교수(2009)

[주요 저서 및 논문]

- 환경회계(2001), 회계학개론(공저, 2001), 환경경영의 이해(공저, 2007), 밥상머리에서 키우는 리더십(2009), 환경회계의 이해와 적용(2012), 전략적 원가관리(2013), 기후변화시대의 환경경영(2014), 관리회계(2015), 원가회계(2015)
- 환경회계가이드라인의 국제비교연구(2006), 우리나라 환경보고서 가이드라인의 개선방안(2008), 배출권거래의 회계처리에 관한 연구(2010), 지속가능성보고서의 제3자 검증에 관한 연구(2012)

기후위기시대의 환경경영(제3판)

2014년 01월 20일 초판 인쇄
2020년 02월 27일 2판 2쇄 발행
2021년 07월 01일 3판 인쇄
2021년 07월 09일 3판 1쇄 발행

저 자 : 전영승
발행인 : 정광식
발행처 : **비앤엠북스**
서울특별시 금천구 가산디지털1로 70 B1-103
등 록 2004. 12. 29. / 제313-2004-00298호
전 화 (02) 2627-5710~13, 팩스 (02) 2627-5720
홈페이지 www.대학교재.net
이 메 일 bnmbook@daum.net

정가 30,000원 ISBN 978-89-6821-137-9